原州年鉴

YUANZHOU NIANJIAN

2021

固原市原州区委党史和地方志研究室 编

黄河出版传媒集团
阳光出版社

图书在版编目(CIP)数据

原州年鉴. 2021 / 固原市原州区委党史和地方志研究室编. -- 银川：阳光出版社，2023.8
　　ISBN 978-7-5525-7051-9

Ⅰ. ①原… Ⅱ. ①固… Ⅲ. ①原州区 – 2021 – 年鉴 Ⅳ. ①Z524.34

中国国家版本馆 CIP 数据核字(2023)第 205981 号

原州年鉴 2021	固原市原州区委党史和地方志研究室　编

责任编辑　丁丽萍
封面设计　赵小琴
责任印制　岳建宁

 出版发行

出 版 人	薛文斌
地　　址	宁夏银川市北京东路 139 号出版大厦（750001）
网　　址	http://www.ygchbs.com
网上书店	http://shop129132959.taobao.com
电子信箱	yangguangchubanshe@163.com
邮购电话	0951-5047283
经　　销	全国新华书店
印刷装订	固原博奥彩色印刷有限公司
印刷委托书号	（宁）0027820

开　本	880 mm×1230 mm　　1/16
印　张	20.5
字　数	550 千字
版　次	2023 年 8 月第 1 版
印　次	2023 年 8 月第 1 次印刷
书　号	ISBN 978-7-5525-7051-9
定　价	180.00 元

版权所有　翻印必究

《原州年鉴 2021》编委会

主　　任　马小路
副 主 任　吴铁军　陈　启　丁　洁　金占海
委　　员　王小军　陈　璋　白卫华　李成祺　王　霆　何生虎　杨建军
　　　　　张　福　张启源　周晓凤　李雪宁　张久园　刘万恩　张鹏君
　　　　　王　钊　王晓杰　杨春荣　马福贵　张宏羽　张晨雯　黄丽萍
　　　　　李果仁　周丽莉　武　铎　王　旭　穆晓成　马　宏　薛翠红
　　　　　连廷仓　邓彦峰　贾旭林　金创明　马彦东　郭志贵　戴培义
　　　　　罗小宁　薛国虎　马文军　李宗虎　郭　辉　冯晓明　祁应亨
　　　　　黄会堂　马少龙　马建国　毛巧玲　何忠孝　白雪梅　马志清
　　　　　张旭明　王　刚　王国权　陈锡龙　白卫明　柳志勇　刘静书
　　　　　马治强　于金红　李永安　张进茂　顾正军　范亚宁　刘会宁
　　　　　马玉富　武继柏　马俊仁　刘　娜　马生权　张万金　王天文

《原州年鉴 2021》编辑部

主　　编　刘万恩
副 主 编　邢学富　杜晓晖
编　　辑　钟　军　林巧艳　姚　雯　马维琴

编 辑 说 明

一、《原州年鉴2021》(以下简称年鉴)是由中共固原市原州区委员会、原州区人民政府主办的出版物,是具有公报性质的大型资料性工具书。

二、年鉴以习近平新时代中国特色社会主义思想为指导,主要反映原州区2020年各项事业发展状况、重大事件和主要成就,所刊载的资料由各乡镇、各部门(单位)和部分中央、自治区、固原市直属单位提供,真实、全面,具有资政、教化、存史价值,为宣传、建设美丽新原州提供信息服务。

三、年鉴采取分类编辑法,以类目、分目、条目组成框架结构的主体部分。少数分目中增设子分目。全书条目标题统一用黑体字加【】表示,目录层次清晰,便于检索。

四、年鉴设特载、大事记、原州区概览、中共固原市原州区委员会、原州区人民代表大会、原州区人民政府、政协原州区委员会、中共原州区纪律检查委员会监察委员会、民主党派工商联、群众团体、经济管理、社会管理、应急管理、军事、法制、财税、金融保险、农业、工业、脱贫攻坚、商贸流通、交通通信、城乡建设与环境保护、教育体育文化旅游、科学技术、医疗卫生、乡镇街道概览、荣誉、附录等29个部类。

五、年鉴对各分目、条目之间的交叉重复内容,采取详略互见等不同记述方法。

六、年鉴不录入涉密文件内容。

七、年鉴表述形式有专文、条目、大事记、表格、图片等多种,其中条目为最基本的表述形式。

八、年鉴所收录数据由各单位审核提供,重要数据以统计部门公布的数据为准。

九、年鉴严格执行出版物文字使用管理规定,按照国际法定计量单位及出版物数字用法、标点符号用法等规定,力求规范、统一。

十、除专载、表彰奖励、重要文献外,"市"指固原市。

十一、《原州年鉴2021》的编写,得到了各乡镇、各部门(单位)和自治区、固原市直属单位以及有关方面、有关人士的大力支持,在此深表感谢!

8月19日,中共原州区委三届六次全体会议召开　原州区融媒体中心/提供

1月3日,固原市原州区第三届人民代表大会第四次会议召开　原州区融媒体中心/提供

1月2日,中国人民政治协商会议固原市原州区第三届委员会第四次会议召开　原州区融媒体中心/提供

4月8日,中国共产党固原市原州区第三届纪律检查委员会第五次全体会议召开　原州区融媒体中心/提供

12月4日,自治区党委副书记、主席咸辉在原州区头营镇调研 原州区融媒体中心/提供

12月4日,自治区党委副书记、主席咸辉在原州区古雁街道小川子社区调研 原州区融媒体中心/提供

11月5日,自治区党委常委、固原市委书记张柱,自治区副主席王和山在黄铎堡镇南城泵站出席黄河水调蓄工程通水仪式 原州区融媒体中心/提供

11月10日,自治区副主席、固原市市长马汉成在张易镇毛庄村调研脱贫攻坚　原州区融媒体中心/提供

5月13日,交通运输部调研组到原州区调研六盘山片区结对帮扶工作　马勇伟/摄

4月18日,固原市委常委、原州区委书记杨文到张易镇宋洼村调研脱贫攻坚工作　李　蓉/摄

彭堡冷凉蔬菜基地　祁学斌/摄

蔬菜采摘　原州区融媒体中心/提供

6月11日,杨郎甜瓜在固原市区展销　王志成/摄

姚磨智能化蔬菜育苗温室　祁学斌/摄

"保水、保土、保肥"的"三保田",空中俯瞰,层层梯田绕山转,成为美丽的风景线　祁学斌/摄

沉甸甸的谷穗　原州区媒体中心/提供

张易镇宋洼村麦场　祁学斌/摄

黄铎堡镇曹堡村荟峰牧草基地　祁学斌/摄

头营镇移民村养殖园区　祁学斌/摄

融侨丰霖(宁夏)肉牛生态养殖园区　原州区融媒体中心/提供

张易镇陈沟村蜜蜂养殖基地　原州区融媒体中心/提供

黄铎堡一棵树工程　祁学斌/摄

东岳山生态建设　祁学斌/摄

蓄水节灌　祁学斌/摄

治理后的清水河城区段　祁学斌/摄

12月19日原州区头营镇举行蒋河村股份经济合作社集体收益社员分红大会 头营镇政府/提供

8月24—25日,原州区村集体经济组织人员到甘肃省平凉市灵台县考察学习苹果产业 原州区融媒体中心/提供

电信公司安装5G基站
原州区融媒体中心/提供

固原市原州区第一批赴福州马尾区务工人员　祁学斌/摄

闽宁劳务协作　助力脱贫攻坚　祁学斌/摄

9月18日,原州区第一届苹果采摘暨农民丰收节在黄铎堡镇矮化密植苹果种植示范基地举行　原州区融媒体中心/提供

3月30日,寨科乡蔡川村红梅杏果园,培训班教师给村民教授红梅杏春季修剪技术　周复生/摄

张易镇宋洼村扶贫车间　祁学斌/摄

2月2日,原州区召开新冠肺炎疫情防控工作领导小组暨防疫工作指挥部工作会议,对疫情防控工作进行再安排、再部署 原州区融媒体中心/提供

1月28日,抗击疫情,原州区严防死守高速公路出入口 原州区融媒体中心/提供

2月6日,在抗疫一线的党员突击队 原州区融媒体中心/提供

3月4日,福建省福州市马尾区向原州区捐赠23.6万元疫情防控物资 原州区融媒体中心/提供

2月4日,原州区人民医院为驰援武汉的5名医护人员送行　原州区融媒体中心/提供

2月17日,原州区人民医院第二批支援湖北医疗队整装待发　原州区融媒体中心/提供

高速公路城区疫情防控点　祁学斌/摄

2月,支援湖北医护人员张露、曹艳在武汉方舱医院面对党旗宣誓　原州区融媒体中心/提供

疫情防控人员坚守一线　祁学斌/摄

9月30日,固原市及原州区领导和各界代表,在长城梁烈士纪念碑前缅怀英烈　原州区融媒体中心/提供

10月23日,原州区开展"中国人民志愿军抗美援朝出国作战70周年"走访慰问活动。图为原州区委、人大、政协领导慰问志愿军老战士　原州区融媒体中心/提供

1月22日，原州区举行春节团拜会　原州区融媒体中心/提供

1月10日，原州区第十一小学举行"诗意迎新春·悦读绘未来"散学礼　原州区融媒体中心/提供

1月20日，文化馆开展送春联活动　原州区融媒体中心/提供

9月27—28日，原州区开展"我们的节日"迎国庆·贺中秋·志愿者行公益活动　原州区融媒体中心/提供

9月8日,原州区举办庆祝第36个教师节座谈会,表彰先进集体和先进个人 教体局/提供

2月17日,小学生在家中收看开学第一课 教体局/提供

3月25日,原州区高三、初三年级正式开学复课 原州区融媒体中心/提供

7月7日,高考学子有序进入考场 原州区融媒体中心/提供

9月26日，中国诗歌之乡授牌仪式在固原宾馆举行 原州区融媒体中心/提供

9月3日，自治区地方志办公室负责人到原州区调研黄河文化 刘万恩/摄

6月5日，"文化和自然遗产日"宣传展示活动在东岳山广场拉开了帷幕 原州区融媒体中心/提供

5月6—17日，原州区人武部组织开展民兵应急连基地化集训 人武部/提供

毛家台民俗村　祁学斌/摄

中央红军长征经过的地方——莲花沟、刘家沟　刘万恩/摄

青石咀高速出入口　祁学斌/摄

原州城区　祁学斌/摄

目 录

特 载

原州区脱贫攻坚工作汇报 ………………… 1
原州区新冠肺炎疫情防控工作汇报 ………… 8

大 事 记

1月 ………………………………………… 12
2月 ………………………………………… 15
3月 ………………………………………… 18
4月 ………………………………………… 20
5月 ………………………………………… 23
6月 ………………………………………… 25
7月 ………………………………………… 29
8月 ………………………………………… 30
9月 ………………………………………… 34
10月 ……………………………………… 37
11月 ……………………………………… 39
12月 ……………………………………… 40

原州区概览

地理人文 …………………………………… 42
 行政区划 ………………………………… 42
 气候特点 ………………………………… 42
 人文资源 ………………………………… 42
 人口 ……………………………………… 42
新冠肺炎疫情防控 ………………………… 42
脱贫攻坚 …………………………………… 42
经济建设 …………………………………… 43
 主要经济指标 …………………………… 43
 现代农业 ………………………………… 43
 工业经济 ………………………………… 43
 现代服务业 ……………………………… 44
 城乡经济 ………………………………… 44
 基础建设 ………………………………… 44
社会建设 …………………………………… 44
 社会事业 ………………………………… 44
 重点改革 ………………………………… 45
政治建设 …………………………………… 45
 政治引领 ………………………………… 45
 管党治党 ………………………………… 45
文化建设 …………………………………… 45
 公共文化服务 …………………………… 45
 文化惠民 ………………………………… 46
 非遗保护 ………………………………… 46
 文旅工作 ………………………………… 46
生态文明建设 ……………………………… 46
社会治理 …………………………………… 46
 民主政治 ………………………………… 46
 社会治理 ………………………………… 47
 平安原州 ………………………………… 47

· 1 ·

中共固原市原州区委员会

重要会议
- 区委三届五次全体会议 …… 48
- 区委三届六次全体会议 …… 48
- 三届区委2020年第1次常委会会议 …… 48
- 三届区委2020年第2次常委会会议 …… 48
- 三届区委2020年第3次常委会会议 …… 48
- 三届区委2020年第4次常委会会议 …… 49
- 三届区委2020年第5次常委会会议 …… 49
- 三届区委2020年第6次常委会会议 …… 49
- 三届区委2020年第7次常委会会议 …… 49
- 三届区委2020年第8次常委会会议 …… 49
- 三届区委2020年第9次常委会会议 …… 49
- 三届区委2020年第10次常委会会议 …… 50
- 三届区委2020年第11次常委会会议 …… 50
- 三届区委2020年第12次常委会会议 …… 50
- 三届区委2020年第13次常委会会议 …… 51
- 三届区委2020年第14次常委会会议 …… 51
- 三届区委2020年第15次常委会会议 …… 52
- 三届区委2020年第16次常委会会议 …… 52
- 三届区委2020年第17次常委会会议 …… 52
- 三届区委2020年第18次常委会会议 …… 52
- 三届区委2020年第19次常委会会议 …… 53
- 三届区委2020年第20次常委会会议 …… 53
- 三届区委2020年第21次常委会会议 …… 53
- 三届区委2020年第22次常委会会议 …… 54
- 三届区委2020年第23次常委会会议 …… 54
- 三届区委2020年第24次常委会会议 …… 54
- 三届区委2020年第25次常委会会议 …… 55
- 三届区委2020年第26次常委会会议 …… 55
- 三届区委2020年第27次常委会会议 …… 55
- 三届区委2020年第28次常委会会议 …… 56
- 三届区委2020年第29次常委会会议 …… 56
- 三届区委2020年第30次常委会会议 …… 57
- 三届区委2020年第31次常委会会议 …… 57
- 三届区委2020年第32次常委会会议 …… 58

区委办公室工作
- 理论学习 …… 58
- 疫情防控 …… 58
- 脱贫攻坚 …… 58
- 新时代"三服务" …… 59
- 巡查整改 …… 59

组织工作
- 概况 …… 59
- 基层党建 …… 59
- 干部工作 …… 60
- 人才工作 …… 60
- 离退休干部工作 …… 61

宣传工作
- 理论武装 …… 61
- 精神文明建设 …… 61
- 舆论宣传 …… 62

统战工作
- 凝聚思想共识 …… 62
- 疫情防控 …… 62
- 民族团结 …… 62
- 民主党派工作 …… 62
- 服务民营经济 …… 62

政策研究
- 决策服务 …… 63
- 职能履行 …… 63

机构编制
- 农业综合执法改革 …… 63
- 事业单位改革调研 …… 63
- 权力清单制度建设 …… 63
- 属地管理 …… 63

网信工作
- 网络宣传 …… 63
- 网络舆情 …… 64
- 网络问政 …… 64

| 网络综合治理 …… 64 | 第5次常务会议 …… 69 |
| 网络安全 …… 64 | 第6次常务会议 …… 69 |

原州区人民代表大会

综述 …… 65
概况 …… 65
财政监督 …… 65
脱贫监督 …… 65
工作监督 …… 65
公正司法 …… 65
保障法律实施 …… 65
代表工作 …… 66
理论武装 …… 66
依法履职 …… 66
办公室工作 …… 66
疫情防控 …… 66
重要会议 …… 66
原州区三届人大常委会第二十五次会议 …… 66
原州区三届人大常委会第二十六次会议 …… 66
原州区三届人大常委会第二十七次会议 …… 66
原州区三届人大常委会第二十八次会议 …… 67
原州区三届人大常委会第三十次会议 …… 67
专门委员会 …… 67
财经委员会 …… 67
法制委员会 …… 67
教科文卫委员会 …… 67
选举委员会 …… 67

原州区人民政府

重要会议 …… 68
第1次常务会议 …… 68
第2次常务会议 …… 68
第3次常务会议 …… 68
第4次常务会议 …… 68
第5次常务会议 …… 69
第6次常务会议 …… 69
第7次常务会议 …… 69
第8次常务会议 …… 69
第9次常务会议 …… 69
第10次常务会议 …… 70
第11次常务会议 …… 70
第12次常务会议 …… 70
第13次常务会议 …… 70
第14次常务会议 …… 70
第15次常务会议 …… 71
第16次常务会议 …… 71
第17次常务会议 …… 71
第18次常务会议 …… 71
第19次常务会议 …… 71
第20次常务会议 …… 72
第21次常务会议 …… 72
第22次常务会议 …… 72
第23次常务会议 …… 73
第24次常务会议 …… 74
第25次常务会议 …… 74
第26次常务会议 …… 74
政府办公室工作 …… 75
服务决策 …… 75
以文辅政 …… 75
文件会务 …… 75
政务督查 …… 75
信访工作 …… 76
受理信访情况 …… 76
重复信访和积案化解情况 …… 76
信访制度建设 …… 76
矛盾化解 …… 76
信息化建设 …… 76
学习"枫桥经验" …… 76
政府信息公开 …… 76
规范公开事项目录 …… 76

  财政信息公开 …………………… 76
  行政文件信息公开 ……………… 77
  营商环境信息公开 ……………… 77
  社会公益事业领域信息公开 …… 77
  推进政策解读规范化 …………… 77
  设置"政策专题"栏目 …………… 77
  政府开放日 ……………………… 77
  规范政府信息公开申请办理 …… 77
  政务信息化建设管理 …………… 77
  规范公开专区建设 ……………… 77
  推进互联网+政务服务工作 …… 78
 政务服务 ………………………………… 78
  政务服务 ………………………… 78
  便民服务建设 …………………… 78
  互联网+监管 …………………… 78
  "12345"热线服务 ……………… 78
  审批制度改革 …………………… 78
 退役军人事务 …………………………… 79
  优抚安置 ………………………… 79
  双拥工作 ………………………… 79
  机制保障 ………………………… 79
  疫情防控 ………………………… 79

政协原州区委员会

 综述 ……………………………………… 80
  理论学习 ………………………… 80
  政治协商 ………………………… 80
  界别协商 ………………………… 80
  对口协商 ………………………… 81
  民主监督 ………………………… 81
  疫情防控 ………………………… 81
  委员会客室工作 ………………… 81
  搭建履职平台 …………………… 81
  政治建设 ………………………… 82
  助力脱贫 ………………………… 82
  巡查工作 ………………………… 82
 重要会议 ………………………………… 82
  中国人民政治协商会议固原市原州区
   第三届委员会第四次会议 …… 82
  原州区三届十八次常委会会议 … 82
  原州区三届十九次常委会会议 … 83
  原州区三届二十次常委会会议 … 83
  原州区三届二十一次常委会会议 … 83
  原州区三届二十二次常委会会议 … 83
  原州区三届二十三次常委会会议 … 83
  原州区三届二十四次常委会会议 … 84
 专门委员会 ……………………………… 84
  提案委员会 ……………………… 84
  经济委员会 ……………………… 84
  科教文卫体委员会 ……………… 84
  社会治理委员会 ………………… 84
 重要活动 ………………………………… 84
  召开2019年度述责述廉工作会议和
   2019年度述法评议会 ………… 84
  调研健康原州区建设工作开展情况 … 85
  召开"新时代"主题学习研讨交流会 … 85
  调研督查原州区生态移民 ……… 85
  召开"新使命"主题学习研讨交流会 … 85
  调研全区就业创业工作 ………… 85
  调研全区优化营商环境工作 …… 85
  调研巩固脱贫成效壮大农业特色产业工作
   ………………………………… 85
  调研原州区"互联网+教育" …… 85
  召开"新样子"主题学习研讨交流会 … 85
  调研城市精细化管理工作 ……… 85
  调研教育项目建设工作 ………… 85
  政协委员专题培训会 …………… 85
  政协委员观摩原州区重点工作暨"一府两院"
   工作进展情况 ………………… 85
  视察提案办理情况 ……………… 86
  调研平安原州区建设工作开展情况 … 86

调研原州区生态环境保护和治理开展情况
　　………………………………………… 86
　　2020年度民主监督员工作推进会 ……… 86

中共原州区纪律检查委员会监察委员会

综述 …………………………………………… 87
　　概况 ………………………………………… 87
　　疫情防控 …………………………………… 87
　　监督保障 …………………………………… 87
　　执纪审查 …………………………………… 87
　　腐败问题整治 ……………………………… 88
　　自身建设 …………………………………… 88
　　巡查工作 …………………………………… 88
重要会议 ……………………………………… 88
　　原州区纪委三届五次全体会议 …………… 88

民主党派　工商联

民盟原州区总支 ……………………………… 90
民进原州区支部 ……………………………… 90
　　送课下乡 …………………………………… 90
　　调研活动 …………………………………… 90
　　学习培训 …………………………………… 90
原州区工商业联合会 ………………………… 90
　　疫情防控 …………………………………… 90
　　理论武装 …………………………………… 90
　　脱贫攻坚 …………………………………… 90
　　招商引资 …………………………………… 90
　　基层"四好"商会建设 ……………………… 90

群众团体

原州区总工会 ………………………………… 91
　　概况 ………………………………………… 91
　　疫情防控 …………………………………… 91
　　权益保障 …………………………………… 91
　　经济技术 …………………………………… 91
　　女工工作 …………………………………… 92
　　财务经审 …………………………………… 92
　　党风廉政 …………………………………… 92
　　工会改革 …………………………………… 92
　　脱贫攻坚 …………………………………… 93
　　重要会议 …………………………………… 93
共青团原州区委员会 ………………………… 93
　　概况 ………………………………………… 93
　　疫情防控 …………………………………… 93
　　强基固本 …………………………………… 94
　　思想引领 …………………………………… 94
　　服务大局 …………………………………… 94
　　亮点工作 …………………………………… 94
原州区妇女联合会 …………………………… 95
　　思想政治引领 ……………………………… 95
　　巾帼维权行动 ……………………………… 95
　　巾帼家庭文明行动 ………………………… 95
　　脱贫攻坚工作 ……………………………… 95
　　基层服务 …………………………………… 95
　　"两规划"迎验工作 ………………………… 95
原州区科学技术协会 ………………………… 95
　　重亮点工作 ………………………………… 95
　　疫情防控 …………………………………… 96
原州区文学艺术界联合会 …………………… 96
　　地域文化弘扬 ……………………………… 96
　　文化服务活动 ……………………………… 96
原州区残疾人联合会 ………………………… 96
　　概况 ………………………………………… 96
　　公共服务 …………………………………… 96
　　社会保障 …………………………………… 96
　　残疾人精准扶贫 …………………………… 96

经济管理

宏观经济管理 …………………………… 97
- 项目建设 ………………………………… 97
- 民生资金保障 …………………………… 97
- 优化营商环境 …………………………… 97
- 强化能耗双控 …………………………… 97
- 助力脱贫攻坚 …………………………… 97
- 价格管理 ………………………………… 97
- 粮食安全 ………………………………… 98

国有资产监管 …………………………… 98
- 行政事业单位资产管理 ………………… 98
- 非税收益情况 …………………………… 98
- 申报文件及批复工作 …………………… 98
- 年报工作 ………………………………… 98
- 国有资产填报 …………………………… 98
- 国有企业管理工作 ……………………… 98
- 资产管理 ………………………………… 98
- 疫情防控 ………………………………… 99
- 资产管理信息化 ………………………… 99
- 监管审查 ………………………………… 99

市场监督管理 …………………………… 99
- 保障经济发展 …………………………… 99
- 质量监管 ………………………………… 100
- 执法办案 ………………………………… 100
- 扫黑除恶 ………………………………… 100
- 疫情防控 ………………………………… 100

食品药品监管 …………………………… 100
- 食品安全监管 …………………………… 100
- 药品安全监管 …………………………… 100

国土资源管理 …………………………… 101
- 项目建设 ………………………………… 101
- 土地保护 ………………………………… 101
- 确权登记 ………………………………… 101
- 资源管理 ………………………………… 101
- 地理信息测绘 …………………………… 101

社会管理

就业创业 ………………………………… 102
- 公益性岗位 ……………………………… 102
- 全民创业 ………………………………… 102
- 职业技能培训 …………………………… 102
- 转移就业 ………………………………… 102
- 返乡创业孵化园 ………………………… 102

社会保障 ………………………………… 102
- 参保缴费 ………………………………… 102
- 养老待遇保障 …………………………… 102
- 社保扶贫 ………………………………… 103
- 社保资格认证 …………………………… 103
- 社保卡综合应用 ………………………… 103
- 稽核工作 ………………………………… 103
- 移民社保关系迁转 ……………………… 103
- 劳动调解 ………………………………… 103

人力资源 ………………………………… 104
- 技能培训 ………………………………… 104
- 飞毛腿技师学院 ………………………… 104
- 劳动监察 ………………………………… 104
- 闽宁协作 ………………………………… 104

医疗保障 ………………………………… 104
- 参保缴费 ………………………………… 104
- 医疗救助 ………………………………… 104
- 脱贫攻坚 ………………………………… 104
- 就诊报销 ………………………………… 105
- 打击欺诈骗保专项行动 ………………… 105
- 制度改革创新 …………………………… 105

民政工作 ………………………………… 106
- 社会救助 ………………………………… 106
- 社会组织管理 …………………………… 106
- 城乡社区治理 …………………………… 106
- 养老服务 ………………………………… 106

社会福利 …………………… 106
　　社会事务 …………………… 106
审计工作 …………………………… 106
　　审计监督 …………………… 106
　　审计整改 …………………… 107
　　经济责任审计 ……………… 107
　　固定资产投资审计 ………… 107
　　专项审计 …………………… 107
　　自然资源资产审计 ………… 107
统计工作 …………………………… 107
　　业务统计 …………………… 107
　　人口普查 …………………… 107
　　经济普查 …………………… 107
　　依法统计 …………………… 107
　　统计服务 …………………… 107
社会经济调查 ……………………… 107
　　概况 ………………………… 107
　　城镇居民收入 ……………… 108
　　粮食生产 …………………… 108
　　畜禽生产 …………………… 108
　　统计服务 …………………… 108
　　脱贫攻坚普查 ……………… 108

应急管理

应急管理工作 ……………………… 109
　　概况 ………………………… 109
　　健全应急机制 ……………… 109
　　加强应急能力 ……………… 109
　　安全生产专项整治 ………… 109
　　安全生产监管 ……………… 109
　　防灾减灾救灾工作 ………… 109
消防救援 …………………………… 110
　　概况 ………………………… 110
　　实战训练 …………………… 110
　　后勤保障 …………………… 110
　　安全监管 …………………… 110
　　火灾隐患排查 ……………… 110
固原市蓝天救援队 ………………… 111
　　概况 ………………………… 111
　　救援范围 …………………… 111
　　救援救灾 …………………… 111
　　培训演练和安全保障活动 … 111
　　日常公益 …………………… 111
　　重要荣誉 …………………… 111

军　　事

人民武装 …………………………… 113
　　概况 ………………………… 113
　　政治建军 …………………… 113
　　战备能力 …………………… 113
　　国防动员 …………………… 113
　　基层建设 …………………… 113
　　抗震演练 …………………… 114
　　军事训练 …………………… 114
　　安全管理 …………………… 114
　　全民国防教育 ……………… 114
　　脱贫攻坚 …………………… 114
　　疫情防控 …………………… 114

法　　治

政法委与综治 ……………………… 115
　　平安建设 …………………… 115
　　治安防控 …………………… 115
　　矛盾纠纷排查化解 ………… 115
　　智慧社区建设 ……………… 115
法治政府建设 ……………………… 115
　　依法行政 …………………… 115
　　普法工作 …………………… 116
　　扫黑除恶专项斗争 ………… 116

公安 ············· 116	**司法行政** ············· 123
治安防控 ············· 116	概况 ············· 123
刑事犯罪打击 ············· 116	人民调解 ············· 124
疫情防控 ············· 117	法律服务 ············· 124
风险防控 ············· 117	社区矫正 ············· 124
社会治安维护 ············· 117	**综合执法** ············· 124
基层社会治理 ············· 118	城市管理 ············· 124
规范执法 ············· 118	执法监督 ············· 124
创新社会管理 ············· 118	智慧城管 ············· 125
科技应用效能 ············· 118	
检察 ············· 118	**财　税**
概况 ············· 118	
政治建设 ············· 118	**财政** ············· 126
扫黑除恶 ············· 119	概况 ············· 126
疫情防控 ············· 119	收入征管 ············· 126
惩治刑事犯罪 ············· 119	疫情防控重点支出 ············· 126
服务"三大攻坚战" ············· 119	民生事业 ············· 126
保护民营企业发展 ············· 119	脱贫攻坚 ············· 126
未成年人保护 ············· 119	污染防治 ············· 127
矛盾纠纷化解 ············· 120	风险防范 ············· 127
检察监督 ············· 120	财政监管 ············· 127
公益诉讼 ············· 120	**税务** ············· 127
司法体制改革 ············· 120	税收 ············· 127
法院 ············· 120	减税降费 ············· 127
概况 ············· 120	纳税服务 ············· 127
扫黑除恶 ············· 121	税费管理 ············· 128
刑事犯罪惩治 ············· 121	税收征管 ············· 128
人权司法保障 ············· 121	扫黑除恶 ············· 128
助推经济发展 ············· 121	
社会管理法治化 ············· 122	**金融保险**
疫情防控 ············· 122	
民生权益保障 ············· 122	**中国农业发展银行** ············· 129
健全执行难工作 ············· 122	金融支农 ············· 129
司法服务 ············· 122	存款规模 ············· 129
司法责任制改革 ············· 123	建设基金 ············· 129
司法公开 ············· 123	盈利能力 ············· 129

资产质量	129
疫情防控	129
政银合作	129

中国建设银行股份有限公司 …… 130
    基础业务 …… 130
    核心业务 …… 130
    三大战略 …… 130
    疫情防控 …… 130
    脱贫攻坚 …… 130

中国农业银行股份有限公司 …… 131
    服务实体经济 …… 131
    风险管控 …… 131
    服务精准扶贫 …… 131

中国工商银行股份有限公司 …… 131
    信贷业务 …… 131
    复工复产 …… 131
    业务开展 …… 131

宁夏银行 …… 132
    概况 …… 132
    服务社会 …… 132

中国邮政储蓄银行 …… 132
    经营指标 …… 132

石嘴山银行 …… 132
    脱贫攻坚 …… 132
    稳企业保就业 …… 132
    纾困解难 …… 132
    主题营销 …… 133
    复工复产 …… 133
    精简流程 …… 133
    减费让利 …… 133

人保财险固原市原州支公司 …… 133
    疫情防控 …… 133
    经营效益 …… 133
    融资服务 …… 134
    支农扶贫 …… 134

中国人寿固原分公司 …… 134
    业务发展 …… 134
    脱贫帮扶 …… 134
    疫情防控 …… 134

宁夏原州津汇村镇银行 …… 134
    经营成果 …… 134
    金融服务 …… 134

农 业

综述 …… 135
    概况 …… 135
    优化产业结构 …… 135
    粮食产量 …… 135
    冷凉蔬菜产业 …… 135
    马铃薯产业 …… 135
    草畜产业 …… 136
    生态鸡产业 …… 136
    特色种养业 …… 136
    产业扶贫 …… 136
    现代农业 …… 136
    农村改革 …… 136
    农产品安全监管 …… 137
    农业科技创新 …… 137
    农村社会事业 …… 138
    疫情防控 …… 138
    农业生产保障 …… 138
    项目植入 …… 138

农经管理 …… 139
    产权制度改革 …… 139
    股权设置 …… 139
    股份合作经营 …… 139
    发展壮大村集体经济 …… 139
    新型农业经营主体 …… 140
    土地确权 …… 140
    农村产权抵押贷款 …… 140

农业技术推广 …… 140

农业生产 …………………… 140
　　特色农业 …………………… 140
　　农业科技创新 ……………… 141
　　农产品安全监管 …………… 141
　　推进农药零增长 …………… 141
畜牧技术推广 …………………… 141
　　概况 ………………………… 141
　　畜禽生产 …………………… 141
　　规模养殖 …………………… 142
　　产业发展项目 ……………… 142
　　产业扶贫 …………………… 142
　　五项示范试点争创 ………… 142
　　主导品种和主推技术 ……… 142
　　产业链条延伸 ……………… 143
农业机械化 ……………………… 143
　　农机购置补贴 ……………… 143
　　示范园区建设 ……………… 143
　　农业技术推广 ……………… 143
　　农机建设项目 ……………… 143
农村能源 ………………………… 143
　　农村人居环境整治 ………… 143
　　农村厕改 …………………… 143
　　渔政管理 …………………… 144
　　水产技术服务 ……………… 144
动物卫生监督 …………………… 144
　　重大动物疫病防控 ………… 144
　　非洲猪瘟防控 ……………… 144
　　动物卫生监督 ……………… 144
　　兽药饲料监管 ……………… 145
　　产业扶贫 …………………… 145
动物疾病预防控制 ……………… 145
　　基础设施建设 ……………… 145
　　免疫抗体水平检测 ………… 145
　　病原学监测 ………………… 145
　　疫病核查诊断 ……………… 145
　　流行病学调查 ……………… 146

　　疫情预警预报 ……………… 146
　　重大疫情处理 ……………… 146
种子管理 ………………………… 146
　　种子市场监管 ……………… 146
　　农作物种子质量检测 ……… 147
　　种子法规宣传培训 ………… 147
　　规范农资生产经营 ………… 147
　　张杂谷免费供种项目 ……… 147
　　小杂粮种植项目 …………… 147
　　产油大县建设项目 ………… 148
林业 ……………………………… 148
　　林草产业 …………………… 148
　　智慧林业 …………………… 148
　　生态建设 …………………… 149
　　地质灾害防治 ……………… 149
　　非煤矿山管理 ……………… 149
　　法治建设 …………………… 149
水务 ……………………………… 149
　　防汛抗旱 …………………… 149
　　农村饮水安全 ……………… 150
　　水利工程建设 ……………… 150
　　重点项目工程建设 ………… 150
　　河长制工作 ………………… 151
　　安全生产 …………………… 151
　　质量监督 …………………… 151
　　节水工作 …………………… 151
水土保持 ………………………… 151
　　生态建设 …………………… 151
　　流域治理 …………………… 152
　　坡耕地治理 ………………… 152
　　淤地坝安全运用 …………… 152
　　综合监管 …………………… 153
　　水土保持专项整治 ………… 153
　　基础资料录入 ……………… 153

工　业

综述 …………………………………… 154
　　概况 …………………………………… 154
　　疫情防控 ……………………………… 154
　　惠企政策落实 ………………………… 154
　　工业经济发展 ………………………… 155
电力供应 …………………………… 155
　　电力业务 ……………………………… 155
　　配电网建设 …………………………… 155
　　安全建设 ……………………………… 155
　　电力治理 ……………………………… 156
　　营商服务 ……………………………… 156

脱贫攻坚

综述 …………………………………… 157
　　概况 …………………………………… 157
　　贫困户脱贫 …………………………… 157
　　脱贫攻坚包抓机制 …………………… 157
　　"三保障"和饮水安全保障 …………… 157
　　脱贫攻坚"清零"行动 ………………… 157
　　精准施策 ……………………………… 158
　　就业扶贫 ……………………………… 158
　　企业和扶贫车间扶贫 ………………… 158
　　消费扶贫 ……………………………… 158
　　金融扶贫 ……………………………… 158
　　东西部扶贫协作和定点扶贫 ………… 158
　　易地扶贫搬迁 ………………………… 159
　　脱贫攻坚问题整改 …………………… 159
　　防范返贫致贫 ………………………… 160
　　脱贫攻坚普查工作 …………………… 160
教育扶贫 …………………………… 160
　　两免一补 ……………………………… 160
　　学生资助 ……………………………… 160
　　营养改善计划 ………………………… 160
　　控辍保学工作 ………………………… 160
　　适龄少年儿童入学 …………………… 161
医疗扶贫 …………………………… 161
　　精准参保 ……………………………… 161
　　兜底扶贫 ……………………………… 161
　　四查四补 ……………………………… 161
文化扶贫 …………………………… 162
　　扶贫部署 ……………………………… 162
　　文化惠民活动 ………………………… 162
　　文化设施建设 ………………………… 162

商贸流通

商业 ………………………………… 163
　　概况 …………………………………… 163
　　商贸经济发展 ………………………… 163
　　招商引资 ……………………………… 163
　　综合示范项目 ………………………… 163
商业总公司 ………………………… 164
　　国有企业管理 ………………………… 164
　　国企改制 ……………………………… 164
供销合作 …………………………… 164
　　概况 …………………………………… 164
　　社有资产管理 ………………………… 164
　　稳价保供 ……………………………… 164
　　助农增产增收 ………………………… 164
　　农村金融服务 ………………………… 165
　　助力脱贫攻坚 ………………………… 165
粮食流通与物资储备 ……………… 165
　　经济指标 ……………………………… 165
　　职工收入 ……………………………… 165
　　安全保粮 ……………………………… 165
　　安全生产 ……………………………… 166
　　疫情防控 ……………………………… 166
石油销售 …………………………… 166

转型发展	166
亏损治理	166
精准营销	166
非油收入	166
网络建设	167
基础管理	167
烟草专卖	167
概况	167
驻村帮扶	167
盐业管理	167
概况	167
市场销量	167

交通　通信

交通运输	168
道路建设	168
农村公路养护管理	168
养护工程	168
电信通信	169
基础建设	169
网络与信息安全	169
信息化建设	169
服务能力	169
通信保障	169
移动通信	170
通信基础建设	170
信息化建设	170
行风建设	170
精准扶贫	170
联通通信	170
拓宽业务市场	170
政企创新	171
网络维护	171
划小改革	171

城乡建设与环境保护

城乡规划与建设	172
村镇建设	172
环境整治	172
住房保障与管理	172
住房安全	172
公租房动态监管	172
生态环境保护	172
任务指标	172
水环境防治	172
空气环境防治	173
土壤污染管控	173
环保督察整改	174

教育　体育　文化　旅游

教育	175
概况	175
经费投入	175
经费保障	175
教学仪器设施配备	175
校舍建设	175
中小学体育运动场改造	175
附属设施建设	175
教师队伍	176
特岗和公费师范	176
教师资格认定和职称评审	176
教研交流	176
教学研究	176
教学监测	177
校(园)长培训	177
骨干教师培训	177
国培计划	177
教师培训	177

教育体制改革 …………………… 177
　　学前教育 ………………………… 178
　　小学教育 ………………………… 178
　　中学教育 ………………………… 178
　　普高教育 ………………………… 178
　　中小学德育工作 ………………… 178
　　中小学学籍管理 ………………… 178
　　民办教育 ………………………… 178
　　大学生资助 ……………………… 178
　　生源地信用助学贷款 …………… 178
　　普通高中学生资助 ……………… 178
　　义务教育阶段"一补"政策 ……… 178
　　学前教育资助 …………………… 179
　　校园安全 ………………………… 179
　　营养改善计划 …………………… 179
　　教育督导 ………………………… 179
　　教育书法学会 …………………… 179
体育 ………………………………… 179
　　公共体育服务 …………………… 179
　　竞技体育 ………………………… 180
　　体育产业发展 …………………… 180
　　国民体质监测 …………………… 180
文化 ………………………………… 180
　　综述 ……………………………… 180
　　公共文化服务 …………………… 180
　　创建"中国诗歌之乡" …………… 180
　　文化惠民 ………………………… 180
　　非物质文化遗产 ………………… 181
　　群众文化 ………………………… 181
　　文物保护 ………………………… 181
　　书香原州 ………………………… 181
　　项目建设 ………………………… 182
　　档案管理 ………………………… 182
　　档案征集与接收 ………………… 182
　　档案查阅利用 …………………… 182
　　档案宣传 ………………………… 182
　　档案信息化建设 ………………… 182
　　档案安全 ………………………… 182
地方志 ……………………………… 182
　　新冠肺炎疫情防控资料收集 …… 182
　　年鉴编纂工作 …………………… 182
　　村志编修工作 …………………… 182
　　地方志工作宣传 ………………… 182
　　志书交流活动 …………………… 182
融媒体 ……………………………… 183
　　平台建设 ………………………… 183
　　疫情防控宣传 …………………… 183
　　脱贫攻坚宣传 …………………… 183
　　开设专栏 ………………………… 183
　　农村数字电影 …………………… 183
旅游 ………………………………… 183
　　疫情防控 ………………………… 183
　　复工复产 ………………………… 183
　　创建旅游示范区 ………………… 183
　　项目建设 ………………………… 184
　　旅游路线 ………………………… 184

科学技术

科技服务 …………………………… 185
　　概况 ……………………………… 185
　　创新政策保障 …………………… 185
　　创新主体培育 …………………… 185
　　重点项目实施 …………………… 186
　　招才引智 ………………………… 186
　　防疫复工复产 …………………… 186
防震减灾 …………………………… 187
　　地震监测 ………………………… 187
　　应急避险演练工作 ……………… 187
　　重点隐患排查 …………………… 187
　　设施加固工程 …………………… 187
　　综合治理 ………………………… 187

自然灾害预警 …………………… 188
气象服务 ……………………………… 188
　　气候概况 ………………………… 188
　　气象灾害 ………………………… 188
　　气象社会管理 …………………… 188
　　气象防灾减灾 …………………… 188
　　气象社会服务 …………………… 188
　　气象现代化建设 ………………… 189

医疗卫生

综述 …………………………………… 190
　　新冠肺炎疫情防控 ……………… 190
　　综合医改 ………………………… 190
　　基层卫生服务 …………………… 190
　　妇幼保健生育服务 ……………… 191
　　疾病预防控制 …………………… 191
　　计划生育 ………………………… 191
　　健康扶贫政策落实 ……………… 192
　　互联网+医疗健康 ……………… 192
　　爱国卫生及卫生城市创建 ……… 192
　　重点项目建设 …………………… 193
原州区人民医院 ……………………… 193
　　诊疗概况 ………………………… 193
　　公益性服务 ……………………… 193
　　重点专科建设 …………………… 193
　　省际医院交流合作 ……………… 193
　　互联网+医疗健康 ……………… 194
　　综合医改 ………………………… 194
　　获得荣誉 ………………………… 194
　　疫情防控 ………………………… 194
　　品牌形象 ………………………… 195
卫生监督 ……………………………… 195
　　疫情防控 ………………………… 195
　　医疗机构监督检查 ……………… 195
　　饮用水卫生监督 ………………… 196
　　学校及托幼机构卫生监督 ……… 197
　　公共场所卫生监督 ……………… 198
　　职业卫生监督 …………………… 198
　　卫生监督协管服务 ……………… 198
　　行政处罚 ………………………… 198
　　监督信息报告 …………………… 198
　　卫生行政许可 …………………… 199
　　执法行为规范 …………………… 199
疾病预防控制 ………………………… 199
　　慢性病患者规范管理 …………… 199
　　传染病报告管理和监测 ………… 199
　　中盖结核病项目预防 …………… 200
　　艾滋病综合防治 ………………… 200
　　免疫规划 ………………………… 200
　　地方病防治 ……………………… 200
　　公共卫生监测 …………………… 201
　　实验室检测 ……………………… 201
　　健康教育 ………………………… 201
　　疫情防控 ………………………… 202
　　重点工作 ………………………… 202

乡镇　街道概览

头营镇 ………………………………… 203
　　疫情防控 ………………………… 203
　　脱贫攻坚 ………………………… 203
　　宣传工作 ………………………… 204
　　基层组织建设 …………………… 204
　　党风廉政建设及纪检监察 ……… 205
　　农业综合 ………………………… 205
　　自然资源 ………………………… 205
　　水利水保 ………………………… 205
　　村集体经济 ……………………… 206
　　人居环境整治 …………………… 206
　　民生服务 ………………………… 206
　　综合治理 ………………………… 206

文化建设 ………………………… 207
官厅镇 ………………………………… 207
　　疫情防控 ………………………… 207
　　脱贫攻坚 ………………………… 207
　　党的建设 ………………………… 207
　　党风廉政建设 …………………… 207
　　产业结构优化 …………………… 208
　　生态环境 ………………………… 208
　　民生保障改善 …………………… 208
　　社会治理 ………………………… 209
开城镇 ………………………………… 209
　　疫情防控 ………………………… 209
　　脱贫攻坚 ………………………… 209
　　宣传工作 ………………………… 210
　　基层党建 ………………………… 210
　　党风廉政建设 …………………… 210
　　产业结构优化 …………………… 210
　　生态宜居乡村建设 ……………… 210
　　依法治镇 ………………………… 211
　　民生保障 ………………………… 211
　　自身建设 ………………………… 211
张易镇 ………………………………… 212
　　疫情防控 ………………………… 212
　　脱贫攻坚 ………………………… 212
　　宣传工作 ………………………… 212
　　基层党建 ………………………… 212
　　村"两委"换届和软弱涣散村党组织整顿
　　　…………………………………… 213
　　产业结构优化 …………………… 213
　　生态环境 ………………………… 213
　　乡村振兴 ………………………… 213
　　社会事业 ………………………… 214
　　社会治理 ………………………… 214
三营镇 ………………………………… 214
　　概况 ……………………………… 214
　　疫情防控 ………………………… 215

　　脱贫攻坚 ………………………… 215
　　党的建设 ………………………… 215
　　村"两委"换届 …………………… 216
　　党风廉政建设 …………………… 216
　　基层治理 ………………………… 216
　　产业发展 ………………………… 216
　　生态环境 ………………………… 216
　　民生事业 ………………………… 217
　　依法治镇 ………………………… 217
彭堡镇 ………………………………… 218
　　疫情防控 ………………………… 218
　　脱贫攻坚 ………………………… 218
　　党建工作 ………………………… 218
　　党风廉政建设 …………………… 218
　　特色产业 ………………………… 219
　　生态环境 ………………………… 219
　　民生改善 ………………………… 219
黄铎堡镇 ……………………………… 220
　　概况 ……………………………… 220
　　疫情防控工作 …………………… 220
　　脱贫攻坚 ………………………… 220
　　宣传工作 ………………………… 220
　　产业发展 ………………………… 220
　　环境整治 ………………………… 221
　　综合治理 ………………………… 221
　　民生保障 ………………………… 221
中河乡 ………………………………… 221
　　概况 ……………………………… 221
　　疫情防控 ………………………… 221
　　脱贫攻坚 ………………………… 222
　　"不忘初心、牢记使命"主题教育 ……… 222
　　基层组织建设 …………………… 223
　　软弱涣散村党组织整顿及村
　　　"两委"换届选举 ……………… 223
　　产业发展 ………………………… 223
　　生态环境 ………………………… 223

· 15 ·

社会事业 …………………………… 224
　　法治建设 …………………………… 224
寨科乡 ………………………………… 224
　　概况 ………………………………… 224
　　疫情防控 …………………………… 224
　　脱贫攻坚 …………………………… 225
　　金融扶贫 …………………………… 225
　　宣传工作 …………………………… 225
　　党的建设 …………………………… 225
　　支柱产业发展 ……………………… 225
　　生态环境 …………………………… 226
　　民生保障 …………………………… 226
　　社会治理 …………………………… 226
炭山乡 ………………………………… 226
　　疫情防控 …………………………… 226
　　脱贫攻坚 …………………………… 227
　　宣传工作 …………………………… 227
　　基层组织建设 ……………………… 227
　　党风廉政建设 ……………………… 228
　　产业结构 …………………………… 228
　　生态环境 …………………………… 228
　　社会治理 …………………………… 228
　　社会事业 …………………………… 228
河川乡 ………………………………… 229
　　疫情防控 …………………………… 229
　　脱贫攻坚 …………………………… 229
　　宣传工作 …………………………… 229
　　党的建设 …………………………… 229
　　党风廉政建设 ……………………… 230
　　产业优化 …………………………… 230
　　生态环境 …………………………… 230
　　社会治理 …………………………… 230
　　社会事业 …………………………… 230
北塬街道办事处 ……………………… 231
　　疫情防控 …………………………… 231
　　脱贫攻坚 …………………………… 231

　　宣传工作 …………………………… 231
　　基层组织建设 ……………………… 231
　　党风廉政建设 ……………………… 231
　　人居环境整治 ……………………… 231
　　社区服务管理 ……………………… 231
　　社会治理 …………………………… 232
　　惠民政策落实 ……………………… 232
南关街道办事处 ……………………… 232
　　政治建设 …………………………… 232
　　疫情防控 …………………………… 232
　　城市基层党建 ……………………… 232
　　党风廉政建设 ……………………… 233
　　民生保障 …………………………… 233
　　城乡环境整治 ……………………… 233
　　社区治理 …………………………… 234
　　精神文明建设 ……………………… 234
　　人口普查 …………………………… 234
古雁街道办事处 ……………………… 234
　　疫情防控 …………………………… 234
　　脱贫攻坚 …………………………… 234
　　宣传工作 …………………………… 235
　　城市基层党建 ……………………… 235
　　党风廉政建设 ……………………… 235
　　惠民政策落实 ……………………… 236
　　人口普查 …………………………… 236

荣　誉

先进人物 ……………………………… 237
　　全国脱贫攻坚先进个人袁相鼎 …… 237
　　全国法院先进个人、优秀法官刘志聪 …… 237
　　全区抗击新冠肺炎疫情先进个人李武 …… 237
　　全区抗击新冠肺炎疫情先进个人马爱民 …… 238
　　全区抗击新冠肺炎疫情先进个人李云霞 …… 238
　　宁夏青年五四奖章获得者王艳秀 …… 238
　　固原市劳动模范陈福国 …………… 238

2019年度原州区嘉奖人员名单 …… 242
2019年度原州区记三等功人员名单 …… 245
2020年度原州区"优秀工会工作者"名单 …… 245
2017—2019年度原州区"优秀共青团干部"
　名单 …… 246
2017—2019年度原州区"优秀共青团员"
　名单 …… 246
2019—2020年度原州区优秀西部计划志愿者
　 …… 246
2020年度原州区三八红旗手名单 …… 247
2020年度原州区巾帼建功标兵名单 …… 247

先进集体 …… 248
　2020年度原州区获得市级以上表彰的
　　先进集体 …… 248
　2020年度原州区先进基层工会名单 …… 250
　2017—2019年度原州区"五四红旗团委
　　（团工委）"名单 …… 251
　2017—2019年度原州区"五四红旗团支部"
　　名单 …… 251
　原州区三八红旗集体名单 …… 251
　原州区巾帼建功先进集体名单 …… 251
　原州区巾帼文明岗名单 …… 251
　重新命名自治区2020年到届文明单位、
　　文明村镇、文明校园、文明家庭 …… 252

重新命名固原市2020年到届文明单位、
　文明村镇、文明校园、文明家庭 …… 252
新命名固原市2020年文明单位、文明村镇、
　文明校园、文明家庭 …… 252

附　录

**完善基层治理体系　提高基层治理能力　为建设
　美丽新宁夏作出新的更大贡献（节选）**
　——在原州区委三届五次全体会议上的报告
　 …… 杨　文 253

**牢记殷殷嘱托　激扬奋斗精神　为建设先行区
　和美丽新宁夏作出新的更大贡献**
　——在区委三届六次全体会议上的报告
　 …… 杨　文 259

原州区人民政府工作报告
　——在原州区第三届人民代表大会第四次
　　会议上的报告 …… 270

组织机构及负责人名单 …… 281
2020年中共原州区委文件选目 …… 295
2020年原州区人民政府文件选目 …… 301
2020年国民经济和社会发展统计公报 …… 305

特 载

原州区脱贫攻坚工作汇报

中共原州区委　原州区人民政府

（2020 年 12 月）

原州区原为西海固地区的固原县，2002 年撤地设市时更名为原州区，地处宁夏南部、六盘山东麓，是六盘山集中连片特困地区国定贫困县。区域面积 2739 平方公里，辖 7 镇 4 乡 3 个街道办事处 150 个行政村 41 个居委会，总人口 15.5 万户 46.45 万人，其中农村人口 26.94 万人，占 57.9%。

自脱贫攻坚战打响以来，在党中央和国务院的亲切关怀下，在区市党委、政府的坚强领导下，在自治区扶贫办的精心指导和大力支持下，原州区认真贯彻落实习近平总书记关于扶贫工作的重要论述和视察宁夏时的重要讲话精神，坚持以习近平新时代中国特色社会主义思想为指导，积极应对新冠肺炎疫情带来的严峻考验和复杂多变的经济形势，扎实做好"六稳"工作，全面落实"六保"任务，全面落实中央和区、市党委、政府关于扶贫工作的总体部署，坚持精准扶贫、精准脱贫基本方略，紧紧围绕"两不愁三保障"脱贫标准，按照"六个精准""五个一批"要求，狠抓责任、政策、工作"三个落实"，凝心聚力，合力攻坚，有力推动了原州大地发生历史性巨变，脱贫攻坚工作取得了显著成效，彻底改变了"一方水土养活不了一方人"的历史，全区经济社会发生了翻天覆地的变化。

一、聚焦目标标准，全面完成脱贫攻坚任务

（一）贫困村和贫困人口历年减贫情况。2014 年，原州区识别建档立卡贫困村 110 个，建档立卡贫困人口 28701 户 104667 人，贫困发生率为 33.2%。经过六年的动态调整，全区现有建档立卡贫困人口 25924 户 98818 人，累计完成 110 个贫困村出列，贫困户人口全部脱贫，贫困发生率从 2014 年 33.2% 下降到 0%（2014 年出列 14 个村，减贫 3514 户 12824 人，贫困发生率 26.4%；2015 年出列 28 个村，减贫 4243 户 17490 人，贫困发生率 21.6%；2016 年出列 28 个村，减贫 5912 户 22511 人，贫困发生率 18.6%；2017 年出列 28 个村减贫 6194 户 26074 人，贫困发生率 10.2%；2018 年出列 6 个村，减贫 3569 户 14769 人，贫困发生率 4.9%；2019 年出列 6 个村，减贫 4615 户 13241 人，贫困发生率 0.68%；2020 年减贫 818 户 2111 人，贫困发生率 0%）。2020 年 3 月，自治区政府宣布原州区退出贫困县序列，顺利完成了脱贫摘帽任务，实现了乡清零、村出列、户达标，区域性贫困基本得到解决。

（二）农民人均纯收入及稳定实现"两不愁"情况。2014—2019 年，原州区农民人均可支配收入分别为 6693 元、7296 元、8070 元、8961 元、9946 元和 11164 元，增幅分别为 12.6%、9.0%、10.6%、11%、11% 和 12.2%，分别高于全国平均水平（1.4、0.1、2.4、2.4、2.8 和 2.6 个百分点），2020 年全区农民人均可支配收入 12563 元，同比增长 12.5%，目前全区所有农户稳定实现不愁吃、不愁穿,极度贫困户享有低保等政策兜底保障。

（三）稳定实现"三保障"及饮水安全保障情况。义务教育保障方面,扎实开展"控辍保学等教育扶贫问题清零行动",实行"三包三保"和双线"控辍"责任制,实现义务教育阶段学生零辍学目标。全区农村义务教育适龄儿童32426人,无义务教育阶段失学辍学情况（因身体原因无法到学校上学的104名病残儿童安排上门送教）。落实"三免一补"等普惠政策,健全家庭经济困难学生资助体系,严格落实各阶段教育扶贫政策,实现生活困难学生资助全覆盖。积极争取中央预算内项目、"全面改薄"项目等,改造城乡校（园）舍120所,新建、扩建原州十八小、原州八幼、黄铎堡中心幼儿园、三营镇第一幼儿园等小学、幼儿园15所。2017年,率先在宁南山区通过国家义务教育均衡发展验收。基本医疗保障方面,完成原州区人民医院迁建工程,正式投入使用。实施中医康复楼及放疗中心建设工程,原州区人民医院2016年被评为二级甲等医院,目前有序开展三级乙等医院争创工作。年门诊量、病床数位于宁南山区前列,全区11家乡镇卫生院均完成标准化建设,行政村村级标准化卫生室实现全覆盖,基本医疗保险实现贫困户全覆盖。贫困群众看病推行"先诊疗、后付费"模式及"一站式即时结算""一免一降四提高一兜底"的医疗保障政策,贫困患者年度内住院医疗合规费用实际报销比例达到91.78%,县域内就诊率达94.46%。实施"三个一批"的分类救治,大病集中救治、重病兜底、慢病签约服务实现建档立卡贫困户"应签尽签",切实做到签约一人、履约一人、做实一人。住房安全保障方面,坚持应改尽改原则,立足全区所有村,对群众住房逐户进行摸底,按照自治区《关于调整农村危窑危房改造补助对象分类和提高补助标准的通知》精神,严格落实建设标准及补贴政策,2016年以来累计投入资金4.69亿元,实施危房改造18133户（2016年改造6361户,2017年改造3009户,2018年改造3915户,2019年改造4523户,2020年改造325

户）,全区常住农户住房安全全部得到保障。饮水安全保障方面,严格对照饮用水达标要求,对全区所有农户的饮水进行大排查,对条件允许的全部安排自来水入户,对达不到要求的全面进行提升改造,开展所有饮用水源水质监测,并出具安全饮水检测报告。目前,全区农村常住户66711户安全饮水得到保障,2016年以来累计投入资金4.8亿元,实施自来水入户（改造）39322户（2016年3058户,2017年15452户,2018年3338户,2019年12609户,2020年4865户）,农村常住户自来水入户率99.8%,农户饮水经检测均符合国家饮用水标准,取水距离全部符合国家规定,供水保证率符合国家要求。

（四）基本公共服务达标情况。开展道路建设及通客车问题清零行动,2016年以来投入资金22.6736亿元,修建村组道路、联户巷道1917.25公里（2016年205公里、2017年382公里,2018年394公里,2019年624公里,2020年312.25公里）,乡道23.2公里（2019年23.2公里）,省道58公里（2020年58公里）,所有行政村实现通硬化路目标,所有行政村实现通客车目标。2017年,原州区被评为全国"四好农村路"示范县。2018年,原州区被国务院扶贫办、农业农村部、交通运输部联合命名为首批全国"四好农村路"示范县。2020年,原州区被交通运输部和财政部联合评审确定为全国深化农村公路养护体制改革试点示范县区之一。所有行政村通动力电,自然村龙头企业、农村大户等用动力电的需求完全满足。各行政村党员活动室、村级文化活动场所、综合商业服务网点实现全覆盖。

（五）农村主导产业及村集体经济情况。坚持因地制宜发展主导产业,东部山区乡干旱地带重点发展养殖业,西北部川区乡镇沿清水河地段发展冷凉蔬菜,南部乡镇半阴湿地带发展马铃薯种植,始终坚持把发展壮大村级集体经济作为破解农民增收"天花板"的重要手段,先后制定下发《原州区发展村集体经济实施方案》《原州区发展村集体经济资金管理办法》等文件,健全完善培育壮大村集体经济发展机制,实行村集体经济经营状况季报制度,目前所有行政村都有村集体经济收入，累计达到4050.35万元，年收入5万~10万元的有29个村，收入10万元以上的有119个村。

二、强化政治担当，全力抓好责任落实

一是压紧靠实脱贫责任。强化政治责任。原州区认真学习贯彻落实习近平总书记关于扶贫工作的重要论述、习近平总书记视察宁夏重要讲话精神和区市主要领导讲话精神及扶贫开发领导小组会议精神，坚持每月至少一次安排部署脱贫攻坚工作。2020年，区委常委会会议、政府常务会议先后多次、全区扶贫开发领导小组先后13次专题研究部署脱贫攻坚工作，确保中央和区市脱贫攻坚各项决策部署落地落实。落实主体责任。严格按照"中央统筹、省负总责、市县抓落实"的要求，积极履行脱贫攻坚主体责任，主要负责人切实履行第一责任人责任，实行书记、区长担任扶贫开发领导小组"双组长"制。区委书记、区长每月用于脱贫攻坚工作的时间均超过5个工作日，均已遍访所有贫困村，所有乡镇党委书记、驻村第一书记、村党支部书记遍访贫困户实现全覆盖。狠抓工作责任。严格落实"四个不摘"要求，对脱贫退出户和脱贫出列村在产业、就业、小额信贷、教育、医疗、综合保障及基础设施等扶贫政策落实方面给予扶持，各级领导干部和包扶单位、驻村工作队、帮扶责任人接续奋战脱贫攻坚一线，认真组织实施到村到户项目，持续巩固提升脱贫成果。包抓帮扶责任。原州区制定下发了《原州区脱贫攻坚包乡镇包村领导及帮扶干部工作职责》《原州区脱贫攻坚工作职责及资料清单》等文件，实行"155"三级包抓责任机制，每个区委常委包抓1个乡镇、每个县级领导包抓5个行政村、每个干部帮扶5户贫困户，向所有贫困村派驻扶贫工作队和第一书记，为所有非贫困村派驻第一书记，全区5583名干部职工每人帮扶联系4~5户贫困户，形成了包抓帮扶责任链条。

二是强化督查督导。制定出台《原州区精准扶贫工作责任追究办法》，成立脱贫攻坚督查办公室，对重点责任部门和11个乡镇开展扶贫领域专项督查，坚持把群众反映问题和诉求作为抓好脱贫攻坚的"指南针"和"测量仪"，在11个乡镇和部门开通脱贫攻坚热线电话，畅通信息渠道，安排专人值守，及时解决群众反映诉求问题，做好释疑解惑工作。同时，对脱贫攻坚工作情况综合督、重点工作专项督、工作台账跟踪督、上下联动立体督的工作格局，确保脱真贫、真脱贫。

三是加强作风建设。坚决整治扶贫领域形式主义、官僚主义突出问题，各相关部门与扶贫办共享扶贫数据，减少乡镇各类报表填写数量，整合扶贫领域督查，取消与区、市相同重复督查考核，让乡镇把更多精力放在抓贫困群众脱贫上。持续推进扶贫领域腐败和作风问题专项整治，严肃查处违纪违法问题，确保各项政策、措施和工作落到实处。

三、突出精准施策，全力抓好政策落实

一是积极培育脱贫产业。2016年以来，累计投入产业扶贫资金4.6亿元（2016年0.4亿元，2017年0.7亿元，2018年1.1亿元，2019年1.3亿元，2020年1.1亿元），立足资源禀赋、产业基础和群众意愿，按照"普惠+特惠"的原则，以扶持发展适宜产业为根本，制定《原州区加快推进产业扶贫实施意见》《原州区农业产业发展和产业扶贫实施意见》等产业扶持政策。重点围绕草畜、马铃薯、冷凉蔬菜、特色种植业等优势产业，实施7大类23项产业到户项目，把贫困户牢牢附着在产业链上，实现有劳动能力的贫困户户均有1~2个脱贫产业。全区发展肉牛养殖户3.8万户，其中建档立卡户1.2万户，占总建档立卡户48%，肉牛存栏量25万头，其中建档立卡户4.58万头。全区发展冷凉蔬菜22万亩，1.7万户农户种植蔬菜10.6万亩，涉及建档立卡户5300户，种植蔬菜2.54万亩，占24%。培育产业示范村11个、龙头企业16个、农民专业合作社81家，发展致富带头人795人，带动2万余户贫困户增收。

二是大力实施金融扶贫。坚持金融扶贫助推产业发展，制定《原州区金融扶贫实施方案》《原州区建档立卡贫困户扶贫小额贷款贴息实施方案》等文件，投入风险补偿基金8678万元，形成"政银户联动、风险共担、多方参与、合作共赢"金融扶贫小额信贷模式,对经过评级授信、信用良好、有贷款意愿、有就业创业潜质、技能素质和一定还款能力的建档立卡贫困户发放5万元以下、3年期以内、免担保免抵押、基准利率放贷、财政贴息、风险补偿金的扶贫小额贷款,建档立卡贫困户累计获贷7.11万户次30.74亿元,户均获贷4.8万元。建档立卡贫困户家庭成员意外伤害保险、大病补充医疗保险、借款人意外伤害保险和优势特色产业险实现全覆盖。金融扶贫"蔡川模式",2016年被自治区金融办授予"金融环境创建奖",经验做法在全自治区推广,在中央农办《农村要情》刊发,受到汪洋主席批示肯定。2020年原州区蔡川金融扶贫案例作为联合国中国扶贫经典案例,在联合国网站展示,并成为联合国对发展中国家扶贫开发的课程。

三是全力实施就业扶贫。积极实施创业就业优惠政策,引导建档立卡贫困劳动力就地就近和跨地区就业,原州区组织务工人员到福建等东部地区务工就业外,加大技能培训力度,采取订单式培训、以企代培、边培训边上岗的形式,累计完成能力培训20181人(2016年7129人,2017年5125人,2018年4402人,2019年1748人,2020年1777人),发展贫困村创业致富带头人1833名(2017年600名,2018年370名,2019年380名,2020年483名),为贫困劳动力驾驶员发放技能补贴5355人1669.30万元(2016年152人37.8万元,2017年1100人278万元,2018年1110人365.80万元,2019年2228人731.60万元,2020年765人256.10万元)。全区培育扶贫龙头企业22家(2017年9家,2019年8家,2020年5家),就业人数1173人,其中贫困劳动力822人。建成扶贫车间29个(2018年7个,2019年9个,2020年13个),带动1176人就近就业,其中贫困劳动力465人,从业人员月工资收入2000元以上。认真落实公益性岗位相关政策,优先安置贫困劳动力就业,全区公益性岗位安排贫困劳动力2080人(2017年328人,2018年340人,2019年460人,2020年952人)。

四是认真抓好光伏扶贫。原州区制定印发了《原州区"十三五"光伏扶贫项目实施方案》,依托优势光照资源,大力发展光伏扶贫产业,投入1.1亿元,建成总装机容量19.79MW的村级光伏扶贫电站41个,2019年6月全部并网,委托第三方企业负责电站运行维护管理,对头营镇大北山村、河川乡明川村、寨科乡东淌村和炭山乡南坪村4个集中点的光伏电站发电收益向贫困村进行分配。2019年以来,累计实现光伏发电收益2065.72万元,扣除运营成本等费用,已拨付11个乡镇110个贫困村1843.19万元(其中2019年158.22万元,2020年1684.97万元)。原州区把光伏扶贫发电收益的80%用于贫困人口承担公益岗位任务的工资和参加村级公益事业建设的劳务费用支出。

五是着力推进生态扶贫。严格按照选聘标准,2016年以来累计选聘生态护林员1645名(2016年800名,2017年220名,2018年80名,2019年545名),落实生态管护面积115.6万亩,工资每人每年10000元,均通过"一卡通"按季度发放。全区退耕还林52.33万亩(2000—2004年退耕还林28.39万亩,每亩补贴40元,中央财政和自治区财政各20元;2005—2006年退耕还林23.94万亩,每亩补贴90元),补贴资金3292.93万元,涉及农户52356户,其中建档立卡贫困户15945户,占比30.45%。坚持把"四个一"产业发展与脱贫攻坚战略、振兴乡村战略、创新驱动战略有效结合,高起点、高标准规划"四个一"产业近期和远期发展目标,同时深化与区内外企业、专业合作社的合作,建成黄铎堡镇自根砧矮化密植新品种苹果基地,在彭堡镇申庄村和蒋口村、张易镇陈沟村、头营镇石羊和福马村、三营甘沟实施庭院经济林示范园,带动"百村万户"绿化行动深入开展,推进了乡村绿色发展和林业产业扩量、提质、增效,有效助力脱贫攻坚。开城镇和泉村、头营镇杨郎村、张易镇大店村和彭堡镇姚磨村2019年被国家林业和草原局评为第一批国家森林乡村。

六是扎实推进易地扶贫搬迁。坚持群众自愿、积极稳妥原则,采取县外搬迁与县内安置结合的方式,"十三五"易地搬迁移民3084户12926人(就近安置1570户5638人,城区安置劳务移民1514户7288人),切实解决了"一方水土养活不了一方人"的难题。加强发展移民后续产业,制定印发了《原州区政策性移民发展方案》《原州区城区劳务移民产业发展方案》《原州区"十三五"易地扶贫搬迁就近安置移民后续产业发展实施方案》等文件,健全完善搬迁后续扶持政策,重点解决搬迁群众产业、就业、基本公共服务、社区治理、社会融入等问题,帮助他们挪穷窝、换穷业、拔穷根。帮助移民发展后续产业,兑付补助资金2777.68万元,生态移民家庭都有1~2项种养增收产业。加大职业技能培训,累计培训1251人,劳务移民家庭至少1人转移就业。积极落实公益性岗位,公益性岗位向移民就业困难家庭倾斜,落实公益性岗位477个,解决移民就业困难家庭就业。加强移民社会保障和社会融入工作,做好劳务移民教育、医保、养老、社会救助等社会保障政策衔接,加强城区移民思想观念、生活习惯、邻里相处和社居民约等方面的教育引导,不断增强移民群众社会融入意识和能力,确保了移民群众搬得出、稳得住、能致富。

七是强化综合保障扶贫。原州区制定出台了《原州区关于进一步加强农村低保制度与扶贫开发政策有效衔接工作实施方案》,紧盯低保对象、特困供养人员、残疾人员、孤儿等弱势困难群体,积极推进农村低保制度与扶贫制度的有效衔接,将符合条件的建档立卡贫困户及时按程序纳入救助保障范围。全区有农村低保户21886户41832人,其中建档立卡贫困人口占比61.97%。严格落实困难残疾人生活补贴和重度残疾人护理补贴两项制度,累计发放两项补贴9158.89万元(2016年1851万元,2017年1647.38万元,2018年1823.95万元,2019年1839.04万元,2020年1997.52万元),保障残疾人88.15万人次(2016年10.28万人次,2017年15.57万人次,2018年19.45万人次,2019年20.62万人次,2020年22.23万),确保符合条件的残疾人都享受到国家惠残政策,做到应保尽保、应兜尽兜。

城乡居民养老参保人数20.1万人,比2016年增长3.95%,建档立卡贫困人口养老参保率达到96.5%。

四、坚持问题导向,全力抓好工作落实

一是扎实开展"四查四补"。坚持区不漏乡、乡不漏村、村不漏户、户不漏人,坚持"定量化"开展"四查四补",把排查内容细化为4大类12大项55小项,逐条逐项逐个"过筛子",充分发挥调动各方力量,认真对照梳理排摸出的各类问题,形成问题清单,一一对照解决,争取把疫情造成的损失补回来,把工作漏洞补到位,把公共服务和基础设施短板补起来,把扶贫产业等弱项补扎实。"四查四补"共排查出各类问题3261个(其中查损补失959个,查漏补缺1283个,查短补齐236个,查弱补强783个),已全部整改落实,确保了脱贫质量。

二是积极应对疫情影响。新冠肺炎疫情发生以来,原州区认真摸底排查贫困劳动力外出务工信息,了解群众的务工意向,积极主动对接区内外企业岗位用工信息,按照"出门即上车、下车即入厂"的原则,通过包机和租车等"点对点、一站式"输送方式,集中多批次向区内外转移就业。目前全区实现农村劳动力转移就业7.52万人,贫困劳动力外出务工2.94万人。认真开展消费扶贫产品认定及供应商资质审核,全区有70家企业570个产品经过审核进入全国消费扶贫产品名录,有46家供应商223个产品进入中国消费扶贫网"扶贫832"平台销售。积极对接兰铁集团公司,推荐26家企业60种产品进入铁路局系统销售;好水川、伊脉等7家企业产品进站上车销售,推动扶贫产品进市场、进商场。截至目前,全区完成消费扶贫4.08亿元。积极应对疫情给贫困群众收入带来的影响,实现了贫困群众就地就近就业,确保疫情期贫困群众收益不受影响。原州区在11个乡镇100个贫困村设置光伏扶贫公益性岗位1357个,每月工资基本800元左右。

三是建立防返贫监测帮扶机制。原州区制定印发了《关于建立防止返贫致贫监测预警和动态帮扶机制的实施方案》,建立"一册两单三级联动"机制,聚焦"两不愁三保障"脱贫目标,紧盯因病、因学、重大灾害、突发事件以及新冠肺炎疫情影响等易返贫致贫关键因素,对全区678户2740人脱贫监测户、936户3356人边缘户进行监测预警、动态帮扶。坚持每月由驻村工作队、乡村干部通过入户摸排或村民直接反应的方式提出拟监测对象,乡镇就各村的拟监测对象进行入户核实,分析研判,提出明确帮扶措施,建立监测台账,形成监测对象花名册。将边缘户纳入产业扶持范围,对乡镇提交的监测对象花名册,扶贫开发领导小组通过"交办单"将任务分解各部门,各部门根据交办完成时间,限期进行落实,以"完结单"向领导小组汇报完成情况。驻村工作队(第一书记)和包村干部、村干部负责日常监测;乡镇分析研判、分类预警;区扶贫开发领导小组审定名单措施、交办任务、明确责任、限期销号。目前全区脱贫监测户中共有646户2616人消除风险点,边缘户中共有867户3107人消除风险点。

四是严格项目资金管理。把加强项目资金管理作为一项主要任务,建立与脱贫攻坚任务相适应的投入保障机制,确保扶贫资金只增不减、足额到位。2016年以来,累计整合各类涉农资金34.77亿元,其中中央财政专项扶贫资金12.93亿元(2016年1.2亿元,2017年1.93亿元,2018年2.29亿元,2019年3.68亿元,2020年3.83亿元),自治区专项扶贫资金3.23亿元(2016年0.70亿元,2017年0.37亿元,2018年0.45亿元,2019年0.75亿元,2020年0.96亿元),整合脱贫攻坚地方债2.19亿元(2017年0.46亿元,2018年0.5亿元,2019年0.85亿元,2020年0.38亿元),整合其他涉农资金16.42亿元(2017年4.41亿元,2018年4.71亿元,2019年3.74亿元,2020年3.56亿元),做到因需而整、应整尽整。强化扶贫资金监管,充分利用原州区"331"监管平台,对扶贫资金实行动态监控,严格执行扶贫资金项目公告公示制度,公开区级扶贫资金分配结果,乡、村两级扶贫项目安排和资金使用情况一律进行公告公示。创新监管模式,探索建立协同监管机制,坚持扶贫资金管理专款专用、公开透明,自觉接受群众和社会监督,确保扶贫资金使用精准安全。

五是深化对口帮扶。闽宁对口协作不断深化。2016年以来,闽宁对口扶贫协作累计投入资金1.46亿元(2016年660万元,2017年700万元,2018年2821万元,2019年4400万元,2020年6000万元),先后实施了贫困村基础设施、住房保障、特色产业等项目,建成闽宁示范村河川乡明川村、寨科乡湾掌村等12个,扶贫车间27个,引进闽籍企业投资建成融侨丰霖(宁夏)肉牛生态养殖园区。设立企业家捐资助学基金,资助家庭贫困、品学兼优的各类大学新生452名,在原州区第五中学开设"船政班",资助贫困学生完成学业。支持21家龙头企业和32家合作社发展特色种养殖业。另外在社会帮扶、劳务协作、教育基础设施建设、医疗设备、特色科室及人才支援培训等方面给予大力支持和帮助。自福州马尾区和原州区对口协作以来,两区多次召开互学互助对口扶贫协作交流座谈会,先后签订《马尾区 原州区深化互学互助对口扶贫协作框架协议》《马尾区 原州区生态扶贫结对帮扶协议》《马尾区 原州区村企、社会组织结对帮扶协议》等。目前,原州区所有乡镇、6个部门、10个村分别与马尾区所有镇(街)、6个部门、10个村签订了结对帮扶框架协议,建立了结对共建关系,实现了乡镇结对全覆盖。马尾区飞毛腿集团在原州区成立飞毛腿高级技工学校原州分校,开展职业教育,招收原州籍学生449名,打造的"扶智扶志飞毛腿模式"被国务院扶贫办列为扶贫典型案例。积极开展消费扶贫,在进一步拓展福州市六盘山特产总馆销售渠道基础上,相继建成福州长乐区、福清市等特色馆12家,销售原州特色农副产品。2020年,在福州市举办原州区农特产品展销会,签约协议采购金额1482万元。中央定点帮扶不断强化。2016年以来,中国国家铁路集团定点帮扶累计拨付定点帮扶资金6270万元(2016年420万元,2017年450万元,2018年1060万元,2019年2140万元,2020年2200万元),帮助原州区建成学校14所、移民新村12个,修建桥梁15座、道路30多公里,机修旱作农田3.13万亩,建成养牛园区、蔬菜园区和养鸡示范车间各1个,完成经果林套种优质瓜菜2.43万亩。同时加强帮扶人员力量,先后选派13名干部挂职、驻村帮扶。大力支持原州区农特产品"进站上车",遴选出了碧蜂源等15家质量过硬、风味独特、具有市场竞争力的品类,在铁路站车上销售,帮助原州区特色农产品打开销路,逐步形成"铁路+企业+贫困户"的新型扶贫模式。区市县单位帮扶合力不断凝聚。全区有106个单位(自治区19个、固原市19个、原州区68个)帮扶原州区110个行政村,派驻帮扶干部329人,其中第一书记150名,工作队员179名,实现了所有村第一书记和驻村工作队全覆盖。2016年以来,自治区、固原市、原州区三级定点帮扶部门(单位)累计投入帮扶资金4.8亿元(2016年15192.59万元,2017年15796.09万元,2018年4727.02万元,2019年5290.37万元,2020年7018.98万元),助推贫困群众脱贫致富。

六是激发群众内生动力。开展区、乡(镇)、村三级新时代文明实践中心(所、站)试点工作,深入开展脱贫攻坚政策宣讲、扶贫励志教育、法律法规宣传、农村实用技术推广等活动,有针对性地开展贫困劳动力素质提升、创业和就业培训。建立文明实践积分管理制度,对积极参与的群众进行量化评分,凭积分到爱心超市兑换日用品,以农户"小积分"兑出乡风"大文明"。同时,加强乡风文明建设,充分发挥"一约四会"作用,持续推动移风易俗,抵制高额彩礼、反对大操大办,切实减轻群众婚丧嫁娶负担。加大脱贫光荣户、移风易俗示范户评选表彰力度,2016年以来表彰脱贫光荣户668户(2018年153户,2019年15户,2020年500户),广泛宣传脱贫攻坚先进事迹和典型经验,激发群众脱贫斗志,变"要我脱贫"为"我要脱贫",增强和坚定贫困群众发展生产、建设家园、脱贫致富的信心和决心。

七是抓党建促脱贫攻坚。牢固树立"围绕扶贫抓党建、抓好党建促脱贫"理念,加强农村党组织带头人队伍建设,选育、储备村级后备干部446名,确保每个行政村有2~3名年轻储备干部。加大第一书记和驻村工作队选派管理力度,先后制定并完善《原州区第一书记职责及保障管理办法》"五档管理"等制度办法,严格第一书记、驻村工作队及帮扶责任人日常管理考核,定期考勤通报,并及时向派出单位反馈。坚决落实第一书记和驻村工作队保障机制,解决后顾之忧,确保真正"蹲得住、干得好"。认真做好农村致富带头人"扩面""提质""增效"文章,深入开展"三大三强"促脱贫富民行动、"两个带头人"工程,鼓励"五类人员"创办领办农业经营实体,全区"两个带头人"总数达到1171名。彭堡镇姚磨村"两个带头人"带领群众发展冷凉蔬菜产业、头营镇石羊村"两个带头人"带领群众发展肉牛养殖的经验做法,在2018年接受了全国贫困村创业致富带头人培育工作现场会。

五、下一步打算

认真贯彻落实党的十九届五中全会精神和习近平总书记视察宁夏重要讲话精神,紧紧围绕"实现巩固拓展脱贫攻坚成果同乡村振兴有效衔接",重点抓好以下几个方面工作。

一是进一步健全完善防返贫监测和帮扶机制。实行防止返贫监测和动态帮扶机制,将建档立卡已脱贫但不稳定户和收入略高于建档立卡贫困户的边缘户作为监测对象,建立健全快速发现和响应机制,明确监测程序和工作机制,动态摸排识别,有针对性地采取产业、就业、教育、医疗、住房、综合保障等帮扶措施。

二是进一步做好易地扶贫搬迁后续帮扶工作。紧紧围绕习近平总书记视察宁夏重要讲话精神和全国易地扶贫搬迁后续扶持工作现场会部署要求,加强就业产业扶持和后续配套设施建设,大力发展移民后续产业,持续抓好产业、就业、社会融入三件事,确保移民群众搬得出、稳得住、能致富。

三是进一步加强扶贫资产管理和监督。对2016年以来全部或部分使用各级财政专项扶贫资金、统筹整合财政涉农资金、用于脱贫攻坚地方债资金、闽宁资金,社会帮扶资金投入形成的扶贫资产,加强和规范扶贫资产管理,进一步明确扶贫资产经营权、收益权、监督权、处置权等,防范扶贫资产闲置、流失，提高资产收益，实现保值增值，确保扶贫资产发挥长期效益，为巩固脱贫攻坚成果、有效衔接乡村振兴奠定坚实基础。

四是进一步推动特色产业可持续发展。坚持把发展产业作为巩固脱贫成效的根本之策，大力发展马铃薯、冷凉蔬菜、草畜、特色种养殖等优势产业，发挥好龙头企业、专业合作社、农业大户的作用，做大做强乡村产业，壮大村级集体经济，推动扶贫产业向特色产业、向优势产业、向致富产业转变。

五是进一步完善落实农村社会保障和救助制度。持续做好低保与扶贫政策有效衔接，确保符合条件的贫困人口纳入低保范围，实现应保尽保、应扶尽扶。聚焦高龄、孤儿、残疾人及特困供养等特殊群体，进一步强化措施，用好救助资金，巩固脱贫成果。

六是进一步坚持和完善闽宁协作和对口支援、社会力量参与帮扶等机制。持续深化党政联席、企业帮扶、社会参与，加强在产业合作、招商引资、劳务协作、消费扶贫等方面的深入交流，充分激发和调动社会组织、民间团体、爱心人士参与扶贫协作，推动交往合作取得丰硕成果。

七是进一步做好扶志扶智工作，激发群众内生动力。干部群众是脱贫攻坚的重要力量，贫困群众既是脱贫攻坚的对象，更是脱贫致富的主体。发挥引导贫困群众树立主体意识，让贫困群众积极投入到脱贫攻坚之中，参与扶贫项目的管理、监督和实施，确保其知情权、监督权，真正成为脱贫的主体。充分调动贫困户的主观能动性和积极性，发扬自力更生精神，激发改变贫困面貌的干劲和决心，靠自己的努力改变命运。

原州区新冠肺炎疫情防控工作汇报

在以习近平同志为核心的党中央坚强领导下，我们坚决贯彻落实总书记关于疫情防控的重要指示批示精神，全面贯彻落实党中央、国务院决策部署和区市疫情防控工作安排，把疫情防控作为头等大事、政治任务，坚定信心、同舟共济、科学防治、精准施策，实现了零扩散目标，确保了经济向好、社会稳定的良好发展局面，取得了统筹疫情防控和经济社会发展"双胜利"的显著成果，为全区全市抗疫斗争取得重大战略成果作出了原州贡献。

一、工作进展情况

（一）精准施策，合力攻坚疫情。疫情就是命令，防控就是责任。我们坚决扛起疫情防控政治责任，把应对疫情作为当时压倒一切的政治任务。一是行动迅速，强化组织领导。构建了高效有序、行动有力的组织指挥体系，全区各级组织、各条战线、各行各业闻令而动、听令而行，着手早、行动快，自治区启动一级响应后，全面进入"战时状态"，迅速打响同时间赛跑、与病魔较量的阻击战。指挥部下设指导组、社会管控组等10个工作组，累计召开调度会、现场办公会、工作会等38次，制发指挥部文件21份、办公室文件271份、公告（通告）13次、疫情简报173期。二是联防群防，严防输入蔓延。全区广大社区工作者、公安干警、新闻工作者、志愿者和各级党员干部群众，万众一心、众志成城、携手抗疫，凝聚起了联防联控、群防群控的抗疫坚固防线，筑起了抗击疫情的巍峨长城。对所有住宅小区、村庄严格实行网格化、封闭化、链条化管理，严格登记，测量体温，凭证进出，最大程度减少人员流动。抽调市直部门、区直机关单位党员干部535人，协助街道成立监测点559个，并召集2662名志愿者充实社区防控力量。对全区153个行政村、38个社区及流动人口入住的出租屋、租赁房等，地毯式排查，全面建立台账资料，累计排查出179752户576608人，其中原州区133617户430454人，外地46135户135704

人。机关企事业单位、学校、等实行封闭式管理，"错峰""错时"上下班，定时消毒。在人民日报、人民网、宁夏日报等媒体推送刊登180余篇，发放《致全市人民群众的一封信》4.6万余份，悬挂宣传横幅2110条，张贴宣传海报260张，设置大喇叭、音频播放点220个，发放宣传单20万余份，张贴海报3300张，及时发布防控"疫"线相关情况。三是严格管控，切断传播途径。率先在高速入口、汽车站、火车站等入原通道设立查验点9个，对进入原州区的车辆及人员全面登记检测。对辖区所有农贸市场实行24小时监管，取消活禽交易。对来自湖北和疫情较重地区的人员、与确诊病例和疑似病例的密切接触者、来自其他地区有不适症状人员的"三种人"，实施集中隔离医学观察。启用假日酒店、恒丰宾馆等10个集中隔离点。对来自疫情较重地区以外人员无不适症状的、与确诊病例和疑似病例一般接触的"两种人"，实行"四包一"机制，落实医务人员357人，建立专班752个，提供"四项"服务保障，落实"六个一"措施。四是各司其职，保障推动落实。及时发布实施"十二个一律"措施，查处与疫情防控有关的违法行为。安排纪委31名干部组成9个工作组，联合8个派驻纪检监察组，深入一线督导疫情防控工作，下发督办通知书25期，反馈问题99个，限时整改，问责相关工作人员15名，通报批评3个党组织。坚决打击囤积居奇、哄抬物价等违法行为，保持社会稳定。延迟开学，及时搭建"空中课堂"线上教学。在防控一线成立临时党组织306个，参与一线防控工作党员7149名，涌现出了一批战"疫"模范，彰显了共产党人的初心使命。接受社会组织和个人捐款27.56万元、捐物折合人民币77.66万元。医疗机构严格落实规范诊疗，分类诊断、分类隔离、分类施救。原州区坚持大爱无疆、援鄂抗疫，17名医护人员远赴湖北，成为最美逆行者，圆满完成任务，全区医务工作者坚守岗位、无私奉献，体现医者仁心、展现大义担当。

(二)统筹推进，有序复工复产。我们正确处理疫情防控与生产发展的关系，在切实做好疫情防控的前提下，全力推动原州区经济社会全面发展。一是落实常态化防控措施。坚持"外防输入、内防反弹"总体防控策略，严格落实常态化疫情防控措施。对境外和国内中高风险地区来原人员，把好"信息关、查验关、隔离关、监管关"，持之以恒做到"三个到位"。进一步压实社区、园区、校区、厂区"四区"的防控责任。持续做好环境卫生整治。落实"四早"措施，加强院感防控，突出做好无症状感染者监测、追踪、隔离和治疗。认真落实学校防控各项措施。做好公共服务类场所及特殊场所疫情防控，严格落实消毒、通风、"进出检"、限流等措施。二是建立同防控相适应的经济社会秩序。坚持应势而变、精准施策，适时调整工作重点，推动有序复工复产。制定了关于加快建立同疫情防控相适应的交通运输、商业物流、校园教学秩序等6个实施方案。自3月2日和3月11日开始推行健康信息码申领和健康通行卡办理工作，居民凭绿色健康码自由出行，不再增加管控措施。改进交通检疫检查，分设"绿色通道"和"查验通道"，对持有通行卡和通行证的直接验证放行；对境外、湖北以及所持健康码为"黄码""红码"来(返)原的车辆人员，引导其进入查验车道，查验登记后交由卫健部门分类管理。有序加快恢复商业、服务业经营。认真落实对疫情影响强化政策落实促进重点服务业升级措施，及时兑现各类奖补资金，为企业提供便捷高效服务，促进恢复发展。截至5月6日，已摸排全区工业企业复工356家，从业人员9195人；已摸排12217家个体，复工10237家，从业人员35594人；全区79个重点建设项目开工64项，开工率为81%；1401家企业复工1303家，复工率达93%。严格落实"一校一案"，5月底前，教学秩序有序恢复。全力推进脱贫攻坚，扎实开展"四查四补"，为4091户建档立卡户发放扶贫小额信贷1.9129亿元，启动建设金融扶贫示范村90个，向特殊困难群体发放临时救助资金6511.75万元，低保资金725.97万元。转移农村劳动力4.3万人，其中向福建、浙江、安徽等省区通过"点对点、一站式"输送务工人员36批2558人。

(三)巩固成果,精心准备秋冬季防控。我们切实把思想和行动统一到党中央对疫情防控形势的科学判断和国务院联防联控机制严防聚集性疫情做好秋冬季防控工作署要求上来。一是提高政治站位,压实"四方责任"。认真传达学习了国务院联防联控机制做好秋冬季防控工作和全国疫情防控工作电视电话会议精神,切实增强了严防聚集性疫情做好秋冬季防控工作的政治自觉和行动自觉。进一步完善了联防联控机制,强化行业、系统管理,落实"四方责任"。印发了关于加强秋冬季新冠肺炎疫情防控工作方案,及时查风险、补短板、堵漏洞、强弱项。二是提升防控能力,做到"五有三严"。区应对疫情防控工作组织机构人员不变、工作力度不减、标准要求不松。分级分类组建了疫情研判、流行病学调查、实验室检测、医疗救治、社区防控、心理疏导和社会工作服务等队伍,其中成立的应急采样小分队有14支451人。基层医疗机构预检分诊,定点医院"三区两通道"、发热门诊等设施建设已完成。区人民医院已建成了核酸检测实验室,用于核酸检测实验室建设房屋改造132万元、医疗设备购置168万元,配备了荧光PCR仪、生物安全柜、全自动高压灭菌器、离心机、核酸提取仪、冰箱等检测设备,已全面开展核酸检测。按照相关标准储备可随时启用的集中隔离场所一处(原州区六盘山宾馆,可用房屋201间)。举办医务人员传染病防控培训班30余期。原州区财政拨付疫情防控工作经费600万元。建立健全应急物资保障体系,对防护物资进行了全面清查并及时补充采购,目前有库存医用口罩422338个、外科口罩40000个、N95口罩6900个、KF口罩580个、KN95口罩1700个、一次性帽子2000个、一次性鞋套1000个、防护服1473套、一次性隔离服1091套、护目镜1957副、一次性橡胶手套3550双,红外线测温仪160个,84消毒液557瓶装、过氧乙酸2660公斤、医用酒精346桶,应急箱11个等物资。实施"多病共防",加强对流感等秋冬季高发传染病和不明原因肺炎的监测、分析、预警。完善了应急预案,组织了应急演练。发放《新冠肺炎疫情防控技术工作手册》《新型冠状病毒感染的肺炎公众防护指南》等宣传手册10000余份,"四害"防治知识资料15万余份,大力倡导坚持"一米线"、勤洗手、戴口罩、公筷制等卫生习惯和生活方式。开展爱国卫生运动,清扫城区主次干道110余条,乡村道路300余条,整治城乡结合部和城中村背街小巷300余处,清理各种卫生死角3000余处,清运垃圾30余万吨(包括建筑垃圾),清理乱贴乱画2000余处。三是防范新冠肺炎疫情,落实"四早措施"。按照"及时发现、快速处置、精准管控、有效救治"和分区分级精准管控要求,严把境外入原人员信息、查验、隔离、监管"四个关口",落实"防在境外、控在口岸、管在落地、守在社区"工作措施,实行全程闭环规范管控。落实"应检尽检、愿检尽检"要求,自开展核酸检测工作以来,原州区医院累计检测10108人。有效防范冷链食品在各个环节可能产生的疫病传播风险,冷链食品采样13次306份样,全部阴性。农贸批发市场等重点场落实测温验码、卫生整治、通风消毒等常态化防控措施。毫不放松抓好学校暑期防控,组建了区级"医教"联合体,结对学校(幼儿园)258所,设置标准的隔离点、观察点258个,及早制定秋季学期开学方案,错时错峰合理安排老生返校和新生报到时间,严格做好健康监测。2020年下半年以来,采取有力措施先后成功应对和防范了北京、新疆乌鲁木齐、新疆喀什、山东青岛、天津滨海新区、上海浦东新区等地疫情输入风险,其中全力排查青岛旅居史入原人员80人次,喀什旅居史入原人员7人,上海浦东新区旅居史入原人员2人,天津海滨新区汉沽街、天津海滨新区中心渔港冷链物流区A区和B区旅居史入原人员0人,经核酸检测全部阴性。

二、存在的问题及下一步工作打算

(一)存在的问题。一是思想认识有待提高。当前境外疫情形势持续恶化,国内局部地区不断出现散发病例和聚集性疫情。个别乡镇(街道)和部门(单位)对疫情防控的长期性、复杂性和艰巨性认识不到位,对"外防输入、内防反弹"严峻形势认识不足,风险意识淡薄、底线思维防范意识不强,存在麻痹松懈思想和侥幸心理。二是防控措施有待加强。常态化防控措施和秋冬季防治工作落实还不够科学、精准、规范。人员密集场所和重点场所仍然存在防控漏洞,村组、社区防控责任落实不到位,部分综合超市和餐饮门店防控措施有虚化弱化现象。医学隔离、核酸检测、流行病学调查和医疗救治等能力准备还不够充分。

(二)下一步工作打算。一是要始终绷紧思想之弦。坚决克服厌战思想、侥幸心理、疲惫情绪,严防"疫情已过、平安无事"的心态,要充分认识秋冬季疫情防控严峻形势,切实把思想和行动统一到党中央、国务院决策部署和区市及区委、区政府工作要求上来,坚持以人为本、生命至上,大力弘扬伟大抗疫精神,立足疫情防控常态化,强化监测预警,盯住关键环节,再接再厉、一抓到底,打好秋冬季疫情防控主动仗,巩固防控成果。二是要强化监测预警报告。充分利用大数据和人工智能技术,加强公共卫生相关数据汇聚共享,多渠道开展监测和多点触发预警,及时发现疫情线索。特别要强化医疗机构疫情监测"哨点"作用,加强养老机构、学校和托幼机构、餐馆、农贸(集贸、海鲜)市场等重点场所检测监测报告,同时强化中高风险地区人员、入境人员健康监测,注重发挥社区(村居)疫情防控主阵地作用,实施精准排查,落实早发现、早报告、早隔离、早治疗"四早"要求。三是要加强重点人员健康管理。严格落实境外和国内中高风险地区来(返)广人员的健康管理措施。对境外入原人员,一律先进行体温检测和核酸筛查,对检测结果异常的,立即送定点医院按规定进行处置。社区、村组对居家医学观察的重点人员,严格落实网格化管理和"四包一"服务,督促落实健康监测、核酸检测等措施,发现异常情况,第一时间采取措施快速处置,坚决阻断疫情传播渠道。四是要严格落实常态化疫情防控。商超、酒店、宾馆、影剧院、景区等公共场所,出租车、公交车等公共交通工具,医院、学校、养老机构等重点场所严格按照国家、自治区最新防控要求,落地落细落实各项常态化防控措施。持续完善冷链食品防疫常态化工作机制,每两周开展1次采样监测,做好冷链食品源头端、生产端、市场端、消费端等各环节的食品安全和疫情防控工作。五是要积极做好健康宣传教育。继续强化新冠肺炎防控知识宣传普及,引导公众养成良好卫生习惯,勤洗手、避免用手接触口鼻眼,咳嗽、打喷嚏时注意遮挡,科学佩戴口罩、垃圾分类投放、保持社交距离、推广分餐公筷、看病网上预约,加强工作生活场所通风和卫生清洁,尽量避免前往人群密集场所,尤其是密闭式场所,保持"一米线"安全社交距离。深入开展爱国卫生运动,以重点场所、薄弱环节为重点,推进城乡环境整治,完善公共卫生设施,建立健全环境卫生管理长效机制,引导居民如非必要不要前往疫情中高风险地区,切实减少疫情传播风险。

固原市原州区应对新冠肺炎疫情工作指挥部办公室
2020年11月12日

大事记

1月

2 日　政协固原市原州区第三届委员会第四次会议开幕。大会应出席委员196名,实到171名,符合规定人数。固原市委常委、原州区委书记杨文应邀出席会议。原州区政协副主席张玉峰主持会议。会上,原州区政协主席何锟受政协固原市原州区第三届委员会常务委员会委托向大会作工作报告;原州区政协副主席李宏霞受政协固原市原州区第三届委员会常务委员会委托向大会报告三届三次会议以来提案工作情况。原州区委、人大、政府等副县级以上领导,历届政协主席、副主席,各乡镇、街道党(工)委书记、不是政协委员的区直部门主要负责人,自治区、固原市驻原州区政协委员列席会议。

是 日　原州区第三届人民代表大会第四次会议举行预备会议。固原市原州区领导杨文、郭兆虎、马国明、张俊孝、庞英丽、尹利民出席会议并在主席台就座。原州区人大常委会主任郭兆虎主持会议并讲话。会议应到代表198人,实到代表177人,符合法定人数。

3 日　原州区第三届人民代表大会第四次会议开幕。大会执行主席杨文、郭兆虎、何锟、米广、马国明、张俊孝、庞英丽、尹利民在主席台前排就座。沈瑞华、李春生、马仲尧、李育龙、武殿盛、杨天峰、刘杏萍、刘文平、袁云福等区委、政府、政协、人武部领导,原州区法院、检察院、自然资源局、综合执法局负责人及历届人大常委会主任、副主任等在主席台就座。大会由原州区人大常委会主任、大会执行主席郭兆虎主持。会议应到代表198人,实到代表176人,符合法定人数。原州区区长代表原州区人民政府向大会作政府工作报告。受原州区三届人大常委会委托,原州区人大常委会副主任马国明向大会作人大常委会工作报告。原州区人民法院院长殷志刚、原州区人民检察院检察长张建勋分别向大会作工作报告。

4 日　原州区第三届人民代表大会第四次会议,在完成各项议程后闭幕。大会执行主席杨文、郭兆虎、何锟、米广、马国明、庞英丽、尹利民在主席台前排就座。沈瑞华、李春生、马仲尧、李育龙、武殿盛、杨天峰、刘杏萍、刘文平、袁云福等区委、政府、政协领导,原州区法院、检察院、自然资源局、综合执法局负责人及大会主席团成员在主席台就座。固原市委常委、原州区委书记杨文作讲话,原州区人大常委会主任、大会执行主席郭兆虎主持会议。会议应到代表198人,实到代表175人,符合法定人数。会上,表决通过关于原州区人民政府工作报告的决议(草案)、2019年国民经济和社会发展计划执行情况与2020年国民经济和社会发展计划的决议(草案)、2019年原州区财政预算执行情况和2020年原州区财政预算的决议(草案)、原州区人大常委会工作报告的决议(草案)、原州区人民法院工作报告的决议(草案)、原州区人民检察院工作报告的决议(草案)和原州区三届人大四次会议代表议案的决定(草案)。

是日 政协固原市原州区第三届委员会第四次会议完成各项议程闭幕。固原市委常委、原州区委书记杨文应邀出席会议并作讲话,原州区人大常委会主任郭兆虎应邀出席会议。原州区政协主席何锟主持会议并致辞。本次会议应到委员196名,实到会委员166名。会议审议通过了政协固原市原州区第三届委员会第四次会议政治决议、政协固原市原州区第三届委员会第四次会议关于常委会工作报告的决议、政协固原市原州区第三届委员会2020年协商工作计划;通报了政协固原市原州区第三届委员会第四次会议委员提案审查情况。

6日 固原市原州区政府与内蒙古伊利实业集团股份有限公司举行战略合作框架协议签约仪式。固原市委常委、原州区委书记杨文,原州区区长,伊利集团副总裁刘刚、总裁助理苏玉峰及原州区自然资源、工业信息化和商务、水务、住建交通、头营等相关部门(单位)、乡镇负责人参加了签约仪式。签约仪式上,原州区人民政府、内蒙古伊利实业集团股份有限公司相关负责人代表双方签订了战略合作框架协议。

8日 自治区铁路护路办主任何永武在原州区涉路乡镇(街道)办、村(居)护路工作中心(站)、火车站及铁路沿线重点部位考核原州区2019年铁路护路联防工作。

9日 自治区总工会副主席白虹在固原福苑实业有限公司、原州区柳沟林区全国绿化劳动模范王成吉家走访慰问原州区困难企业和全国绿化劳动模范,原州区人大常委会副主任,总工会党组书记、主席张俊孝陪同。

14日 自治区退役军人事务厅副厅长兰德政在民生苑小区、东关街滨河小区慰问原州区退役军人重点优抚对象,原州区委常委、政法委书记杨天峰等陪同。

15日 固原市委常委、副市长李志达在黄铎堡镇慰问困难群众,区委副书记沈瑞华陪同。

是日 自治区公安厅党委委员、副厅长陈加先春节慰问南关派出所因公牺牲民警王建新家属,固原市副市长,市公安局党委书记、局长李云峰,原州区副区长,公安分局党委书记、局长曾新富陪同。

16日 原州区召开2019年度党政主要负责人履行推进法治建设第一责任人职责述法评议会。会议由固原市委常委、原州区委书记、原州区委全面依法治区委员会主任杨文主持。会议传达学习了《党政主要负责人履行推进法治建设第一责任人职责规定》,对原州区委、政府班子成员、各部门(单位)和群众团体主要负责人、乡镇(街道)主要负责人履行推进法治建设第一责任人职责情况进行了民主测评。

是日 原州区召开2020年度兵役登记暨征兵工作任务部署会,总结2019年征兵工作,安排部署2020年征兵工作任务。原州区委常委、人武部政委刘文平,原州区副区长魏志斌等出席会议并讲话。

17日 自治区党委组织部部委委员、组织一处处长宋弘阳在中河乡红崖村、南关街道宋家巷社区、北塬街道西环路社区走访慰问部分困难党员,原州区委常委、组织部部长李育龙等陪同。

19日 自治区司法厅社区矫正局局长吴建新到原州区司法局检查原州区指挥中心建设情况。

是日	原州区政府召开原州区人民政府全体(扩大)会议,传达学习自治区人民政府第三次全体(扩大)会议精神,政府各副区长就分管工作进行了安排部署。
20日	自治区党委常委、固原市委书记张柱在原州区中心敬老院慰问中心敬老院,固原市委常委、原州区委书记杨文陪同。
21日	原州区"不忘初心、牢记使命"主题教育总结大会召开。固原市委常委、原州区委书记杨文出席会议并讲话,强调要深入学习贯彻习近平总书记在中央"不忘初心、牢记使命"主题教育总结大会上的重要讲话精神,贯彻落实党中央和自治区、固原市党委主题教育总结大会各项部署,坚定担当新使命,奋力展现新作为,为确保与全国全自治区同步建成小康社会而努力奋斗!固原市委第一巡回指导组组长、市人大常委会副主任李志菊出席会议并讲话,原州区领导何锟等出席。
是日	固原市副市长,市公安局党委书记、局长李云峰在固原汽车站、火车站、北新街中石油加油站开展春节前安全检查,原州区副区长、公安分局党委书记、局长曾新富陪同。
22日	原州区召开专题会议,传达学习习近平总书记、李克强总理等党和国家领导人关于新冠肺炎疫情防控重要指示批示精神,以及自治区党委书记陈润儿、自治区主席咸辉、固原市委书记张柱批示要求,安排部署原州区新冠肺炎疫情防控工作。固原市委常委、原州区委书记杨文主持并讲话。
是日	原州区政府组织应急管理局负责人及工作人员前往中国石油中山街加油站、原州区森林草原消防大队等重点领域、重点行业、重点场所开展安全生产大检查,确保春节期间原州区安全形势稳定,保障百姓平安过节。
25日	固原市委常委、原州区委书记杨文带领原州区副区长、原州区公安分局局长曾新富及原州区卫生健康局等有关部门(单位)负责同志,深入原州区官厅镇、张易镇及南关街道、古雁街道、北塬街道等乡镇(街道)督查新冠肺炎疫情防控工作开展情况。杨文一行先后来到宋家巷、和平路、文化街社区卫生服务中心和官厅及张易镇卫生院,实地了解疫情防控工作。
26日	固原市委副书记杨刚在古雁街道海堡社区督查疫情防控工作。
27日	自治区党委常委、固原市委书记张柱在古雁街道明庄社区督导调研疫情防控工作,固原市委常委、原州区委书记杨文陪同。
28日	原州区应对新冠肺炎疫情工作指挥部召开第一次会议,原州区应对新冠肺炎疫情工作指挥部各成员、各相关单位主要负责人参加会议。会议传达学习了中央、自治区、固原市关于新冠肺炎疫情防控工作有关会议精神,研究了《原州区应对新型冠状病毒感染肺炎疫情工作应急预案》,安排部署原州区疫情防控工作。
29日	固原市委常委、原州区委书记杨文主持召开原州区应对新冠肺炎疫情防控工作领导小组会议,分析原州区疫情防控形势,对疫情防控工作进行再研究、再部署。
是日	固原市委常委、原州区委书记杨文督查原州区古雁街道小川子、景园等小区,炭山乡、寨科乡等卡点,寨科乡北淌、马渠、东淌等村组疫情防控工作。
30日	自治区民政厅副厅长方仲权在原州区中心敬老院检查疫情防控工作,固原市民政局局长马晓华陪同。

◆是日　自治区党委常委、固原市委书记张柱在开城镇下青石村、开城村检查疫情防控工作。

是日　固原市委常委、原州区委书记杨文在北塬街道督查新冠肺炎疫情防控工作并召开疫情防控专题会议时要求,要严格按照"五个一套"(即一套人马、一套登记台账、一套宣传材料、一套消毒设备、一套测温程序)要求,切实提高政治站位,强化使命担当,加强对外来人员精准排查登记,扎实做好城市社区(小区)、农村(村组)疫情防控工作。原州区纪委书记、分管副区长、包抓联系街道办的县级领导、卫健部门负责人参加专题会议。

是日　固原市委常委、原州区委书记杨文主持召开原州区新冠肺炎疫情防控工作领导小组暨防疫工作指挥部工作会议,分析原州区疫情防控形势,对疫情防控工作进行再研究、再部署。原州区县级领导、各部门(单位)、乡镇(街道)党政主要负责人参加会议。会议传达学习习近平总书记主持召开的中央政治局常务委员会会议上研究的新冠肺炎疫情防控工作会议精神和《中共宁夏回族自治区委员会关于贯彻落实习近平总书记重要指示精神加强党的领导为打赢疫情防控阻击战提供强大整治保证的通知》等。

31日　原州区召开应对新冠肺炎疫情防控工作指挥部第二次会议。原州区新冠肺炎疫情工作指挥部指挥长、副指挥长、各成员及下设分组各组长、副组长参加会议。会议传达学习了中央、自治区、固原市关于进一步应对新型冠状病毒感染肺炎疫情防控工作等会议精神。研究《原州区应对新型冠状病毒感染肺炎疫情工作指挥部工作规则(试行)》(送审稿),听取疫情防控指挥部下设各工作组工作情况汇报。

是日　固原市委常委、原州区委书记杨文主持召开疫情重点人群管控专题会议。会议听取了相关部门负责人就武汉来原等特殊人员管控、疫情防控工作最新进展情况的汇报等,对原州区疫情防控工作再安排、再部署。原州区县级领导、各部门(单位)、乡镇(街道)党政主要负责人参加会议。

◆2月

1日　固原市委副书记杨刚在原州区古雁街道西城路社区、饮河社区督导检查疫情防控工作。

是日　原州区政府主要领导深入原州区北塬街道办事处聚才园小区,就当前新冠肺炎疫情防控工作进行督查。针对督查中发现的问题在古雁街道办事处召集各办事处包抓县级领导及公安局、综合执法局、卫生与健康局和古雁街道、北塬街道、南关街道主要负责人,召开了重点疫情防控工作现场调度会。

是日　固原市中级人民法院党组书记、院长董军在原州区法院督促指导疫情防控工作。

是日　固原市团委书记邵春霞在原州区东坡苑小区慰问防疫一线志愿者。

2日　自治区党委组织部副部长金万宏在原州区古雁街道办督导调研疫情防控工作,固原市委副书记杨刚、原州区委副书记米广陪同。

是日　固原市委常委、原州区委书记杨文主持召开原州区新冠肺炎疫情防控工作领导小组暨防疫工作指挥部工作会议,分析全区疫情防控形势,对疫情防控工作进行再安排、再部署。原州区领导小组和指挥部成员、县级领导、各部门(单位)、乡镇(街道)党政主要负责人参加会议。会议传达学习了自治区、固原市疫情防控工作领导小组会议精神。汇报了固原市、原州区干部下沉社区开展工作有关情况,听取了重点人群隔离管控有关情况,安排部署了原州区疫情防控有关工作。

3日　固原市委常委、原州区委书记杨文在原州区古雁街道明庄社区、饮河社区督导调研疫情防控工作。

是日　固原市副市长,市公安局党委书记、局长李云峰在原州区公安分局督导检查新冠肺炎疫情防控工作。

4日　自治区疫情督导组来到原州区,就新冠肺炎疫情防控工作督导发现的问题进行反馈。

是日　固原市委常委、政法委记吴会军在原州区古雁街道西环路社区督导调研疫情防控工作,固原市委常委、原州区委书记杨文陪同。

是日　原州区召开新冠肺炎疫情防控工作督导反馈问题整改落实工作会议。

5日　固原市委常委、原州区委书记杨文主持召开原州区新冠肺炎疫情防控工作领导小组暨防疫工作指挥部工作第四次会议,传达学习有关会议、文件精神,听取有关工作情况汇报,安排部署疫情防控工作。会上传达学习了中共中央政治局常务委员会研究加强新冠肺炎疫情防控工作会议精神、中央应对疫情工作领导小组《关于进一步加强当前疫情防控工作的通知》《关于做好春节后错峰返程加强疫情防控工作的通知》精神、自治区党委应对新冠肺炎疫情防控工作领导小组第二次会议精神、自治区应对新冠肺炎疫情防控工作指挥部第三次会议精神和固原市应对新冠肺炎疫情防控工作领导小组第二次会议精神。

6日　自治区党委常委、固原市委书记张柱在原州区三营镇、黄铎堡镇督查疫情防控工作。

是日　固原市委常委、原州区委书记杨文在炭山乡炭山村、新山村疫情防控检查站检查指导疫情防控工作,原州区委常委、宣传部部长武殿盛,原州区副区长翁富明陪同。

是日　固原市司法局局长马学明等在古雁司法所、北塬司法所、南关司法所督查疫情期间社区矫正对象管控情况。

是日　原州区召开疫情防控重点人群管控现场调度会。各街道办事处包抓县级领导和公安局、民政局、卫生与健康局、街道办主要负责人参加会议。

7日　固原市委常委、原州区委书记杨文在古雁街道西环路社区、小川子社区、长城社区督导调研疫情防控工作。

8日　固原市委常委、原州区委书记杨文在古雁街道明庄社区、饮河社区督导调研疫情防控工作。

9日　原州区召开专题会议,学习贯彻自治区防疫工作领导小组第二次会议、2月6日自治区防疫工作领导小组视频会议精神,进一步安排部署防疫重点人群"四包一"管控工作。固原市委常委、原州区委书记杨文主持并讲话。

是日　固原市人大常委会党组书记、主任罗永红在古雁街道饮河社区、明庄社区督查疫情防控工作。

是日　固原市委常委、原州区委书记杨文在南关街道、北塬街道郭庄社区督导检查疫情防控工作。

10日　固原市委常委、区委书记杨文主持召开原州区2020年脱贫攻坚暨农业农村工作专题会议,听取扶贫、农业农村等相关工作情况汇报,安排部署下阶段工作。

◆11日	固原市人大常委会主任罗永红在黄铎堡镇检查疫情防控工作,固原市法院院长董军随行。
是日	原州区政府召开加强重点地区防控、重点人员管控及自治区、固原市督查反馈问题整改专题会议,传达学习有关会议、文件精神,听取了原州区应对新冠肺炎疫情督导检查反馈问题整改、小区管控、市场管控、交通检查点及火车站管控等情况汇报,安排部署原州区疫情防控工作。会议传达学习了习近平总书记在中央政治局常务委员会会议和在北京市调研指导新冠肺炎疫情防控工作时的讲话精神、中央应对新冠肺炎疫情工作领导小组会议精神、自治区党委常委(扩大)会议精神、自治区党委新冠肺炎疫情防控工作视频会和应对新冠肺炎疫情工作领导小组第二次会议精神、自治区政府第4次党组会议和自治区政府第55次常务会议精神、张柱同志在固原市委应对新冠肺炎疫情工作指导小组和在传达学习自治区应对疫情防控工作视频会议精神时的讲话精神、在固原市委应对新冠肺炎疫情工作领导小组会议上的讲话精神等。
11—12日	固原市委副书记杨刚在古雁街道明庄社区督导调研疫情防控工作。
12日	自治区人大常委会副主任董玲在古雁街道西城路社区督查调研疫情防控工作,固原市副市长王新军陪同。
18日	自治区民政厅副厅长方仲权在古雁街道景园小区、山城名邸小区检查社区疫情防控工作,原州区副区长魏志斌陪同。
25日	原州区召开清水河河长会议。会议传达学习了《坚定不移践行水利改革发展总基调加快推进水利治理体系和治理能力现代化》和《大力推进"四水同治"做好节水治水文章全面开启宁夏黄河大保护大治理新时期》,听取了原州区疫情防控期间河长制落实情况和清水河综合治理项目进展情况及2020年全面落实河长制重点工作安排汇报,安排部署了2020年水质监测情况。
是日	原州区政务服务大厅恢复开放。
是日	原州区人大常委会主任郭兆虎带领检查组对原州区新冠肺炎疫情防控期间企业复工复产情况进行检查,原州区政府分管领导及相关部门负责人陪同检查。检查组先后深入固原嘉泰农副产品有限公司、中铝宁夏六盘山热电厂、人人家超市、固原鑫宇农农机具有限公司、固原隆鑫淀粉有限公司等企业,通过实地查看、听取汇报等方式,对原州区疫情防控期间企业复工复产和员工返岗情况进行了全面检查。
26日	原州区文化旅游广电局、固原市公安局原州区分局、固原市市场监督管理局原州区分局联合对固原市新冠肺炎疫情工作指挥部公告(第六号)执行情况开展专项执法检查。
28日	固原市委常委、原州区委书记杨文主持召开原州区委常委(扩大)会议暨新冠肺炎疫情防控领导小组会议和疫情防控指挥部会议,安排部署疫情防控工作。传达学习习近平总书记2月26日在中央政治局常务委员会分析新冠肺炎疫情形势研究近期防控重点工作会议精神,2月27日自治区党委常委(扩大)会议精神、自治区境外新冠肺炎疫情输入防控专题会议和自治区党委组织部《关于组织党员自愿捐款支持新冠肺炎疫情防控工作的通知》,听取全区疫情防控工作开展情况汇报。原州区迅速响应党中央对广大党员的号召,固原市委常委、原州区委书记杨文,原州区委副书记米广、沈瑞华等带头捐款,共同为支

持新冠肺炎疫情防控工作捐款。

是日 固原市民政局局长马晓华在原州区头营镇杨郎村、寨科乡、中心敬老院检查疫情防控工作。

3月

1 日　固原市委常委、原州区委书记、原州区扶贫开发领导小组组长杨文主持召开原州区脱贫攻坚领导小组会议，安排部署脱贫攻坚有关工作。会议传达学习中共中央政治局委员、国务院扶贫开发领导小组组长胡春华2月27日主持召开的积极应对新冠肺炎疫情决战脱贫攻坚电视电话会议精神和自治区扶贫开发领导小组会议暨全区脱贫攻坚"四查四补"工作会议精神、固原市扶贫开发领导小组会议精神。

2 日　自治区纪委副书记、监委副主任郑震在原州区调研疫情防控、扶贫领域整治、监察体制改革等重点工作开展情况。

3—4日　原州区人大常委会主任郭兆虎带领检查组对新冠肺炎疫情防控期间脱贫攻坚工作，特别是挂牌督战村工作进展情况进行了监督检查。检查组先后到原州区头营镇大北山、大疙瘩、马庄村，张易镇毛庄、黄堡村和中河硝口村，通过听取汇报、实地查看，详细了解了疫情防控期间镇村两级对脱贫攻坚工作的安排部署、措施落实和整体推进情况。

4 日　自治区政府第58次常务会议研究决定，批准原州区退出国家贫困县序列。

是日　固原市委常委、原州区委书记杨文在古雁街道调研社区管理工作。

7 日　固原市委常委、原州区委书记杨文，原州区委副书记米广等督导调研重点项目建设工作。杨文一行先后到九龙湖畔家园项目建设工地、头营镇融侨(丰霖)肉牛生态产业园、杨郎万亩冷凉瓜菜基地、三营甘沟村枸杞及山楂种植园和黄铎堡矮化密植苹果及苗圃示范点等地进行调研。

是日　固原市委常委、原州区委书记杨文在黄铎堡镇调研苹果基地建设情况。

是日　固原市委常委、原州区委书记杨文在三营镇甘沟村调研三营镇甘沟村枸杞种植园和山楂种植园。

9 日　固原市副市长吴璞在原州区火车站桥头调研旧城改造工作，原州区委常委、官厅镇党委书记刘杏萍陪同。

10日　中国铁路总公司兰州局集团公司党委书记、董事长杨伟军，党委副书记、总经理李力一行到原州区调研扶贫工作。固原市委常委、原州区委书记杨文陪同调研。杨伟军一行前往原州区彭堡镇闫堡村、姚磨村万亩冷凉蔬菜基地，实地查看有机蔬菜大棚的种植情况，听取近年来原州区冷凉蔬菜的种植规模和生产销售情况汇报及2019年原州区扶贫工作开展情况和铁路帮扶工作开展情况。

11日　人民日报宁夏分社社长李增辉在原州区彭堡镇姚磨村、官厅镇薛庄村调研冷凉蔬菜和村集体经济发展情况，原州区委常委、宣传部部长武殿盛陪同。

12日　自治区扶贫办副主任张吉忠在原州区黄铎堡镇和润村检查挂牌督战工作，原州区副区长魏志斌陪同。

13日　原州区委全面依法治区委员会召开第三次会议。固原市委常委、原州区委书记、原州区委全面依法治区委员会主任杨文主持会议并讲话。会议审议通过了《中共固原市原州区委全面依法治区委员会 2019 年工作总结报告》《原州区 2019 年法治政府建设工作年度报告》《中共固原市原州区委全面依法治区委员会关于依法防控新型冠状病毒感染肺炎疫情 切实保障人民群众生命健康安全的实施方案（送审稿）》《原州区党政主要负责人履行推进法治建设第一责任人职责情况列入年终述职内容试点工作实施方案(送审稿)》《中共固原市原州区委全面依法治区委员会 2020 年工作要点(送审稿)》和《原州区 2020 年法治政府建设工作要点(送审稿)》等报告和文件。

17 日　自治区应急管理厅副厅长黄建军同志在原州区定点医院及集中隔离点调研。

20—21 日　固原市副市长,市公安局党委书记、局长李云峰在固原市火车站检查点、原州区头营镇、三营镇、寨科乡、炭山乡派出所督导检查防范境外疫情输入工作,原州区副区长,公安分局党委书记、局长曾新富陪同。

21—22 日　自治区政府教育督导室副主任李龙锦在固原五中、三营中学、杨郎中学、彭堡学校检查初三、高三开学复课工作,固原市教工委书记、教体局局长马凤贤,原州区委副书记米广,原州区副区长曾新富陪同。

23 日　固原市委常委、原州区委书记杨文在张易镇红庄村、闫关村、南湾村检查脱贫攻坚工作。

24 日　固原市委常委、原州区委书记杨文在开城镇郭庙村督导检查脱贫攻坚挂牌督战村扶贫工作,副区长魏志斌陪同。

是日　自治区团委青年发展部部长温浩来携青年企业家协会成员一行在原州区电子商务公共服务中心就润农青年中心工作进行调研。

25 日　原州区组织宣传统战政法工作会议召开。原州区委副书记米广主持会议并讲话,原州区领导马仲尧、李育龙、武殿盛、杨天峰、刘杏萍、曾新富、张建勋、陈学伟、金琳参加会议。会议传达学习全国、自治区组织部长、宣传部长、统战部长和政法工作会议精神,就原州区 2020 年组织、宣传、统战和政法工作做了全面安排部署。

是日　自治区商务厅副厅长梁万荣考察调研润农电商。

是日　原州区高三、初三年级开学复课。固原市委常委、原州区委书记杨文深入固原三中、固原五中等学校调研察看复课情况和开学准备情况,强调要做实做细疫情期间的学校管理,做好疫情防控和开学复课各项工作。

是日　原州区委召开理论学习中心组(扩大)学习会暨领导干部廉政警示教育会议。固原市委常委、原州区委书记杨文主持会议并讲话。会议学习《习近平关于党风廉政建设和反腐败斗争论述摘编》、习近平总书记在十九届中央纪委四次全会上的重要讲话精神;学习自治区纪委十二届四次全会精神及全区领导干部廉政警示教育大会精神,并集中观看警示教育片《叩问初心》。原州区委常委、纪委书记李春生,原州区委常委、组织部部长李育龙分别围绕领导干部廉洁从政作交流发言。

27 日　固原市委常委、原州区委书记杨文在黄铎堡镇和润村调研挂牌督战、四查四补工作,副区长魏志斌陪同。

是日　原州区召开新任职干部集体廉政谈话会。原州区委常委、纪委书记、监委主任李春生出席会议并讲话,原州区委常委、组织部部长李育龙主持会议。会后组织新任职领导干部到原州区法院廉洁文化教育中心进行廉政警示教育。

30日　自治区审计厅副厅长刘佳在原州区召开2019年原州区扶贫审计情况反馈会。

是日　自治区文化旅游厅厅长宋建钢在原州区文化馆、图书馆、北塬街道文化巷社区、官厅镇文化站、官厅镇高红村文化活动中心调研固原市级各县国家公共文化服务体系示范区创建工作。

31日　自治区党委宣传部道德建设工作处处长马宏在原州区三营中学、中河小学、开城小学、河川小学、寨科小学、南坪小学调研原州区2020年中央专项彩票公益基金支持乡村少年宫项目学习建设情况。

4月

1日　原州区召开扶贫开发领导小组（扩大）会议暨脱贫攻坚"四查四补"工作推进会，安排部署脱贫攻坚有关重点工作。固原市委常委、原州区委书记、原州区扶贫开发领导小组组长杨文出席会议并讲话。会议以"云视讯"视频形式召开，原州区在家县级领导、各部门单位负责人、各乡镇（街道）党（工）委书记在区委主会场参加会议，各乡镇干部、村"两委"班子成员、驻村工作队员等在各乡镇、各村分会场收看收听会议。

是日　固原市委常委、原州区委书记杨文主持召开原州区扫黑除恶专项斗争领导小组2020年第一次会议，传达学习了全国扫黑除恶专项斗争视频会议暨第8次会议精神、自治区扫黑除恶专项斗争领导小组2020年第一次会议精神、张韵声同志讲话精神和自治区《关于通报表扬2019年度全区扫黑除恶专项斗争先进单位的决定》。研究审定了《原州区扫黑除恶专项斗争2020年工作要点》《通报表扬原州区2019年度原州区扫黑除恶专项斗争先进单位的决定》等，回顾总结了2019年工作，安排部署了2020年重点任务。

6日　固原市委常委、原州区委书记杨文在河川乡督导调研脱贫攻坚工作。

7日　自治区党委常委、统战部部长白尚成在原州区开城镇开城村督导检查统战宗教工作，固原市委常委、原州区委书记杨文，原州区委常委、统战部部长马仲尧陪同。

是日　固原市副市长，市公安局党委书记、局长李云峰在南关派出所、中河派出所调研派出所基层治理工作，原州区副区长，公安分局党委书记、局长曾新富陪同。

是日　固原市人大常委会副主任成世杰在原州区调研扶贫工作，区委常委、政法委书记杨天峰陪同。

8日　中国共产党固原市原州区第三届纪律检查委员会第五次全体会议召开。出席这次全会的固原市原州区纪委委员17人，列席152人。固原市委常委、原州区委书记杨文出席全会并讲话。原州区人大、政府、政协领导班子成员，原州区人民法院院长，原州区人民检察院检察长出席了会议。全会传达学习了习近平总书记在十九届中央纪律检查委员会第四次全体会议上的重要讲话精神和十九届中央纪委四次全会、自治区纪委十二届四次全会、固原市纪委四届五次全会精神，全面总结了2019年原州区纪检监察工作，部署了2020年工作任务，审议通过了李春生代表原州区纪委常委会所作的《坚守初心使命　强化政治监督　为脱贫摘帽实现小康提供纪律保障》的工作报告。部分乡镇（街道）和区直部门党委党组主要负责人向全会述责述廉,接受质询和评议。向原州区监委特约监察员颁发聘书。

是日　固原市人大常委会主任罗永红,副主任云生元、李志菊在原州区医疗卫生机构检查《中华人民共和国传染病防治法》《中华人民共和国野生动物保护法》和《宁夏回族自治区人大常委会关于依法防控新型冠状肺炎疫情坚决打赢疫情防控阻击战的决定》贯彻实施情况,并在黄铎堡镇卫生院、金堡村检查疫情防控工作,原州区副区长曾新富,原州区人大常委会主任郭兆虎、副主任庞英丽陪同。

是日　自治区财政厅副厅长刘守保在原州区张易镇大店村,官厅镇薛庄村、乔洼村调研扶贫工作,副区长王统一陪同。

9日　固原市委常委、组织部部长余剑雄在原州区开城镇冯庄村检查脱贫攻坚挂牌督战工作,原州区委常委、组织部部长李育龙,副区长马英陪同。

是日　固原市政协副主席呼延俊杰在原州区开城镇郭庙村检查脱贫攻坚挂牌督战工作,原州区政协主席何锟陪同。

13日　固原市委常委、组织部部长余剑雄在官厅镇薛庄村调研壮大村集体经济工作,原州区委常委、组织部部长李育龙,原州区委常委、官厅镇党委书记刘杏萍陪同。

是日　自治区文化和旅游厅副厅长赵明霞在大原古建非遗工坊、六盘山抟土瓦塑工坊及宁夏固原金糜子酒业有限责任公司、宁夏固原秦韵文化艺术旅游产业有限公司核查评估自治区级非物质文化遗产扶贫就业工坊暨旅游踩线工作。

14日　原州区应对新冠肺炎疫情工作指挥部召开会议,分析当前疫情防控工作,安排部署原州区疫情防控和复工复产工作。

14—15日　固原市委常委、原州区委书记杨文带领相关部门负责人,调研重点项目建设和企业复工复产情况,并协调解决复工复产过程中存在的困难和问题。杨文先后到宁夏华尔晶淀粉有限公司、中国天楹股份有限公司城市垃圾无害化利用及环卫一体化项目的施工现场、宁夏欣丰现代农业科技有限公司进行调研。

15日　自治区人社厅厅长刘国强在原州区中河飞毛腿技工学校原州分校、太阳城创业园调研检查,固原市委常委、原州区委书记杨文,副区长袁云福、魏志斌陪同。

是日　固原市委常委、原州区委书记杨文在原州区张易镇黄堡村调研挂牌督战村脱贫攻坚工作,原州区委常委、政法委书记杨天峰随行。

是日　固原市委常委、组织部部长余剑雄在黄铎堡镇和润村调研村集体经济运行情况,原州区副区长马英陪同。

是日　固原市委常委、原州区委书记杨文调研原州区脱贫攻坚挂牌督战村"四查四补"等重点工作,在张易镇黄堡村、中河乡硝口村进行调研。

16日　自治区民政厅党组书记、厅长妥永苍在原州区古雁街道小川子社区、东海园社区调研原州区社区治理工作,固原市民政局局长马晓华、副局长魏志斌陪同。

16—17日　中国国家铁路集团有限公司党组副书记甄忠义到原州区调研中国国家铁路集团有限公司定点帮扶原州区帮扶项目,中国国家铁路集团有限公司扶贫办副主任韩树清、组织部副部长吴望根、扶贫办扶贫主管任君、办公厅党组秘书处副主任范大博,兰州局集团有限公司党委书记、董事长杨伟军及办公室主任谢伟民、扶贫办主任史隆随行。

17日　国家铁路总公司总经理杨宇栋在原州区开城镇柯庄村检查柯庄村脱贫攻坚工作,自治区党委常委、固原市委书记张柱,兰州铁路局董事长杨伟军陪同。

是日　自治区副主席、固原市市长马汉成在原州区开城镇柯庄村、冯庄村检查脱贫攻坚工作,固原市委常委、原州区委书记杨文陪同。

20日　固原军分区动员处处长申国涛在黄铎堡镇政府检查武装工作,原州区委常委、武装部政委刘文平,武装部部长张全军陪同。

21日　自治区供销合作社党组成员、理事会副主任解涛到原州区张易镇、彭堡镇、河川乡、中河乡调研原州区供销合作社项目工作,副区长王统一陪同。

是日　自治区纪委常委刘跃成在原州区调研扶贫领域专项整治工作。

是日　固原市人大常委会副主任成世杰在原州区张易镇毛庄村、黄堡村调研挂牌督战村脱贫攻坚工作。

21—22日　固原市政协副主席杨彦文在原州区张易镇毛庄村、黄堡村调研挂牌督战村脱贫攻坚工作。

22日　固原市副市长王新军、吴璞在官厅镇官厅村调研创卫工作,原州区委常委、官厅镇党委书记刘杏萍陪同。

23日　自治区团委书记王伟在原州区古雁街道小川子社区、宁夏时迈科技集团、固原市美年大健康团支部调研共青团工作,原州区委副书记沈瑞华、固原市团委副书记穆小平等陪同。

是日　自治区统计局党组成员、副局长周万佩在金昱元广拓能源有限公司、固原福苑实业有限公司、宁夏固原市原州区高品蛋鸡产业园一期建设项目调研原州区一季度经济运行情况和统计法制情况。

是日　自治区应急管理厅副厅长万东刚一行到原州区调研防灾减灾示范社区和地质灾害点监测及治理情况。

是日　自治区纪委副书记、监委副主任张自军在原州区调研扫黑除恶、大棚建设及扶贫领域整治进展工作。

24日　原州区召开食品安全委员会2020年食品安全工作会议。会议听取原州区第一季度食品安全工作开展情况汇报,明确原州区今后食品安全工作目标。会上,原州区食品安全委员会主任、副区长拜春晖与各成员单位、各乡镇签订了2020年《食品安全工作责任书》。

是日　九一科技集团鲜切花项目负责人海洋、云南英茂集团副总经理肖旺保、昆明青色地平线花卉有限公司总经理蔡庆京、晋宁姹紫花卉种植农业专业合作社社长李良松、云南精垦农业科技有限公司总经理助理海嘉明、中国企业报集团副社长陈秀明、中国企业报集团宁夏实验区顾问委员会执行主任朱文禄等"一带一路"云花北上产业投资考察组,到原州区彭堡镇考察姚磨冷凉蔬菜基地日光温室大棚情况,固原市委副书记杨刚、副市长周文贵等陪同。

27日　自治区副主席、固原市市长马汉成在原州区督战脱贫攻坚工作时强调,严格落实挂牌督战工作责任,聚焦"两不愁三保障"标准,切实抓好"四查四补",决战决胜脱贫攻坚。

28日　固原市人民检察院党组书记、检察长樊百安在原州区人民检察院督导马小兵涉黑案办理情况。

29日　全国政协委员、民盟宁夏区委会主委冀永强到原州区战国秦长城调研原州区推进长城国家文化公园建设情况,自治区文物保护中心主任、研究院马建军。民盟宁夏区委会参政议政处处长、区情研究中心专职副主任兼秘书长马晓勇等随行。

是日　自治区党委第五巡视组在黄铎堡镇和润村湖羊养殖场查看村集体经济发展工作,固原市委常委、原州区委书记杨文陪同。

是日　自治区卫生健康委副主任李作忠在原州区彭堡镇、中河乡督查健康扶贫工作标准化建设和挂牌督战情况。

是日　原州区以电视电话会议的形式召开扶贫开发领导小组暨"四查四补"工作推进会,固原市委常委、原州区委书记杨文出席会议并讲话。会议传达自治区有关扶贫工作会议精神,解读扶贫相关政策,通报全区脱贫攻坚"四查四补""十二项清零"工作进展情况及脱贫攻坚督查问题整改情况,安排下一步工作。

30日　自治区应急管理厅厅长黄建军一行到原州区寨科乡磊鑫建材有限公司调研安全生产情况。

5月

7日　自治区党委宣传部副部长于小晗一行到原州区新时代文明实践中心、黄铎堡镇新时代文明实践所、黄湾村新时代文明站,调研原州区新时代文明实践工作。

8日　固原市副市长,市公安局党委书记、局长李云峰在张易派出所调研指导工作。原州区副区长、公安分局党委书记、局长曾新富陪同。

是日　原州区召开2020年双拥工作领导小组会暨退役军人服务保障体系建设推进会。会议传达了自治区双拥工作领导小组会议精神,总结了2019年原州区双拥工作并安排部署2020年工作,通报了退役军人服务保障体系建设情况。

9日　住建部总工程师何晓军、计财外事司周玉杰在原州区头营镇调研督查脱贫攻坚建档立卡户核验工作。

10日　固原市委常委、原州区委书记杨文到原州区委政法委、原州区公安分局、生态环境局原州分局、原州区委统战部,调研原州区扫黑除恶专项斗争、禁毒、生态环境保护等几项重点工作开展情况,帮助解决存在的困难和问题。

11日　自治区人民政府副秘书长,固原市委常委、副市长黄水木在黄铎堡镇和润村检查挂牌督战工作,区委常委、副区长袁云福陪同。

是日　原州区水务局召开2020年水旱灾害防御工作会,深入贯彻落实自治区水利厅水旱灾害防御工作视频会议精神,分析研判当前水旱灾害防御工作面临的形势,总结回顾2019年防汛抗旱工作并对2020年水旱灾害防御工作进行全面安排部署。

是日　召开原州区创建国家卫生城市工作推进会,安排部署近期重点工作。原州区各分管领导、成员单位负责人参加会议。

12—13日　自治区住建厅纪检组组长冯永东在原州区中河乡、炭山乡、寨科乡调研美丽村庄、危房危窑建设情况。

13日 固原市委常委、原州区委书记杨文主持召开原州区2020年重点项目建设推进会,听取发改、自然资源、住建交通、水务、农业农村等部门项目谋划和全区重点项目进展情况汇报,协调解决存在的困难问题,安排部署近期主要工作。

是日 原州区人大常委会检查组一行对原州区部分重点单位国有资产管理及运营情况进行检查。检查组一行先后抽查了国有自然资源(资产)官厅镇沙窝矿区、国有金融企业原州区惠民担保有限责任公司担保贷款企业项目实施情况、国有企业固原市清河环境发展有限公司管理运营情况。

13—14日 自治区退役军人事务厅一级巡视员兰德政一行在原州区退役军人事务局,头营镇头营村、杨郎村退役军人服务站,南关街道办事处宋家巷社区、峡口社区、晨光家园小区调研退役军人服务保障体系建设情况,固原市委常委、原州区委书记杨文,原州区委常委、副区长袁云福等陪同。

14日 自治区团委副书记丁聃和自治区团委组织部部长王利宏在原州区头营镇杨郎村调研团的基层建设工作,原州区委副书记沈瑞华等陪同。

是日 召开原州区创建国家公共文化服务体系示范区工作推进会,总结原州区前期创建工作,分析面临的形势,通报原州区创文工作进展情况,查找存在的问题及短板,安排部署下一步工作。

是日 原州区委副书记、原州区扶贫开发领导小组副组长米广主持召开脱贫攻坚普查工作专题会暨扶贫开发领导小组会议。区委副书记沈瑞华出席会议。会议通报自治区脱贫攻坚调研指导反馈问题,研究整改措施;听取金融扶贫贷款清偿工作汇报,听取2019年脱贫攻坚成效考核反馈问题整改、消费扶贫、扶贫项目库建设、扶贫数据提升、历年剩余资金支付工作情况和"十二五"和煦家园维修工程存在问题汇报,安排部署原州区脱贫攻坚普查工作和"十二五""十三五"城区劳务移民和"十三五"就近安置移民管理工作。

15日 原州区政协召开界别委员工作座谈会,原州区政协党组书记、主席何锟主持会议并讲话。11个界别活动组组长、联络员参加会议。会议听取了各界别活动组2019年以来组织活动开展情况及2020年工作打算汇报,各专委会分别对自己所联系的界别组工作情况进行评价发言,各与会委员就创新界别委员工作开展了交流。

16日 自治区扫黑除恶特派督导第四巡回督导组下沉原州区,开展扫黑除恶专项斗争督导工作。自治区司法厅二级巡视员、督导组组长齐学东参加督导。特派督导组通过听取汇报、查阅档案资料、问询、反馈等形式,对原州区重点案件线索办理、社会乱象整治、长效机制建立等方面进行了全面督查。

18日 原州区政府领导深入城区东关路东红村拆迁片区、东红巷、九龙湖畔家园建设工地、东城花园东拆迁片区等地,实地督导检查原州区创建国家卫生城市反馈问题整改工作进度,现场解决存在的困难。原州区卫健局、综合执法局负责人参加。

18—22日 自治区财政厅二级巡视员杨金忠等6人在原州区财政局调研开展债务管理和绩效管理工作,原州区副区长王统一陪同。

◆19日　自治区司法厅党委书记、厅长冯自保在原州区司法局彭堡司法所、司法局公共法律援助中心调研基层司法行政工作，在别庄村、杨忠堡村调研精准扶贫工作，固原市委常委、原州区委书记杨文陪同。

21—22日　自治区财政厅二级巡视员商艳臣在原州区供销合作社企业润农电子商务有限公司调研"扶贫832"平台，走访宁夏好水川食品有限公司、宁夏瑞春杂粮股份有限公司、宁夏伊脉饮用水有限公司，原州区副区长王统一陪同。

22日　召开中国共产党固原市原州区第三届委员会第五次全体会议。出席这次全会的有原州区委委员29人，候补委员8人。固原市委常委、原州区委书记杨文代表常委会作了报告，会议对当前原州区经济工作作了安排部署。原州区纪委常委和固原市、原州区部分党代表，不是原州区委委员、候补委员的在职副县级领导同志及各乡镇（街道）、部门（单位）、各民主党派主要负责同志列席会议。全会以习近平新时代中国特色社会主义思想为指导，深入学习贯彻党的十九届四中全会精神、习近平总书记视察宁夏重要讲话精神，全面贯彻落实自治区党委十二届十次全会和固原市委四届七次全会精神，审议通过了《中共原州区委员会关于贯彻落实〈中共宁夏回族自治区委员会关于完善基层治理体系提高基层治理能力的若干意见〉的实施方案》，讨论了《原州区全面建成小康社会年度考核办法》《原州区高质量发展综合绩效年度考核办法》。

23日　固原市委常委、原州区委书记杨文在官厅镇乔洼村调研文化工作，区委常委、官厅镇党委书记刘杏萍陪同。

是日　固原市委常委、原州区委书记杨文在河川乡督导调研脱贫攻坚、环境整治等工作。

28日　自治区交通厅副厅长刘鹏云在S203经油坊至G309公路检查农村公路建设情况。

是日　固原市委常委、原州区委书记杨文督导调研原州区脱贫攻坚等工作开展情况。杨文先后到头营镇大疙瘩村、利民村了解移民村改造提升项目、肉牛养殖出户入场等工作进展情况。

29日　自治区党委常委、固原市委书记张柱在南关街道东红片区调研街道创卫工作，固原市委常委、原州区委书记杨文，固原市副市长王新军、吴璞等陪同。

◆6月

1日　固原市委常委、原州区委书记杨文在南关街道宋家巷社区、古雁街道小川子社区、北塬街道文化巷社区调研城市社区基层治理工作，原州区委常委、政法委书记杨天峰陪同。

2日　全国政协委员、民盟宁夏区委会主委冀永强在黄铎堡镇黄湾村苹果基地、和润村集体经济及公益性岗位调研脱贫攻坚工作，固原市委常委、原州区委书记杨文，区委常委、统战部部长马仲尧陪同。

是日　自治区总工会副巡视员陈永福在原州区总工会开展产业工人队伍抽样调查，原州区人大常委会副主任，总工会党组书记、主席张俊孝陪同。

是日　原州区政协召开宗教、散居少数民族界别组活动座谈会。原州区政协主席何锟出席并讲话。会上,传达学习了全国两会精神和《中共中央关于坚持和完善中国特色社会主义制度 推进国家治理体系和治理能力现代化若干重大问题的决定》,对原州区政协正在开展的"新时代 新使命 新样子"学习讨论活动有关内容进行强调。

3日 固原市委常委、原州区委书记杨文到原州区文广局、住房城乡建设和交通局,调研原州区全面建成小康社会、高质量发展、乡村振兴及脱贫攻坚等工作。

5日 固原市政协副主席呼延俊杰在原州区开城镇郭庙村检查脱贫攻坚工作,原州区政协主席何锟陪同。

7日 北京大学教授李国新在北塬街道文化巷社区调研公共文化服务体系工作,固原市文广局局长喜晓林,原州区委常委、政法委书记杨天峰,副区长魏志斌陪同。

7—12日 福州市马尾区人大常委会主任郑是平一行9人在原州区头营镇、河川乡、开城镇、彭堡镇调研对口扶贫协作情况,原州区人大常委会主任郭兆虎,副主任马国明、张俊孝、庞英丽陪同。

10日 固原市人大常委会副主任杨大素在原州区彭堡镇初级中学、曹洼小学、原州区第十八小学、第七中学调研义务教育优质均衡发展情况,原州区人大常委会主任郭兆虎、副主任庞英丽陪同。

10—11日 福州市马尾区主要领导带队到原州区调研对接两区对口帮扶协作工作,并考察调研相关企业及冷凉蔬菜和苹果种植情况,同时召开马尾区·原州区对口扶贫协作联席会议,共叙友谊、共话脱贫、共谋发展,全面深化闽宁对口交流协作,共同推进原州区·马尾区经济协同发展。

是日 福州市委副书记、常务副市长林飞和马尾区委书记游通铃一行在固原市委副书记杨刚,固原市委常委、原州区委书记杨文,固原市委常委、副市长黄水木陪同下,先后考察了固原融侨丰霖(宁夏)肉牛生态养殖园、福建省飞毛腿技师学院原州分校,参加福建省飞毛腿技师学院原州分校、闽宁劳务技能人才输送基地揭牌仪式,随后向原州区中河中学学生代表发放"复学礼包",并慰问挂职干部和专技人员代表。

11日 固原市委常委、原州区委书记杨文在开城镇吴庄村调研基础设施建设进展情况。

是日 马尾区·原州区对口扶贫协作联席会议在红宝宾馆召开。固原市、原州区领导杨文、米广、袁云福、王统一,马尾区领导游通铃、张发春等参加联席会议。会上,举行了马尾区·原州区2020年深化互学互助对口扶贫协作框架协议,马尾区·原州区村企村社结对和马尾区·原州区引进企业(项目)签约仪式。

是日 马尾区委书记游通铃一行在原州区考察彭堡镇姚磨冷凉蔬菜基地、黄铎堡镇黄湾村矮化密植苹果基地、马尾区援建生态公益林一期项目和闽宁协作产业扶贫项目油用牡丹基地等。

14—15日 黄河水土保持西峰治理监督局副局长、总工程师刘斌、王志强、余天龙到原州区开展水利部2020年度黄土高原地区淤地坝工程安全度汛专项督查,原州区副区长王统一陪同。

15日 固原市委常委、原州区委书记、原州区新冠肺炎疫情防控工作领导小组组长杨文主持召开新冠肺炎疫情防控工作领导小组暨防控工作指挥部(扩大)会议。会议重温学习自治区新冠肺炎疫情防控工作领导小组印发《关于完善机制做好新冠肺炎疫情常态化防控工作的实施意见》的通知,传达学习自治区新冠肺炎疫情工作指挥部办公室《关于加强新冠肺炎疫情防控工作的紧急通知》,听取全区疫情防控工作情况汇报,安排部署下一步工作。

是日　原州区委常委会召开(扩大)会议暨中心组学习(扩大)会议,认真学习宣传贯彻习近平总书记视察宁夏重要讲话精神,自治区党委2020年第21次常委会(扩大)会议精神,研究贯彻落实工作,固原市委常委、原州区委书记杨文主持会议。

是日　固原市委常委、原州区委书记、原州区扫黑除恶专项斗争领导小组组长杨文主持召开原州区扫黑除恶专项斗争领导小组2020年第二次会议。会议重温学习了全国扫黑办第9次主任会议精神,全国扫黑除恶专项斗争领导小组会议精神和张韵声在自治区党委政法委员会第二次全体(扩大)会议上有关扫黑除恶专项斗争的工作要求,听取了原州区扫黑办关于自治区第四巡回督导组和固原市案件办理督导组反馈问题整改落实情况汇报,总结了2020年上半年工作,并就今后具体工作围绕重点行业领域乱象治理、"六清"行动顺利开展、"三书一函"工作开展和长效常治机制建设等方面做了详细安排部署。

16日　福建省妇联主席徐姗娜、副主席陆箐,漳州市妇联主席黄淑红,三明市妇联主席廖丽青,福建省妇联宣传部副部长孙佳在原州区绣色淑工刺绣工作室、六盘女红工作室调研互助互学对口扶贫交流合作工作,自治区妇联主席马文娟、发展部部长马学智,固原市委副书记杨刚,固原市妇联主席王萍陪同。

是日　固原市委常委、原州区委书记杨文在南关街道东红拆迁片区调研土地房屋征收和创建国家卫生城市工作,副区长拜春晖随行。

是日　固原市委常委、原州区委书记杨文在开城镇下青石、开城村调研文化旅游工作,副区长王统一随行。

16—17日　自治区政协副主席、党组副书记李彦凯在原州区政协机关、疾控中心、法院、彭堡镇姚磨冷凉蔬菜基地调研基层政协的委员组成、界别设置、领导班子、工作机构及人员编制等情况,固原市政协主席、党组书记马玉芳,固原市委常委、原州区委书记杨文陪同。

17日　自治区政协副主席、党组副书记李彦凯在原州区人民法院调研指导政协民主监督相关工作,固原市政协主席马玉芳,固原市委常委、原州区委书记杨文,原州区政协主席何锟,原州区法院党组书记、院长殷志刚陪同。

是日　原州区水务局开展2020年山洪灾害防御、超标准洪水调度及库坝安全度汛应急演练。原州区政府、应急管理局、开城镇、蓝天救援队及在建水利工程部分施工单位、监理单位100余人参加了演练。本次演练分为大马庄水库超标准洪水调度、预警信息发布、工程设施应急抢险、险区群众转移、伤员救治演练等5个科目。

18日　固原市人大常委会副主任云生元在原州区头营镇陶庄村、黄铎堡镇黄湾村苹果基地、和润村湖羊养殖场调研原州区脱贫攻坚工作,原州区人大常委会主任郭兆虎、副主任张俊孝,副区长魏志斌陪同。

是日　固原市政协副主席杨彦文在头营镇蒋河村、杨郎村、胡大堡村、区政务服务大厅调研"163"政务服务模式运行管理及村级便民服务站建设情况,原州区政协主席何锟,原州区委常委、副区长刘世贤陪同。

是 日　　原州区扶贫开发领导小组召开2020年第8次会议,传达学习习近平总书记视察宁夏重要讲话和重要指示批示精神,传达自治区脱贫攻坚重点工作推进会精神,听取原州区脱贫攻坚工作汇报,安排部署近期脱贫攻坚重点工作。固原市委常委、原州区委书记、原州区扶贫开发领导小组组长杨文主持会议并讲话。

23日　　固原市副市长,市公安局党委书记、局长李云峰在固原市第七中学、六盘山热电厂、宋家巷社区禁毒图书角、南关街道社区戒毒康复中心调研原州区禁毒工作,原州区副区长,公安分局党委书记、局长曾新富同志陪同。

是 日　　自治区副主席、固原市市长马汉成在寨科乡湾掌村调研湾掌村发展壮大村集体经济工作,固原市委常委、原州区委书记杨文,固原市人大常委会副主任杨大素,固原市副市长周文贵陪同。

24日　　固原市政协党组副书记、副主席马莲在原州区人民医院、原州区疾病预防控制中心、三营镇人民医院围绕重大疾病防控,心脑血管疾病防治、癌症防治行动、慢性呼吸系统疾病防治、糖尿病防治、传染病及地方病防控、互联网+医疗健康情况进行调研,原州区政协主席何锟陪同。

是 日　　原州区召开创建国家卫生城市专题会议。会议传达了自治区、固原市创建国家卫生城市相关会议及相关领导的批示精神,安排部署了下一步创卫工作任务。

是 日　　原州区召开原州区清水河河长会议。会议传达学习了自治区、固原市相关会议及主要领导指示精神,通报了清水河治理进展情况和清水河水污染防治水质监测情况,听取了清水河治理及河长制落实情况汇报,安排部署了近期清水河河长制工作。

26日　　固原市委常委、原州区委书记杨文在官厅镇庙台村检查冰雹后农作物受灾情况,原州区委常委、官厅镇党委书记刘杏萍陪同。

27日　　自治区党委统战部副部长、宁夏社会主义学院党组书记杜秀岚,宁夏社会主义学院副院长李明珍一行5人在大台村调研脱贫攻坚工作,原州区委常委、宣传部部长武殿盛陪同。

28—29日　　自治区政协常委、港澳台侨和外事委员会主任道月泓在三营镇刘姥姥庄园、彭堡镇申庄村、中河乡丰堡村、河川乡骆驼河中药材种植区及宁夏明德中药饮片有限公司、宁夏百草苑药业有限公司调研中药材种植农户种植、加工、销售基本情况、中药材在促进农民脱贫增收方面发挥作用、中药材企业原材料来源、中药材加工、产品研发、产品销售等情况,原州区政协主席何锟、副区长马英陪同。

30日　　自治区公安厅党委委员、副厅长陈加先在南关派出所西环路社区警务室、中河派出所、固原七中禁毒教育示范点督导调研公安重点工作,原州区副区长,公安分局党委书记、局长曾新富同志陪同。

是 日　　原州区召开防汛救灾工作专题会议,固原市委常委、原州区委书记杨文主持。会议传达学习习近平总书记对防汛救灾工作的重要指示精神,自治区党委、政府防汛救灾工作会议精神,听取防汛抗旱、救灾救援及水旱灾害防御工作开展情况汇报,安排部署原州区防汛救灾工作。

是 日　　固原市委常委、原州区委书记、原州区扶贫开发领导小组组长杨文主持召开原州区扶贫开发领导小组2020年第9次会议。会议传达国家脱贫攻坚普查电视电话会精神,部分省脱贫攻坚与实施乡村振兴战略有机衔接工作座谈会议精神，自治区扶贫开发领导小组2020年第3次会议精神，自治区政府脱贫攻坚普查工作会议精神，安排部署原州区近期脱贫攻坚重点工作。

7月

1日　固原市委常委、原州区委书记杨文深入原州区头营镇蒋河村、杨郎村、彭堡镇姚磨村调研督导冷凉蔬菜产业发展情况并在姚磨村宣讲习近平总书记视察宁夏重要讲话精神；主持召开座谈会，听取冷凉蔬菜产业发展情况汇报，与参会人员座谈交流，安排部署贯彻落实工作。

是日　固原市检察院党组成员、副检察长白万钧在原州区人民检察院督导马小兵等人涉黑案件办理工作，固原市第一检察部主任杨鹏云，第二、第三检察部主任黄浩随行，原州区人民检察院党组副书记、副检察长马彦平陪同。

2日　原州区委举办领导干部专题研讨班，深入学习宣传贯彻习近平总书记视察宁夏重要讲话精神。原州区在职副县级以上领导和各乡镇（街道）、部门（单位）及人大、政协各委室主要负责同志参加。研讨班期间，大家精读细研习近平总书记视察宁夏重要讲话和重要指示批示精神，谈认识、谈体会、谈感受，谈贯彻落实的决心、打算和措施。

是日　固原市中级人民法院院长董军在原州区人民法院参加全市法院"两个一站式"建设工作推进会。

2—3日　自治区副主席杨培君、政府副秘书长吴涛一行在原州区调研宁夏师范学院建设发展、固原市2020年高考筹备、固原市中医药产业发展及疫情防控工作情况，固原市委常委、原州区委书记杨文陪同。

6日　固原市副市长，市公安局党委书记、局长李云峰在固原一中、三中、六中、七中高考考点督导检查固原市各高考考点，原州区副区长，公安分局党委书记、局长曾新富陪同。

7—8日　固原市检察院党组成员、副检察长白万钧在原州区人民检察院督导马小兵等人涉黑案件办理工作，固原市第一检察部主任杨鹏云，第二、第三检察部主任黄浩随行，原州区人民检察院党组副书记、副检察长马彦平陪同。

8日　原州区召开脱贫攻坚各类反馈问题整改暨扶贫资金支付工作专题会议，原州区政府办、发改局、财政局、水务局、人社局和扶贫办等部门主要负责人参加会议。会议听取关于脱贫攻坚各类反馈问题整改情况及扶贫资金支付情况的汇报，指出存在的问题和不足，安排部署下一阶段的重点工作。

9日　固原市委常委、原州区委书记杨文主持召开原州区领导干部学习贯彻习近平总书记视察宁夏重要讲话精神第二次专题研讨会。会议传达学习了习近平总书记在宁夏考察工作结束时的讲话，讨论原州区贯彻落实有关事项。县级领导、有关部门（单位）负责人围绕冷凉蔬菜产业发展、奶牛产业发展、绒山羊养殖发展、"四个一"林草产业示范推广工程实施、苹果产业基地建设，谈认识、谈体会，谈贯彻落实的决心、打算和具体措施。

16日　固原市委常委、原州区委书记、平安原州建设协调小组组长杨文主持召开平安原州建设协调小组第一次会议。会议传达学习平安宁夏建设协调小组第一次会议暨市域社会治理现代化试点工作会议精神，研究审定平安原州建设协调小组相关文件，安排部署平安原州建设工作。

是日　固原市政协副主席杨彦文在宁夏瑞春农业服务有限公司、彭堡镇姚磨村瑞丰蔬菜产销农民专业合作社、宁夏荟峰农副产品有限公司、彭堡镇宏科农民养殖专业合作社调研原州区农业产业化龙头企业发展及特色产品深加工情况，原州区政协主席何锟、副区长马英陪同。

17日　固原市委常委、原州区委书记杨文在寨科乡蔡川村调研蔡川村美丽村庄建设、脱贫攻坚、产业发展、人居环境整治等工作。

22日　原州区召开完善企业治理体系提高治理能力工作会议，政府分管领导主持，各乡镇（街道）、部门（单位）主要负责人参加会议。

是日　固原市政协副主席马莲在宁夏明德中药饮片有限公司、宁夏好水川食品有限公司、中河丰堡露地冷凉蔬菜基地、彭堡千亩优质张杂谷示范基地、候磨优质牧草示范基地调研科技投入及科技扶贫工作，原州区委常委、副区长袁云福，政协副主席李广平陪同。

是日　原州区举行学习宣传贯彻习近平总书记视察宁夏重要讲话精神宣讲会，邀请自治区水利厅副厅长李永春宣讲学习宣传贯彻习近平总书记视察宁夏重要讲话精神。

23日　自治区政协副主席冯志强在文化巷社区卫生服务中心、小川子社区、固原三中围绕"加强健康宁夏建设，提高人民健康水平"中的"全方位干预健康影响因子"子课题进行调研，固原市委常委、原州区委书记杨文，固原市政协副主席呼延俊杰，原州区政协主席何锟、副区长曾新富陪同。

30日　原州区召开脱贫攻坚成果展示工作推进会。会议传达固原市脱贫攻坚成果展示工作领导小组会议和固原市脱贫攻坚成就展专题会议精神，听取原州区脱贫攻坚成果展示工作汇报，印发脱贫攻坚成果展示工作任务清单，安排部署相关工作。

8月

2日　固原市委常委、原州区委书记杨文在南关街道宋家巷社区调研清水河棚户区改造项目安置建设和土地房屋征收情况，副区长拜春晖随行。

2—3日　浙江理工大学党委书记吴锋民一行到原州区调研中药材产业发展情况，洽谈区校合作发展事宜。浙江理工大学党委书记吴锋民一行详细介绍了学校概况及学校在红色老区推广药材产业研究成果扶持乡村振兴、红色文化历史研究等情况。固原市委常委、原州区委书记杨文对吴锋民一行来原调研表示欢迎，感谢调研组对原州区中药材产业发展的支持。交流座谈会上，原州区政府分管领导和固原市工业和信息化局相关负责人介绍了固原纺织产业、六盘山地区药材产业发展需求的关键技术。大家围绕原州区中药材发展等情况进行深入探讨，签署了原州区与浙江理工大学生命科学与医药学院战略合作协议，并为"浙江理工大学中药材研究专家工作站"揭牌，浙江理工大学向原州区赠送了《六盘山中药产业发展战略研究》一书。随后,浙江理工大学党委书记吴锋民一行到宁夏丰源纺织有限公司、宁夏明德中药饮片有限公司、河川乡上黄试验基地等地进行实地调研。

4日　固原市委常委、原州区委书记杨文主持召开原州区重点项目建设推进会,听取各乡镇街道和原州区重点项目建设进展情况汇报。对加快实现各重点项目工作目标进行具体部署安排。会议还对脱贫攻坚、常态化疫情防控和农村环境卫生整治等工作作了安排部署。

是日　自治区自然资源厅副巡视员张黎、应急管理厅地质灾害救援处处长赵晓宁在原州区寺子口水库、盐土沟骨干坝督查防汛工作,原州区副区长王统一陪同。

是日　固原市人大常委会主任罗永红在彭堡镇、头营镇调研原州区农业产业发展情况,原州区人大常委会副主任庞英丽陪同。

是日　固原市人大常委会副主任童全成在三营镇、原州区卫健局社区文化服务中心,调研原州区行政事业性国有资产管理情况,原州区人大常委会副主任张俊孝陪同。

5日　中华见义勇为基金会常务副理事长李顺桃在原州区三营镇赵寺村慰问原州区见义勇为人员陆小固家属,固原市委常委、政法委书记吴会军,原州区委常委、政法委书记杨天峰陪同。

7日　原州区文明委召开2020年第一次全体会议,深入学习宣传贯彻习近平总书记视察宁夏重要讲话精神,认真贯彻落实自治区党委十二届十一次全会精神和固原市委2020年第16次常委会会议精神,对原州区文明城市创建工作进行研究部署。会议传达学习全区文明城市创建工作推进会和培训班精神、固原市文明委2020年第一次全体会议精神及《固原市创建全国文明城市暨巩固提升自治区文明城市工作实施方案》;审议2020年到届拟推荐重新申报的自治区文明村镇、文明单位和文明校园名单;审议《固原市创建全国文明城市暨巩固提升自治区文明城市责任分工清单》和《固原市未成年人思想道德建设工作责任分工清单》。

8日　自治区党委宣传部马清林处长在原州区南关街道中心路社区督导对习近平总书记视察宁夏重要讲话精神学习宣传贯彻情况,原州区委常委、宣传部部长武殿盛陪同。

10日　自治区爱卫办技术评估专家董磊带领专家组在原州区卫健局评估创建国家卫生城市工作。

12日　自治区全面建成小康"百城千县万村"调研,自治区党委宣传部副部长马英俊,宁夏广播电视台副台长田宝贵,《共产党人》杂志社社长、总编辑赵志强调研头营镇杨郎村、黄铎堡镇黄湾村、中河乡梁云文化大院、开城镇柯庄村,固原市委常委、政法委书记、宣传部部长吴会军,原州区委常委、宣传部部长武殿盛陪同。

是日　固原市委常委、原州区委书记、原州区委财经委员会主任杨文主持召开原州区委财经委员会第四次会议。会议传达学习中央财经委员会第六次会议精神、固原市委财经委员会第四次会议精神;听取原州区"十四五"项目谋划情况汇报;审定《原州区财政性资金使用管理办法(暂行)》。

是日　固原市委常委、原州区委书记杨文带领发改、财政、住房城乡建设和交通、水务等部门负责人调研重点项目建设等工作。调研组先后来到原州区头营镇、中河乡、固原市轻工业园区,详细了解融侨丰霖(宁夏)肉牛生态养殖园、兴百业高品蛋鸡产业园、双文绒业有限公司高档羊绒制品项目建设情况,福建省飞毛腿高级技工学校原州分校建设及运营情况,询问项目进展中存在的困难和问题,并现场办公,研究解决办法和措施。

13日　固原市委常委、政法委书记吴会军在原州区小川子社区、宋家巷社区调研社会治理工作,原州区委常委、政法委书记杨天峰陪同。

14日　自治区副主席、固原市市长马汉成在原州区南关街道东海宋家巷小区检查指导住宅楼建筑风格整治工作,固原市委常委、原州区委书记杨文,原州区委常委、统战部部长马仲尧陪同。

是日　自治区党委政法委委员、司法厅厅长冯自保在原州区古雁街道小川子社区调研基层治理推进情况,固原市委常委、原州区委书记杨文,固原市副市长、市公安局局长李云峰陪同。

是日　双汇集团发展副总裁万子豪、发展投资副总裁郑文广等一行6人在原州区头营镇石羊村考察石羊村肉牛养殖情况,自治区农业农村厅厅长王刚、副厅长杨明红等5人陪同。

16日　福建省民政厅副厅长林弘一行到原州区河川乡考察宁夏瑞丹苑油牡丹产业有限公司建设及运营情况并召开座谈会。座谈会上,大家观看了视频《闽宁情一家亲》。

17日　自治区扫黑办特派督导组第四巡回督导组进驻原州区开展为期5天的"点穴式"督导工作。第四巡回督导组听取了原州区扫黑除恶专项斗争工作汇报,督导组组长、自治区司法厅二级巡视员齐学东对做好此次特派督导工作提出具体要求。原州区委常委、政法委书记杨天峰汇报了原州区扫黑除恶专项斗争工作情况。

18日　全国人大常委会副委员长张春贤在原州区志愿服务联合会检查《中华人民共和国慈善法》贯彻实施工作,自治区党委常委、固原市委书记张柱,自治区副主席、固原市市长马汉成,原州区人大常委会主任郭兆虎,原州区副区长王统一陪同。

19日　中共固原市原州区第三届委员会第六次全体会议召开。出席这次全会的有原州区委委员32人,候补委员8人。全会坚持以习近平新时代中国特色社会主义思想为指导,深入学习贯彻习近平总书记视察宁夏重要讲话精神、自治区党委十二届十一次全会和固原市委四届八次全会精神,审议通过了《中共固原市原州区委员会关于深入学习贯彻习近平总书记视察宁夏重要讲话精神的实施意见》《中共固原市原州区委员会关于推进黄河流域生态保护和高质量发展先行区建设的实施方案》。固原市委常委、原州区委书记杨文代表原州区委常委会作了报告,会议安排部署了全区经济工作。

是日　自治区扫黑办特派督导组第四巡回督导组组长、自治区司法厅二级巡视员齐学东在原州区人民检察院督查指导马小兵等人涉黑案件办理情况。

是日　原州区委政协工作会议召开。会议深入学习贯彻中央和自治区党委政协工作会议精神及中央《关于新时代加强和改进人民政协工作的意见》、自治区党委《关于新时代加强和改进人民政协工作的实施意见》,安排部署原州区新时代加强和改进人民政协工作。固原市委常委、原州区委书记杨文出席会议并讲话,原州区政协主席何锟出席会议并讲话。

是日　中国诗歌学会党支部副书记、副会长程步涛在原州区诗歌档案馆、固原五中校园文化基地和沈家河诗歌创作基地考察调研原州区"创建中国诗歌之乡"情况,中国诗歌学会副会长刘向东,中国诗歌学会秘书长马瑾随行,原州区委常委、宣传部部长武殿盛,宁夏诗歌学会会长王怀凌等陪同。

◆19—20日　自治区退役军人事务厅副厅长马莉芳一行在原州区古雁街道办退役军人服务站、头营镇杨郎村、进元驾校调研创建全国示范型退役军人服务中心站进展情况,固原市退役军人事务局局长张怀文,原州区委常委、副区长刘世贤陪同。

20日　自治区扶贫办副主任米超调研原州区合村并居工作,原州区委副书记沈瑞华陪同。

21日　固原市委常委、原州区委书记杨文主持召开原州区贯彻落实习近平总书记视察宁夏重要讲话精神重点项目建设和招商引资工作推进会。会上讨论了建立推进支柱产业高质量发展工作专班、招商引资项目跟踪服务专班有关事宜,听取第四季度招商引资工作计划汇报。

23日　原州区政府领导调研重点项目建设情况,先后到原州区融侨丰霖(宁夏)肉牛生态养殖园、高品蛋鸡产业园、九龙湖畔家园、"两馆"建设及区人民医院中医康复楼等项目建设工地,查看项目进度,听取项目建设进展情况汇报,研究解决项目施工中存在的困难和问题,并就各项目推进工作提出要求。

25日　自治区党委常委、固原市委书记张柱,自治区政协副主席王紫云在原州区黄铎堡镇黄湾村调研矮化密植苹果及苗圃示范基地和生态文明建设。

是日　自治区政协副主席王紫云在原州区黄铎堡镇黄湾村观摩黄湾村矮化密植苹果及苗圃示范基地、头营镇陶庄村观摩固原融侨丰霖(宁夏)肉牛生态养殖园、彭堡镇姚磨村观摩姚磨产业扶贫示范基地、彭堡镇彭堡村观摩彭堡村千亩优质张杂谷示范基地,固原市政协主席马玉芳,市委常委、统战部部长周文贵,副市长王新军,原州区副区长马英陪同。

是日　自治区统计局副局长梁建民在原州区南关街道南寺巷社区、宋家巷社区调研原州区第七次人口普查准备工作开展情况,原州区副区长王统一陪同。

是日　自治区科技厅副厅长刘常青一行四人,在原州区中河乡丰堡村调研中河乡丰堡村冷凉蔬菜项目实施情况,原州区副区长马英陪同。

是日　自治区党委老干部局党建处处长妥成军在原州区法院调研离退休干部党建工作,原州区委常委、组织部部长李育龙陪同。

25—27日　原州区人大常委会举办人大代表履职培训班。人大常委会主任郭兆虎出席开班仪式并参加培训。培训班邀请自治区党校哲学教研部主任马红梅,固原市委讲师团副团长、教授海明贵,宁夏平朔律师事务所周宇鹏律师就学习宣传贯彻习近平总书记视察宁夏重要讲话精神、党的民族宗教政策以及民法典作了专题辅导,并现场考察学习了中卫市沙坡头区基层人大工作的先进经验。

26日　自治区统计局工业统计处处长杨培林在原州区固原银雪混凝土有限责任公司、宁夏古雁建材有限公司、宁夏好水川养殖有限公司、宁夏丰源纺织有限公司、宁夏瑞泽农林科技有限公司核查抽查原州区工业企业数据质量,原州区副区长王统一陪同。

是日　自治区爱卫办副主任朱建忠在原州区创建国家卫生城市115个样本点调研指导原州区创建国家卫生城市工作,自治区创建国家卫生城市专家随行。

27日　自治区司法厅二级巡视员张述荣、法治调研与督察局局长刘佳在原州区人民检察院调研法治宁夏、法治社会建设进展情况,原州区委常委、政法委书记杨天峰陪同。

是日　自治区党委统战部副部长,社会主义学院党组书记、副院长杜秀岚在寨科乡大台村调研原州区脱贫攻坚工作，原州区委常委、宣传部部长武殿盛陪同。

28日　自治区发改委党组成员、副主任冀晓翀在中河乡、开城镇柯庄村、原州区人民医院中医康复楼开展重大项目建设月度督查调研，原州区副区长王统一、政协副主席、发改局局长金占海陪同。

31日　固原市委常委、副市长、市创卫领导小组副组长周恭伟带领固原市创卫工作专项督导组，对原州区爱国卫生组织管理、健康教育与健康促进等创卫工作进行专项督导检查。检查组先后到北塬街道办文化巷社区、固原三中及学校食堂、新时代购物中心及超市等地，对创卫工作进行全面督导检查。

9月

1日　原州区政协组织委员观摩原州区重点项目建设和民生实事办理情况，并召开"一府两院"上半年工作进展情况通报会。原州区政协主席何锟和政府相关领导带领政协常委、委员130余人参加了本次活动。现场观摩了三营污水处理厂、黄铎堡镇黄湾村矮化密植苹果及苗圃示范基地、头营镇融侨丰霖（宁夏）肉牛生态养殖园、姚磨现代化农业蔬菜观光产业园、彭堡千亩优质张杂谷示范基地、开城镇柯庄美丽村庄建设、原州"智慧林业"项目实施等，了解了原州区2020年上半年重点工作进展情况。观摩结束后听取"一府两院"工作进展情况通报。何锟主席作了讲话。

是日　团区委组织原州区部分团组织负责人深入原州区各领域团的基层建设示范点，开展共青团工作互观互检活动。

2日　原州区政协对三届四次会议委员提案进行中期督办、对三届三次会议未办结的两件提案进行"回头看"。原州区政协主席何锟带领政协副主席、秘书长，政协各委室主任、副主任，第一提案委员进行督办。区政府相关领导陪同督办。

是日　原州区政协对三届三次会议2019年未办结的两件提案进行"回头看"，其中2019年第26号提案：关于综合治理三营镇戴堡沟的建议，经督办组现场勘察后，获得各成员的一致好评。该工程于2019年10月11日批复建设，投资1030万元，于2019年11月底完成招投标工作，并2020年3月15日正式开工建设，现已全部竣工。

是日　原州区召开第七次全国人口普查综合业务培训会。本次培训会共12期，每期2天，为期1个月，共计培训普查员、普查指导员2000多名。

3日　原州区科协组织召开"3+1"工作暨乡村科普信息化队伍建设提升工作推进会，区委副书记沈瑞华出席会议并讲话。

是日　原州区人大常委会检查组深入原州区西环路社区及头营镇蒋和村，对城乡社区建设及治理工作开展情况进行检查。

是日　固原市2020年"民族团结月"启动仪式暨铸牢中华民族共同体意识主题文艺汇演在原州区举行。固原市委常委、统战部部长周文贵致辞，固原市领导杨大素、马宝福及固原市、原州区统战部门相关负责人和各街道干部职工、各族各界群众参加了启动仪式。

是日　原州区北塬街道戒毒康复中心利用秋季开学之际在原州区第六中学开展"开学第一课

大 事 记

  禁毒知识进校园"宣讲活动。

是日 自治区地方志办公室负责人带领调研组到原州区就黄河文化保护、传承、挖掘、弘扬等情况进行调研。

4日 原州区委依法治区办组织举办原州区推进法治政府建设业务培训班,邀请自治区司法厅法治调研与督察局刘佳局长授课。

7日 黑龙江省爱卫办专职副主任孙凤文(全国爱卫办组织评审专家)在原州区总工会开展国家卫生技术评估检查,自治区爱卫办主任朱建忠、固原市政协副主席马莲、原州区副区长曾新富陪同。

8日 原州区举办庆祝第36个教师节座谈会,总结2019年的成绩,表彰先进。固原市委常委、原州区委书记杨文出席座谈会并讲话,政协主席何锟出席会议。会上,原州区委副书记米广宣读了原州区教育工作先进集体和先进个人表彰决定,对原州区财政局等4个重教兴学先进集体、原州区师资培训中心等16个教育教学工作先进集体、吴正儒等20名优秀校(园)长、马志云等50名最美乡村教师、雷利平等42名师德标兵、杨亚娟等220名优秀教师、刘娟等100名优秀班主任、逯晓霞等110名优秀教育工作者进行了表彰奖励;受表彰的先进集体、先进个人代表先后发言。

是日 苏州市人大常委会副主任缪红梅带领考察组一行在固原市人大常委会财经工委、固原市民政局负责人的陪同下到原州区考察调研。考察组参观了原州区志愿服务联合会基地建设,听取了新时代文明实践中心工作拓展情况和四点半课堂运行情况汇报。

是日 黑龙江省疾病预防控制中心主任医师王莹在原州区总工会开展国家卫生技术评估检查,固原市委常委、政法委书记、宣传部部长吴会军,原州区委常委、副区长刘世贤陪同。

10日 原州区人大常委会检查组对原州区人民法院民商事审判工作情况进行了检查。通过听取汇报,察看审判庭、合议庭、立案庭及法院文化建设情况,在庭审现场旁听审讯过程等方式,详细了解了原州区人民法院近年来民商事审判工作开展情况。

11日 宁夏医科大学校长孙涛同志一行在原州区黄铎堡镇和润村、穆滩村调研脱贫攻坚及产业帮扶项目工作并在黄铎堡镇召开调研座谈会,原州区人大常委会副主任马国明同志陪同。

12日 大型文化扶贫公益项目"助力脱贫攻坚、走进贫困乡村小学——点亮梦想音乐公益教室"启动仪式在固原市原州区第十三小学启动。此项活动由宁夏广播电视台音乐广播联合自治区文明办、宁夏广播电视台、自治区教育厅、自治区妇联、自治区团委和王府井百货等社会各界力量启动实施。

14日 固原市委常委、原州区委书记杨文主持召开原州区产业培育发展专题会。会上,政府分管领导汇报了原州区肉牛产业、冷凉蔬菜及绒山羊产业发展情况及存在的问题。

是日 原州区人大常委会主任郭兆虎主持召开区三届人大常委会第二十八次会议。会议听取和审议原州区人民政府关于现代农业发展情况的报告、关于城乡社区建设及治理情况的报告,原州区人民法院关于民商事审判工作开展情况的报告,表决通过了《原州区人大常委会预决算审查监督咨询委员会管理办法》,通过了有关人事任免议案。

是日 2020年原州区网络安全宣传周启动仪式在人民广场举行。

是日 原州区举行2020年新兵欢送大会。

16日 上海市政协副秘书长、办公厅主任袁鹰一行17人到原州区围绕"制定上海市公共文化服务保障与促进条例"开展调研,自治区政协副主席马秀珍、固原市政协副主席杨志荣、原州区政协主席何锟陪同。

是日 宁夏调查总队党组成员、副总队长王旭明在原州区张易镇红庄村、闫关村调研原州区城镇居民可支配收入及农村居民可支配收入情况,固原市国家统计局调查队队长李荣智、原州区副区长王统一陪同。

17日 自治区党委第三生态环境保护督察组督察原州区工作汇报会召开。自治区党委第三生态环境保护督察组组长王杨宝、副组长李彬及督察组成员出席会议。固原市委常委、原州区委书记杨文主持会议,会上汇报了原州区生态环境保护工作开展情况。

22日 自治区高级法院院长沙闻麟在原州区法院三营法庭、开城法庭、城郊法庭调研基层法庭参与乡村治理工作,固原市委常委、原州区委书记杨文,固原中院院长董军,区委常委、政法委书记杨天峰、原州区法院院长殷志刚陪同。

是日 中国铁路经济规划研究院公司党委书记、董事长杨忠民一行调研姚磨蔬菜基地及铁路帮扶项目,原州区副区长王国军、区长助理宋阳陪同。

23日 农业农村部"一县一业"服务原州区牧草产业发展推进会召开,与会专家、教授、学者与原州区草畜产业相关人士,就打造"一县一业"支撑县域经济发展的安排部署、牧草体系服务原州区牧草产业发展重点工作任务、原州区牧草产业发展及技术需求等进行交流座谈。

是日 宁夏大学党委书记李星、副书记王宏伟在原州区头营镇冯洼小学、马庄小学、三和村慰问研究生支教团成员及验收教工宿舍修缮项目,并慰问了三和村2020年考入宁夏大学的学生家庭,原州区委副书记米广陪同。

25日 原州区医保脱贫攻坚冲刺暨基本医疗保险经办业务培训会议召开。原州区委常委、副区长刘世贤参加会议并讲话。会上,通报了原州区2020年度城乡居民医保参保缴费情况、安排部署了2021年度城乡居民医保参保工作。

26日 自治区高级人民法院党组书记、院长沙闻麟在原州区开城镇政府矛盾纠纷化解中心、原州区法院城郊法庭、寨科乡法庭以及蔡川村调研基层矛盾纠纷排查调处情况,固原市委常委、原州区委书记杨文,原州区委常委、政法委书记杨天峰陪同。

是日 原州区举办"中国诗歌之乡"授牌仪式,中国诗歌协会会长、北京大学中国诗歌研究院常务副院长黄怒波、副会长杨克、刘向东等14人,自治区文联副主席雷忠等5人,宁夏诗歌学会名誉会长、宁夏文学院院长杨梓等8人,固原市委常委、原州区委书记杨文出席。

28日 固原市委常委、原州区委书记、原州区扶贫开发领导小组组长杨文主持召开原州区扶贫开发领导小组2020年第11次(扩大)会议并讲话。会议学习贯彻了近期中央和自治区脱贫攻坚相关会议精神,听取各级各类反馈问题整改情况汇报,安排部署迎接各级考核工作。会议传达学习了习近平总书记在安徽考察时的重要讲话精神,汪洋主席在"十四五"时期巩固我国西部地区脱贫成果重点提案督办协商会上的讲话精神,胡春华副总理在国务院扶贫开发领导小组会议上的讲话精神,自治区扶贫开发领导小组

大 事 记

2020年第4次会议精神,自治区脱贫攻坚工作推进会议精神;通报原州区脱贫攻坚数据质量、消费扶贫、贫困劳动力就业、光伏扶贫资金使用、公益性岗位设置、金融信贷等重点工作进展情况及存在的问题;听取了2019年脱贫攻坚成效考核、自治区党委第五巡视组脱贫攻坚专项巡视"回头看"、国务院扶贫开发领导小组2020年脱贫攻坚督查、国务院扶贫办调研督导组反馈问题整改情况汇报;安排2020年自治区、固原市脱贫攻坚考核工作。

29日 原州区召开全面依法治区委员会执法协调小组第1次(扩大)会议暨行政执法"三项制度"推进会。原州区政府分管领导出席并主持会议。会议传达学习了全国、自治区和固原市全面推行行政执法"三项制度"工作会议精神,通报了全区全面推行行政执法"三项制度"工作推进落实情况,并审议了《原州区行政规范性文件制定和管理办法》。原州区综合执法局就推进行政执法"三项制度"工作情况作交流发言,农村农业局、水务局就进一步落实行政执法"三项制度"作表态发言。

30日 农业农村部规划设计院总工程师、研究员齐飞及规划所所长李树君、高级工程师毛翔飞,自治区农业农村厅总农艺师宿文军,自治区农业勘察设计院马孝林一行5人在原州区调研融侨丰霖(宁夏)肉牛生态养殖园、兴百业高品蛋鸡产业园、姚磨一二三产融合产业园等3个农业重点项目。

10月

9—10日 原州区委常委刘杏萍陪同福建省马尾区亭江镇党委书记阮斌、党委书记助理黄雄飞等在原州区彭堡镇、张易镇、中河乡调研易地扶贫搬迁村建设、扶贫项目等工作。

13日 固原市委常委、原州区委书记、原州区扶贫开发领导小组组长杨文主持召开原州区扶贫开发领导小组2020年第12次会议并讲话。会议传达学习闽宁互学互助对口扶贫协作第二十四次联席会议精神、《固原市精准扶贫数据质量管理细则(试行)》精神,研究审定《关于研究〈原州区2020年度扶贫对象动态管理结果〉的请示》,听取金融扶贫开展情况汇报,安排部署近期重点工作。

是日 原州区召开扫黑除恶专项斗争领导小组2020年第三次推进会。会议传达学习了全国扫黑除恶专项斗争领导小组第3次推进会精神和全国扫黑办第10次主任会议精神,通报了自治区特派督导组"点穴式"督导原州区反馈问题整改落实情况和"六清"行动进展情况,安排部署下一步扫黑除恶专项斗争及自治区2020年考核相关衔接工作。

是日 原州区召开平安原州建设推进会。各乡镇(街道)、平安原州建设协调小组成员单位主要负责人参加会议。会议传达学习了自治区党委政法委员会2020年第5次全体(扩大)会议精神,安排部署了自治区督查《中国共产党政法工作条例》贯彻落实情况整改工作和2020年平安建设考核工作。

是日 召开原州区城乡环境综合整治安排部署会,原州区委副书记米广出席会议。会议听取了各乡镇(街道)、相关部门环境综合整治情况工作汇报,各分管领导就各自工作

· 37 ·

进行了安排部署。

15日 原州区召开政务服务工作推进会,深入分析当前面临的形势和任务,明确今后一个时期的工作要求。会议由原州区政府分管领导主持。会议通报了原州区政务服务工作进展情况,并对下一步工作做了安排和部署。

20日 原州区召开2020年第四季度安委会全体(扩大)会议暨安全生产专项整治三年行动推进会,主要任务是传达学习习近平总书记关于安全生产重要讲话和重要指示精神,以及自治区党委书记陈润儿、主席咸辉对安全生产工作的批示精神,固原市委、市政府领导对安全生产工作的批示精神,总结前三季度安全生产工作,分析原州区安全生产形势,安排部署第四季度安全生产工作,顺利迎接国务院安委办关于2019年度省级政府考核巡查发现问题整改和中央32号文件完成情况的督查。原州区委常委、副区长、区安委会副主任刘世贤主持会议并讲话。会上,原州区安委办主任、应急管理局负责人通报了原州区前三季度安全生产暨安全生产专项整治三年行动、自然灾害防治工作开展情况,安排部署了第四季度工作;原州区消防救援大队负责人通报了原州区前三季度消防安全工作,安排部署第四季度工作;住建交通局、综合执法局、水务局、自然资源局、工信商务局做了交流发言。

22—23日 固原市委常委、原州区委书记杨文等领导开展"中国人民志愿军抗美援朝出国作战70周年"走访慰问活动。

23日 国家建档立卡数据质量评估实地核查原州区汇报会召开。自治区扶贫办副主任丁建懿,宁夏大学教授、原州区建档立卡数据质量评估实地核查组组长文琦等出席会议,固原市委常委、原州区委书记杨文等领导出席会议。

25日 固原市委常委、原州区委书记杨文调研原州区重点项目建设、督导环境卫生整治等工作。

26—27日 自治区财政厅厅长陈春平、农业处处长李国强、办公室主任虎玉宝一行3人到原州区官厅镇薛庄村、张易大店村调研。

26日 自治区总工会党组书记、常务副主席羊福明在原州区总工会及各企业工会交流考察,原州区人大常委会副主任、总工会党组书记、主席张俊孝陪同。

27日 自治区人大常委会副主任左军在原州区公证处检查《中华人民共和国公证法》实施情况。

是日 原州区人民检察院开展"服务'六稳''六保'护航民企发展"检察开放日活动暨"未成年人司法保护教育中心"揭牌仪式。固原市人民检察院,原州区人大、政协、政法委、关工委、团委、妇联、工商联、司法局、教育体育局、宁夏义工联合会、民营企业家代表、原州区第六中学师生、检察院干警共计100余人参加活动。座谈会上,原州区检察院通报了服务民营经济发展工作情况。

29日 召开原州区应对新冠肺炎疫情工作指挥部会议,会议传达学习自治区应对新冠肺炎疫情工作指挥部《关于秋冬季疫情防控工作督查情况的通报》,固原市应对新冠肺炎疫情工作指挥部办公室《关于印发〈固原市秋冬季新冠肺炎疫情防控工作责任分工方案〉的通知》精神,听取疫情防控工作情况汇报,安排部署原州区秋冬季疫情防控有关工作。

11月

6日 原州区召开健康原州建设工作推进会暨冬春季疫情防控工作会议。总结2020年前三季度健康原州建设工作,安排部署下一步健康原州建设工作和今冬明春疫情防控、冬春季重点传染病防控等工作。原州区委常委、副区长、健康原州建设领导小组副组长刘世贤出席会议并讲话。

10日 原州区退役军人事务局举办服务保障体系建设业务培训会。邀请固原市退役军人事务局、固原市融媒体中心相关负责人到会指导。会议以创建"全国示范型退役军人服务中心(站)"工作为目标,通报了市级初审结果。

11日 原州区爱佑慈爱残疾人就业创业电商孵化园正式开园。

16日 自治区党委改革办安军、督察室田桦在原州区调研,固原市委常委、原州区委书记杨文陪同。

17日 原州区委召开三届原州区委第十一轮巡察工作动员部署会。会议传达学习了十九届中央第六轮巡视动员部署会中央巡视指导督导部署会、陈润儿同志听取自治区党委第九轮巡视情况汇报时的讲话精神传达提纲;十二届自治区党委第十轮巡视动员部署会议精神传达提纲和四届市委第十一轮巡察暨县(区)交叉巡察工作动员部署会精神传达提纲。宣布三届原州区委第十一轮巡察工作任务分工和巡察组组长、副组长授权决定。

18日 国务院教育督导委员会督查组副组长、国家督学、四川省教育厅总督学傅明一行到原州区,对原州区履行教育职责情况进行督查。固原市原州区领导杨文、李志达、米广等陪同。通过听取汇报、翻阅资料、走访交流等,全面了解了学校党的建设、校园疫情防控、教育经费和教师工资待遇落实、"大班额"化解、控辍保学等情况。

是日 原州区人大常委会主任郭兆虎主持召开了原州区三届人大常委会第三十次会议。原州区委常委、纪委书记、监委主任李春生,原州区政府分管领导、法检两院负责人及相关部门负责人,各乡镇(街道)人大主席团(联络办)负责人,部分人大代表列席了会议。会议传达学习了党的十九届五中全会精神;听取和审议了原州区人民政府关于提请审议2020年财政预算调整草案报告的议案和关于2019年审计查出问题整改落实情况、原州区三届人大四次会议代表议案建议办理情况、2019年度重点支出与重大投资项目执行情况、中小学校园安全管理及周边环境治理情况的报告;原州区人民检察院关于公益诉讼工作开展情况的报告;原州区人大常委会财经委关于调整2020年区本级财政预算的审查报告和聘请原州区人大常委会预决算审查监督咨询委员会委员的议案。表决通过了关于批准调整2020年原州区本级财政预算的决议和有关人事任免议案。

20日 固原市委常委、原州区委书记、人武部党委第一书记杨文主持召开原州区委2020年议军会议。会议传达了固原市委议军会议和党管武装述职会精神,学习了相关文件规定,听取了人武部2020年以来工作情况汇报,研究解决了驻原州区部队的具体问题。

是日 原州区应对新冠肺炎疫情防控工作指挥部联合固原市商务局,原州区卫健、市场监管、工信、农业农村等部门对辖区重点场所防控措施落实情况进行督导检查。

23日 原州区委理论学习中心组召开学习(扩大)会议,深入学习贯彻党的十九届五中全会精神,并围绕贯彻落实全会精神开展集中交流研讨。固原市委常委、原州区委书记杨文主持会议并讲话。会上,理论学习中心组成员重温了党的十九届五中全会精神,原州区领导刘世贤、袁云福、马英、拜春晖、曾新富、王统一、王国军、田玉铭及发改局负责同志分别围绕贯彻落实全会精神,谋划2021年及"十四五"重点工作及重点项目进行交流发言。

24日　原州区召开村(社区)"两委"换届部署暨业务培训会,会议由原州区委副书记米广主持,固原市指导组组长、市委组织部副部长张亚萍到会指导。会议传达学习了陈润儿书记、石岱部长在自治区村(社区)"两委"换届工作部署电视电话会议上的讲话精神和固原市委、政府相关通知要求,对原州区村(社区)"两委"换届工作进行安排部署。

12月

1日　原州区人大常委会召开聘任预决算审查监督咨询委员会委员会议,聘任李晓萍、柳应河等9名同志为原州区人大常委会预决算审查监督咨询委员会委员,聘期三年。

是日　民政部社会组织服务中心管理服务处副处长张成刚、福建省民政厅社会组织管理一级调研员陈军督导原州区社会组织参与脱贫攻坚情况。

2日　原州区委宣传部、文明办联合团区委在原州区新时代文明实践中心开展系列党的十九届五中全会精神宣讲暨新时代文明实践活动。宣讲通过"云视讯"平台同步覆盖原州区14个乡镇(街道)、191个行政村(社区)的线下8000余名基层干部群众。

3—4日　自治区党委副书记、主席咸辉来原州区调研民生保障工作。在融侨丰霖(宁夏)肉牛生态养殖园、古雁街道小川子社区、官厅镇薛庄村调研了住房、饮水、老旧小区改造等民生问题,并在薛庄村讲党课。

是日　自治区发改委党组成员、副主任冀晓翀调研原州区第二十一小学义务教育学校建设项目、原州区第十九小学义务教育学校薄弱环节改善与能力提升工程、清水河原州区段综合治理工程第二批、原州区融侨丰霖(宁夏)肉牛生态养殖园项目。

4日　原州区法院对马小兵等22人涉黑案公开宣判,判决被告人马小兵犯组织、领导黑社会性质组织罪等10项罪名,数罪并罚执行有期徒刑二十年,剥夺政治权利五年,并处没收个人全部财产;其余9名涉黑被告人分别被判处有期徒刑十四年至一年二个月不等刑罚,并处罚金共计499.9万元,涉黑成员米强、马成福分别被剥夺政治权利两年,其他涉案被告人被依法作出相应判决。

7日　原州区开展了党的十九届五中全会精神宣讲进社区、进乡村、进机关企事业单位暨新时代文明实践活动,掀起了学习宣传贯彻十九届五中全会精神新高潮。

10日　自治区审计厅党组副书记、厅长冼国义在原州区审计局调研工作。

是日　原州区政协提案和委员联络委组织开展了政协三届四次会议委员提案现场验收性督办,召开了"双向评议"座谈会。政协主席何锟参加活动并出席"双向评议"座谈会。座谈会听取了政府办关于原州区政协三届四次会议提案办理情况的整体通报,原州区教体局、水务局、农业农村局、综合执法局等承办单位做了提案办理情况汇报,开展了提办双方"双向评议",即承办单位对所提提案质量和产生的社会效益进行量化评议,提案委员

	对承办单位办理质量和满意度进行现场测评。
16日	自治区宣讲团成员、农业农村厅厅长王刚在原州区宣讲党的十九届五中全会精神。
18日	甘宁两省(区)三市五县(区)第45届鼠疫联防工作会在原州区召开,原州区、西吉县、海原县,甘肃会宁县、平川区成员单位总结联防工作,交流工作经验。会议总结交流了区域鼠疫防控工作经验,对2020年度鼠疫联防先进集体、先进个人、优秀论文获得者进行表彰奖励,举行了值班县(区)联防领导小组印章交接仪式。审议并通过了第46届《鼠疫联防协议》和《鼠疫联防监测方案》,本届值班县原州区向下届值班县西吉县交接鼠疫联防领导小组印章。
25日	原州区召开冬春季疫情防控工作会议,安排部署2020年冬明春疫情、重点传染病防控等工作。

原州区概览

地理人文

【行政区划】

原州区隶属于宁夏回族自治区固原市,位于宁夏南部,六盘山东山麓,黄土高原中西部,东临彭阳县,南接泾源县,西连西吉县,北靠海原县、同心县,东北、西南分别与甘肃环县、宁夏隆德县毗壤,是固原市委、市政府所在地。现辖7镇4乡3个街道办事处153个行政村38个居委会。

【气候特点】

气候属内陆暖温带半干旱区,年平均气温7.6℃,累计降水量488.4毫米,累计日照时数2193.9小时。

【人文资源】

原州区是固原市政治、经济、文化中心和宁南区域中心城市核心区,有丝路遗韵黄铎堡古城、固原规模最大的佛寺遗址——须弥山石窟、黄土高原第一个草地类自然保护区——云雾山草原等旅游景点。

【人 口】

2020年末,户籍总户数15.47万户,户籍总人口46.68万人,比上年增加0.24万人。其中:男性23.59万人,女性23.09万人,分别占总人口的50.5%和49.5%;乡村人口26.94万人,城镇人口19.74万人,分别占总人口的57.7%和42.3%。

新冠肺炎疫情防控

成立疫情防控指挥部和10个工作组,建立三级包抓机制,落实"三分一统"管控措施,设立9个防疫预检站、553个联防联控点,组织1万多名党员干部群众和志愿者,取得了"三个不发生"重大战略成果。原州区17名医护人员驰援武汉,投身抗疫最前线。落实惠企减负政策,开展网上审批、绿色通道、特事特办等服务,制定复工复产工作指南,压实企业主体责任,实行差异化复工复产。1401家企业全部复工复产复效,农业生产、交通物流、教育文化等社会秩序全面恢复,稳定了供应链产业链,稳住了市场,稳住了企业,经济运行稳定向好。制定常态化疫情防控方案,完善常态化防控机制,做到人员、设备、设施、物资、能力"五个到位",保持指挥体系高效运转,建成核酸检测实验室和发热门诊,强化检测能力培训,加强日常监测预警。坚持"人物同防",做好"外防输入、内防扩散",广泛开展爱国卫生运动各项工作。

脱贫攻坚

把脱贫摘帽作为新生活、新奋斗的起点,落实"四个不摘"和"三防"要求,把"十二项清零"行动、"百日攻坚""四查四补"作为巩固脱贫成果、提高摘帽质量的总抓手,开展五轮系统大排查,解决各类问题3261个,剩余818户2111人未脱贫人口全部脱贫退出,顺利通过国家脱贫攻坚普查。统筹整合资金8.7亿元,继续实施产业到户项目,培育扶贫车间13家,改造抗震宜居房801套,自来水入户率达到99.8%。新建金融扶贫示范村30个,发放扶贫小额信贷4.51亿元,贷款覆盖率72%。金融扶贫"蔡川模式"被《瞭望》杂志专题报道,并入选联合国扶贫案例。国务院国际发展知识中心权威专家组两次来原州区专题调研脱贫攻坚与产业发展。中央党校精准扶贫科学教研基地在原州区挂牌。强化移民后续扶持，做好移民群众产业、就业、社会融入3件事情，制定"一户一策"，发展后续产业，开展精准培训，开发公益性岗位，强化兜底保障，实现移民零就业家庭动态清零、无劳动力家庭应保尽保。提升移民安置区基础设施配套和公共服务，做好户籍、社保等接转工作，有序推动社会融入。持续深化结对帮扶，落实闽宁协作、中央定点帮扶资金8200万元，支持发展教育培训、特色产业等项目，开展消费扶贫。建成彭堡姚磨一二三产融合产业园净菜分拣车间、头营杨郎冷链制冰车间，好水川、马逗叔等70家企业570个产品进入全国消费扶贫产品名录，实现销售收入4.08亿元，位居自治区前列。依托铁路扶贫"832"等销售平台、宁夏六盘山特产馆，34家企业300多种农副产品进入东南沿海和铁路市场。"扶志扶智飞毛腿模式"被国务院扶贫办列为扶贫典型案例。建立防返贫动态监测和帮扶机制，紧盯因病、疫情影响等六类易返贫致贫因素，建立"一册两单三级联动"机制，对678户2740人脱贫不稳定户、936户3356人边缘易致贫户进行监测预警，做到定期核查、及时发现、及时纳入、及时帮扶、动态清零。寨科乡蔡川村和国铁集团原州区工作队荣获全国脱贫攻坚先进集体，两人被荣获全国脱贫攻坚先进个人。头营镇杨郎村"全面脱贫与乡村振兴有效衔接"经验做法在全自治区推广。原州区脱贫攻坚成果在人民日报、新华社等国家主流媒体刊登报道350余篇。

经济建设

【主要经济指标】

2020年，固原市原州区全年实现地区生产总值146.92亿元，同比增长5.3%；全年固定资产投资同比下降15.9%；地方一般公共预算收入1.68亿元，同比下降6.3%；实现社会消费品零售总额68.44亿元，同比下降5.5%；城镇居民人均可支配收入31972.4元，同比增长4.5%；农村居民人均可支配收入12563.3元，同比增长12.5%。

【现代农业】

冷凉蔬菜产业，以建设"西部重要的菜篮子"为目标，巩固提升4个万亩、10个千亩露地蔬菜基地和28个设施农业园区，新建旱作覆膜集雨保墒蔬菜基地两个，建立永久性蔬菜基地6个，培育杨郎瓜菜产业示范村，冷凉蔬菜种植面积达到22万亩，实现总产值13.6亿元。冷凉蔬菜"绿色银行"助农增收案例入选全国"2020民生示范工程"，头营镇杨郎村荣获第十批全国"一村一品"示范村。草畜产业，建成万亩优质苜蓿种植基地2个、集中连片万亩青贮玉米示范基地4个，带动全区种植青贮玉米20.2万亩、优质苜蓿8万亩、禾草15万亩。新建肉牛养殖节本增效科技示范点两个，培育万头肉牛养殖示范乡镇两个、千头肉牛养殖示范村12个，肉牛标准化规模养殖场6家。肉牛、肉羊饲养量分别达到25万头、74万只，实现总产值11.2亿元。国家牧草产业体系"一县一业"服务原州区牧草产业发展推进会、固原市首届肉牛美食文化节在原州区举办。特色种养产业，新建千亩小杂粮集中连片示范基地11个，带动种植小杂粮5万亩。培育养鸡专业合作社4家，建设兴百业高品蛋鸡产业园，生态鸡养殖规模达到35万羽。完善马铃薯种薯三级繁育体系建设，繁育原原种5000万粒，马铃薯种植面积达到13.5万亩。中药材、蜜蜂、肉兔等特色种养业发展壮大。原州区被评为全国第一批农作物病虫害"绿色防控示范县"、全国第五批率先基本实现主要农作物生产全程机械化示范县、全国第三批农村创业创新典型县、"固原鸡"被评为全国名特优新农产品。

【工业经济】

认真落实"工业发展八条意见"和"促进民营经济发展意见"，培育自治区级"专精特新"中小企业3家、"小升规"后备企业4家，高新技术企业、科技型"小巨人"中小企业4家，规上工业同比增长10%。

坚持"走出去""请进来",扎实开展"高质高效招商引资年"活动,兴百业高品蛋鸡、融侨丰霖肉牛、双文绒业等一批大项目、好项目成功落地,实现到位资金28.34亿元。

【现代服务业】 开展全域旅游示范区建设,2020年全年接待游客突破150万人次,旅游社会总收入达到2.9亿元,"丝路重镇·魅力原州"旅游品牌影响力不断扩大。原州区被列入国家革命文物保护利用长征片区,河川乡寨洼村被评为全国乡村旅游重点村,张易镇宋洼村被评为中国美丽休闲乡村。实施"消费回流"计划,举办大型促销活动25场次,实现销售收入1.13亿元。

【城乡经济】 落实城市网格化管理和"街长制",重拳整治文化巷、九龙路占道经营,智慧环卫管理系统投入使用,机械化清扫率提高到75%,市区生活垃圾无害化处理率达到98%。落实物业服务企业综合考评、督查通报制度,提高物业管理水平。加强违建巡查管控,拆除违法建筑4.7万平方米。建成寨科、炭山两个美丽小城镇,张易田堡、寨科蔡川等8个美丽村庄,建成中河小沟、开城小马庄等14个环境整治示范村。开展"五清一改一绿"行动,积极创建自治区农村生活垃圾源头减量、资源化利用示范县(区)。开展可再生能源应用试点示范,100个村委会实现太阳能供暖,建成农村卫生厕所8157座。

【基础建设】 巩固提升"全国四好农村公路示范县"成果,完善"四纵六横六连"公路网,推行农村公路"路长制",设立"路长"160名,新修农村道路370公里,管理养护乡村道路1599公里。原州区被列为全国深化农村公路管理养护体制改革试点示范县。建成上滩、乔家沟水库,除险加固寺口子、沈家河水库,实施清水河至毛家沟、三十里铺至大马庄河库连通工程,完成三营甘沟等7个高效节水灌溉项目2.7万亩,水安全保障能力提高。原州区被评为国家级县域节水型社会建设达标县(区)。

社会建设

【社会事业】 推进办学模式改革,组建"教育集团"9个、"城乡办学共同体"8个。加快标准化学校建设,新建小学2所、幼儿2两所,建成自治区"互联网+教育"标杆学校6所。"互联网+教育"达标县、普及高中阶段教育顺利通过自治区验收。广泛开展全民健身活动,成功举办各类赛事活动11场次。教体局被教育部确定为"篮球校园满天星训练营"。开展爱国卫生运动,加强疾病预防控制,提升公共卫生服务。以原州区医院为枢纽,建立远程心电、远程影像中心和远程门诊,"互联网+医疗健康"远程诊疗体系初步形成。完成原州区医院搬迁,建成中医康复楼、放疗中心,"三乙"创建全面推进。寨科、彭堡卫生院达到优质服务基层国家标准。黄铎堡镇被评为国家卫生乡镇。开展全民悦读朗读大会、"诗书原州"大讲堂、送戏下乡等系列活动。加大文物保护,完成文澜阁抢险加固工程。坚持依法修志编鉴,实现二轮志书、综合年鉴出版。国家公共文化服务体系示范区顺利通过国家验收。城市、农村低保标准分别提高到600元/月·人和4560元/年·人,新增保障对象3430户4869人,动态调出2807户4835人。发放临时救助资金3089万元、价格临时补贴785万元。续建老年养护院,新建农村老饭桌5个,基础养老金标准提高至168元,城乡居民养老、医疗保险参保任务全面完成。完成386名退役军人养老接续工作。发放创业贷款及农村妇女小额担保贷款1.12亿元,培育533个创业实体,支持495户农村妇女创业。城镇新增就业3626人,登记失业率控制在3.8%以内。农村劳动力转移就业7.52万人,实现工资性收入18.63亿元。原州区荣获自治区农村劳动力转移就业工作示范县。

【重点改革】

围绕推进治理体系和治理能力现代化，扎实推进重点领域改革。落实"1+9"优化营商环境行动计划，加大金融机构信贷投放，减免税费3.9亿元。建成"163"政务服务平台，90%以上事项实现"网上办"。推进工程建设项目审批制度改革，实现"一窗"受理、"一门"通办。积极办理"12345"便民服务热线转办件，群众满意度达到99%。深入推进"双随机、一公开"机制，加大守信联合激励和失信联合惩戒工作力度。深化综合医改，推进分级诊疗制度，医联体建设覆盖率达到100%，基层医疗卫生机构门诊占比达到70%。推进医保支付制度改革，完善药品补偿和医疗服务价格调整机制。农村综合改革方面，在黄铎堡老庄、曹堡开展农村土地承包经营权抵押贷款试点。开展农村产权制度改革，认定村集体经济组织成员身份28.5万人。农民专业合作社达到596家，辐射带动农户4.2万户。

政治建设

【政治引领】

原州区委常委会始终把政治建设摆在首位，旗帜鲜明讲政治，增强"四个意识"、坚定"四个自信"、做到"两个维护"，始终在政治立场、政治方向、政治原则、政治道路上同以习近平同志为核心的党中央保持高度一致。把理论武装作为重要政治任务始终抓在手上，坚持领导带头学、全面系统学、联系实际学，深入学习习近平新时代中国特色社会主义思想、党的十九大和十九届二中、三中、四中、五中全会精神、习近平总书记视察宁夏重要讲话和重要指示批示精神等。召开区委常委会（扩大）会议32次、区委理论学习中心组学习会议17次，组织干部理论宣讲、专题培训等498场次，副科级以上干部轮训全覆盖。常态化推进"不忘初心、牢记使命"主题教育，扎实开展"担当新使命、展现新作为"学习实践活动，出台《关于深入学习贯彻习近平总书记视察宁夏重要讲话精神的实施意见》《关于推进黄河流域生态保护和高质量发展先行区建设的实施方案》《关于贯彻落实习近平总书记视察姚磨重要指示精神加快冷凉蔬菜产业发展的实施方案》等，制订任务、项目、责任3个清单，推动习近平总书记视察宁夏重要讲话精神及党中央和区、市党委决策部署在原州区落地见效。

【管党治党】

认真践行新时代党的建设总要求，充分发挥把方向、管大局、保落实的领导作用，以永远在路上的执着和韧劲纵深推动全面从严治党。坚持党管宣传、党管媒体。深化"三大三强""两个带头人""三强九严"工程，持续完善"四联四化"机制，非公企业和社会组织党的工作实现全覆盖。全面落实好干部标准，加强干部人才队伍建设，实施"育苗"工程，被自治区确定为流动党员教育管理试点区。严格执行中央八项规定及其实施细则精神，常态化推进政治巡察，深入开展扶贫领域腐败和作风问题整治，坚决向慵懒散漫及"三不为"等作风顽疾"亮剑"，惩治腐败"减存量、遏增量"成效明显，立案下降21.6%，党纪政纪处分人数下降26.2%，党员干部作风更加扎实，政治生态持续向善向好。

文化建设

【公共文化服务】

做好贫困村公共文化设施建设，出台《原州区基本公共文化服务实施标准》和《原州区基本公共文化服务目录》，统筹整合基础设施建设资金，在每个乡镇确定4~5个村，按照"一村一品一特色"的原则，建设49个村级综合文化服务中心示范村，实现原州区乡镇文化站和村级综合文化服务中心全覆盖。建设完成3个街道办文化站（41个社区均有文化活动场地），乡镇（街道）、村（社区）图书室、电子阅览室达到100%。开工建设原州区文化馆和图书馆项目。

【文化惠民】

深化"我们的中国梦——文化进万家"主题活动，先后举办原州区第九届"群众文艺汇演"、第三届沈家河民俗艺术节、第十四届"文化和自然遗产日"等系列活动。开展戏曲进乡村80场次，观众3万余人。组织"戏曲进校园"6场，观看学生8000余人。举办少儿暑期公益培训1期，开设国学培训班6个，培训学员168人。在抗疫期间，组织编排快板《众志成城得胜利》，录制"战'疫'故事"主题朗诵音频，组织辖区内书画家向驰援湖北的医护人员家属捐赠书画作品等。

【非遗保护】

编辑出版《原州区非物质文化遗产保护工程系列丛书》《原州民间故事》等非遗书籍，进一步实现原州非遗资源重构。开展2020年"文化和自然遗产日"非遗宣传活动和民族民间文化遗产挖掘及非遗传承点（基地）督查，进一步完善非遗数据库。组织参加"非遗进万家文旅展风采"2020年宁夏黄河流域非遗作品创意大赛。举办剪纸、针灸、秦腔等非遗项目培训3期，培训学员110人。建设完成固原古城遗址抢险加固二期工程、固原文澜阁墩台抢险加固工程、原州区境内长城保护管理设施建设项目。开工建设须弥山石窟文物保护项目。

【文旅工作】

建立具有原州特色的地方旅游标准化体系，制定《原州区创建国家全域旅游示范区实施方案》，完善河川、开城等地窑洞宾馆基础设施，提升民宿文旅服务水平。配合做好须弥山旅游开发建设工作，积极申报全国乡村旅游重点村和自治区级重点旅游度假村。建设完成河川乡寨洼村基础设施项目和牡丹山庄精品民宿项目及开城镇青石嘴红军长征战斗纪念碑看护房项目、青石峡游客服务中心项目和2018年旅游环线各节点基础设施项目四标段。开工建设张易镇宋洼村田园综合体梯田公园建设项目。

生态文明建设

践行"绿水青山就是金山银山"理念，守好改善生态环境生命线。按照"一屏一带一线三区"建设思路和"四个一"林草产业规划布局，加快生态功能区修复治理，完成六盘山外围降雨量400毫米以上区域营造林18.4万亩，绿化旅游环线和乡村道路249公里。推广种植"一棵树""一株苗""一枝花"10.4万亩，"一棵草"83.5万亩。成功举办首届"苹果采摘节"。严守"三条红线"，强化自然资源管理，创新建立网格化监管常态化巡查耕地保护机制，完成第三次国土调查、生态红线优化调整和河湖岸线划定。严格落实"河长制"，巡查守护河道，清理垃圾10余万立方米，拆除违法建筑38处，封堵非法排污口两个，整治"散乱污"企业109家。实施清水河（北环路—沈家河库尾）水环境综合整治、市区过境段3#人工湿地项目，清水河流域水质有效改善、水生态功能稳步提高。清水河三营国控断面水质稳定达到Ⅳ类，清水河二十里铺、冬至河入清水河两个区控断面水质稳定达到Ⅲ类。何家沟水库建成蓄水，年新增4000万立方米黄河水，有效保障27万亩川台地高效灌溉用水。清水河湿地被列入国家重要湿地。推进"四尘同治"，落实建筑工地"六个100%"防控措施，关闭散煤销售点16家，配送优质煤5740吨，完成加油站油气回收改造。全区空气优良天数达到97%。完成重点行业企业地块基础信息调查、风险筛查核实及初步采样调查。畜禽养殖粪污综合利用率、粮食作物测土配方施肥技术覆盖率均达90%以上，化肥、农药使用量实现零增长。废旧地膜回收利用率达到85%，农业面源污染得到有效控制。自治区党委第三生态环境督察组转办70件38个问题全部整改到位。

社会治理

【民主政治】

支持人大、政府、政协和法院、检察院依法依章履行职能、发挥作用，政协"提案3322"工作法在全国政协工作会上交流。贯彻总体国家安全观，打好防范化解重大风险攻坚战，坚决守好政治安全生命线。"指标化"确定任务，"清单式"推动落实，乡村、社区、校园、企业、社团等6项治理取得积极成效，受到自治区多次表扬。

【社会治理】

深入推广"枫桥经验"，建成社会矛盾纠纷（信访）调处化解中心，矛盾纠纷排查化解信息系统实现全覆盖。深入推进"七五"普法宣传教育，全民法治素养大幅提升。积极开展"拥护核心感党恩、同心携手奔小康"民族团结进步创建活动，全国民族团结进步示范县创建成果持续巩固。依法加强宗教事务管理，引导宗教与社会主义社会相适应。严格按照"四个全面""三个不放过"要求，在全自治区率先完成任务，实现零上访、零舆情。

【平安原州】

保持扫黑除恶专项斗争强大攻势，深挖彻查各类问题线索，健全运行管理、案情会商、移送反馈、督查督办、考评问责5项机制，专项斗争取得压倒性胜利。强化社会面巡逻管控，重拳打击各类违法犯罪活动，"平安原州"建设成效显著。全面加强应急管理，有效落实安全生产"三大责任"，全力推进专项整治三年行动。信访维稳、禁毒、消防等各项工作扎实开展，群众安全感、满意度继续保持高位。人口普查有序开展，编制管理、审计监督全面加强，史志、档案、工会、青年、妇女、科协等工作取得新成效。

中共固原市原州区委员会

重要会议

【区委三届五次全体会议】

2020年5月22日，中国共产党原州区第三届委员会第五次全体会议召开。出席这次全会的有原州区委委员29人，候补委员8人。固原市委常委、原州区委书记杨文代表常委会作了《完善基层治理体系提高基层治理能力　为建设美丽新宁夏作出新的更大贡献》报告。全会以习近平新时代中国特色社会主义思想为指导，深入学习贯彻党的十九届四中全会精神、习近平总书记视察宁夏重要讲话精神，全面贯彻落实自治区党委十二届十次全会和固原市委四届七次全会精神，审议通过了《中共原州区委员会关于贯彻落实〈中共宁夏回族自治区委员会关于完善基层治理体系提高基层治理能力的若干意见〉的实施方案》，讨论了《原州区全面建成小康社会年度考核办法》《原州区高质量发展综合绩效年度考核办法》。会议对当前原州区经济工作作了安排部署。

【区委三届六次全体会议】

2020年8月19日，中国共产党固原市原州区第三届委员会第六次全体会议召开。出席这次全会的有区委委员32人，候补委员8人。固原市委常委、原州区委书记杨文代表区委常委会作了《牢记殷殷嘱托　激扬奋斗精神　为建设先行区和美丽新宁夏作出新的更大贡献》的报告，全会坚持以习近平新时代中国特色社会主义思想为指导，深入学习贯彻习近平总书记视察宁夏重要讲话精神、自治区党委十二届十一次全会和固原市委四届八次全会精神，审议通过了《中共固原市原州区委员会关于深入学习贯彻习近平总书记视察宁夏重要讲话精神的实施意见》《中共固原市原州区委员会关于推进黄河流域生态保护和高质量发展先行区建设的实施方案》。会议安排部署了全区经济工作。

【三届区委2020年第1次常委会会议】

2020年1月17日，固原市委常委、原州区委书记杨文同志主持。会议传达学习了习近平总书记在十九届中央政治局第十九次集体学习时的重要讲话精神，研究原州区贯彻意见；传达学习了习近平总书记在中央"不忘初心、牢记使命"主题教育总结大会上的讲话、自治区"不忘初心、牢记使命"主题教育总结大会精神；传达学习了自治区党委政协工作会议精神；传达学习了自治区两会精神、自治区人大设立常委会40周年暨人大工作座谈会精神，研究原州区贯彻意见；听取了应急管理、森林草原防火、信访维稳工作汇报，安排部署春节期间安全生产、信访维稳等有关工作；研究审定了原州区委组织部提交的《关于进一步加强和改进离退休干部工作的实施办法》。

【三届区委2020年第2次常委会会议】

2020年1月20日，固原市委常委、原州区委书记杨文同志主持。会议听取了原州区委巡察办《区委2019年巡察工作汇报及2020年巡察工作打算》；研究审定了原州区纪委监委提交的《区纪委三届五次全会上的工作报告》《关于〈召开中共固原市原州区第三届纪律检查委员会第五次全体会议有关事宜〉的请示》；研究了干部事宜。

【三届区委2020年第3次常委会会议】

2020年1月27日，固原市委常委、原州区委书记杨文同志主持召开区委第3次常委会会议。会议传达学习了习近平总书记在中央政治局常委会会议研究新冠肺炎疫情防控工作时的重要讲话精神、自治区党委第5次常委会（扩大）会议精神，研究原州区贯彻意见；听取了全区疫情防控工作情况汇报。

【三届区委2020年第4次常委会会议】

2020年1月30日，固原市委常委、原州区委书记杨文同志主持召开区委第4次常委会会议。会议传达学习了中共中央总书记习近平主持召开中央政治局常务委员会会议研究新冠肺炎疫情防控工作会议精神，研究了贯彻意见。

【三届区委2020年第5次常委会会议】

2020年2月5日，固原市委常委、原州区委书记杨文同志主持召开区委第5次常委会会议。会议传达学习了中共中央政治局常务委员会研究加强新冠肺炎疫情防控工作会议精神，研究了贯彻意见。

【三届区委2020年第6次常委会会议】

2020年2月13日，固原市委常委、原州区委书记杨文同志主持召开区委第6次常委会会议。会议传达学习了中共中央政治局常务委员会研究加强新冠肺炎疫情防控工作会议精神、自治区新冠肺炎疫情防控工作电视电话会议精神，安排部署了疫情防控有关工作。

【三届区委2020年第7次常委会会议】

2020年2月19日，固原市委常委、原州区委书记杨文同志主持召开区委第7次常委会会议。会议传达学习了陈润儿同志在听取全区园区疫情防控和复工复产工作情况汇报时的讲话，听取了原州区疫情防控指挥部防疫工作开展情况汇报，安排部署了疫情防控工作；听取了原州区政府党组2020年脱贫攻坚工作汇报，安排部署了脱贫攻坚工作；听取了原州区各部门贯彻落实自治区党委十二届八次、九次，固原市委四届五次、六次及原州区委三届四次全委会会议精神责任分工汇报，全区2020年重点工作和创新试点工作责任分工情况汇报；听取了原州区政府党组2019年全面建成小康社会指标实现程度汇报和2020年建设项目进展情况汇报，安排部署了全面建成小康社会和项目建设工作；研究审定了原州区委办公室提请研究的《关于〈原州区贯彻落实习近平总书记重要指示批示精神"回头看"情况的报告〉的请示》。

【三届区委2020年第8次常委会会议】

2020年2月23日，固原市委常委、原州区委书记杨文同志主持召开区委第8次常委（扩大）暨疫情防控领导小组会议。会议重温学习了1月25日、2月3日、2月12日中共中央政治局常务委员会研究新冠肺炎疫情防控工作会议精神，传达学习了2月19日中共中央政治局常务委员会及21日政治局会议研究新冠肺炎疫情防控工作会议精神，2月20日自治区党委常委会（扩大）会议关于疫情防控、经济运行有关工作安排部署精神，2月23日中央、自治区统筹推进新冠肺炎疫情防控和经济社会发展工作部署电视电话会议精神，安排部署了统筹推进疫情防控和经济社会发展工作；研究审定了总工会党组《关于〈推荐2020年全国、自治区、固原市劳动模范和先进工作者预备人选〉的请示》。

【三届区委2020年第9次常委会会议】

2020年2月28日，固原市委常委、原州区委书记杨文同志主持召开区委第9次常委会（扩大）暨疫情防控领导小组会议。会议传达学习了2月26日中共中央政治局常务委员会分析新冠肺炎疫情形势研究近期防控重点工作会议精神、2月27日自治区党委常委（扩大）会议精神、自治区境外新冠肺炎疫情输入防控专题会议精神，听取了全区疫情防控工作开展情况汇报，安排部署了疫情防控有关工作；传达学习了自治区党委组织部《关于组织党员自愿捐款支持新冠肺炎疫情防控工作的通知》。

【三届区委2020年第10次常委会会议】

2020年3月20日,固原市委常委、原州区委书记杨文同志主持召开区委第10次常委会(扩大)暨疫情防控领导小组会议。会议传达学习了习近平总书记在决战决胜脱贫攻坚座谈会上的重要讲话精神、习近平总书记在中共中央政治局委员会会议研究当前新冠肺炎疫情防控和稳定经济社会运行重点工作时的重要讲话精神、习近平总书记主持召开中共中央政治局委员会会议分析国内外新冠肺炎疫情防控和经济形势研究部署统筹抓好疫情防控和经济社会发展重点工作会议精神、自治区党委2020年第12次常委会(扩大)会议精神、自治区党委应对新冠肺炎疫情工作领导小组第7次会议精神,研究了贯彻意见;听取了原州区政府党组关于全区第一季度经济社会运行情况的汇报;听取了全区学校开学前准备工作汇报;安排部署了下一步相关工作;传达学习了习近平总书记在第十九届中央纪律检查委员会第四次全体会议上的讲话及全会精神、自治区纪委全会精神;中共中央办公厅《关于2019年中央政治局贯彻执行中央八项规定情况的报告》和《关于解决形式主义突出问题为基层减负工作情况的报告》,研究了贯彻意见;传达学习了全国、全区组织部长会议精神及全国、全区离退休干部"双先"表彰大会和全国、全区老干部局长会议精神;全国、全区宣传部长会议精神;全国、全区统战部长会议精神和全国民委主任会议精神;2020年中央政法工作会议精神和自治区党委政法工作会议精神;研究了贯彻意见。会议传达学习了自治区应急管理指挥部办公室《宁夏回族自治区防灾减灾救灾责任规定》,研究了贯彻意见;听取了原州区政府党组《全区食品药品安全工作汇报》,安排部署了下一步工作;听取了原州区政府党组《全区生态环境保护工作情况汇报》,安排部署了下一步工作;研究审定了原州区政协党组《关于提请研究〈关于贯彻落实自治区党委〈关于新时代加强和改进人民政协工作的实施意见〉的实施方案〉的请示》;研究审定了原州区委组织部《关于提请研究〈关于加强退出领导岗位干部管理实施办法(试行)(送审稿)〉的请示》;研究审定了原州区委宣传部《关于提请研究〈原州区深化拓展新时代文明实践中心建设试点工作的实施方案〉的请示》;研究审定了原州区委统战部《关于提请研究〈拟推荐固原市民族团结进步创建活动示范单位〉的请示》;研究审定自然资源局《关于提请研究〈原州区守好生态环境保护的生命线实施方案〉的请示》;研究审定原州区委巡察办《关于提请研究〈原州区委2020年巡察工作计划〉的请示》;研究原州区纪委监委提交的有关干部处理事宜;研究原州区委组织部提交的有关干部任免事宜。

【三届区委2020年第11次常委会会议】

2020年4月3日,固原市委常委、原州区委书记杨文同志主持召开区委第11次常委会(扩大)暨疫情防控领导小组会议。会议传达学习了习近平总书记在3月27日中共中央政治局常委会会议上的重要讲话精神,听取了原州区疫情防控工作汇报,安排部署了下一步工作;传达学习了习近平总书记对四川西昌市经久乡森林火灾做出的重要指示精神,听取了全区防火情况汇报,安排部署了下一步工作;传达学习了自治区党委2020年第13、14次常委会会议暨应对新冠肺炎疫情工作领导小组第8、9次会议精神,听取了原州区安全生产工作汇报,违建别墅问题查清整治和农村乱占耕地建房问题清理及矿产资源开发利用情况汇报,"大棚房"问题专项清理整治情况汇报,安排部署了下一步有关工作。

【三届区委2020年第12次常委会会议】

2020年4月13日,固原市委常委、原州区委书记杨文同志主持召开区委第12次常委会(扩大)暨疫情防控领导小组会议。会议传达学习习近平总书记在4月8日中共中央政治局常委会会议上的重要讲话精神,研究贯彻意见,安排部署相关工作;传达学习习近平总书记对安全生产作出的重要指示精神和全国、全区安全生产电视电话会议精神,研究贯彻意见,安排部署下一步工作;传达学习4月7日自治区党委常委会会议精神、自治区重大项目建设工作电视电话会议精神、自治区党委决胜全面建成小康社会工作会议精神,听取原州区政府党组全区重点项目建设情况汇报和全面建成小康社会工作完成情况汇报,安排部署下一步有关工作;传达学习王鸿津同志在全国巡察办主任提级培训班上的讲话精神,学习《中共中央办公厅关于印发〈党委(党组)落实全面从严治党主体责任规定〉的通知》、中央纪委办公厅《印发〈关于切实加强7省区扶贫领域腐败和作风问题专项治理工作的指导意见〉的通知》精神,研究贯彻意见;传达学习全国、全区编办主任会议精神,研究贯彻意见;研究审定了原州区委组织部《关于推荐〈固原市离退休干部先进集体和先进个人〉的请示》。

【三届区委2020年第13次常委会会议】

2020年4月18日,固原市委常委、原州区委书记杨文同志主持召开区委第13次常委会(扩大)暨扶贫开发领导小组2020年第5次会议。会议传达学习汪洋同志在脱贫攻坚约谈会议上的讲话精神,《中办、国办关于2019年脱贫攻坚成效考核情况的通报》精神,国务院扶贫开发领导小组脱贫成效考核和专项巡视"回头看"发现问题整改工作会议精神,通报国务院扶贫办关于2019年宁夏脱贫攻坚成效考核情况;传达学习4月15日自治区党委常委会会议暨扶贫开发领导小组2020年第2次会议精神,4月16日自治区脱贫攻坚问题整改工作电视电话会议精神,听取原州区政府党组全区脱贫攻坚"四查四补"情况汇报,研究审定《2019年脱贫攻坚成效考核反馈问题整改方案》,安排部署下一步工作;传达学习4月16日自治区党委巡视工作动员部署电视电话会议精神,听取了关于迎接自治区党委第五巡视组进驻准备和专项检查巡察工作安排情况的汇报,安排部署下一步工作。

【三届区委2020年第14次常委会会议】

2020年4月30日,固原市委常委、原州区委书记杨文同志主持召开区委第14次常委会会议。会议传达学习4月15日、4月29日习近平总书记主持召开中共中央政治局会议研究部署抓紧抓实抓细常态化疫情防控工作、分析研究当前经济形势和经济工作时的重要讲话精神,听取原州区疫情防控指挥部全区疫情防控工作汇报,听取原州区政府党组全区重点项目建设情况汇报,安排部署下一步有关工作;传达学习《中共中央印发〈关于在全党开展"不忘初心、牢记使命"主题教育总结报告〉的通知》,听取原州区委主题教育检视问题整改情况汇报,安排部署下一步有关工作;传达学习陈润儿同志来固原调研脱贫攻坚、生态建设情况;听取了全区脱贫攻坚"四查四补"情况汇报,安排部署下一步有关工作;传达学习自治区省级领导干部维护政治安全专题研讨班精神、自治区宗教人士代表座谈会精神,研究贯彻意见;传达《自治区纪委办公厅〈关于推进全面从严治党 落实"两个责任" 完善"三个清单"的通知》》精神,听取全区全面从严治党工作汇报;听取原州区政府党组全区创卫工作开展情况汇报,安排部署下一步有关工作;研究审定原州区委政法委《关于提请研究〈进一步加强和完善矛盾纠纷多元化解机制 打造新时代原州区"枫桥经验"实施方案〉的请示》,安排部署下一步有关工作;研究审定原州区纪委监委《关于提请研究〈原州区2020年全面从严治党党风廉政建设和反腐败工作主要任务分工方案〉的请示》;研究审定原州区委统战部《关于提请研究〈推荐第八批全国民族团结进步示范单位〉的请示》;研究审定原州区委组织部《关于提请研究〈关于团区委、区妇联兼挂职候选人预备人选〉的请示》;研究审定原州区委督查检查考核领导小组《关于提请研究〈2019年度原州区乡镇(街道)、部门(单位)效能目标管理考核结果〉的请示》。

【三届区委2020年第15次常委会会议】

2020年5月12日,固原市委常委、原州区委书记杨文同志主持召开区委第15次常委会会议。会议传达学习5月6日习近平总书记主持召开中共中央政治局会议听取疫情防控工作中央指导组工作汇报,研究完善常态化疫情防控体制机制时的重要讲话精神,5月8日习近平总书记主持召开中共中央党外人士座谈会议时的重要讲话精神;传达学习5月6日自治区党委常委会扩大会议暨应对新冠肺炎疫情工作领导小组第11次会议精神,安排部署下一步有关工作;传达学习全国巡视工作会议暨十九届中央第五轮巡视部署会议精神、赵乐际同志在甘肃省调研座谈会上的讲话精神,研究贯彻意见,安排部署下一步工作;传达学习自治区党委十二届十次全会精神、固原市委四届七次全会精神,研究贯彻意见;传达学习全区脱贫攻坚普查工作专题会议精神,研究贯彻意见;传达学习自治区信访工作联席会议电视电话会、固原市信访工作联席会议电视电话会暨疫情后期和全国两会期间信访工作部署安排会议精神,听取近期全区信访工作情况汇报,安排部署下一步有关工作;研究审定原州区委办公室《关于召开原州区委三届五次全体会议的请示》;研究审定原州区委统战部《关于提请研究〈推荐第十批全区民族团结进步示范单位〉的请示》。

【三届区委2020年第16次常委会会议】

2020年5月20日,固原市委常委、原州区委书记杨文同志主持召开区委第16次常委会(扩大)会议暨区新冠肺炎疫情防控领导小组第13次会议。会议传达学习5月14日习近平总书记主持召开中共中央政治局常务委员会会议分析国内外新冠肺炎疫情防控形势、研究部署抓好常态化疫情防控措施落地见效、研究提升产业链供应链稳定性和竞争力时的重要讲话精神,5月15日习近平总书记主持召开中共中央政治局会议精神,安排部署下一步有关工作;传达学习《自治区党委办公厅〈关于做深做实查办党员干部违纪违法案件"后半篇文章" 推动以案为戒以案示警以案促改以案正风工作的实施意见〉的通知》,研究贯彻意见;听取原州区政府党组关于创建国家公共文化服务体系示范区工作进展情况的汇报,安排部署下一步工作;研究审定原州区委三届五次全体会议有关材料;研究审定原州区委组织部《关于提请研究〈2019年度乡镇(街道)党政正职和部门(单位)主要负责人考核结果〉的请示》。

【三届区委2020年第17次常委会会议】

2020年6月4日,固原市委常委、原州区委书记杨文同志主持召开区委第17次常委会会议。会议传达学习习近平总书记全国两会期间在参加内蒙古、湖北、解放军和武警部队代表团讨论、看望参加政协会议的经济界委员时的重要讲话精神和全国两会精神,自治区传达贯彻全国两会精神电视电话会议精神,研究贯彻意见;传达学习《中共中央国务院关于加快推进社会治理现代化 开创平安中国建设新局面的意见》精神,研究贯彻意见;听取原州区关工委工作开展情况汇报,安排部署下一步有关工作;听取原州区政府党组旧城改造工作进展情况汇报,安排部署下一步有关工作;听取原州区政府党组重点项目推进情况汇报,安排部署下一步有关工作;听取原州区脱贫攻坚工作进展情况汇报,安排部署下一步有关工作;研究审定原州区委组织部《关于提请研究〈原州区软弱涣散村(社区)党组织整顿对象及清单台账〉的请示》;研究审定原州区委宣传部《关于提请研究〈原州区创建"中国诗歌之乡"实施方案〉的请示》;研究审定原州区委巡察办《关于提请研究〈关于进一步强化区委巡察工作的实施方案〉的请示》。

【三届区委2020年第18次常委会会议】

2020年6月15日,固原市委常委、原州区委书记杨文同志主持召开区委第18次常委会(扩大)会议暨中心组(扩大)学习会议。会议专题学习习近平总书记视察宁夏重要讲话精神,传达学习自治区党委2020年第21次常委会(扩大)会议精神,研究贯彻落实工作。

【三届区委2020年第19次常委会会议】

2020年6月24日,固原市委常委、原州区委书记杨文同志主持召开区委第19次常委会(扩大)会议。重温学习中共中央《关于统计管理体制改革提高统计数据真实性的意见》《统计违纪违法责任人处分处理建议办法》《防范和惩治统计造假弄虚作假督查工作规定》,传达学习自治区党委常委会(扩大)会议第20次会议关于统计工作有关精神,安排部署相关工作;传达学习习近平总书记关于禁毒工作的指示精神,安排部署相关工作;传达学习自治区党委办公厅关于印发《贯彻落实〈中国共产党宣传工作条例〉监督检查办法》的通知精神,研究贯彻意见;传达学习王鸿津同志在全国市县巡察办主任提级培训班上的讲话精神、市县巡察工作西北片区调研座谈会精神,研究贯彻意见;传达学习自治区持续解决形式主义突出问题为基层减负推进会议精神,安排部署相关工作;听取全区脱贫攻坚重点工作进展情况汇报,安排部署相关工作;听取全区项目进展及经济运行情况汇报,安排部署相关工作;听取基层治理情况汇报,安排部署相关工作;审定原州区委巡察办关于提请研究《关于对村(社区)开展延伸巡察工作方案》的请示;研究审定原州区委巡察办关于提请研究《关于对村(社区)开展延伸巡察工作方案》的请示;研究审定原州区政府关于提请研究《原州区全面落实"六保"任务工作方案》的请示。

【三届区委2020年第20次常委会会议】

2020年7月1日,固原市委常委、原州区委书记杨文同志主持召开区委第20次常委会会议。会议传达学习自治区党委领导干部学习贯彻习近平总书记视察宁夏重要讲话精神专题研讨班精神,研究贯彻意见;听取原州区城乡人居环境整治工作开展情况汇报,安排部署相关工作。

【三届区委2020年第21次常委会会议】

2020年7月16日,固原市委常委、原州区委书记杨文同志主持召开区委第21次常委会会议。会议传达学习6月5日习近平总书记主持召开中央审计委员会第三次会议时的重要讲话精神;听取原州区政府党组全区审计工作汇报;重温学习《中国共产党政法工作条例》;传达学习自治区扫黑除恶专项斗争重点县(市、区)督办会精神,自治区扫黑除恶专项斗争领导小组2020年第2次会议精神,研究了贯彻意见;安排扫黑除恶专项斗争有关工作;传达学习陈润儿同志在固原市督战脱贫攻坚调研移民搬迁工作时的讲话精神,研究贯彻意见;传达陈润儿同志在听取十二届自治区党委第八轮巡视情况汇报时的讲话精神、自治区巡视办印发《关于对原州区党委巡察工作开展专项检查的情况报告》的通知精神、自治区党委第五巡视组脱贫攻坚专项巡视"回头看"反馈会议精神;安排反馈问题整改工作;传达学习自治区党委统一战线工作领导小组2020年第1次会议精神,研究贯彻意见;安排相关重点工作;传达学习陈润儿、赵永清同志在全区机关党的建设暨创建"让党中央放心　让人民群众满意"模范机关工作会议上的讲话精神,研究贯彻意见;听取原州区委组织部全区基层党建工作汇报,安排全区党建工作;传达学习自治区加快实施安可替代工程推进工作会议精神,研究贯彻意见;听取原州区政府党组统计工作汇报,安排进一步加强统计工作;研究审定原州区委组织部《关于提请研究〈原州区创建"让党中央放心　让人民群众满意"模范机关实施方案〉的请示》;研究审定原州区委组织部《关于提请研究〈调整区委政法委员会组成人员〉的请示》;研究审定原州区委政法委《关于提请研究〈成立原州区平安原州建设协调小组(原州区县域社会治理现代化建设试点工作领导小组)〉的请示》;研究审定原州区委办《关于提请研究〈原州区委政协工作会议方案〉的请示》《关于提请研究〈中共固原市原州区委员会关于新时代加强和改进人民政协工作的实施意见〉的请示》；研究审定原州区委巡察办《关于提请研究〈三届原州区委第十轮巡察工作方案〉的请示》。

【三届区委2020年第22次常委会会议】

2020年7月24日，固原市委常委、原州区委书记杨文同志主持召开区委第22次常委会会议。会议传达学习中国共产党宁夏回族自治区第十二届委员会第十一次全体会议精神，研究贯彻意见；听取依法治区办公室上半年法治政府建设工作进展情况汇报，安排部署下一步工作。

【三届区委2020年第23次常委会会议】

2020年8月13日，固原市委常委、原州区委书记杨文同志主持召开区委第23次常委会会议。会议传达学习习近平总书记7月28日主持召开党外人士座谈会时的重要讲话精神、7月30日主持召开中共中央政治局会议精神，研究贯彻意见；传达学习8月7日自治区推进高质量发展重点项目建设现场观摩总结会精神，安排部署下一步有关工作；传达学习全区巡视巡察工作会议暨十二届自治区党委第九轮巡视动员部署会精神，研究贯彻意见；听取自治区党委第五巡视组脱贫攻坚专项巡视"回头看"反馈问题整改进展情况汇报；听取原州区公安分局涉赌涉诈重点人员查处管控工作开展情况汇报，安排部署下一步有关工作；听取原州区新冠肺炎疫情防控指挥部全区疫情防控常态化工作开展情况汇报，安排部署下一步有关工作；听取全区完善基层治理体系提高基层治理能力落实情况汇报，安排部署下一步工作；研究关于召开原州区委三届六次全体会议事宜；研究原州区委巡察办《关于提请研究〈自治区党委第五巡视组巡察工作专项检查组反馈问题整改方案〉的请示》。

【三届区委2020年第24次常委会会议】

2020年9月14日，固原市委常委、原州区委书记杨文同志主持召开区委第24次常委会会议。会议传达学习习近平总书记对制止餐饮浪费行为作出的重要指示精神，向全国广大医务工作者、全国青联学联会议及广大青少年、高校毕业生作出的重要指示和贺信精神，自治区党委8月21日常委会（扩大）会议精神，研究贯彻意见；传达学习习近平总书记考察吉林、安徽、山西、陕西、浙江、湖北、北京、云南时的重要讲话精神，自治区党委8月24日常委会（扩大）会议精神，研究贯彻意见；传达学习习近平总书记主持召开经济社会领域专家座谈会精神，向中国人民警察队伍授旗并致训词精神，自治区党委8月29日常委会（扩大）会议精神，研究贯彻意见；传达学习习近平总书记主持召开中央第七次西藏工作座谈会精神，自治区党委8月31日常委会（扩大）会议精神，研究贯彻意见；传达学习习近平总书记在纪念中国人民抗日战争暨世界反法西斯战争胜利75周年座谈会上的重要讲话精神，研究贯彻意见；传达学习习近平总书记在全国抗击新冠肺炎疫情表彰大会上的重要讲话精神，研究贯彻意见；传达学习陈润儿同志在建设黄河流域生态保护和高质量发展先行区第一次推进会上的讲话精神，研究贯彻意见；传达学习《中共宁夏回族自治区委员会贯彻落实〈中国共产党农村工作条例〉实施办法》，研究贯彻意见；传达学习《自治区领导批示清样》《自治区扶贫开发领导小组关于印发〈国务院扶贫开发领导小组2020年脱贫攻坚督查反馈问题整改方案〉的通知》精神，听取自治区党委第五巡视组脱贫攻坚专项巡视"回头看"反馈问题整改进展情况汇报，研究审定原州区扶贫开发领导小组《关于提请研究〈国务院扶贫开发领导小组2020年脱贫攻坚督查反馈问题整改方案〉的请示》；传达学习自治区党委第三生态环境保护督察组督察工作动员会精神，研究贯彻意见；听取原州区政府党组全区小康社会建设指标完成情况、高质量发展综合绩效年度目标实现情况汇报和当前经济运行情况汇报，安排部署下一步工作；听取原州区政府党组全区创建全国示范型退役军人服务中心

(站)推进情况汇报,安排部署下一步工作;研究审定原州区委宣传部提交的《关于提请研究〈关于成立固原市原州区创建全国文明城市暨巩固提升自治区文明城市指挥部的通知〉的请示》《关于提请研究〈原州区贯彻落实固原市创建全国文明城市暨巩固提升自治区文明城市工作实施方案〉的请示》。

【三届区委2020年第25次常委会会议】

2020年9月26日,固原市委常委、原州区委书记杨文同志主持召开区委第25次常委会会议。会议传达学习习近平总书记在科学家座谈会上的讲话、在基层代表座谈会上的讲话、在教育文化卫生体育领域专家代表座谈会上的讲话,9月21日自治区党委常委会会议暨应对新冠肺炎疫情工作领导小组第15次会议精神,研究贯彻意见;传达学习自治区建设黄河流域生态保护和高质量发展先行区第二次推进会精神,研究贯彻意见;传达学习陈润儿书记在督导西吉县脱贫攻坚工作座谈会上的讲话精神,研究贯彻意见;传达学习自治区党委组织部召开的全区基层党建"两个重要文件"部署会精神,自治区党委组织部《印发〈关于实施"六项行动"进一步加强全区基层党建工作的意见〉的通知》《印发〈关于开展农村党建"抓乡促村、整乡推进、整县提升"示范县乡创建行动的指导意见〉的通知》精神;听取全区整顿软弱涣散村党组织工作进展情况汇报,各县级领导干部包抓联系软弱涣散村和工作薄弱后进村党组织整顿情况汇报;安排部署下一步有关工作;听取原州区创建文明城市工作进展情况,安排部署下一步有关工作;听取全区未成年人思想道德建设工作开展情况汇报,安排部署下一步有关工作;听取自治区党委第三生态环境保护督察组环保问题举报受理转办情况汇报,安排部署下一步有关工作;听取基层治理情况汇报,安排部署下一步有关工作;研究审定原州区委巡察办《关于提请研究〈区委巡察组长库和干部人才库新增调整人员〉的请示》。

【三届区委2020年第26次常委会会议】

2020年10月14日,固原市委常委、原州区委书记杨文同志主持召开区委第26次常委会会议。会议传达学习第三次中央新疆工作座谈会精神,9月28日自治区党委常委会会议精神,9月29日自治区党委领导干部促进民族团结进步研讨交流会和全区促进民族团结进步工作会议精神;传达学习闽宁互学互助对口扶贫协作第24次联席会议精神,听取原州区扶贫开发领导小组关于脱贫攻坚反馈问题整改情况、脱贫攻坚重点工作进展情况,安排部署下一步有关工作;传达学习《自治区信访工作联席会议转发〈关于印发中央信访工作联席会议关于开展集中治理重复信访、化解信访积案专项工作的意见〉的通知》《自治区信访工作联席会议关于印发〈开展集中治理重复信访、化解信访积案专项工作方案〉的通知》精神,研究贯彻意见;听取原州区政府党组全区2020年重点项目建设推进情况汇报,安排部署下一步有关工作;研究审定原州区委督查检查考核工作领导小组《关于提请研究〈2020年度原州区效能目标管理考核方案〉的请示》。

【三届区委2020年第27次常委会会议】

2020年10月20日,固原市委常委、原州区委书记杨文同志主持召开区委第27次常委会会议。会议传达学习习近平总书记对脱贫攻坚工作作出的重要指示和李克强总理批示精神,全国脱贫攻坚奖表彰大会暨先进事迹报告会精神,固原市扶贫开发领导小组会议精神,研究贯彻意见;传达学习赵乐际同志和杨晓渡同志在十九届中央第六轮巡视工作动员部署会上的讲话精神,研究贯彻意见;重温学习《中国共产党党内法规制定条例》《中国共产党党内法规执行责任制规定(试行)》《中国共产党党内法规和规范性文件备案审查规定》,听取《原州区2020年度党内法规制度执行情况汇报》,安排部署下一步有关工作。

【三届区委 2020 年第 28 次常委会会议】

2020 年 11 月 3 日,固原市委常委、原州区委书记杨文同志主持召开区委第 28 次常委会(扩大)会议暨全区扶贫开发领导小组第 13 次(扩大)会议。会议传达学习党的十九届五中全会精神,10 月 31 日自治区党委常委会(扩大)会议精神,研究贯彻意见;传达学习习近平总书记视察广东重要讲话精神、在深圳特区建立 40 周年庆祝大会上的重要讲话精神、在中央党校(国家行政学院)中青年干部培训班开班式上的重要讲话精神、在中央财经委员会议上的重要讲话精神,10 月 18 日自治区党委常委会会议精神,学习《中国共产党中央委员会工作条例》《中共中央 国务院关于印发〈黄河流域生态保护和高质量发展规划纲要〉的通知》,研究贯彻意见;传达学习习近平总书记在纪念中国人民志愿军抗美援朝出国作战 70 周年大会上的重要讲话精神、在参观"铭记伟大胜利 捍卫和平正义——纪念中国人民志愿军抗美援朝出国作战 70 周年主题展览"时的重要讲话精神、在视察海军陆战队时的重要讲话精神、对全军战略管理集训作出的重要指示精神、给"硬骨头六连"全体官兵的回信、给四川省革命伤残军人休养院全体同志的回信精神,10 月 24 日自治区党委常委会会议精神,研究贯彻意见;传达自治区全域创建"食品药品安全区"动员大会精神,听取原州区政府党组"食品药品安全区"创建工作汇报,安排部署下一步有关工作;重温学习习近平总书记就做好耕地保护和农村土地流转工作作出重要指示精神,学习《中共中央、国务院〈关于建立国土空间规划体系并监督实施的若干意见〉》《中共中央办公厅、国务院办公厅印发〈关于统筹推进自然资源资产产权制度改革的指导意见〉》,听取原州区政府党组农村乱占耕地建房问题摸排开展情况及违建图斑整治情况汇报,安排部署下一步有关工作;听取原州区脱贫攻坚重点工作进展情况汇报,安排部署下一步有关工作;听取原州区政府党组关于 2020 年前三季度原州区经济运行情况汇报,安排部署下一步有关工作;研究审定原州区政府党组《关于提请研究〈原州区 2021 年农村人居环境整治实施方案〉的请示》《关于提请研究〈原州区绒山羊养殖产业发展方案(2021—2025 年)〉的请示》《关于提请研究〈原州区冷凉蔬菜产业发展实施方案(2021—2025 年)〉的请示》《关于提请研究〈原州区肉牛产业发展实施方案(2021—2025 年)〉的请示》。

【三届区委 2020 年第 29 次常委会会议】

2020 年 11 月 20 日,固原市委常委、原州区委书记杨文同志主持召开区委第 29 次常委会会议。会议传达学习习近平总书记在第三届中国国际进口博览会开幕式上的主旨演讲,对推进农村土地制度改革、做好农村承包地管理工作的重要指示,向第三届世界顶尖科学家论坛的致辞和在主持党外人士座谈会、参加第七次全国人口普查登记时的重要讲话精神,研究贯彻意见;重温学习习近平总书记关于安全生产重要论述,听取原州区政府党组关于安全生产专项整治三年行动工作情况汇报,安排部署下一步工作;传达学习咸辉同志在自治区疫情防控工作电视电话会议上的讲话精神,听取原州区新冠肺炎疫情工作指挥部关于全区新冠肺炎疫情防控工作情况汇报,安排部署下一步工作;传达学习丁薛祥同志在全国保密工作会议上的讲话精神,赵永清同志在自治区保密工作会议上的讲话精神,听取原州区委保密委员会关于原州区保密工作情况汇报,安排部署下一步工作;传达赵永清同志在自治区党委政研室《调查研究》第 22 期《对全面脱贫与乡村振兴有效衔接的思考》上的批示精神和张柱同志的批示精神;传达学习张韵声同志在自治区扫黑除恶专项斗争推进会暨 2020 年第 3 次领导小组会议上的讲话精神,听取原州区扫黑除恶专项斗争工作领导小组关于全区扫黑除恶专项斗争工作情况汇报,安排部署下一步工作;听取关于全区脱贫攻坚重点工作进展情况汇报,安排部署下一步工作;听取原州区政府党组关于 2020 年主要经济指标完成情况和重点项目建设推进情况汇报,安排部署下一步工作；听取原州区政府党组关于全区生态环境保护工作情况汇报，安排部署下一步工作；传达学习陈润儿同志、石岱同志在自治区村（社区）"两委"换届工作部署电视电话会议上的讲话精神，研究贯彻意见，研究审定原州区委组织部《关于提请研究〈原州区村（社区）"两委"换届选举工作实施方案〉的请示》。

【三届区委2020年第30次常委会会议】

2020年12月11日，固原市委常委、原州区委书记杨文同志主持召开区委第30次常委会会议。会议传达学习习近平总书记在全面推动长江经济带发展座谈会、浦东开发开放30周年庆祝大会、江苏省视察时的重要讲话精神，在上海合作组织成员国元首理事会第二十次会议、金砖国家领导人第十二次会晤上的重要讲话精神，对做好关心下一代工作作出重要指示精神，在亚太经合组织工商领导人对话会上的主旨演讲，在第三届巴黎和平论坛上的致辞，向博鳌亚洲论坛国际科技与创新论坛首届大会开幕、中国法治国际论坛（2020）、缅甸全国民主联盟主席昂山素季的致信，研究贯彻意见；传达学习习近平总书记在中央全面依法治国工作会议上的重要讲话精神，听取原州区委全面依法治区委员会关于依法治区工作情况汇报，安排部署下一步有关工作；传达学习习近平总书记对平安中国建设的重要指示精神和平安中国建设工作会议精神，听取原州区委政法委关于平安原州建设工作汇报和原州区禁毒工作委员会关于原州区禁毒工作汇报，安排部署下一步工作；传达学习十九届中央第六轮巡视工作动员部署会、中央巡视指导督导部署会和自治区党委第十轮巡视工作动员部署会精神，研究贯彻意见；传达学习中央组织部深入贯彻落实《党政领导干部考核工作条例》电视电话会议精神，研究贯彻意见；传达学习自治区党委第十二届十二次全会精神，研究贯彻意见；传达自治区领导同志批示通报（第14期），听取原州区政府党组政府投资项目规划建设监督管理工作情况汇报，安排部署下一步工作；听取原州区委全面深化改革委员会十八届三中全会以来深化改革工作情况汇报，安排部署下一步工作；听取原州区政府党组全区人口普查工作情况汇报；研究审定原州区纪委监委《关于提请研究〈区委贯彻〈党委（党组）落实全面从严治党主体责任规定〉措施及任务分工方案〉及〈区委落实全面从严治党主体责任清单〉的请示》；研究审定原州区政府党组《关于提请研究〈关于开展全域创建"食品药品安全区"实施方案〉的请示》；研究审定原州区政府党组《关于提请研究〈关于开展全域创建"食品药品安全区"实施方案〉的请示》；研究审定原州区委组织部《关于提请研究〈增补原州区第三届人民代表大会代表候选人〉的请示》；安排部署当前重点工作。

【三届区委2020年第31次常委会会议】

2020年12月22日，固原市委常委、原州区委书记杨文同志主持召开区委第31次常委会会议。会议传达学习习近平总书记11月24日在全国劳动模范和先进工作者表彰大会上的重要讲话、11月30日在中央政治局第二十五次集体学习上的重要讲话精神、11月30日主持召开的中共中央政治局会议精神、12月3日主持召开的中共中央政治局常务委员会会议精神、12月8日在中共中央党外人士座谈会上的重要讲话精神、12月11日在中央政治局第二十六次集体学习上的重要讲话精神、12月11日主持召开的中共中央政治局会议精神，研究贯彻意见；传达中央经济工作会议精神，研究贯彻意见；听取原州区人大、政府、政协、法院、检察院党组工作汇报，安排部署下一步有关工作；听取党风廉政建设和反腐败工作、组织工作、统战工作情况汇报，安排部署下一步工作；研究关于召开中共固原市原州区第三届委员会第七次全体会议事宜；研究审定原州区政府党组《关于提请研究〈原州区县域综合医改实施方案〉的请示》；研究审定原州区扶贫开发领导小组《关于提请研究〈拟推荐全国脱贫攻坚先进个人和先进集体〉的请示》；研究审定原州区委组织部《关于提请研究〈增补政协原州区第三届委员会常务委员会委员〉的请示》。

【三届区委2020年第32次常委会会议】

2020年12月29日，固原市委常委、原州区委书记杨文同志主持召开区委第32次常委会会议。会议传达学习自治区党委贯彻新时代党的组织路线加强领导班子建设暨培养选拔优秀年轻干部工作座谈会精神，研究贯彻意见；听取全区《中国共产党宣传工作条例》贯彻落实情况汇报；听取原州区总工会、团委、妇联、科协工作汇报；研究审定原州区人大常委会党组《关于召开固原市原州区第三届人民代表大会第五次会议有关事宜的请示》；研究审定原州区政协党组《关于召开政协固原市原州区第三届委员会第五次会议有关事宜的请示》《关于政协固原市原州区第三届委员会2021年度协商工作计划的请示》；研究审定《区人民政府工作报告（送审稿）》《区人大常委会工作报告（送审稿）》《政协固原市原州区第三届委员会常务委员会工作报告（送审稿）》《区人民法院工作报告（送审稿）》《区人民检察院工作报告（送审稿）》《关于2020年国民经济和社会发展计划执行情况与2021年国民经济和社会发展计划（草案）的报告（送审稿）》《固原市原州区国民经济和社会发展第十四个五年规划及二〇三五年远景目标纲要（草案）（送审稿）》《原州区2020年财政预算执行情况和2021年全区财政预算草案的报告（送审稿）》；研究审定区委组织部《关于固原市原州区第三届人民代表大会第五次会议临时党委、党支部组成人员建议名单的请示》《关于固原市原州区第三届人民代表大会第五次会议代表编团团长、副团长建议名单的请示》《关于固原市原州区第三届人民代表大会第五次会议代表编团建议名单的请示》；研究审定原州区政府党组《关于原州区审计查出问题整改责任追究办法的请示》《关于原州区审计查出问题整改责任落实制度的请示》；安排部署重点工作。

区委办公室工作

【理论学习】

坚持以习近平新时代中国特色社会主义思想"铸魂"。始终把学懂弄通做实习近平新时代中国特色社会主义思想作为首要政治任务，不断增强"四个意识"、坚定"四个自信"、做到"两个维护"。围绕习近平新时代中国特色社会主义思想，党的十九大，十九届二中、三中、四中、五中全会精神，习近平总书记视察宁夏重要讲话精神和《习近平谈治国理政》《中国制度面对面》等篇目，组织办公室党员干部读原著、学原文、悟原理，先后开展集体学习研讨33场次、交流发言13人次、分享好文章12人次。完善学习制度和内容，学习例会坚持主任、副主任领学模式，推动理论学习走深走心走实。

【疫情防控】

从2020年大年三十开始，办公室干部全员24小时值班值守，筹备召开原州区委常委会（扩大）会议、疫情防控等专题会32次，起草印发疫情防控工作领导小组、指挥部和督导组等文件，并迅速上传下达，督导落实问效。准确把握重点要情，撰写上报信息130余篇，及时统计报告疫情动态及相关数据。深入各乡镇（街道）、村（社区）和居民小区实地督导检查，将原州区委决策部署第一时间传递到基层，将防控一线实况和问题准确报告原州区委及主要领导。辅助提出"五个一套""十二个一律""三分一统"等工作机制，全力为原州区委统筹推进疫情防控和经济社会发展各项工作提供服务和保障。同时，全面部署落实办公室及区委院内防控工作，原州区疫情防控取得了"三个不发生"的重大战略成果，经济平稳运行，秋冬季疫情防控常态化推进。

【脱贫攻坚】

围绕原州区巩固脱贫攻坚成果和强化责任、政策、工作"三落实"要求及"四查四补"工作，统筹协调,科学谋划,深入开展调查研究,建言献策。建立扶贫专项督查机制,推动原州区委关于脱贫攻坚决策部署落实落地。加强"第一书记"及驻村工作队的选派管理,全力支持工作,累计向帮扶村拨付资金13.82万余元,支持产业发展和壮大村集体经济。办公室干部定期进村入户开展帮扶工作。

【新时代"三服务"】

起草原州区委三届五次、六次、七次全会报告及领导会议讲话、发言材料130余篇。加强信息分析研判、专题策划、归纳综合,撰写、上报各类信息700余篇,自治区《宁夏信息》《要情汇报》《综合信息》采用50余篇,中共中央办公厅采用3篇,在全区排名第9、固原五县区排名第1。组织原州区委领导下基层调研、外出考察等活动30余次,筹备召开原州区委全委会、原州区两会及原州区委常委会会议、专题会、推进会等各类会议150余场次。统筹协调四套班子会议活动安排20余次,积极做好乡镇(街道)、部门(单位)上下左右协商协调联动,推动各方力量向党委中心工作聚焦,合力推动全区经济社会各项事业持续健康发展。制订印发2020年督查计划,整体推进专项督查27次。跟踪督办落实反馈原州区委领导批示件232件。制订2020年度效能目标管理考核方案并组织实施。开展节约型机关创建。

【巡查整改】

2020年8月15日至10月15日,原州区委第二巡察组对原州区委办公室进行了巡察。11月16日反馈了3个方面12个具体问题,并提出整改工作意见。反馈会后,第一时间主持召开会议分析研判,成立了反馈问题整改领导小组,制订印发了整改方案,建立了问题整改责任清单和整改台账,对标细化整改措施,明确整改责任人和整改时限,坚持举一反三,"清单式"整改销号落实。目前,原州区委第二巡察组巡察反馈的3个方面12个具体问题全部整改。

组织工作

【概　况】

原州区辖7镇4乡3个街道办事处,148个行政村,41个社区。全区共有基层党组织506个,党员15048名,其中:农村党员7044名,占46.8%。

【基层党建】

持续推进"三大三强"行动和"两个带头人"工程。2020年拨付村级办公经费和为民服务专项资金1540万元,村干部最高收入(四星级)达到5.02万元,近年来增幅10%以上,初步实现了与乡镇同工龄段干部基本工资收入大体相当。向12名任职20年以上优秀村党支部书记、村委会主任发放任职补助4.8万元;划拨党建经费32万元用于14个村活动场所维修布设和粉饰亮化。新建、改扩建及维修村级活动场地7个,申请变更大台村结余资金13万元用于马渠村党员活动室的改扩建;加大培训,增强村干部的能力素质。邀请学者教授、部门业务骨干,举办为期3天的第一书记、村党支部书记、村委会主任及新任村"两委"班子专题培训班3期,前往其他县区观摩、开展脱贫富民大宣讲3期,参与党员群众4000余人。选派村(社区)干部52名参加自治区党委组织部、固原市委组织部举办的培训班5期;2019年以来共调整撤换不胜任不合格不称职村干部36名,对新调整的村党支部书记全部实行县级备案管理。2020年,原州区致富带头人达到1171名,平均每村达到8人。创新开展"乡里菁英"联系服务活动,引导外出能人回乡创业,累计联系"乡里菁英"429人,67名五类人员领办创办合作社和农业公司15家,带动贫困户280户。近年来,先后培养35名党组织带头人成为致富带头人,将67名致富带头人培养成党组织带头人,"二合一""复合型"带头人的村占148个行政村总数的69%。75名党组织带头人和260名致富带头人受到各级表彰奖励,农村致富带头人中发展党员497名,占

64.4%；确定入党积极分子608名，占54.5%；递交入党申请书711名，占63.8%。加大金融扶贫信贷扶持力度，先后帮助致富带头人落实信贷资金4.6亿元，带动群众1.7625万户4.4036万人；共选派驻村干部462名，12名在驻村工作期间成绩突出、群众公认的优秀第一书记得到提拔重用，123名表现突出的第一书记受到了各级党委政府的表彰奖励。软弱涣散和薄弱村（社区）党组织整顿。发展壮大村集体经济，截至2020年，原州区累计投入发展资金1.5亿元，比2019年增长30.2%，全面消除集体经济"空壳村"，2020年集体经济经营性收入已达到2265.97万元，各村收益均超过5万元，年底收入达到50万元以上的有30个村，超过100万元的有4个村。完善乡村治理体系，不断提高治理能力，在原州区农村基层党组织设立584个服务型党小组。2020年以来，乡镇党员领导干部接访下访3000余次，及时将89件矛盾纠纷化解在萌芽状态。将6200名农村无职党员编入841个农村社区网格。设立党内帮扶关怀资金60万元，慰问帮扶党员33名。对郭庙等7个村党组织在疫情防控中教育管理党员不到位、落实脱贫攻坚任务不力等问题亮"黄星"，对184名党员因理想信念、遵纪守法、服从组织、疫情防控等方面存在问题亮"黄星"，督促其限期整改。

【干部工作】

结合推动"不忘初心、牢记使命"主题教育常态化制度化和原州区开展的"担当新使命、展现新作为"学习实践活动，各级党委（党组）开展中心组学习240余场次，组织干部理论学习300余场次。聚焦贯彻落实习近平总书记视察宁夏重要讲话精神和守好维护政治安全生命线、坚决打赢脱贫攻坚战等情况，开展原州区委管理领导班子政治素质专项考察和年轻干部调研工作。选派47名领导干部参加自治区党校和固原市委党校举办的党性教育培训班，在固原市委党校举办"习近平总书记视察宁夏重要讲话精神专题培训班"3期，对科级领导干部全覆盖轮训，依托新时代文明实践站、农民讲习所等阵地，开展专题学习100余次，组织专题研讨60余次，撰写理论文章240余篇。实施"干部专业化能力提升工程"，在浙江大学、厦门大学等高校举办专题培训班4期，"靶向"培训领导干部200余人次。充分利用宁夏干部网络培训学院、"学习强国"APP等新媒介网络平台，大力开展干部网络选学培训，实现网上"教育、学习、考试"一体化管理。选派1名年轻干部到自治区厅局跟班学习，选派2名干部到福建对口帮扶县（区）拓宽视野，选派46名年轻干部参与原州区委巡察，选派106名优秀第一书记到乡镇锻炼。向中组部推荐"最美公务员"1名，向固原市委组织部推荐"干事创业好班子"3个、"担当作为好干部"5名，结合新冠肺炎疫情防控工作，向固原市推选我身边的战"疫"模范先进集体35个，先进个人100名。对2019年度考核为优秀等次的164名公务员予以嘉奖并颁发证书，对连续三年考核为优秀等次的35名公务员记三等功并颁发奖章及证书。2020年，提拔重用正科级领导干部21名、副科级领导干部22名，晋升一级主任科员5名，晋升三级主任科员32名，晋升四级主任科员9名。2020年，对5个乡镇（街道）、16个部门开展巡察。对21名领导干部进行经济责任审计，对两名乡镇主要负责人开展自然资源资产审计。对事业单位干部人事档案专项审核，2020年完成328卷干部人事档案的初审。

【人才工作】

采用"线上培训"的方式，培训骨干教师3900余人；针对新冠肺炎疫情常态化防控知识，举办专题培训班4期，培育本土医疗骨干人才600余人；围绕冷凉蔬菜、草畜（肉牛）、马铃薯种植等主导产业，举办种养殖培训班35期，培训各类农村实用人才1800余人。对14名"五类人员"到基层创办领办合作社进行了年度考核。建立区内外专家定期到原州区服务机制，福建医科大学附属医院5名专家定期到原州区人民医院进行义诊和学术交流活动，柔性引进长海医院、陕西肿瘤医院、西安交大第一附属医院等三甲医院知名专家来原坐诊。马尾区6名专业技术人员到原州区挂职服务。

【离退休干部工作】

抓好离退休党员干部教育管理，七一建党节前夕，组织原州区离退休党组织书记到固原六盘山红色革命教育基地开展主题党日活动。联合固原市委老干部局、固原市离退休党工委对原州区各离退休干部党组织书记、党务工作者进行为期两天的培训。组织原州区退休县级领导干部代表、离退休干部党组织书记代表观摩经济社会发展重点工作。进一步夯实离退休组织建设，2020年7月在银川成立"地缘型"党支部。原州区卫健系统新成立两个离退休党支部，南关街道办事处西湖路社区成立了离退休党支部。扎实做好关工委各项工作，通过"山窝窝助学圆梦行动""乡村教师春晖行动"和"爱启航公益项目"募捐，2020年以来，募捐的6万余元全部用于原州区未脱贫户家庭及建档立卡户家庭的学生，受助学生83名。选派两名在基层一线多年、教学工作优秀的教师赴广州和成都参加宁夏乡村种子校长、教师研修营学习。2020年"腾讯公益9.9捐赠日"共筹款13万余元，5429人次参与募捐。

宣传工作

【理论武装】

坚持把学习宣传贯彻习近平新时代中国特色社会主义思想作为首要政治任务，健全用党的创新理论武装党员头脑、教育干部群众工作体系。一是紧紧抓住"关键少数"。实施习近平新时代中国特色社会主义思想入脑入心工程，制定《原州区委理论学习中心组2020年学习计划》，建立原州区各级党委（党组）理论学习中心组成员包抓分管领域理论学习机制，健全完善巡听旁听、督学考学等制度，加大考核通报力度，有力推动中心组学习制度化规范化科学化。各级党委（党组）开展理论学习中心组学习530场，各级中心组开展巡听旁听15场，其中，原州区委理论学习中心组学习14次，领导干部理论大讲堂5场。二是持续带动"绝大多数"。结合"担当新使命、展现新作为"和"弘扬长征精神、发扬'三苦'作风"学习实践活动，组织广大党员干部深入学习习近平总书记视察宁夏重要讲话精神和党的十九届五中全会、自治区党委十二届十次、固原市委四届七次全会、原州区委三届五次全会精神及《中国共产党宣传工作条例》等，广泛开展研讨式、互动式学习，不断促使广大党员干部全面系统掌握党的创新理论，共组织开展习近平总书记视察宁夏重要讲话精神专题学习150场次，交流研讨80次，撰写理论文章300余篇。三是广泛开展宣讲阐释。制定《原州区开展"担当新使命、展现新作为"大宣讲大讨论活动方案》，把大宣讲大讨论作为"担当新使命、展现新作为"学习实践活动重要的一环，组建宣讲团、成立研讨组，依托新时代文明实践所站、农民讲习所等基层宣传阵地。

【精神文明建设】

弘扬主基调，着力培育和践行社会主义核心价值观。以贯彻落实《新时代公民思想道德建设纲要》《新时代爱国主义教育实施纲要》为抓手，把核心价值观教育融入精神文明创建全过程。一是坚持价值引领，持续深化社会主义核心价值观体系建设。深入开展中国特色社会主义和中国梦宣传教育，持续推动核心价值观"六进"，利用"我们的节日"，大力开展"清明节文明祭祀""百名老人过重阳""清廉家风家教主题展"等系列主题教育活动，进一步增强了核心价值观的影响力和覆盖面。二是坚持精神引领，广泛开展群众性精神文明创建活动。三是坚持法治引领，健全完善农村德治体系建设。健全规范"一约四会"。扎实开展"移风易俗深化年"活动。四是坚持文明引领，深入实施弘扬时代新风行动。制定《原州区深入开展文明健康、绿色环保生活方式制度化常态化大众化行动方案》，把弘扬和践行文明风尚纳入立德树人教育全过程，深化文明出行、文明旅游、文明餐桌、文明习俗"四大行动"，印发

"文明健康、有你有我"公益活动倡议书和宣传彩页2万余份,多渠道持续营造浓厚的文明氛围。

【舆论宣传】

紧紧围绕原州区委、政府中心工作,突出宣传原州区贯彻新发展理念、脱贫攻坚、清水河流域生态保护、保障和改善民生等方面工作成效,打造设置展示原州区脱贫攻坚成就经典路线3条,主动对接中央驻宁媒体和自治区驻固媒体,做好原州区对外宣传工作。2020年,在各级各类媒体刊登新闻稿件2406篇(中央媒体271篇,区级媒体367篇,市级媒体442篇,其他媒体1326篇),其中,新华社刊发的《农民在家门口种植致富"风景"》《"农光互补"照亮山村未来》等44篇稿件浏览量均突破100万人次,人民网刊发的《从贫困户到养牛倌——宁夏固原张易人的幸福生活"牛"起来》浏览量达到30万+。持续壮大主流思想宣传,深入宣传阐释习近平新时代中国特色社会主义思想和习近平总书记视察宁夏重要讲话精神,认真做好重要时间节点和国家重大活动的宣传报道,在原州发布、新原州报、原州新闻网等自有媒体开设"决战决胜脱贫攻坚""战'疫'日记""新时代文明实践在原州""打赢生态环境保卫战""乡镇部门动态"等专题专栏10多个。推进媒体融合发展,制定《原州区融媒体中心建设实施方案》《固原市原州区融媒体机构编制方案》等文件,打造体系完善、运转高效的融媒体平台。做好农村数字电影放映工作,2020年,共累计放映数字电影1865场次(故事片1673场,科教片960场,广告宣传片420场),观影群众突破20万人。

统战工作

【凝聚思想共识】

把学习习近平新时代中国特色社会主义思想和党的十九大,十九届四中、五中全会精神,习近平总书记关于加强和改进统一战线工作的重要思想、视察宁夏重要讲话精神作为首要政治任务。全年集中举办村支部书记、第一书记、村主任培训班两期,开展马克思主义民族观宗教观"百场万人"大宣讲活动143场(次)。

【疫情防控】

原州区委统战部在新冠肺炎疫情防控期间,印发了《关于全力做好全区统战领域新型冠状病毒感染肺炎疫情防控工作的通知》,对统战系统疫情防控工作进行了全面安排部署。积极动员引导广大统战成员捐款捐物,为打赢疫情防控阻击战贡献力量,累计捐款捐物达111万余元。

【民族团结】

找准契合点,巩固加强提升全国民族团结进步示范区创建成果。利用培训班、座谈会、宣传标语、电子屏及微信、易信网络平台,广泛宣传民族理论、民族政策、民族法律法规、民族基本知识。通过新闻媒体宣传报道民族团结进步创建中涌现的模范典型和先进事迹。

【民主党派工作】

高度重视党外人士工作,建立健全党外人士政治引导长效机制、双向服务制度、情况通报制度、走访慰问制度、联系交友制度等工作制度。健全党外干部基础台账,完善党外人士数据库、工作台账和网络信息,切实做到知人、知事、知需求。引导各民主党派、工商联、无党派人士围绕原州区委、政府中心工作开展"金点子"调研活动,形成了《关于新型政商关系研究》《关于坚持伊斯兰教中国化方向研究》等调研报告,有效发挥了统战成员建言献策"直通车"作用。

【服务民营经济】

协助民营企业落实自治区促进民营经济健康发展20条等措施,进一步优化民营经济发展环境。引导民营经济人士增强发展信心,加强政企沟通、银企对接,协调落实各项扶持政策,有序推动企业复工复产。积极引导非公经济人士代表开展"献爱心、促发展"回报社会活动,2020年共有32家企业完成了扶贫村帮扶项目,累计投入帮扶资金687万元。

政策研究

【决策服务】

起草《原州区委全面深化改革委员会2021年工作要点》和《原州区委财经委员会2021年工作要点》,并督促抓好落实。重点围绕原州区脱贫摘帽后如何做好脱贫攻坚与乡村振兴战略的有效衔接开展调研,围绕原州区全面建设小康社会存在的短板和问题进行调研,形成调研报告,为原州区委决策提供依据。形成《利用社区资源做好离退休干部服务工作的调研报告》等调研报告4篇,《打出"组合拳"原州区力推乡村治理能力和水平提升》《提升乡村治理水平 夯实乡村振兴基础》分别在《宁夏新闻网》和《宁夏工作研究》刊登,向自治区改革平台报送改革进展信息120篇,整理各部门调研报告21篇,收集优秀理论文章13篇,汇编成册。

【职能履行】

2020年8月12日召开的区财经委员会第四次会议,传达学习中央财经委员会第六次会议精神,审议同意《原州区财政性资金规范管理办法(暂行)》。树牢规矩意识,完善财务内控机制,规范使用财政性资金,加强财政性资金监管。在全面深化改革推进方面,围绕推动高质量发展继续深化、守好"促进民族团结、维护政治安全、守好生态环境"三条生命线、保障和改善民生、全面从严治党,开展改革督查两次。2020年3月25日召开了原州区委全面深化改革委员会第四次会议(2020年第一次会议),传达学习中央全面深化改革委员会第十二次会议精神,自治区党委全面深化改革委员会第八次、第九次会议精神。研究审定了《全区政法领域全面深化改革实施方案》《原州区深化农业综合行政执法改革实施方案》《原州区宋家巷城市社区卫生服务中心下属九龙佳苑卫生服务站划入文化节城市社区卫生服务中心管理方案》《原州区委全面深化改革委员会2019年工作总结报告》和《原州区委全面深化改革委员会2020年工作要点》,制定了《固原市原州区2020年62项全面深化改革任务分工》,加速推进62项改革任务落实,统筹协调各项工作稳步推进。

机构编制

【农业综合执法改革】

全面梳理、规范和精简农业领域执法事项,将农业领域执法检查、行政处罚、行政强制等执法职能归并,整合组建原州区农业综合执法大队,实行统一执法,厘清层级职责,强化执法责任,提高监管执法效能。

【事业单位改革调研】

针对事业单位布局结构情况、职责履行情况、机构编制执行情况、单位运行情况四个方面进行了调研评估。

【权力清单制度建设】

深化权责清单动态管理工作,调整规范政府部门权责清单1882项,建立统一权责事项编码,全面推进行政职权事项实现了"三级四同"。

【属地管理】

初步清理原州区"属地管理"事项主体责任和配合责任清单,共梳理汇总原州区属地管理事项130项。

网信工作

【网络宣传】

利用"原州发布"微博、微信等新媒体平台,拓宽宣传阵地。原州区各级新媒体平台发布各类信息7000多条。组织原州新闻网站、"两微一端"等网络新媒体平台，开展了"党的十九届五中全会精神宣传宣讲""学习宣传贯彻习近平总书记视察宁夏重要讲话精神""网络安全宣传周"等重大主题宣传。

【网络舆情】

建立24小时在线网络舆情监管制度，采取技术监测、人工巡查、网民举报等方式，不断拓宽舆情监测获取渠道，提高舆情监测发现能力。针对中央、自治区、固原市一些重大活动、重要会议、热点事件和重点信访事项等提前设置监测专题，重点关注，做到早发现、早化解。共设置重点监测专题13个，监测到涉原网络舆情信息300余条，其中负面舆情60余条，协同公安、卫健等部门处置负面舆情3条（行政拘留2人，行政处罚1人），确保原州区网络舆情平稳有序。

【网络问政】

不断强化网络问政工作，网上网下统筹推进，畅通民意诉求渠道，建立了以原州发布微博为一级，区直机关单位、乡镇街道为二级，社区村组为三级的网络问政平台，政务微博微信问政矩阵成员达到134家，通过及时关注回应网民关切、释疑解惑，解读发布重要政策，正面回应引导突发事件、民生热点、敏感问题等，有效地与网民互动，限时解决网民的诉求，提升了行政水平和行政能力，构建了网络问政大格局。

【网络综合治理】

规范新媒体管理。按照"两个所有"要求，摸清全区网络新媒体底数，夯实网络综合治理基础。2020年，原州区共有政务微信公众号103个，建立了政务新媒体管理群和自媒体管理群。开展"净网"专项行动，全面清理了党务、政务网站、微博、微信公众号、移动客户端等新媒体有害信息内容，全面排查了党务、政务网站、新媒体信息安全情况。开展网络综合治理。联合公安、文广、市场监督管理等部门在原州区范围内深入开展"扫黄打非"、打击网络新型违法犯罪等专项行动，对属地内网站、微博、微信、微视频、论坛、贴吧、博客、微信朋友圈、QQ群等进行巡查监管，同时，通过新媒体公布举报电话，发动社会力量积极参与网络空间综合治理。2020年12月31日，原州区委网信办联合公安、市场监管、统战、政法、文广、教育、司法等部门对原州区"农村放羊娃答家军""宁夏夜听 啸天明歌""哈里家族兰兰""宁夏二狗""天堂花,往后余生""傻女人""智打哥""云59291""炭山大侠""二杆子路还很长"10名网络主播进行约谈教育，责令其全面整改，并当面签订《规范网络行为承诺书》。

【网络安全】

组织开展网络安全大检查，对全区70多家单位的基础服务器和终端设备进行了摸排，并邀请两名网络工程师对原州区重点行业信息系统网络安全进行排查和检查，科学指导网信工作有序安全运营和发展，对存在网络安全风险隐患的政府办、组织部等4家单位下发《网络安全检查整改通知书》，及时督促整改。同时，对注册地在原州区的245家网站进行了安全排查，经排查共发现涉赌、涉黄网站10家，已上报原州区公安分局、固原市委网信办核查处置。深入开展"网络安全宣传周"活动，积极组织乡镇街道、部门单位、属地企业、新媒体等社会力量，集中时间以校园日、电信日、法治日为抓手，开展"七进三到一引领"活动，利用宣传橱窗、电子屏滚动宣传、张贴海报标语、组织网络安全知识线上竞赛、线下书面竞答等形式，大力营造健康文明安全的网络环境，共同维护网络空间清朗安全。

原州区人民代表大会

综 述

【概 况】

2020年原州区人大常委会召开常委会会议7次，主任会议10次，听取和审议"一府两院"专项工作报告18项，开展视察、检查、专题调研23次，依法作出决议决定12项，人事任免36人次，提出审议意见50条。

【财政监督】

听取审议了国民经济和社会发展计划执行情况的报告，加强对经济运行情况的分析，推动了经济社会发展目标任务的完成。听取审议了预算执行情况和财政决算的报告，审查批准区本级2020年财政预算调整方案，督促提高重点民生领域支出比重，提高财政资金使用效益。听取审议了2019年审计工作报告、审计查出问题整改落实情况报告，督促加大对重大政策措施贯彻落实、重点民生资金和项目的跟踪审计力度。听取审议了2019年国有资产管理情况的综合报告及专项审计报告，着力加强国有资产监督工作，守护全区人民共同财富。稳步推进预算联网监督工作和平台运用，制定预算联网监督系统工作规定、操作规程，着力提高预算审查监督工作实效。

【脱贫监督】

围绕固原市原州区委打赢脱贫攻坚战的总体部署，监督区人民政府及有关部门综合运用产业扶贫、就业扶贫、金融扶贫、健康扶贫、兜底扶贫等各种措施，严格落实"四个不摘"要求，持续抓好"四查四补"工作，确保剩余贫困人口如期脱贫。

【工作监督】

紧盯群众最关心最直接最现实的利益问题，选取监督议题，着力推动原州区人民政府及有关部门在加快发展中保障和改善民生。坚持把发展现代农业、建设智慧水务作为决胜脱贫攻坚的重要任务，综合运用视察检查、专题调研和审议工作报告等方式，推进特色农业产业发展，保障居民用水安全便利。坚持把促进就业作为推动富民增收的重要举措，监督检查就业扶贫工作，促进以业安人、以业稳人、以业脱贫。坚持教育优先发展，听取审议中小学校园安全管理及周边环境治理工作报告，推动校园安全常态化，更好满足人民群众对办好人民满意教育的期盼。坚持把打好污染防治攻坚战摆在人大监督的重要位置，成立5个督查组，对11个乡镇农村人居环境综合整治工作分片跟进检查，推进了美丽原州建设。坚持把加强基层社会治理作为促进民生改善的重点工作，对城乡社区建设及治理开展检查，推动社会治理创新、维护社会和谐稳定。

【公正司法】

听取和审议原州区人民政府关于"七五"普法开展情况的报告；检查原州区人民法院民商事审判工作；检查原州区人民检察院公益诉讼工作；完善备案审查工作机制，制定工作规划，加强专项审查，切实维护国家法制统一。先后组织84名人大代表参加案件评查、旁听庭审和检察开放日等活动，支持和推动法检"两院"深化司法体制改革。

【保障法律实施】

原州区人大常委会坚持依法监督，切实保障法律贯彻实施。听取审议了《宁夏回族自治区公共卫生服务促进条例》贯彻执行情况,配合自治区、固原市人大对《中华人民共和国传染病防治法》《中华人民共和国野生动物保护法》等法律法规实施情况进行检查,以监督促责任落实。

代表工作

【理论武装】

原州区人大常委会坚持把学习贯彻习近平新时代中国特色社会主义思想、习近平总书记关于坚持和完善人民代表大会制度的重要思想和视察宁夏重要讲话精神作为思想武装的重中之重,作为人大工作的主题主线,深入学习贯彻习近平总书记关于地方人大及其常委会工作的重要指示、纪念地方人大设立常委会40周年座谈会精神。全年开展集中学习72次,举行专题研讨15次,开展各类宣讲21次。

【依法履职】

全面落实原州区委关于贯彻自治区党委纪念自治区人大设立常委会40周年暨人大工作座谈会精神的具体要求,自觉把人大工作置于原州区委领导之下。严格执行党组工作条例,凡重大监督、决定、任免事项,在提请主任会议审议之前,都召开党组会议认真研究讨论,形成共识,有力提升了常委会依法履职的政治性和有效性。坚持党管干部原则,依法做好人事任免工作,加强干部任后监督。围绕现代农业发展、环境综合整治、公共卫生服务、社会救助等,积极开展调查研究。

【办公室工作】

做好常委会、办公室各种文件、材料的起草、印制、报送、分发工作,严格按照相关制度,把好公文草拟关和审核关,不断提高办文效率。做好会议服务,2020年,为原州区第三届人民代表大会第四次会议、7次常委会、10次主任会提供了会务服务。做好常委会视察、检查和调研活动协调服务工作,统筹协调有关部门、各工作委员会,2020年组织视察、检查、调研活动23次。围绕常委会中心工作开展调查研究,为常委会审议提供资料。做好代表小组活动的服务工作,为代表寄送常委会会刊、会情通报和《宁夏人大》杂志。协助指导乡镇(街道)"人大代表之家"创建活动。

【疫情防控】

严格落实县级领导包抓制度,班子成员及各委室负责人先后深入疫情一线开展监督检查89次,督促乡村、社区、企业、学校严格落实防控措施,做到守土有责、守土尽责,有序推进复工复产、稳岗就业。组织全区各级人大代表先后为疫情防控捐款捐物35.7万元。

重要会议

【原州区三届人大常委会第二十五次会议】

2020年3月27日,原州区人大常委会主任郭兆虎主持召开。会议听取和审议了原州区人民政府关于智慧水务创建工作开展情况的报告;听取和审议原州区人民政府关于就业扶贫开展情况的报告。

【原州区三届人大常委会第二十六次会议】

2020年5月9日,原州区人大常委会主任郭兆虎主持召开。会议听取和审议了原州区人民政府关于2019年国有资产管理情况的报告;听取和审议原州区人民政府关于2019年国有资产管理情况的专项审计报告。

【原州区三届人大常委会第二十七次会议】

2020年7月29日,原州区人大常委会副主任马国明主持召开。会议听取和审议了原州区人民政府关于2020年国民经济和社会发展计划上半年执行情况的报告;听取和审议了原州区人民政府关于2019年财政决算和2020年财政预算上半年执行情况的报告,依法批准了2019年原州区财政决算;听取和审议了关于2019年本级财政预算执行及其他财政财务收支审计情况的报告;听取和审议了原州区人大常委会执法检查组关于《宁夏回族自治区公共卫生服务促进条例》贯彻执行情况的报告；听取和审议了原州区人民政府关于"七五"普法开展情况的报告。

【原州区三届人大常委会第二十八次会议】

2020年9月24日，原州区人大常委会主任郭兆虎主持召开。会议听取和审议了原州区人民政府关于现代农业发展情况的报告；听取和审议了原州区人民法院关于民商事审判工作开展情况的报告；听取和审议了原州区人民政府关于城乡社区建设及治理情况的报告。

【原州区三届人大常委会第三十次会议】

2020年11月18日，原州区人大常委会主任郭兆虎主持召开。会议听取和审议了原州区人民政府关于2019年审计问题整改落实情况的报告；听取和审议了原州区人民检察院关于公益诉讼工作开展情况的报告；听取和审议了原州区人民政府关于区三届人大四次会议代表议案、意见和建议办理情况的报告；听取和审议了原州区人民政府关于2019年度重点支出与重大投资项目执行情况的报告；听取和审议了原州区人民政府关于区三届人大三次会议代表议案和建议办理情况的报告；听取和审议了区原州人民政府关于中小学校园安全管理及周边环境治理情况的报告。

专门委员会

【财经委员会】

听取审议国民经济和社会发展计划执行情况报告，督促政府全面落实"六稳""六保"要求。完善全口径预算监督方法，成立了预决算审查监督咨询委员会，研究制定了《原州区人大常委会预决算审查监督咨询委员会管理办法》，稳步推进预算联网监督工作和平台运用；听取和审议了国有资产管理情况专项工作报告，推动建立全覆盖的国有资产管理情况报告制度。加强地方政府债务监督，审查和批准新增地方政府债务预算调整方案，开展重点财政支出及重大投资项目绩效评价，助推防范化解地方政府债务风险。聚焦智慧水务创建、重点支出与重大投资项目执行、现代农业发展、审计问题整改落实等重点工作开展监督检查，提出15条建议，促进原州区各项重点工作提质增效。协调对接固原市人大常委会视察原州区脱贫攻坚、事业性国有资产管理、特色农业发展、《固原市烟花爆竹燃放管理条例》和《中华人民共和国土壤污染防治法》贯彻实施5项检查工作。

【法制委员会】

围绕法检"两院"关于民商事审判工作和公益诉讼工作进行监督检查；开展城乡社区建设及治理情况检查；开展"七五"普法检查；组织人大委员对就业扶贫工作进行了专项检查，听取并审议了原州区政府所做的报告；推进规范性文件备案审查工作；搞好人民来信来访工作，2020年接访4人次，处理来信2件，全部按照有关程序办结。

【教科文卫委员会】

深入乡镇、街道社区，开展检查、视察和调研，为常委会正确作出各项决议提供依据。聚焦中小学校园安全管理及周边环境治理工作等民生事业发展，组织代表开展调研视察，听取和审议了专项工作报告。对《宁夏回族自治区公共卫生服务促进条例》开展执法检查。配合固原市人大常委会对义务教育均衡发展工作进行了视察检查。

【选举委员会】

积极做好代表履职服务工作，落实基层人大代表活动经费45万元，为代表依法履职提供保障。常态化举办代表履职培训班，并现场考察学习了中卫市沙坡头区基层人大工作的先进经验。推进"脱贫攻坚、疫情防控人大代表在行动"专项活动。加强"双联工作"，先后邀请84名代表参加视察调研、160余名代表列席人大常委会会议。对原州区"人大代表之家"进行规范化升级。对原州区三届人大四次会议确定的12件代表议案、建议进行集中检查督办，听取办理情况汇报。

原州区人民政府

重要会议

【第1次常务会议】

2020年1月5日,原州区政府召开第1次常务会议。会议传达学习了中央经济工作会议精神、全国扶贫开发工作会议精神、自治区党委十二届九次全会精神、固原市委四届六次全会精神及《关于认真学习贯彻自治区党委十二届八次全会精神的通知》《关于做好2020年元旦春节期间有关工作的通知》;安排部署全国、自治区、固原市两会及春节期间原州区森林防火、安全生产、信访维稳、项目谋划和近期脱贫攻坚等重点工作。

【第2次常务会议】

2020年1月19日,原州区政府召开第2次常务会议。会议传达学习了习近平总书记在十九届中央政治局第十九次集体学习时的重要讲话精神,习近平总书记在"不忘初心、牢记使命"主题教育总结大会上的重要讲话精神,自治区"不忘初心、牢记使命"主题教育总结大会精神、自治区两会精神及陈润儿同志参加固原市代表团审议时的讲话精神,自治区人民政府第三次全体(扩大)会议精神,固原市两会精神及张柱同志参加原州区代表团审议时的讲话精神。会上听取了信访维稳、安全生产、应急管理、森林草原防火工作汇报,并对春节期间相关工作进行了安排部署。

【第3次常务会议】

2020年2月22日,原州区政府召开第3次常务会议。会议传达学习习近平总书记在贵州考察时、在2021年春节团拜会上、在党史学习教育动员大会上的重要讲话精神,自治区领导干部学习贯彻党的十九届五中全会精神专题学习班精神及陈润儿同志讲话精神、固原市领导干部专题学习班精神,陈润儿同志在银川市、石嘴山市调研时的讲话精神,咸辉同志在《自治区审计厅2020年工作汇报》上的批示精神、自治区审计工作会议精神,2月18日市委常委会(扩大)会议精神,中共固原市第四届纪律检查委员会第六次全体会议精神及马汉成同志讲话精神;安排部署当前重点工作;听取项目大会战、经济运行、春耕备耕等情况汇报,安排部署有关工作。

【第4次常务会议】

2020年2月11日,原州区政府召开第4次常务会议。会议传达学习了习近平总书记在中央政治局常务委员会会议和在北京市调研指导新冠肺炎疫情防控工作时的重要讲话精神,中央应对新冠肺炎疫情工作领导小组会议精神,自治区党委常委会(扩大)会议精神,自治区党委新冠肺炎疫情防控工作视频会和应对新冠肺炎疫情工作领导小组第2次会议精神,自治区政府第4次党组会议和自治区政府第55次常务会议精神,张柱同志在固原市委应对新冠肺炎疫情工作指导小组和在传达学习自治区应对疫情防控工作视频会议精神时的讲话精神、在固原市委应对新冠肺炎疫情工作领导小组会议上的讲话精神等,听取了原州区在新冠肺炎疫情防控期间医用物资储备、资金保障、学校排查、市场管控、企业复工、春耕备耕及产业结构调整、脱贫攻坚等工作情况汇报,安排部署疫情防控期间的各项工作。

【第5次常务会议】

2020年2月25日，原州区政府召开第5次常务会议。会议传达学习了新冠肺炎疫情防控相关精神，安排部署原州区统筹推进疫情防控和经济社会发展工作。会议传达学习了陈润儿、咸辉同志在自治区扶贫开发领导小组2019年第4次会议上的讲话精神，听取推进9个脱贫攻坚挂牌督战村工作进展情况汇报；传达学习中共固原市委办公室、固原市人民政府办公室关于印发《市委四届五次全会精神主要任务分工落实方案》的通知精神；听取原州区2019年全面建成小康社会指标实现程度汇报和2020年重点项目推进情况汇报，安排部署全面建成小康社会有关工作和重点项目开工准备工作。

【第6次常务会议】

2020年3月2日，原州区政府召开第6次常务会议。会议传达学习了2月26日中共中央政治局常委会分析新冠肺炎疫情形势研究近期防控重点工作会议精神、2月27日国务院扶贫开发领导小组积极应对新冠肺炎疫情决战脱贫攻坚电视电话会议精神、《国务院应对新型冠状病毒感染肺炎疫情联防联控机制关于做好我国公民从部分疫情严重国家返回后疫情防控工作的通知》精神及自治区领导同志批示精神；传达学习陈润儿同志、咸辉同志在自治区扶贫开发领导小组会议暨全区脱贫攻坚"四查四补"工作会议上的讲话精神及自治区、固原市有关疫情防控、脱贫攻坚等会议精神；安排部署原州区统筹推进疫情防控及境外新冠肺炎疫情输入防控工作和脱贫攻坚"四查四补"及迎接国家抽样检查验收准备工作。

【第7次常务会议】

2020年3月19日，原州区政府召开第7次常务会议。会议传达学习了习近平总书记在3月4日、3月18日中共中央政治局常委会会议上的重要讲话精神、习近平总书记在决战决胜脱贫攻坚座谈会上的重要讲话精神、国务院应对新冠肺炎疫情联防联控机制综合组《关于切实做好新冠肺炎聚集疫情防控工作的紧急通知》精神、自治区打赢污染防治攻坚战工作推进会议精神等，安排部署了原州区疫情防控及防控物资管理使用、项目建设、复工复产、脱贫攻坚、污染防治、春耕生产、旧城改造、春季森林防火及疫情防控期间安全生产、信访维稳、禁毒等经济社会运行重点工作。

【第8次常务会议】

2020年4月2日，原州区政府召开第8次常务会议。传达学习习近平总书记在3月27日中共中央政治局常委会会议上的重要讲话精神，自治区领导干部廉政警示教育大会精神和固原市委理论学习中心组扩大学习会暨领导干部廉政警示教育会精神等会议精神，听取原州区高三、初三开学复课情况及其他年级学生开学准备情况、农业产业结构调整和春耕生产进展等情况的汇报，并安排部署相关工作。

【第9次常务会议】

2020年4月14日，原州区政府召开第9次常务会议。会议传达学习了习近平总书记在4月8日中共中央政治局常委会会议上的重要讲话精神，安排部署原州区抓紧抓实抓细常态化疫情防控工作；传达学习了习近平总书记对安全生产作出的重要指示精神、李克强总理批示精神及全国、自治区安全生产电视电话会议精神，安排部署下一步工作；传达学习了自治区党委决胜全面建成小康社会工作会议精神，安排部署原州区决胜全面建成小康社会有关工作；传达学习了自治区重大项目建设工作会议精神，安排部署原州区毫不放松抓紧抓牢重大项目建设工作和各相关部门对接项目、争资金、抓落实、抓落地工作；传达学习了自治区双拥工作领导小组会议暨退役军人服务保障体系建设推进会精神和退役军人事务局长会议精神。会议听取了国网固原市三营供电公司工作汇报；听取了扫黑除恶专项斗争工作情况汇报。

【第10次常务会议】

2020年4月21日,原州区政府召开第10次常务会议。会议传达学习了习近平总书记在4月17日中共中央政治局常委会会议上的重要讲话精神,传达学习汪洋在脱贫攻坚约谈会议、国务院扶贫开发领导小组脱贫成效考核和专项巡视"回头看"发现问题整改工作会议精神,传达学习自治区党委常委会议暨扶贫开发领导小组2020年第2次会议和自治区脱贫攻坚问题整改工作电视电话会议等精神,听取原州区重点部门到自治区争项目、争资金工作情况、原州区脱贫攻坚"四查四补"情况、原州区第一季度经济运行情况的汇报,安排部署下一步工作。

【第11次常务会议】

2020年4月30日,原州区政府召开第11次常务会议。会议传达学习了习近平总书记在4月29日中共中央政治局常委会会议上的重要讲话精神和在陕西考察时的重要讲话精神,传达学习了4月29日自治区党委常委会会议精神和陈润儿同志到固原调研脱贫攻坚时的讲话精神、在自治区宗教人士代表座谈会上的讲话精神,传达学习了陈润儿同志在生态环境建设规划座谈会上的讲话精神和调研六盘山区域生态环境建设时的讲话精神、咸辉同志在自治区生态环境保护工作视频调度会议上的讲话精神,传达学习了自治区统筹推进疫情防控稳就业和农民工工作电视电话会议精神,传达学习了中共固原市委办公室、固原市人民政府办公室关于印发《固原市优化营商环境2020年专项行动计划》的通知精神。会议听取了原州区创建国家公共文化服务体系示范区反馈问题整改情况汇报和原州区创卫工作开展情况汇报。安排部署原州区五一假期值班值守,近期疫情防控、安全生产、应急管理、信访维稳、脱贫攻坚、重点项目建设等重点工作。

【第12次常务会议】

2020年5月14日,原州区政府召开第12次常务会议。会议传达学习习近平总书记5月6日在中共中央政治局常委会会议、5月8日在中共中央党外人士座谈会议上的重要讲话精神,传达学习中国共产党宁夏回族自治区第十二届委员会第十次全体会议精神、5月6日自治区党委常委会扩大会议暨应对新冠肺炎疫情工作领导小组第11次会议精神、自治区信访工作联席会议电视电话会等会议精神。会议听取原州区创建国家公共文化服务体系示范区工作、创卫、环境保护、河长制落实及清水河治理工作、民族团结进步创建等工作情况汇报,安排部署原州区疫情防控、脱贫攻坚、信访维稳、环境保护等重点工作。

【第13次常务会议】

2020年5月20日,原州区政府召开第13次常务会议。会议传达学习习近平总书记5月14日、5月15日在中共中央政治局常委会会议上的重要讲话精神,传达学习5月15日自治区党委常委会议精神和自治区政府常务会议精神,传达学习固原市委四届七次全会精神等,听取创卫反馈问题整改情况汇报,研究《关于尽快推进飞毛腿技师学院原州分校改扩建和实训基地落地的报告》《关于撤并原州区中河中学相关情况的报告》,安排部署全国两会等期间安全生产、信访维稳、扫黑除恶、禁毒等方面工作。

【第14次常务会议】

2020年5月29日,原州区政府召开第14次常务会议。会议传达学习全国两会精神和习近平总书记在参加内蒙古代表团、湖北代表团审议时的重要讲话精神,传达学习《中共中央 国务院关于新时代推进西部大开发形成新格局的指导意见》精神、自治区党委常委会会议和自治区退役军人事务厅学习推广新时代"枫桥经验"创建全国示范型退役军人服务中心(站)暨退役军人脱贫攻坚工作动员会议精神,听取脱贫攻坚项目库建设等工作汇报,安排部署下一步工作。

【第 15 次常务会议】

2020 年 6 月 5 日，原州区政府召开第 15 次常务会议。会议传达学习陈润儿同志在自治区传达贯彻全国两会精神会议上的讲话精神、咸辉同志传达十三届全国人大三次会议精神时的讲话精神、崔波同志传达全国政协十三届三次会议精神时的讲话精神和马汉成同志在固原市政府第 47 次常务会议上传达学习全国两会精神时的讲话精神，传达学习《张柱同志在全市劳动模范和先进工作者表彰大会上的讲话》，传达学习《中国共产党重大事项请示报告条例》、国务院《重大行政决策程序暂行条例》、自治区《重大行政决策规则》。

【第 16 次常务会议】

2020 年 6 月 16 日，原州区政府召开第 16 次常务会议。会议传达学习习近平总书记 6 月 8 日至 10 日视察宁夏时的重要讲话和重要指示精神、习近平总书记在专家学者座谈会上的重要讲话精神，自治区党委 2020 年第 21 次常委会（扩大）会议精神、6 月 12 日自治区政府党组（扩大）会议精神和固原市委 2020 年第 14 次常委会会议精神，研究贯彻意见；听取原州区常态化疫情防控工作情况和爱国卫生运动开展情况汇报，安排部署下一步工作。会议还安排了当前重点工作。

【第 17 次常务会议】

2020 年 6 月 24 日，原州区政府召开第 17 次常务会议。会议传达学习习近平总书记 6 月 15 日在《求是》上发表的《充分认识颁布实施民法典重大意义 依法更好保障人民合法权益》精神、《中华人民共和国民法典》、习近平总书记对禁毒工作作出的重要指示精神，听取禁毒工作情况汇报。传达学习自治区党委常委会会议暨应对新冠肺炎疫情工作领导小组第 12 次会议精神，固原市委常委会 2020 年第 13 次（扩大）会议精神，听取争项目、争资金，原州区经济运行，赴福建、广东考察学习对接扶贫工作和开展招商引资活动，安全生产、信访维稳、扫黑除恶等工作情况汇报，研究《全面落实"六保"任务工作方案》等，安排部署端午节期间有关工作。

【第 18 次常务会议】

2020 年 7 月 1 日，原州区政府召开第 18 次常务会议。会议重温习近平总书记 6 月 8 日至 10 日视察宁夏时的重要讲话精神，传达学习陈润儿在自治区党委领导干部学习宣传贯彻习近平总书记视察宁夏重要讲话精神专题研讨班上的讲话精神，传达学习习近平总书记对防汛救灾工作作出的重要指示精神和陈润儿、咸辉在自治区党委政府防汛救灾工作会上的讲话精神，听取防汛抗旱及救灾救援工作开展情况汇报，安排部署原州区防汛救灾工作。

【第 19 次常务会议】

2020 年 7 月 24 日，原州区政府召开第 19 次常务会议。会议传达学习习近平总书记在中央政治局常委会会议上的重要讲话精神、习近平总书记对进一步做好防汛救灾工作作出重要指示精神、李克强总理对防汛抗旱工作作出重要批示精神、全国防汛抗旱工作电视电话会议精神、自治区防汛救灾工作视频会议精神和 7 月 15 日固原市委常委会会议精神，听取防汛抗洪救灾工作情况汇报，安排部署有关工作。会议传达学习自治区党委十二届十一次全会精神、自治区人民政府第四次全体会议精神，传达学习陈润儿同志在固原市督战脱贫攻坚调研移民搬迁工作时的讲话精神、自治区党委第五巡视组脱贫攻坚专项巡视"回头看"反馈会议精神，安排部署下一步反馈问题整改工作。会议还通报《固原市城乡人居环境整治百日攻坚三年行动工作领导小组办公室〈全市"防疫有我，爱卫同行"城乡人居环境整治百日攻坚监督检查情况通报〉》（〔2020〕1号），听取"防疫有我，爱卫同行"城乡人居环境整治百日攻坚反馈发现问题整改情况汇报，安排部署下一步城乡人居环境整治百日攻坚有关工作。

【第20次常务会议】

2020年8月27日,原州区政府召开第20次常务会议。传达学习习近平总书记在7月30日中央政治局常委会会议上的重要讲话精神、习近平总书记对制止餐饮浪费行为作出的重要指示精神、习近平总书记在经济社会领域专家座谈会上的重要讲话精神,传达学习宁夏推进高质量发展重点项目建设现场观摩总结会议精神,固原市委四届八次全会精神,传达学习全国安全生产电视电话会议精神、自治区安委会第三次全体会议精神、固原市安委会第三次全体(扩大)会议精神,传达学习国务院联防联控机制严防聚集性疫情做好秋冬季防控工作电视电话会议精神、自治区党委常委会暨应对新冠肺炎疫情工作领导小组第13次会议精神、自治区政府第73次常务会议精神,自治区法治政府建设推进电视电话会议精神等;听取原州区项目建设工作及黄河流域高质量发展项目前期工作,创卫工作开展,脱贫攻坚、移民搬迁及九个挂牌督战村工作,旧城改造及九龙湖畔家园建设,原州区创建全国示范型退役军人服务中心(站)推进,环境保护、河长制落实及清水河治理工作,禁毒、扫黑除恶等工作情况汇报等;安排部署相关工作。

【第21次常务会议】

2020年9月11日,原州区政府召开第21次常务会议。会议传达学习习近平总书记向全国广大医务工作者、全国青联学联会议和广大青少年、高校毕业生作出的重要指示和贺信精神及向中国人民警察队伍授旗并致训词精神;传达学习习近平总书记考察吉林、安徽、山西、陕西、浙江、湖北、北京、云南时的重要讲话精神;传达学习习近平总书记主持召开中央第七次西藏工作座谈会精神;传达学习习近平总书记在纪念中国人民抗日战争暨世界反法西斯战争胜利75周年座谈会上的重要讲话精神;传达学习习近平总书记在全国抗击新冠肺炎疫情表彰大会上的重要讲话精神;传达学习《中华人民共和国政府信息公开条例》;传达学习李克强在全国深化"放管服"改革优化营商环境电视电话会议上的讲话精神和咸辉在全区深化"放管服"改革优化营商环境电视电话会议上的讲话精神;传达学习陈润儿同志在自治区建设黄河流域生态保护和高质量发展先行区第一次推进会议上的讲话精神;传达学习自治区党委8月21日、24日、29日、31日常委会(扩大)会议精神;传达学习《中共固原市委办公室 市人民政府办公室关于印发〈固原市全面整改自治区环保督察反馈问题打赢污染防治攻坚战工作方案〉的通知》(固党办〔2020〕57号)精神,听取全面整改自治区环保督察反馈问题打赢污染防治攻坚战工作进展情况汇报,安排部署下一步工作;传达学习《关于印发〈固原市全国文明城市暨巩固提升自治区文明城市工作实施方案〉的通知》(固创城办〔2020〕1号)精神。

【第22次常务会议】

2020年9月25日,原州区政府召开第22次常务会议。会议传达学习习近平总书记在湖南考察时的重要讲话精神,习近平总书记关于安全生产重要论述的六大要点和十句"硬话",听取安全生产专项整治三年行动进展情况汇报,安排部署下一步工作。传达学习陈润儿同志在自治区建设黄河流域生态保护和高质量发展先行区第二次推进会议上的讲话精神,自治区党委常委会会议暨应对新冠肺炎疫情工作领导小组第15次会议精神,自治区扶贫开发领导小组2020年第4次会议精神,四届固原市委2020年第21次常委会(扩大)会议精神、固原市人民政府2020年第5次党组会议精神,中共固原市委办公室印发《关于坚决扛起政治督查责任持续深入推进习近平总书记视察宁夏重要讲话精神全面贯彻落实的实施方案》的通知精神。研究《落实〈推进黄河流域生态保护和高质量发展先行区建设实施方案〉重点任务清单》,安排部署国庆节、中秋节期间重点项目建设、值班值守、疫情防控、安全生产、信访维稳工作。

【第23次常务会议】

2020年10月29日,原州区政府召开第23次常务会议。会议传达学习习近平总书记在教育文化卫生体育专家座谈会、科学家座谈会、企业家座谈会、基层代表座谈会、中央党校(国家行政学院)中青年干部培训班开班式上、广东考察时、深圳经济特区建立40周年庆祝大会上、纪念中国人民志愿军抗美援朝出国作战70周年大会、参观"铭记伟大胜利 捍卫和平正义——纪念中国人民志愿军抗美援朝出国作战70周年主题展览"时的重要讲话精神及对供销合作社工作重要指示精神;传达学习习近平总书记在第三次中央新疆工作座谈会上的重要讲话精神、9月28日自治区党委常委会会议精神、自治区党委领导干部促进民族团结进步研讨交流会议精神、自治区促进民族团结进步工作会议精神、固原市委第22次常委会(扩大)会议精神、固原市政府2020年第8次党组(扩大)会议精神,安排部署下一步工作;传达学习习近平总书记在9月28日、10月22日中共中央政治局会议上的重要讲话精神、自治区"十四五"规划编制工作专题会议精神,安排部署下一步工作;传达学习习近平总书记对脱贫攻坚工作作出的重要指示精神和李克强总理批示精神、全国脱贫攻坚奖表彰大会暨先进事迹报告会精神、闽宁互学互助对口扶贫协作第二十四次联席会议精神、固原市扶贫开发领导小组2020年第6次会议精神,听取脱贫攻坚反馈问题整改情况、脱贫攻坚重点工作进展情况汇报,安排部署下一步工作;传达学习自治区抗击新冠肺炎疫情表彰大会精神,安排部署下一步工作;传达学习《自治区政府领导批示办理通知单2020—660》《自治区政府领导批示办理通知单2020—662》精神;传达学习《自治区党委 人民政府关于新时代宁夏推进西部大开发的实施意见》(宁党发24号)精神;传达学习《关于印发〈宁夏回族自治区党政机关境内举办展会活动管理实施细则〉的通知》精神;传达学习《自治区人民政府办公厅关于印发自治区深化农村公路管理养护体制改革实施方案和自治区推进"四好农村路"高质量发展实施意见的通知》(宁政办发〔2020〕38号)精神,安排部署下一步工作;传达学习《自治区农村乱占耕地建房问题专项整治行动领导小组办公室关于印发全区农村乱占耕地建房问题摸排工作方案的通知》(宁农整办发〔2020〕1号)精神、《固原市人民政府办公室关于印发〈固原市自然资源统一确权登记总体工作方案〉的通知》(固政办发〔2020〕35号)精神、固原市人民政府第54期专题会议精神,听取农村乱占耕地建房问题摸排开展情况及违建图斑整治情况汇报,安排部署下一步工作;传达学习中共固原市委员会关于印发《市委贯彻〈党委(党组)落实全面从严治党主体责任规定〉措施及任务分工方案》和《市委落实全面从严治党主体责任清单》的通知精神;传达学习《张柱、马玉芳同志在市委政协工作会议上的讲话》(固原党办通报第18期)、《中共固原市委员会关于新时代加强和改进人民政协工作的实施意见》(固党发〔2020〕11号)精神;传达学习《自治区党委 人民政府关于营造更好发展环境支持民营企业高质量发展的实施意见》(宁党发〔2020〕27号)精神,安排部署下一步工作;传达学习10月19日自治区政府第76次常务会议精神,听取第三季度经济运行情况汇报,安排当前抓好固定资产投资及明年项目前期工作;听取政务公开工作开展情况汇报;听取创建文明城市工作进展情况汇报,安排部署有关工作;听取未成年人思想道德建设开展情况汇报,安排部署有关工作;听取第七次全国人口普查工作开展情况汇报,安排部署有关工作;研究《原州区行政规范性文件制定和管理办法》;研究《关于原州区人民医院旧址整体移交的报告》《关于原州区人民医院部分固定资产报废处置的报告》《原州区城市社区调整工作方案》《关于解决原州区农村学校供暖改造(煤改电)有关问题的请示》《原州区冷凉蔬菜产业发展实施方案(2021—2025)》《原州区绒山羊养殖产业发展方案(2021—2025)》《原州区肉牛产业发展实施方案(2021—2025)》《原州区2021年农村人居环境整治实施方案(讨论稿)》《关于招录2020年度政府专职消防员和消防文员的请示》。

【第24次常务会议】

2020年11月16日，原州区政府召开第24次常务会议。会议传达学习党的十九届五中全会精神、《中共中央关于制定国民经济和社会发展第十四个五年规划和二〇三五年远景目标的建议》精神；传达学习习近平总书记对推进农村土地制度改革、做好农村承包地管理工作作出的重要指示精神和李克强总理批示精神及全国农村承包地确权登记颁证工作总结暨表彰电视电话会议精神；传达学习习近平总书记对平安中国建设作出的重要指示精神；传达学习10月31日自治区党委常委会（扩大）会议精神、自治区政府第77次常务会议精神、11月2日固原市委常委会（扩大）会议精神、固原市政府2020年第9次党组（扩大）会议精神；传达学习《自治区党委办公厅、人民政府办公厅关于贯彻落实中央决策部署切实抓好当前经济工作的通知》（宁党办〔2020〕66号）精神；传达学习《国务院办公厅关于坚决制止耕地"非农化"行为的通知》（国办发明电〔2020〕24号）精神、《自治区人民政府办公厅关于深入贯彻落实国务院部署要求坚决制止耕地"非农化"行为的通知》（宁政办明电发〔2020〕17号）精神，听取原州区农村乱占耕地建房问题摸排进展情况汇报，安排部署下一步工作；传达学习《关于做好国务院教育督导委员会督察组督查自治区政府履行教育职责有关工作的通知》精神，研究《原州区"互联网+教育"示范校建设项目的请示》；传达学习自治区全域创建"食品药品安全区"动员大会精神，听取"食品药品安全区"创建工作开展情况汇报，安排部署下一步工作；研究《关于开展全域创建"食品药品安全区"实施方案》《关于申请解决原州区基层国有林场生产用车的请示》《关于挂牌出让原州区东关街东侧、东红村国有建设用地使用权的请示》《原州区公开招聘社区工作者实施方案》《2020年原州区符合政府安排工作条件退役士兵和国家综合性消防救援队伍退出消防员安置方案》《原州区扶贫资产管理办法（试行）》《关于原州区2020年"扶贫保"工作补充通知的请示》《关于购置福馨园小区劳务移民后续管理用房的请示》《原州区扶贫办委托第三方人力资源管理公司公开招聘光伏扶贫项目工作人员的请示》《"十三五"易地扶贫搬迁就近安置点2020年新补栏牛饲草料补助的请示》《原州区2020年闽宁对口扶贫项目计划调整的请示》。

【第25次常务会议】

2020年12月11日，原州区政府召开第25次常务会议。传达学习习近平总书记在江苏考察、全面推动长江经济带发展座谈会、中央全面依法治国工作会议、11月30日中共中央政治局会议、12月3日中共中央政治局常委会会议、全国劳动模范和先进工作者表彰大会上的重要讲话精神和对做好关心下一代工作作出的重要指示精神。传达学习中国共产党宁夏回族自治区第十二届委员会第十二次全体会议精神。传达学习固原市应对新冠肺炎疫情工作指挥部第16次会议精神，听取原州区疫情防控工作开展情况汇报，安排部署下一步工作。会议还听取了原州区脱贫攻坚工作情况、财政增收节支有关情况、黄河流域高质量发展项目前期工作及今年重点项目完成情况、旧城改造工作进展情况汇报，安排部署有关工作。听取了各部门今年重点工作、主要经济指标完成情况及迎接自治区2020年度效能目标管理考核准备情况汇报，安排部署当前重点工作。听取原州区第七次全国人口普查工作开展情况、城乡居民基本医疗保险收缴情况、禁毒工作进展情况汇报，安排部署了有关工作。

【第26次常务会议】

2020年12月23日，原州区政府召开第26次常务会议。会议传达学习习近平总书记在中共中央政治局会议、党外人士座谈会上的重要讲话精神，中央经济工作会议精神，自治区党委常委会会议精神、自治区政府常务会议精神，张柱同志在督办固原市政协关于加强社区建设重点提案办理工作时的讲话精神；研究审定《政府工作报告（讨论稿）》《关于2020年原州区财政预算执行情况和2021年财政预算（草案）的报告》《关于2020年国民经济和社会发展计划执行情况与2021年国民经济和社会发展计划（草案）的报告》《原州区深化农村公路管理养护体制改革推进"四好农村路"高质量发展实施方案》等；安排部署近期疫情防控、安全生产、信访维稳有关工作。

政府办公室工作

【服务决策】

注重发挥参谋助手作用，自觉围绕发展大局和中心工作想大事、谋全局、献良策、当高参。做好信息服务，及时报送工作重点、时事热点、群众焦点信息，全年共编发政务信息288期，向自治区政府办公厅和市委及固原市政府办公室及时报送有情况、有分析、有建议的综合信息，真实客观反映原州区各项工作开展情况。深入调查研究，提前思考谋划，先后围绕脱贫攻坚、项目建设、乡村振兴等课题开展调研，将调研成果运用在文稿起草中，切实为领导出"金点子"，为政府科学决策和施政提供有力支撑，真正做到调研到关键处、参谋到点子上、服务到决策中。

【以文辅政】

严格按规则、程序处理和运转公文，从文件起草、核稿、审签到打印、校对、用印、分发层层落实责任，不放过任何一个细节。重点是把好四个关口：把好格式关，认真学习、熟练掌握文件格式，加强文件清样校对，保证公文的规范性；把好内容关，确保公文的合法性、准确性和可行性；把好程序关，严格实行归口把关、逐级审查、有序运转制度；把好实效关，坚持急件急办、急件急传，在符合程序和保证质量的前提下，限时按要求处理公文，提高办事办文效率。围绕原州区高质量发展大局和原州区政府中心工作，积极开展调查研究，高质量撰写领导讲话、汇报、总结、报告等综合性文章，服务区领导决策部署，服务各部门、企业发展创新。

【文件会务】

提高办文办会质量效率，深入开展"基层减负年"活动，按照精文简会要求，严格履行审核把关职能，严格控制原州区政府发文和以原州区政府名义召开的各类会议。做好各类文件、电传收发和办理，公文处理质量和运转效率明显提高。全年共起草、印发原州区政府和办公室各类文件472件，草拟领导讲话稿168篇，整理各类会议纪要55期，处理上级及乡镇、部门来文3236件。高标准、高质量筹备召开原州区政府全体会及政府常务会、专题会等各类会议，在办会中进行全程跟踪服务，坚持做到会前部署周密细致、会中服务万无一失、会后工作扎实有效，保证整个会务组织工作井然有序、服务优质，努力提高会议质量和效率。

【政务督查】

梳理优化公开事项目录、完善公开事项标准、规范公开工作流程、拓展公开载体，做到应公开尽公开。围绕"数字政府"建设，用好"政务服务网""331"等平台，推进原州区政府门户网站与政务服务网融通，通过平台将各项行政办理事项的办事依据、办事职责、办事程序、办事标准、办事时限、办事结果向社会广泛公开。加强民生重点领域政策解读，在政府网站设置"政策专题"栏目，集中展示中央、自治区、固原市及原州区相关政策，在区政务服务中心、公示栏利用海报、卡片等方式，集中公布"政策专题"二维码，实现"一码推送、扫码查阅"。坚持政治督查定位，系统谋划，聚焦原州区重点工作，定期开展明察暗访，及时了解工作进展，通过下发督办通知、电话督促、现场督办等形式，跟进督查政府工作报告、政府常务会议决定事项，先后就中央环保督察反馈问题整改、脱贫攻坚、生态环保、信访维稳、巡视整改等，开展多次专项督查和"回头看"，努力把督查的过程变成发现问题、解决问题的过程,变成统一思想、协调关系的过程,变成加快实施、促进落实的过程,切实推动各项决策部署和工作有效落实。

信访工作

【受理信访情况】

受理总量61件,已办结44件;网上投诉平台接到投诉32件,已办结25件;上级网上转送38件;已办结28件;上级交办14件,已办结10件。到市上访群众共37批101人次;到原州区上访群众共76批108人次。

【重复信访和积案化解情况】

国家信访局、自治区信访局、市信访局集中交办的重复信访事项,按照"三到位一处理"的要求,加强了分类指导和督查督办及紧盯重复信访事项的化解和跟踪问效。压实工作责任,切实做到了真包案、真化解。对交办的重复信访事项建立了台账(未化解台账、倒流台账、责任台账),做到了动态管理。截至2020年年底,国家共向原州区移交重复信访事项28件,已办结19件,未办结9件;自治区共向原州区移交重复信访事项13件,已办结8件,未办结5件;固原市向原州区交办重复件5件,已办结3件,未办结2件。

【信访制度建设】

完善重大信访问题报告制度、矛盾纠纷排查调处应急预案、原州区预防和处理进京上访问题应急预案、统一规范接访制度和责任追究措施。

【矛盾化解】

打造多元化信访矛盾纠纷化解机制。信访局和基层调解组织与司法、行政、仲裁等力量相互沟通衔接,有效打造"访调对接"联动平台,对矛盾纠纷化解机制和力量进行有效整合与重构,形成优势互补、主体多样的新时代多元化信访矛盾纠纷化解新机制,对各类纠纷实行属地管理原则,实行党政"一把手"负总责,其他领导分管哪方面的工作,就负责那方面的信访问题,一级抓一级,确保矛盾不回避、不激化、不上交。

【信息化建设】

主要依靠信访信息载体,凸显信访工作新手段。严格落实网上信访登记录入、转送交办、办理时限等关键环节,以程序规范确保实体问题处理到位。坚持对重大苗头性、倾向性等信访问题,及时准确地向政府和区委领导报送。报送形式有"信访信息快报""重要信访专报""季度信访形势分析"等。

【学习"枫桥经验"】

将"枫桥经验"灵活的应用于原州区访工作中,并继续坚持目标导向、问题导向、效果导向,创新工作举措,使信访业务工作规范化,提升上访群众满意度。努力推动信访"最多跑一次"。向"小事不出组(户),大事不出社区,矛盾不上交"的良好态势发展。

政府信息公开

【规范公开事项目录】

按照《宁夏回族自治区政务公开清单目录》,各乡镇(街道)、各部门(单位)结合职能,全面梳理压缩细化相关领域政务公开事项,编制完成本级和乡镇(街道)政务公开事项标准目录。依法编制权责清单、机构设置等信息并及时在政府网站集中公布。认真办理人大议案建议和政协提案。2020年,区政府承办人大代表议案建议12件、政协委员提案28件,已全部办结,并及时向代表、委员答复,通报议案建议和提案办理进度,接受媒体舆论监督和群众监督。

【财政信息公开】

按照统一模板,公开2019年区本级预算执行情况、2020年预算和2019年决算。全区各财政预算单位严格按照财政预决算公开规范,在政府网站预决算信息公开专栏,全面、准确公开部门(单位)预决算信息295条,公开乡镇(街道)预决算信息28条。公开原州区2020年统筹整合财政涉农资金收支情况、2020年收支及各项统筹整合扶贫资金支付明细等信息,加大财政财务事项公开力度。

【行政文件信息公开】

原州区司法局以规范性文件为重点,印发《原州区行政规范性文件制定和管理办法》,各部门梳理本机关制发的规范性文件,按照"放管服"改革要求及时立改废,集中统一对外公开现行有效规范性文件,初步解决底数不清、体系不完善等问题。

【营商环境信息公开】

认真贯彻落实关于深化"放管服"改革,优化营商环境的决策部署,公开发布市场主体名录,向市场主体全面公开市场监管规则和标准,及时公开"双随机、一公开"成员单位抽查事项清单,以监管规则和标准的确定性保障市场监管的公正性;加强"网网对接",实现信息共享,完成政府门户网站、网上办事系统、"12345"政务服务热线的全面对接,强化"一件事""一类事"等综合办事信息公开,2020年,梳理"国家对接"四级四同政务服务事项993项,提高政务服务便利度。

【社会公益事业领域信息公开】

紧紧围绕促进经济社会发展、社会救助、就业创业、教育考试、环境保护、卫生医疗、应急管理、保障和改善民生、脱贫攻坚、疫情防控等重点领域和热点问题,扎实推进政务公开,使政务公开工作不断向纵深发展。2020年,通过政府网站发布社会救助信息57条,环境保护信息58条,卫生医疗信息67条,脱贫攻坚信息103条,疫情防控信息254条。

【推进政策解读规范化】

按照"谁承办、谁解读""谁起草、谁解读"的原则,坚持解读材料与政策文件同步组织、同步审签、同步部署工作机制,运用简明问答、图表图解等多种方式,及时解读涉及群众切身利益、影响市场预期等重要政策7篇,其中图解比例达到86%。

【设置"政策专题"栏目】

围绕"六稳""六保",集中展示中央、自治区、固原市及原州区"稳岗就业""复工复产"的相关政策措施,同时在区政务服务中心、公示栏利用海报、卡片等方式,集中公布"政策专题"二维码,实现"一码推送、扫码查阅"。

【政府开放日】

按照自治区统一的"政府开放日"制度,开展"公民走进政府"活动,搭建社会公众了解政府、理解政府、支持政府的互动平台。邀请"两代表一委员"、利益相关方列席政府常务会议。2020年,全区组织开展"政府开放日"活动5次。

【规范政府信息公开申请办理】

按照《宁夏回族自治区政府信息公开申请办理规范》,进一步完善政府信息公开申请流程,全面提升政府信息公开申请办理质量,依法保障公众合理信息需求。2020年,受理政府信息公开申请5件,所有申请均已及时答复。

【政务信息化建设管理】

政府网站作为政务公开第一平台,集中发布区政府及各部门、乡镇(街道)主动公开的政府信息7815条,网站访问量达13.9万余次。2020年,办理政府网站"领导信箱"和"网上投诉"87件;公开留言统计月报12期。全面摸排原州区政务新媒体,对一平台多账号、功能相近、用户关注度和利用率低的政务新媒体清理整合,全区共开设微博13个、微信公众号18个,形成了覆盖全区的新媒体矩阵。

【规范公开专区建设】

在原州区政务服务中心建设政务公开专区,张贴悬挂全区统一的政务公开专区标识，并设立政府信息查阅室、政策超市和休闲区域，配置接入计算机3台、多功能打印机1台、立式触屏查询机1台，方便社会公众查阅政府信息、申请信息公开，推进政府信息查阅场所规范化管理。

【推进互联网+政务服务工作】

在原州区政务服务网办事大厅公开行政审批和服务事项的办事程序、申报材料、承诺时限、收费标准等内容。2020年，梳理录入政务服务事项993项，可全程在线办理政务服务事项315项，共受理行政审批和服务事项35288件，办理结果全部进行公示。

政务服务

【政务服务】

全面梳理54个行业系统1473项政务服务事项标准化建设，确定承接"四级四同"事项989项，完成13万个要素内容标准化录入，共有1199项完成流程绑定测试正常上线运行，实现事项数据管理库系统与国家政务服务平台无缝对接，建成上下联动、数据共享、业务协同、全国统一的政务服务网上办事大厅。按照"存量证照批量入库、增量证照实时入库、专业系统证明照对接入库"的要求，完成9个业务系统66个证照模板的采集和12个部门（单位）证照签章更新升级。按照应进必进、应进全进的原则，完成原州区8类897项政务服务事项进驻实体大厅窗口办理，进驻率达90.89%。本级91.6%的政务服务事项实现网上办理，其中85.02%可"不见面"办理，31.47%项可"全程网办"；按照"能简则简"的原则，在法律法规授权的范围内，梳理完成30个部门的"四级四同"政务服务事项，办理时限压减75.48%，申请材料压减13.3%，办理环节压减24.4%，49.89%审批事项实现"即来即办"。大厅各窗口共接受咨询13360次，预约17件，线上线下办结事项34249件，办结率99.6%。

【便民服务建设】

依托"一张网"加快推进便民服务事项向乡镇（街道）、村（社区）下沉，推动网上办事向基层延伸，已建成村级标准化便民服务站138个，并对原州区190个村（社区）代办人员进行统一身份认证和操作培训。有48个政务服务事项下沉到村（社区）便民服务站办理，实现群众办理民生服务事项"小事不出村、大事不出乡"，其中，参保登记、养老保险待遇核准等事项实现全区通办、异地可办，有5项实现"零"材料办理。乡镇（街道）民生中心网上办结事项累计达到7.4万件，办结率96.6%，村（社区）代办点网上申报量累计达到两万件。

【互联网+监管】

按照国家要求和标准规范，依托自治区"互联网+监管"系统项目建设，统筹完成原州区22个执法部门（单位）的多个系统数据汇聚和功能完善工作，建成监管事项数据库，并与国家"互联网+监管"系统深度对接，实现数据共享。2020年，配置监管账号814人次，认领执法人员516人，信息完善率100%。细化监管事项目录清单主项421项，子项1942项，编制监管事项检查实施清单374项，完成率100%。本级19个执法部门采集监管行为信息5467条，监管事项覆盖率达40.34%。

【"12345"热线服务】

发挥"12345"便民服务热线功能，帮助解决群众的诉求，为群众提供更加方便、快捷的服务。采取电话通知、信息反馈、督查通报等多种形式，与相关部门沟通联动、密切配合，进一步加大分派工单的催办、督办力度，不断提高按期办结率和群众满意度。2020年共接受诉求工单6766件，转办率100%；办结6615件，办结率97.8%，群众满意度99%。

【审批制度改革】

共审批固定资产投资项目414项，计划总投资达94.06亿，梳理工程项目建设审批办理事项31

项,政府投资项目和社会投资项目全流程审批时限压减至65个工作日以内。

退役军人事务

【优抚安置】

2020年,为1136名优抚对象发放各类优抚补助资金1715.8万元。落实"六保"任务,提高和增加部分优抚对象门诊费报销标准,2020年增发57.3万元。"两保"接续工作开展扎实有序。集中人力对2019年前近30年的部分退役士兵断缴基本养老保险、医疗保险符合政策的退役士兵1315人,提交资料的865人全部办结,完成率100%。完成缴费386人,共使用三级财政补助资金433万余元。组织开办培训班,通过"退役军人培训意向调查",对有创业意向的30名退役军人进行创业能力培训,对65名退军人进行了适应性培训,对符合政府安置工作的21名转业军士进行岗前培训。根据退役军人个性化需要对36名退役军人进行职业技能培训,推荐263名退役军人参加高职院校学历教育,开展线上线下招聘19次,达成就业意向176人,引导推荐22名退役军人异地就业,推荐18名退役军人在固原市消防救援支队、原州区森林消防大队实现就业,利用公益性岗位等兜底保障岗位解决10名困难退役军人就业。健全完善信访工作机制,及时办理信访事项,2020年共接待退役军人及其他优抚对象来信来访169批次353人次。解决历史遗留安置退役军人62人全部安置到位,2020年符合政府安排工作条件的21名转业军士全部安置上岗。

【双拥工作】

召开2020年原州区双拥工作领导小组会议,印发《原州区2020年拥军优属拥政爱民工作安排的通知》,纳入成员单位52个。坚持重要节庆与重大节点走访慰问相结合,春节、"八一"四大机关主要领导慰问优抚对象、困难退役军人、边海防现役军人家属等2111人,发放慰问金105.5万元;开展"尊崇功臣送喜报"活动,为19名立功受奖现役军人家属上门送喜报,并发放褒扬金1.35万元;组织25名重点优抚对象参加自治区疗养;开展"中国人民志愿军抗美援朝出国作战70周年"走访慰问活动,走访慰问参加抗美援朝的老战士、老同志、烈属等41人,颁发"中国人民志愿军抗美援朝出国作战70周年"纪念章并发放慰问金12.3万元。组织开展文化、法律、医疗进军营等活动,大力开展军地共建。承办固原市、原州区2020年烈士纪念日向人民英雄敬献花篮仪式活动。加强长城梁烈士陵园的修缮、保护,长城梁烈士纪念设施提升改造项目已被退役军人事务部纳入"十四五"规划项目库。

【机制保障】

严格对标创建全国示范型退役军人服务中心(站)标准,将14个乡镇(街道)退役军人服务站全部列为创建目标,落实经费69万元,在确保完成创建任务的基础上,确定4个乡镇(街道)服务站为标杆型退役军人服务站。

【疫情防控】

新冠肺炎疫情发生后,第一时间发布"倡议书",号召广大退役军人立即行动,以乡镇(街道)为单位组建14个退役军人志愿服务队,由所在的退役军人服务站组织指挥,退役军人事务局机关组建志愿服务突击队,报请原州区抗击疫情指挥部统一调度使用。600余名退役军人加入抗疫行列,主动到村、社区疫情防控一线开展疫情防控工作志愿服务。2020年4月30日,为充分肯定和激发广大退役军人"永远跟党走"的初心使命和继续"建功新时代"的责任担当,向参加疫情防控的退役军人志愿者颁发抗疫荣誉证书。

政协原州区委员会

综述

【理论学习】

以党组理论学习中心组学习为引领,利用常委会会议、专题协商会、界别活动、委员大讲堂、机关周二学习日、主题党日活动等,安排学习内容。2020年,组织党组理论学习中心组学习14次,常委会会议学习4次,机关集体学习38次,各专委会组织委员参加界别、调研、视察等协商活动前期学习40余次。将自治区政协"新时代新使命新样子"学习讨论和固原市委"担当新使命,展现新作为"学习实践两项活动融入政协年度学习教育、履职工作之中。共组织专题学习12场次,举办专题研讨会3期,开展主题活动6次,撰写学习交流文章37篇,累计参与人数400余人次。依照党章和政协章程先后修订完善了原州区政协、全委会、常委会等10项工作规则,委员反映社情民意、视察考察、履职考核等12项工作制度和办文、办会、接待等11项机关管理制度。

【政治协商】

紧盯原州区重点工作,围绕原州区巩固脱贫成效、壮大农业特色产业开展调研,针对特色产业发展组织化程度不高、农业产业化经营规模小、发展动力不足、品牌效应不明显等突出问题,提出组建产销联合体、推进多生态融合发展,培育特色种养全产业链企业集群,坚持品牌化发展战略,注重引进科技人才与培养乡土人才相结合的5项18条建议。针对原州区在生态环境保护和治理工作中存在的统筹科学谋划不足、农村环境整治主体不清、垃圾处置基础设施和设备数量不足、农村面源污染问题依然严重等问题,组织委员学习调研讨论,提出优化生态空间布局顶层设计、加大环保法律法规宣传力度、融合资金推进生态环保基础设施项目建设、环境整治与有效利用相结合的5项15条建议。针对在"平安原州"建设推进中存在的缺乏部门联动、工作进展不平衡、资金不足、技防措施滞后、区域性管理出现短板等问题,组织特邀、宗教界别委员开展调研,提出突出重点领域、强化工作责任、紧盯薄弱环节、形成整治合力等7条建议。针对原州区在"健康原州"建设中存在的协调联动合力不足、日常习惯与健康规范矛盾突出、城乡医疗资源结构性失衡等问题,组织相关专家委员调研,提出部门协作营造浓厚健康教育宣传氛围、注重学校健康教育力度、加强卫生服务体系建设等4项8条建议。年内召开议政性常委会会议4次,提交专题报告4篇,提出建议14项48条。

【界别协商】

经济委针对受新冠肺炎疫情、宏观经济形势、产业结构调整,加之劳动者素质、行业培训效果不明显等影响原州区就业创业工作的问题,组织委员深入调研,提出强化用工对接,拓宽转移就业渠道,发挥好劳务中介组织和劳务经纪人在转移就业中的引领作用,重视就业创业服务网络平台建设等5项14条建议。社会治理委针对原州区在优化营商环境工作中存在的资源共享不到位,重审批、轻监管,重处罚、轻服务,创新动力不足等问题,积极组织开展委员界别协商,提出优惠政策督促落实,建立部门联动审批机制,倡导院企合作,拓宽金融服务企业渠道等6条建议。

【对口协商】

提案和委员联络委组织相关界别委员对城市管理工作开展调研，针对城市精细化管理程度不够高、公共设施建设滞后、小区物业与业主矛盾突出等问题，展开界别协商，提出充实社区人员力量，营造人人参与、人人监督的社会氛围，积极推行垃圾分类，制定公共设施发展硬措施、加强对物业管理引导与监管等4项17条建议。科教文卫体委围绕原州区在"互联网+教育"示范区建设中存在的对应用大数据教育认识不足，重建设、轻使用、疏管理，基础设施更新不及时，与日常教学难融合等问题，组织开展对口协商，提出建立统筹规划、多方参与的投资模式，加强对使用和管理者的培训、经验交流评比，完善教育教学资源库等3个层面6条建议。全年召开主席会议13次，提交对口协商、界别协商专题报告4篇，提出建议12项43条。

【民主监督】

实行监督内容紧扣中心、形式灵活多样、人员适时调整的"3+X"推进新模式。在充分协商的基础上，调整选派81名委员，组成25个监督小组，分别被原州区公安分局、法院、检察院和22个政府部门聘为民主监督员，实现了对原州区执法、管理、服务领域的民主监督全覆盖，取得了政协民主监督工作质量和被监督单位中心工作同步推进、双向提升的初步成效。一年来，各监督小组召开座谈协商会54场次，开展"有事来商量"、参加体验等主题活动66场次，向被监督单位提出意见建议130余条。

【疫情防控】

面对突如其来的新冠肺炎疫情，按照原州区委要求，在做好机关防控的同时，政协县级领导带头深入各自包抓社区和行政村，坚持在防控一线指挥督导疫情防控工作。选派7名机关党员干部在明庄社区所辖小区开展入户排查和小区疫情防控工作。号召原州区政协委员立足职能优势，发挥自身作用，原州区共有30余名委员直接参与疫情防控一线工作，全体政协委员以个人和所在组织名义捐赠善款和物资80.46万元。

【委员会客室工作】

按照自治区政协的试点示范安排，在原州区政协委员中选择具有一定社会影响力和界别行业代表性的委员，牵头组建4~6人的行业团队，在考察学习借鉴浙江省政协工作经验的基础上，探索创建了4个委员会客室，建立了由分管副主席联系、相关专委会指导推进会客室适时组织开展活动的工作机制。自组建以来，各会客室都能结合自身行业特点，制定工作计划，主动邀请行业领域代表，有步骤有针对性地开展会客活动，围绕主题、分析成因、协商议事、达成共识、形成建议，在助推原州区行业发展、项目建设、民生实事的政策制定和落实上，搭建了委员联系界别群众和代表人士的平台。目前，各会客室共开展活动9次，提出有针对性的意见建议20余条。

【搭建履职平台】

组织政协委员列席人代会，观摩原州区重点工作，定期听取"一府两院"、廉政建设、综合治理等工作进展情况通报，开展专题调研视察、界别座谈和联系基层活动，为委员搭建知情明政平台。通过委员大会发言、参加专题协商会议、提交提案、反映社情民意信息等方式为委员搭建建言资政平台。2020年，完成协商计划议题8项，组织委员开展学习、调研、协商活动25次，形成专题报告8篇，提出协商建议40余条。将分属于14个界别的194名委员按照行业临近特点，编为9个界别委员活动组，建立相应的活动室，制定了活动、组织、责任等制度，分别由各专委会负责联系、协调、指导具体工作，在推进学习宣传、集体提案、反映社情民意、专题协商等工作中取得实效。2020年，共组织界别委员活动27次，提交反映社情民意信息24件。

【政治建设】

认真履行"三重一大"事前请示汇报制度，严格按照原州区委的决策部署要求开展工作，做到了一切重要工作在原州区委领导下开展，一切重要活动围绕原州区委、区政府中心任务进行，一切重要安排在广泛征求意见的基础上报原州区委同意后实施，使政协工作全面融入原州区委的安排部署之中，始终做到在思想上同心、目标上同向、工作上同步。认真贯彻落实党的民主集中制，坚持集体领导、民主集中、个别酝酿、会议决定的基本原则，凡重大事项能够做到班子成员事先沟通，会上充分讨论，集体研究决策的要求。全年召开政协党组会议15次。在实现党的组织对党员委员全覆盖、党的工作对政协委员全覆盖的基础上，通过专委会功能型党支部和界别党小组把党员委员组织起来、凝聚起来，强化了对党员委员在履职工作中的示范、教育、引导和管理，发挥党员委员在政协履职活动、各项调研、学习交流中的先锋模范作用。

【助力脱贫】

紧紧围绕原州区委、区政府的中心工作，先后将巩固脱贫攻坚成果、"互联网+教育"、平安原州建设、创业就业等8项议题列入年度协商计划，组织委员开展学习、调研、协商活动25次，形成专题报告8篇，提出协商建议40余条。推荐两名干部，担任第一书记和工作队员，并保证工作经费，机关28名干部结对帮扶112户建档立卡贫困户。

【巡查工作】

研究制定了《2020年原州区委巡察机构工作要点》《原州区委2020年巡察工作计划》，对11个乡镇、3个街道办事处、47个部门（单位）的党组织进行了巡察，完成本届原州区委巡察全覆盖任务的100%。为进一步提升巡察质量，研究制定了《关于对村（社区）开展重点延伸巡察工作方案》，成立4个巡察组对村开展了延伸巡察，完成38个村级党组织延伸巡察。扎实做好巡察整改"后半篇文章"，通过督办函、督查通报、现场督办等形式，跟踪督促被巡察党组织严格按照反馈的问题和整改要求全面整改。目前已开展11轮巡察，共发现问题1010个，已整改859个，整改率85%。发现边巡边改问题168个，移交问题线索96个，办结87件，正在办理9件，立案22件22人，给予党纪政务处分21人，问责党员干部44人，移送司法机关1人，追回收缴违纪违规资金160.602万元。坚持每月入户3次以上。

重要会议

【中国人民政治协商会议固原市原州区第三届委员会第四次会议】

中国人民政治协商会议固原市原州区第三届委员会第四次会议于2020年1月2日至4日在原州区举行。会议应出席委员196名，实到委员166名。政协主席何锟主持会议。原州区委、人大、政府、人武部、法院、检察院县级领导，历届离退休政协主席、副主席，部门、乡镇负责人、统战委员列席会议。政协主席何锟、副主席李宏霞分别代表常务委员会作了常务委员会工作报告和提案工作情况报告。会议期间，审议通过了何锟主席代表政协固原市原州区第三届委员会常务委员会所作的工作报告和李宏霞副主席所作的提案工作情况的报告，会议补选了政协固原市原州区第三届委员会常务委员，通报了《政协固原市原州区第三届委员会第四次会议提案审查情况》，会议共收到提案72件，协商审定立案28件。

【原州区三届十八次常委会会议】

原州区三届十八次常委会会议于2020年1月2日召开，会议应到常委34人，实到30人。固原市原州区政协主席何锟，副主席张玉峰、李广平、李宏霞，秘书长张东亮出席会议。组织部副部长连廷仓应邀出席会议。会议审议通过政协固原市原州区第三届委员会补选常务委员候选人初步建议名单、各界别小组汇报对政协常委会工作报告，提案工作报告及2020年协商工作计划的讨论情况、审议通过政协固原市原州区第三届委员会第四次会议选举办法、听取提案委关于政协原州区第三届委员会第四次会议委员提案审查情况。

【原州区三届十九次常委会会议】

原州区三届十九次常委会会议于2020年1月3日召开,会议应到常委34人,实到30人。原州区政协主席何锟,副主席张玉峰、李广平、李宏霞,秘书长张东亮出席会议。会议听取了各界别组对政府工作报告、政协常委会工作报告、提案工作报告、协商工作计划及选举办法、常务委员初步人选建议名单的讨论情况,听取了提案审查委员会汇报提案审查情况,审议并通过补选政协固原市原州区第三届委员会常务委员候选人建议名单、审议通过政协固原市原州区第三届委员会第四次会议选举办法、审议通过政协固原市原州区第三届委员会第四次会议政协决议、审议通过政协固原市原州区第三届委员会第四次会议关于常务委员会工作报告的决议、议并通过了政协固原市原州区第三届委员会2020年度协商工作计划,听取各组汇报监票人推荐情况,通过总监票人、监票人名单,确定计票人。审议并通过了政协固原市原州区第三届委员会第四次会议提案审查情况通报。

【原州区三届二十次常委会会议】

原州区三届二十次常委会会议于2020年1月4日召开,会议应到常委34人,实到30人。固原市原州区政协主席何锟,副主席张玉峰、李广平、李宏霞,秘书长张东亮出席会议。会议听取总监票人报告选举结果。

【原州区三届二十一次常委会会议】

原州区三届二十一次常委会会议于2020年4月29日召开,会议应到常委36人,实到31人。固原市原州区政协主席何锟,副主席张玉峰、李广平、李宏霞,秘书长张东亮出席会议。政协各委室主任、副主任,政协各参加单位负责人,参加原州区政协健康原州工作专题调研的各位委员列席了会议。政府办公室副主任马国义应邀列席会议并向常委会通报了原州区政府关于全区健康原州工作推进情况。会议审议通过了《关于健康原州建设开展情况的调研报告》和政协固原市原州区委员会专门委员会工作通则、专题协商会议规则、提案工作规则、提案审查实施细则、委员视察工作制度。会议还审议通过了有关人事任免的事项。

【原州区三届二十二次常委会会议】

原州区三届二十二次常委会会议于2020年8月4日召开,会议应到常委36人,实到31人。固原市原州区政协主席何锟,副主席张玉峰、李广平,秘书长张东亮,全体政协常委出席会议。原州区区长助理宋阳应邀出席会议,政协各委室主任、副主任,政协各参加单位负责人列席了会议。会议听取了原州区政府关于对巩固脱贫成效,壮大农业特色产业工作情况通报,听取了杨国恒、马娅琴委员关于壮大农业特色产业工作专题交流发言。会议审议并通过了经济委提交的《全区对巩固脱贫成效,壮大农业特色产业工作情况的调研报告》和办公室提交的有关人事任免报告。

【原州区三届二十三次常委会会议】

原州区三届二十三次常委会会议于2020年11月5日召开,会议应到常委36人,实到30人。固原市原州区政协主席何锟,副主席张玉峰、李广平、李宏霞,党组成员金占海、秘书长张东亮出席会议。政协各参加单位负责人、参加两项议政性专题调研的部分委员列席了会议。会议审议并通过了提案和委员联络委提交的《关于对我区生态环境保护和治理情况的调研报告》、社会治理委提交的《关于对平安原州建设工作情况的调研报告》。听取了政协常委金小平所做题为《关于生态环境保护的思考与建议》、委员牛赟所做题为《持续加强水环境治理及生态修复打造山青水美新原州》、委员董莉所做题为《加强平安原州建设,打造和谐宜居环境》的交流发言。会议增补了政协原州区三届委员会副秘书长、各专门委员会兼职副主任。

【原州区三届二十四次常委会会议】

原州区三届二十四次常委会会议于2021年1月5日召开，会议应到常委38人，实到32人。固原市原州区政协主席何锟，副主席张玉峰、李广平、李宏霞，秘书长张东亮和全体政协常委、各委室主任出席了会议，各委室副主任、政协各参加单位负责人列席了会议。原州区政府办主任祁志雄、原州区纪委副书记、监委会副主任王怀凌、原州区委政法委副书记杨文霞应邀列席会议并向常委会分别通报区政府关于政协原州区专门委员会。

专门委员会

【提案委员会】

对城市精细化管理工作开展了调研，并与综合执法局进行了对口协商。梳理当前城市精细化管理工作存在问题9条，提出对策建议17条，向原州区委提交《关于提升城市管理质量和水平对口协商报告》1份；就原州区生态环境保护和治理工作组织专题议政性常委会进行协商，梳理存在问题10条，提出对策建议15条，向原州区委提交《关于我区生态环境保护和治理工作调研报告》1份。围绕政协三届四次会议重点提案进行督办协商。

【经济委员会】

组织农业及其他界别委员，对原州区农业特色产业工作情况进行专题议政性常委会协商，分析存在的问题，提出提升特色产业组织化程度、拓展产业链条、创建知名品牌、创新发展循环农业、合理利用水资源、引进科技人员提高服务能力和加大资金投入等建议，向原州区委提交《关于对我区巩固脱贫成效壮大农业特色产业工作情况调研报告》。组织经济、工商联界别委员就原州区就业创业工作进行调研。了解企业、农村、城镇居民在就业创业方面存在的困难和问题，提出有针对性的意见建议。2020年，组织活动6次，提出意见建议、反映社情民意22件。

【科教文卫体委员会】

组织相关界别委员对原州区"健康原州"工作开展情况、"互联网+教育"示范区建设情况进行调研并组织界别委员协商。针对"健康原州"工作推进分析指出，原州区健康工作统筹机制不畅、全民健康意识不强、医疗服务能力不足、健康治理工作任重道远等问题，建议强化政府统筹协调、加强健康知识教育、倡导健康生活方式、加强生活环境治理。针对"互联网+教育"示范区建设情况指出，原州区"互联网+教育"存在整体认识不足、基础设施配套不充分、信息化素养普遍偏低的问题，建议政府加强基础设备配套、教育主管部门加强人员队伍培训、学校完善各类资料库等。及时将调研情况和委员意见建议形成调研协商报告两篇报送原州区委、区政府和相关单位。

【社会治理委员会】

对原州区优化营商环境工作进行了专题调研。了解在营商环境改善、持续深化简政放权、放管结合、优化服务改革、降低企业经营成本等方面所做的工作和成效，听取企业负责人介绍企业运营发展、经营现状、存在的问题和困难以及政府的政策支持情况。调研组建议，政府各部门要提高服务意识，从思想认识上要高度重视。组织特邀、宗教、散居少数民族界别部分委员、原州区相关部门围绕"平安原州"建设工作开展了深入调研。在广泛听取各方意见建议基础上，撰写上报了《关于"平安原州"建设工作专题调研报告》。

重要活动

【召开2019年度述责述廉工作会议和2019年度述法评议会】

2020年1月19日，原州区政协党组班子召开

2019年度述责述廉工作会议和2019年度述法评议会。原州区政协党组全体成员参加会议，原州区委派驻纪检组长陶玉红到会指导，政协各委室主任、副主任列席会议，政协党组书记、主席何锟主持会议。

【调研健康原州区建设工作开展情况】

2020年4月16日，原州区政协主席何锟、副主席李广平带领相关界别政协委员对健康原州建设工作开展情况进行调研。

【召开"新时代"主题学习研讨交流会】

2020年4月27日，原州区政协召开"新时代"主题学习研讨交流会，原州区政协党组全体成员和政协各委室主任、副主任、机关工作人员参加会议，原州区委派驻纪检组长陶玉红到会指导。

【调研督查原州区生态移民】

2020年5月28日至29日，原州区政协提案和委员联络委组织中共、民主党派等界别委员在政协党组书记、主席何锟，原州区委副书记沈瑞华带领下对原州区生态移民工作进行调研督查。

【召开"新使命"主题学习研讨交流会】

2020年6月2日，原州区政协召开"新使命"主题学习研讨交流会。原州区政协党组全体成员和政协各委室主任、副主任、机关工作人员参加会议。

【调研全区就业创业工作】

2020年6月10日，原州区政协主席何锟带领相关界别政协委员对原州区就业创业工作开展情况进行调研。

【调研全区优化营商环境工作】

2020年6月22日，原州区政协主席何锟、副主席张玉峰带领相关界别政协委员对原州区优化营商环境工作开展情况进行调研。原州区委常委、副区长刘世贤陪同调研。

【调研巩固脱贫成效壮大农业特色产业工作】

2020年7月8日，原州区政协主席何锟带领相关界别政协委员对原州区巩固脱贫成效壮大农业特色产业工作开展情况进行调研。原州区副区长马英陪同调研。

【调研原州区"互联网+教育"】

2020年7月13日，原州区政协副主席李广平带领相关界别政协委员对原州区"互联网+教育"示范区建设情况进行调研。

【召开"新样子"主题学习研讨交流会】

2020年7月14日，原州区政协召开"新样子"主题学习研讨交流会。原州区政协党组全体成员和政协各委室主任、副主任、机关工作人员参加会议。

【调研城市精细化管理工作】

2020年8月12日，原州区政协副主席李广平带领相关界别政协委员对城市精细化管理工作进行调研。

【调研教育项目建设工作】

2020年8月26日，原州区政协副主席李广平带领教育界别政协委员对原州区教育项目建设工作开展情况进行调研。

【政协委员专题培训会】

2020年8月31日，原州区政协邀请自治区办公厅研究一室主任陈子敏为原州区政协委员作"学习宣传贯彻落实中共中央、自治区党委政协工作会议精神"专题讲座。政协党组书记、主席何锟，副主席张玉峰、李广平、金占海，秘书长张东亮参加培训会。

【政协委员观摩原州区重点工作暨"一府两院"工作进展情况】

2020年9月1日，原州区政协组织委员实地观摩2020年部分重点项目建设和民生实事办理情况,并召开"一府两院"上半年工作进展情况通报会。原州区政协主席何锟,副区长袁云福,政协副主席张玉峰、李广平、金占海,法院院长殷志刚,政协秘书长张东亮,检察院副检察长马彦平,政协常委、委员130余人参加了本次活动。

【视察提案办理情况】

2020年9月2日,原州区政协对三届四次会议委员提案进行中期督办、对三届三次会议未办结的两件提案进行"回头看"。原州区政协主席何锟,副主席张玉峰、李广平、金占海,秘书长张东亮,政协各委室主任、副主任,第一提案委员参加了督办。原州区副区长王统一、田玉铭陪同督办。

【调研平安原州区建设工作开展情况】

2020年10月15日,由政协党组副书记、副主席张玉峰带队,组织特邀、宗教、散居少数民族界别部分委员调研"平安原州"建设工作。

【调研原州区生态环境保护和治理开展情况】

2020年10月15日,由政协党组成员金占海带队,组织相关界别部分委员调研原州区生态环境保护和治理工作开展情况。

【2020年度民主监督员工作推进会】

2020年12月16日,原州区政协召开民主监督员工作推进会,政协党组书记、主席何锟,副区长田玉铭出席会议并讲话。政协党组成员、副主席李广平主持会议,党组成员、副主席李宏霞,党组成员金占海,秘书长张东亮出席会议,各被监督部门(单位)的负责人、民主监督员、政协各委室负责人参加了会议。

中共原州区纪律检查委员会 监察委员会

综 述

【概 况】

2020年以来，原州区纪委监委认真贯彻落实中央、自治区、固原市纪委全会精神和原州区委三届五次全会精神，紧紧围绕"监督保障执行、促进完善发展"职责定位，持之以恒正风肃纪，狠抓党风廉政建设和反腐败工作，为实现原州区如期脱贫摘帽、全面建成小康社会提供了坚强的纪律保障。2020年，原州区共受理信访举报件251件，已办结239件，办结率95.2%；共处置问题线索361件，已办结357件，办结率98.9%，其中初核了结283件，立案119件，给予党纪政务处分104人，运用组织措施问责137人。与2019年相比，受理信访举报件下降16.3%，处置问题线索件下降22.2%，立案案件下降21.6%，党纪政务处分人数下降26.2%，落实中央纪委关于惩治腐败"减存量、遏增量"的成效明显，党员干部的作风更加扎实，政治生态建设持续向善向好。

【疫情防控】

坚持疫情防控工作部署到哪里、监督检查就跟进到哪里。原州区纪委监委成立9个监督工作组，联合9个派驻纪检监察组，形成全方位的疫情监督体系。对原州区11个乡镇153个行政村、3个街道办事处38个社区298个小区、5个片区城乡结合部和租住户及原州区456个防疫监测点的防疫情况，开展了拉网式督查检查。坚持"日督查、日清单"机制，共开展监督检查97次，下发《督查通知书》25期，督促整改问题98个，确保联防联控措施落实落地。坚持把做好疫情防控工作与开展形式主义官僚主义突出问题专项整治工作结合起来，问责处理党员干部9起23人，其中查处科级及以上党员干部13人（约谈6人，批评教育2人、诫勉1人，书面检查3人、党内警告1人）；查处一般干部及村干部10人（书面检查及通报4人，给予党政纪处分6人）。对疫情防控工作中责任落实不力的自然资源局党委、张易镇党委、开城镇党委通报批评。

【监督保障】

围绕决战脱贫攻坚、落实"六稳六保"任务、农村乱占耕地等重大事项，开展监督检查12次，发现各类问题29个，下发整改通知书5份，切实推动各级党委决策部署落实到位。聚焦审批监管、工程建设、项目资金等重点领域，抓实"一把手"和同级监督，对履职情况进行了两次督查，约谈提醒乡镇（街道）、部门（单位）党委（党组）书记13人次。制定了《原州区纪委监委关于做好失实检举控告澄清工作办法（试行）》，严格按照"三个区分开来"落实容错纠错机制。坚持惩前毖后、治病救人的方针，及时对各类违纪问责人员开展回访教育，涵盖党员干部170人次。

【执纪审查】

依规依纪依法开展监督执纪工作，精准有效运用"四种形态"批评教育和处理干部共568人次，其中约谈提醒458人次，轻处分和组织处理88人次，重处分、作出重大职务调整10人次，对严重违纪涉嫌违法立案审查12人次。对涉农扶贫资金、工程项目管理，实行"三级审核三级备案"平台公示公开监督机制。每年3月23日开展"领导干部廉政警示教育周""抵制腐败·共享和谐"警示教育宣传系列活动。进行集体任前廉政谈话3批次203人、集中约谈提醒35名违纪被追责的副科级以上领导干部，开展警示教育13次，接受警示教育800多人次，通过公文平台、微信、网络等方式通报曝光典型案例9起13人。

【腐败问题整治】

制定《原州区2020年开展扶贫领域腐败和作风问题专项治理工作安排》，制作专项治理重点乡镇（村）"一乡一策"分布图，先后召开纪委书记工作例会3次、涉农扶贫工作联席会议3次。分析研判9个脱贫挂牌督战村具体问题，并制定专项治理责任清单，共涉及问题26个、制定治理措施65项，目前突出问题已全部整改销号。持续开展"四查四补"工作监督检查5次，共查处扶贫领域腐败和作风不实问题6起10人，约谈6人，与2019年同期相比，查处扶贫领域腐败和作风问题数下降75%，处理人数同比下降70.6%。紧紧围绕教育医疗、环境保护、食品药品安全等民生领域侵害群众利益问题，督促各职能部门制定"一领域一方案"，进一步优化工作措施，共查处民生领域10起12人（其中农业农村3起5人、自然资源3起3人、医疗卫生1起1人、民政2起2人、住房建设1起1人）。召开扫黑除恶专项斗争监督执纪问责专题推进会4次，制定《原州区纪委监委扫黑除恶专项斗争监督执纪问责长效机制建设方案》，紧紧围绕"六清"行动中的"伞网清除"对固原市纪委交办的3起涉恶团伙犯罪，成立工作专班跟进深挖彻查，对党员干部和公职人员充当恶势力"保护伞"问题一查到底。

【自身建设】

坚持把自学摆在首位，通过"班子带头学+科室分散学""篇目推送学+个人自学"等方式进行系统学习，组织纪检监察干部系统学习了各级纪委全会精神及党规条纪。结合"干部培训年"活动，2020年7月份举办了纪检监察巡察干部业务培训班3期。以推进"制度规范建设年"活动为契机，修订完善监委机关内控制度，制定《原州区纪委监委派驻纪检监察组工作职责》《原州区纪委监委派驻机构管理办法》等13项管理制度，进一步规范纪检监察干部监督执纪调查工作的言行和作风。对职务违法案件查处，坚持与公检法联合协作，对重大疑难案件提前商请检察院派员提前介入调查，指导调查取证工作，积极与法院会商，确保纪法衔接，程序规范。协调推进信访举报平台和纪检监察网站建设，在原州区委门口已初步建成标准化信访接待大厅，指定专人负责信访检举举报平台网络建设，完成了24个基层版检举举报平台正常运行，创建原州区纪委监委网站与宁夏新闻网子网悬挂衔接。

【巡查工作】

研究制定了《2020年原州区委巡察机构工作要点》《原州区委2020年巡察工作计划》，对11个乡镇、3个街道办事处、47个部门（单位）的党组织进行了巡察，完成本届原州区委巡察全覆盖任务的100%。为进一步提升巡察质量，研究制定了《关于对村（社区）开展重点延伸巡察工作方案》，成立4个巡察组对村开展了延伸巡察，完成38个村级党组织延伸巡察。扎实做好巡察整改"后半篇文章"，通过督办函、督查通报、现场督办等形式，跟踪督促被巡察党组织严格按照反馈的问题和整改要求全面整改。目前已开展11轮巡察，共发现问题1010个，已整改859个，整改率85%。发现边巡边改问题168个，移交问题线索96个，办结87件，正在办理9件，立案22件22人，给予党纪政务处分21人，问责党员干部44人，移送司法机关1人，追回收缴违纪违规资金160.602万元。

重要会议

【原州区纪委三届五次全体会议】

2020年4月8日，中国共产党固原市原州区第三届纪律检查委员会第五次全体会议召开。出席全会的原州区纪委委员17人，列席152人。固原市委常委、原州区委书记杨文出席全会并讲话。原州区人大、政府、政协领导班子成员,原州区人民法院院长,原州区人民检察院检察长出席了会议。全会传达学习了习近平总书记在十九届中央纪律检查委员会第四次全体会议上的重要讲话精神和十九届中央纪委四次全会、自治区纪委十二届四次全会、固原市纪委四届五次全会精神,全面总结了2019年原州区纪检监察工作,部署了2020年工作任务,审议通过了李春生同志代表原州区纪委常委会所作的《坚守初心使命 强化政治监督 为脱贫摘帽实现小康提供纪律保障》的工作报告。部分乡镇(街道)和区直部门党委党组主要负责人向全会述责述廉,接受质询和评议。向原州区监委特约监察员颁发聘书。

民主党派 工商联

民盟原州区总支

向原州区政协提交《银平公路头营至三营段车辆通行不畅问题》等提案5篇、发言稿《关于加强中小学生登录禁毒平台和安全教育平台学习的建议》。2020年,总支科技支部被民盟固原市委会评为"先进基层组织"。

民进原州区支部

【送课下乡】

结合城乡办学一体化及片区联动的办学方案,以原州区第三中学为中心,选派六名优秀骨干教师到三营中学开展"同课异构和中考联席讲座"等教研活动。结合原州区有效课堂和"互联网+教育"活动,使"一托二"教学模式优质资源得到共享。

【调研活动】

组织部分会员参加固原市委统战部和原州区委统战部组织的重点项目观摩,参加原州区政协开展的社区文化医疗服务调研,撰写社情民意报告,提交议案,做好参政议政素材收集。

【学习培训】

组织会员开展"学党史、悟思想、办实事、开新局"主题活动,部分会员参与了原州区委统战部开展的"十四五"规划纲要的听证活动。选派会员参加宁夏社会主义学院举办的"暑期骨干会员培训班"。

原州区工商业联合会

【疫情防控】

制发《原州区工商联关于助力打赢疫情防控阻击战的通知》,要求各商协会、会员单位及广大民营企业家提高政治站位,落实防控责任,与全社会一道联防联控;发布了《固原市原州区工商联关于开展新型冠状病毒感染肺炎疫情防控募捐倡议书》,开展公益捐赠活动,共计捐款捐物75.2955万元。

【理论武装】

召开原州区非公经济人士专题培训班,学习宣传贯彻党的十九届五中全会和习近平总书记来宁重要讲话精神。

【脱贫攻坚】

协助扶贫办开展原州区9个挂牌督战村帮扶工作。2020年,9家企业共计帮扶资金40余万元,解决就业80余人,培训10场次。

【招商引资】

2020年9月16日,组织由人大常委会主任郭兆虎带队的考察组赴陕西考察对接休闲食品加工项目。

【基层"四好"商会建设】

2020年,头营镇商会、三营镇商会被自治区工商联评为自治区"四好"商会。

群众团体

原州区总工会

【概　况】
原州区总工会以习近平新时代中国特色社会主义思想为指导，全面学习贯彻党的十九届四中、五中全会精神，习近平总书记视察宁夏重要讲话精神及在全国劳动模范和先进工作者表彰大会上的重要讲话精神，深入贯彻落实自治区党委、固原市委及原州区委全会精神及自治区总工会、固原市总工会全会精神，聚焦主责主业，狠抓组织建设、权益保障、经济技术、脱贫攻坚、自身建设等工作，团结引领原州区广大职工为实现新冠肺炎疫情防控和经济社会"双胜利"，继续为建设美丽新宁夏贡献力量。

【疫情防控】
制发了《坚决打赢新型肺炎疫情防控阻击战的倡议书》和《致全区奋战在抗击疫情一线工作者的慰问信》，这也是宁夏发出的第一封慰问信。总工会领导班子带领总工会干部职工先后对原州区人民医院、疾控中心、卫健局及驻守在原州区主要交通路口的11个疫情防控监测点、3个街道办事处的38个社区疫情防控监测点、疫情防控共青团志愿者、退伍军人志愿者等一线人员进行了慰问，送去价值5万元的方便面、牛奶、面包、八宝粥、香肠等应急食品。慰问期间，共出动干部职工114人次，慰问一线人员近900人。实施助推复工复产行动，通过总工会微博、微信公众号、工会工作群等平台宣传疫情防控知识，发布各类用工信息，引导企业和职工掌握科学防护知识，有效开展新冠肺炎防控工作，帮助企业做好复工复产工作。原州区总工会干部联系50多家包抓企业，对疫情期间企业职工的生活情况进行摸底，对符合建档的困难职工及时纳入解困帮困范围。开展了工会"守护健康、情暖职工"职业健康检查助力复工复产活动，组织123名企业一线职工参加自治区总工会职业健康检查，为每人补助200元检查费，助力职工健康复工、企业稳定生产。组织基层工会职工下载"职工空中心理驿站"，收听收看陈沛其等专业心理咨询师、心理学教授主讲的心理疏导专题讲座17期，帮助广大职工消除不良情绪，预防、减轻疫情所导致的心理伤害。

【权益保障】
开展职工权益维护年活动，扎实做好职工就业、金秋助学、"两节"送温暖、医疗互助、集体协商、设立工会班、户外劳动者驿站等工作。2020年，对278个建档困难户的档案逐一进行补充完善，对新确定的53个建档困难户逐一进行入户调查，确保把好困难职工入口关。为1173名（人次）困难职工（农民工）解决帮扶资金357.084万元，为195名（人次）患病职工减轻医疗负担39.7万元，为4159名企业职工与233家企业签订了工资专项集体合同33份，新建立户外劳动者（法律援助）站3个，为环卫工、园林工、快递员、地摊经济销售员、的哥等户外劳动者提供了温馨、便捷的服务。

【经济技术】
原州区总工会积极探索在企业开展职工经济技术创新活动的途径与方法。企业开展劳动竞赛、技术攻关、技术协作、合理化建议活动。联合农业、卫生、商业等行业基层工会，积极开展以"当好主人翁、建功新时代"为主题的技能大赛、劳动竞赛。2020年，共有235家企业开展了多种形式的经济技术创新活动,其中劳动竞赛15余次,8900余名职工参加,有200多名职工提出合理化建议245条,采纳185条,进一步激发广大职工的劳动热情和创业精神,增创效益达200万元。积极做好劳动模范、先进集体和个人的推荐申报工作。2020年,评选出自治区劳动模范、先进工作者6名,固原市劳动模范、先进工作者10名,原州区优秀工会工作者16名、先进基层工会11个,五一劳动奖章27名、五一劳动特别奖21名、工人先锋号11个。尤其是自治区、固原市劳动模范和先进工作者是固原四县一区获表彰最多的。曹辉在自治区党委表彰大会上作为劳模代表作了发言。面对突如其来的新冠肺炎疫情,总工会积极发动和动员侯洪明、马国虎、刘月琴、杨永斌等劳动模范和五一劳动奖章获得者深入疫情防控定点医院、疾控中心等开展慰问活动,共投入慰问物资13万多元。组织劳模事迹报告会3场。创建了以王彦平、刘玲等命名的劳模创新工作室7个,吸纳发展成员286人,确立创新课题33项,其中已完成课题30项。

【女工工作】

2020年原州区新建女工组织56家,发展女会员609人,共有女工组织332家,覆盖率达100%。开展女职工维权行动月活动。通过宣传单、微信公众号、门头电子屏、横幅等开展《女职工劳动保护特别规定》《宁夏女职工劳动保护办法》等法律法规宣传,推动企业履行法律义务,引导女职工尊法学法守法用法。加强女职工关爱行动。以女职工需求为导向,不断加强职工子女托管服务、"妈咪小屋"建设,组织9家单位437人参加女职工"安康保"。开展女职工空中心理驿站课堂17期,参加学习职工2.6万人次。组织160名建档困难女职工、疫情期间援鄂女性医务人员和坚守一线的女职工进行"两癌"筛查;帮扶慰问女职工229人,发放资金达14.37万元;六一慰问75名留守、残疾、单亲家庭儿童,发放3000元的学习用品。积极开展基层工会干部、下岗失业人员教育宣传培训活动,先后培训女职工300余人,提高女职工创业就业能力及整体素质。原州区第一批援助湖北医疗队医护人员马爱民被武汉东西湖方舱医院评为"先进标兵";福苑有限公司后厨部被评为自治区五一巾帼标兵岗;原州区总工会女工委被原州区妇联评为巾帼文明岗。

【财务经审】

按要求完成了2019年部门决算和2020年工会经费收支预决算上报工作,并进行了公示。严格规范各种津补贴的审核、公示、发放工作。严把财务监督、审查关口,确保工会帮扶资金、送温暖资金专款专用,按规运行。财务经审工作更加规范,原州区总工会经审工作获得了自治区总工会经审工作规范化建设三等奖。

【党风廉政】

总工会通过理论学习中心组学习、二五干部职工理论学习、党员大会集中学习、学习强国软件等组织干部职工认真学习《中国共产党章程》《关于新形势下党内政治生活的若干准则》《中国共产党纪律处分条例》等党规党纪;通过组织干部职工学习自治区、固原市、原州区有关形式主义、官僚主义、"四风"问题等典型案例,观看《国家监察》等警示教育片3次,在工作群推送重要节点廉政教育提醒8次,召开集中约谈提醒会1次。认真落实《党委(党组)落实全面从严治党主体责任规定》等制度规定,制定了领导班子成员、部室负责人党风廉政建设主体责任责任书,完善和细化了全面从严治党"三个清单"内容,严格落实签字背书、公示公告等制度,切实把抓党风廉政建设责任具体化、规范化和制度化。

【工会改革】

深化以增"三性"、去"四化"为目标的工会改革,修订完善了《原州区总工会干部职工包抓基层工会规范化建设实施意见》《原州区基层社会化工会工作者管理办法》等文件,与部分工会工作者进行了岗位交流。开展对外交流,采取"走出去""请进来"的办法，组织基层工会干部到上海等地学习区内外工会工作的好经验好办法。借助东西互助闽宁协作的东风，主动加强与福建马尾区的对口帮扶工作，探索两地工会在干部学习、劳模疗休养、企业帮扶、消费扶贫等方面的交流合作。2020年10月，福州市马尾区总工会到原州区交流工会工作，双方签订协议，计划2021年为原州区困难企业捐赠帮扶资金40万元。

【脱贫攻坚】

头营镇大疙瘩村是原州区总工会帮扶村，2020年，给头营镇工会拨付经费3万元用于建设大疙瘩村农民篮球场。为大疙瘩村制作指示牌1个，与原州区纪委共同为建档立卡户提供红梅杏树苗2000株。慰问留守、残疾、单亲家庭儿童75名，发放价值3000元的学习用品。抓实抓好消费扶贫，原州区总工会联合扶贫办下发了《关于在全区基层工会开展消费扶贫工作的通知》，并采取打电话督促、及时统计采购数据、召开促进会等方式督促基层工会落实好消费扶贫工作，各基层工会通过线上"扶贫832平台"和线下扶贫产品专柜共采购消费扶贫产品138万元，完成原州区委下达任务100万元的138%。

【重要会议】

原州区总工会二届六次全委(扩大)会议。2020年5月15日召开原州区总工会二届六次全委(扩大)会议，会议传达了自治区、固原市总工会全委(扩大)会议精神；审议通过了《区总工会二届常委会工作报告》和《区总工会二届经审会工作报告》，表彰了原州区2019年度先进基层工会、优秀工会工作者和命名了厂务公开示范单位。原州区总工会二届委员会全体委员、经费审查委员会委员、基层工会主席和社会化工会工作者共计105人参加会议。

原州区最美劳动者表彰大会。2020年7月17日召开原州区最美劳动者表彰大会，会议表彰了2020年原州区援鄂抗疫五一劳动特别奖、2019年度原州区五一劳动奖章和工人先锋号。原州区委副书记沈瑞华同志出席会议并讲话。原州区副区长王统一，原州区政协副主席李广平，固原市总工会经审会主任陈雪芬，固原福苑实业有限公司董事长、全国道德模范张志福出席会议。原州区历届劳模代表、2020年拟受表彰的自治区劳动模范和先进工作者、受表彰的2020年固原市劳动模范、先进工作者和原州区五一劳动特别奖、五一劳动奖章先进个人、工人先锋号先进集体，各乡镇(街道)、系统工会、直属基层工会、基层企业工会主席和区总工会班子成员、全体干部职工共计284人参加会议。

共青团原州区委员会

【概　况】

2020年，原州区团委不断加强基层团组织建设，致力于提升共青团工作品牌，进一步团结带领广大团员青年攻坚克难、砥砺前行，为美丽原州建设贡献青春力量。

【疫情防控】

原州区团委动员组织团干部与青年志愿者齐上阵，线上线下共同发力，做抗击疫情的先行者、志愿军和宣传员，打造了原州区共青团疫情防控特色品牌。第一时间响应行动令，发出致团员青年的倡议书，号召广大团员青年积极投身疫情防控阻击战，农历大年初二，第一批志愿者上岗奔赴各防控点。在值守点和煦家园小区，摸排单元楼18栋，住户989户，居民3860人，发放宣传资料500份。在结对帮扶村母家沟村，对返宁人员进行排查、宣传防疫知识及人员登记。广泛招募青年志愿者，线上线下共招募430人，累计上岗3160人次，组建病菌消杀、高速口、火车站、摸排值守、心理疏导、线上引导、后勤保障7支青年突击队。涌现出了金凤、王建武等一批先进典型。依托"青春原州"微信公众号与微博，全面及时准确发布疫情权威信息431条，累计阅读量60168次。疫情期间，原州区团委共筹集医用口罩26650个，医用手套720双，消毒液400

瓶，多次走访慰问各乡镇（街道）基层团组织与广大青年防疫志愿者，发放生活物资及防护用品。

【强基固本】

与原州区委组织部对接，推动非公企业、"两新"组织新建立团组织5家，扩大基层团组织覆盖面。开展基层团组织规范化建设"五抓五强"行动，深入各乡镇（街道）团组织调研指导基层组织建设工作。打造乡镇（街道）2个、机关1个、非公企业1个团建工作示范点。开展共青团工作互观互检活动，营造比学赶超的良好氛围。线上依托各级团干部矩阵交流群，对团组织规范化建设、从严治团等重点工作定期进行动员部署。规范"三会两制一课"，设置"三会两制一课"标准台账，以正式文件印发基层团组织，着力推动"三会两制一课"制度化、正常化、规范化。依托"智慧团建"系统，常态化开展团员管理、组织关系接转等基础团务工作，提高基础团务工作效率，2020年，学社衔接率达100%。严管团员队伍。按照入团程序标准，控制团员发展指标，把控发展流程，全年新发展团员1070名。推进少队改革。贯彻落实《关于深入贯彻落实党建带团建、队建加强少先队工作体制机制建设的意见》，所有中小学成立了少工委。

【思想引领】

通过座谈会、学习会、培训会，深入学习贯彻习近平新时代中国特色社会主义思想，习近平总书记视察宁夏重要讲话精神，自治区、固原市及原州区相关会议精神。广泛开展"青春心向党　建功新时代"主题团队日活动5场次，覆盖青少年2000人，引导青年坚定信念跟党走。深化网上"青年大学习"主题团课学习，每期参学人数均5000人。结合"担当新使命　展现新作为"主题教育，线下发起"两红两优""优秀西部计划志愿者""优秀防疫志愿者""优秀团务工作者"评选表彰活动，发掘100名各行业各领域青年"领头雁"，形成了"学榜样，做榜样"比学赶超的良好氛围。线上组织开展"展青春风采树青春榜样"故事展播，吸引2000名团员青年积极讨论。配合团中央、自治区团委各类评先选优活动，成功推荐"自治区向上向善好青年提名奖"1名，"自治区青年奖章"个人3名、集体1个，自治区级"五四红旗团五四委"1个，"五四红旗团支部"1个，"优秀共青团干部"1名，"优秀共青团员"1名，团属"西部计划项目办"荣获"全国优秀项目办"荣誉称号。

【服务大局】

通过"希望工程圆梦行动"系列助学活动，争取固定资助项目45.65万元，资助学生238人；自筹项目"百子圆梦"助学金37万元，资助学生193人。开展"凝聚青春力量·决战脱贫攻坚"志愿服务活动10次，开展移风易俗、马克思主义民族观宗教观等宣讲活动3次，提升群众精神文化"软实力"。加强就业创业扶持。线上发布"千校万岗"招聘信息18次，线下举办青年创业典型分享会、创业青年座谈会及电商扶贫人才培训班3次，1500名青年受益。组建了一支环境整治青年突击队，开展植绿护绿志愿服务活动，带动青年参与生态文明、守护原州绿水青山。扎实开展禁毒"进千家万户"宣传教育活动。开展"纯净校园·无毒最美"禁毒手抄报比赛，组织禁毒宣传进乡村、社区、广场与企业，线上广泛开展禁毒宣传教育活动，发放宣传资料1800份，覆盖青少年61480人。开展"青春暖冬"行动，慰问困难群众100名，发放慰问物资1万元。进一步加强闽宁协作，为结对帮扶认领的张珊珊同学家发放6万元产业支持资金，捐赠1500元六一国际儿童节慰问金及米面粮油等生活慰问品。疫情期间筹集5.5万元爱心物资，为450名贫困学子购买发放"复学大礼包"，助力贫困学子安心复学。

【亮点工作】

共青团带货直播，"青"力"青"为助增收。开展"青春助农　嗨购原州"共青团公益直播带货活动3场次，为家乡好货代言，助力农产品销售和品牌推广，销售原州区本土鸡蛋、香菇、蜂蜜、豆干、藜麦等农副产品,浏览量共计149985次,订单数1972单,销售额118789元。其中,联合原州区委宣传部、文明办及上海电力大学赴宁夏固原实践队开展的助农直播荣获2020年"知行杯"上海市大学生社会实践项目大赛一等奖。"全链条"扶贫模式,"全""新""全"意促脱贫。在头营镇福马村召开就业创业调研座谈会,协调就业局为4名青年发放创业贷款75万元、推荐20名青年就近务工解决就业、打造"福马七彩课堂"为40名学生提供服务,打造创业、就业、托管服务"全链条"模式,走出共青团投身脱贫攻坚"新路子"。"向阳花"驿站,向"上"向"善"维权益。2020年5月,联合团市委,成立固原市首家"向阳花青少年成长驿站",为青少年提供法律咨询、心理疏导、职业指导、成长引导、困难救助服务10次,接听线上咨询来电60次,开展"复学从心开始"主题团日活动2场次,受益青少年1000人,引导青少年向上向善,织密青少年权益维护和心理健康"防护网"。青年大学习,"微"言"微"语聚思想。深化"青年大学习"网上主题团课,挂钩考核办法,通过微信群、QQ群广泛动员,建立参学率日通报与排名奖励制度,每期参学人数均5000人,居自治区各县区前列,"青年大学习"成了原州区广大团员青年口中的"热词",每周在群里分享学习截图已成为"常态",激励鼓舞团员青年提升思想、寻找初心、担当使命、砥砺奋进。

原州区妇女联合会

【思想政治引领】

组建"巾帼志愿服务队",开展"巾帼心向党"行动,参与群众5万余人。组织"巾帼大宣讲"活动,线上线下覆盖妇女3万余人。通过"原州女儿"微信公众号发布巾帼战"疫"故事22篇,总浏览量36723次。"三八"期间,表彰各类先进个人30名、先进集体15个。

【巾帼维权行动】

常态化开展"大走访大排查+关爱帮扶"活动。采取购买服务的方式,在妇联设立婚姻家庭矛盾纠纷调解室,与政法委对接,妇联工作人员入驻原州区社会矛盾纠纷信访调处化解中心,共调处家庭矛盾纠纷72件。落实"两癌"救助项目,救助妇女52人,发放救助金52万元。实施"护航春蕾"捐资助学行动,为20名女学生发放助学金4.5万元。

【巾帼家庭文明行动】

常态化开展寻找表彰"最美家庭""最美庭院"等活动,开展"书香飘万家,我们一起读书吧"线上亲子阅读及"书香原州 全民阅读"活动。举办了家庭教育讲座,参与家长及儿童150余人。开展各类宣讲活动34场次,参与群众3500余人。

【脱贫攻坚工作】

推进农村妇女创业小额担保贷款工作,发放妇女贷款595户6795万元。争取自治区"双培双带"资金10万元,扶持2名"两个女带头人"发展。争取宁夏妇基会循环项目资金40万元,新建"瑾礼巾帼扶贫车间"1个,解决就业妇女45人。开设脱贫攻坚农村妇女文化素质提升班,培训妇女6545人。举办育婴师培训两期,培训妇女120人。

【基层服务】

构建组织架构,纵向强基,拧成上下联动"一股绳"。组建第一支"妈妈帮帮团"巾帼志愿服务队,开展了"一对一关爱"等服务活动。探索在生产生活最小领域建立"妇女微家"6个。

【"两规划"迎验工作】

举办两期培训班,督促相关成员单位强化工作措施,全力做好"两规划"终期评估。

原州区科学技术协会

【重亮点工作】

2020年8月,争取到中国科协农村专业技术服务中心"整合资源创新推进科技志愿服务子项目"经费10万元。组织动员科技工作者特别是基层科协"三长"科技工作者、乡土专家160名注册成为科技志愿者,并在科技志愿服务信息平台,对科技志愿者进行培训。利用全国科普日、全国科技工作者日、全国科技活动周、文化科技卫生"三下乡",开展科技志愿服务活动。2020年,开展科技志愿服务活动19场,其中到学校开展活动5场,覆盖人群3万余人次。6月,争取到自治区科协项目经费6万元,在头营镇杨郎村建成新时代文明实践所科普活动室。10月,争取到固原市科协项目经费16万元,自筹经费10万元,将杨郎村科普活动室扩建为乡村科技馆。杨郎村乡村科技馆的建设,为当地3万多群众及周边3000多名中小学生提供了科普教育平台,填补了原州区无科技馆的空白,成为自治区首个乡村科技馆。

【疫情防控】

调动科技志愿者和科普信息员,以"科普中国"APP为阵地,利用微信朋友圈转发文章13万多次,宣传疫情防控政策和科学知识,引导广大群众不信谣、不传谣,科学应对和防控疫情。

原州区文学艺术界联合会

【地域文化弘扬】

编辑出版《原州杂志》1~2期合刊。举办"诗书原州"系列大讲堂,包括以"汇聚青春力量 践行初心使命"为主题的青春诗会、"打造诗歌之乡,抒写美丽原州"新春诗会、"全民阅读 诗意原州"朗诵朗读大赛、"知名作家来原采风"等系列活动,邀请知名教授、学者和文化界大家在固原五中、宁夏师范学院、原州区第十一小学授课,在骆驼河影视中心设立原州诗歌采风基地采风、在文体中心设立原州诗歌沙龙和青春诗社,在沈家河民宿文化村设立原州诗歌创作基地创作,千余名文学爱好者参加。2020年,成功创建"中国诗歌之乡"。

【文化服务活动】

举办"三下乡"活动,开展书写春联、送文艺书籍、送戏剧下乡等,为村民书写春联1000多副,赠送文联编印的《原州》杂志100多册。广大会员在抗击新冠肺炎疫情、复工复产、美丽原州建设、文艺志愿者服务活动等方面创作了大量优秀作品。网上注册文化志愿者80名,传播正能量,弘扬主旋律。

原州区残疾人联合会

【概　况】

2020年,原州区持证残疾人20304人中,享受医疗保险补贴的有20304人,享受"两补"19036人,其中生活补贴9529人,护理补贴9507人,有5445人同时享受,发放残疾人个体工商户养老保险补贴38人。

【公共服务】

原州区残联完成残疾人基本型辅助器具适配1500件,适配服务率100%。实名登记残疾人家庭医生签约服务14319人,兑现服务专项经费10.02万元。2020年,精准康复服务数据库需签约服务2626人,实际签约3588人,签约服务率137%,10月底前完成数据库录入3588人,康复服务率95.73%。

【社会保障】

原州区投资218.25万元,为485户贫困重度残疾人家庭实施无障碍改造,对500名残疾人实施技能和技术培训并进行补助。为80名城乡就业创业的贫困残疾人资助创业就业金16万元。

【残疾人精准扶贫】

原州区残联为135名贫困精神障碍患者免费发放药品10.3万元,为166人提供个性化服务。争取闽宁资金50万元,用于0~6岁建档立卡残疾儿童康复救助工作。筛查0~6岁残疾儿童222人,康复救助141人,2020年2—4月份为25名残疾儿童开展线上康复教学。

经济管理

宏观经济管理

【项目建设】

探索建立疫情常态化下项目建设工作机制，印发《关于在疫情防控期间做好项目建设工作的通知》，加快项目开复工建设。督促各项目单位通过投资在线审批平台加强投资项目在线监测调度，如实掌握原州区重点项目开工、进度等信息。加强项目管理，建立项目领导包抓、跟踪协调、督查倒逼机制，制定了《原州区2020年重点建设项目责任清单》，按照"一月一调研一监测一通报"工作机制，深入各项目单位和项目建设点开展调研督导，协调解决项目开（复）工存在的困难和问题，助推重点项目开工建设。2020年，73个重点建设项目全部开工，开工率为100%。其中：续建项目16个；新建项目57个；已落地4个招商引资项目全部开工，开工率100%；列入固原市的6个高质量发展项目全部开工，开工率100%；列入自治区重点监测项目23个，全部开工建设，开工率100%。

【民生资金保障】

截至2020年7月底，林业、脱贫攻坚、农业等54个项目，落实项目资金12.97亿元，其中，财政补助资金12.43亿元，中央基建投资0.54亿元。

【优化营商环境】

原州区发改局牵头制定了《原州区优化营商环境2020年专项行动计划》和《原州区落实固原市持续优化营商环境相关措施细化责任分工方案》，进一步明确了目标任务、具体措施。2020年，原州区优化营商环境模拟评价在自治区18个模拟评价填报县区中位居前列。

【强化能耗双控】

严控高耗能行业新增产能，全年无高耗能企业落户原州区。完善"十三五"光伏扶贫项目后续工作，谋划"十四五"600MW新能源基地建设项目。严防"地条钢"死灰复燃，全区无中（工）频炉使用企业，废旧钢材购销去向明晰可控。在能耗总量和强度"双控"工作中，因金昱元全面投产达效，1—9月份，原州区能耗总量为101万吨标准煤，增量为23.43万吨标准煤，"双控"压力巨大，完成目标任务困难。

【助力脱贫攻坚】

做好"十三五"光伏扶贫项目验收工作，截至2020年9月底，"十三五"光伏扶贫项目41个村级电站正常运行发电，发电量为2963.2万度，共产生发电收益1926万元。

【价格管理】

为积极应对新冠肺炎疫情，强化粮油、肉禽蛋、蔬菜、奶、液化气等生活必需品和防疫用品价格监测预警，及时掌握市场价格动态，同时将与群众密切相关的农产品价格纳入监测目录，积极引导生产消费。落实原州区水价改革任务。根据《宁夏农业水价综合改革实施方案》等，审核《固原市原州区农村饮水工程成本测算报告》，形成了原州区农业灌溉用水价格拟调整方案。认真开展价格认定，2020年共作出价格认定70起，认定标的金额总计150万元，有效维护法律权威和公正执法。

【粮食安全】

做好粮食安全省长责任制考核，协调相关部门准确提供相关数据，确保粮食安全省长责任落到实处。强化粮食应急供应网点管理，确保粮食应急保障中心、放心粮油配送中心正常运行工作。在疫情防控常态化下，统计上报各粮油应急网点及放心粮油配送中心的粮油价格检测和购销数量，随时掌握粮油销售动态。严厉打击哄抬物价等行为，确保粮食市场价格稳定，保障粮食供应，确保粮食安全。

国有资产监管

【行政事业单位资产管理】

按照《固原市原州区行政事业单位国有资产使用管理细则》（原政办发〔2014〕47号）规定，监管单位资产自用和出租出借情况，要求单位采用定期和不定期方式进行资产盘点，及时依规核销报废资产，掌握单位现有资产存量。

【非税收益情况】

经统计2020年非税收益共计1233.61万元，其中：2020年出租29家单位，116处场地，出租收益854.16万元（其中天檊环保租金共计779万元）；资产处置收益32.28万元；其他非经营性资产收益346.57万元（其中320万元为同心县财政局国库支付水资源费）。

【申报文件及批复工作】

办理文件共计59份，其中资产报废申报文件共34份，价值共计2602.56万元；调拨申报文件9份，已处理，价值共计1734.94万元；拟定其他文件16份。

【年报工作】

截至2020年12月31日，纳入原州区资产系统报表编制范围的单位共134户，编制人数7408人，较上年度减少48人，年末实有人数8088人，较2019年度增加63人；资产总额（账面净值，下同）861639.2万元，较2019年增长3.37%。负债总额56950.43万元，较2019年减少38.94%。净资产804688.77万元，较2019年增长8.70%。

【国有资产填报】

原州区2020年度公共基础设施等行政事业国有资产填报主要涉及14个单位（自然资源局、水务局、民政局、文旅局、交通局、环卫局、体育中心、张易镇政府、头营政府、寨科政府、中河政府、文物管理所、须弥山文物管理所、图书馆），价值共计1069.40万元，比2019年减少8个单位，其中7个单位（北塬街道办、南关街道办、开城镇政府、炭山乡政府、河川乡政府、彭堡镇政府、妇女联合会）为受托代理资产本年不涉及填报，1个单位（路灯管理所）2020年上划。

【国有企业管理工作】

截至2020年底，原州区国有企业共11家（含金融企业）。其中原州区政府成立的融资平台公司2家，金融企业1家，商业总公司所属老国营企业4家，发展养殖产业国有独资企业1家，治理环境污染国有独资企业1家，农林一体化建设国有独资企业1家，原州区电影院1家。截至2020年底，资产总计491834.12万元，负债总计208513.97万元，所有者权益283416.58万元、亏损466.86万元。

【资产管理】

印发了《关于进一步规范行政事业单位国有资产管理的通知》〔原财（国）发〔2020〕408号〕，进一步解读了党委、人大常委会机关自上而下建立本级政府向人大报告国有资产管理情况的实施意见，政府每年定期向人大汇报辖区国有资产管理情况的报告。印发了《关于规范公共基础设施等行政事业性国有资产账务管理的通知》〔原财（国）发〔2020〕409号〕，对政府储备物资等公共基础设施资产科目进行详细解释说明，明确了登记主体及记账方法，使原州区国有资产资源全口径纳入管理。印发了《关于加强行政事业单位出租资产管理的通知》[原财(国)发〔2020〕382号],进一步强调国有资产出租出借管理程序,须履行审批手续,杜绝擅自出租出借陋习。原州区住房城乡建设交通局、水务局等19个单位(部门)将长期遗留的"在建工程"纳入固定资产范畴,严格按照《关于印发〈基本建设项目竣工财务决算管理暂行办法〉的通知》(财建〔2016〕503号)及《基本建设财务规则》有关办法规则规定记账。印发了《关于进一步规范行政事业单位国有资产管理的通知》[原财(国)发〔2020〕408号]及《关于规范公共基础设施等行政事业性国有资产账务管理的通知》[原财(国)发〔2020〕409号],规范各部门各单位国有资产、公共基础设施等国有资产管理。

【疫情防控】

2020年,各行政事业单位在新冠肺炎疫情防控期间,根据疫情防控工作需要配备测温枪、测温仪、口罩、手套、酒精灯各种防疫物资,保障了单位人员正常出勤及安全,保障了行政事业单位工作正常开展;个别单位通过捐赠资产及配备资产助力脱贫攻坚,取得了一定成效。疫情减免租金涉及35家单位,共减免租金15.92万元。

【资产管理信息化】

按照《自治区财政厅关于印发〈宁夏回族自治区本级行政事业单位通用办公设备家具配备标准〉的通知》(宁财规发〔2018〕19号)要求,依托宁夏政府采购管理系统平台采购超市,按照人员编制及现有设备数量,严把资产采购入口管理,杜绝超标、超量资产采购行为,特殊行业、特殊工作、特殊情况超标准配置,须申报审批。2020年,行政事业单位借助资产管理信息系统数据库进行资产管理、运行及维护工作。通过资产管理信息系统,建起"国资部门—主管部门—行政事业单位"资产管理框架,实行资产管理网络信息化,从资产录入到处置环节,实现了资产从"入口"到"出口"各个环节的动态监控。

【监管审查】

按照原州区委巡查办原巡办函〔2019〕39号和原巡办函〔2019〕64号文件要求,先后两次对古雁街道办、教育体育局等16个单位办公用房及资产管理情况进行了检查;按照《原州区审计局对原州区2019年国有资产管理情况专项审计调查的通知》(原审专调通〔2020〕2号),对原州区2019年度国有资产管理情况进行专项审计调查,按照年度预算审计要求,在审计预算执行过程中,对资产管理薄弱、处置不规范、账实不符等问题的单位提出了整改要求。

市场监督管理

【保障经济发展】

2019年度原州区应报各类企业6555户,办理注销登记1114户,现有应年报5441户,已报4910户,年报公示率已达90.2%。通过实地检查对既不办理注销登记又无正当理由长期不经营的224户企业给予吊销营业执照的行政处罚。2020年,固原市市场监督管理局原州区分局共开展各类抽查11项,抽查经营户471户,完成自治区监管厅的抽查和本部门内部抽查任务。近三年新注册企业存活率90.8%,净增企业法人数占企业法人单位数比重13.9%。2020年,新申请注册商标224件,有效申请专利权31件,万人发明专利拥有量达到0.74件。开展动产抵押,扶持企业发展,共办理各类动产抵押审核登记7件,融资1385.09万元。开展无证无照经营整治,联合有关部门采取联合行动3次,下发《责令改正通知》66份,查处无照经营案件10起,罚款18400元。截至2020年10月底,共受理各类投诉813件,成功调解802起,调解率为98.64%,为消费者挽回经济损失30.10万元。在职业打假人投诉举报处理工作方面,共整治食品生产经营单位145家,发现食品标识标签问题食品46种,对索证索票齐全向有管辖权的市场监管部门移交案件线索47起,立案查处3起。共检查农资经营户22户次,营造了良好的农资市场环境;对30户无照散煤经营户全部进行了取缔,对4户有照散煤经营户所经营的煤炭进行了抽检,抽检全部合格。

【质量监管】

开展工业产品质量抽检工作,柴油货车和非道路移动机械排放达标情况专项抽检两个批次,全部合格;汽柴油抽检3个批次,1个批次不合格;消防器材抽检7个批次,均合格;生活消费品抽检29个批次,3个批次不合格;婴幼儿、儿童玩具、学生用品抽检34个批次,8个批次不合格;劳动用品16个批次,3个批次不合格;生活用煤7个批次;抽检加油机计量衡器12台,加油枪16台,检查商超、集贸市场计量衡器89台,均合格。

【执法办案】

2020年,固原市市场监督管理局原州区分局共立案查处各类案件125起,结案119起,罚没款249222元。其中,食品类案件69起,罚款168225.5元;无证照类10起,罚款18400元;商标侵权类7起,罚款17200元;传销案件4起,罚款8000元;商品价格案件25起,罚款22396.5元;产品不合格案1起,罚款300元;广告违法案2起,罚没款8200元;不正当竞争案2起,罚款1300元;吊销营业执照案1起。

【扫黑除恶】

2020年,共核查企业17家,其中办理注销3家,停业在法院打官司阶段1家,涉嫌吸收公共存款被检察院起诉1家,无法联系7家,经营地址变更未营业1家,正常运行4家。

【疫情防控】

一是开展活禽交易、野生动物专项检查。联合农业农村局、综合执法局对11个乡镇集贸市场及固原市区开展活禽交易、野生动物专项检查,未发现野生动物交易行为,同时关闭36家活禽经营店,坚决禁止活禽交易行为。二是及时关闭各类经营场所。在保障民生的基础上,对原州区辖区内2184户餐饮经营单位,1038户流通环节经营户和小作坊,7家规模农贸市场,4个马路市场进行了关闭;取消农村聚餐49家1474桌。三是开展进口水产品及其他进口肉制品排查。经过排查,原州区经销进口海鲜产品经营户7户,经销进口猪肉3户,经销进口鸡爪1户,经销进口牛肉2户。四是加强学幼食堂监管。对原州区12所中学、120所小学、78所评估幼儿园全面进行了开学起学校食品安全及疫情防控评估。秋季开学后,组织对146所中小学、幼儿园全面进行了排查整治,同时扎实开展了校园周边环境整治。

食品药品监管

【食品安全监管】

在各乡镇、街道办事处(村)重新聘任了12名食品安全协管员,191名信息员。加强对商场、超市、餐馆、小作坊、学校食堂及校园周边、农家乐等整治。检查各类经营户6375户次,没收过期食品125瓶袋,立案查处12起,罚款12000元,下发责令整改通知书158份,洁净度检测125批次。扎实开展食品安全抽检,2020年完成县抽食用农产品350批次,完成省抽(Ⅱ)100个批次,完成快检(包括保健食品)440批次,共收到不合格报告18批次,积极进行善后处置,确保问题食品不流入市场。加大对蔬菜农药残留快速检测工作,共抽检农业经营企业50家,开展农产品农残自检检测样品63个、合格率100%,委托宁夏国测检验检测有限公司监督检测80个样品,已检测并出具报告样品42个、合格样品41个、合格率97.6%,对不合格样品计划开展复检并进行立案调查;开展对流通领域食用农产品抽检。

【药品安全监管】

对分局管辖的60家药品零售店,9家个体诊所,11个乡镇卫生院,153个村卫生室从保健品专柜、保健品宣传、执业医师在岗情况、精麻毒放等特殊药品销售台账等方面进行检查,规范经营行为,保障人民群众的健康安全。

国土资源管理

【项目建设】

办理用地许可20项,编制完成了开城镇和泉村、中河乡丰堡村、彭堡镇曹洼村三个试点村庄规划,报批国有建设用地1个批次0.253公顷,审批临时用地3宗,办理设施农用地备案30余宗1500余亩;完成"十三五"易地搬迁拆旧复垦1615户,占应拆户1696户的95%。清理核查整改2016年以来城乡建设用地增减挂钩项目4期1997亩。

【土地保护】

完成征收农用地区片综合地价初步测算,第一区片包括中部川塬区和固原城区,综合地价为28024元/亩,涨幅16.77%;第二区片包括南部土石质山区和西部、北部黄土丘陵区,综合地价为26048元/亩,涨幅73.65%;调整补划耕地1534亩,使耕地达到占补平衡。

【确权登记】

编制《原州区自然资源统一确权登记总体工作方案》和《原州区自然资源统一确权登记2020年度工作计划》。完成双井子沟、杨达子沟、大红沟、马家台沟、史磨沟、干沟、马其沟、滴滴沟、河川河、昌坪沟、黄花沟、母家沟、小河等13条河流管理范围线划定;完成马莲川河、中河、冬至河、大营河4条河和宋洼、何家沟2条支沟工作底图编制;完成森林资源"一张图"年度数据库更新;完成中庄水库、贺家湾水库、海子峡水库、冬至河水库重要湿地认定和张易水库、上店子水库、马场东水库一般湿地认定工作。补划湿地367.55公顷。

【资源管理】

完成了县域数据库成果接边、权属核实修改、变化图斑提取、45969个图斑外业调查举证、资料整理归档等工作,初步成果数据经审核后已提交自治区和国家审定。

【地理信息测绘】

维护、托管42个永久性地理测量标志点,协助自然资源厅测绘处和市自然资源局测绘科完成1:2000的地图测绘及测绘资质单位普查工作。

社会管理

就业创业

【公益性岗位】

2020年,城镇新增就业3626人,完成任务3250人的111.6%;长期失业人员再就业1710人,完成任务1550人的110.3%;城镇困难群体就业445人,完成任务240人的185.4%;青年见习人员58名,完成任务31人的187.1%;离校未就业高校毕业生1506人,已就业1470人,就业率达97.6%;登记失业率3.8%。

【全民创业】

对符合条件的创业人员发放创业担保贷款325笔5595万元,完成2500万元任务的223.8%;培育创业实体533个,完成500个任务的106.6%;创造新岗位1361个,完成1250个任务的108.9%;全民创业带动就业2086人,完成1600人任务的130.4%。

【职业技能培训】

参加原州区人社局举办的各类职业技能提升培训13496人,完成任务7800人的173.03%。其中企业职工培训4469人,完成年度900人任务的496.55%。城乡劳动力培训4339人,建档立卡贫困劳动力培训3637人(其中机动车驾驶员培训1860人),创业培训510人,贫困村致富带头人培训483人,"两后生"培训58人,新型学徒制培训50人,均已完成目标任务。

【转移就业】

原州区实现农村劳动力转移就业7.52万人,完成任务7.5万人的100.3%;工资性收入18.63亿元,完成任务18亿元任务的103.5%;贫困劳动力转移就业1.08万人,完成任务1000人的1080%;购买"铁杆庄稼保"意外伤害保险3.983万人,完成目标任务3.75万人的106.21%。

【返乡创业孵化园】

为积极支持园区建设,为入园创业者免费提供办公设备、开展创业能力培训、提供创业担保贷款服务。2020年,园区已入驻创业实体33家,其中企业25家,创业人员66人,创业带动就业300余人。园区已申报市级孵化园区。

社会保障

【参保缴费】

2020年,城乡居民基本养老保险参保18.2万人,参保率为96.7%,共组织缴费134527人(其中个人缴费76341人,政府代缴58186人),完成参保缴费目标任务87.95%。

【养老待遇保障】

2020年,对符合领取养老金的老年人每月按168元(中央和自治区基础养老金为158元,原州区财政按10元每人每月增加基础养老金)的基础养老金标准核算实发数,全部委托黄河银行实行社会化发放,养老金支付率及社会化发放率均为100%。截至2020年12月底,共为40.35万人次符合享受城乡基本养老保险待遇人员及时通过银行发放养老金累计7047.96万元。

【社保扶贫】

对原州区161540名贫困人口参加城乡居民基本养老保险情况进行全面核查比对，将符合参保条件的全部组织参保。对60岁以上19994名贫困人员（其中建档立卡贫困人口14948名，五保户495名，重度及三四级残疾4551名）按时全部发放基本养老保险待遇，社保发放率达到100%；为62141名（建档立卡贫困人口55252名，五保户231名、重度及三四级残疾2670名，按照100元缴费标准进行了政府代缴；农村独生子女两女户3965名，城镇独生子女户23人按照257元缴费标准进行了政府补贴缴）财政补贴共计858.48万元。同时为确保原州区社保扶贫成果有效巩固，将1915名符合参保条件的"边缘户"全部纳入社保范畴。

【社保资格认证】

对定期领取社会保险待遇的人员采取"掌上12333""我的宁夏"手机APP"线上"认证与"宁夏政务服务网""线下"及上门入户方式认证，2020年全原州区已认证33346人，认证率高达99.49%。

【社保卡综合应用】

实现实体社保卡与电子社保卡协同并用，2020年，共计签发电子社保卡10余万张。建立了社保卡"一站式、全流程"和"立等可取"的全新服务模式。2020年累计成功制作发放社保卡44.7万张。2020年新（补）发卡7240张，新（补）发社保卡功能激活率达到100%。按照《固原市原州区社会保障卡综合应用试点方案》在基本实现了涉及人社系统102项目的信息查询、参保缴费、待遇领取、金融功能等社保功能基础上，为提高社会保障卡激活率及金融支付率，加强财政惠农惠民补贴资金管理，将各级财政安排的、各部门分散管理的、以各种形式发放的惠农惠民补贴资金全部纳入社会保障卡兑付范围，通过代发金融机构直接转居民个人社会保障卡，真正实现了涉农惠农资金由社保卡统一发放目标。

【稽核工作】

2020年核查出重复领取养老保险待遇3人，涉及资金23809元，全部追回上缴社保基金专户；通过对领取养老待遇疑似死亡1739人比对核查出死亡冒领养老待遇266人，现已追缴回196人，涉及资金330260元上缴社保基金专户；服刑多领养老金待遇26人，涉及资金77957元，现已追缴回26人，涉及资金77957元上缴社保基金专户。对审计整改反馈死亡人员领取养老待遇135人进行了核实，其中健在3人，重复领取1人（冒领金额6500元已追缴回上缴社保基金专户），死亡131人（其中冒领养老待遇45人，涉及资金36889.84元，现已追缴回9229.84元上缴社保基金户）。

【移民社保关系迁转】

为确保政策性移民与当地居民享受同等基本养老等社会保障政策，原州区经多次与固原市、永宁县、贺兰县、惠农区等地社保经办机构对接，通过数据对比筛选核查，将人户一致符合迁转条件的移民及时进行了养老保险关系转移。2020年，向贺兰县迁转18人，向永宁县已迁转479人，向惠农区迁转的815人，红寺堡17人，中宁2人，石嘴山9人。

【劳动调解】

原州区人社局完成对99家企业的薪酬调查，促进职工工资合理增长；严格落实建筑领域工伤保险"同舟计划"，为所有续建项目中农民工缴纳工伤保险，参保率为100%；重点监测续建项目32个，分账管理、农民工实名制、劳动合同签订和农民工工资保证金缴纳"四个率"均为94%以上。办理劳动合同备案22643份，日常巡查各类用人单位223家，受理劳动保障监察案件287件，结案280件，涉案1136人，涉案金额968.5万元（其中涉及农民工案件208件，涉及农民工985人，涉案金额875.4万元）。劳动人事争议仲裁院共处理劳动争议案件229件，其中立案192件，不予受理37件，涉案264人，涉案金额641.37万元（其中涉及农民工劳动报酬案件51件，涉及农民工76人，涉案金额92.6万元）。办理固原市12345便民服务热线投诉案件108件，涉及172人，涉案金额75.4万元；协调处理陈年积案4件，办结人社部、人社厅转办案件3件。组织开展"根治欠薪夏季行动"等专项检查4次，共检查各类用人单位245家，排查化解欠薪问题119个，向公安机关移送拒不支付劳动报酬犯罪案件2件，督促解决140件涉嫌欠薪问题。

人力资源

【技能培训】

组织召开2020年百日线上技能培训行动工作推进暨业务培训会，组建技能提升线上培训服务微信群，简化开班申请、报备、审核办理环节，在固原市范围内率先组织开办两期120人的GYB创业能力和870名就业重点人员职业技能提升线上培训班。

【飞毛腿技师学院】

整体分流原州分校所在地中河中学师生，为原州分校扩招扩建提供场地支持；成立原州分校党支部，组织151名2019级福建飞毛腿技师学院原州分校学生，乘坐包机前往福建复学；积极争取固原市人社局、教体局支持，扩大招生范围至全市，完成秋季招生232名。2020年7月，原州分校第一批47名2018级毕业生走上工作岗位，月平均工资4500~5500元。

【劳动监察】

2020年，召开农民工工作领导小组联席会议3次，安排部署和督促解决根治欠薪问题。重点监控建设项目42个，建筑领域农民工劳动合同签订率为96%，在建项目农民工工资银行支付率达96%以上。2020年，全年受理劳动保障监察案件339件，其中涉及农民工案件304件，涉及农民工1943人，涉案金额1282.6万元；全年办理固原市12345便民服务热线投诉案件172件，涉及235人，涉案金额128万元；全年处理劳动争议案件323件，其中涉及农民工劳动报酬案件89件，涉及农民工102人，涉案金额116.3万元，法定期限内结案率达100%。2020年，未发生因欠薪问题引发的群体性事件、极端事件及因重大欠薪舆情造成不良社会影响，原州区劳动关系总体和谐稳定。

【闽宁协作】

2020年6月，原州区、福州市马尾区相关负责人为原州分校的"闽宁劳务技能人才输送基地"共同揭牌。原州和马尾两地累计安排闽宁资金320万元，对飞毛腿技师学院原州分校生活、教学设施设备进行改造提升。福建飞毛腿集团安排800万元资金，为学校添置各类办公设备和实训器材，建设了自动化和机械设备维修实训室和电子技术实训室。原州人社局协调马尾区人社局，联合多家企业向原州分校捐赠423万元爱心扶贫资金。马尾区人社局投资启动资金20万元，与飞毛腿技师学院签订闽宁劳务技能人才输送基地共建协议。

医疗保障

【参保缴费】

2020年度，原州区共组织368153人参保缴费，完成自治区、固原市下达目标任务的101.9%。对标原州区政府下达各乡镇（街道）应参保缴费总任务数为379130人，实际完成下达目标任务的97.1%。

【医疗救助】

共救助低保户、重点残疾、五保户、优抚对象、建档立卡、孤儿等498人次，救助资金共193.22万元，支付"一站式窗口"医疗机构82家，医疗救助资金1196.8万元。

【脱贫攻坚】

通过大数据筛查对比核实身份及时上报自治

区医疗保障局，分29批次完成建档立卡贫困人口97707人基本医疗保险参保缴费工作，确保原州区建档立卡贫困群众100%参保缴费。对扶贫部门核定的3356名边缘户进行逐一核查，确定5人不属参保范围，其余3351人全部组织参保。对毛庄等9个挂牌督战村29754人，除43人不属参保范围，剩余全部参保缴费。

【就诊报销】

截至2020年11月底，共为协议医疗机构367996人次参保患者，核报销医保基金8904.6251万元。其中：门诊统筹340225人次核报销804.4504万元；普通住院16150人次报销费用6810.2455万元；生育保险（产妇定额包干）1158人次191.6833万元。新冠肺炎疑似病例1人次977.63元，异地住院1379人次865.2330万元，门诊大病8684人次，118.0609万元，单病种付费399人次114.9422万元。窗口"零星"报销普通住院818人次491.6849万元；门诊大病220人次112.5224万元；产妇135人次18.5313万元；大病保险报销4100人次2548.2846万元；财政补助162人次23.1914万元；财政兜底173人次105.1724万元。实现城乡居民医疗救助服务窗口"应进必进、一站办理"；医疗救助事项100%"一站式"受理，1个工作日内完成所有审核报销手续，即时办理率达98%以上。有效解决参保人员就医"垫资、跑腿"问题。

【打击欺诈骗保专项行动】

集中宣传与赶集式宣传相结合，宣传300余次，张贴宣传画1000余份，悬挂横幅160条，发放各级各类宣传资料15万份。开展3次培训班380人参与，现场答疑2150余人次。利用第三方数据筛查和通过群众举报查实处理辖区医疗机构违规使用基金的行为，共查出涉及违规资金22.67万元，已全部上缴医保服务中心专户。2020年8月下旬开始对辖区内协议医疗机构进行全覆盖专项基金稽核检查，对照自治区医保局关于稽核专项检查情况通报，在辖区内开展建档立卡贫困患者住院医疗费用方面存在问题的自查和整改，促进协议医疗机构进行有效防范和化解基金经办风险，维护基金安全。制定内控建设规划方案，成立领导小组，建立风险管理工作流程，把监督管理贯穿到征收、支付的各个环节。

【制度改革创新】

扎实推进门诊统筹管理，助力分级诊疗和家庭医生签约。完善城乡居民基本医疗保险普通门诊统筹管理制度，制定普通门诊统筹家庭医生签约及门诊大病考核办法，完善考核奖励机制，建立动态调整机制，调整优化门诊统筹控制指标，扩大门诊大病实施范围，助推家庭医生签约工作。推进医疗机构评估，推进医保付费方式改革。推进总额控制下按病种付费方式改革。组织开展协议医疗机构服务能力评估，确定各医疗机构总额控制指标，在原州区人民医院全面开展117个病种单病种收付费工作。落实转诊转院和异地备案就医直接结算，在力推县级医疗机构"先住院、后付费"措施的基础上，规范实施转诊转院和异地就医备案审批程序，有效解决参保人员就医"跑腿"和"垫支"问题。办理转诊转院1563人次、异地备案352人次。维护医保信息业务编码标准信息，严格执行国家医保局下发的15项信息业务编码规则和方法。已完成原州区内医保系统单位及工作人员、医保定点医疗机构、医保医师、医保护士等5项信息业务编码标准信息维护和审核上报工作，其中维护医保定点医疗机构15个、医保医师370人、医保护士461人。做好药品与耗材集中采购工作。开展医疗机构药械采购行为专项整治理工作，各医疗机构无网下采购行为发生。医疗机构与有药品、医用耗材配送资格的配送企业签订购销合同。按照"两票制"管理，对实际购进的药品及耗材品种、规格、数量等落实网上验票。减少高值医用耗材流通环节，推动购销行为公开透明。开展第一批25种、第二批32种国家组织药品集中采购品种范围药品相关采购数据报送工作。对各医疗机构进行相关政策解读及数据填报指导。

民政工作

【社会救助】

围绕"两不愁三保障"标准,在全原州区范围内开展了"四查四补"和低保专项整治工作,将821户2119名中未脱贫建档立卡贫困户1562人纳入社会救助保障范围(其中2020年新增252人);返贫较高的(监测户)2743名中1240人纳入社会救助保障范围(其中2020年新增192人);边缘对象的3352名中1138人纳入社会救助保障范围(其中2020年新增279人)。提高全区城乡居民最低生活保障标准,城市最低生活保障标准由560元/月·人提高到600元/月·人;农村低保标准由3800元/年·人提高到4560元/年·人;特困供养人员基本生活标准按照不低于当地城乡低保标准1.3倍同步调整。发挥好临时救助在脱贫攻坚中的应急、过渡、衔接、补充作用。

【社会组织管理】

制定出台了《关于完善社团治理体系提高治理能力的实施方案》,注销社会组织16家,全部进行资产清算审计;开展集中打击整治非法社会组织和社会组织违法行为专项行动,查处非法社会组织30家,核查非法社会组织40家,依法取缔8家;梳理出应脱钩的行业协会商会的4家,不属于脱钩范畴的6家,暂不脱钩7家,已完成脱钩4家进一步提升了对社会组织建设的规划、协调、指导、监管能力。截至2020年年底,原州区共有各类社会组织151家(其中社会团体78家、民办非企业73家),拥有专职工作人员1035人。

【城乡社区治理】

制定印发《原州区关于完善社区治理体系提高治理能力的实施方案》,根据城市发展现状、基础服务设施、公共服务资源、居民小区数量、辖区人口户数等情况,完成社区居民委员会调整,重新划分了网格。积极争取自治区民政厅核定"两委"职数340人,对缺额的144名在原州区范围内进行了公开招考。投入1900余万元在城区所有小区安装人脸识别门禁系统。积极与市规划部门对接,政府筹措资金,通过租赁、购买、自建等方式,城市社区阵地基本落实。进一步实村民代表会议制度"55124"模式,进一步规范五联记录。

【养老服务】

原州区民政局继续为4.74万名60岁以上老年人购买意外伤害保险。续建原州区老年养护院,总投资2400多万元,总建筑面积4810.2平方米,设失能、半失能床位130张,新建农村老饭桌5个。

【社会福利】

2020年,保障社会散居孤儿和事实无人抚养儿童367人,发放资金390.2万元。实施"福彩圆梦孤儿助学工程""福康工程""中国移动爱'心'行动——贫困先心病儿童救助"和"明天计划"项目,先后为两名孤儿发放助学金两万元;为困难家庭残疾人发放护理床两张,轮椅8个,安装假肢1人;为贫困家庭的16名先心病患儿在定点医院进行手术治疗,4名智力残疾儿童在银川市儿童福利院康复中心进行为期一年的康复救助。

【社会事务】

深化殡葬制度改革,加强惠民、绿色、文明殡葬宣传引导,巩固殡葬领域突出问题专项治理成果。加大生活无着流浪乞讨人员救助管理工作。

审计工作

【审计监督】

2020年,完成审计或审计调查项目74个,共查出各类违纪违规资金7574.02万元,管理不规范资金391821.81万元,促进增收节支或挽回损失6956.65万元,向纪检和相关部门(单位)移送8件15项。提交审计报告74篇,审计结果报告19篇,审计专报两篇,审计信息27篇,提出审计建议32条。5份审计报告(专报)得到原州区委、区政府主要领导肯定性批示。截至2020年10月底,审计83个单位,查出各类违纪违规资金7413万元,管理不规范资金300460万元,移送相关部门审计事项7个。2020年,完成原州区本级财政预算执行审计单位1个,审计查出违纪违规资金643万元,管理不规范金额254056万元。

【审计整改】

2019—2020年,对已审结且执行到期的审计项目,进行审计整改回头看,各单位较好地完成审计整改工作,整改落实率92.2%。

【经济责任审计】

完成经济责任审计单位16个(含三营镇自然资源资产审计),审计查出违纪违规资金5891万元,管理不规范金额46361万元,移送相关部门7个审计事项。

【固定资产投资审计】

完成政府投资审计单位24个,节约政府投资2275万元。

【专项审计】

专项审计涉及单位9个,查出违纪违规资金879万元,管理不规范金额43万元。

【自然资源资产审计】

自然资源离任审计单位1个,为原州区三营镇党委书记郭辉、镇长马登斌自然资源资产离任审计,审计发现问题5个,移送有关部门处理2个,提出审计建议3条。

统计工作

【业务统计】

按时完成2019年农业、工业、房地产、建筑业、能源、商贸、服务业、劳动工资、商业综合体、亿元市场调查等年报和2020年各专业月、季度数据的收集、审核、汇总和上报工作。

【人口普查】

在原州区委、区政府的高度重视下,在乡镇(街道)、部门(单位)的积极配合下,在2777名普查指导员和普查员的共同努力下,历经近6个月,完成人口普查的各阶段任务,顺利通过自治区、固原市督察组的检查检验。

【经济普查】

完成第四次全国经济普查各阶段工作任务,原州区第四次全国经济普查领导小组办公室荣获"国家级先进集体",古雁街道办事处、北塬街道办事处、三营镇、头营镇荣获"自治区级先进集体",13名普查指导员或普查员荣获"自治区级先进个人"。

【依法统计】

领会学习《关于深化统计管理体制改革提高统计数据真实性的意见》《统计违纪违法责任人处分处理建议办法》《防范和惩治统计造假、弄虚作假督察工作规定》精神,统计法律法规和统计知识深入人心,统计信用和星级评定工作顺利完成。

【统计服务】

共撰写统计分析、专报、信息等200余篇,及时发布《原州区国民经济和社会发展统计公报》(2019),编印《原州经济要情手册》(2019)、《原州统计信息汇编》(2019)、《原州经济发展月报合订本》(2019)、2020年《原州经济发展月报》及第四次经济普查公报。

社会经济调查

【概 况】

2020年,原州区实现生产总值146.92亿元,按可比价格计算,同比增长5.3%。其中,第一产业实现增加值21.27亿元,同比增长5.2%;第二产业实现增加值25.26亿元,同比增长14.5%;第三产业实现增加值100.38亿元,同比增长2.9%。经济结构由上年的12.4:16.5:71.1转变为14.5:17.2:68.3,第一产业比重提高2.1个百分点,第二产业比重提高0.7个百分点,第三产业比重下降2.8个百分点。

【城镇居民收入】

国家统计局固原调查队数据显示,2020年,全区城镇居民人均可支配收入31972.4元,同比增长4.5%,人均生活消费支出24250.6元,同比增长6.0%;农村居民人均可支配收入12563.3元,同比增长12.5%,人均生活消费支出9658.4元,同比增长3.7%。

【粮食生产】

2020年,粮食种植面积73.1万亩,同比增长4.3%,产量21.07万吨,同比增长4.2%。其中,夏粮种植面积15.8万亩,同比下降8.0%,产量2.75万吨,同比下降9.8%;夏粮中小麦种植面积14.4万亩,同比下降6.4%,产量2.59万吨,同比下降8.7%,秋粮种植面积57.3万亩,同比增长8.3%,产量18.32万吨,同比增长6.7%;秋粮中玉米种植面积40.3万亩,同比增长0.7%,产量14.11万吨,同比增长0.3%。马铃薯种植面积13.5万亩,同比增长35.0%,产量3.78万吨,同比增长36.4%。蔬菜瓜果种植面积21.4万亩,同比增长1.1%,产量88.1万吨,同比增长1.1%,油料种植面积4.7万亩,同比增长0.9%,产量0.56万吨,同比增长3.8%,园林水果种植面积3.6万亩,同比增长13.5%,产量0.4万吨,同比增长4.7%。

【畜禽生产】

2020年,生猪出栏8.72万头,同比增长8.7%,存栏7.92万头,同比增长37.5%;肉牛出栏5.74万头,同比增长3.1%,存栏13.29万头,同比增长24.1%;羊出栏22.14万只,同比增长0.3%,存栏27.38万只,同比增长2.8%,家禽出栏103.18万只,同比增长5.5%,存栏87.24万只,同比增长51.5%。年末禽蛋产量5681吨,同比下降25.2%;实现肉类总产2.27万吨,同比增长5.7%

【统计服务】

截至2020年11月16日,固原调查队共撰写各类统计分析148篇,采用128篇,调查信息134篇,采用61篇,完成重大信息57篇,工作动态123篇,向地方党政领导上报专报40期。自治区、市县领导批示4篇,其中撰写的《疫情影响生猪压栏严重养殖效益下降》被自治区主席咸辉批示,给党委政府决策提供参考依据,引起很好的社会反响。《中国信息报》采用7篇,国家统计局内网采用篇8篇,《宁夏调查》微讯采用6篇。

【脱贫攻坚普查】

作为固原市和原州区两级脱贫攻坚普查领导小组办公室,顺利组织实施国家脱贫攻坚普查第一批现场登记和集中审核验收工作。挂牌设立集中办公场地,根据承担普查任务量及人员配备情况,采购脱贫攻坚普查专用电子设备。结合阶段性工作要求,分级开展集中培训4次。印发《固原市脱贫攻坚普查领导小组办公室工作规则》,制定《数据审核验收人员主要工作职责》,围绕工作纪律、保密纪律和廉洁纪律,明确工作要求,确保依法普查。

应急管理

应急管理工作

【概况】

安全事故指标情况：截至2020年年底，原州区发生生产安全事故5起，造成4人死亡，2人受伤。未发生较大及以上生产安全事故。共检查1726家（次），发现各类安全隐患1595处，已完成整改隐患1595处，共接到救援电话239起，出动救援车辆754辆（次），出动救援人员3128人（次），成功救出17人。

【健全应急机制】

制定《原州区安全生产责任体系》，正在起草《固原市原州区安全生产行政责任规定》，明确原州区委、区政府主要领导和12名分管领导的安全生产工作职责，厘清原州区安委会成员单位的安全监管范围和边界，消除安全生产工作监管盲区。在14个乡镇（街道）组建应急管理站，明确机构、人员、职责。成立应急管理指挥部，将森林草原防火、防汛抗旱、防灾减灾工作职责予以整合。在每个行政村（居）设立微型消防站，将原有的安全员、交管员、灾害信息员职责整合为应急管理职责，并确定1名工作人员专门负责，实现应急管理工作"三级全覆盖"。

【加强应急能力】

构建应急救援预案体系。修订编制各类应急预案46个，其中专项应急预案19个，部门应急预案27个，涉及公共安全类30个，安全生产类6个，自然灾害类10个，形成完整的应急预案体系。推动建立应急救援队伍。在原有的基础上，组建各类应急救援队伍195支3386人，其中，综合性应急救援队伍两支53人，森林草原应急救援队伍两支48人，行业主管部门应急救援队伍14支366人，乡镇（街道）村（社区）应急救援队伍176支2859人，社会救援力量、应急救援队伍1支60人，提升应对各类突发事件救援能力。

【安全生产专项整治】

成立安全生产专项整治三年行动工作领导小组和1个抓总工作专班、14个专项工作专班，制定1个总方案和两个专题实施方案、14个专项实施方案，分别由应急管理局、住建交通局、工信商务局等11个部门牵头实施，并制定时间表、路线图。各专项方案牵头部门共开展检查658次，排查出问题隐患63个，制定制度措施41个，完成整改63个。

【安全生产监管】

采取政府购买服务的方式，聘请专家参与应急管理和安全生产监管。2020年，与宁夏中安正安全技术咨询服务有限公司、宁夏赛科安环工程服务有限公司签订《安全技术专家聘用协议书》，聘请专家对70家（次）企业进行监督执法检查，共查出问题隐患455条。

【防灾减灾救灾工作】

向受灾群众发放自然灾害救灾资金96万元。发放救助救灾棉大衣181件，棉被163床。救助受灾人口243户894口人。抽调相关行业专家42人。建立自然灾害应急专家库。对原州区11个乡镇3个街道办事处的自然灾害信息员247人进行业务培训。

消防救援

【概　况】

2020年，原州区消防大队党委以习近平新时代中国特色社会主义思想为统领，忠实践行了习近平总书记"四句话方针"，努力实现了"政治信念坚定、队伍安全稳定、打赢能力过硬、后勤保障有力、执法服务规范"的总目标。大队先后被自治区评为"民族团结进步示范机关"，被自治区团委评为"五四红旗团支部"，被总队党委表彰为"先进基层党组织"，北塬站连续八年被确认为"自治区文明单位"，大队指战员共有3人荣立个人三等功，1人被总队党委表彰为"优秀共产党员"，2人被总队表彰为"优秀基层干部"，10余人次受到各级各类表彰。

【实战训练】

结合辖区草原森林、水域、山岳、地质、倒塌等特殊灾害事故特点，依托现有人员和装备组建了森林灭火专业队、水域救援专业队、山岳救援专业队，结合专业队组建要求开展专业训练。北塬站现有两人取得了哈特（HART）大角度救援技术证书，1人取得了国际潜水教练员证。严格落实研战议训等制度，年初制定了2020年度训练计划、《原州区消防救援大队2020年全员岗位大练兵实施方案》，定期召开训练形势分析会11次，确保练兵工作组织有序、科学推进。在固原消防支队夏训比武竞赛取得团体第一名的优异成绩，在总队组织的全自治区消防救援队伍2020年度灭火救援业务夏训比武竞赛中，北塬站12名队员代表支队参加灭火冷却单元1+2耦合供液操、管枪钩管联用出泡沫操取得较好名次。2020年初，支队组织的冬训比武竞赛中，大队取得团体第一名，北塬站取得第二名的好成绩，多人次受到总队比武表彰。围绕"高低大化"等重点单位场所共完成"六熟悉"演练130次，修订预案84份，2020年以来共接警出动269次，出动车辆845辆次，出动指战员3500人次，疏散被困人员47人，抢救和保护财产价值41.1万元，并圆满完成春节、全国两会等重大节日和消防活动安全保卫任务，先后组织参加总队、固原市和支队实战拉动演练，成功处置"4·18"西兰银物流园仓库火灾，成功处置"10·18"新天地商业广场天然气泄漏事故，"11·1"西兰新区祥和苑4号楼地下室火灾、"11·25"固原福银高速固原向平凉方向九龙路山路段16车相撞事故救援及"7·29"原州区头营中学十字路口雨期抗洪抢险等急难险重任务。

【后勤保障】

2020年，拨付经费891万元。其中：列入地方预算330万元，官厅消防站和原州中队综合业务楼项目建设经费550万元，购置皮卡车专项经费11万元。经费总量较去年增长39%。扎实推进基建工程进度。2020年以来，原州区消防大队以北塬站综合业务楼建设项目为工作主线，着重推进基建项目进度。

【安全监管】

2020年，领导带队检查10余次，联合教育、文化、卫生、市监、民政、应急等有关部门充分发挥消防安全监管联席制度作用，严格落实行业消防管理和协助消防监督双重责任。

【火灾隐患排查】

强化火灾防控基础，集中开展了商场市场、宾馆饭店、公共娱乐场所、劳动密集型企业、易燃易爆单位、文博单位、医疗机构、教育机构、"多合一"场所、群租房等多类场所消防安全专项检查和复工复产企业消防安全指导检查，组织开展了打通"生命通道"治理及电气治理行动等专项行动，圆满完成了重大节日和重大活动消防安保工作，期间共检查单位场所449家次，发现并督促整改火灾隐患299处，挂牌督办重大火灾隐患单位1家，办理公众聚集场所开业前消防安全检查24项，办理行政处罚案件9起，罚款1.12万元，责令"三停"单位两家，临时查封场所两处，共开展联合执法6次，张贴通告4000余份，施划设置标线、标志158处，集中清理6次，清理违停车辆20余辆，积极督促消除了一大批火灾隐患和消防违法行为，辖区消防安全环境得到了有效净化。

固原市蓝天救援队

【概　况】

固原市蓝天救援队是固原市专业性民间志愿公益救援机构，成立于2015年6月26日，2017年7月20日正式注册，由固原市地震局主管。同时是全国蓝天救援品牌的授权使用机构，独立运行发展。固原市蓝天救援队是应急管理部社会力量应急救援贮备的全国民间救援队之一，也是自治区应急管理厅授旗的10支全区社会力量应急救援队之一，可以在应急管理部和自治区应急管理厅的统一指挥下，参与全国、全区范围内灾害事故的应急救援工作。全队有志愿者120人，其中男性占73%、女性占27.5%；队员年龄平均33岁；大学专科以上学历占60%；中共党员占22%，共青团员占8%；机关、企事业单位公职人员占29%，个体经营户占34%，其他从业人员37%。

【救援范围】

固原市蓝天救援队的任务是协助政府应急体系展开防灾、减灾教育培训，参与各种灾害事故救援行动，减少灾害和事故造成的财产和生命损失。救援范围涵盖山野救援、城市救援、水域救援、自然灾害救援、安全生产事故救援、意外事故救援和防减灾培训、大型群众性活动的保障等各领域。自救援队成立以来，在各个突发事件领域和公共救灾救援行动中，先后开展各类应急救援53次、活动保障65次、减灾安全知识培训60次；累计出勤5320人次，服务时长2450.3小时，直接受益人数达到两万余人，间接受益10余万人。

【救援救灾】

2017年8月8日，四川阿坝州九寨沟发生7.0级地震后，固原市蓝天救援队第一时间募捐3.5万元的医疗用品和食用品等救灾物资，连夜送到灾区人民手中。2018年7月19日，甘肃东乡果园乡水灾，救援队派遣14名队员赴受灾一线和当地警民一起开展了三天的救灾工作。2016年以来，先后打捞落水溺水人员近20次15人，特别是远赴甘肃庄浪、宁夏灵武、中卫等地开展了水上救援。

【培训演练和安全保障活动】

每年参与固原市举办防灾减灾应急演练等演练活动；组织开展户外后勤保障、山野搜救、溺水施救、地震救灾等救援演练，应邀参与了六盘山全国登山节、环六盘山全国首届山地自行车邀请赛、"丝绸之路"银川国际马拉松赛、固原"牡丹杯"山顶汽摩越野场地挑战赛、弘文中学任山河烈士陵园扫墓等各类大型的保障工作。特别是以地震应急自救为重点，组织在固原市10多个学校和社区开展各类防灾减灾知识培训和应急演练，累计参训参演师生和社区群众2.1万多人，提高了中小学生和社区群众防灾减灾自救意识和自救能力。

【日常公益】

2017年启动了"关爱老人，让爱回家"爱心"黄手环"活动，向群众免费发放"黄手环"300多个。主动做禁毒志愿者，组织开展禁毒知识宣传，先后在固原市和原州区所有乡镇开展禁毒活动宣传30多次，发放禁毒宣传资料1.5万多份。积极帮助市区家属寻找走失亲人、景区寻找走失游客，累计制作并发布寻人启事近100人次，参与协助100多起老人或小孩走失找寻活动。从2016年开始每年开展"蓝天之爱"志愿献血活动，组织并发动蓝天志愿者每人每年献血两次，累计献血3.6万毫升。

【重要荣誉】

2017年，在全国400多个蓝天救援队中，被北京蓝天救援总队评为"最佳团队"。2018年,获"固原市最佳志愿服务组织"。2019年,获全国首届社会救援力量技能竞赛第三名(破拆类)、自治区"最佳志愿服务组织"奖、固原市"优秀志愿服务项目"三等奖,并被自治区民政厅评定为3A级别社会组织、被固原市人民政府评为安全生产工作先进集体,2020年,被中共宁夏回族自治区委员会评为"全区抗疫先进基层党支部"。

军 事

人民武装

【概况】

2020年，原州区人武部党委按照履行"六部职能"要求，着眼夯实思想政治建设、战斗力建设、阵地建设、安全建设和组织建设"五个基础"，围绕军事训练、民兵整组、基层建设、兵员征集、安全管理、精准扶贫"六项任务"，完成了以战备训练为中心的各项任务，精准扶贫工作受到宁夏军区表彰，军地融合深度发展，帮扶生活困难军人群体精准落实。

【政治建军】

2020年，12次集中学习习近平总书记重要讲话，研读《军委主席负责制》《习近平论强军兴军（二）》《习近平谈治国理政》（第三卷）等书籍，通读《军队基层建设纲要》，选读《党内法规汇编》《中国共产党军队党的建设条例》等指定书目。全面深入贯彻军委主席负责制，开展常态学习教育，落实"三项机制"。组织"强军思想进百连"理论宣讲。开展主题教育，安排专题学习14天、作专题党课辅导4次。定期开展党纪法规教育，严格执行各项规定。集中组织观看《铁纪强军》《英雄之城》《祖国在召唤》《见证初心使命"十一书"》等教育片，组织团以上干部填报《军队领导干部个人有关事项报告表》。建立基层风气联系点，紧盯基层末端抓实"微腐败"清理整治。及时学习上级通报，持续教育引导知纪守规。接受上级巡察，开展后勤重点行业领域整治。

【战备能力】

坚持每月议战议训，组织担负作战值班人员进行业务培训和资格认证，参加军区军事理论专题辅导，落实首长机关训练，抓训练实施和考核。采取集中轮训、比武竞赛、岗位自训方式，组织民兵进行军事训练。推进民兵调整改革，按照"一点、两线、三区"力量布局思路，编建应急、专业、特殊3类基干民兵队伍。严格落实日情况报告、周情况要报、月情况简报和重要情况随时报告制度，规范值班报告内容，修订重要目标防控方案，战备值班正规有序。

【国防动员】

召开原州区议军会，研究解决民兵训练保障经费等具体问题。调整国动委成员单位、领导小组成员。展开征兵宣传和兵役登记，提前完成适龄青年登记工作。统筹疫情防控和宣传发动工作，协调教育局提供辖区内所有大学生基本信息，对接移动公司构建短信群发平台，采取一对一电话联系和群发短信方式组织精准发动，点对点给在家大学生宣讲征兵优惠政策。重视兵役登记和国防动员潜力调查工作，兵役登记率达到100%。

【基层建设】

落实挂钩帮建制度，人武部党委员分别挂钩2~3个基层人武部指导帮建。投入经费50余万元，配备装备器材，完成14乡镇（街道）武装部阵地建设任务。管严"17个重点要素"，开展条令条例学习月和"百日安全"活动。制定安全和保密工作专项检查方案，采取拉网式检查排查，对核心涉密、重要岗位人员进行政治考核。对基层开展兵役登记、征兵宣传、民兵组织整顿等工作进行专项检查，定期通报存在问题，督导推进工作落实，培养民兵基层工作明白人，5名专武干部得到提升使用。

【抗震演练】

启动应急预案,组织民兵到中卫市海原县参加纪念海原大地震100周年抗震演练,主要担负外围警戒、救援帐篷搭建、受困群众救援等任务。

【军事训练】

按照军区"训练秩序正规化试点"要求,制定试点方案。强化在职训练,利用全军军事职业教育平台、"军职在线"APP和"梦课学堂"微信公众号组织学习。基干民兵结合组织整顿入队训练。以年度民兵军事训练任务和比武竞赛为牵引,采取封闭式管理、连队化生活方式,组织民兵应急连进行为期12天强化集训。

【安全管理】

以"17个要素"为抓手,抓制度促规范,抓管控防事故。组织开展"安全保密大检查"和网络清查活动,对照国防动员部安全保密大检查标准,逐项列清单、定时间表、定责任人,按照时间节点抓好落实;以"百日安全活动"为牵引,狠抓各项安全规章制度落实。

【全民国防教育】

拿出经费6万余元给地方各级领导订阅《国防报》《中国民兵》等报章杂志;协调文教部门重点在各中学开设国防教育课;深入开展国防教育进校园、进社区、进企业活动,双拥文化演出8场次,国防教育报告11场次。

【脱贫攻坚】

从原州区97156户扶贫对象信息中甄别筛选出1276名优抚对象、退役军人困难户和民兵建档立卡户,进行走访摸排。抓好军烈属、退役军人脱贫帮扶、优抚解困工作,确定63户具体帮扶对象,研究制定了具体帮扶措施。联系黄铎堡镇陈庄村精准脱贫工作,投入资金5.2万元,开展"八个一活动"。投资0.5万元帮建村卫生室项目,购买配备医疗设备,并指派具有三级心理咨询师资质的文职人员担任心理辅导医生。援建陈庄村小学,开展"五个一活动"。扶持陈庄村集体经济发展,给陈庄村集体经济注入资金10万元,委托黄铎堡镇和润村湖羊养殖厂进行经营,年收益1万元。投入资金8.4万元扶持"未脱贫户、监测户、边缘户、退役军人建档立卡户"集体合作分散养殖项目。协调陈庄村24名人员与编兵单位宁夏金昱元化工集团有限公司签订长期务工合同。共投入帮扶资金26.87万元。

【疫情防控】

制定"六个一"措施,购买14种防疫物资,开支经费14573元。党员捐款3200元。发动退役老兵义务参与疫情防控工作,先后有867名退役军人自愿参与疫情点封控、小区执勤、人员摸排等工作。安排各基层武装部、编兵单位发动基干民兵参与疫情防控,400余人次基干民兵分布在各个点位工作,发挥民兵作用。

法 治

政法委与综治

【平安建设】

2020年,原州区委政法委坚持以习近平新时代中国特色社会主义思想为指导,认真贯彻落实习近平总书记关于平安中国建设的重要思想,以开创平安原州建设新局面为主轴,以坚持和发展新时代"枫桥经验"为基点,把维护国家政治安全放在首位,防控化解各类重大风险挑战,突出抓好乡村、社区、校园、企业、社团治理,扎实开展平安原州建设,荣获自治区2019年平安县(区),原州区在2019年自治区社会治安综合治理考核中取得第二名的好成绩,原州区扫黑除恶专项斗争领导小组被自治区评定为2019年度先进集体。

【治安防控】

2020年,原州区共受理各类线索1679条,其中原州区扫黑办受理729条,已核结729条,核结率100%。共立各类刑事案件129起,抓获犯罪嫌疑人194人,移送审查起诉152人,打掉涉恶势力犯罪集团1个,恶势力犯罪团伙6个,"村霸"两个,刑拘犯罪嫌疑人32人,破获刑事案件73起,查封、扣押、冻结涉案资产5371万元。纪检监察机关共受理涉黑涉恶腐败和"保护伞"问题线索5件,依法查处"保护伞"两件3人。

【矛盾纠纷排查化解】

出台了《关于进一步加强和完善矛盾纠纷多元化解机制,打造新时代原州"枫桥经验"实施方案》,创造性提出了"1265"工作思路(一个体系、两个中心、六项制度、五张网络),建成了原州区社会矛盾纠纷(信访)"一站式"调处化解中心,依托"1+3+N"模式打造集登记分流、调处化解等功能于一体的综合服务平台,"1"即1个综治(指挥)中心,"3"即综治、信访、矛盾纠纷3个平台和引导、信访接待、矛盾纠纷调处3个服务区,"N"即N个窗口和N个功能室。

【智慧社区建设】

将智慧社区建设作为社区治理的重点工程和民心工程,投资1900多万元,通过政府采购分期付款的方式,由移动、电信、联通三大运营商在原州区293个居民小区安装智慧管理门禁系统。原州区委、区政府多次召开专题会议协调解决,并积极与固原市委政法委、市规划局对接解决了景园、雁岭等3个社区服务阵地,目前已陆续搬迁办公。原州区政府安排1000万元专项资金对寇乔路社区等12个办公场地不达标的社区,采取购买、新建、租赁等方式予以了解决,基本实现41个社区阵地全部达到400平方米以上。共开展法治宣传105场次,发放宣传资料13万余份,开展法律援助721件(次),培养法律"明白人"564人,并顺利通过"七五"普法验收。开展《中华人民共和国社区矫正法》《中华人民共和国民法典》专题宣传29场次。开展"4·15全民国家安全教育日"专题宣传活动13场次。

法治政府建设

【依法行政】

严格审查行政执法人员资格。2020年,原州区持有行政执法证的人员总数为449人,经检验,合格352人,注销97人。对2020年行政执法人员申领和换发执法证件。各乡镇(街道)党(工)委、各村(社区)支委健全依法科学民主决策机制,严格落实各项议事决策制度,全面落实法律顾问制度,加强出台文件的合法合规性审查。开展述法试点,党政主要负责人履行推进法治建设第一责任人职责。落实行政机关负责人出庭应诉制度,完善行政败诉案件过错责任追究机制,促进科学决策、民主决策、依法决策,不断提高行政执法水平。围绕企业在市场准入、产权保护、公平竞争等方面遇到的困难和问题,不断深化"放管服"改革,优化营商环境,全面推行行政执法公示、执法全过程记录、重大执法决定法制审核"三项制度",坚决保护企业平等参与市场竞争,享受同等法律待遇。建立完善行政执法内部制约监督机制,坚决制止和纠正各级执法机关和执法人员侵犯企业利益的行为。加强涉企行政复议案件办理工作,设置行政复议"快速通道",坚持依法复议,有错必纠。为企业开展法治体检30余家,为企业解答法律咨询45次,审查合同40余份。

【普法工作】

开展法律进乡村(社区)、进家庭、进宗教场所、进学校活动,深入农村宣传贯彻党的十九大,十九届二中、三中、四中、五中全会精神和习近平总书记关于全面依法治国重要论述,加强宪法知识宣传。共开展各类法治宣传活动250余场次,法治讲座、培训86场次,共计悬挂横幅280余条,发放宣传资料15万余份。开展《中华人民共和国社区矫正法》《中华人民共和国民法典》专题宣传29场次。开展"4·15全民国家安全教育日"专题宣传活动13场次。整理"七五"普法档案资料、走访各部门(单位)、学校、企业等场所协调打造"法律八进"示范点,建成法治文化室(彭堡镇别庄村)1处,宋家巷社区被司法部民政部评为"第七批全国民主法治示范社区"。通过建立微信群、公众号推送传递法治知识,探索推广微视频普法的方式,实现"云普法""掌上普法"服务群众零距离。落实"谁执法谁普法""谁服务谁普法"责任制,推动普法宣传贯穿行政执法和服务全过程。组织"防范企业法律风险打造法治营商环境"普法活动,召开座谈会、法律咨询、法治宣传,宣讲劳动用工、知识产权、供销合同、企业融资等方面的法律知识。开展"两类特殊人员"集中教育,各司法所先后组织社区矫正对象集中教育和训诫会,组织学习法律法规。

【扫黑除恶专项斗争】

严格执行《律师代理涉黑涉恶案件保密制度》《律师代理涉黑涉恶案件集体研究讨论制度》《律师代理涉黑涉恶案件请示报备制度》《律师代理涉黑涉恶案件责任追究制度》。明确律师办理涉黑涉恶案件应遵守的请示报备、集体研究、保密及责任追究等制度。律师在代理(辩护)涉黑涉恶案件时,必须配合公安、检察院和人民法院澄清犯罪事实,使涉黑涉恶犯罪得到应有的法律制裁。

公 安

【治安防控】

2020年1—10月,原州区公安分局共接处警31475起(占固原市接处警总量的46.2%),较2019年同期上升0.53%;受理治安案件2372起(占固原市治安案件总量的47.3%),较2019年同期上升0.23%;破获涉黄刑事案件3起,取保候审4人,查处涉黄行政案件18起,打击处理31人,行政拘留6人,罚款25人;查获吸毒人员4人,抓获"拔钉追逃"专项行动逃犯1名;查处涉黄案件38起38人(行政拘留7人、罚款31人);破获涉赌刑事案件3起,批准逮捕9人,取保候审4人,行政处罚42人;查处涉赌行政案件11起,打击处理370人(行政拘留101人、罚款268人),收缴赌资及罚款20.3万元,关停棋牌室17家。收缴并集中销毁各类枪支3支,子弹190发,管制刀具10把。

【刑事犯罪打击】

2020年1—10月,原州区公安分局共立各类刑事案件1350起（占固原市刑事案件总量的42.1%），较2019年同期下降6.8%，侵财类案件占刑事案件总量的90.1%；破案绝对数366起，较2019年同期下降54.1%；破现行案件323起，较2019年同期下降48.4%；抓获各类犯罪嫌疑人294名，较2019年同期下降2.2%。立八类主要案件36起，破35起，破案率97.2%，其中，伤害案件立5起，破5起，破案率100%；强奸案件立24起，破23起，破案率96.5%；命案立3起，破3起（故意杀人2起，伤害致死1起），破案率100%；抢劫立2起，破2起，破案率100%。放火、爆炸、劫持、绑架零发案。

【疫情防控】

疫情发生后，原州区公安分局快速反应，迅速启动一级勤务响应机制，全力以赴开展抗疫工作。研究制定了防控工作方案，组建了卡点查验、农村社区摸排等5个专门工作组，建立了战时工作机制，确保了疫情防控工作顺利开展。在防控一线建立了临时党支部、党员示范岗和先锋突击队，全覆盖开展党组织活动，保证党的领导始终贯彻于疫情防控一线。期间，27名民警和5个集体受到了战时表彰。全力开展核查检查、摸底排查、卡点查验等专项工作，做到了闭环管控。累计检查车辆177.4万辆，人员443.5万人次，打击涉疫犯罪25起，牢牢守住了疫情防控各个关口。

【风险防控】

严厉打击各类危害国家政治安全行为，严密防范打击邪教组织捣乱破坏活动，成功破获"4·06"自治区公安厅督办案件1起，抓获犯罪嫌疑人1人；全力维护重点群体稳定，排查化解邻里家庭矛盾纠纷和非法集资、涉访等领域矛盾，逐一落实稳控措施，及时消除风险隐患。

【社会治安维护】

开展"两防一提升"专项工作。完善命案防控工作机制，强化矛盾纠纷大排查大调解、重点人员和重点场所管控，积极开展法制宣传教育，有效预防和减少命案犯罪的发生，2020年1—10月，原州区共发命案3起，破3起，破案率100%；超常规开展预防电信网络诈骗犯罪的大宣传工作，降低电信网络诈骗案件发案数和群众财产损失。2020年1—10月，诈骗案件立案588起，较2019年同期（429起）增加159起，上升37.1%，其中，电信诈骗案件459起，占诈骗案件的78.1%，较2019年同期（281起）增加178起，上升63.3%。破各类诈骗案件135起（绝对数），侦破现行案件121起，破案率20.6%。下发各类诈骗指令73条，查找受害人135名，破案57起；紧急止付个人账户668个1066.02万元，止付对公账户1个22.18元，冻结个人账户368个883.67万元，对公账户21个186.56万元；高位推进扫黑除恶专项斗争。以中央和自治区督导组反馈问题整改为重点，紧盯"六清"目标，推动专项斗争深入开展，原州区公安分局共接收各类线索1034条771件，办结1024条761件，办结率99%，2020年之前线索已全部查结"清零"。共破获涉恶类案件8起（恶势力集团1个，恶势力团伙5个，"村霸"两个）。并根据线索核查情况共立案136案，抓获犯罪嫌疑人198人（逮捕134人，取保候审64人），移送起诉152人；追缴被抢占农户耕地249.6亩，赃资3.806万元，冻结查封扣押涉案资金5283万余元，扣押车辆8辆，查封房产48套；持续保持对传统"盗抢骗"犯罪的高压打击态势。紧盯"云剑—2020"行动，统筹推进打击各类犯罪，突出破现案、攻串案、端窝点、打团伙，坚持"大案""小案"并重，全力以赴打击影响群众安全感的多发性侵财类犯罪，相继侦破杨某勇、马某军、虎某、马某凯、明某举系列盗窃电动车案件20起，马某某、苏某、丁某系列盗窃案件14起，沙某某系列入室盗窃案件3起，及公安厅"云剑—2020"行动第二批挂牌督办的马军林系列诈骗案件3起等传统盗抢骗案件131起，追缴涉案财物81.15万元，抓获犯罪嫌疑人92人。

【基层社会治理】

按照固原市公安局"四建四强"工程，细化方案和工作责任清单，建立分局领导分片包所督导和工作成效积分管理制，推动社会基层治安治理和社区警务工作同步开展。以"四建四强"为抓手，积极推进"枫桥式公安派出所"创建。按照每个派出所创建2~3个社区警务室，先行先试"1+1+N"（"1个民警+1个辅警+N个村党员、治安积极分子等公益性岗位人员）基层治理和社区警务工作模式，结合"百万警进千万家"活动，开展命案防控、法治扶贫、群防群治等宣传，加强矛盾纠纷排查化解、治安管控、服务群众等工作。2020年，建成金城花园、西环路、靖朔门、军民路等10个社区警务室，头营镇蒋河村、三营镇团结村、中河乡红崖村等19个农村警务室，辐射原州区246个警务工作站，做到了基层社区警务全覆盖。开展巡逻防控、社会面管控、校园安全大检查等，预防、发现和打击各类违法犯罪活动。

【规范执法】

制定出台《原州区公安分局执法规范化监督考评问责办法》《兼职法制员工作制度和职责管理办法》《固原市公安局原州区分局派出所办理刑事案件工作规定》《原州区公安局案件日巡查、周通报、月考评、季排名、年总结制度》《原州区法制之星评选办法》《原州区公安局执法过错责任追究实施细则》等规章制度，重新确立选任了执法管理委员会并制定了完备的会议流程，规范民警执法行为，管理民警执法过程，确保原州区公安分局执法规范化建设扎实推进；紧紧抓住中层领导这一"关键少数"和基层一线民警这一"执法主体"，围绕接警出警、执法办案、查缉盘问等执法环节，采取集中培训、分批轮训等方式，扎实开展培训，全面提升了民警执法办案和依法履职能力。

【创新社会管理】

加强户籍清理整顿工作，积极助力固原市脱贫攻坚。2020年，原州区公安分局共摸排发现问题户口145条，解决未入户人员165人（其中出生未申报161人），完成率100%；注销死亡未销户91人，完成率100%；注销重户29人，完成率100%；解决空挂户6户，完成率100%；原州区县内县外生态移民户籍除30户（22户房屋分配存在问题，8户离异分户）未迁转外，其余人员已全部迁转完毕；县外劳务移民应迁转1651户，已迁转1533户（现有永宁98户正在做工作迁转之中，贺兰1户因离婚产权未确权未迁，惠农19户因离婚等原因未迁）；"十三五"原州区城区回购房移民1514户（也称扶贫劳务移民），已全部迁转完成。

【科技应用效能】

推进科技强警和大数据战略，促进破案打击、治安防控、反恐维稳、情报研判、规范执法、服务群众能力大提升。2020年，监测舆情3856条，打击处理17人；协助侦办案件15起（结案6起）；移送案件线索4条，数据查询25案210条，抓获嫌疑人两名；协助派出所及办案单位查询案件42起，反馈有价值信息31条，抓获嫌疑人5人，舆情落地4起，找回走失人员3人。

检 察

【概 况】

2020年，原州区人民检察院建立全区首家"未成年人司法保护教育中心"，在固原市基层检察院年度目标管理考核中，考评总分第一，5个集体、6名个人受到市级以上表彰奖励，被自治区文明委评为"自治区级文明单位"。

【政治建设】

学习习近平新时代中国特色社会主义思想、党的十九大和十九届二中、三中、四中、五中全会精神及习近平总书记来宁视察重要讲话精神。增强"四个意识"、坚定"四个自信"、做到"两个维护"。严格执行《中国共产党重大事项请示报告条例》《中国共产党政法工作条例》等党内法规。开展马克思主义民族观宗教观教育。

【扫黑除恶】

落实"六清"目标任务,提起并出庭支持公诉涉恶案件两件29人,涉黑案件1件22人。追诉犯罪嫌疑人16人,追加犯罪事实3起;摸排移送涉黑涉恶、保护伞及职务犯罪线索5条,核结司法工作人员职务犯罪线索两条;引导公安机关查封扣押涉案房产1.3亿元,建议判处没收财产刑1人、判处罚金35人645万元;扎实推进涉黑涉恶案件财产刑执行情况专项监督活动,对判决生效的两件涉恶案件财产性判项执行情况进行巡查监督。

【疫情防控】

组建6个临时党支部,22名干警参与,对两个街道办6个社区19个小区6752户21872人进行全面排查,建立台账资料。印发疫情防控法律宣传单5000余份,建立社区业主微信群,每天推送疫情防控科普知识、法律法规及相关政策等。出台"十三条"措施推动加强疫情期间检察办案,针对辖区部分药品经营店销售的KN95口罩,标明的产品执行标准与国家强制性标准不符等问题,启动公益诉讼程序。组织开展公民信息保护专项监督活动,办理涉疫公益诉讼案件1件,移送涉疫公益诉讼案件线索1条。

【惩治刑事犯罪】

2020年,共受理提请批准逮捕各类刑事案件218件378人,批准逮捕134件182人。共受理审查起诉各类刑事案件689件863人,提起公诉334件342人。严惩影响人民群众安全感的刑事犯罪,批捕故意杀人、强奸等严重暴力犯罪33人,提起公诉31人;坚决惩治"两抢一盗"等多发性侵财犯罪,批准逮捕36人,提起公诉34人;持续保持对传销及涉众型犯罪的高压态势,批准逮捕3人,提起公诉15人。

【服务"三大攻坚战"】

加大对非法集资、非法吸收公众存款等金融犯罪惩治力度。审查逮捕涉众型经济犯罪案件两件3人,提起公诉两件两人。严格落实"四个不摘"要求,扎实开展"四查四补",组织帮扶责任人进村入户核对信息、协调落实帮扶政策。筹措资金5万余元帮助发展庭院经济、2.5万元扶助在校大学生。将司法救助融入精准扶贫,对10户低保户(贫困户)发放救助金18万元。围绕"三河"流域"绿线、水线、风线"建设和人工湿地修复保护目标与发展布局,依法从严惩治破坏环境资源犯罪。

【保护民营企业发展】

贯彻落实最高人民检察院关于服务保障民营经济发展的11项政策措施,对涉民营企业的案件切实做到慎捕、慎诉。调研民营企业经营状况,畅通服务民企发展检察渠道,设置"民营企业服务窗口"。组织开展"护航民企发展"检察开放日活动,邀请民营企业家走进检察机关共商民企发展,推动完善服务保障措施。扎实开展营造法治化营商环境保护民企发展专项督查"回头看"活动,办理非公经济申请立案监督案件、申请民事监督案件各两件。

【未成年人保护】

严厉惩治侵害未成年人权益的刑事犯罪,2020年,共批准逮捕28件39人,提起公诉40件52人,相对不起诉14件19人,附条件不起诉4件13人,存疑不诉1件1人。举办"同舟共济,检护明天"检察开放日暨"'一号检察建议'落实工作集中宣传周"活动。设立符合未成年人身心特点的"未成年被害人一站式询问救助中心"。举行涉罪未成年人不起诉宣布教育仪式,对51名未成年被告人的犯罪记录予以封存。对未成年犯罪嫌疑人、未成年被害人进行心理测评与疏导37次,帮助教育9次。为未成年犯罪嫌疑人、未成年被害人通知指定法律援助律师50人,通知未成年人的法定代理人到场52人（次）。办理支持起诉撤销、变更监护权案件3件3人。通过观护帮教，3名作出附条件不诉的涉罪未成年人考上高中，5人考上中专院校，两名考上大学。先后向相关部门发出检察建议8份，均获采纳整改。

【矛盾纠纷化解】

2020年，共受理群众来信、来访、来电102件（次），其中来访78件，来信12件，网络来信1件，来电11件。"7日内程序性回复率""3个月内办结答复率"均达到100%。积极开展刑事被害人司法救助工作，对12名被害人及家属发放救助金18万元。

【检察监督】

在原州区公安分局、开发区公安分局执法办案管理中心设立派驻检察室，专人专班开展监督和引导侦查工作。2020年，共监督公安机关立案20件，监督公安机关撤案25件，纠正遗漏同案犯13人、纠正遗漏罪行4起，改变定性4件。对认为确有错误的刑事裁判提出抗诉9件43人，办理羁押必要性审查案件3件。制发检察建议8份，发出纠正违法通知书27份。开展刑事执行检察各项工作，建立社区矫正人员档案255份，办理监外执行（社区矫正）违法违规案件6件，刑事执行案件1件。开展社区矫正和基本养老金领取专项检察，发出检察建议10份，纠正违法通知书两份。建立财产刑执行检察档案184份，书面纠正财产刑执行违法1件。2020年，共受理各类民事监督案件56件，经依法审查，提请固原市检察院抗诉5件，向法院发出执行监督检察建议10件、审判程序违法监督检察建议10件、支持起诉书25件（支持农民工起诉），妥善处理扫黑办移送人民法院审理的信访调节案件1件。2020年，办理行政审判违法监督案件9件，发出检察建议8份。办理行政非诉执行案件3件，发出检察建议3份。发出社会治理类检察建议案件12份。落实"加强行政检察监督、促进行政争议实质性化解"专项活动要求，化解行政争议案件1件。同时，办理督促行政机关履行职责案件两件。

【公益诉讼】

开展"联手治乱象 合力护资源""携手清四乱 保护母亲河"专项活动回头看和食品药品"四个最严"专项活动。2020年，发现公益诉讼案件线索47件，立案审查40件，启动诉前程序并向相关行政机关提出检察建议39份，行政机关按照检察建议已治理或整改36件。办理等外领域公益诉讼案件5件，涉及危化品管理、安全生产、公共道路安全、公共消防领域，切实维护了公众的切身利益和公共安全。

【司法体制改革】

完善院领导带头办案机制，院领导带头办理各类案件281件，列席法院审委会14次。完善捕诉一体工作机制和检察引导侦查机制，提前介入公安机关引导侦查19件（次），会商案件16件（次），与公安机关召开案件协调会12次，对67件案件启动补充侦查程序。依法保障律师权利，构建良性互动的控辩关系，为律师履职提供支持93人（次）。成立检察官业绩考评委员会，制定《固原市原州区人民检察院2020年检察官业绩考评工作实施方案》《原州区人民检察院检察官业绩考评工作实施细则（试行）》，落实案件审查受理、案件质量评查等十二项管理机制。进行案件流程监控通知47次，发布流程监控专报4份。

法 院

【概 况】

2020年，原州区人民法院坚持以习近平新时代中国特色社会主义思想为指导，紧紧围绕"三地"法院建设目标和"保稳定、促发展、提质效"工作主线，努力克服新冠肺炎疫情带来的影响，全力抓好审执工作，司法精准施策，服务"六稳""六保"，完成了各项工作任务。全年共受理各类案件20029件，审（执）结18760件，同比分别增长2.57%和4.44%，收、结案数均位居全区法院第三位，法官人均结案数375.2件，同比增长1.55%，平均每个工作日办结1.53件，简易程序适用率87.26%，生效裁判服判息诉率93.35%，同比分别增长2.04%和0.94%，审判质效稳步提升。

【扫黑除恶】

紧紧围绕长效常治阶段性目标，深入开展"一十百千万"和"六清"行动，高效审结马小兵等22人涉黑犯罪案件和陆维忠等12人、伏春龙等17人涉恶犯罪案件，圆满完成"积案清零"目标，首犯马小兵、陆维忠、付春龙分别被判处20年、9年、5年有期徒刑，对黑恶势力犯罪给予严厉打击。持续加力"打财断血"，依法判处1名罪犯没收个人全部财产，依法判处33名罪犯罚金共计557.2万元，坚决铲除黑恶势力的经济基础。坚持"深挖根治"，加强涉黑涉恶线索筛查，摸排移送上报线索3条，办结交办线索两条，扫黑除恶专项斗争取得压倒性胜利。

【刑事犯罪惩治】

着眼平安原州建设，依法严惩各类犯罪，全年共受理刑事案件572件，审结562件，判处罪犯734人。加大对危险驾驶行为的震慑和打击，审结"醉驾"犯罪案件218件218人，占刑事案件结案总数的38.79%，为群众营造公共安全环境。加大对影响群众安全感犯罪的打击力度，审结"盗抢骗""黄赌毒"类案件174件239人，净化社会治安环境。始终保持对严重侵害群众生命、人身权利犯罪高压态势，审结故意杀人、抢劫、故意伤害等严重暴力犯罪案件110件149人，其中判处3年以上有期徒刑34人，全力保护人民群众人身权利。依法打击严重扰乱社会市场经济秩序违法犯罪行为，审结非法经营、合同诈骗、非法吸收公众存款、传销等案件19件40人，维护法治化营商环境。固原市原州区总工会坚决落实反腐败斗争决策部署，审结职务侵占、挪用公款等职务犯罪案件5件5人，保持惩治腐败高压态势。对发生在固原市首例妨害疫情防控的妨害公务犯罪案件从严从快判处，为坚决打赢疫情防控阻击战营造了良好法治氛围。

【人权司法保障】

深入推进以审判为中心的刑事诉讼制度改革，全面准确适用认罪认罚从宽制度，审理案件444件590人，对351名被告人依法判处缓刑、管制或免予刑事处罚。坚持打击犯罪与保障人权相统一，严格落实罪刑法定、疑罪从无等原则，对3件刑事自诉案件的3名被告人以证据不足依法宣告无罪。积极落实刑事案件律师辩护全覆盖工作，充分保障被告人权利，为432名未委托辩护人的被告人指定律师到庭辩护。坚持教育与挽救相结合，审结未成年人犯罪案件13件26人，其中判处三年以下有期徒刑19人。依法严惩针对未成年人的强奸、猥亵、遗弃等犯罪案件31件33人，其中判处3年以上有期徒刑17人，最高判处有期徒刑16年8个月，坚决斩断伸向未成年人的罪恶之手。组织在校学生走进法院、走入法庭、亲历庭审，让学生在参观学习中接受法治教育，陶冶法治精神。

【助推经济发展】

深入学习贯彻习近平总书记视察宁夏重要讲话精神，对标区委三届六次全会总要求，制定出台《原州区人民法院服务保障黄河流域生态保护和高质量发展先行区建设的实施意见》，提出14项服务保障措施为黄河流域生态保护和高质量发展先行区建设保驾护航。依法保护民营企业市场主体地位，妥善审理各类涉民营企业融资类金融纠纷、权益纠纷案件591件，规范金融机构和市场主体经营行为。促进市场要素顺畅流通，审结房屋买卖、建设工程等合同案件576件，助推建筑市场规范稳定发展。积极引导市场规范有序流转，妥善处理买卖、物流、租赁、承揽等合同纠纷1693件，维护市场公平交易秩序和交易安全。继续发挥"职业放贷人"名录和民间借贷案件个税征收制度作用，规范民间借贷行为，妥善审理民间借贷纠纷2435件，民间借贷收案数较去年有所下降，规制职业放贷行为效果初显。

【社会管理法治化】

主动服务法治政府建设，助推政府提高依法行政能力和水平，持续推进行政案件集中管辖，共受理行政案件188件（其中原州区116件、彭阳县58件、泾源县14件），审结179件。坚持合法性审查标准，切实监督行政机关依法行政，审查非诉行政执行案件25件，裁定准予执行21件。完善行政机关负责人出庭应诉制度，行政机关负责人出庭应诉29人次。加强行政与司法良性互动，完善违建拆除、河流污染、乡村环境整治等争议的协调解决机制，为构建职责明确、依法行政的政府治理体系提供司法支持。邀请区政府部门70余名机关干部到院旁听行政诉讼案件庭审，促进行政机关提升程序意识、法治意识。

【疫情防控】

先后有144名干警投身疫情防控一线，积极参与入户排查、小区值守、防疫宣传等工作，有40余名干警因在疫情防控工作中表现突出，受到北海社区和文化巷社区的表彰。充分运用智慧法院建设成果，通过诉讼服务平台、移动微法院等信息化方式做好疫情防控期间的网上立案、案件审理、诉讼调解等诉讼活动，疫情期间共网上立案2199件，跨域立案132件，线上审理、调解案件520件，开辟疫情防控"线上"审判。秉持审慎善意文明司法，灵活运用司法拘留、资金冻结、财产查封等刚性执行手段，鼓励胜诉权益人"放水养鱼"，分期实现债权，有效保障企业复工复产。

【民生权益保障】

服务脱贫攻坚和乡村振兴，妥善审理农村土地承包合同、宅基地纠纷、劳动争议、劳务合同、拖欠农民工工资等案件849件，维护农民和劳动者权益。审理人身损害赔偿、相邻关系、物权纠纷等权属侵权纠纷案件635件。进一步加大对妇女、儿童合法权益的司法保护力度，共审结家事案件1615件，其中三分之一的案件通过调解方式结案。人民法庭参与基层社会治理，四个人民法庭审结各类案件3200件，将司法服务延伸至基层。加大国家司法救助力度，为45名生活确有困难的刑事案件被害人、申请执行人等发放司法救助金61万元，充分彰显司法关怀。筹集帮扶资金10.8万元，改善帮扶村基础设施、扶持村集体经济发展，落实消费扶贫任务，在"扶贫832"平台线上购买4万元的扶贫产品。

【健全执行难工作】

牵头起草并报请区委全面依法治区委员会出台《关于加强综合治理从源头切实解决执行难问题的实施意见》，切实巩固解决执行难成果。"3+1核心指标"稳步提升，共受理执行案件6775件，执结5965件，实现胜诉权益2.96亿元。运用网络查控平台查询存款、房产、车辆3.95万余次，冻结款项288万元。司法网拍成交1785.96万元，平均溢价率4.9%。坚持打击抗拒执行行为，判处拒不执行判决、裁定罪两人，司法拘留30人。加强信用惩戒，限制高消费4901人，发布失信被执行人名单11批2409人次，使其"一处失信、处处受限"，139名被执行人迫于压力主动履行了义务。深入开展专项执行活动，执结涉民生案件785件，执行到位1876.09万元，执结涉金融案件280件，执行到位3124.95万元。10月起开展服务保障"六稳""六保"执行专项行动，集中执结案件2135件。

【司法服务】

开展两个"一站式"建设，制定出台《关于进一步推进两个"一站式"建设的实施方案》，打造立案保全、繁简分流、调解速裁、司法确认、跨域立案等

60余项服务为一体的诉讼服务中心。发挥105名特邀调解员的作用,引导诉讼群众选择诉前调解,对没有调解成功的案件及时转入速裁程序快速裁判,对复杂疑难案件再进行精审、细审,让纠纷尽可能"最快"化解,全年将2210件纠纷化解在诉讼前端,司法确认调解协议1297件,通过速裁机制审结案件4067件。学习借鉴"枫桥经验",研究出台《原州区人民法院法官进乡村(社区)实施方案》,51名员额法官与41个社区和148个行政村对接,通过巡回审理案件、指导协助人民调解、开展法律咨询和普法宣传,全力助推乡村和社区治理,打造预防化解矛盾纠纷的"前沿阵地"。

【司法责任制改革】

全面规范"四类案件"监督管理机制,打造阳光监督平台,明确由院庭长担任审判长办理案件的范围,确定专业法官会议讨论的案件由庭长签发判决书,审委会讨论的案件由分管院长签发判决书,发挥专业法官会议作用,全年召开专业法官会议39次,审委会33次,研讨重大、疑难、复杂案件118件,审委会召开次数和讨论案件数均有所下降。强化院庭长办案示范引领,院庭长带头审理各类案件9959件,占结案总数的53.09%。树立竞争择优、凭绩用人导向,将所有审执结案件纳入评查范围,坚持常规评查全覆盖和专项评查相结合,并将评查结果作为法官业绩考核的重要依据。健全法官员额动态调整和交流退出机制,增补员额5名,退出员额两名,做到统筹协调、有进有出。制定出台《原州区人民法院法官、法官助理、书记员权责清单》,调整细化法官、法官助理、书记员的职责定位及权力边界,真正做到有权必有责、用权必担责、失职必问责、滥权必追责。深化"智慧法院"建设。在立案大厅配备诉讼服务自助一体机、诉讼风险评估机、智能诉状生成机、智能"云柜"等设备,为当事人提供一站式、集约化的自助诉讼服务。建成投入使用固原市首个24小时自助立案服务终端,实现了"全域服务、全能服务、全时服务"。不断强化信息化与办案、办公深度融合,完成了数字审委会系统、电子签章、互联网开庭、跨域立案系统建设,推进电子卷宗随案同步生成和深度应用,推行全流程无纸化网上办公办案。建成"远程提审系统",实现刑事案件远程审理,有效防范押解和疫情传播风险。推进集约化送达方式改革,与江苏新视云公司合作成立集约送达中心,由专业送达工作人员将法律文书通过电话、短信、网络、邮递的方式进行送达,投入使用半年来,进行电子送达10384次,送达成功率达到93.48%,送达效率显著提升。

【司法公开】

深化审判流程、庭审直播、裁判文书、执行信息四大公开平台建设,上网公开裁判文书14377份,直播庭审1210场,观看量达380万人次,其中马某某等人涉黑案庭审在线观看人数达到180万人次。积极推进司法民主,人民陪审员参审案件1342件,陪审率达到91.54%。自觉接受人大依法监督、政协民主监督,常态化邀请代表委员旁听庭审、见证执行、座谈交流。向人大常委会专题报告民商事审判工作情况,加强与民主监督员的联络和配合。依法接受检察机关诉讼监督,认真办理抗诉案件5件,及时办理检察建议12条,共同促进司法行为规范、司法公平公正。

司法行政

【概况】

2020年,原州区司法局以习近平新时代中国特色社会主义思想为指导,全面贯彻党的十九大、十九届三中、四中、五中全会精神和自治区十二届十次、十一次、十二次会议精神,突出司法行政职能,以全面依法治区各项工作为抓手,以完善基层治理体系提升基层治理能力为目标,推动"平安原州""法治原州"建设。

【人民调解】

发展"枫桥经验"实现矛盾不上交,不断完善"访调一体化"机制,不断整合辖区信访调解力量,以婚姻矛盾纠纷、城市建设拆迁、拖欠农民工工资等问题为重点,统筹全原州区207个人民调解委员会,686个专兼职人民调解员(其中兼职人民调解员641人,通过政府购买服务的形式招聘专职人民调解员45人),坚持边排查、边调处。2020年,各级调解组织共排查调处各类矛盾纠纷785件(重大疑难纠纷512件),调解成功777件,调解率100%,调解成功率98.9%,确保了全原州区无激化案件、民转刑案件的发生。重点排查中小企业的劳资纠纷、生产经营纠纷、民间借贷纠纷和损害赔偿纠纷等,发挥人民调解组织作用,积极参与矛盾纠纷调处化解工作,实现定分止争。在润农电子商务有限公司等企业设立人民调解室,配备专兼职人民调解员,调处企业矛盾纠纷。

【法律服务】

完善区、镇、村三级公共法律服务实体平台建设,整合法律援助、法律咨询、人民调解、公证办理等资源设立原州区公共法律服务中心,将服务事项、服务承诺、受理流程及工作职责对外公示,主动接受社会监督,为广大群众提供"窗口化、综合性、一站式"的基本公共法律服务。原州区11个乡镇全部建立公共法律服务站。发挥网络、热线平台作用,引导群众通过12348热线、宁夏法网系统等寻求线上人民调解、法律援助、公证、法律咨询等法律服。开通农村建档立卡户、农民工、老年人、残疾人、青少年、单亲困难母亲、留守妇女儿童等特殊群体和军人军属、退役军人及其他优抚对象法律援助"绿色通道",推进公共法律服务场所无障碍环境建设,做好特殊群体公益法律服务和法律维权服务。将律师履行法律援助义务和参与公益法律服务作为律师执业年度考核和律师事务所年度考评的重要内容。建立律师履行法律援助义务考核机制,培育扶持一批专业法律援助律师团队。2020年,原州区法律援助中心共接待群众来电、来访共计3200余人次,解答法律咨询1182余人次,代书500余份,受理法律援助案件532件(刑事322件、民事210件),引导分流人民调解案件45件,办理公证案件1112件(国内1018件,涉外94件)。村(社区)法律顾问律师利用微信推送法律小知识320余条,解答微信咨询16人次、电话咨询110余人次,引导办理法律援助案件11件,引导人民调解12件,开展法律讲座和法治宣传5场次。公共法律服务中心解答农民工电话、来访法律咨询154人次,代写诉状61份,受理劳动争议、劳务合同法律援助案件67件,受理并转办人民调解案件30件,为农民工挽回经济损失30万余元。

【社区矫正】

定期开展社区矫正对象集中教育学习,2020年,在册社区矫正对象314人,开展集中宣告315人次,开展集中教育1634次。成立原州区社区矫正委员会。严格落实请销假制度。对接监狱做好新冠肺炎疫情防控期间刑满释放人员的遣送和接受工作。

综合执法

【城市管理】

原州区综合执法局通过持续喷雾降尘、昼夜上路巡查、实施严管重罚,城区PM_{10}有所下降,提高机械化清扫率至75%。加大巡查管控遏制违法建设,组织十多次集中整治,先后对南河滩市场、南宇建材市场、万方商场周边、南河滩活禽宰杀销售市场、正祥附近"散乱污"摊点、寇桥路、中心路、政府巷等10个"乱点"进行集中整治。扫黑除恶专项斗争社会乱象治理取得阶段性成效。逐步完善物业标准化建设,有序开展住房保障工作。固原市通过了国家卫生城市技术评估。

【执法监督】

推行"通报制"设置"曝光台",每周对施工工地扬尘污染治理，各社区、部门（单位）、商户的卫生、秩序等情况进行监督检查并跟踪督查曝光。落实网格化和"街长制"，将清扫保洁区域细化为22个监管网格，每条街配备四名街长，将城市环卫保洁工作、市容环境秩序、扬尘污染治理工作、违法建设管控和小区环境秩序管理工作纳入"街长"负责制中，达到环卫保洁人员和城管执法人员密切配合、各项工作相互协调。建立微信公众平台、设立城管微博，征集社会各界的意见和建议。聘请来固原市、原州区人大代表、政协委员和部分离退休干部等8名特约监督员对城市管理工作进行监督检查。

【智慧城管】

向"街长"配备移动手环，对各"街长"、环卫、执法车辆进行监测，每天对发现的问题进行汇总，形成表格反馈给街长及相关负责人作为奖惩的依据。

财 税

财 政

【概　况】
2020年，原州区一般公共预算总收入完成492939万元，同比增长15.38%。其中：地方公共预算收入完成16840万元，完成调整预算数的101.21%，同比下降6.33%（税收完成10819万元，同比下降18.4%，占一般公共预算收入的64.25%；非税收入完成6021万元，同比增长27.5%，占一般公共预算收入的35.75%）；上级补助收入435608万元；债务转贷收入39760万元；预算稳定调节基金277万元；2019年结余454万元。一般公共预算总支出完成489680万元，同比增长15.3%。其中一般公共预算支出完成485087万元，同比增长16.6%；上级上解支出123万元；债券还本支出5017万元。年终结余2510万元，安排预算稳定调节基金202万元。2020年收支平衡，略有结余。

【收入征管】
原州区财政局紧扣全年收入目标，控制一般性支出，压减非急需、非刚性支出；严控出台新的增支政策。加强财力保障，争取上级转移支付资金，采取清理盘活政府存量资产、处置盘活闲置国有资产资源等措施，弥补受疫情影响及减税降费形成的收入缺口；做好预算绩效管理、收支考核管理等工作，争取相关转移支付奖励资金，提高财力保障。

【疫情防控重点支出】
2020年，共投入疫情防控资金0.91亿元，主要用于疫情防控物资设备购置、新冠肺炎疫情防控检验室建设、基层医疗设备购置，企业提供复工复产贷款贴息、补贴等。自治区下达财政直达资金4.98亿元，重点用于公共卫生和重大疫情防控救治体系等重点领域基础设施建设，提升公共卫生和医疗基础设施能力水平。

【民生事业】
确保基本民生投入只增不减，坚持保基本、兜底线，提高保障和改善民生水平。安排教育事业9.58亿元。用于新建城区公办小学、改善城乡学校基础设施建设、补缴特岗教师"五险一金"、学前教育发展人才经费。安排农林水事业18亿元。用于农村人居饮水安全巩固提升、林业特色优势产业、农技推广、村集体经济发展、环境整治和农村基础设施建设。安排社会保障和就业事业6.79亿元。用于城乡居民最低生活保障、困难群众救助、残疾人生活护理补贴、城镇各类就业困难人员的就业帮扶等。安排医疗卫生和计划生育事业3.44亿元。用于基层医疗卫生机构建设、公共卫生事件应急处理，健全基本公共卫生服务体系、城乡医疗救助。

【脱贫攻坚】
投入统筹整合资金8.72亿元（其中生产发展3.5亿元，占比40%；贫困村基础设施建设5.05亿元，占比58%；扶贫产业培训0.17亿元，占比2%），地方资金及新增债券资金投入脱贫攻坚2.08亿元（其中农村基础设施建设1.18亿元、"十三五"光伏扶贫0.2亿元、扶贫产业发展0.37亿元、亚行扶贫路建设0.2亿元、"四个一"试验示范园0.07亿元、闽宁对口协作马尾区扶贫捐款0.06亿元）。充分发挥15740万元产业担保基金与8178万元风险补偿金撬动作用，不断加大金融供给，支持贫困农户、农业经营主体及涉农企业产业发展。2020年，投放金融扶贫贷款50.26亿元，其中：涉农企业6.33亿元117家、农业经营主体1.74亿元861家、一般农户36.33亿元5.73万户、建档立卡户5.86亿元1.2万户（其中扶贫小额信贷4.57亿元0.96万户）。截至2020年12月底，建档立卡贫困户贷款余额9.53亿元1.84万户（其中扶贫小额信贷余额7.46亿元1.52万户），贫困户贷款覆盖率72%，户均获贷5万元。

【污染防治】

投入污染防治资金1.26亿元（其中争取上级专项资金0.79亿元，地方资金及新增债券资金安排0.47亿元），主要用于清水河流域综合治理、燃煤锅炉煤改电改造、农村污水管网和农村改厕人居环境整治、固原市生活垃圾卫生填埋场一期工程封场。

【风险防范】

严格执行地方政府债务限额管理，实施全口径债务风险管理，加强政府法定债务风险预警监测，合理控制限额内政府债务风险；防范化解限额外隐性债务风险，坚决遏制新增隐性债务，按照中央统一部署和自治区提出的"八个一批"要求，多渠道筹措资金积极稳妥化解隐性债务，如期完成了当年隐性债务化解任务；认真贯彻落实中央和自治区经济金融工作会议精神，不断强化风险源头管控，切实防范化解金融风险、化解重大民间借贷风险、防控地方银行金融风险、提高金融服务实体能力、降低实体经济融资成本。

【财政监管】

对269个政府投资项目进行了概算及招标控制价审查，送审金额91362.09万元，审定金额89147.28万元，节约投资2214.81万元；完成工程造价审查107个，送审金额22961.57万元，审定金额21819.63万元，审减金额1141.94万元；完成财务竣工决算审计项目27个，审定投资额13232.76万元。加强预算执行动态监控。以一体化平台为依托，落实预算执行动态监控制度，实时动态监控集中支付活动，共监控资金14913笔，监控授权支付资金71659万元，退回处理违规资金29笔84万元，资金量较上年均有增加。强化政府采购监管。2020年，原州区共完成政府采购预算26093万元，合同成交额25315万元，节约资金778万元，资金节约率2.98%。

税　务

【税　收】

在新冠肺炎疫情影响下，2020年全年共组织各项税费收入231819万元，其中：税收93807万元，同比下降4.65%。非税和其他收入11254万元，同比减少13.95%。

【减税降费】

2020年，累计减免各项税费16543万元。结合线上线下渠道，发放政策宣传册1.3万余册、政策短信2.14万余条。开展原州区水务局、国网电力等15个单位上门辅导，提升优惠政策知晓度。税政部门建立了3套优惠政策台账，逐户落实优惠政策，为60户企业办理了延期缴纳税款服务，涉及税款4688万元；畅通与财政、人民银行的单位联系，为7760户纳税人办理退税796.21万元。向原州区委、区政府汇报7次，报送政策效应分析报告2篇。对接固原市红十字会、民政局等部门，对86户涉及公益性捐赠企业进行逐户核对，税前减免129.5万元。

【纳税服务】

全面落实"非接触"办税模式。累计通过网上申请办理各类事项2281条，平均网上申报率96.34%。开展纳税人满意度调查1130户次、召开纳税人座谈会1场、问卷调查300余户次。推动政务服务"好差评"系统全面推广，2020年，累计办件45967件，纳税人非常满意率达99.2%。

【税费管理】

完成首轮个人所得税汇算清缴工作,实际汇算11273人。平稳开展企业所得税年度汇算,对1800余户纳税人进行线上辅导宣传,帮助3296户企业完成年度申报工作,入库税款2569.29万元;对1130户涉及企业开展个性化宣传辅导,增值税各项优惠政策全面落实,累计减免2662.64万元。

【税收征管】

征收管理部门按日监控直考指标动态情况,按月提取疑点数据并及时推送,数据完整率、数据一致率、数据标准率达到100%,6项区直考县指标均达到考核标准;积极对接区局运维部门,提交运维事件316个,验证处理率100%,为税收征管系统平稳运行、业务正常办理提供了保障;进一步优化企业税务注销程序,实现市场便利化退出,累计简易注销1040户,占注销总户数97.74%;开展办税实名制采集工作,累计实名采集单位6640户;做好发票投诉受理工作,处理及时率达100%,纳税人的合法用票权益得到保障。

【扫黑除恶】

开展3个重点行业税收问题专项整治工作,实地走访178户存在欠税企业,清理欠税383万元。协助核查原州区扫黑办线索6条,实现涉黑线索全部清零。

金融保险

中国农业发展银行

【金融支农】

2020年,农发行向原州区辖内企业累计发放各类贷款5.02亿元,其中:发放农业小企业贷款(流贷)0.06亿元,发放贫困村提升工程贷款0.21亿元,发放产业化龙头企业贷款0.1亿元,发放产业扶贫贷款0.25亿元,发放改善农村人居环境4.4亿元;累计收回各类贷款5.56亿元。2020年末,贷款余额50.48亿元。

【存款规模】

截至2020年年底,各项存款余额5.18亿元,较年初减少6.61亿元,降幅56.06%,各项存款日均余额9.33亿元,较2020年年初减少5.76亿元,降幅38.17%。距离完成区分行下达全年存款日均增量0.47亿元任务差2.93亿元。

【建设基金】

截至2020年年末,累计向原州区辖内投放各类基金2.21亿元,累计收回基金0.97亿元,基金余额1.24亿元,累计向市本级投放各类基金4.21亿元,累计收回基金1.22亿元,基金余额2.99亿元。

【盈利能力】

截至2020年年底,实现拨备后利润(FTP)6440.91万元,人均利润222.10万元,完成区分行下达全年拨备后利润预算(FTP)6845万元的94.10%。

【资产质量】

截至2020年年底,清收当年新增不良贷款1625万元,完成区分行下达新增不良贷款清收任务的100%;应收贷款5.52亿元,实收贷款7.17亿元,收贷率129.89%;全年应计利息3.23亿元,实收利息3.24亿元,综合收息率100.19%;年末,回购逾期重点建设基金股权375万元,实现预期目标。截至12月末,正常类贷款672057.161万元,占各项贷款的98.65%;关注类贷款9226.51万元,占各项贷款的1.35%。

【疫情防控】

加大对疫情防控名单企业的信贷支持力度,投放全区首笔驰援疫情防控0.1亿元贷款。不断加强新客户、新项目的营销,筛选出宁夏明德中药饮片有限公司、固原三鼎马铃薯制品有限责任公司、宁夏固原福宁广业有限责任公司等企业,全面展开业务对接,累计发放企业复工复产贷款4.83亿元。落实"六稳""六保"政策,特殊时期不抽贷、不断贷,支持稳产保供,累计为3家企业办理延期付息手续,展期贷款本金6500万元,延期支付贷款利息19.63万元。为1家企业办理677.12万元无还本续贷业务。执行复工复产贷款、扶贫贷款和中小微企业贷款"整体优惠+首年优惠"利率定价政策,最大程度降低民营小微企业的融资成本,支持实体经济发展,合理满足疫情防控、复工复产和春耕春备企业需要。

【政银合作】

向固原市人民政府汇报、沟通、协调,争取相关单位提前存入贷款本金、利息、回购基金股权、投资收益合计12.79亿元。参加固原市财政局组织的社保基金间歇资金定存竞标,中标职工基本医疗保险基金、城乡居民基本养老保险基金共计6300万元,并办理定存手续。加强账户营销,提高企业"开户率",协调当地政府和有关部门、企业,最大限度吸收贷款企业、项目关联客户及非贷客户在农发行开立一般存款账户。2020年,新营销各类存款账户46个,新增账户日均余额0.21亿元。

中国建设银行股份有限公司

【基础业务】

一般性存款余额为71.74亿元,其中对公存款余额为26.61亿元,个人存款余额为45.13亿元。各项贷款余额为38.17亿元,其中公司类贷款余额为18.07亿元,个人类贷款余额为20.10亿元。营业收入总额为2.23亿元,营业支出0.65亿元。营业利润1.57亿元。营业外收入82.26万元,营业外支出166.44万元,净利润1.56亿元。不良贷款5792.44万元,贷款不良率1.52%。

【核心业务】

个人全量客户46万户、占比11.3%、系统排名第1,当年新增2.4万户、占比15.76%、增速系统排名第2;有资产客户35.5万户、占比11.72%、系统第1,当年新增1.9万户、占比13.4%,系统排第1;全面关系客户1.19万户,规模系统第1。个人代发有效账户12.5万户,系统占比14.28%,当年累计代发额26.33亿元,占比11.83%。对公基本账户2822户,其中代发454户,代发率14.44%,高于系统3.4个百分点;有贷户468户,其中代发86户,代发率21.1%,高于系统0.9个百分点;小额无贷户1140户,其中代发606户,代发率53.16%,高于系统19.5个百分点。

【三大战略】

场景总数872个,系统排名第1。车主场景中无感支付停车场共计40个,发生交易68.7万笔,交易额397.3万元,其中无感交易2.05万笔,交易额8.36万元;无感支付新体验项目个人客户数5594人。慧点单场景推广项目商户数597个,系统排名第1,交易额585.55万元,系统排名第1,移动支付网联协议绑卡客户累计达到26.5万户,年新增3.5万户,客户规模和客户新增均系统排名第1。

【疫情防控】

全力保障疫情防控重点领域信贷投放,对疫情防控所需药品、医疗器械及相关物资的科研、生产、购销企业的信贷需求执行优惠利率等。开通疫情防控金融服务绿色通道,为政府机构、防疫相关企事业单位提供紧急取现、资金划转等应急金融服务,疫情防控相关业务到网点随申随办。对部分逾期支取定期存款按原合约利率计息,包括1月31日前持有中国建设银行股份有限公司开立的纸质存单或存折的本外币普通整整定期存款(设定为到期不转存)和旺财存款的个人账户;2020年1月31日前对公客户通过柜面渠道办理、未签约自动转存的非保证金定期存款业务(含公司、机构和房金业务),产品包括本外币普通整整定期和通知存款。

【脱贫攻坚】

按照住房评估A、B、C、D标准及人均住房面积规定,配合相关部门对原州区张易镇贺套村所有住房进行安全检测和面积核实,同时对城市回购房17户逐一走访,对租住80多户予以进户核实。贺套村774户均有安全住房,其中在贺套村有安全住房579户(实施危房改造456户510座),城市回购房17户,在外自建、自购、租住178户。为确保2020年建档立卡户因危房改造而不影响正常生活,给贺套村80户特困家庭捐赠48万元,给予每户6000元的补助进行大门、围墙的改造。为村内两名(建档户)研究生家庭争取每人每学期3000元的资助。与相关学校联系,确保贺套村义务教育427名孩子全部在校学习。在村容村貌方面,2019年前累计投入480万元进行基础设施的新建;2020年捐赠96.70万元,用于购置空调,新建贺套村102户困难户的大门和围墙,改造大湾槽中心剧场,增加土地盘活,流转及耕地费用,新建贺套村农业技术指导服务站等。

中国农业银行股份有限公司

【服务实体经济】

2020年，累计发放小微企业贷款55户2.38亿元，央行降准口径普惠贷款较2020年初增加13487万元，计划完成率168.8%；监管口径普惠贷款较年初增加5914万元，计划完成率139.15%，增速高于各项贷款13.98个百分点，全年完成"两增两控"目标。加大个人贷款投放力度，推出"医护e贷""教师e贷""烟草e贷""药商e贷"等系列产品，全年共发放"非三农"个人贷款6916笔，共计5.4亿元。

【风险管控】

累计清收不良贷款（含信用卡）1623.1万元，五级分类不良贷款（含信用卡）余额2902.37万元、不良占比1.08%，完成自治区分行控制计划。深入开展案件防控"利箭"计划，推进安全生产专项整治三年行动实施方案，先后开展员工涉诉、参与非法集资、非法吸收公众存款、酒驾醉驾等行为排查，全年案件和责任事故"零发生"。

【服务精准扶贫】

新设立一个"三农"网点，增配"三农"客户经理4名，推进金融扶贫工作。截至2020年年底建档立卡贫困户贷款余额1.44亿元，较年初增长4389.95万元。加快扶贫商城推广工作，优选当地特色农副产品生产、加工、流通企业入驻扶贫商城，助力贫困户脱贫增收，全年完成扶贫商城采购45.45万元，完成自治区分行下达计划任务的105.7%。

中国工商银行股份有限公司

【信贷业务】

加大对本地信贷投放力度，2017—2020年累计发放贷款27.67亿元，其中公司贷款累放16.48亿元，公司贷款中民营企业贷款累放3.88亿元，占公司贷款累放额的23.54%，重点支持"宁夏六盘山热电厂2×33万千瓦热电联产""王洼煤矿300万吨/年银洞沟煤矿改扩建""固原宾馆改扩建""古雁岭大饭店扩建""华祺伯爵饭店""西南新区九龙佳苑及安置住房二级供热管网""西兰银物流园区国际汽贸汽配城""荣华泰豪商贸大厦（新华百货购物中心）""新区标准化菜市场及商网"等地方重点项目，同时加强对当地小微企业信贷投放。

【复工复产】

为原州区67个单位、固原市机关工委208家单位开通党费云平台，方便各部门单位党员在疫情期间交纳党费。疫情期间，与固原市红十字会联系，帮助上线"工银e缴费公益捐款平台"，打通线上捐款通道；为固原市红十字会、原州区卫健委上线持续"疫情防控应急物资管理系统"，支持疫情防控工作。支持企业复工复产，疫情期间借助中国工商银行有限公司"抗疫贷"线上融资产品，为疫情防控相关企业服务，分别为宁夏明德中药饮片有限公司发放300万元持续、为固原华夏药品连锁有限公司发放200万元贷款。第一时间对存量41户信贷企业通过电话、微信等方式进行摸查，了解企业受疫情影响的情况，逐户制定受疫情影响较大的企业的帮扶措施。对宁夏华祺饭店有限公司及固原红宝实业有限公司因宾馆停业无法归还到期贷款利息进行调整还息日操作，并对宁夏华祺饭店有限公司到期3553万元进行展期；针对固原味园商贸有限公司应商务局防疫要求需囤积米、面等防疫相关物资，资金占用无法归还到期贷款的情况，为其办理645万元贷款展期。为3户小企业办理续贷、展期金额合计945万元，为线上经营快贷办理续贷12笔金额合计445万元。落实金融支持企业复工复产、支持"六稳"、服务"六保"工作要求，截至2020年10月末累放各类贷款7.30亿元，支持企业复工复产。

【业务开展】

截至2020年10月末各项存款17亿元、各项贷款24亿元,实行营业利润5100万元,自身和社会效益提升。

宁夏银行

【概 况】

截至2020年末各项贷款余额17.6亿元。

【服务社会】

支持小微企业和实体经济发展,完成监管部门的"两增两控"目标。与当地政府对接,对政府招商引资的宁夏丰源纺织有限公司项目给予资金支持,对当地较大企业固原福苑实业有限公司、固原明德中药饮片有限公司及当地众多淀粉行业企业持续多年给予资金支持。解决企业"融资难"问题,针对固原市小微企业财务不健全、不规范,无抵押担保的实际困难,宁夏银行新开发"宁科贷、税联贷"等信用贷款,积极开展与担保公司的业务合作。推广宁夏银行新开发的"唰唰贷、信e贷、微联贷"等线上融资产品,丰富融资渠道。通过"百行进万企、百名行长进园区、存量客户摸排"等活动,进一步支持当地实体经济发展。

中国邮政储蓄银行

【经营指标】

截至2020年年底,原州区两家支行各项贷款余额95492.01万元,较2020年初增加21506万元,增幅22.52%,其中个人经营性贷款53850.65万元,较2020年初增加4833.23万元,个人消费贷款41641.36万元,较2020年初增加16673万元。

石嘴山银行

【脱贫攻坚】

积极应对新冠肺炎疫情影响,做好扶贫小额信贷工作,延长受疫情影响还款困难的扶贫小额信贷还款期限,对受疫情影响出现还款困难的贫困户采用展期或者续贷业务,期限不超过6个月,期间执行原合同条款,各项政策保持不变。扶贫贷款实行无纸化、线上化审核审批,单户贷款从申请、审核、审批到拿到信贷资金超不过十分钟,减少建档立卡贫困户的时间成本和财务成本,提高业务办理效率。截至2020年年末,扶贫贷款已覆盖两个县区、19个乡镇、134个行政村,累计向7683户贫困户发放授信贷款,授信总额近3.5亿元。同时,与妇联、就业局等政府部门对接,推动农村妇女创业小额担保贷款业务的发展,确保农村妇女在复工复产和春耕备战关键时期得到信贷支持,担保比例由1:5放大至1:10,贷款额度最高可放至15万元,提高农村妇女创业机会。2020年,新增农村妇女创业贷款67户,发放金额670万元。

【稳企业保就业】

为落实"六保"任务和金融支持稳企业保就业工作部署,制定《石嘴山银行关于贯彻落实稳企业保就业相关政策措施的通知》《石嘴山银行关于进一步做好中小微企业阶段性延期还本付息工作的通知》《石嘴山银行关于进一步加大小微信用贷款投放的通知》等文件,从政策层面助力"六稳六保"。落实不断贷、不抽贷、不压贷的信贷政策,支持企业稳定生产,稳定就业。开展制造业企业走访活动,由党委委员、高级管理层带队走访授信500万元及以上制造业企业,将办公场所从写字楼搬进工厂,现场解决企业融资问题,从而有效保障企业稳岗运行。

【纾困解难】

对受疫情影响造成阶段性还款困难的民营小微企业,通过贷款展期、无还本续贷、实施利率优惠、调整还款方式及付息周期等举措缓解其暂时性困难;对受疫情影响较大的授信1000万元及以下的制造业、批发零售、住宿餐饮等行业的客户给予原有贷款利率下浮10%的利率优惠;根据总行印发的《石嘴山银行关于运用支小再贷款资金支持小微企业复工复产的通知》，运用支小再贷款资金为普惠型小微企业客户提供融资支持，支持受疫情影响小微企业复工复产。截至2020年12月末，累计向14户受疫情影响企业下调利率，全年减免利息477.86万元；为受疫情影响企业办理续贷、无还本续贷、展期、借新还旧7户、金额2448万元；调整还款计划及付息方式1户、金额4万元；发放支小再贷款0.91亿元、14户、平均利率4.55%，较去年同期下降3个百分点。

【主题营销】

针对有信贷需求但无抵押、无担保方式的企业，综合利用互联网技术和大数据信息，创新优化民营小微产品，有针对性地推出"企业尊信贷"等信用贷款产品，对"经营正常、报表规范、信息透明、合法纳税"的民营小微企业提供信用贷款1350万元。针对有应收账款的企业信贷需求，推出应收账款质押贷款，向宁夏润宇塑业有限公司及其关联公司授信应收账款质押贷款1000万元，质押应收账款8982万元。疫情防控期间创新推出个体工商户信用贷款产品"小本贷"，通过线上线下方式快速支持有需求的个体工商户，实现从申请到放款24小时内完成。

【复工复产】

新冠肺炎疫情发生以来，成立疫情防控领导小组，按照重点保障企业名单逐户了解信贷需求，为疫情防控物资采购生产企业提供资金支持0.65亿元。摸排存量客户受疫情影响情况、开工复工、融资需求、面临的困难等情况，坚持不抽贷、不断贷、不压贷，帮助企业解决融资困难，走访企业85户，并对其存在的金融需求制定方案予以满足。

【精简流程】

通过线上申请的方式，对个体工商户贷款可在1日内完成。实行分级审批，对创业类贷款，授权至基层，缩短决策链条，从审批到放款在3个工作日内完成；对小微贷款业务自申请到审批在5个工作日内完成；实现扶贫小额信贷线上化，办理效率较传统方式提高70%。加强与存量民营小微企业的沟通，提前了解企业资金状况和业务需求，简化民营小微企业信贷审批流程，续贷转贷工作在5个工作日内完成，新增贷款在7个工作日内完成。

【减费让利】

推行小微民营客户免收跨行转账手续费、银承敞口费、承诺费、财务顾问费、房产评估费等，向个体工商户、城乡百姓、企业减费让利。下调民营、小微企业贷款定价，对符合支小再贷款要求的"小微企业"将贷款利率控制在4.35%以内。疫情防控期间，针对受疫情影响较大的授信1000万元以下的制造业、批发零售等行业的小微企业客户，在2020年2月和3月给予利率优惠，减轻企业负担，累计为两户企业节省利息支出27.4万元。

人保财险固原市原州支公司

【疫情防控】

向奋战在抗疫一线的驻点人员、新闻媒体工作者捐赠了保险，保险金额2.4万元，保险保障10491万元。针对疫情发生以来物流受阻部分货运车辆停运情况，对这类车辆根据车辆停运情况和客户意愿，进行保险期限顺延。主动对接客户需求，制订安责险支持企业复工复产方案，推出免费扩展法定传染病责任、免费延长保险期限、支持线上投保、扩大预防费用使用范围、线上培训、开通理赔绿色通道六项惠企举措，帮助企业共渡难关、稳定发展。

【经营效益】

2020年，实现保费收入17426.11万元，增速10.73%。其中车险12516.86万元，增速12.16%；农险3303.31万元，增速2.52%；商业非车险1355.78万元，增速18.45%。2020年，全险种累计赔款7816.06万元，其中：车险赔款5910.79万元、商业非车险赔款292.61万元、农险赔款1612.66万元。车险未决估损4163.17万元、非车险未决估损484.2万元、农险未决估损900万元,合计未决估损5547.37万元。

【融资服务】

对重大疾病保险、安责险、雇主责任险保险、承运人类保险等险种扩大法定传染病保障责任。加大人人安康的5项针对新冠肺炎的扩展服务宣传,提升保险产品对消费者的需求度。针对复工返工人群,开发推广法定传染病保险、"铁杆庄稼保"项目。抓好疫情防控承保理赔服务。成立理赔应急工作组,配合卫生防疫部门,开展广大客户及社会公众的知识宣导,简化理赔单证和流程,推广在线理赔。理赔线上化率54.36%。给予困难微小企业融资纾困帮扶。疫情期间对受疫情影响发生复工复产困难的支农融资客户给予延期还款支持,为3家企业办理融资延期还本金,金额1006万元,并在延期期间给予不上浮利率、不增加保费费率等优惠政策。向受疫情影响的小微企业提供宁夏中小企业出口信用保险"全风险覆盖"项目1笔,授信金额350.33万元,保费5254.95元。信用贷款保证保险最低保费费率由1.5%下调至0.9%,有力支持个体工商户和涉农企业复工复产,解决融资贵融资难问题。

【支农扶贫】

持续丰富"扶贫保"优势特色产业保障产品。同扶贫部门和监管部门深入调研,细致规划保障险种,目前"扶贫保"分为种植业、养殖业两大险种,扫清了过去农险政策对困难群众特色产业的保障盲点。巩固增强重点扶贫产业农险保障能力。结合种养殖业情况,持续提高建档立卡困难人员基础母牛保险保障标准,加强宣传,加大承保力度,强化"扶贫保"重点险种特惠属性和保障能力,稳步提升扶贫保险对困难群众生产脱贫助力。

中国人寿固原分公司

【业务发展】

截至2020年12月底,实现总保费19661万元,同比增长8.7%。实现标准保费2003万元,较2019年增长19.5%。实现十年期及以上期交1778万,较2019年同比增长15.2%。实现保障型业务1470万元,较2019年增长27.1%。实现短期险业务1863万元,较2019年下降21.8%。营销发展部现有架构人力311人,其中处经理4人、组经理34人。收展发展部现有架构人力195人,其中部经理4人、组经理25人。团险渠道现有11人。银保渠道现有11人。

【脱贫帮扶】

持续促进"扶贫保"健康发展,调整大病补充保险家庭意外伤害保险保障和优化借款人意外伤害保险政策服务民生。2020年,为原州区10.09万贫困户办理了扶贫保,收取保费697万元。

【疫情防控】

向奋战在一线的卫生及防疫人员免费赠送"国寿康E无忧"医疗保险,发挥保险保障功能,共同战"疫",共计保障人数3752人,因新冠肺炎导致身故及伤残每人保障额度30万元,风险保额达11.26亿元。

宁夏原州津汇村镇银行

【经营成果】

截至2020年年末,资产总额8.08亿元,各项贷款4.64亿元,累计营销小额农户贷款2686户11259万元,各项存款5.62亿元,2020年实现营业收入3703.45万元。

【金融服务】

完善服务渠道,智慧柜台正式上线。稳定信贷供给,为生产、销售疫情防控物资和民生物资的客户开辟"绿色通道",满足资金需求,对受疫情影响较大的行业和客户,通过调整贷款期限、优化还款方式等措施协助缓解疫情影响;上线"移动小微贷"系统,优化审批流程,实行网上审批。

农 业

综 述

【概　况】

2020年，农业经济增长好于预期，预计实现农林牧渔业产值38.1亿元，同比增长6.2%。农民人均可支配收入12280元，同比增长10%。

【优化产业结构】

原州区农业农村局调整过剩低效作物、增加高效短缺作物，在北部清水河川道区重点发展冷凉蔬菜产业，在南部阴湿区重点发展马铃薯产业，在东西两山重点发展小杂粮产业，农业产业结构调整更趋优化，种植业完成种植面积147.6万亩，其中：粮食作物，播种面积73.1万亩，较2019年增长4.28%。夏粮，种植面积15.8万亩，同比减少1.4万亩，下降8%。秋粮，种植面积57.3万亩，同比增加4.8万亩，增长8.3%。经济作物，播种面积31.3万亩，较2019年增加0.3万吨，增长0.97%。饲草作物，种植面积43.2万亩，较2019年减少4.2万亩，下降8.9%。

【粮食产量】

落实粮食安全省长责任制，严守耕地"红线"，实施冬小麦免费供种2.4万亩、张杂谷免费供种1.6万亩等扶持补贴政策，有效调动农民种粮积极性，推广农业主导品种83个、主推技术77项，粮食种植面积稳定在73.1万亩，确保了粮食产量稳中有增，粮食总产量达到21.07万吨，较上年增加0.85万吨，增长4.2%。

【冷凉蔬菜产业】

围绕打造"西部重要的菜篮子"基地，坚持设施、露地并重，打造绿色有机品牌，对原州区200亩以上集中连片露地蔬菜进行补贴，在巩固提升4个万亩、10个千亩露地蔬菜基地和26个设施农业园区的基础上，新建两个旱作覆膜集雨保墒蔬菜基地，建立永久性蔬菜基地6个，带动原州区种植冷凉蔬菜22万亩，总产量达82.2万吨以上，实现总产值13.6亿元。全力打造集生产、育苗、加工、冷链等为一体的姚磨冷凉蔬菜一二三产业融合示范园，发挥新技术、新装备组装配套集成示范作用，新建净菜分拣加工包装车间1座1216平方米、智能化育苗温室1.1万平方米，工厂化智能育苗温室育苗面积达到3.8万平方米，配套育苗自动点播机两台，年育苗能力1亿株以上，购置根茎类鲜切标准化生产线1条、叶菜类鲜切智能化生产线两条。中央党校精准扶贫科学教研基地在姚磨村挂牌，举办了原州区冷凉蔬菜节，组织网红直播带货。打造杨郎瓜菜产业示范村，建成采摘园100亩，配套建设高标准日光温室15栋，"一镇一特""一村一品"的产业发展格局逐步显现。杨郎村被农业农村部评为第十批全国"一村一品"示范村镇，原州区冷凉蔬菜产业"绿色银行"助农增收民生实事经过网络投票和专家评审获评全国"2020民生示范工程"。

【马铃薯产业】

完善马铃薯种薯三级繁育体系建设，持续提高种薯脱毒化和品种专用化水平，繁育马铃薯原原种6000万粒，原州区政府采购马铃薯原原种1100万粒，免费发放农户。建成中河、三营两个一级种薯基地5020亩、庙台原种基地1000亩，原州区马铃薯种植面积达到13.5万亩。

【草畜产业】

以规模养殖场（园区）为重点，新建头营石羊肉牛养殖节本增效科技示范点两个，累计达到24个，集成推广高效繁殖等20余项综合配套技术，开展标准化养殖示范等发展模式。原州区规模养羊场75%以上繁殖母羊实现了"两年三产"，规模养殖场节本增效覆盖率达86%，实现节本增效5%以上。推进规模化养殖，实施肉牛、肉羊"50·300"养殖倍增行动试点，新培育肉牛标准化规模养殖场6家、规模养殖户30家、家庭牧场15家、综合服务站1个，原州区规模养殖场达到48家（肉牛21家），养殖合作社383个，10头以上的肉牛养殖大户达到2090户。培育发展寨科等两个万头肉牛养殖示范乡镇、中河曹河等12个千头肉牛养殖示范村，原州区万头肉牛养殖示范乡镇累计达到6个、千头肉牛示范村达到30个。融侨（丰霖）肉牛生态产业园一期项目建成并投产运营，年屠宰加工肉牛5万头的二期工程正加紧建设。支持双文集团建设绒山羊养殖场和绒山羊加工厂，带动做大绒山羊产业。承办国家牧草产业体系"一县一业"服务原州区牧草产业发展推进会、固原市首届肉牛文化节。加快良种繁育体系建设，改良能繁母牛4.4万头，实施肉牛"见犊补母"4.5万头，逐步建立起以安格斯、西门塔尔、固原黄牛等肉牛为主的良种繁育体系，良种覆盖率达95%以上。加快优质饲草基地建设，建成炭山张套等两个万亩优质苜蓿种植基地、头营马庄等4个集中连片万亩青贮玉米示范基地，带动原州区种植青贮玉米20.2万亩、优质苜蓿8万亩、禾草15万亩，多年生牧草留床面积达70万亩。调制饲草34万吨。肉牛、肉羊饲养量分别达到25万头、74万只，畜牧业总产值10.8亿元。

【生态鸡产业】

主推"龙头企业+合作社+农户"经营方式，支持宁夏好水川等6家养鸡专业合作社做大做强，培育养鸡专业合作社4家，补贴生态鸡5.8万只，兴百业高品蛋鸡产业园一期工程建成投产，存栏鸡20万只，原州区生态鸡养殖规模达到34万只。

【特色种养业】

以冷凉蔬菜、草畜、马铃薯、生态鸡及特色种养为主的"4+X"特色优势产业持续提质增效。通过张杂谷免费供种、对300亩以上小杂粮种植点进行补贴等方式，新建千亩小杂粮集中连片示范基地11个，带动原州区种植小杂粮5万亩，六盘山富硒小米被中国农业技术推广协会评定为2020年度优质富硒农产品"中国富硒好杂粮"。发展蜜蜂1302箱、兔子3465只。

【产业扶贫】

原州区对3类14项到户项目进行补贴，投入产业扶贫资金1.12亿元，确保每个建档立卡户及边缘户至少有1~2项增收产业。培育新型农业经营主体，进一步完善订单带动、利润返还、股份合作等利益联结机制，培育产业扶贫示范村14个，巩固提升龙头企业16家，发展示范合作社10家，培育致富带头人296名，带动农户7287户20423人（建档户3346户10776人），实现了产业发展、脱贫致富的目标。

【现代农业】

投入产业发展资金2.8亿元，对冷凉蔬菜、草畜、农民科技教育等7类24项政策扶持。高标准农田建设稳步推进，完成三营甘沟等高效节水灌溉项目7个2.7万亩。乡村特色休闲旅游全面提升，培育休闲农业企业27家，组织推荐星级评定活动，张易镇宋洼村被农业农村部评为中国美丽休闲乡村，富贤山庄被农业农村部评为全国四星级休闲农业企业，支持刘姥姥山庄举办休闲农业提升年等活动，承办第三届农民丰收节等推介宣传活动，乡村特色休闲旅游产业质量效益"双提升"。

【农村改革】

农村土地制度改革不断深化，农村承包土地确权登记及变更工作加快实施，完成土地确权"回头看"变更户数3052户。有序开展农村土地承包经营权抵押贷款。以黄铎堡老庄、曹堡村为试点,并逐步在原州区推开,发放贷款47笔203.8万元,解决农民无担保、贷款难难题。推进土地适度规模经营,流转土地面积1.8万亩,支持农业经营组织、种养大户等发展特色种植业。通过清产核资,做好资产折股量化、集体经济赋码登记等工作,盘活村集体资源,原州区148个村3个社区集体总资产28194.75万元,界定农村集体经济组织成员28.5万人,涉及农户8.27万户,设置总股权数32.89万股。发展壮大村集体经济,争取中央、自治区扶持资金2500万元,累计投入发展资金14919.56万元,扶持发展壮大村集体经济,原州区148个行政村集体经济收益均达5万元以上。其中,5万~10万元的48个村,占比32.4%;10万元以上的100个村,占比67.6%。农业新型经营主体不断发展壮大,新培育农民专业合作社12家,家庭农场35家,原州区农民专业合作社累计达到596家,合作社入社成员达到10467人,辐射带动农户4.2万户,原州区家庭农场累计达到178家。产业化龙头企业33家,从业人员1321人,固定资产值总额达8.2亿元。新创建农业社会化服务组织5个,累计达到15家。农业执法改革持续深化,组建原州区农业综合执法大队,建立行政执法主体库和人员库,落实农业综合行政执法"三项制度",建立、完善"互联网+监管"系统及"双随机一公开"制度等,排查梳理行政处罚类事项清单180项、行政许可类事项清单7大类17项、行政强制类事项清单18项、行政检查类事项清单18项,形成农业综合行政执法"一张网"权力清单,不断优化"不见面、马上办""最多跑一次"等审批流程,办理行政审批事项1619件。

【农产品安全监管】

原州区农业农村局对原州区17个设施蔬菜园区、两个蔬菜生产基地、两个批发市场和3家蔬菜销售超市农产品常年抽检,合格率98.8%。农产品质量安全检打联动,检查农资经营店164家、兽药经营、使用单位158家,没有违规违法现象。将原州区155家农资兽药经营店、种养殖企业纳入农产品质量安全可追溯系统,确保监管不留死角,原州区食品安全评价性抽检合格率达100%,主要农产品质量安全合格率达98%以上。食用农产品合格证制度全面推行,创建农产品合格证制度"原州模式",在全自治区学习推广,将原州区165家进入销售流通环节的经营主体纳入合格证管理制度,开具合格证16072张,带证销售农产品13357吨,在35家规模种养殖企业试行食用农产品电子合格证,新型经营主体农产品安全追溯覆盖率达到95%。品牌强农战略深入推进,发布推介"原洲源味"区域公用品牌,发布"原洲源味"原州冷凉蔬菜、原州牛肉等系列区域公用品牌,鼓励农产品生产、加工企业使用农产品公用商标。强化"两品一标"认证,申报绿色食品认证10个、有机食品认证4个、地理标志保护登记产品1个、蔬菜良好农业规范(GAP)认证3个,"两品一标"产品面积占比36.2%,固原鸡被农业农村部农产品质量安全中心评定为全国名特优新农产品。完善标准化生产体系,建立姚磨、闫堡"四好"设施农业园区两个、河东等"五优"露地蔬菜标准化生产基地4个,依托广州江南等13个农产品直销窗口,不断拓宽国内销售市场。

【农业科技创新】

创建旱作节水农业、马铃薯绿色高质高效示范、蔬菜新品种示范园等农业科技示范基地10个,展示面积2060亩,开展各类试验研究工作23项,筛选优良品种10个,集成示范新技术7项,新品种利用率达到95%,新技术利用率达到75%。基层农技推广体系创新发展,选聘农技员3名、农技指导员50名,服务原州区54个贫困村,建立宁夏恒通(蔬菜)等农业科技示范基地3个。"三百三千"农业科技服务(推广)行动扎实开展,组织72名技术员组建20个技术服务组,服务于47个农业经营企业和47个农业科技示范基地,实现良种、良法、良技进村、入户、到田。组建冷凉蔬菜等4个特色优势产业扶贫技术服务团队和9个挂牌督战村产业服务组，指导特色优势扶贫产业。农业机械化转型升级，完成机耕131.5万亩、机播105.6万亩、机收92.5万亩、机械深施肥30万亩。巩固提升全国"平安农机"示范县建设成果，创建平安农机示范乡镇1个、示范村20个。建立蔬菜农机农艺机械化融合示范园、马铃薯全程机械化起垄种植技术示范推广示范园2300亩。新扶持成立农机作业公司1家、农机服务合作社1家，培育农机大户10家。原州区农机总动力达到54万千瓦，增长3.5%，农作物耕种收综合机械化水平达到74%。

【农村社会事业】

实施"一村一年一事"行动，完成民生实事149件，完成投资3.3亿元，覆盖率100%，完成率100%。扫黑除恶有序推进，认真核查"三农"领域社会乱象线索。在头营杨郎、张易陈沟、官厅薛庄村和张易镇开展乡村治理体系示范村镇试点创建活动，投入各类资金乡村治理专项资金2944万元，头营镇杨郎村被评选为首批自治区级乡村治理示范村。

【疫情防控】

原州区农业农村局抽调72名干部坚守在9个公路疫情防控检查站，检查畜禽及产品运输车辆7164车（次），劝返运输车辆317车次。关闭7个活畜禽交易市场、3家屠宰场，取缔私屠滥宰点57家；对3家复产的屠宰场开展消毒、检疫。累计协调解决饲料、畜禽及其产品运输87起，确保各种农资和畜禽产品畅通，有力促进了"六稳""六保"工作的贯彻落实。

【农业生产保障】

开展政策性农业、蔬菜价格、"扶贫保"产业保险等，为种植、养殖提供风险保障15亿元，落实赔付资金3500万元，受益农户5.7万户（次）；借助固原市人影设施项目，人工影响天气对12个基层工作点进行巩固，完成中河防雹作业点建设，做好设备检修、审验和从业人员的安全教育管理，开展人工增雨（雪）、防雹作业，调配人雨弹800发、火箭弹400枚，有力保障了农业生产。

【项目植入】

原州娃娃菜、原州西兰花、原州菜心历史植入：原州区海拔1450米至2500米，全年平均气温6.3℃，气候凉爽，光照充足，昼夜温差大，病虫害少，是发展冷凉蔬菜最适宜的地区，当地百姓素有夏季露地反季节栽培蔬菜的种植习俗，种植出来原州娃娃菜帮薄而甜嫩，原州菜心脆嫩爽滑，原州西兰花营养丰富，富含蛋白质、碳水化合物、脂肪、矿物质、维生素C和胡萝卜素等营养元素。20世纪80年代，原州娃娃菜、原州菜心、原州西兰花等蔬菜在当地始有零星种植，90年代实施菜篮子工程，为丰富蔬菜品种，原州区开始出现小规模引种试种，2006年以来，借力宁夏引黄灌溉工程，原州区利用当地气候和土地等禀赋优势，大力发展冷凉蔬菜产业。在区委、区政府的坚强领导下，以农业增效、农民增收为目标，以优化调整农业结构为主线，经过十余年的努力，从品种优选，农用设施，配套新技术，储藏运输体系均建立了良好的发展基础。目前，原州区共建成26个设施农业园区和4个万亩、10个千亩标准化露地蔬菜基地，全区种植冷凉蔬菜21万亩，基地逐渐形成集育苗、生产、冷链加工、销售、新品种展示、休闲采摘等于一体的三产融合蔬菜产业园，并在广州、深圳、西安等城市建立了冷凉蔬菜销售窗口，原州西兰花、原州西芹、原州菜心、原州娃娃菜和原州大白菜等产品颇受市场欢迎，全区共有1.6万户5.02万名群众参与种植蔬菜，户均增收2.4万元以上，有力推动了农村经济持续、快速发展，原州区也被授予"中国（西部）冷凉蔬菜之乡"。为进一步提质增效，原州区彭堡镇种植园区还建立了来源可查、去向可追、责任可究的农业追溯体系，率先推行食用农产品合格证制度。并推广使用生物源农药和有机肥，重点打造了"原洲源味"冷凉蔬菜区域公用品牌，并加强与西北农林科技大学、自治区园艺技术推广站等科研院所建立了院地合作关系,定期开展技术服务,加大新品种、新技术推广应用力度,大力推广机械化旋耕、起垄、全膜覆盖一体化、一模两用技术,有效解决了旱作雨养区作物生长干旱缺水的问题,提高蔬菜抗旱蓄水能力、水分转化效率和单位面积产量,为原州娃娃菜、原州西兰花、原州菜心等特色冷凉蔬菜产业的可持续发展提供了有力的技术支撑。

农经管理

【产权制度改革】

完成了2017年度以前的集体资产清产核资工作,按要求将清产核资成果数据录入《宁夏农村集体"三资"监管平台》和《农业农村部清产核资信息平台》;严格执行年度农村集体资产清产核资工作制度,完成了2018、2019年度农村集体清产核资工作,摸清了村集体的资产家底。截至2019年年底,原州区11个乡镇148个村3个社区,集体总资产28194.75万元,其中:货币资金8692.16万元,短期投资1968.32万元,农业资产658.64万元;集体土地总面积347.81万亩,其中耕地124.87万亩,园地1.72万亩,林地66.89万亩,草地111.65万亩,农田水利设施用地10.06万亩;建设用地14.91万亩,农村宅基地8.1万亩,公共管理与公共服务用地0.72万亩,交通运输和水利设施用地8.89万亩。原州区148个村3个社区共界定农村集体经济组织成员285368人,共涉及农户82713户。

【股权设置】

按照由村改革领导小组及村民代表大会反复讨论、修改,通过村民代表记名投票表决通过的《村股权设置管理办法》,股份经济合作社只设置集体股和成员股两大类股权,集体股占总股本比例不得超过15%,成员股为主占总股本的85%以上。集体股是农村集体经济组织全体成员共有的资产,成员股则是量化到村集体经济组织成员个人的股权。村股份经济合作社按照设置的股份总数,将村集体经济组织的经营性资产进行按股量化。原州区148个行政村3个社区设置总股权数328912股,其中集体股43544股,成员股285368股,量化经营性资产总额10072.83万元。

【股份合作经营】

原州区凡是被界定为集体经济组织成员的,每人1股成员股,依据村民代表记名投票表决通过的《村股权设置管理办法》,赋予农民对自己分配的股权有质押、村集体内部转让等权利。农民实现了村民变股东的身份转变,与村集体成为股份合作关系,所分配的成员股也作为分享村股份经济合作社收益的重要依据。在股权管理上,原州区头营镇杨郎村对集体成员和股权实行动态管理,集体组织成员和股权随人口增减变动一年一调整。其余147个村和3个社区则全部采取不随人口增减变动而调整的"静态管理模式"。

【发展壮大村集体经济】

原州区148个村、3个社区全部完成"清产核资,成员界定,股权量化,制定方案、章程、利益分配和管理制度"等几个工作程序,由农经站对集体经济组织进行登记赋码,首次给予集体经济组织"身份证",赋予其真正的市场主体地位,明确农村集体经济组织能够和企业、农民专业合作社等新型经营主体一样,具有开展经济活动事务的职能。在《村股份经济合作社章程》中,明确村股份经济合作社为发展壮大村集体经济的主体,负责村集体"三资"的管理和运营,实施发展壮大村集体经济项目。2020年,原州区148个村集体经济组织立足本村种植、养殖等优势产业,尝试自主经营、股份合作等不同经营模式发展集体经济,各个村都有集体收入,2019年至2020年8月底,20个月累计收入达2600多万元。用于发展壮大村集体经济主要有国家、自治区扶持资金,本级财政统筹资金,部门单位帮扶资金和村集体自有积累资金。截至2020年9月底,累计投入发展资金14919.56万元,其中帮扶资金和自有资金2036.39万元,财政资金12950万元(中央和自治区财政9150万元,原州区本级财政3800万元)。2019年的22个示范村和2020年25个示范村项目基本顺利实施,其中未实施的村有:头营利民村和大疙瘩正在变更方案协议中、三营镇甘沟和鸦儿沟村正在申请资金由村财账户拨付到合作社账户过程中、三营镇新三营村肉牛养殖场地未审批。

【新型农业经营主体】

大力培育新型农业经营主体,让更多农民成为新型经济组织成员,附着在产业链上增收。2020年,新培育农民专业合作社12家、家庭农场35家,累计培育农民合作社596家,合作社入社成员达到10467人,累计培育家庭农场199家,规范培育市级示范合作社4家、示范家庭农场3家,累计培育县级示范社64家、家庭农场13家,市级示范社28家、家庭农场10家,自治区级示范社18家,家庭农场17家,国家级示范社9家。

【土地确权】

原州区农村承包土地确权登记工作于2013年开展试点,2014年在原州区全面开展,2018年开始土地确权"回头看"工作,2020年土地确权"回头看"项目变更户数共计3052户,其中:变更地块2305户,分户71户,合户38户,变更户主133户,变更家庭成员33户,销户236户,新增户182户,登报申明作废54户。

【农村产权抵押贷款】

2017年,原州区政府办出台了《固原市原州区农村土地承包经营权抵押贷款管理办法(试行)》《固原市原州区农村承包土地经营权抵押贷款试点工作实施方案》,2017年10月17日原州区财政局批复了农经站在固原农村商业银行中心路营业厅开设抵押贷款担保基金专用账户的申请,拿出200万元作为担保基金,2017年10月18日正式和宁夏固原农村商业银行股份有限公司签订了《原州区农村承包土地经营权抵押贷款担保合作协议》,原州区农村承包经营权抵押贷款工作进入实施阶段。2017年11月21日,第一笔土地承包经营权抵押贷款成功发放。截至2020年年底,累计发放贷款140笔609.4万元,其中2020年发放35笔148.8万元。

农业技术推广

【农业生产】

原州区粮食作物播种面积73.1万亩,较2019年增加3万亩,增长了4.3%,总产达到22.05万吨,比2019年增长了9.1%,比2016年增长了15.2%。根据测产结果:马铃薯单产超过2544公斤,玉米单产超过750公斤,小杂粮单产超过280公斤,取得了良好的经济效益、社会效益和生态效益。"十三五"期间重点加强了马铃薯种薯三级繁育体系建设,累计繁育马铃薯原原种2亿粒,建设原种基地2万亩,一级种薯繁育基地20万亩,使原州区马铃薯脱毒薯应用率达到100%。2020年,繁育马铃薯原原种6000万粒,政府采购马铃薯原原种1100万粒,免费发放农户,建成中河、三营两个一级种薯基地5020亩、官厅庙台原种基地1000亩,原州区马铃薯种植面积达到13.5万亩。

【特色农业】

"十三五"期间,全原州区经济作物面积31.3万亩,占农作物播种面积的21.2%。其中瓜菜面积达到22万亩,占经济作物面积的70.3%。瓜菜总产量82.5万吨,比2019年增长0.5%,总产值13.6亿元,比2019年增长1.2%,比2016年分别增长0.1%和8.2%,原州区人均瓜菜收入2925元。2020年,在巩固提升4个万亩、10个千亩露地蔬菜基地和26个设施农业园区的基础上,新建两个旱作覆膜集雨保墒蔬菜基地,建立永久性蔬菜基地6个,打造杨郎瓜菜产业示范村,建成采摘园100亩,配套建设高标准日光温室15栋,被农业农村部授予"一村一品"示范村。原州区建成马铃薯淀粉加工厂6家，2020年加工马铃薯50万吨，实现加工产值32.5亿元，与2016相比基本持平；完善了蔬菜冷链体系，原州区现有冷藏库3.5万平方米，冷藏车4辆，建成泡沫箱厂1个，实现加工产值1.2亿元，比2016年增长了20%。

【农业科技创新】

原州区创建了旱作节水农业、马铃薯高质高效示范、蔬菜新品种示范园等农业科技示范基地10个，展示面积2060亩，总投资154.5万元，开展各类试验研究工作23项，筛选优良品种10个，集成新技术7项。原州区农业设施装备水平和科技含量进一步提升，新品种利用率达到95%，新技术利用率达到75%，分别比2016年提升15%和10%，有效支撑示范基地建设。原州区农技中心加强农业技术推广体系建设，基层农技推广体系改革与建设补助项目农技人员能力提升培训工程，培训农技人员85名。引导社会力量创办专业服务组织，发展以农资供应、测土配方、统防统治、土地托管、技术培训等为重点的农业社会化综合服务站，累计巩固提升10家，2020年新建5家，原州区农业社会化综合服务站达到15家。

【农产品安全监管】

推进农业标准化生产，新建农业标准化基地3.8万亩，比2019年增长5.2%。加强农产品质量安全日常监管。落实农产品质量安全属地管理责任，加大农产品监督抽查力度，对原州区17个设施蔬菜园区、两个蔬菜生产基地、两个批发市场和3家蔬菜销售超市农产品常年抽检，检测合格率达98.8%。

【推进农药零增长】

2020年，建设农作物病虫害统防统治及绿色防控示范区21个，面积1.7万亩，示范带动农作物病虫害统防统治面积53.07万亩，绿色防控面积62.03万亩，农药利用率达40%以上，农药使用量40.32吨，比2019年增加0.69吨（主要原因是2020年青贮玉米、马铃薯和药材的面积增加了14.2万亩，致使农药使用总量增加，实际农药亩用量呈下降趋势），原州区被全国农业技术推广服务中心评定为第一批全国农作物病虫害"绿色防控示范县"。2020年，建立化肥减量增效示范区0.7万亩，其中：彭堡镇曹洼村200亩，彭堡村500亩，三营镇鸦儿沟村2000亩，中河乡2500亩，推广测土配方施肥面积89.75万亩次，主要粮食作物测土配方施肥技术覆盖率96.2%，化肥利用率40%以上。

畜牧技术推广

【概　况】

2020年，原州区畜牧中心培育发展寨科乡、中河乡两个万头肉牛养殖示范乡镇，曹河村、张易镇闫关村、河川乡海坪村、黄铎堡三岔村4个千头肉牛示范村；种植高产优质苜蓿17600亩；原州区的肉牛养殖万头乡镇和千头示范村已分别达到6个和30个，苜蓿留床面积73万亩。畜禽粪污综合排放量为193.5万吨，综合利用187.7万吨，综合利用率为97%，大型规模养殖场粪污处理设施装备配套率均达到100%；农作物秸秆综合利用率达到92%。畜禽饲养量分别达到：牛25.09万头、羊74.07万只、生猪16.30万头、禽250.02万羽。

【畜禽生产】

2020年年底，原州区肉牛存栏14.09万头，同比增长13.6%；肉羊存栏25.85万只，同比增长15.4%；生猪存栏6.78万头，同比增长42.90%；家禽存栏104.2万羽，同比增长8.70%。肉牛出栏11万头，同比增长16.60%；肉羊出栏48.22万只，同比减少1.10%；生猪出栏9.54万头，同比下降4.30%，家禽145.82万羽，同比增长48.50%。肉、蛋、奶、绵羊毛产量分别达到35238.1吨、7081.8吨、309.4吨和192.5吨，同比肉类总产量增加9.3%、禽蛋产量增长11.6%、奶产量下降0.86%、绵羊毛下降15.10%。

【规模养殖】符合自治区直联直报系统标准的畜禽规模养殖场共计50个,其中肉牛规模养殖场23个,羊7个,生猪9个,鸡11个;现原州区养牛户达到21500户,新培育发展20头(含20头)以上肉牛养殖大户867户,其中:20~49头776户、50~99头59户、100头以上32户,10头以上养殖大户累计达到2540户。

【产业发展项目】依托项目实施,贯彻落实各项强农惠农政策,主要开展了肉牛"见犊补母"、饲草调制、节本增效、农作物秸秆综合利用重点县、农牧民补助奖励政策项目、肉牛良种补贴、原州区2020年"一棵草"试验示范及推广、粮改饲、特色养殖、高产优质苜蓿示范、羊良种补贴、优势特色产业集群、畜禽粪污资源化利用13个方面的项目工作,补贴资金应兑付8499.397万元,实际兑付8089.89万元。

【产业扶贫】自治区"四个一"草畜产业扶贫示范村建设。2020年,巩固提升头营镇大北山村、三营镇东塬村、黄铎堡镇三岔村、寨科乡蔡川村、官厅镇阳洼村、张易镇黄堡村、开城镇开城村、河川乡明川村、炭山乡阳洼村、中河乡小沟村10个产业扶贫示范村产业,新增扶持中河乡曹河村、张易镇闫关村、河川乡海坪村3个草畜产业扶贫示范村。13个示范村完成投资986.645万元。

【五项示范试点争创】国家级及自治区现代农业产业园创建。实施完成自治区现代农业产业园创建的原州区肉牛技术研究与创新中心、有机肥替代化肥行动、新型经营主体的培育(5家),肉牛技术服务中心建设,共计兑付专项资金604.58万元。自治区农业特色产业良种繁育基地示范县。2020年1月由自治区农业农村厅、自治区林草局联合以《关于聘任全区农业特色产业良种繁育首席专家和认定基地示范县及示范企业的通知》(宁农发〔2020〕1号),认定示范基地为宁夏荟峰农副产品有限公司。畜禽养殖标准化示范场。按照自治区畜牧兽医局《关于印发〈宁夏2020年畜禽养殖标准化示范创建活动工作方案〉的通知》(宁农局(牧)发〔2020〕15号),筛选固原富民农业科技发展有限公司和固原市农业科技示范园开发有限公司两家具备国家级畜禽养殖标准化示范场创建条件的养殖企业进行了申报。自治区50·300养殖倍增行动试点县。在张易闫关村、黄铎堡三岔村两个肉牛示范村新培育50头以上肉牛养殖户21户;在全区范围内培育300只以上(含300只)肉羊养殖户11家。

【主导品种和主推技术】主导品种:肉牛、羊、优质牧草、蛋鸡、肉鸡品种总共28个。肉牛、肉羊包括西门塔尔牛、安格斯牛,滩羊,优质高产苜蓿包括巨能7、甘农3号(编号173,宁审苜2006003)、甘农4号(编号421)、中苜1号(编号177,宁审苜2003006)、中苜3号(编号321,国审苜2006321)5个品种,饲用燕麦包括甜燕1号、甜燕2号、牧乐思、海威4个品种,饲用高粱包括光明星、大奖1230、海狮3个品种,青贮玉米包括正大12号、宁单40(宁审玉20180003)、种星619(蒙审玉2009006)、强盛30(国审玉2007026)、中夏玉4号(宁审玉2012013)、银玉(238)6个品种。蛋鸡包括海兰、伊莎褐、京红1号、京粉1号4个品种。肉鸡包括爱拔益加、罗斯—308、科宝—500品种3个。主推技术:2020年,主推畜禽饲养及牧草种植,加工饲喂技术20项,包括肉牛品种改良技术、肉用母牛规范化养殖技术、优质肉牛持续育肥技术、全混合日粮调制饲喂技术、优质肉用犊牛培育技术、物联网技术、全株玉米青贮加工调制技术、苜蓿青贮技术、绿色养殖技术、滩羊本品种选育技术、繁殖母羊分群饲养与高频繁殖技术、羔羊隔离补饲与早期断奶技术、优质高产苜蓿标准化生产技术、苜蓿病虫害安全防治技术、苜蓿全程机械化生产技术、苜蓿平衡施肥技术、苜蓿青贮加工调制技术、蛋鸡肉鸡标准化规模饲养。

【产业链条延伸】

引进的福建融侨集团股份有限公司,在原州区成立固原融侨丰霖(宁夏)肉牛生态养殖园建设,计划建设1个万头规模的肉牛养殖场、年产饲草量约2.5万吨饲草基地和日屠宰加工规模100头以上的屠宰加工厂,包含饲草基地、肉牛养殖、屠宰加工、冷链物流于一体的生态循环型肉牛屠宰加工基地。2020年,完成肉牛产业园养殖场12栋圈舍、隔离区、办公区、饲喂中心建设并交付使用,引进肉牛4300头;屠宰厂当年开工建设。引入国内蛋鸡行业龙头企业贵州凤集集团在原州区成立原州区兴百业扶贫开发投资有限公司,在中河乡开展的高品蛋鸡产业园建设项目,2020年,完成蛋鸡产业园18栋鸡舍基础、地坪硬化、蛋品车间等建设,蛋品车间、5栋鸡舍已投入运营,存栏蛋鸡50万羽。

农业机械化

【农机购置补贴】

制定出台了《2020年原州区农机购置补贴实施方案》,利用《宁夏回族自治区农机购置补贴辅助管理系统(2018—2020)》对15大类32个小类99个品目机具实施补贴。2020年,结算补贴资金3批共1063.753万元,累计受理购机申请1632份,受益户数1609户,补贴机具数量1637台,拉动农民和农业生产经营组织投资3531.154万元。农机深松整地作业补助项目以深松+旋耕的作业模式为主,实行整村推进。项目补贴资金62.5万元。完成农机深松作业整地任务2.5万亩,辐射带动0.5万亩。

【示范园区建设】

在彭堡镇闫堡、姚磨村建设蔬菜农机农艺融合示范园区1个,建设1530亩,辐射带动2000亩。投入资金20万元,开展不同模式胡萝卜精量播种试验和圆白菜、芹菜机械化收获对比试验30亩。在中河乡丰堡村建设马铃薯机械化起垄种植技术示范区1个,示范面积820亩,辐射带动1500亩。投入资金9万元,开展同一种植模式下覆黑膜和覆白膜种植、单垄覆膜和双垄覆膜种植以及不同种植模式下起垄覆膜种植与起垄不覆膜种植对比试验25.2亩。

【农业技术推广】

采购宁夏润宇塑业有限公司农用耐候地膜1689.416,实际发放地膜1689.416吨,覆膜面积22.3万亩,投入资金2067.71万元。涉农整合资金1000万元,自筹资金1067.71万元。回收残膜4815.18吨,整村推进机械化回收残膜20000亩,加工造粒1203吨,投入涉农整合资金500万元。

【农机建设项目】

在原州区彭堡镇石碑村建设固原凯金农机作业有限公司1家,新建维修间及机具库棚1080平方米,完成机械化作业面积3万亩以上。新购置1804拖拉机1台、青贮机1台。投入资金115万元,其中项目资金25万元、自筹资金90万元。

农村能源

【农村人居环境整治】

2020年,原州区用各类清理机械8126台次,出动劳动力12.17万人(次)参与村庄清洁行动,清理农村生活垃圾20035多吨,村内沟渠4217条,乱堆乱放9065吨;拆除危房危窑2712座,残垣断壁22652千米,乱搭乱建6058处;完成庭院绿化28.93万株,道路绿化21.75万株,沟坡渠边绿化175亩。

【农村厕改】

2020年,农村户用厕所建设任务8157座,涉及11个乡镇,计划总投资2610.24万元,其中自治区资金 1631.4 万元，地方配套资金 978.84 万元，于 5 月上旬开工建设，2020 年累计完成 8157 座，完成率 100%。积极推进公共厕所建设项目：在三营镇牛羊市场、张易镇街道南桥头分别建设一个公共卫生厕所，两个公厕共投资 93.55 万元，其中自治区资金 22 万元，县级配套资金 71.55 万元。2020 年，自治区下达原州区户用厕所改造任务 4000 户。规划建设农村"厕所革命"整村推进示范村 10 个（即：黄铎堡镇白庄村、黄湾村；三营镇东塬村；河川乡上台村；开城镇下青石村、寇庄村；彭堡镇杨忠堡村；头营镇蒋河村；炭山乡古湾村；寨科乡新淌村），使示范村农村卫生厕所普及率达 85% 以上。示范村需完成农村户用厕所改造 1507 户（即黄铎堡镇白庄 105 户、黄湾村 217 户；三营镇东塬村 105 户；河川乡上台村 98 户；开城镇下青石村 104 户、寇庄村 236 户；彭堡镇杨忠堡村 324 户；头营镇蒋河村 106 户；炭山乡古湾村 110 户；寨科乡新淌村 102 户）；购置 5 立方米抽粪车辆 10 辆（市场询价 19.9 万元），随车调拨项目乡镇车辆管护费用 2.0 万元；用于支付车船税、挂牌费、交强险 0.55 万元；购置污泥泵 56 台及配套设备。

【渔政管理】开展"中国渔政亮剑 2020"系列专项执法行动，落实自治区涉渔水域休渔禁渔期制度，在清水河原州段及其附属水域、南河滩农贸市场水产品销售区等开展集中联合执法 3 次，发放宣传资料 700 余份。开展水产品质量在线管理，对安泽水产养殖社等渔业企业进行水产品质量安全的宣传教育和责任落实。开展渔业结构优化调整调查。开展水生野生生物资源养护工作，在原州区各水域发放宣传资料 500 余份，开展执法宣传行动 5 次，加强水生野生生物资源养护。重点在寺口子水库、蒋河水库国家水产种质资源保护区开展了法制宣传教育。

【水产技术服务】推广水产新技术养殖试验示范，协助宁夏固原宏淼水产养殖有限公司在彭堡镇姚磨进行澳洲龙虾苗种引进、新品种试验示范、鱼病防治、信息化服务及市场营销等。在彭堡镇申庄渔场引进鲫鱼、河蟹等新品种养殖，探索适合当地水产品多样化养殖。在头营镇沈家河开展大棚养殖"鱼菜共生"模式试验示范。

动物卫生监督

【重大动物疫病防控】加强对政府购买兽医社会化服务组织的监督指导，对小反刍兽疫、高致病性禽流感、新城疫、口蹄疫、猪瘟、布病等重大动物疫病实行强制免疫。强制免疫畜禽群体免疫密度常年维持在 100%，并进行免疫效果监测，对群体抗体合格率达不到 70% 的或接近临界值的地区要求进行再次集中补免，确保群体抗体合格率全年保持在 70% 以上，做到应免尽免，不留死角。2020 年，春秋两季共免疫各类畜禽 553.641 万头只羽/次，其中免疫牛口蹄疫 22.18 万头、羊口蹄疫 35.291 万只、羊小反刍兽疫 41.32 万只、猪口蹄疫 9.46 万只、猪瘟 10.76 万头、禽流感 197.13 万羽、鸡新城疫 197.13 万羽、布病 19.84 万只、羊包虫病免疫 13.23 万只、狂犬病 0.89 万只、犬驱虫 6.41 万只/次。

【非洲猪瘟防控】2020 年，累计共排查生猪 380421 头，未发现非洲猪瘟可疑情况。对 27 家备案车辆进行重新登记检查，GPS 运行正常。对 5 家生猪产品"点对点"调运经销企业进行每天检查一次，重点查验检疫证、非洲猪瘟检测报告。

【动物卫生监督】原州区共有 11 个乡镇和 3 个街道办畜禽产地报检点，检疫开展覆盖面 100%。截至 2020 年年底共检疫畜禽 72.8876 万头（只/羽、箱），其中牛 2.8092 万头，羊 2.1986 万只，猪 4.2142 万头，家禽

62.2628万只（羽），其他14028头/（只、箱）。2020年，原州区共有畜禽屠宰场（厂）3家，共屠宰畜禽157.5543万头/只（羽），其中牛0.3383万头、羊0.6641万只、家禽156.5519万只/羽。屠宰场牛、羊严格按照检测比例进行"瘦肉精"检测，2020年检测6000份（包括养殖环节），结果全部为阴性。

【兽药饲料监管】

严查兽药GSP经营企业后续监管工作落实情况，使其严格按照GSP要求规范经营，对不按兽药GSP规定从事经营活动的企业予以警告、限期整改等处罚，不断巩固兽药GSP认证成果。同时严格落实兽药经营许可制度，依法查处和取缔无证经营兽药和超范围经营行为，严禁无证或非法经营兽药，确保兽药GSP动态监管到位，兽药经营规范开展。继续推行《宁夏回族自治区兽药使用质量管理规范（GUP）》，严格执行乡村兽医用药目录和兽药采购、使用档案记录，规范兽药使用。严查兽药产品追溯管理执行情况，继续推行宁夏兽药信息化监管平台使用，确保产品二维码追溯管理全覆盖。强化兽用抗菌药、兽用生物制品市场整治，对原州区内兽药经营企业、动物诊疗场所以及畜禽规模养殖场进行集中检查，重点对兽药经营和使用环节的禁用兽药、人用药、原料药和农业农村部通报的假劣抗菌药物及不合格等产品，进行监督检查。

【产业扶贫】

截至2020年10月11日，建档户：养殖业，补栏肉牛25870头，已补栏28159头，完成率108.9%；补栏基础母羊61535只，已补栏53020只，完成率86.2%；补栏猪6981头，已补栏5706头，完成率81.8%；补栏驴55头，已补栏59头，完成率107.3%；补栏鸡153561只，已补栏149316只，完成率97.3%；补养中蜂3485箱，完成3909箱，完成率112.2%；补栏肉兔16317只，已完成13009只，完成率79.7%。基础设施，建设牛棚488栋，建成356栋，完成率72.9%；建设鸡舍10栋，建成2栋，完成率20.0%；建设猪舍69栋，建成45栋，完成率65.2%；建设青贮池371座，建成178座，完成率47.9%。边缘户：养殖业，补栏牛640头，已补栏556头，完成率86.9%；补栏羊2618只，已补栏2505只，完成率95.7%；补栏猪413头，已补栏318头，完成率77.0%；补栏鸡5016只，已补栏7102只，完成率141.6%；补栏肉兔550只，已补栏480只，完成率87.3%；补养蜜蜂52箱，已补养43箱，完成率82.7%。基础设施，牛棚36栋，建成42栋，完成率116.7%；猪舍7栋，建成4栋，完成率57.1%；青贮池7座，建成6座，完成率85.7%。

动物疾病预防控制

【基础设施建设】

原州区动物疾控中心对兽医实验室硬件进行升级和仪器设备更新，达到建设标准和国家生物安全防护一级标准。在承担动物疫病防控技术支撑，开展各项检测和疫病核查、诊断等方面，及时掌握疫情信息，强化疫情检测报告，提升从养殖到屠宰的全链条兽医卫生风险控制水平。

【免疫抗体水平检测】

制定《原州区重大动物疫病监测计划》，开展采样、调查、养殖环节的实验室检测、信息填报、监测结果反馈等工作。2020年，监测各类免疫抗体血清样品5380份。

【病原学监测】

2020年，检测非洲猪瘟、马传贫、马鼻疽病原学样品638份。监测非洲猪瘟血清、棉拭子样品共558份，全为阴性。监测马传贫血清样品50份、马鼻疽血清样品30份，全为阴性。监测牛结节性皮肤病全血样品8份，全为阴性。

【疫病核查诊断】

2020年，完成动物疫病临床诊断病例18起，确诊病例15例,发送诊断报告15份。通过对9个乡镇上报的动物疫病发生情况进行现场核查分析,对动物疫病或病原的存在或免疫状况,系统性收集和实验数据的分析,为原州区动物疫病防控工作进行有依据的科学指导。

【流行病学调查】

开展动物疫病流行病学调查工作,掌握口蹄疫、高致病性禽流感、布鲁氏菌病等优先防治病种分布状况和流行态势。重点对禽流感、布鲁氏菌病等优先病种开展流行病学调查工作,继续推进畜禽养殖场主要动物疫病监测净化与评估,强化新发病监测预警和风险分析评估。2020年在春、秋季集中免疫开展之前进行了小反刍兽疫、口蹄疫、高致病性禽流感、高致病性猪蓝耳病等重大动物疫病排查和流行病学调查工作。调查养猪户189户,调查猪25617头;调查养牛户156户,调查牛7854头;调查养羊户348户,调查羊26035只;调查养鸡户107户,调查鸡4328000羽。共开展紧急流行病学调查3期,其中开展鸡禽流感紧急流行病学调查1期,调查鸡4200羽;开展非洲猪瘟紧急流行病学调查2期,调查头营、彭堡、黄铎堡等养猪规模较大的区域内饲养场(户)245户,调查猪5560头,采集血清样品120份,采集鼻拭子、环境拭子90份。

【疫情预警预报】

2020年,原州区动物疾病预防控制中心选取三营、中河、头营3个乡镇作为固定监测点,在3个监测点上选取6个行政村,120多户饲养户,3个规模养殖场作为一年相对不变的调查区域。对该区域内饲养的3168头猪、9906头牛、49150只羊、89570羽鸡,每月按规定调查17种重大动物疫病的发生和流行情况。截至2020年11月底,共收集、整理原始动物疫情报表、流行病学调查报表、畜禽防疫统计报表、动物死亡调查报表330份,上报各类信息报表72份,并按规定在《中国动物疫病预防控制中心》官网通过动物疫情监测与疫情信息专题及时上报每月监测和疫情信息。共计排查场户17970户,猪1366516头,收集整理各乡镇每日报告非洲猪瘟疫情报表3960份,汇总上报360份报告给自治区动物疾病预防控制中心,病死猪非洲猪瘟监测上报8份。对重大动物疫病进行日排查和周监测工作,为开展重大动物疫病科学防控提供科学理论依据。2020年,上报排查报表120份,累计排查场地260万平方米,排查牛467880头、羊338760只、猪120360头、禽6408000羽。保障了原州区畜牧产业健康发展、肉品有效供给和公共卫生安全,确保原州区全年没有发生区域性重大动物疫情。

【重大疫情处理】

建立重大动物疫情分析研判机制,定期开展重大动物疫病流行趋势研判会商,及时发布疫情风险预警信息。2020年10月份,原州区头营镇大疙瘩村突发一起人患炭疽疫情。接到原州区卫健局报告后,原州区动物疾病预防控制中心按照制定的《原州区重大动物疫情应急处理方案》,共排查养殖户323户,排查易感动物3402头。紧急接种309头家畜,消毒1.6万平方米。将疫情迅速消灭在了初发状态,没有使疫情蔓延和扩散。

种子管理

【种子市场监管】

原州区种子管理站对辖区内种子经销企业、门店开展种子质量执法检查,查品种是否真实,查品种是否审定及授权,查种子质量是否合格,查种子标签是否完整,查种子经营许可证、代销证和经营档案是否完整,是否存在经营转基因品种,未审先推及假冒伪劣行为。审核种子生产经营企业(户)89家,备案品种138个,网上生产经营备案333份,其中:经营不在分装种子门店285份、受委托代销网点47家、种子生产备案1家。同时,加强种子生产经营台账管理,重点针对经营单位"两票两账"(进货发票、销售发票、进货台账、销售台账)进行检查,建立完善"一账通"台账制度,鼓励农户索证索票,实现农资产品可追溯。

【农作物种子质量检测】

2020年以来,共出动执法人员440人次,出动执法车辆122台次;共检查种子生产经营单位89家,检查各类农作物种子3329.2吨(其中:玉米812.5吨、杂粮267.1吨、瓜菜9.6吨、马铃薯原原种6000万粒、原种2040吨、一级种200吨);共检查种子标签183份;抽检农作物种子13个品种,26个样品(每个品种含监督样品1个、质量检测样品1个),其中玉米种子样品22个(监督抽样11个、质量检测抽样11个)、马铃薯种子样品4个(监督抽样2个、质量检测抽样2个),有机肥抽样送检1份,监督抽样送检1份;开展玉米转基因快速检测24个品种,检测结果均为阴性;同时对2.4万亩冬小麦越冬返青苗情进行抽检,返青率为91.4%,返青良好;对原州区内5家马铃薯持证繁育企业开展田间检验两次,2020年共检查原原种58亩、原种927亩、一级种2700亩、送检疑似病毒样品45个,原种和一级种田间质量符合《马铃薯种薯标准》(GB 18133—2012)质量标准,抽检面积综合评价合格。

【种子法规宣传培训】

利用集市广泛宣传《中华人民共和国种子法》《中华人民共和国农产品质量安全法》《农药管理条例实施办法》《农药包装废弃物回收处理管理办法》等法律法规,发放宣传材料24000多份,上报信息简报28份。对原州区所有农资生产经营企业人员进行了为期两天种业提升方面知识培训,共100人次,在炭山乡、开城镇组织贫困户进行张杂谷种植技术现场培训200人次。同时对各农资生产经营企业、门店通过电话、微信群、实地进行新冠肺炎疫情防控工作和农药包装废弃物回收工作进行宣传,并对各类农资的储备情况、价格进行调查。

【规范农资生产经营】

突出整顿种子、农药、化肥等农资品种。对农资经营集中的重点区域进行监督检查,随机抽检农资经营企业、经营门店46家,抽检率占全区60%;处理并没收过期玉米种子10公斤,蔬菜种子18袋(100克/袋)、农药约2公斤。配合原州区农技中心抽检瓜类种苗4家,代表样86万株,瓜类种子5家21份。自查整改规范种子生产经营许可证8家,更换办理已到期种子生产经营许可证两家,蔬菜种苗生产经营许可证3家。同时加大对未审先推、假劣种子案件查处。办结种子案件两起,罚款共计6万元。和各农资生产经营企业门店签订《种子质量安全责任书》《农药经营质量安全责任书》89份;签订《农药包装废弃物回收安全责任书》53份,确保疫情期间农资质量安全生产,加大对未审先推、制售假劣套牌侵权种子、转基因种子等种子违法案件的查处力度;规范经营行为,建立健全企业诚信制度,增强种子经营户的诚信守法经营意识。

【张杂谷免费供种项目】

采购张杂谷13号2.275吨,支付资金122.892万元,原州区23家企业和567家农户种植张杂谷16000亩,每亩供种0.325公斤。建成固原市原州区新星土地股份专业合作社、原州区张崖村专业合作社等6个千亩张杂谷种植基地。所有种植主体全部采用全膜(渗水地膜或白膜)机穴播抗旱高效种植技术、测土配方施肥技术。根据对各种植主体产量及经济效益统计,种植张杂谷13号亩产值在1060元左右,亩纯收入556元。投入产出比为1:2.1。16000亩可实现产值1696万元,纯利润889.6万元。

【小杂粮种植项目】

对原州区内企业(合作社、大户)种植豆类、糜子、谷子、荞麦、莜麦、胡麻、芸芥、油菜等小杂粮、油料累计面积在300亩以上,最小连片地块不小于50亩的小杂粮、油料的种植主体给予每亩100元种植补贴（每家种植主体最多补贴不超过2000亩），原州区33个种植主体种植的27469.4亩小杂粮、油料符合补贴标准，享受财政补贴资金274.694万元（整合涉农资金249.694万元、自治区农业专项资金25万元），带动338户建档立卡户通过务工、地租等形式增收639210元。建成固原市原州区新星土地股份专业合作社、固原市原州区福兰家庭农场、固原市原州区顺昇种植专业合作社、固原市原州区地托家庭农场、固原市原州区官厅镇刘店村土地股份专业合作社等8个千亩小杂粮种植示范基地。

【产油大县建设项目】

对种植胡麻、油菜、芸芥等油料作物累计面积在300亩以上、最小连片地块不小于50亩的经营主体给予种植补贴；对采用新品种、新技术种植胡麻、油菜经营主体给予每亩150元种植补贴；按照传统技术种植芸芥的经营主体给予每亩100元补贴（每个经营主体最多补贴不超过2000亩）。原州区10个种植主体种植的7922.4亩油料符合补贴标准，补贴资金99.052万元。带动111户建档立卡户通过务工、地租等实现增收191717元。建成固原燕宁家庭农场（有限公司）、固原市原州区昊农家庭农场、固原市原州区恩泽牛羊养殖农民专业合作社、固原市原州区共创种植专业合作社4个胡麻、油菜种植示范基地。

林 业

【林草产业】

认真落实自治区"创新驱动、脱贫富民、生态立区"战略和市委"一屏""一带""一线""三区"的"四个一"林草产业布局，把山水田林湖作为一个生命共同体，坚持科学规划，多点布局，持续推进小流域综合治理，不断提升城乡绿化水平。一屏：在六盘山外围区降雨量400毫米以上区域营造林18.4万亩。其中新造林7.52万亩，完成100%；补植补造和退化林分改造10.88万亩，完成100%。一带：绿化乡村道路200公里，完成计划任务120公里的167%。一线：实施三须路三营入口至福银高速公路三营出口绿化带改造提升和中黑路绿化49公里，完成100%。三区：推广种植一棵树7.3万亩，一株苗0.5万亩，一枝花0.35万亩。示范点有："一棵树"示范点：在黄铎堡镇黄湾村矮砧密植苹果种植基地内新种植苹果1000亩，完成100%；在黄铎堡、三营、头营等乡镇沿福银高速公路两侧种植以宁杞7号为主的新品种枸杞12400亩，完成100%；在三营镇甘沟村山楂示范园推广种植山楂500亩，完成100%；在张易镇田堡村、开城镇柯庄和冯庄村种植以榛子、山楂、梨等庭院经济林1324.3亩，完成100%；在开城海沟和寨科马渠推广种植已引种试验成功的大果榛子、山楂、文冠果10000亩，完成100%；引导全区农户发展庭院经济林18500亩，完成100%；指导寨科乡蔡川村农户修剪红梅杏老树600亩，实地培训农户80人次，补植5600株，完成100%。"一株苗"示范点：在彭堡镇申庄村、蒋口村"一株苗"示范点增加景观造型苗木新品种20个。"一枝花"示范点：在中黑路种植观赏花卉1000亩，完成100%；在张易镇宋洼村地埂补植山桃、丁香、蓝叶忍冬、牡丹等花灌木2500亩，完成100%。

【智慧林业】

原州区自然资源局在14个国有林场重点林区布设森林防火监控塔23处，安装中继站15处，智能双波段摄像机23台；给生态护林员安装了"生态护林员智能巡护管理信息系统软件APP；2020年，采购RTK16台，无人机两台，大型液晶屏1个；建设草原火情瞭望塔两座。配合专用的FR4000防火预警平台软件，借助卫星定位系统、4G/5G高速移动互联网等技术，实现了对大部分林区火源探测并告警显示和生态护林员全方位动态监管，逐步建立起了功能齐备、互通共享、高效便捷、稳定安全的"天空地"一体化资源管护智能预警监测网络系统，形成了森林资源立体监管模式。

【生态建设】

加大有害生物防控力度,检疫各类苗木4300.6万株,其中调运检疫3109.6万株、产地检疫1191万株。复检木材5195.1立方米、线缆(光缆)640盘。监测调查林业有害生物标准地1054个、针叶林松材线虫15.44万亩、重点林区鼢鼠密度0.17万亩。同时在"四个一"示范园区经果林布设松材线虫、红脂大小蠹、美国白蛾、苹果蠹蛾诱捕器35个,均未发现监测对象。投药防治鼢鼠1.02万亩,打孔注药防治光肩星天牛10.58万株,监测防控落叶松鞘蛾0.3万亩,防治草原鼠害8万亩、虫害8万亩。严密监测野生动物疫源疫病,针对开城镇和泉村"鼠出血热"病例,制定《灭鼠方案》,配合原州区卫生健康局在各林场、管护点开展灭鼠行动;疫情期间,在福银高速、国省干线等9处新冠肺炎疫情检查点安排了野生动物检疫检验人员;严密监测境内水域的鸟类,严格管控境内13家野生动物养殖场,完成在养野生动物的处置、移送、补偿等工作,并按期将野生动物驯养许可移交农业部门;无害化处理死亡野猪3头。强化森林草原防火工作,进一步加强扑火队伍建设,及时补充扑火装备,加强隐患排查治理,狠抓火源管控,加大宣传力度,努力营造全民防火的浓厚氛围,确保森林资源安全。建设草原火情瞭望塔两座。加大草原修复治理,完成草原毒害草治理和补播1.5万亩,完成退化草原生态修复1万亩。完成新一轮退耕还林地县级核查验收,核实保存面积4000亩,组织补植补造1216.5亩。

【地质灾害防治】

原州区自然资源局建立了汛前、汛中、汛后"三查"制度,在地质灾害高危险区域发放了"两卡一表"(防灾工作明白卡、避险明白卡、隐患点排查登记表)。编制完成了《原州区地质灾害应急预案》《原州区地质灾害防治方案》,建立区、乡(镇)、村、组四级地质灾害群测群防体系。排查地质灾害隐患点96处,其中崩塌37处,滑坡16处,不稳定斜坡43处,直接威胁241户1056人的生命财产安全。治理地质灾害安全隐患点9处,其中:安装视频设备动态监测4处、采取工程措施治理5处,消除62户218人的安全威胁。聘用地质灾害监测员65人,培训地质灾害防治技术和监测人员130人,印发各种地质灾害科普资料1000余套。

【非煤矿山管理】

原州区自然资源局建立了矿山综合监管体系,对矿山企业实行网上审核、统计、备案和信息公示制度,实行动态管理。2020年,挂牌出让砂石矿5个,颁发采矿许可证7个,办理采矿许可证延续8个,注销和吊销采矿权20个。查处超层越界开采矿山企业10家;将两家扬尘治理不规范的矿山企业列为不合格企业,在原州区门户网站公开公示;对3家存在安全隐患矿山企业的采矿证未予延续,并责令停产整改,整改合格两家。恢复治理历史遗留矿山14座。

【法治建设】

原州区自然资源局严查涉及土地、矿产、林地、草原、湿地和野生动物保护等各类破坏自然资源和妨碍自然资源执法的违法案件。查处各类行政案件76起,其中林政类36起、矿产类12起、土地类26起、草原类两起。与公安、检察机关联合查处违法采砂案件两起,清理整治违法占用土地的砂场7家,申请法院强制执行案件4起,加大禁牧封育巡查督查力度。出动102车次358人次,制发禁牧通报4期、专项函件1份、督查专报1份、整改通知9份。有效打击了破坏自然资源的违法行为,警示震慑效果明显。

水 务

【防汛抗旱】

修订《原州区水务局水旱灾害防御专项预案》《原州区中小型水库洪水调度方案》《原州区中小型水库坝防汛抢险应急预案》《在建水利工程施工度

汛方案》并按程序进行报批。原州区水务局对全原州区62处预警广播及设备进行了全面维修维护，保证汛前系统正常运行。

【农村饮水安全】

加强农村饮水安全工程运行管理，配备水管员149名完成水毁维修432处。加强水费收缴，截至2020年累计收缴水费469.47万元，收缴率70%。完成"四查四补"工作任务，排查出返乡、新建院落自来水未入户415户，冻管4.55公里，因原自筹管道埋深不够、无取水井等影响冬季供水1305户，已全部完成。彻底解决原州区11个乡镇110个贫困村和43个非贫困村66711户243971人的饮水安全问题。

【水利工程建设】

争取水利工程建设资金，2020年，争取自治区水利厅、自治区发改委、自治区财政厅等单位的第一批中央水利发展资金、大中型水库移民后期扶持资金、自治区水利发展资金、解决苦咸水问题资金等累计12902.32万元，其中地方配套536万元。开展项目在线审报，2020年，完成在线审报审批项目30项。包括原州区2020年农村饮水安全巩固提升工程、原州区大北山坡耕地水土流失综合治理工程、固原市原州区清水河三十里铺—大马庄水库段连通工程、清水河原州区（郑磨漫水桥—沙葱沟）段综合治理工程第二批（防洪工程）、宁夏农村苦咸水改水项目原州区农村供水水源替换工程等项目。累计批复资金18056.76万元。进行国家重大项目库项目申请储备，2020年，向原州区发展改革局县级项目库储备项目130项，其中重点项目申报项目8项，包括原州区清水河流域水系连通工程，估算投资35800万元；固原市原州区现代化生态灌区建设工程可研批复，估算投资107000万元；何家沟流域综合治理工程，估算投资12276万元；原州区"互联网+农村供水"工程，估算投资15512万元；固原市原州区中水资源化利用项目（一期），估算投资3429万元；原州区张易水库除险加固工程，估算投资2683万元；寺口子水库总干渠维修工程，概算投资820万元；原州区防汛抗旱应急物资储备库房建设项目，概算投资360万元。

【重点项目工程建设】

原州区乔家沟水库工程项目：批复投资4962.62万元，2020年5月31日完成全部建设内容。原州区清水河至毛家沟水库河库连通工程：总投资1269.23万元，2020年5月20日完成全部建设内容。固原市原州区头营镇二营村高效节水灌溉工程：批复投资1318万元，2020年10月完成全部建设任务。原州区戴堡沟治理工程：批复投资1030万元，2020年8月3日完成全部建设内容。原州区古湾坡耕地水土流失综合治理项目：批复投资1052.34万元，2020年4月完成全部建设内容。原州区石湾小流域综合治理项目：批复投资619.62万元，2020年6月完成全部建设内容。原州区寨科乡羊路沟小流域综合治理项目：批复投资641.11万元，2020年6月完成全部建设内容。原州区2020年农村饮水安全巩固提升工程：批复投资4817.92万元，2020年8月完成全部建设内容。原州区上店子小流域综合治理项目：批复投资489.81万元，项目于2020年4月开工建设，计划完工日期为2021年4月，已完成建设内容的85%。固原市原州区清水河三十铺—大马庄水库段连通工程：批复投资1023.18万元，项目于2020年7月15日开工建设，计划完工日期为2020年12月12日，已完成建设内容的65%。清水河原州区（郑磨漫水桥—沙葱沟）段综合治理工程第二批（防洪工程）：批复投资2856.76万元，项目于2020年8月26日开工建设，计划完工日期为2021年6月22日。已完成建设内容的45%。原州区大北山坡耕地水土流失综合治理工程：批复投资1167.06万元，项目于2020年8月31日开工建设，计划完工日期为2021年8月30日，已完成建设内容的40%。原州区新山小流域综合治理项目：批复投资644.03万元，项目于2020年

8月31日开工建设,计划完工日期为2021年8月30日,已完成建设内容的80%。宁夏农村苦咸水改水项目原州区农村供水水源替换工程:批复投资3172.7万元,项目于2020年9月23日开工建设,计划完工日期为2020年11月22日,已完成建设内容的64%。

【河长制工作】

原州区水务局组织辖区7个县级、102个乡镇级河长、127个村级河长、288个巡河员累计巡河21312次,综合有效巡河记录17535次。下发违章采砂、违法排污、违章取水等水事违法行为通知单25个,严厉打击了违法行为。2020年,累计督查144个"四乱"问题,按照问题清单、目标清单、任务清单、措施清单、责任清单,下发河长令14个,督办通知单28个,已全面落实解决。2020年1月至10月,清水河国控断面稳定达到Ⅳ类以上水质。原州区完成了马莲川河、中河、大营河、冬至河等4条重点河道125.97公里岸线利用保护规划。对杨达子沟、大红沟、双井子沟、叠叠沟、陈家沟、河川河等13条河流259公里管理范围划定并进行政府公告,通过了自治区自然资源厅、水利厅复核审查,实现了"全国水利一张图"。

【安全生产】

分级、分业务管辖签定2020年安全生产及消防目标责任书,总计签订责任书65份,做到了任务明确,责任到人。2019年12月—2020年3月开展了今冬明春火灾防控及水利安全生产集中整治行动、4月开展了水利工程复工安全生产及疫情防控大检查、沈家河灌区春灌安全生产行动、5月开展了两会期间安全生产及防控大检查、6月开展了"安全生产月"活动、7月至今开展水利安全生产专项整治三年行动。1—9月份按照"四不两直"的检查要求,全局共派出暗访组累计79个,参加暗访人员418人,检查单位464家次。发现隐患11个,整改11个。

【质量监督】

对原州区水务局在建工程实行定期和不定期的巡视检查,对关键部位,关键的隐蔽工程参加验收,列席分部工程验收,参加单位和竣工验收,在建工程巡视检查42次,参加关键部位及重要的隐蔽工程验收9次,列席分部工程验收28个,列席单位工程验收20个,参加竣工验收1项,现场发现及要求整改的工程质量隐患12项次,要求完善的工程质保资料24次。完成工程质量监督书18项,完成工程核备44项。

【节水工作】

突出用水总量、用水效率和水功能区限制纳污"三条红线"管理,强化取水许可管理,加强水资源节约与保护,加大水资源保护宣传力度。开展节水型社会建设,在第28届"世界水日"和第33届"中国水周"通过网络广泛宣传节水政策、方针,提升广大群众的节水意识。原州区水务局与各乡镇、各部门、街道办事处签订《原州区最严格的水资源管理节水型社会建设目标责任书》23份。深化水利改革。制定《原州区农业水权交易回购实施办法》,建立原州区水权交易流转平台,实现用水单位和用水户通过水票流转方式进行水权交易。

水土保持

【生态建设】

完成了保家沟、官厅、炭山3条小流域综合治理实施方案审查;完成了《原州区"十四五"水土保持高质量发展规划》;正在编写原州区张易片区马场、冬至河西岸黄铎堡片区坡耕地水土流失综合治理实施方案,原州区车路沟、吴家沟、乔畔3座淤地坝除险加固工程建设实施方案,以及马场1座骨干坝工程实施方案。完成了淤地坝除险加固一期评估和二期核实工作;完成了原州区小流域(片区)划分和相关基础资料收集。

【流域治理】

完成了续建小流域综合治理任务，并按程序完成了分部单位工程验收。批复新增治理水土流失面积16.74平方公里。其中，建设水平梯田53.33公顷；建设生产道路4.86公里，田间道路3.2公里；治理沟道1.1公里（单侧砌护长度1.52公里）；新建过水路面3处；造林面积330.25公顷，其中，栽植道路绿化林3.9公顷，河堤绿化林2.0公顷，村庄绿化林2.8公顷，荒沟造林198.33公顷，荒坡造林123.22公顷；封禁治理1290.67公顷，修建宣传碑两块。概算总投资489.81万元。资金来源为申请2020年中央水利发展资金。建设期限2020年5月—2021年4月。该项目2020年4月17日完成招投标，4月20日开工建设，截至2020年年底，已全部完成治理任务，共治理水土流失面积16.74平方公里，其中：建设水平梯田53.33公顷；建设生产道路4.86公里；治理沟道1.6公里；新建过水路面两处；造林面积330.25公顷，其中，栽植道路绿化林3.90公顷，河堤绿化林2.0公顷，村庄绿化林2.8公顷，荒沟造林198.33公顷，荒坡造林123.22公顷；封禁治理1290.67公顷，修建宣传碑两块。完成投资489.81万元，占总投资的100%。新山小流域综合治理项目批复主要建设内容为：新增水土流失治理面积17.28平方公里。其中，新修水平梯田206.92公顷，配套田间道路12.42公里；营造水土保持林292.96公顷，栽植道路林7661株/22.98公里（折合面积6.13公顷），栽植庭院经济林4167株（折合面积3.33公顷），栽植村庄绿化林2800株（折合面积2.52公顷），封禁治理1216.49公顷；修建生产道路11.49公里，配套道路排水沟4.38公里、便桥8座、涵管4座、消力井8座、集雨场硬化105处10500平方米，设立封禁宣传牌3座。该项目工程概算总投资644.03万元，资金来源为申请2020年中央水利发展资金信息化建设。建设期限2020年5月—2021年5月。该项目于2020年8月27日完成招投标，8月31日开工建设，截至2020年年底，已全部完成治理任务，共治理水土流失面积17.28平方公里。完成投资644.03万元，占总投资的100%。

【坡耕地治理】

大北山坡耕地水土流失综合治理项目批复主要建设内容为：新增水土流失治理面积10.19平方公里，其中新修梯田671.34公顷，配套田间道路40.28公里，土质道路宽3.0米。新建生产道路8.78公里，沙石路面宽4.0米。水土保持造林面积348.16公顷，其中荒坡造林82.29公顷，荒沟造林260.60公顷，栽植道路林长17.56公里。建设期限2020年4月—2021年5月。该项目工程概算总投资1167.06万元。资金来源为中央预算内资金和原州区财政配套资金。该项目2020年8月26日完成招投标，8月31日开工建设，截至2020年年底，已完成治理水土流失面积9.93平方公里，占总治理面积的97.44%，其中：新修梯田650公顷，配套田间道路32.85公里；水保林342.89公顷，其中荒坡造林82.29公顷；完成投资1051.09万元，完成投资占总投资的90%。

【淤地坝安全运用】

原州区现有淤地坝工程174座，其中包括：骨干坝62座，中型淤地坝48座，小型淤地坝64座。分布于原州区寨科、官厅等7个乡镇。实行地方行政首长负责制和部门岗位责任制，明确了行政责任人、技术责任人和淤地坝巡查责任人，层层签订责任书。对2020年防汛抢险应急预案重新进行了修编，骨干坝绘制了防汛撤离路线图，确定了防汛抗旱抢险技术人员及应急预案。加强淤地坝运行管理，对骨干坝、中型淤地坝实行一坝一人的管护，共安排管护人员94人，签订管护合同及安全生产责任书。做好防汛检查，经检查存在隐患问题16处。针对检查出的淤地坝工程存在的不同问题，组织技术人员进行维修处理，确保淤地坝工程的安全度汛。同时，迎接水利部对原州区防汛及重点项目检查3次，并对存在的问题全部进行了整改。

【综合监管】

强化宣传教育。开展水土保持法、水土保持相关知识宣传教育。强化方案管理。完成了固原市幼儿园迁建项目水土保持方案报告表、固原蓝鑫节能建材有限责任公司原州区寨科乡中川村建筑用白云岩矿二矿项目工程水土保持方案、宁夏昇磊建材有限公司原州区头营镇张崖村建筑用白云岩一矿建设项目水土保持方案等4个项目水土保持方案的审批工作;完成了国网固原供电公司所属的宁夏固原丰源纺织35kv外部供电工程、固原金昱元广拓能源110kv外部供电工程等3个水土保持方案报告表的设施验收工作。狠抓监督检查。对固原第二中学教学楼改造、原州区青少年足球运动场、粒粒净采砂厂等40个生产建设项目,包括与固原市水务局联合督查10个、原州区自行组织监督检查30个,对存在问题的项目下发了督查意见,提出了整改措施。

【水土保持专项整治】

对2011年《中华人民共和国水土保持法》施行以来,已审批及应当审批水土保持方案的已建和在建生产建设项目进行整治,共清理排查32个生产建设项目,并将认定结果按时录入专项整治信息平台。共计征收水土保持补偿费115.95万元,全部上缴财政。

【基础资料录入】

原州区水保站完成了2020国家重点工程上店子、新山两条小流域综合治理项目,大北山坡耕地水土流失综合治理项目,三道沟、四沟、水担沟、芦草沟4座骨干坝除险加固工程,以及4个水土保持方案的基本信息录入。在宁夏"互联网+监管"系统填报了27项检查信息。

工 业

综 述

【概　况】

2020年，原州区实现工业增加值15.41亿元，同比增长10.1%，占GDP总量的10.5%，拉动GDP增长1.2个百分点，贡献率为22.9%，是原州区经济平稳增长的稳定器。其中规模以上工业同比增长10.4%，增速位于自治区第九位、固原市第三位。

【疫情防控】

制定《企业复工复产流程图》《关于加快建立同疫情防控相适应的企业生产秩序实施方案》，设置复工复产咨询热线，提供一对一帮助服务。成立专班，组建企业外查组，对企业复工复产情况进行全面检查、验收和备案，按照安全风险等级，实行差异化复工复产。严格落实企业主体责任，制定防疫方案及应急预案，建立防疫联动机制，全面落实各项防控措施。2020年，原州区内所有工业商贸企业全面复产复工，复工率达到100%。落实网上审批、绿色通道、容缺后补、特事特办等工作机制，推行电话、网络等远程办理业务，为企业提供便捷高效服务。打通疫情防控期间物资流通渠道，为原州区企业办理通行证165个；组建物资保障组，为城区群众储备并有效供给粮食1520吨、食用油71吨、猪肉181吨、牛肉90.1吨、鸡蛋26.7吨、蔬菜153吨、方便面76582袋、火腿肠278350根、瓶装水157428瓶、大桶矿泉水1356桶等各类生活必需品。积极采取有效措施，发动外商和商会多种资源，采购护目镜900副，100ML酒精2000瓶，累计为各单位、企业发放消毒原液30余吨。为原州区疫情工作指挥部协调口罩10960个，一次性灭菌手套3600双，医用酒精685公斤，护目镜300个，防护服100套，84消毒液28000公斤，红外线测温仪41个，方便面、纯净水、面包、饼干、牛奶、雨披、洗手液等生活物资1000余箱。自疫情发生以来，原州区工信局组织企业为原州区和武汉抗疫一线捐款捐物230万元。

【惠企政策落实】

制定《关于落实〈自治区工业经济稳增长二十四条意见〉和〈关于应对新型冠状病毒肺炎疫情影响促进中小微企业健康发展的若干措施〉主要任务分工台账》等文件，确保政策落实。落实县级领导包抓机制，深入企业调研，建立帮扶联系台账23份、查损补失台账63份。为对2019年度经济贡献大、带动作用强的15家新入规达限企业、3家产值首次过亿企业和4家创优创牌企业争取原州区专项资金132万元；推荐金昱元、明德、鑫宇农等39家春耕物资、重点防疫、生活物资生产企业申报融资需求5.17亿元；金昱元高新材料、丰源纺织等6家企业获得自治区"升规奖励"资金80万元；宁夏机场酒店管理有限公司固原分公司、宁夏相聚得全餐饮管理有限公司、固原福苑实业有限责任公司等14家餐饮企业获得自治区退餐补助资金60.02万元；宁夏汇融宸商贸有限公司、固原市原州区六盘山宾馆、宁夏宝瑞商业管理有限公司等84家小微企业获得自治区降低服务业小微企业经营成本奖补资金22.94万元；为天元餐饮、大欣商贸有等24家限下样本企业减免房租8.2万元；为邮政固原分公司、欣丰农业、嘉泰电子商务公司3家企业落实筑梦计划奖补资金28.73万元，为原州区灵儿土特产店、碧峰源、润农电子商务有限公司等17家企业落实电子商务进农村综合奖补资金

65.73万元;为宁夏六盘山水务有限公司申报自治区融资租赁补贴40万元;组织辖区企业积极开展技术改造,申报自治区技术改造综合奖补资金;印发《自治区、固原市人民政府积极应对新冠肺炎支持企业健康发展政策汇编》500份,进一步向企业宣传惠企帮扶政策。

【工业经济发展】

培育"专精特新"企业,宁夏昶沣新型建材有限公司、固原银海科技有限责任公司、固原隆鑫淀粉有限责任公司3家企业被自治区认定为2020年"专精特新"中小企业;固原三鼎马铃薯制品有限责任公司被自治区认定为2020年"专精特新"示范企业;宁夏正杞红枸杞产业发展有限公司被自治区认定为2020年成长型标杆企业;全力跟踪培育宁夏昶沣新型建材、泰和砼业、隆鑫淀粉、汉兵淀粉、清源风电、六盘山淀粉6家"小升规"后备企业。加速转型升级发展生态友好企业,指导永固建材和颖塬原建材开展"隧道窑"技术改造。大力推进"散乱污"综合整治,整治工作取得阶段性清零。制定下发《关于分解下达原州区重点用能企业2020年能耗"双控"目标任务的通知》,将能耗任务分解下达至各重点用能企业,督促企业严格落实。

电力供应

【电力业务】

2020年1月至11月供电量完成2.53亿千瓦时,同比上升11.09%。售电量完成2.27亿千瓦时,同比增长10.60%,完成2020年度指标93.80%。综合线损率10.24%,同比上升0.39个百分点。有损线损率10.31%,同比上升0.38个百分点,高于指标2.34个百分点。电费回收、解缴率均为100%。供电可靠率累计完成99.9587%,高于计划指标0.0665个百分点;农网电压合格率完成99.4276%,较计划指标下降0.5366个百分点。业扩报装7272户,其中高压81户、居民1491户、动力5700户。2020年,三营供电公司专变1903台容量40.84万千瓦,公变1652台容量25.45万千瓦,营业总户数11.36万户。

【配电网建设】

落实2019年工程项目收尾建设。2020年,在建工程37大项71小项,涉及资金9117.22万元。自2015年来,实施工程项目272项1259个分项,资金6.1亿元。累计新建、更换配电变压器803台,配电智能化改造1427台,新建改造10千伏线路1334千米、低压线路2127千米,惠及1041个自然村队5万客户。三营供电公司所辖10千伏线路44条,已完成改造33条,10千伏线路联络率70.73%,绝缘化率70%,N—1通过率67.20%。配电网网架结构持续改善,原州区配电网承载、转供、互供水平提升。

【安全建设】

开展农网工程、检修现场"旁站+拍照+点评+通报+督导"的周覆盖巡查560余场次、安全稽查110余次,纠正习惯性违章103人次,堵塞安全漏洞183处,根除屡查屡犯问题3类33人次,所查问题均闭环整改。加强隐患缺陷专项治理,春秋检排查出各类缺陷1351处,其中危急及重大缺陷255处,治理率100%,一般缺陷处理率98%(树障及计划停电制约);八项工作重点排查[①]16400处,处理率85%;拆除搭车通信线169处,排查森林火灾隐患14处;宣传并排查网络、车辆、消防安全风险3轮次。强化人员安全理念教育,举办领导班子讲安全课6课时177人次、安全专题培训181人次。2020年,未发生人身、设备、电网、交通、火灾事故及信息安全事件,未发生干部员工违法违纪及客户恶性投诉上访事件。

---

①"八项工作":线路假联络、对接型铜铝过渡线夹、跌落熔丝不匹配、杆号牌缺失、不合格避雷器、验电接地环、拉线绝缘子及分接箱代替环网柜问题。

【电力治理】

强化"线路跳闸"治理,综合监察性巡视、特殊巡视,借助超声波、红外及特高频局放等带电检测方式,建立1179例"一患一档",分批次整改率达到99.6%;立查立改鸟害、专线专变缺陷613处660户次。修剪砍伐树障32000余棵,自愈开关投运38条线路。向专变法人致函12份,下发隐患缺陷通知书305份,消除存量缺陷173处。至2020年11月份,发生跳闸98次,其中站内保护动作15次,自愈开关正确动作45次,除去外力、用户、自然等因素,共发生运维责任配网跳闸23次,同比下降率28.95%。加强"同期线损"治理。持续投入营配融合整治4大类17小类配网设备基础数据11万条,整改新增、改造、变更等异动设备高低压不一致错误2792条、箱表关系错误数据5841条、设备台账错误224条,外移街道的屋内表计、表箱3660余户,更换4G上行路由238块、4G物联网SIM卡490张、老旧终端208块、HPLC模块4.86万块、老旧表计2.3万块,整改计量接线错误34处,计量设备重新加封加锁并建立电子档案886户。持续反窃查违确凿处理133户,追补及违约使用电费103.2万元。至2020年11月底,台区线损合理率98.27%;低压同期线损率3.92%,线损治理取得历史最好水平。

【营商服务】

落实"三零三快三早"服务措施。实现零投资7191户,快接并网银昆高速1.25万千瓦负荷。国网APP绑定1.8万户,非卡表用户绑定率97.64%,除失联专变外,绑定实现全覆盖。深入开展"量、价、费、计(损)"营销基础管理。清理转供加价主体户两户(涉及诉求户650多家),降低均价0.66元/千瓦时。提升办电服务水平,精简办电环节,优化办电流程。落实疫情防控期间一般工商业用电费减免9833户。

脱贫攻坚

综 述

【概 况】

2020年是决战脱贫攻坚、决胜全面建成小康社会之年。一年来,原州区各级党政组织和广大干部群众,在习近平新时代中国特色社会主义思想的指引下,深入贯彻习近平总书记在决战决胜脱贫攻坚座谈会和视察宁夏重要讲话精神,坚决贯彻中央和自治区、固原市党委、政府决策部署,统筹推进疫情防控和脱贫攻坚,认真落实"四个不摘"和"三防"要求,始终保持靶心不变、焦点不散、力度不减,扎实开展"四查四补",脱贫攻坚取得决定性成果,顺利完成了脱贫攻坚收官战,如期实现脱贫攻坚目标任务,为决胜小康原州奠定了坚实基础。

【贫困户脱贫】

制定印发了《原州区关于坚决做到"四个不摘"全面打赢脱贫攻坚战的通知》和《关于建立脱贫不稳定人口与边缘易致贫人口防止返贫致贫监测预警和动态帮扶机制的实施方案》。2020年,原州区已完成剩余822户2133人贫困人口脱贫任务,对678户2740人的脱贫监测户和936户3356人的边缘户实行动态监测、动态管理,通过持续落实帮扶措施,返贫风险点已全部消除。2020年,贫困人口人均收入达4100元以上。

【脱贫攻坚包抓机制】

落实"四个不摘"要求,坚持原州区委常委每人包抓1个乡镇、县级领导包抓5个行政村、每个干部帮扶5户贫困户的"155"包抓责任机制,拧紧县级领导、乡镇领导、村干部、帮扶人"四级干部"包抓帮扶责任链条。原州区党员干部把脱贫一线作为主战场,主动放弃节假日休息,加班加点,昼夜奋战,以干部辛苦指数换取群众幸福指数,形成主要领导率先垂范,各级干部层层跟进,保证全原州区上下思想统一、步调一致,查补工作扎实有效推进。

【"三保障"和饮水安全保障】

坚持精准方略,锁定"两不愁三保障"和饮水安全,聚焦深度贫困村和特殊贫困群体,对标脱贫标准,逐村逐户排摸分析,坚持一村一方案,一户一措施,逐人研究,因户施策,对住房、教育、医疗和饮水等方面存在短板和问题,全面摸排,动态监测,分类形成问题清单,制定解决方案,切实解决问题,确保"两不愁三保障"稳定实现。2020年,共改造危房323户,已全部竣工验收,原州区常住农户住房安全得到保障。改造提升安全饮水1305户,所有农户安全饮水实现全覆盖。原州区农户稳定实现不愁吃、不愁穿,义务教育阶段无辍学学生,建档立卡贫困户和边缘户医疗保险参保率100%,村级标准化卫生室实现全覆盖。

【脱贫攻坚"清零"行动】

坚持边查边改,对排查出的问题分层分类建立台账,以表格形式反馈,限期销号解决。村组能解决的立即解决,乡镇部门能解决的限时解决,需要县级层面解决的开会研究解决。从"四查四补"发现的问题看,没有发现影响脱贫攻坚全局性、系统性的问题。2020年,各乡镇先后挨村挨户开展5轮排查,共排查出各类问题3261个(其中查损补失959个,查漏补缺1283个,查短补齐236个,查弱补强783个),已全部整改落实。

【精准施策】

原州区对确定的头营镇大疙瘩村、大北山村、马庄村，开城镇郭庙村，张易镇黄堡村、毛庄村，黄铎堡镇和润村，中河乡硝口村，寨科乡湾掌村9个挂牌督战村，因地制宜、因户施策，精准制订2020年脱贫攻坚作战实施方案，形成村级和到户项目清单。实行固原市、原州区领导双挂帅、双督战和部门单位、企业包村工作机制，较真碰硬"督"，凝心聚力"战"，全力以赴"帮"。在原包村县级领导、帮扶单位不变的基础上，再安排9名县级领导、9个涉农部门、9家优秀企业包抓帮扶，统筹整合资源，强化帮扶措施，集中优势兵力打"歼灭战"。切实抓好9个挂牌督战村"四查四补"工作，全覆盖入户摸排，共摸排出7个方面11类问题，已全面整改到位。针对短板弱项，加快到户到村项目实施和道路等基建项目，完成牛补栏3696头、羊6535只、猪105头以及蛋鸡28995只、肉兔1005只、中蜂188箱等，硬化道路24.45公里。

【就业扶贫】

全力做好贫困劳动力外出务工，通过包机和租车等"点对点、一站式"输送方式，集中多批次向区内外转移就业。2020年，原州区实现农村劳动力转移就业7.52万人，贫困劳动力转移就业2.79万人。深层次推进并提升飞毛腿技工学校技能培训和就业，完成能力培训7006人，发展贫困村创业致富带头人380人。

【企业和扶贫车间扶贫】

认真研判疫情对企业开工影响，有针对性的制定措施，加快扶贫龙头企业和扶贫车间复工复产，促进贫困人口就近就地就业。2020年，原州区扶贫龙头企业和扶贫车间已全部复工复产，其中：扶贫龙头企业27家，复工总人数1571人，贫困劳动力578人；扶贫车间16家，吸纳就业人口579人，贫困劳动力189人。

【消费扶贫】

开展消费扶贫产品认定及供应商资质审核，原州区有70家企业554个产品经过审核进入全国消费扶贫产品名录，有17家供应商74个产品进入中国消费扶贫网"扶贫832"平台销售。对接兰铁集团公司，推荐26家企业60种产品进入铁路局系统销售；好水川、伊脉等7家企业产品进站上车销售。结合消费扶贫开展的四种方式，对接固原市各大商场超市，设立扶贫产品销售专柜，推动扶贫产品进市场、进商场。截至2020年，全原州区完成消费扶贫2.48亿元，占任务1.6亿元的155%。

【金融扶贫】

坚持金融扶贫助推产业发展，与辖区内固原市农商行等8家银行对接协调，扶贫小额信贷余额1.5万户7.06亿元，存量贷款覆盖率60%，户均获贷5万元。截至2020年9月底为贫困户投放扶贫小额信贷7637户35898万元，完成自治区5亿元任务的72%。摸清建档立卡贫困户逾期贷款，加强贷后跟踪指导，提高资金使用效益，妥善处理逾期贷款，做好风险防范。截至2020年9月底共收回逾期资金236户1023.13万元、风险补偿金代偿12户55.19万元、办理展期9户42.23万元。2020年10月，原州区蔡川金融扶贫案例作为联合国中国扶贫经典案例，在联合国网站展示，并成为联合国对发展中国家扶贫开发的课程。

【东西部扶贫协作和定点扶贫】

加强闽宁协作及中央定点帮扶单位的资金和项目管理、帮扶资金全部列入财政统一管理，统筹项目安排。2020年，自治区下达原州区闽宁对口扶贫协作资金6000万元，全面完成产业扶贫、基础设施建设、扶贫车间、劳动力转移与培训、消费扶贫、残疾人帮扶等12个项目，闽宁协作取得新成效。国铁集团定点帮扶落实项目帮扶资金2200万元，实施产业帮扶、医疗保障、住房安全、饮水安全、扶智扶志等7大类13个扶贫项目，已全部完成，并顺利通过验收。

【易地扶贫搬迁】

拓宽移民就业渠道,在宁夏丰源纺织有限公司(扶贫车间)务工的劳务移民,由企业组织在车间培训3个月,稳定培训期满后,每人一次性补助3000元,岗位培训费每人补助200元给企业,培训期满后与企业签订务工合同。通过建立务工台账,掌握城区移民自主就业人员情况。对就业困难家庭,通过举办务工技能、创业就业培训,组织召开务工现场招聘会,向劳务移民提供适合自身需要的就业岗位。累计培训322人,自主就业人员有2388人。落实公益性岗位相关政策,2020年新开发340个农村公益性岗位,对就业困难家庭落实公益性岗位161个,优先安置贫困劳动力就业;光伏扶贫设置公益岗位757人,全部安排贫困劳动力,全原州区公益性岗位安排贫困劳动力4263人。对就近安置的移民每户补助1.5万元产业发展资金,用于牛羊补栏及养殖设施建设、种植业发展。移民2020年新补栏的基础母牛每头补助1000元饲草料费用。在头营福马村配套建设扶贫车间1个,吸引38人就近务工。落实公益性岗位107个,技能培训319人。2020年,共建设养殖圈棚16栋,补栏基础母牛1770头,补栏基础母羊2213只,母猪158头,青贮池5个,生态鸡6273只,肉兔1650只,蜜蜂218箱,露地蔬菜2243.39亩,马铃薯2988.7亩,萝卜337.07亩,共补助资金821.1654万元。加快拆旧复垦,原州区"十三五"期间,共搬迁移民3084户,应拆2487户,已拆除2475户,拆除面积1438.54亩。城区劳务移民户籍核转已全部完成,确保搬迁移民与迁入地居民享受同等的教育、医疗卫生、基本医疗保险、养老保险、社会救助等社会保障政策,原农村享受低保的,户籍签转后接续享受,对符合条件的劳务移民及时办理城市低保、落实高龄人口补贴和移民家庭中残疾人生活补贴及护理补贴。

【脱贫攻坚问题整改】

2019年脱贫攻坚成效考核反馈问题整改情况:根据自治区党委办公厅、人民政府办公厅《关于印发〈2019年脱贫攻坚成效考核反馈问题整改方案〉的通知》(宁党办〔2020〕22号)要求,原州区对自治区反馈7个方面36个问题进行梳理归类,细化整改措施,制定印发《原州区2019年脱贫攻坚成效考核反馈问题整改方案》(原党办〔2020〕50号),明确整改任务、责任牵头单位和完成时限,通过举一反三,扎实开展整改工作。脱贫成效考核反馈的36个问题已全部完成整改并长期坚持。根据自治区扶贫开发领导小组《关于印发〈国务院扶贫开发领导小组2020年脱贫攻坚督查反馈问题整改方案〉的通知》要求,原州区委常委会专门研究,制定《国务院扶贫开发领导小组2020年脱贫攻坚督查反馈问题整改方案》(原扶组发〔2020〕86号),对反馈的5个方面13个具体问题一一对照梳理,已整改完成并长期坚持。自治区脱贫攻坚专项巡视"回头看"期间,原州区配合做好各项工作,针对巡视出的问题,立行立改。2020年7月3日,原州区收到自治区脱贫攻坚专项巡视"回头看"反馈问题后,原州区委、区政府专题会议研究,针对反馈的原州区存在3个方面8类20个问题,制定《自治区党委第五巡视组脱贫攻坚专项巡视"回头看"反馈问题整改方案》(原党办〔2020〕79号),进一步细化整改任务、压实工作责任、明确整改时限,确保自治区脱贫攻坚专项巡视"回头看"反馈问题全部改到位、改彻底。2020年,自治区脱贫攻坚专项巡视"回头看"反馈的20个具体问题,已整改完成并长期坚持的14个,正在整改6个(抓巡视整改"以点带面"不够;部分问题整改还不够及时到位;"建新住旧、建新不拆旧"问题尚未清零;部分基础设施建设项目验收和决算不及时;发展壮大村集体经济资金使用不够规范;金融扶贫方面,推进化解小额信贷风险工作慢)。根据自治区扶贫开发领导小组《关于印发〈国务院扶贫办调研督导组反馈意见整改方案〉的通知》(宁开发〔2020〕3号)和固原市扶贫开发领导小组《关于印发〈国务院扶贫办调研督导组反馈意见整改方案〉的通知》(固扶发〔2020〕1号)要求,原州区制定印发《原州区关于国务院扶贫办调研督导组反馈意见的整改方案》（原扶组发〔2020〕4号），对督导反馈问题统筹安排，一体推进，建立任务清单，落实整改责任。2020年反馈的6个问题已全部完成整改。

【防范返贫致贫】

为防止脱贫不稳定人口返贫、边缘易致贫人口致贫，巩固脱贫成果，原州区制定印发《关于建立防止返贫致贫监测预警和动态帮扶机制的实施方案》，建立"一册两单三级联动"机制，聚焦"两不愁三保障"脱贫目标，紧盯因病、因学、重大灾害、突发事件以及新冠肺炎疫情影响等易返贫致贫关键因素，对全原州区678户2740人脱贫监测户、936户3356人边缘户进行监测预警、动态帮扶。

【脱贫攻坚普查工作】

成立脱贫攻坚普查领导小组，组建普查办公室、综合协调组、组织实施组、数据审核组、宣传组和后勤保障组6个小组，各组各司其职、协调配合，通过组织培训、清查摸底、登记准备、开展普查等，一体推进脱贫攻坚普查工作。原州区抽调942名脱贫攻坚普查引导员，配合海原县脱贫攻坚普查工作组，深入全原州区11个乡镇150个行政村和1个街道办，做好原州区脱贫攻坚普查工作，全面完成25651户普查任务，为全面建成小康原州提供数据支撑。

教育扶贫

【两免一补】

严格落实国家和自治区关于义务教育阶段"两免一补"政策，加强学生公用经费管理，切实保障学校、学生权益，有效减轻学生家庭经济负担，为促进教育事业健康发展提供有力保障。2020年，义务教育阶段落实资助金额1148.9125万元。惠及学生34184名，原州区各中小学教育教学工作的顺利开展得到有效保障。

【学生资助】

原州区教体局制定了《原州区义务教育阶段家庭经济困难学生生活补助资金管理办法》，做到专款专用，打卡发放，全面到位。2020年，落实学前教育各项资助金943.41万元，惠及11640名幼儿，落实高中阶段各项资助金193.98万元，惠及2442人，截至2020年10月，大学生贷款共计5914.9522万元，惠及8775名大学生。通过资助政策的全面落实，有效保障了原州区建档立卡贫困户家庭子女无一人因贫辍学和因学返贫，实现了一个都不能少的目标。

【营养改善计划】

严把"六道关口"（原材料采购关、入库保管关、出库加工关、分发食用关、清洗消毒关、财务收支审核关），建好"四本账册"（原材料采购登记册、原材料入库登记册、原材料出库登记册、学生分发食用登记册），坚持"四项制度"（食品卫生安全制度、原材料采购索票索证制度、食品留样制度、财务管理制度），规范操作流程，强化资金监管。2020年，原州区教体局将城区5所中学食堂按照自治区教育厅等六部委下发《关于进一步加强学校食堂管理提高服务保障能力的通知》纳入教体局统一管理，有效规范原州区学校食堂管理，确保学校食堂资金、食品"双安全""零事故"。

【控辍保学工作】

原州区教体局建立健全"双线控辍责任制""三包三保制度"、控辍保学周报告制度、控辍保学督查制度等八项控辍制度，积极开展"千名教师走万家"活动，发放《致家长的一封信》《义务教育劝返通知书》等。同时，按照"户、册、籍、人"四对照的办法，建立了0~18周岁少年儿童登记册，做到底数清、资料全、动态管。针对留守、孤残、单亲等学生实行建档管理、精准帮扶。以乡镇为单位成立核查小组，逐村逐户排查六年级毕业学生、义务教育阶段特殊教育学生和九年级毕业学生动向和去向，发现有辍学苗头、厌学情绪的学生加大关爱关注力度,及时跟进心理辅导等措施,切实做到情况明、可管控。截至2020年年底,原州区义务教育阶段无辍学学生。

【适龄少年儿童入学】

严格执行适龄少年儿童免试就近入学及进城务工人员随迁子女"两为主"政策,按照"划片、免试、就近、合理调剂"的原则,全面保障原州区内每个适龄儿童及随迁务工人员子女按时入学。积极关注特殊学生群体入学,将特殊群体入学纳入教育发展规划,把残疾儿童入学与基础教育同规划、同部署、同落实,通过随班就读、送教上门、特殊学校就读等多种方式,切实保障三类残疾儿童接受义务教育权益。

医疗扶贫

【精准参保】

原州区医保局督促乡镇(街道)紧盯重点人口,实现"医保清零"。为保障建档立卡贫困人口参加医疗保险应保尽保政策落实,重点围绕建档立卡贫困人口参保缴费工作,以精准摸排、精准参保为标准,建立动态调节机制,紧盯全员参保的目标任务,深入做好建档立卡贫困人口等特殊群体参保信息核查、补交核定、点对点促保缴费,确保农村建档立卡贫困人口全部纳入医疗保障范围。同时建立部门联动机制,主动加强与扶贫、民政和残联等部门对接沟通,及时做好医疗保险扶贫数据比对核实推送,为医保扶贫政策落实打好基础。2020年度城乡居民医疗保险参保缴费期由于新冠肺炎疫情影响,自治区医保局将原定于2020年2月29日的截止缴费期延长至2020年6月30日。原州区医保局进一步摸清参保基数,紧盯建档立卡贫困人口等特殊困难群体,以全员参保为目标,做到"三个全覆盖"(宣传动员全覆盖,逐户排查全覆盖,督促缴费全覆盖),确保城乡居民基本医疗保险应保参保。截至2020年6月30日,原州区共组织参保缴费367107人,完成自治区、固原市下达任务数361000人的101.6%。其中,建档立卡贫困户97610人、边缘户3352人、9个挂牌督战村29754人、除不属于参保范围人群外其余参保率都为100%。

【兜底扶贫】

原州区医保局积极实施"一免一降四提高一兜底"综合保障网,使贫困患者在医疗机构发生的个人自付合规费用在基本医疗保险、大病保险、财政兜底保障后,确保其年度内住院医疗费用实际报销比例不低于90%或当年住院自付费用累计不超过5000元,从根本上解决了"因病致贫、因病返贫"问题。截至2020年12月底,共为原州区协议医疗机构367996人次参保患者,核报销医保基金8904.6251万元。其中:门诊统筹340225人次核报销804.4504万元;普通住院16150人次报销费用6810.2455万元;生育保险(产妇定额包干)1158人次191.6833万元。新冠肺炎疑似病例1人次977.63元,异地住院1379人次865.2330万元,门诊大病8684人次,118.0609万元,单病种付费399人次114.9422万元。窗口"零星"报销普通住院818人次491.6849万元;门诊大病220人次112.5224万元;产妇135人次18.5313万元;大病保险报销4100人次2548.2846万元;财政补助162人次23.1914万元;财政兜底173人次105.1724万元。

【四查四补】

自2020年度城乡居民医保缴费工作开展以来,建档立卡户、边缘户、挂牌督战村应参尽参,应保尽保,为医疗保障脱贫攻坚奠定坚实基础。同时深化医保支付方式改革,组织开展了医疗机构病案管理、病种分值系统操作等业务培训班,确保医保支付方式平稳向按病种和按病种分值为主的复合付费方式转变。深化药品耗材集中采购改革,积极实施国家组织的集中采购中选57个药品在原州区应用,实行采购货款医保基金先行垫付,中选药品价格平均降幅达60%。为做细建档立卡人员门诊大病保障,原州区医保局对辖区内建档立卡人员和特困供养人员逐一排查,对符合享受30种门诊大病条件的人员全部集中办理门诊大病处方本。同时会同卫健部门进一步做实家庭医生签约服务工作,截至2020年年底,原州区建档立卡贫困人口等重点人群做到应签尽签。通过做细做实建档立卡人员门诊大病保障和家庭医生签约服务工作,补齐了医疗保障中的两个短板。

文化扶贫

【扶贫部署】

原州区文广局及时研究部署扶贫工作,多次召开局党委会议、脱贫攻坚工作推进会议,对扶贫工作进行了安排部署。选派系统内干部11人,在扶贫村担任第一书记和扶贫工作队员。安排系统干部职工85名帮扶责任人结对帮扶425户建档立卡户。

【文化惠民活动】

2020年,原州区文广局举办了原州区文艺助推脱贫攻坚暨第三届"迎新春"群众书画摄影大赛、"诗书原州"大讲堂系列讲座、第九届群众文艺汇演、"欢乐宁夏"等活动,为各机关单位和部分乡镇书写春联3000余副,为中河村56户建档立卡户免费拍"全家福"照片;完成戏曲进乡村60场次、送戏下乡20场次,演出覆盖原州区11个乡镇,受益群众达到3万人;完成"戏曲进校园"6场,受益学生8000余人。举办少儿暑期公益培训1期,开设国学培训班6个,培训学员168人;免费开放公共文化设施,服务群众8000余人次。

【文化设施建设】

原州区文广局先后对149个行政村(除村改居两个村、搬迁无人两个村)逐村摸底,并结合实际和群众需求,以缺什么、补什么的原则进行新建、改扩建。在争取自治区专项资金1214万元完成自治区文化厅下达的67个行政村综合文化服务中心建设任务的基础上,对剩余82个行政村综合文化服务中心建设资金统筹整合2017年村级"涉农整合"资金3141.3万元作为基础设施建设资金,新硬化文化活动广场110个,改扩建39个,新建乡村大舞台129个,改扩建20个,新建文化活动室110个,改扩建39个,改扩建图书阅览室153个,配套文化活动器材138套,体育健身器材112套,广播影视器材144套。在原有"标准"的建设基础上,注重打造亮点,示范引领,使原州区200平方米以上文化活动室达50个、1000平方米以上文化活动广场27个、50平方米以上乡村大舞台30个。在高质量完成建设任务的同时,在每个乡镇确定4~5个村,根据当地文化特色,按照"一村一品一特色"的原则,高标准建设49个村级综合文化服务中心示范村,实现原州区乡镇文化站和村级综合文化服务中心全覆盖。

商贸流通

商 业

【概况】

2020年，原州区实现社会消费品零售总额68.44亿元，同比下降5.5%，降幅较2020年三季度、二季度、一季度分别收窄0.9、1.8、6.7个百分点。自治区下达招商引资到位资金指导目标任务18亿元，固原市下达目标任务22亿元，2020年实际到位资金23.8亿元，完成固原市下达原州区目标任务108%。

【商贸经济发展】

借助中国铁路集团定点帮扶原州机遇，协商"定单"工装、座套等试生产，扶持贤明服饰扩大生产规模。突出抓好天启马铃薯主食产品开发、正杞红枸杞多元化加工，以及宏晨龙、马逗叔、薯宝宝、好水川等企业休闲食品开发和瑞春杂粮、六盘珍坊等特色农产品加工提档升级。推选21家企业的70多类产品进入国家扶贫产品名录，协同认定70家企业的554类产品进入国家扶贫网"832"平台进行销售，带动建档立卡户21236人；组织原州区15家企业的30多类产品"进站上车"销售，销售额达48.14万元；推荐16家涉贫企业进入铁路"12306"平台和国铁集团"国铁吉讯"进行销售。在福建建设"六盘山特产馆"两家分馆，实现消费收入580余万元。为提高原州区冷凉蔬菜知名度和农特产品销量，以加盟联营方式在城区大型小区和人员聚集地开设冷凉蔬菜直供直销加盟店57家，实现销售收入600多万元；同时协调新百、味园、世纪华联等大型超市开设4个原州区消费扶贫产品销售专区，21家企业的259个单品上架销售。鼓励企业通过大型促销活动刺激消费，活跃市场、繁荣经济。2020年，原州区工信局组织辖区新百、新时代等大型商场共举办大型促销活动25场次，实现销售收入11290万元。

【招商引资】

建立了招商引资县级领导包抓推进落实工作责任制，成立招商引资工作领导小组。开展原州区"百名乡里菁英原州行"活动，邀请固原籍在外创业成功人士回乡考察，开展项目推介和招商引资活动，引导鼓励企业投资家乡建设。截至2020年9月底，原州区委、区政府先后组织招商小分队赴北京、河南、甘肃、福建、深圳、陕西等地开展招商活动13次，对接企业65家，对接洽谈项目26项，签约项目11项。

【综合示范项目】

农村电商产业园各功能室、原洲源味展示馆布局全部完成，质检中心设备安装已完成，两个移动式预冷库、20个移动式冷库已配送到相关企业使用，20个智能快递柜、马铃薯、水果自动分拣设备正在安装。农村电商公共服务体系建设方面已完成电商运营公共服务门户、电商运营监管服务系统、电商培训管理系统开发工作的95%以上，开发完成部分已分阶段进行系统测试及系统内容录入工作，测试工作完成率达90%。制订完成了电商经营人才培养计划和培养方案，完成了筑梦导师团的组建架构，并聘请了筑梦导师。3个示范乡镇、40家企业电商经营人才第一期培训已完成，30家农村电商站点建设和培训工作已启动，截至2020年年底，已完成黄铎堡、三营、彭堡312人电商普惠培训。确定了原州区农产品区域公用品牌名称——"原洲源味"，"1+2+N"的品牌发展模式——1个综合性母品牌"原洲源味"，2个单产业子品牌"原州黄牛肉""原州冷凉蔬菜"，N个特色子产品"原州杂粮""原州亚麻籽油""原州枸杞""原州马铃薯"等，并在原州区冷凉蔬菜节召开公用品牌发布会。

商业总公司

【国有企业管理】

规范完善各项财务制度，细化各部门工作人员的职责。由于近年来经营效益不佳，且受新冠肺炎疫情影响拖欠职工社会保险费较为严重，为确保到龄人员能够正常退休，上报原州区政府和原州区财政局争取财政对国有企业的补助资金，并协调固原市社会保险事业管理局和税务部门解决了11名退休职工养老问题、7名大病职工医疗保险问题和1名在职死亡职工两年来无法领取抚恤金问题。

【国企改制】

初步完成万方糖酒有限公司、民族贸易公司、商业大厦、六盘山宾馆四家企业改制方案并上报财政局国资办公室，同时按照相关部门要求完成四家企业人员资产负债等基本情况摸底工作，为企业改制完成初步准备工作。国有资产管理方面，建立和完善了相关规章制度。对所属六盘山宾馆和万方糖酒有限公司两家正常经营企业，强化资产监督管理，随时掌握国有资产的变动情况，确保资产管理透明化；对商业大厦和民族贸易公司两家场地租赁企业，保证国有财产有人管，管得住，确保国有资产安全完整。债务清偿工作方面，解决六盘山宾馆150万元中国银行贷款债务纠纷，提供了企业经营良好基础环境。

供销合作

【概 况】

2020年，商品销售收入6146.92万元，实现利润12.76万元，资产负债率60.5%，销售各种肥料8950吨，农药6吨，农膜145.5吨，种子56吨，烟花爆竹28万元，农副产品收购612万元，其中废旧物资收购198万元。获自治区供销社对中河供销合作社现代农业综合服务中心新建项目，河川供销合作社综合服务社改造升级项目立项批复。宁夏供销集团以股权形式投资中河供销社项目资金30万元，河川供销社50万元。采用合作、开放办社方式，新增12家农村综合服务社，其中五星级2家、四星级4家、三星级6家，农业生产服务中心4家。

【社有资产管理】

成立原州区供销合作社资产监督管理委员会，加强社有资产监管，促进社有资产保值增值。按需求补充房屋合同，督促租赁企业，按时交清房屋租赁费。对租赁企业合同、现有的基层供销社资料、台账进行整理完善，防止社有资产流失。

【稳价保供】

组织润农电商公司做好疫情防控期间物资保障供应，疫情期间储备大米100吨、面粉700吨、食用油40吨、方便面200件、矿泉水1600件等日常生活物资。建立微信小程序，在原州区内配送生鲜蔬菜进小区，线上销售马铃薯、蔬菜等生活必需品共计2200余单。为奋战在抗疫一线的固原市交巡警三、四大队，固原市公安局开发区分局西兰银物流园区派出所，古雁街道长城，祥瑞苑社区工作人员送去价值1.8万元慰问品，受到自治区供销社通报表扬。

【助农增产增收】

打响"山村润农"品牌知名度，线上以"互联网+特色产业"为依托，利用新媒体"抖音小视频""供销e家""拼多多"等知名电商平台开设的"山村润农旗舰店""六盘山土特产馆"等店铺，对当地农产品进行网络销售工作，主销马铃薯、马铃薯粉制品、枸杞、牛羊肉、小杂粮等，实现原州区特色农产品线上自由交易。销售品种10余种，累计订单达5500余单，销售额227.9万余元。共实现线上线下销售额487.95万元。与国有银行和国企接洽对接入驻网上商城平台，已在农行"农银e管家"、建行"善融商城"、工行"融e购商城"和国网电商扶贫"慧农帮"进行农产品线上销售。用好"832消费扶贫""12306扶贫商城"等扶贫消费平台助力消费扶贫。其中，"832消费扶贫"平台销售90万元。

【农村金融服务】

与中国农业银行固原分行合作，以国家电子商务进农村项目为契机，开展"农户申请+企业、村委会、村级电商服务站推荐+三户联保+银行放款"金融为民产业链融资贷款模式，解决部分农民融资难、贷款难问题，年内发放贷款50户，贷款金额400余万元。

【助力脱贫攻坚】

召开联社脱贫攻坚工作部署会。制定了《原州区供销社2020年脱贫攻坚工作方案》。供销社润农电商公司入股炭山乡阳洼村经济合作社54万元，占股份35.1%。发挥龙头企业+合作社作用，带动建档立卡培育发展特色优势产业，促进农户就近就业和增收致富开展农产品基地建设。投入化肥1.2吨、油料种子1吨。为建档立卡贫困户发放小尖椒苗3万株，合肥2.4吨。

粮食流通与物资储备

【经济指标】

2020年，实现主营业务收入7258万元，较上年下降12%；实现利润总额273.47万元，超额完成目标任务185.47万元；净资产收益率5%，吨粮保管费用51.5元，可控费用同比有所下降，各项指标运营正常、保持平稳。

【职工收入】

2020年，兑现劳务费5.75万元，较上年减少0.65万元；计提绩效工资104.63万元，较上年增加64.23万元；人均工资收入5.74万元，较上年度大幅增长。

【安全保粮】

以全国粮食库存大清查回头看和春秋两季大清查为契机，认真对照《宁储粮公司粮食库存管理办法》，落实四级安全保粮责任制，扎实开展库存大清查回头看，成立以企业法人为组长、分管领导为副组长、各科室负责人为成员的粮食库存大清查回头看工作领导小组，明确职责目标、制定具体实施方案，以数量和质量为重点，如期完成库存自查，顺利通过市县粮食行政部门的抽查，保质保量地完成大清查回头看工作任务。抓好粮情常规检查，坚持三级粮情检查制度，全仓（货位）与重点部位相结合，集体检查与个别检查相结合，定期与随机相结合，认真细致做好粮情检查。坚持每周一保管员进仓查看粮情制度，召开一次业务分析例会，结合粮情测控系统动态比较分析粮情变化，集体研究隐患解决方案，在互观互检中提高业务水平，在互帮互学中提高实践能力。根据当地气候特点和粮温粮湿季节性的变化规律，围绕治虫、防霉、控温，突出防控的针对性和实效性，先后处理虫害2仓次，降温、水分均衡通风6仓次，内环流通风2仓次，使粮温常年保持在20℃以下。着力降低保管损耗，综合运用多种储粮技术，合理安排通风时间，有效处理发热虫害，减少翻倒次数，使保管损耗明显降低，创历年最好水平。出库储备小麦保管损耗较上年下降明显，商品玉米出库销售首次出现溢余。定期做好品质检测，一季度、三季度对库存粮食进行储存品质化验分析，通过指标数据对比，掌握库存品质变化情况。新小麦入库结束后，进行综合扦样化验分析准确掌握入库原始品质，为后期品质控制做好准备。及时维修仓储基础设施，固原库建成20多年，仓房不同程度地出现仓体返潮、屋檐渗水等问题，仓院地坪出现多处破损翻浆现象。在费用有限的情况下，为消除安全隐患和改善库容库貌，投入资金

34.87万元,对存在贯通裂缝的库区北围墙、库区部分破损严重的混凝土地坪、储粮仓房墙面和所有储粮仓房已经漆面脱落锈蚀严重的钢质入仓爬梯进行全面重建与修补。

【安全生产】

充实加强安全领导小组力量,建立库领导带班、中层干部值班制度和科室安全员制度,分级负责抓好安全生产,全年专题研讨会议12次,集体检查12次,外出安全培训8人次,举办全员安全培训班1次,整改有关单位反馈问题15起,实现安全生产全覆盖。从机械转场、设备维修、出入库环等安全问题易发环节切入,一线人员既干业务,又管安全。发现作业无警示标识,机械无防护装具、熏蒸无安全警戒线,机电线路破损等现象,当场叫停,及时整改。制定防火、防汛、中毒、触电事故、磷化铝熏蒸等7项应急预案,配齐微型消防站各类器材工具,举办实地模拟演练两次。按照自治区粮食和物资储备局、宁储粮公司安全生产"三年整治"方案安排,制定固原库安全生产"三年整治"专项行动方案。严格落实方案规定,切实整治安全隐患。

【疫情防控】

自2020年1月30日(正月初六)开始,企业全面投入疫情防控工作,坚决贯彻落实宁储粮公司各项防疫措施和指示精神;购置体温测温设备、医用一次性口罩、84消毒液、医用酒精等防疫物资;制定疫情防控方案,成立疫情防控消杀工作小组,坚持对外来人员和外来车辆进行体温测量和车辆消毒,坚持每天三次办公楼消杀工作。

石油销售

【转型发展】

租赁经营效果明显,继续拓展租赁经营范围,2020年5月初将312国道沙塘、上蒿店加油站转型出租经营,与三营北站在"两线"搭建"三点"支撑平台,3站全部扭亏增盈。挖潜增效好于预期,试点昌源、联财、王洼加油站挖潜承包经营,将"五项权利"下放给承包经营人,首次试水托管费的70%与万元利润挂钩,充分调动承包人的积极性。

【亏损治理】

针对10座亏损加油站实际,制定减亏治理措施26条,实行"稳价"创利润。6座"两线"柴油加油站价差与主要市场参与者稳定保持在合理范围,"两线"市场份额在同比下降的情况下,实现利润同比增加。文化西、南河两座汽油站先后适时调整促销政策,在销量同比下降的情况下,实现利润同比增加。以非补油算总账,发动员工采取提篮销售、摆摊外售、进村入户、推车销售、开口推介等方式,店销收入实现恢复性增长。

【精准营销】

在主要通道柴油站点增设免费加水、免费住宿、擦洗车头等增值服务,弱化柴油价差影响,增强客户黏性,主要线路柴油价格到位率同比增长7%以上;取消汽油竞争加油站4座,文化西街站采取小步快进、压减品号、收窄降幅、取消"10惠"活动等措施,节约营销支出145万元。将固原市60个高质量发展重点建设项目清单责任到站、划分到人保供油品4128吨;跟进落细银昆高速开工建设、309国道扩建、农田建设项目用油。

【非油收入】

举办固原特产推介会,适时引进新品,拓宽特产销售渠道;香烟购进限额控制,滞销品类有效压减;组织赴银交流学习,店面优化、单品创效能力提升,非油转换率、客单价、品效平效均有增长;4座便利店尝试时令水果、鲜花及特色小吃销售,文化西、头营、北门、滨河等站试行货架上岛、地摊经济、推车销售、线上预约线下送货,非油毛利同比增长13%。

【网络建设】

天然气业务从无到有,实现破"零"。南苑、东环路加气站先后运行。先后完成三营环城路、将台、办公楼供暖等建设项目,完成投资计划的92%。

【基础管理】

先后出台安全生产风险分级管控与安全环保事故隐患管理办法、电气设备及线路安全隐患排查管理办法、加气站运行若干规定等多个制度。以每年两次QHSE管理体系审核为契机,认真迎检,多次开展"十五个"杜绝项、油气泄漏、防静电、变压器检测保养等专项治理,全年排查隐患600多项,安全生产投入有效实施,闭环管理步入正规,隐患整改率达到95.8%。

烟草专卖

【概　况】

2020年,固原市烟草专卖局(公司)全年实现税金1.55亿元,查获涉烟违法案件456起,上缴罚没款16.70万元。

【驻村帮扶】

助力4个帮扶村、508户贫困群众实现脱贫摘帽,2020年投入帮扶资金6万元;动员全体党员、群众向武汉抗疫捐款3.5万元。

盐业管理

【概　况】

中盐宁夏盐业有限公司固原分公司隶属于中盐宁夏盐业有限公司。前身为固原副食品盐业总公司,1999年上划到宁夏回族自治区盐业公司后更名为"固原市盐业公司",2012年3月更名为"宁夏回族自治区盐业公司固原分公司",2018年1月按照中央企业公司制改制的相关要求更名为"中盐宁夏盐业有限公司固原分公司"(以下简称"固原分公司")。截至2020年年末,固原分公司下设3个配送站(隆德配送站、彭阳配送站、泾源配送站)、内设4个部门(办公室、财务室、营销办、食盐监督行政执法辅助服务办公室),共有在岗职工27人。公司地址位于原州区南关路61号。

【市场销量】

2020年原州区盐产品销售量2562吨,其中食用盐销售量1810吨,畜牧盐销售量342吨,工业盐销售量410吨。疫情初期共为客户配送食用盐170吨左右,安排购进食用盐390余吨,400吨充足的食盐储备为特殊时期民生保障和盐业市场稳定发挥了关键作用。

交通　通信

交通运输

【道路建设】

巩固"全国四好农村路"成果，总投资 38000 万元，其中争取自治区交通运输厅资金 6000 余万元。建设 S203 官厅至固原公路和 S311 湾掌至三营公路两条亚行项目 58 公里；建成自然村通硬化路、窄路加宽、机场辅道和园区道路等 24 条农村公路 112 公里。总投资 8400 余万元硬化 11 个乡镇 71 个村庄联户巷道 200 公里。实现所有行政村通硬化路、通客车、所有自然村通硬化或沙化路和集中居住 3 户至 5 户 80% 以上居民巷道硬化目标。

【农村公路养护管理】

冬季养护和春运期道路安全保畅工作，投入机械 108 台班，人工 1286 工日，撒铺防滑沙 1442 立方米、融雪剂 106 吨、确保了公路安全畅通。推行农村公路"路长制"和"县道县养，乡村道乡村养"精神，国、省、县道及主要乡道由公路站专业养护，将 1598.993 公里村道交由辖区乡镇养护管理，使公路列养率达到 100%。春融期间公路病害处治和路面保洁工作，全年处治翻浆 8560 平方米、挖除淤泥 1520 立方米，回填沙砾 850 立方米，疏通淤塞边沟 29850 米、涵洞 220 米/36 道；清扫路面 18340 平方千米，整修路肩边坡 61500 米，粉刷亮化 72 公里。公路安全隐患及公路安全生命防护工程排查治理工作，共排查道路交通安全隐患点 4 处 7 个点段，主要治理 S101 线 K314+500~K315+600 公里段、安装单悬臂标志牌 3 块，单柱式标志牌两块，施划热熔标线 856 平方米。"千灯万带"工程实施五个路口，解决 3 个乡镇部分路段安全隐患问题。公路安全生命防护工程补充实施 2019 年度 43 条农村公路安全生命防护工程剩余工程项目工程质量均达到合格标准。落实"一路一案"、"一桥一档"、《桥梁养护工程师制度》及桥梁养护十项制度，建立"一路一案"、"一桥一档"及安保工程标志标牌档案的管理养护电子档案。完成更新农村公路数据库和电子地图。配合宁夏公路管理中心固原分中心对原州区 11 个乡镇 1 个建制村通硬化路通车情况进行调查，建制村通硬化路率、通车率均达到 100%。巩固全国"四好农村路"示范县成果，开展农村公路路域环境专项整治活动，完成中黑路 24 公里两侧绿化任务；完成张易片区村道边坡整修 69200 平方米、路肩整修 51900 平方米、疏通边沟 52000 米、清理边沟淤泥 5260 立方米；安装"路长制"标牌 10 块。

【养护工程】

原州区政府安排整合资金 1000 万元对 11 个乡镇农村道路进行维修工程，续建 2018 年度、2019 年度 43 条农村公路安全生命防护工程剩余工程项目，完成 2019 年宁夏公路管理局下达农村公路养护工程扫尾工作。概算投资 653 万元实施原州区 2020 年农村公路修复性养护工程，资金来源为交通厅公路养护资金；总投资 1000 万元实施原州区 2020 年贫困村农村道路水毁维修工程项目，资金来源为原州区 2020 年统筹整合涉农资金；总投资 2000 万元实施原州区 2020 年农村道路水毁维修工程，现已完成施工图批复，正在办理招投标阶段。项目资金来源为原州区 2020 年统筹整合涉农资金。水毁抢修工程完成原州区 S311 三寨公路、Y316 杨黄路、Y213 石冯路、C481 贩梁路、G344 东灵线、C301 杨关路、G309 至海坪、C368 阳张路、C219 寨李路、C206炭红路、C264石杏路及支线共12条农村道路水毁抢修任务，抢修资金61.44万元，资金来源为地方财政资金。积极申报全国深化农村公路管理养护体制改革试点，原州区被交通运输部、财政部确定为2021年全国深化农村公路管理养护体制改革示范县区之一。

电信通信

【基础建设】

2020年完成投资预算6609.3万元，加快5G网、光网基础设施建设。建设5G基站146个，5G网络已覆盖原州区主城区；建设4G网基站150个、800M基站25个；拆闲补盲44个4G基站、扩频完成142个载扇基，无线网络覆盖MR达到95%；无线网物理站址达到1126个。扩容互联网总出口带宽180G，达到420G。建设千兆小区22个，PON口512个；新建FTTH端口2.1万；截至目前FTTH端口数达到33.9万。建设184个政企专线、"平安乡村"1848个端口。持续开展"漠视侵害群众利益问题专项整治工作"，对网络设施及存在隐患进行排查。结合疫情防控工作，针对医疗卫生系统加强通信设施与电路保障。实现干线光缆0阻断，加强干线整治与问题排查。

【网络与信息安全】

开展内部员工网络安全培训，2020年培训398人次。开展全民网信安全宣传，推送短信120万条次，悬挂横幅10条、制作展板展架8块、印制发放彩页10000份。加强网站备案，严格执行实名制，落实"断卡"行动，加强防欺诈管理。做好网络安全防护，筑牢"云网安"底座。持续开展对"三无七边"等系统整治。完成公安部"HW2020"攻防演练活动，2020年未发生网络安全事件。

【信息化建设】

2020年，固原分公司"云改数转"工作在自治区公司5G+云推进办公室支撑下，面向政务、教育、医卫、现代农业、工业等八大行业开展了"5G+云、双千兆、行业应用"深耕细作。"云网融合"优势，在城市、行业大脑建设上发挥重要作用。推进"互联网+健康医疗示范区"建设，推进医院上云。建设平安固原，打造公安、乡镇治安监控分平台。关注民生工程，推进物联网建设。承接政务云建设及运营。建成本地政务云节点。开发"助力疫情防控行程查询综合平台"，为公安、卫生系统提供疫情防控手段。

【服务能力】

打造光网络优势，巩固宽带网络优势，实现千兆宽带网络接入，提升端到端运营能力。通过核心应用实现生态圈（智能连接、互联网金融、智慧家庭、物联网、新型ICT等）之间有效关联。组织开展各种服务质量提升活动，开展"两深入两服务"、实体渠道服务质量提升、"满意服务，十分信赖"服务主题传播等活动。2020年，共受理用户各类越级投诉612件，较去年减少251件，万户投诉率月均完成2.11‰，2020年未发生"三强"、重大舆论性服务事件，未发生重大服务问题和主流媒体曝光事件，行风评议行业第一。宽带服务当日装履约率保持99%以上，装移机时长平均15小时，修障时长平均6.5小时，宽带装移机履约准时率平均90%，宽带重复障碍率平均3.7%，自助测速合格率平均99.5%，宽带视频客户故障率平均0.72%。移动服务CQI优良比达到95%，MR覆盖率达到95%，A/B类小区平均退服时长平均23分钟，C/D类小区平均退服时长平均37分钟，较2019年均有提升。政企客户带宽型业务开通及时率平均99%，客户带宽型业务完好率平均100%，跨域协同工单完成及时率100%，无客户服务违规事件。

【通信保障】

完成2020年社会经济重大活动通信保障工作，顺利完成疫情应急响应与通信保障，尤其是政府及医疗卫生系统通信保障，完成空中课堂延伸保障,2020年高考、两会及各项重大活动通信保障任务。配合政府各类保障,共出动应急通信车6次,开展各类应急演练8次,完成宁夏"雪亮工程"项目建设,原州区86所学校教育网改与提速。配合民政局完成部分小区人脸识别与门禁系统建设保障。将全网272台OLT设备语音上联从7450割接至BRAS上;完成118台OLT双上联改造;完成22个XGPON小区割接和整治工作。疫情期间共投入400余人次、30余辆抢修车、3辆应急保障车,排查各类专线200余条,固话600余线。对近2500户重要客户移动手机、重点单位值班电话、原州区公众移动用户、家庭用户提供免停机服务。为政府相关部门免费群发公益短信1500余万条,各级地方政府、卫生系统、教育系统提供云会议视频系统。提供"空中课堂"服务,对教师家庭、学生家庭宽带免费提速,对建档立卡贫困户和困难家庭学生提供免费上网服务。

移动通信

【通信基础建设】

2020年,建设开通5G基站158处,实现主城区连续覆盖、主要商业区连片覆盖;骨干传输网累计建设光缆规模369.036公里,节点机房千兆传输能力提升;推动5G网络建设和维护拆闲补盲,组织完成535个小区D频段软硬件设备清频,为农村网络覆盖补盲提供资源,共计建设开通73处基站。2020年,4G无线扩容完成203处站点。

【信息化建设】

完成原州区校园网络服务项目、原州区民政局智慧社区门禁系统技术服务项目、公共安全视频监控建设联网应用项目等多个综合信息化应用项目建设。利用云视讯召开疫情调度会、脱贫攻坚调度会。疫情期间,紧急开通6条数据专线,累计提供会议保障服务10余次,借助云MAS平台向社会公众发送疫情防控宣传信息14万人次,员工支持新冠肺炎疫情防控自愿捐款23914元。

【行风建设】

2020年,持续推进提速降费,提升光纤网络接入能力,中小企业宽带、专线业务平均资费下降15%。推进助残工作,对残疾人移动电话通话费、上网流量、有线宽带、短信四类出账费用或用户所选套餐给予不低于8.5折优惠。通过资费扶贫给予建档立卡户优惠资费。疫情期间,为用户开通延迟停机服务,对宁夏援鄂医疗队信息通信费用进行减免,协同教育行业开通宁夏教育空中课堂专区,助力"停课不停学"。根据宁夏基础电信企业地市公司2020年行风建设和纠风工作考评结果,固原移动得分为97.64分。

【精准扶贫】

完成定点帮扶工作,在扶贫村开展"关爱留守儿童"志愿服务活动和"禁毒宣传"宣传活动;共计帮扶贫困大学生18名,发放帮扶助学资金1.8万余元;依据宁夏移动爱心行动,先后筛查390余名0~14周岁贫困疑似先心病儿童,并对符合条件的90余名先心病儿童在天津泰达国际心血管病医院通过免费手术进行治愈;通过电商平台、积分商城、合作伙伴购买、扶贫干部牵线搭桥等方式帮助销售1.26万元贫困村农产品;协调5000元为非建档立卡户购买苹果树苗400棵,协助村委会帮扶农户种植苹果树400棵、松树100棵、红梅杏树540棵、大果榛子930棵;组织开展"刺绣"培训班,聘请专家开展刺绣培训。

联通通信

【拓宽业务市场】

通过靓号拉动,开展靓号团购活动;锁定异业商家聚类市场,开展厅外异业内购会;逍遥卡产品带动发展,利用朋友圈进行线上裂变引流,点亮5G市场。拓宽家庭市场,通过打造以荣华锦园为样板的标杆小区不断总结、优化、升级，在各划小单元复制推广。深耕农村市场，通过渠道补盲及复活计划，新建、复活渠道发展用户。强化与邮政合作，新建双边渠道。做透青少年市场，通过前置营销、责任到人、按天推进、上门交付发展用户。

【政企创新】

落实云光慧企营销政策，聚焦政府、教育、金融及中小企业用户，主推云存储等产品，2020年累计发展云业务177单。利用数睿广告和舆情通产品优势发展政府、企业等目标客户，发展大数据业务35单。结合政府信息化建设、疫情防控及农业信息化业务需求，发展疫情防控检测平台项目，43个行政村美丽乡村积分平台。中标原州区教育局基础网改造项目。

【网络维护】

2020年，完成投资1404.3万元。完成9个L900M和1个L1800M基站新建，10个基站搬迁调整。开展网络优化工作，提升客户感知，日常优化与专项优化结合持续开展无线网络优化工作。按期完成GSM网络设备退网下电，2020年节约能耗49万。与电信开展5G网络共建共享，针对已建成的106个5G网络开展单验测试工作，确保用户正常接入使用。

【划小改革】

开展划小单元小CEO竞聘选拔工作，调整部门经理到划小单元任小CEO。各划小单元根据用工需求及成本使用情况，自主开展人员招聘，实现划小单元用工自主权。

城乡建设与环境保护

城乡规划与建设

【村镇建设】

推广"美好环境与幸福生活共同缔造"试点经验,总投资13000余万元,建设寨科、炭山两个美丽小城镇、张易镇田堡村、寨科乡蔡川村、河川乡寨洼村等8个美丽村庄,整治中河乡中河村、开城镇小马庄村、炭山乡南坪村、三营镇甘沟村等14个村人居环境。张易镇宋洼村美丽村庄荣获2020年中国美丽休闲乡村、河川乡寨洼美丽村庄荣获2020年全国乡村旅游重点村。

【环境整治】

完成《原州区农村环卫市场化服务项目》招投标,投资1900余万元实施挂牌督战头营镇大疙瘩村和黄铎堡丰泽村污水改厕基础设施提升工程;实施第二批可再生能源应用试点示范项目;投资2000余万元修缮11个乡镇垃圾箱878个、配置小型电动收集车294辆、垃圾中转收集箱820个、垃圾中转收集车82辆、机械清扫车10辆;建设张易田堡、开城柯庄等5个自治区级垃圾分类示范村。

住房保障与管理

【住房安全】

2020年,原州区住建局完成危房危窑即增即改四类重点对象危房改造325户,兑付资金973.4万元;对原州区25652户建档立卡贫困户住房安全有保障进行核验,确保所有建档立卡贫困户安全住房有保障、全覆盖;推广建设抗震宜居农房801户,逐年提高原州区农房抗震减灾能力。

【公租房动态监管】

原州区综合执法局完成2020年第一、二、三季度公租房租金补贴533.26万元发放工作;2020年初,向三个街道办事处下达2020年度公租房租金补贴任务383户;对2014、2015年审计发现违规领取公租房补贴的保障户进行整改,追回违规领取公租房租金补贴33.33万元;根据历年审计及动态管理发现问题,清查腾退公租房94套。

生态环境保护

【任务指标】

截至2020年12月底,可吸入颗粒物PM_{10}平均浓度51微克/立方米,较2019年同期74微克/立方米降低了31.1%;细微颗粒物$PM_{2.5}$平均浓度22微克/立方米,较2019年同期25微克/立方米降低了12%;未剔除沙尘暴天气情况下,优良天数291天,较2019年同期优良天数增加15天,优良天数达到97%。清水河三营国控断面水质1—12月均达到Ⅳ类,二十里铺区控断面1—12月均达到Ⅲ类。

【水环境防治】

建设完成三营污水处理厂,完成7个垃圾中转站,5个小型污水处理设施,三营人工湿地,清水河流域三营国控断面水体达标综合治理工程,主要新建3个人工湿地子项目,分别是清水河城市过境段2#人工湿地、沈家河下游段30公里表流人工湿地、三营段2#。一是原州区文化馆和图书馆建设项目目前已完成开工建设,正在进行基础开挖,打桩灌注。二是文物保护项目,共计投入资金2163万元,主要有原州区文物抢险加固工程项目、须弥山石窟文物保护项目，目前已全部完工。人工湿地。实施清水河原州区段综合治理、清水河水环境综合整治、清水河至毛家沟水库河库连通、清水河原州区三营镇段综合治理等工程，有效改善清水河水生态环境。开展河道排污口巡查，结合河长制要求及"清四乱"保护母亲河行动，进行"清河"专项行动，对河道实行24小时巡查守护。累计开展综合执法活动20次，出动人员2600余人次，机械360台次，清理河道68公里，清理垃圾10万余立方米，拆除预制厂5个、采沙场两个、砖厂1个，房屋、养殖场、垂钓中心等违章建筑7处，填埋鱼塘23个。对摸排出的清水河沿线36个排污口进行集中整治，封堵21个，并入市政管网9个，剩余6个接入三营污水处理厂进行处理，杜绝生产生活污水直排清水河现象。开展污水处理设施排查检查，对三营污水处理厂、人工湿地、小型污水处理设施运行情况加大执法检查频次，提高设施运行管理水平，下发督办单两份。疫情期间对辖区6家医院、14个乡镇街道卫生院、57家民营诊所医疗废水、废物处置情况进行检查，持续3个月对市区重点医院废水采集水样送市监测站进行水样检测。开展马铃薯淀粉加工企业复工复产执法检查，对全区9家马铃薯淀粉企业复工复产及汁水还田利用执行情况进行督促检查，防止马铃薯淀粉废水造成污染。开展饮用水水源地保护，对农村39家饮用水水源地进行排查建档立卡，按照"划、立、治"总体要求，彭堡地下水水源地规范化建设已完成了警示牌、标识牌、部分界桩栽植，对"千吨万人"农村水源地张易上滩水库启动划定和规范化建设工作，委托第三方编制完成上滩水库饮用水水源保护区划分技术报告。加大对清水河各类水资源水质监测。

【空气环境防治】

开展扬尘污染防治，落实"六个100%"扬尘防控措施，签订《施工现场扬尘污染治理责任书》71份，实行喷雾降尘32辆(次)。硬化旧城改造拆除工地、建筑工地出入口1500余米，设置围墙围栏6000余米，依法查处抛撒遗漏车辆80辆(次)，涉嫌污染环境行为立案44起。重点区域占地面积超过4000平方米或建筑面积超过20000平方米建筑工地安装在线监测和视频监控设备并联网。机械化清扫率提高至75%。加大秸秆、垃圾焚烧整治力度，开展秸秆、垃圾焚烧整治，开展草原防火、秸秆、垃圾禁烧巡查。取缔关闭非法无证散煤销售点16家，加强对两处清洁煤配送中心监管，完成优质煤配送5740吨。实行网格化监管，各乡(镇)、街道严格落实包片工作责任，对辖区内所有温棚周边杂草、废弃草帘等固体垃圾及时进行清理，做到地块有人巡，冒烟有人管，见火有人扑的工作机制。加强油气回收治理，加油站油气回收改造率100%。坚持铁腕治污，严厉打击"散乱污"企业，关停取缔"小散乱污"企业62个，整治改造"小散乱污"企业52个，直接拆除57家。完成城区燃煤锅炉煤改电，城区燃煤锅炉全淘汰。对3家马铃薯淀粉企业、3所小学、1个敬老院燃煤锅炉进行淘汰改造。编制了11个乡镇政府、学校、卫生院等公用建筑清洁能源改造建设方案，积极争取自治区农村清洁能源改造试点项目。开展重点行业大气污染治理。开展VOCs专项执法检查，对16家汽车4S店进行机油回收和喷漆作业进行专项执法检查，对4家砖厂工业炉窑进行脱硫脱硝改造升级治理。开展非道路移动源普查登记工作。按自治区固原市统一安排，对全区非道路移动源进行普查登记，目前已登记355辆。

【土壤污染管控】

完成土壤污染状况详查工作，详查农用地土壤污染状况。配合自治区、固原市生态环境部门全面开展重点行业企业地块基础信息调查、风险筛查核实及初步采样调查工作。重点整治工业源污染。与惠众医疗废物处理站签订责任书，加强固体和危险废物监管工作，确保工业危险废物和医疗废物安全处理率达到100%；加强涉重金属行业污染防控工作，严格执行重金属污染物排放标准并落实相关控制指标，遵循重金属污染物排放"减量置换"或"等量替换"原则。严控生活垃圾等污染,配齐垃圾处理场所、中转站、收集点、垃圾箱、各式密闭转运车辆,建立环卫清扫保洁、垃圾转运处理、运营维护机构队伍和收运处置体系,组织开展农村生活垃圾分类减量化试点,推行垃圾就地分类和资源化利用。区分生活垃圾和建筑垃圾、河湖水面漂浮垃圾、农业生产废弃物等分类治理,实施整治全流程监管,严厉查处在农村地区随意倾倒、堆放垃圾行为。开展农村生活污水治理,编制《县域农村生活污水治理专项规划》,开展农村水域黑臭水体排查,对11个乡镇农村水域、沟渠、库坝黑臭水体进行摸底排查,建立台账,经排查原州区暂未发现农村黑臭水体。实施的三营赵寺村污水管网连通工程现已建设完成并验收移交三营镇人民政府使用。开展农村规模化畜禽养殖企业污染实施检查验收,联合农业农村局对15家规模化畜禽养殖场排污设施进行检查验收,督促养殖企业加强粪污资源化利用。

【环保督察整改】 按照《原州区贯彻落实中央环境保护督察"回头看"及水环境专项督察反馈意见整改方案》要求,原州区需整改的共性问题共7项,目前已全部整改完成。中央第二环境保护督察组督察期间,共接到自治区转办中央环境保护督察组举报受理问题82件,其中原州区负责办理70件,坚持常态化监管,对反馈问题整改进行跟踪督办。响应12345市民投诉热线及网信办等部门转交的群众投诉案件进行处理,对11件投诉件进行执法检查办理,对10件投诉案件进行处理,1家被投诉企业责令限期整改并进行处罚。参加2020年蓝天保卫战夏季臭氧污染防治监督帮扶工作两人次,组织执法人员参加执法培训4次。参与组织跨县区执法检查练兵,提高监察人员执法能力。开展企业排污许可登记。完成全区423家企业排污信息登记管理工作。

教育 体育 文化 旅游

教育

【概况】

原州区有各级各类学校265所。其中：完全中学1所，初级中学8所，九年一贯制两所，小学157所，幼儿园97所（含民办57所）。另有教学点10所。高中教学班41个，初中教学班349个，小学教学班1209个，幼儿园教学班635个（含附设幼儿班50个）。各级各类学校在校学生82850人。在校学生中：小学生44712人，其中女生21760人；初中学生17606人，其中女生8458人；高中学生2163人，其中女生1132人；幼儿园在园儿童18369人，其中女8936人。中小学共有教职工4319人。其中：专任教师3989人。小学教职工2816人，专任教师2516人；中学教职工1503人，专任教师1473人。另：幼儿园有教职工1973人（含民办幼儿园）。全原州区中小学校舍总面积552999.26平方米。其中：中学校舍面积210117.98平方米，生均11.93平方米；小学校舍面积360279.92平方米，生均8.06平方米。中小学共有图书1373316册。其中：中学图书620537册，生均35册；小学图书950446册，生均21册。

【经费投入】

原州区中小学、幼儿园教育经费累计投入10.82亿元，比上年增加1.81亿元。

【经费保障】

中央和自治区安排义务教育阶段中小学公用经费5532万元，四类人员资助资金1178.9125万元，免费教科书资金1065.33万元。从2020年春季学期开始，城乡义务教育学校公用经费基准定额为：普通小学每生每年650元，普通初中每生每年850元，对不足100人的学校按照100人核定公用经费；农村中小学取暖费补助年生均100元；营养改善计划补助经费年生均60元；寄宿学校公用经费补助资金按寄宿学生数年生均200元核定；义务教育阶段随班就读残疾学生按每生每年6000元标准补助公用经费。

【教学仪器设施配备】

利用义务教育薄弱环节改善与能力提升项目、"互联网+教育"项目及地方财政等资金共7130.80万元，为中小学配备在线课堂、智慧黑板、学科实验仪器设备、课桌凳等教育教学设备，并完成中小学网络改造，建成6所信息化标杆示范学校。

【校舍建设】

争取义务教育薄弱环节改善与能力提升项目、中央预算内投资项目、幼儿园建设项目等，新建第十七小学、第十九小学、第五幼儿园、第十幼儿园、中河小学综合楼，校舍面积3.5万平方米，总投资1.2亿元。

【中小学体育运动场改造】

争取义务教育薄弱环节改善与能力提升项目、改善普通高中办学条件项目等，新建、改造第六中学、第十小学、第十一小学运动场，新建第五中学风雨操场，建筑面积3328平方米，运动场3.3万平方米，总投资2700万元。

【附属设施建设】

争取教育厅和地方财政专项资金1580万元，

对第五中学、杨郎中学、开城小学、黄铎堡穆滩小学、第三幼儿园等23所中小学幼儿园管网、外粉、院坪等附属设施进行维修改造。

【教师队伍】

原州区中小学共有教职工4023人，其中高中教职工153人，初中教职工1350人，小学教职工2520人，中小学教师任职资格率均为100%。另：幼儿园有教职工95人。中学专任教师中：研究生29人，本科1274人，专科189人；高级教师434人，中级教师483人，初级教师555人；小学专任教师中：研究生两人，本科1244人，专科877人，中专（含高中）120人；高级教师432人，中级教师958人，初级教师777人。

【特岗和公费师范】

2020年，招聘特岗教师30人，公费师范生64人。

【教师资格认定和职称评审】

2020年，认定初级中学教师资格96人、小学教师资格240人、幼儿园教师资格31人，教师资格信息变更9人。2020年，原州区中小学（幼儿园）共评审高级教师132人（含"双定"评审80人），一级教师177人（含"双定"评审20人），二级教师90人。

【教研交流】

自2020年2月17日起，原州区教研室在组织广大师生收看宁夏"空中课堂"的同时，对原州区施教的"空中课堂"进行全面辅导，指导学科教研人员、骨干教师、学科带头人及中小学名师372名教师，录制在线课堂2194节。以宁夏"互联网+教育"示范县验收为契机，对各校"互联网+教育"进行专项检查指导。组织教师在固原三中、固原五中、头营中学、黄铎堡学校、三营中心小学、彭堡中心小学、张易中心小学进行"互联网+教育"教师教学应用观摩活动，组织固原三中、四中、五中、六中等8所中学完成全区"互联网+教育"背景下的道德与法制学科精品视频课例征集8节。聘任42名学科教师为原州区第三批学科兼职教研员。并聘请区内外专家对原州区所有专兼职教研员进行为期3天的培训。召开原州区2020年中考适应性考试和分析会议，以考促教，加强对中考改革的研究，督促各学校做好英语口语、实验学科、信息技术等科目的测评工作。制定了《原州区创新素养各学科课堂教学评价标准》讨论稿，完成自治区政协对"创新素养教育评价建设情况"的调研。辅导科学教师宋媛媛参加了第八届全国中小学实验教学说课比赛活动，被评为2020年度全国中小学实验教学能手。组织教师积极参加固原市教育体育局组织的2020年"四评一赛"评选活动，上交作品772件，其中论文获奖278篇；案例获奖85个；课件获奖186个；微课获奖86篇；审定推荐119人参加固原市教学技能竞赛评选活动，其中获奖教师84名。组织10名教师参加2020年原州区中小学综合实践活动优秀活动主题方案设计评选活动，4人获得一等奖，3人获得二等奖，两人获得三等奖。组织中学38名学科教师参加2020年自治区创新素养教育和"互联网+教育"背景下宁夏初中学业水平暨高中阶段招生考试原创试题征集评选活动。指导学科教师完成自治区"空中课堂"视频课录制44节（其中中学语文13节，中学英语5节，中学化学2节，中学历史7节，小学语文10节，小学数学7节）。完成了原州区第一届教育教学课题结题工作，及时开展原州区第二届教育教学课题征集工作。

【教学研究】

召开2020年中高考质量分析会，明确复习迎考思路和策略，提前谋划制定2021年各学科复习备考教学工作计划。组织中学数学、英语，小学数学、语文四个学科教师参与异步、同步教研活动示范课观摩，发布活动照片、视频片段40余次，编写、发布简报（美篇）12篇；并在5月中旬参加试点项目交流研讨会，马斌作为原州区学科代表，做了题为《济困助贫在云端　优质资源传温暖》的发言。组织原州区各中小学教科室负责人及学科教师分两次进行数字教材应用培训。对2020年新聘教师从师德师风、思政课程和课程思政、教育教学常规、班主任工作等方面进行岗前培训，使新教师能够尽快步入教育教学轨道，开展相关教育教学工作。组织原州区学前教育教师参加全员培训两次。组织中学校长赴隆德二中考察学习，借鉴成功经验，提高原州区中学教育教学质量。为强化原州区教师教学研究能力，教研室积极倡导各学校积极撰写并申报课题，完成38个自治区第五届教育教学课题并完成结题上报工作，两个2020年自治区教育政策研究课题立项，12个宁夏师范学院（校外）教学课题立项，14个固原市第二届基础教育，19个宁夏师范学院课题申报立项课题完成中期阶段总结工作，59个原州区第一届教育教学课题完成结题工作，其中24个课题获得一等奖；56个原州区第二届教育教学课题完成申报立项工作。同时，聘请相关专家就做好课题研究相关内容进行了专题讲座。

【教学监测】

根据《原州区提升中小学教学质量实施细则》，在国家义务教育质量监测的基础上，全面做好期末学业水平监测的相关工作。为了加强教学质量监控，确保期末学业水平监测工作顺利进行，制定《原州区期末学业水平监测方案》。为了全面落实课程标准，科学评价教学质量，根据中小学各学段教学实际，监测命题以课标为依据，以教材为载体，体现课程标准与教学内容的衔接。小学一二年级采取各学校集中阅卷、流水作业的方式进行；小学三至六年级和中学采用网上阅卷的方式进行。阅卷工作严格阅卷标准，统一阅卷尺度，确保阅卷的效度与信度。教研室组织各校阅卷教师按照期末学业水平监测工作安排圆满完成阅卷工作。为了加强质量目标管理，强化过程考核，监测结束后，各乡镇中心小学、区直中小学认真按照《原州区中小学年终考核细则》，以质量目标责任书对本学期教育教学质量进行严格考核。

【校（园）长培训】

韩向宏、张旭斌两位校长的福建挂职培训；邓明星等14位中小学校长在湖南第一师范参加"教育部中国移动"校长培训；吴正儒等13位中学校长去福建参加观摩学习；另有11位中小学、幼儿园校（园）长参加不同层次的外出培训学习。

【骨干教师培训】

原州区中小学思想政治骨干教师培训，中小学信息技术骨干教师、中小学音乐骨干教师、中小学美术骨干教师等28人外出集中培训。对张迪等200名原州区新一轮第二批中小学骨干教师进行认定。完成原州区各级各类骨干教师考核工作，并按考核等级下拨骨干教师津贴。

【国培计划】

完成中小学幼儿园新入职教师起航计划培训（71人）；青年教师青蓝计划助力培训（15人）、各类骨干教师班主任培训（36人）；培训者团队研修（10人）；未来教育引领团队研修（13人）；优质中小学校长和乡村新任校长提升研究（32人）；非学前教育专业教师专业补偿培训（12人）；幼儿园教师和园长各类培训（78人）。

【教师培训】

完成中国国家铁路集团有限公司定点帮扶原州区项目，对54人原州区专（兼）职教研员和全区信息技术学科骨干教师148人进行培训。对原州区265名中小学、幼儿园心理健康教育教师进行培训。完成原州区445人幼儿园教师教育教学技能全员培训。完成人事部门公需课全员培训。全年线下共培训1647人次。

【教育体制改革】

2020年，扩大教育集团规模，将原州四小纳入第十一小学教育集团，原州九小纳入第七小学教育集团，原州三小、十七小纳入第十八小学教育集团；

组建了6个幼教集团；在3所小学共同体学校的基础上，又成立了5所中学共同体学校。通过实施"集团化办学、共同体办学"的管理模式，发挥示范校带动作用，实现理念共享、资源共享、成果共享、优势互补，推动城区学校、城乡学校相互促进、共同提高。

【学前教育】

原州区有幼儿园97所(含民办57所)。在园幼儿18369名，有教职工1973人（含民办幼儿园）。2020年，全区学前教育毛入园率为86.69%。

【小学教育】

原州区有九年一贯制两所，小学157所，教学点10所。小学生44712人，小学专任教师2516人。适龄儿童入学率100%，15周岁人口完成率100%，小学毕业率100%。

【中学教育】

原州区有完中1所，初级中学9所，九年一贯制两所。初中生17606人，高中生2163人，中学专任教师1473人。适龄少年入学率100%，初中学生毕业率100%。

【普高教育】

原州区教育体育局加强高中教育管理，优化高中教育资源，提高高中阶段毛入学率，拓宽职业教育新渠道，使高中阶段毛入学率、初中巩固率、初中毕业生升学率分别达到94.4%、99.69%、115.89%。

【中小学德育工作】

以践行社会主义核心价值观为抓手，落实立德树人根本任务，举办了"悦读经典、歌颂祖国"师生读书交流活动；深入推进书法、戏曲等中华优秀传统文化进校园，成立教育书法学会，全面加强书法教育；开展了陶艺、拓片体验、丝绸之路户外体验、重走长征路等研学实践教育活动和"爱粮节粮、造耒耜、种五谷"体验农耕实践活动，促进学生全面发展。

【中小学学籍管理】

2020年，完成原州区一年级新生学籍注册和七年级、高一年级新生的学籍招生录取工作；加强全国学籍信息管理系统的日常维护，做好学生学籍转学、休学、复学等学籍异动工作。

【民办教育】

原州区现有民办培训机构189所，其中民办幼儿园57所，教育培训机构132所。民办幼儿园中一所为营利性幼儿园，其余全部为普惠性幼儿园。在园幼儿9566人，有教职工992人，其中专任教师608人。教育培训机构132所，有教职工756人，其中专任教师661人。没有民办小学和初中。

【大学生资助】

2020年，资助大学新生265名，落实资金105.9万元。其中燕宝奖学金82.4万元，资助学生206人；金徽酒正能量精准扶贫公益助学4万元，资助大学生20人；茅台酒业公益助学19.5万元，资助建档立卡家庭经济困难大学新生39人。

【生源地信用助学贷款】

2020年，累计受理生源地信用助学贷款合同人数为8775人，合同总金额达5914.9522万元人民币，做到了应贷尽贷，有效缓解了贫困学生家庭经济负担。

【普通高中学生资助】

2020年，高中国家助学资金118.9万元，资助学生1189人次；减免学费资金43.88万元，资助学生1097人次；燕宝高中助学资金22万元，资助学生110名；中央专项彩票公益金滋惠计划9.2万元，资助学生46名。资金总额为193.98万元，资助普通高中学生2442名。

【义务教育阶段"一补"政策】

2020年，落实义务教育阶段建档立卡学生、非建档立卡的家庭经济困难残疾学生、农村低保家庭学生以及农村特困救助供养学生等四类家庭经济困难学生生活补助金1178.9125万元，资助学生34184名。

【学前教育资助】

2020年，落实学前教育资助总资金达943.41万元，受助幼儿11640名。其中，"一免一补"619.56万元，资助幼儿5163人次；学前两年323.85万元，资助幼儿6477人次。

【校园安全】

加强中小学、幼儿园安全防控体系建设，实现校园安全"三个百分之百"的工作目标。固原七中、原州二小、原州十五小、原州四幼通过固原市级安全示范校评估验收。固原三中、固原六中、固原七中、彭堡学校、原州二小、原州六小、原州十一小、原州十四小、原州十八小、三营镇第一小学、彭堡镇曹洼小学、中河乡中河小学、原州一幼、原州七幼、原州八幼等15所中小学被区委政法委评为"平安校园"。固原五中、原州七幼被评为市级消防标准化校园。

【营养改善计划】

学校食堂所需原材料全部通过政府公开招标采购。原州区教体局对城区中学对外承包食堂实施收回监管，实施学校食堂"明厨亮灶"全覆盖。通过政府公开采购的方式，聘用了615名食堂从业人员。

【教育督导】

围绕"教育原州"品牌建设目标，坚持"126"教育督导思路，即坚持"一条主线"，建好"两支队伍"，做好"六项重点"工作，助推原州区教育高质量发展。坚持"一条主线"，完善教育督导组织机构。成立了新一届原州区教育督导委员会。建好"两支队伍"，提升教育督导工作效能。建立区域总督学制度，主管教育副区长担任总督学，区政府办公室主任、教体局局长、教育督导室主任担任副总督学，聘任61名以教育经验丰富、能力突出的退居二线的老校（园）长、书记等为主体的第三届原州区人民政府督学，设立督学责任区11个，每个责任区由1名政府督学兼任组长并驻校蹲点，组织协调片区督导工作。选齐配强专兼职责任督学78名，组建了以学校校长为主体、学科名师、教研人员、教育行政管理人员为参与的责任督学队伍，原州区338所中小学校、公民办幼儿园、民办培训机构实现了挂牌督导全覆盖。抓实"六项工作"，推动教育督导"长牙齿、树权威"。立足督政、督学、评估监测三大职能，以"六抓六促"重要举措，营造公平优质安全的教育发展环境，不断提升教育督导职能，促进教育高质量发展。

【教育书法学会】

为加强书法教师队伍建设，推进书法家进校园工作，提高书法教育质量。经固原市文联批准，原州区教体局于2020年5月29日成立了原州区教育书法学会，安国强同志担任首届主席。8月3日学会制定下发了《原州区推进学校书法教育工作实施方案》，为各学校开展书法教育工作制定了规则遵循。并多方协调为城区中小学协调解决书法教师不足的问题。教师节期间，在固原市博物馆成功举办了"高原回响"退休老教师董占奎书法作品展。年底吸收91名教师为第一批教育书法学会会员。

体 育

【公共体育服务】

争取中央集中彩票公益金200余万元，安装健身站点小木屋两座，配发滑轮器材30套，室内乒乓台8个，篮球架两副。健全原州区实施全民健身计划联席会议制度。制定出台原州区2020年度三级社会体育指导员培训方案，培训三级社会体育指导员100名。开展全民健身活动，举办了新年登高活动、第三届农民篮球争霸赛、"抗疫健身行"全民健身线上挑战赛、2020年原州区线上亲子体育活动、2020年"宁夏儿童嘉年华"原州区线上亲子运动会、原州区"全民健身日"健康跑、原州区社区运动会等赛事活动11次，参加人数两万余人。在2020年第二届全区大漠健身运动大赛沙漠毽球中获得二等奖；在2020年第七届宁夏社会体育指导员交流展示大赛中获得太极拳三等奖。

【竞技体育】

加强体育项目队伍建设，2020年，原州区业余体校在原有田径、跆拳道、男女篮球、乒乓球、足球、羽毛球、游泳、摔跤八个项目的基础上，又开设中国式摔跤、滑雪、滑轮、象棋和铁人三项5个项目。运动员人数达400余名，充实了原州区青少年竞技人才队伍。在2020年全区青少年锦标赛中，原州区各参赛代表队，共获得10金、12银、7铜、4个第四名、5个第五名、5个第六名、6个第七名和3个第八名的优异成绩，其中，19人达到国家二级运动员。组织完成了田径、游泳等13个项目的年度自治区青少年锦标赛，共有160余人参赛。大力开展青少年业余训练，着力打造青少年体育品牌赛事（象棋进校园活动），成功举办原州区青少年田径、篮球、足球等项目运动会。2020年，举办了篮球、乒乓球、羽毛球、游泳和象棋5期青少年体育冬（夏）令营，共300余名青少年参加。

【体育产业发展】

原州区体育活动中心大力倡导体育融合发展理念，鼓励社会力量办体育，发挥协会和企业办体育的积极性，建设施、搞活动、促消费。如六盘山篮球俱乐部、九龙国际武术训练基地、宁夏海师跆拳道馆、乒乓球协、羽毛球协、足球协、篮球协等赛事活动，有力地推动了全民健身活动和体育产业的发展，极大地促进了体育消费。成功举办了原州区山地越野汽摩赛、象棋进校园、乡镇农民篮球运动会等品牌赛事。

【国民体质监测】

建立由原州区体育中心和相关部门通力合作、共同组织实施国民体质监测工作的管理和运行机制，采用分层随机整群抽样的方法对原州区不同人群进行测试，共测试1500余人，开具运动处方1500余份。

文 化

综 述

【公共文化服务】

出台《原州区基本公共文化服务实施标准》《原州区基本公共文化服务目录》，统筹整合基础设施建设资金，在每个乡镇确定4~5个村，按照"一村一品一特色"的原则，高标准建设49个村级综合文化服务中心示范村，实现原州区乡镇文化站和村级综合文化服务中心全覆盖。建设完成3个街道办文化站(41个社区均有文化活动场地)，乡镇（街道）、村（社区）图书室、电子阅览室达到100%。

【创建"中国诗歌之乡"】

开展《诗经》《清平乐·六盘山》系列诗歌大讲堂活动、"中国诗歌学会助力脱贫攻坚行动在原州"采风创作活动、"诗书原州"系列活动、"红色固原·诗书原州"宣传等系列活动，引领"诗书原州"建设，得到中央、自治区和市级主流媒体、网络媒体的广泛关注，成为公共文化服务工作亮点。2020年9月，"中国诗歌之乡"顺利通过验收并授牌。

【文化惠民】

举办原州区文艺助推脱贫攻坚暨第三届"迎新春"群众书画摄影大赛、"诗书原州"大讲堂系列讲座、第九届群众文艺汇演、"欢乐宁夏"全区群众文艺会演原州区专场文艺演出等活动，为全原州区机关单位和部分乡镇群众书写春联3000余副，为中河村56户建档立卡户免费拍"全家福"照片；完成戏曲进乡村60场次、送戏下乡20场次，演出覆盖原州区11个乡镇，受益群众达到3万人；完成"戏曲进校园"6场，受益学生8000余人；举办少儿暑期公益培训1期，开设国学培训班6个，培训学员168人；免费开放公共文化设施，服务群众8000余人次。

【非物质文化遗产】

开展2020年"文化和自然遗产日"非遗宣传活动和民族民间文化遗产挖掘及非遗传承点（基地）督查，完善非遗数据库，考核非遗传承点（基地）；指导举办河川乡第四届花儿歌会；举办剪纸、针灸、秦腔等非遗项目培训3期，培训学员110人；组织参加"非遗进万家 文旅展风采"2020年宁夏黄河流域非遗作品创意大赛；出版《原州区非物质文化遗产保护工程系列丛书》《原州区文化馆馆志》《原州民间故事》《原州戏曲》《六盘山花儿两千首》《固原民乐》等非遗书籍；成功申报太原古建非遗扶贫就业工坊和六盘山抟土瓦塑非遗扶贫就业工坊项目。文化馆非遗陈列室和分布于各乡镇的14个非遗陈列室全部对外免费开放，接待群众达6000余人。

【群众文化】

在抗疫期间，组织编排快板《众志成城得胜利》，在原州区巡回播放；录制以"战'疫'故事"为主题的朗诵音频，用声音传递爱，用行动致敬英雄；组织书画家向驰援湖北的抗疫战士家属捐赠书画作品等，用行动助力打赢这场没有硝烟的战争。先后举办九届"群众文艺汇演"、九届"秦腔大赛"、四届"广场舞大赛"、三届"群众书画摄影大赛"、首届六盘山工艺竞技精品展、四届"赏牡丹旅游花儿歌会"、七届"西海子原生态山花儿交流会"、三届沈家河民俗艺术节、十四届"文化和自然遗产日"等活动。

【文物保护】

建立文物安全保护网络，加强对重点文物保护单位、博物馆、文物库房的常态化管理，落实文物保护管理主体责任，将文物安全风险降到最低。坚持博物馆和文物库房24小时值班制、巡查制，确保馆藏文物安全。争取项目资金，加大文物保护力度。固原古城遗址抢险加固二期工程、固原文澜阁墩台抢险加固工程已完成；宁夏固原市原州区开城遗址保护利用设施建设项目部分内容已变更，并通过验收，完成文物保护围栏3065米、巡护道路1507米、河道护壁4894立方米；宁夏境内长城保护管理设施建设项目完成围栏制作安装2100米、保护碑制作23通、界桩制作278根、垃圾清理19000立方米、文物库房维修180平方米。

【书香原州】

以"倡导全民阅读，建设书香原州"为主题，引入宁夏朗诵协会等社团，深入开展优秀读者评选、盲人数字阅读推广、全民悦读朗读大会、书香助力战"疫"、全民阅读八进（进机关、进学校、进企业、进农家、进社区、进家庭、进工地、进军营）等系列活动，为广大群众带来丰富的文化生活的同时，也让广大群众参与其中，为实现原州文化大繁荣大发展，起到积极推动作用。通过现代化图书分类、编目和图书馆电子智能化管理手段，对图书馆馆藏书和历年新购置26.4万册图书、杂志等资料进行电子化编目和回溯建库，开启智能化借阅服务，实现图书由手工化向智能化的转变，提升图书馆服务水平。截至2020年，图书馆共接待读者1.9万多人次，借阅各种图书资料2.4万多册次。为满足读者阅读需求，筹措资金19万元，购置图书4750册，新接收捐赠图书1.1万册。大力宣传，倡导阅读。先后在人民广场、固原博物馆广场、文化街社区等地开展图书宣传活动3次、图书阅读推广活动两次，下乡和进社区图书宣传活动27次，图书流动宣传32次，印发宣传资料1万多份。为满足人民日益增长的文化需求，新建黄铎堡镇文化站、开城镇文化站、官厅镇文化站和西城路社区、文化巷社区、宋家巷社区共6个图书分馆。对3个流动图书阅览网点图书进行流动交换，配合官厅、三营等乡镇对乡镇图书室、农家书屋、图书流动网点开展非法出版物收缴和督查。

【项目建设】

原州区文化馆和图书馆建设项目已完成开工建设,正在进行基础开挖,打桩灌注。文物保护项目,投入资金2163万元,主要有原州区文物抢险加固工程项目、须弥山石窟文物保护项目,已全部完工。

档案管理

【档案征集与接收】

征集反映原州区经济建设和社会发展历程与成就的档案,截至2020年,共征集档案资料338件。共接收进馆档案5637卷(盒),主要包括土地确权档案、婚姻档案、第二次全国污染源普查等专题档案。

【档案查阅利用】

实行"零费用、零距离"查档复印一站式服务,2020年,接待查阅利用2000多人次,调卷近20000卷次,有效发挥了档案在为民生服务、化解各种社会矛盾、重难点工作突破等方面的凭证作用。

【档案宣传】

在"6·9国际档案日"开展了以"档案见证小康路 聚焦扶贫决胜期"为主题的宣传活动,通过多种形式宣传档案工作,现场发放宣传资料1300多张。扩大了档案普法覆盖面和知晓率。

【档案信息化建设】

建成了原州区档案馆数字化机房、电子档案目录数据库。建立了10个全宗8519卷(盒)141175条的电子档案目录库,为下一步开展全文数字化做好准备,档案数字化工作走在了固原市的前列。

【档案安全】

建立了以制度为基础,以安全保卫人员为重点,以安全监控防火设备为辅助的档案"三维"安全体系,确保档案安全。

地方志

【新冠肺炎疫情防控资料收集】

按照自治区党委党史研究室、固原市委党史研究室工作要求,在做好疫情防控的同时,联系区委办、疫情防控指挥部,完成新冠肺炎疫情防控文献资料收集、整理工作。

【年鉴编纂工作】

完成《宁夏年鉴2020》和《固原年鉴2020》原州区资料编纂任务。完成《原州年鉴2018》《原州年鉴2019》《原州年鉴2020》三部年鉴,如期实现"两全"目标(二轮修志和年鉴编纂全覆盖)。

【村志编修工作】

争取财政资金7.7万元,支持彭堡镇蒋口村、头营镇蒋河村、杨郎村开展村志编修,征集《蒋口村志》240册,加强对《蒋河村志》《杨郎村志》业务指导,《杨郎村志》编修工作按计划进行,《蒋河村志》已出版。邀请固原市地方志办专家指导蒋口、杨郎村史馆布展工作。

【地方志工作宣传】

结合"5·18地方志工作宣传日",以"提高《地方志工作条例》知晓率,营造关心地方志工作氛围"为主题,立足新冠肺炎疫情防控,采取短信、微信等方式,广泛开展《地方志工作条例》宣传活动,宣传面达5000余人次。加强信息报送工作,编发信息简报15期,原州发布采用信息12次,原州区综合信息采用两次,扩大了史志工作宣传面。

【志书交流活动】

加强与区内外史志单位联系,开展志书交流,举办宁夏文史研究馆·原州区史志研究室"文史书籍赠阅暨交流"活动,交换各种史志书籍50余册。

融媒体

【平台建设】

整合新闻中心、新原州报、原州发布微信公众号、原州新闻网、原州发布微博、丝路原州新闻客户端等现有媒体资源,丰富宣传形式,发挥各媒体间深度融合和聚合共振效应,形成"一次采集、多种产品、多媒体传播"的工作格局。

【疫情防控宣传】

采写的《抗击疫情,原州在行动》《原州区各级党组织擎起"决战旗"吹响"集结号"坚决打赢疫情防控阻击战》《原州区实施"四包一"疫情防控有"管家"》等新闻稿件在学习强国、人民日报、光明日报、宁夏日报等中央、省级主流媒体刊登。在市级以上媒体宣传报道2406余篇(条),其中中央媒体刊登271篇(条),自治区媒体365篇(条)。

【脱贫攻坚宣传】

围绕原州区脱贫攻坚重点工作和群众关心的热点话题,大力宣传各项惠民政策、脱贫攻坚典型事迹和基层群众艰苦奋斗的感人故事,采写刊发了《战贫进行中原州区:9个村挂牌督战,"三类人"一户一策,查脱贫防返贫》《原州区:扶贫车间醋飘香》《原州区多点发力稳就业助脱贫》《第一书记冉琦:疫情防控下的别样脱贫路》等脱贫攻坚稿件。

【开设专栏】

在原州发布、新原州报、原州新闻网开设新春走基层、决战决胜脱贫攻坚、战贫进行中、战"疫"日记、新时代文明实践在原州、身边的感动、打赢生态环境保卫战、文明健康有你有我、固原是我家文明靠大家、乡镇部门动态等专题专栏10多个。2020年以来刊发各类宣传报道2816条,印发新原州报17期。其中,稿件浏览量最高达7.2万人次。

【农村数字电影】

以服务基层,丰富广大人民群众文化生活为目标,2020年,共累计放映数字电影1865场次(故事片1673场,科教片960场,广告宣传片420场),观影群众突破20万人。

旅 游

【疫情防控】

区属景区、农家乐等涉旅企业时刻保持临战状态,找差距、补短板、堵漏洞,第一时间贯彻落实中央、自治区及固原市有关会议精神,筑牢防控网络。

【复工复产】

全面推进文旅产业复工复产。落实自治区、固原市有关融资支持、稳岗就业、税收优惠、降低成本等优惠政策,助力原州区文旅产业增强信心,渡过难关。在落实各项防控措施的前提下,建立上下联动、登记备案、健康监测,积极稳妥推进各文旅产业恢复经营生产。

【创建旅游示范区】

按照全域旅游示范区创建标准,制定《原州区创建国家全域旅游示范区实施方案》,积极推进全域旅游示范区建设,促进乡村振兴发展。通过创建全国旅游标准化试点城市,建立具有原州特色的地方旅游标准化体系,促进旅游服务基础设施升级,提升旅游服务水平,提高旅游产品质量,为原州区创建全国全域旅游示范区打下坚实基础。开展"两晒一促"文旅推介活动,通过晒文旅、晒优品、促消费,将原州区的自然风光、民俗风情、特色风物、人文自然、城乡之貌展现给全国观众,积极推介原州区非遗产品、特色农产品推动消费扶贫。在景区、农家乐开展宣传活动,已向市局申报三星级农家乐4家。完善河川、开城等地窑洞宾馆基础设施,提升民宿文旅服务水平,促进民宿经济不断发展,打造A级旅游景点。配合做好须弥山旅游开发建设工作,申报全国乡村旅游重点村和自治区级重点旅游度假村，河川乡寨洼村已评为全国乡村旅游重点村。截至2020年，原州区所有文旅产业已全部开展经营，共接待旅客102万人次，实现旅游社会总收入1110万元。

【项目建设】

乡村旅游扶贫和旅游厕所项目主要实施河川乡寨洼村基础设施项目、牡丹山庄精品民宿项目、开城镇青石嘴红军长征战斗纪念碑看护房项目总投资150万元，已全部完工，提升旅游服务档次和规模。同时，与自治区文化和旅游厅对接，争取旅游厕所第一批资金303万元，在公路沿线和景区、农家乐建设旅游厕所8座，设计已完成，正在办理报批手续；牵头重点实施的乡村旅游发展项目有张易镇宋洼村田园综合体梯田公园建设项目、青石峡游客服务中心项目和2018年旅游环线各节点基础设施项目，总投资2000万元，青石峡游客服务中心项目和2018年旅游环线各节点基础设施项目已开工建设，张易镇宋洼村田园综合体梯田公园建设项目已完成游客服务中心建设和周边环境绿化工作。

【旅游路线】

加快推进"四个一"林草产业，着力打造旅游路线示范点。按照固原市文旅局《关于下达旅游环线大地景观建设任务的通知》文件精神，须在固原市范围内结合"四个一"林草产业工程，依托旅游环线打造大地景观，原州区实施建设任务共计19000亩。原州区在三营镇甘沟村刘姥姥农家、河川乡牡丹山庄、开城镇中庄水库等地共实施秦子、牡丹、梅杏、山楂等种植30850亩，已全面完成建设任务。

科学技术

科技服务

【概　况】 2020年,原州科技局深入实施创新驱动发展战略,支持兑现宁夏古雁建材有限公司等6家企业研发后补助资金336.97万元,申报宁夏明德中药饮片有限公司等8家企业研发后补助资金280.99万元,大力培育科技服务中介机构,固原渊泉企业咨询服务有限公司被自治区认定为科技中介服务示范机构,扎实推进科技企业培育,新认定国家高新技术企业1家,新认定自治区科技小巨人企业两家,申报工程技术研究中心两家、争取自治区科普项目两个,资金27万,举办科技特派员、"三区"人才种养殖培训班3期。

【创新政策保障】 原州区科技局加大政策供给力度,积极落实自治区创新驱动战略实施方案(创新30条),申请本级财政R&D经费投入210万元,较2019年递增34.6%,将企业新技术、新品种、新装备引进及知识产权授权、科技成果转化等科技创新活动纳入原州区创新驱动、脱贫富民两大战略,支持和鼓励企业创新。积极争取自治区科技项目支持兑现宁夏古雁建材有限公司等6家企业研发后补助资金336.97万元,规上工业企业新增研发费用奖励42.03万元,积极申报宁夏明德中药饮片有限公司等8家企业研发后补助资金280.99万元,鼓励企业加大研发投入。撬动全社会研究与试验发展(R&D)经费支出0.94亿元。加大科普宣传,争取自治区科普项目两个,资金27万元,举办科技特派员、"三区"人才种养殖培训班3期,培训"三区"科技人才、科技特派员、种、养殖大户、示范户250人。推送新冠肺炎防控提示近10万手机用户。建设长城公社科普文化长廊基地1个,建设固定宣传栏6组,在古雁街道办事处小川子等5个社区建设社区科普宣传栏,进一步扩大科普宣传范围。落实各项优惠政策,举办"企业服务行"科技政策培训会,邀请自治区科技厅领导就企业研发费用归集和研发项目鉴定、技术需求导向方面改革政策、科技型企业认定管理政策等进行解读,帮助企业结合自身实际状况,用足用活政策。组织原州区35家企业申请科技创新券项目,已公示21家。大力培育科技服务中介机构,依托中介机构,促进企业开展科技创新,固原渊泉企业咨询服务有限公司被自治区认定为科技中介服务示范机构。加大科技金融支持,争取自治区科技厅科技金融项目,资金26万元,创新金融产品,构建完善覆盖科技企业发展的全生命周期的科技金融支持体系,积极组织企业申请"宁科贷"项目贷款,解决企业融资难问题。

【创新主体培育】 加快推进科技型企业培育,实施创新型企业快速增长行动,加快培育高新技术企业、科技型"小巨人"和"专精特新"企业。2020年,新认定固原宝发农牧有限责任公司高新技术企业1家,已完成任务,正在参与评审的国家高新技术企业3家。新认定宁夏浩迪科技有限公司等自治区科技小巨人企业两家,完成任务的200%。新认定宁夏百草菀药业有限公司等自治区科技型企业12家,完成任务的300%。新增有研发活动的规上工业企业1家(宁夏固原富宁广业有限责任公司),新增宁夏博迪生物科技有限公司等国家科技型中小企业13家,完成任务的185%。加快各类平台建设，申报工程技术研究中心两家，申报宁夏六盘珍坊生态农业科技有限公司等技术创新中心6家，进入专家网评5家。调整优化科技创新示范基地管理机制，申报原州区油牡丹产业园科普实践基地等自治区科普基地7家，形式审核通过两家。申报原州区返乡创业孵化园自治区级众创空间1家，通过建立技术创新中心、企业技术中心、产品研发中心，增强研发能力，切实增强企业核心竞争力。组织辖区23家企业参加第九届中国创新创业大赛（宁夏赛区），入围3家。

【重点项目实施】

原州区科技局通过宁夏科技管理信息系统，登记固原巨凯工贸有限公司等3家企业的科技成果3项。加强科技项目建设，共争取自治区科技厅各类项目14项，资金899.98万元，固原市科技局各类项目4项，资金347万元，通过争取区、市科技部门资金对原州区科技型企业和规上企业支持，鼓励企业创新，带动企业研发投入，提高地区总产比值。

【招才引智】

配合宁夏大学、宁夏农科院固原分院、广西农科院建立马铃薯优质高效生产技术集成示范与科技扶贫项目原州区张易镇毛庄村科技示范基地。争取自治区科技厅2020年宁夏贫困地区小杂粮高效种植技术示范与推广项目1个，资金30万元，在彭堡镇彭堡村建设500亩小杂粮科技核心示范基地，由新星土地股份合作社实施，推广品种张杂谷13号，项目带动周边群众种植10000亩，吸收在家剩余劳动力务工300人。为7家企业8个项目向固原市科技局申报固原市人才项目及奖励补助资金。引导宁夏好水川食品有限公司、宁夏碧蜂源蜂产业有限公司4家等企业与天津科技大学、浙江大学、中国农业科学院蜜蜂研究所合作等院所合作，柔性引进人才35人，开展多种关键技术研究与示范。落实人才工作联系服务机制。下沉科技人才，通过科技扶贫指导员先进技术示范引领、科技特派员创业扶贫、"三区"科技人才示范带动，促进特色优势产业发展，助力脱贫攻坚。2020年，争取项目资金139.48万元，引进宁夏大学科扶贫指导团，深入原州区深度贫困村开展专家服务特色产业基地建设。引进新技术11项，引进新品种15项，举办培训班16次620人，田间指导19次220人，加快了原州区种植结构调整，增加农作物附加值。争取自治区科技特派员创业行动专项资金40万元，实施专项行动项目6个，开展科技特派员专项行动，推广新技术70项、引进新产品134项、服务农民3970户，带动7120人就业、培育科技示范户298户、有效带动502户建档立卡贫困户脱贫致富。深入推进"三区"科技人才工作，争取"三区"人才项目10个，资金20万元，由10名三区人才在10个贫困村开展科技服务工作，举办培训班17期802人次，培育科技示范户15户，带动农户125户，发放各类物资折计40170元。发动科技特派员、"三区"科技人才、科技扶贫指导员等科技人才力量，转发农业科技先进适用技术手册15000余次，开展线上技术指导和服务，保障农业春耕生产和畜牧养殖业稳定生产。校区合作发展中药材产业，与浙江理工大学就中药材产业发展进行合作交流，签署原州区与浙江理工大学生命科学与医药学院战略合作协议。以科技项目为支撑，国家级高新技术企业宁夏明德中药饮片有限公司为引领，积极探索建立"1+1+n"科技助力中药材产业发展工作思路，推动原州区中药材产业提质、扩量、增效，促使原州区形成3个中药材产业带，中药材种植面积达到3.28万亩。

【防疫复工复产】

简化科技项目流程，所有项目从宁夏科技管理信息系统推进，实现科技项目"网上办、集中批、联合审、不见面"，做到最大限度方便企业。健全科研诚信管理机制，已实现所有科技项目从宁夏科技管理网络平台申报、评审、执行，依托宁夏科技管理网络平台系统完善失信行为记录信息系统。开展以需求为导向的科技项目形成机制改革,共征集到各类科技创新需求20条,其中参加第五届中国创新挑战赛(宁夏赛区)对接需求3家。通过"宁夏科技管理系统"平台,积极组织企业申报重点研发项目、科技特派员创业行动专项、企业研发费用后补助项目等各类项目和创新平台132个。指导企业开展新冠肺炎防控技术科研协同攻关,推荐上报宁夏明德中药饮片有限公司"基于金莲花抗菌、抗病毒药理作用的保健及相关医疗产品研究开发"、宁夏时迈科技集团有限公司"战'疫'后期防预系统研发与示范"新冠肺炎疫情防控应急项目。利用企业工作群,积极推送第三、四、五批科技奖励成果包。

防震减灾

【地震监测】

落实"三网一员"工作机构、制度和工作补助,组织培训1次以上。2020年,原州区地震宏观观测信息点20个,11个乡镇三个街道办落实了防震减灾助理员,并对信息员和助理员进行了业务培训。

【应急避险演练工作】

原州区地震局联合原州区教育部门,在固原六中开展地震应急疏散演练,并把此项工作常态化。

【重点隐患排查】

原州区地震局对辖区11个乡镇的学校、医院等人员密集场所抗震设防要求依法执行情况进行检查。对应当开展地震安全性评价的建设工程是否依法开展、已开展地震安全性评价的建设工程抗震设防要求执行情况进行检查。对新建、改建、扩建一般建设工程抗震设防要求执行情况进行检查。经排查原州区乡镇范围建设工程、基础设施均能按照地震安全性评价做到抗震设防要求。

【设施加固工程】

重点对原州区11个乡镇中小学校舍、医院等人员密集场所开展防震减灾排查加固工程,对重点道路桥梁、电力和电信网络、输油输气管道、煤矿矿山、危险化学品厂库、水库大坝等开展抗震性排查,对达不到抗震烈度标准的要进行加固排险。开展原州区房屋安全隐患排查工作,已于2020年6月25日全部完成农村房屋的安全隐患排查工作,共计排查房屋61259栋。其中用作经营自建房2024栋,未用作经营自建房58931栋,非自建房304栋。对3户存在安全隐患的用作经营自建房,其中彭堡镇申庄村高玉平采取墙体拆除加固维修整治方式;彭堡镇石碑村马忠治,由乡镇督促责令停业,现危房已拆除;河川乡康沟村马全仁,原址翻建现已竣工。实施低收入人群四类重点对象危房危窑即增即改和抗震宜居农房建设,2020年完成危房危窑即增即改325户、建设抗震宜居农房801户,2021年实施危房危窑即增即改60户、抗震宜居农房建设240户,已完成210户。共计投入资金3587万元。规划城区应急避难场所城区14处65.8万平方米,乡镇所有学校操场均规划为应急避难场所面积为89.76万平方米。

【综合治理】

原州区地震局监测出农村低收入农户住房不达标4户,均已改造完成。现场核查张易镇地质灾害险点住户165户(其中水位上升,影响住房安全的25户;在自然险点居住54户;房屋存在较大质量安全隐患34户;水位上升导致出行困难4户;院墙存在安全隐患48户)。对水位上升、在自然险点居住的、水位上升导致出行困难的,原址已不能再建房,由自然资源局和张易镇共同选址规划,在建房安全的位置建房可以继续享受补助政策;房屋、院墙存在质量安全隐患的,群众已享受危房政策的,由张易镇和农户协商解决,未享受危房政策的,按危房政策建成后予以补助。对农户D级危房、废弃院落督促乡镇逐户进行拆除。同时对群众自建房在易发泥石流、崩塌滑坡等地质灾害险点的居民进行搬迁,加强村民自建房选址要求。

【自然灾害预警】

原州区地震局在固原市第八小学、第一小学、第一中学及原州区三中、原州区四中、杨郎小学、住建和交通局等单位安装地震监测预测预警设备14套，现设备已安装到位，加强原州区地震现场灾情快速采集、识别、处理及发布系统。

气象服务

【气候概况】

原州区2020年平均气温为7.6℃，与历年同期值相比偏高0.6℃。年极端最低气温-19.9℃，出现在2020年12月30日；年极端最高气温29.9℃，出现在2020年8月2日。月平均最高气温18.8℃，出现在7月；月平均最低气温-7℃，出现在12月。月平均气温与历年同期值相比，6、7、8、10、12月偏低0.1~1.5℃，其他各月偏高0.2~3.6℃。原州区2020年降水量为488.4毫米，与历年同期值相比偏多14.8%。从各月来看，3、5、7、9、10月份偏少，其他月份偏多。

【气象灾害】

2020年，原州区降水明显偏多、气温偏高。年内出现霜冻、冰雹、暴雨、连阴雨等气象灾害，对农业生产、人民生活、交通运输等造成一定影响。2020年4月22—27日连续6天，5月9日、11日、12日日最低气温低于0℃，大部出现霜冻或轻霜冻，正处花期或幼果期的杏、苹果、梨等果树不同程度受灾，对产量造成一定影响。在自然降水与人工增雨共同作用下，5月6日到9日普降中雨，部分地区出现大雨，这是2020年入春以来的第一场透雨，此次降水范围广、雨量大，对春播、牧草生长、生态修复、降低森林草原火险等级、改善空气质量等极为有利。2020年6—8月，固原市共出现4次冰雹天气，具体为6月24日、7月17日、8月25—26日。2020年8月11—17日出现连阴雨天气，各县（区）累计降水量在42.6~137.3毫米，最大降水量出现在原州区开城镇海家庄137.3毫米。2020年夏季降水量为300.3毫米，较历年同期偏多22.2%。

【气象社会管理】

印发防雷安全管理文件两份。开展安全执法检查126家。完善"互联网+监管"检查实施清单，利用"互联网+"平台开展"双随机一公开"监管工作。固原市行政审批事项4件。获批地方行业标准1项。全国两会及重大庆祝活动期间开展施放氢气球巡查，监管领域未出现重大安全生产事故。

【气象防灾减灾】

制作气象信息专报33期，农用天气预报22期，专题服务材料11期。提供应对气候变化决策材料5份。为各级党政领导、防汛抗旱、自然资源、应急管理、驻村第一书记、农村信息员等基层气象防灾减灾队伍发送各类气象预报预警、雨情等服务信息499次，服务涉及564927人，其中预警信息222次（只包括固原市原州区、彭阳县预警信号和山洪地质灾害预警），服务499278人；预报雨情信息277次，服务65649人。"固原天气早知道"荣获固原市十佳政务微博。灾害性天气预警信号准确率和时间提前量均达标。酸雨观测质量样品考核为优秀。观测设备考核指标均达标。完成人工影响天气一期建设任务。组织完成气象局承办的"小小减灾官"科普短视频大赛相关环节，通过与原州区教育局联合发文、微信广泛宣传等方式，共收到投稿200余份，全方位传播防灾减灾知识。组织对首场透雨等重大转折性、关键性、灾害性天气及时开展预报服务。组织做好空中云水资源开发利用工作，适时组织开展增雨雪、防雹等人工影响天气作业。

【气象社会服务】

针对"一县一业"特色产业开展农作物全生育期气象服务，制作冷凉蔬菜等专题服务产品27期。开展气候好产品评定，增加农产品经济附加值。实施基层气象灾害预警服务能力建设和乡村振兴项目。面向种养殖大户等开展直通式服务,实现气象灾害预警信息对贫困村和新型农业经营主体全覆盖。完成固原市委、市政府脱贫攻坚5项重点工作,进村入户帮扶450余人次,第一书记工作得到固原市委组织部通报表扬。开展全方位"四个一"林草产业气象服务,建设观测设备12套,调研服务11次,制作"四个一"示范园区气象条件分析材料。与自然资源局共同开发建设固原市"四个一"林草产业平台,定期为决策层和用户提供生态气象服务信息。与应急管理等9个部门签订应急合作协议,开展应急、地质灾害服务21次。争取固原市政府120万元建设负氧离子观测站等监测设备,推进"中国天然氧吧"创建和"六盘山避暑胜地"国家气候标志认证。制作发布空气污染扩散气象条件预报337期。

【气象现代化建设】

持续打造"四位一体"固原气象试验示范基地,引进宁夏农科院固原分院科研项目2项。积极申报固原科普教育基地。配合中国地形云(六盘山)野外科学试验示范基地建设,开展人工增雨(雪)技术研究项目11项。完成全固原市气象观测自动化建设。凝练暴雨、冰雹等灾害性天气定量化预警指标。

医疗卫生

综 述

【新冠肺炎疫情防控】

制定印发《原州区进一步强化新冠肺炎疫情常态化防控工作通知》，转发自治区卫健委《关于进一步强化常态化疫情防控漏洞排查和重点任务防控任务督导通知》，明确常态化防控任务和专业化防控要求及具体时间安排。多次召开卫生健康系统常态化疫情防控工作推进会，传达学习自治区主席咸辉、副主席杨培君，卫生健康委主任马秀珍的关于疫情常态化防控讲话精神，并安排部署原州区卫健系统疫情常态化防控工作。围绕自治区常态化疫情防控重点环节和重点任务，各医疗机构针对重点人员、重点场所进行排查，加强宣传教育、实验室建设、预检分诊点改造、院感防控预约诊疗等工作。原州区医院对预检分诊、发热门诊、隔离病房进行规范。各医疗机构加强对医护人员的培训和应急预案的修订和完善。同时，卫健局、各医疗机构对防护物资进行全面清查，各单位根据需要购置必要的防护、消杀用品，确保人员随时待命，隔离病房、救治设备、防护物资实施完好、充足。原州区医院已经完成新的实验室建设，并于2020年8月份具备核酸检测能力，完成核酸检测14173份；各基层医疗机构全部完成预检分诊点的改造，进一步强化分诊分流管控措施。对各单位预检分诊、发热门诊、分时段预约诊疗和互联网咨询、感染防控和医务人员防护、普通病区住院患者管理、医务人员健康管理、应对预案制定和疫情防控推演情况进行20余次督导，强化各项措施、规范、制度的落实。

【综合医改】

将11家乡镇卫生院、3家社区服务中心纳入原州区医院统一管理，构建起区域医共体，覆盖率达到100%，并将文化街社区卫生中心、三营中心卫生院打造成示范点。原州区医疗健康集团各项工作正在按照自治区、固原市相关要求逐步推进。基层医疗卫生机构门急诊占比达到70%，分级诊疗制度逐步推开；强化重点指标控制。原州区医院住院次均费用控制在5964.39元以内，门诊次均费用控制在191.41元以内、药占比为31.29%、百元医疗收入消耗的卫生材料费降到22.14元，平均住院床日控制在10.4天以内；推进医保支付制度改革。通过实施复合付费方式改革和按疾病诊断分组收费试点工作，原州区医院对出院患者的54%实行临床路径管理，对常见的117个病种实行单病种付费管理；健全药品补偿机制。不断完善医疗服务价格调整机制，强化相关政策落实，医疗服务价格调整项目全部落实到位，医疗服务价格补偿率达到70%。提升综合监管服务能力。培训各类人员1500人次，发放宣传材料两万余份；受理各类卫生行政许可事项2800余件；检查监管单位1900余户次，下发卫生监督意见书6000余份。办理各类案件13件，罚款5万余元，取缔各种非法行医流动摊点3起，服务质量监管、双随机一公开、信用体系建设工作按要求落实。

【基层卫生服务】

完成2019年度"千名医生下基层"对口支援考核评定，制定印发《2020年原州区千名医生下基层工作实施方案》，安排60人赴基层医疗卫生机构帮助提高服务能力。落实基本公共卫生服务项目。

2020年度原州区管理高血压患者27203人，任务完成率111%，规范管理22537人，规范管理率83%；管理糖尿病患者7038人，任务完成率112%，规范管理5778人，规范管理率82%。完成65岁以上老人健康管理39361人，健康管理率75%。推进社区综合改革，各单位完善绩效考核方案，建立良好的城市社区基本医疗和基本公共卫生服务运行、激励、约束机制，激发基层活力。深入推进优质服务基层活动，彭堡、寨科卫生院投入60余万元，改善服务环境，提高服务能力，通过一般标准创建评估验收。做实做细家庭医生签约服务，完成常住人口签约292091人，签约率67%；完成0~6岁儿童、孕产妇、老年人、高血压患者、糖尿病患者等重点人群签约117268人，签约率87%；农村建档立卡贫困人口、城乡低保五保人口、计划生育特殊家庭、纳入计划生育家庭特别扶助制度的独生子女伤残或死亡家庭的签约全覆盖。0~6岁儿童眼保健和视力检查覆盖率达到93.80%。与教体部门联合完成10所中小学校、幼儿园学生视力及常见病和健康影响因素监测与干预工作，各项数据正在录入。

【妇幼保健生育服务】

2020年，完成免费新生儿多项遗传代谢性疾病筛查5889人，免费筛查率为98.63%，发现阳性患儿8例。免费新生儿听力筛查数5889人，筛查率为98.63%，新生儿听力障碍可疑阳性转诊41例，新生儿听力障碍确诊5例。农村妇女免费"两癌"检查项目，完成宫颈癌初筛14678人，任务完成率为100.2%；完成阴道镜检查978人，病理检查280人，确诊宫颈癌4人。完成乳腺癌检查8380人，任务完成率100.2%。其中乳腺手诊和B超检查人数8380人，乳腺钼靶X线检查170人，未检出癌症患者。宫颈癌筛查覆盖96.1%，乳腺癌筛查覆盖54.8%。所有检查出的阳性患者均及时得到有效诊治。孕产妇死亡率为0/10万，婴儿死亡率为3.88‰，5岁以下儿童死亡率为7.25‰。

【疾病预防控制】

严防流行性出血热，举办流行性出血热诊疗培训班21期，培训人员1400余人，并在各村、各居民小区、公共厕所、垃圾中转站、垃圾箱、广场绿地等投放鼠药1000余公斤，安装毒饵站14000多个。完成开城、张易、头营、官厅、中河五个重点乡镇的流行性血热疫苗接种工作，接种15592剂次。做好鼠疫值班县各项工作，黄铎堡鼠疫监测点完成基础设施建设和室内布设工作，正等待验收评估。对两省三市五县（区）鼠疫防控工作完成两轮督导检查，年终总结工作也完成各项准备。推进免疫规划工作，应接种疫苗117538剂次，实际接种117021剂次，接种率99.56%。规范水质监测工作，对10家单位生活饮用水进行抽检，并在第一、二、三季度分别进行公示。加强结核病管理，原州区共检查可疑肺结核病患者2079人次，确诊肺结核患者583例，阳性病例234例，病原学阳性率40%；系统管理573人，系统管理率98%，规则服药572人，规则服药率98%。强化艾滋病抗病毒治疗医防结合工作，疾控中心与原州区人民医院完成医防结合各项对接工作，抽调业务能力强、有责任心、不歧视病人的大夫、护士及检验人员4名，开展抗病毒治疗工作。"十三五"期间，地方病防治专项三年攻坚行动目标、尘肺病防治攻坚行动目标有效落实。原州区达到碘缺乏病消除标准，水氟含量合格率达到100%，已摸清并建立粉尘危害基础数据库的企业共19家，职业健康管理人员培训率为100%；接尘劳动者培训率为100%。

【计划生育】

完善全员人口信息建设工作，做好计划生育全员人口信息建设，村级应用率、信息完整率、育龄妇女逻辑关系准确率均在要求范围内，出生人口、新婚、死亡人口录入准确及时；落实计划生育"三项制度"，新增审核上报少生快富5户，档案收集整理装订并网上录入；审核上报特扶86人，档案收集整理装订并网上录入，开通就医绿色通道，确保计生特殊家庭成员生病时能就近到其所在的乡（镇）卫生院和社区卫生服务中心进行初诊，做到小病在家门口就能得到治疗。落实家庭医生签约服务，由乡（镇）村（居）指定1名医生和所属计生特殊家庭签订服务协议，签约医生为签约对象建立健康电子档案，详细记录签约对象健康状况，制订个性化的健康管理方案，提供健康综合服务。落实计生特殊家庭联系人制度，村（社区）计生专干为第一联系人，乡（镇）、街道三项制度负责人为第二联系人，乡（镇）、街道卫计站站长为第三联系人，制定"暖心行动"实施方案，努力做到让计划生育特殊家庭能够重塑生活希望，重新融入社会这个大集体。审核上报奖扶342人（其中新增7人，退出24人），档案收集整理装订并网上录入；完成涉农惠农资金平台"三项制度"的方案上报和任务发布；做好孕前优生健康检工作，完成孕前优生健康检任务1491对2982人；开展一系列暖心行动："关爱老人关爱健康学习宣传十九大""迎新春送温暖计划生育家庭座谈会""5·29会员活动日""7·11世界人口日"等；继续开展大学生圆梦行动，帮助计生纯女户家庭子女接受高等教育、实现上大学的梦想，筹措奖扶资金对2020年考入一本的计生纯女户家庭子女35人每人给予2000元资助；推进婴幼儿照护服务专业化、规范化发展，完成1家托育机构的注册审核工作。

【健康扶贫政策落实】

强化责任落实，各医疗卫生单位负责人为健康扶贫工作第一责任人。负责辖区建立台账、工作任务等健康扶贫工作全面落实，确保健康扶贫各项工作落到实处。提升管理质量，规范健康扶贫动态管理系统数据、信息更新和维护工作，确保数据信息真实、准确；核准率、救治率和救治费用录入率达到100%，新增建档立卡贫困户核准率100%。做好政策落实，落实"先诊疗、后付费""先住院、后付费""一站式即时结算""一免一降四提高一兜底"等健康扶贫政策，开展"三个一批"分类救治。确保贫困患者年度内合规住院医疗费用实际报销比例不低于90%或当年住院自付费用累计不超过5000元。原州区现阶段农村建档立卡25617户97489人。累计核准"因病致贫、因病返贫"建档立卡农村贫困人口6180户7741人。大病集中救治累计6126人次，慢病签约服务救治累计3909人次，重病兜底保障救治累计2889人次，常见多发病1282人次。组建194个家庭医生签约服务团队。县域内救治率95.09%，建档立卡贫困人口住院合规费用报销比例为91.81%。

【互联网+医疗健康】

加快"互联网+"建设，"微医"在原州区落地推进，完成人员培训500人次，上传信息15000余条。11家乡镇卫生院、8个社区卫生服务中心（站）建成远程门诊，初步形成区、乡"互联网+医疗健康"远程诊疗体系。同时，对上连接宁夏附属医院、西京医院、四川华西医院、301医院等多家三甲医院。原州区人民医院与基层卫生院完成远程心电诊断2465例、远程放射230例，提升基层医疗卫生服务能力。原州区人民医院依托电子健康码开展应用服务，疫情期间，新增门诊预约诊疗、住院预约检查等功能，并将官方微信公众号全面升级，减少人员聚集。基层人工智能诊断辅助诊断能力项目全面完成，通过"互联网+人工智能辅助诊断系统"完成辅助诊断病例23856人次，解决技术水平有限"短板"。医疗健康信息专网已经覆盖153个村卫生室，覆盖率达到100%。

【爱国卫生及卫生城市创建】

协调组织成员单位开展新冠肺炎疫情防控工作。印发《公共场所消毒操作指南》《应对新冠肺炎疫情倡议书》《公共场所经营户新冠肺炎疫情防控告知书》，并联合固原市爱卫办开展对固原市区农贸市场、活禽交易场所进行疫情防控工作督查检查；组织开展疫情防控消毒工作，共调配发放消毒液60余吨，消杀面积700万平方米；对照原州区委、区政府《"健康原州2030"发展规划》，健教办组织协调成员单位围绕健康知识普及、合理膳食、中医养生保健等十六项活动，开展健康促进机关、健康促进学校、健康促进村居等创建活动；利用健康知识巡讲、义诊咨询、爱国卫生"七进"活动，面对面宣传，利用悬挂横幅、电子屏滚动、创办宣传栏、发放资料等，为广大群众提供科学、完整、实用的健康知识，对全原州区300余名乡村两级和卫健系统从事健康教育工作人员进行《"健康原州2030"发展规划》、基本公共卫生健康教育业务培训和原州区新冠肺炎疫情防控培训；创新布设245个居民小区、11个乡镇（街道）、153个行政村（居委会）、8个公园、28个城乡休闲广场健康知识和爱国卫生宣传栏，并定期更换宣传内容；组织55家成员单位通过义诊、体检、讲座、咨询、发放干预品物品、健康教育处方等健康教育开展线上线下活动，促进原州区干部职工、社区居民、学生、部队官兵、广大群众健康素养提高和形成健康行为起到积极的推动作用；有效开展病媒生物防制工作，结合疫情防控工作，发挥物业和社区（村委会）作用共开展大型宣传活动300多场次，参与宣传人数1500余人，发放"四害"防治知识资料20万余份，受益干部群众20万余人；落实门前"三包责任制"，开展铲除鼠迹、蟑迹，堵洞抹缝等清除"四害"和清理病媒孳生地活动，建立卫生保洁长效机制；组织3家专业消杀公司在全区开展4次大型蚊媒消杀，消杀面积900余万平方米。创建国家卫生城市10项指标全部达标，顺利通过国家爱卫办技术评估。

【重点项目建设】

原州区卫健局2020年重点建设项目6个，其中原州区人民医院改扩建项目、原州区基层卫生服务建设项目、原州区卫生健康医疗科普信息化建设项目、原州区"互联网+数字化预防接种门诊"，现已竣工并投入使用；原州区人民医院中医康复楼及放疗中心建设项目正在主体建设阶段、原州区黄铎堡鼠疫防治监测点迁建项目正在附属建设阶段。

原州区人民医院

【诊疗概况】

2020年，诊疗总人数225599人次，同比增长0.71%。其中，门急诊182182人次，同比增长5.18%；收治住院病人23794人次，同比下降9.88%；手术病人3651人次，同比下降6.08%；健康体检19623人次，同比下降19.7%；全院病床使用率为83.3%，同比下降12.6%；平均住院日10.1天，同比下降0.3天；大型设备检查阳性率为82.54%；出入院诊断符合率为99%、甲级病案率为99.2%；成分输血率为100%；社会平均满意度97%，达到预期目标。

【公益性服务】

发挥公立医院的公共服务职能，政府指令性公共事件医疗保障任务完成率为100%。抗击新冠肺炎疫情期间，医院无条件完成政府和上级主管部门关于疫情防控、救治、隔离、运转、检测等任务。开展志愿者健康知识进社区、进机关、进军营、进敬老院、进学校巡讲活动及义诊十余次。

【重点专科建设】

已将妇科、泌尿肛肠外科建设为自治区重点专科，心内科、骨科为自治区贫困县重点专科。同时，呼吸内科、急诊科、感染性疾病科、重症医学科2020年申报为自治区级薄弱专科能力提升建设项目。胸痛中心通过国家2020年度第三批次胸痛中心认证，创伤中心正在筹备中。固原市不孕不育中心和固原市生殖医学质控中心在原州区人民医院挂牌成立，并与兰州大学附属一院生殖专科医院建立"不孕不育专科联盟"，现已开展业务工作。

【省际医院交流合作】

在福建医科大学附属第一医院、附属协和医院、北京市大兴区人民医院开展驻点帮扶工作的同时，与银川市第一人民医院、陕西省中医医院结成医联体技术协作医院，不定期选派专家来坐诊、手术示教、讲座，开展点对点帮扶，并定点培养业务骨干24名，举办学术讲座7次，协助开展新技术新业务21项，促使业务技术快速提升。消化科已能独立完成ERCP（经内镜逆行胰胆管造影术）；神经脊柱外科已能独立开展颈腰椎间盘突出经皮微通道显微镜微创技术、颅脑肿瘤显微微创手术、经皮环激光下肢静脉曲张微创手术等；超声科在西安交通大学第二附属医院帮扶下，开展超声引导下置管引流术、穿刺活检术、射频消融手术。

【互联网+医疗健康】

安全有序的完成整体搬迁工作，对医疗垃圾暂存点、生活垃圾暂存点进行规范化修缮。在后院建设一大型绿化停车场，解决职工停车难问题的同时，院内绿化工作逐步改善。对1.5T超导核磁共振成像系统进行硬件和软件升级改造，自筹资金2000余万元购置心电网络系统、宫腔镜系统和精子质量分析仪、彩色多普勒超声诊断系统和射频消融仪、半导体激光治疗仪、血液透析机、全自动生物质谱监测系统等医疗设备。对医院内网、互联网、专网重新做整体规划和布局，实现医院无线网络全覆盖；更新信息管理系统；接通患者床头与护士可视对讲呼叫系统、门诊医技楼排队叫号系统；开通网上预约挂号。促进"互联网+医疗健康"快速发展，组织与华西医院实施远程会诊病例65余例、远程授课427次、参与培训近2245人次；蓝卫通培训53次，培训人次525人，共受理各乡镇卫生院提交的远程放射病例近540例，远程心电4324例。

【综合医改】

根据宁夏药招三统一政策，医院使用药品、耗材、医疗器械等医疗相关产品，全部在宁夏药品采购系统网上下单采购，并实行"两票制"验收入库管理。对11个乡镇卫生院和3个城市社区服务中心开展对口帮扶工作。"千名医师下基层"人员半年共组织教学查房200多次，疑难病例讨论60多例，业务讲座132次、技能讲座132次。中医适宜技术下乡培训14次。对人员进行两天急救技能的培训，急救技能考试全部合格。门诊次均费用196.36元，较2019年度降低3.97%；住院次均费用6067元，较2019年度降低0.36%；门诊次均药品费用83.99元，较2019年度降低12.27%；出院次均药品费用1855.82元，较2019年度降低2.32%；药占比为30.69%，同比下降了1.13%；百元医疗耗材费用占比为22.58%。均达到卫生健康委控制目标。

【获得荣誉】

在2019年的医院绩效考核中，在全区县级医院获得唯一的"优秀"等次；上半年，在自治区卫生健康委召开的"医疗质量提升年电视电话会"，作为先进进行经验交流。中共宁夏回族自治区委员会、宁夏回族自治区人民政府授予"全区抗击新冠肺炎疫情先进集体"；第16届中国医疗品牌发展高峰论坛六部门联合授予"华医奖2020全国最佳百姓放心示范医院"。网络联盟医院四川大学华西医院授予原州区人民医院远程教学管理优秀奖。17名援鄂医疗队员大爱无疆、甘于奉献、勇敢逆行的崇高精神受到当地医院同行及病人的高度认可，被湖北省委、湖北省人民政府授予新时代"最美逆行者"。

【疫情防控】

中医科为各宾馆医学观察隔离人员煎制配送预防用中药汤剂11412剂；专派两辆救护车，用于"摆渡"发热病人和外来人员。党员交纳特殊党费10300元，全院职工691人捐款84780元。医院精准高效调动医护力量，根据自治区卫健委的安排组建院内防控和援外支援人力梯队，科学合理安排诊治与防控。抽调援外医疗队员719人次进驻原州区7个宾馆医学隔离观察点、车站集中隔离点、社区联防联控点；先后派出两批17名医务人员支援湖北省武汉市。分别编入宁夏第二批援湖北医疗队、宁夏第五批援湖北医疗队，他们不辱使命,圆满完成医疗援助任务。

【品牌形象】

完成"等级医院"创建的前期工作,因国家卫生健康委对医院等级评审细则进行修订,医院重新印制评审细则、再次细化"等级医院"创建责任分工。

卫生监督

【疫情防控】

全体工作人员奔赴疫情防控工作一线,分别承担对汽车站、火车站出站旅客的体温测量、火车站出站旅客中需隔离留观人员向隔离点的运送管理工作。抽调8名业务骨干承担8个隔离点的管理工作。承担隔离点留观人员的饮食运送及生活垃圾收集工作。依照工作职责对辖区各疫情防控检测点、各医疗机构发热门诊、预检分诊及辖区公共场所疫情防控工作进行督导检查并下发督导通报,对存在的问题提出整改要求。同时,配合市场监督局对辖区冷冻食品进行监督检查。疫情防控工作成绩显著,被自治区党委政府评为全区抗击新冠肺炎疫情先进集体。

【医疗机构监督检查】

辖区内共有医疗机构296家,其中医院15家(国营1家,民营14家)、疾控中心1家、乡镇卫生院11家、社区卫生服务中心3家、门诊部6家、诊所95家(西医和中西医结合诊所77所家、中医诊所18家)、卫生服务站10家、村卫生室155家。开展打击非法医疗美容和医疗废物专项整治活动,共对辖区两家医疗美容机构和30家各类生活美容场所进行监督检查。检查中未发现违法行为。开展医疗废物专项检查,检查中对两家医疗废物暂存设施不符合要求依法给予卫生行政处罚。开展医疗乱象"回头看"监督检查工作,乡镇卫生监督协管员加大巡查频次,上报发现各种医疗乱象行为,实现对医疗乱象的精准打击,重点对民营医院开展监督检查和"回头看"检查。检查中共拆除违规发布医疗广告116条幅。开展打击非法行医专项工作和投诉举报调查处理工作,在对辖区各级医疗机构进行卫生法律知识集中培训的基础上,开展卫生监督检查。共检查民营医院14家、门诊部5家、诊所95家。对检查中发现的违法违规行为实施卫生行政处罚。2020年,对26起投诉举报进行调查处理,并将调查处理结果向投诉举报人进行反馈。开展医疗卫生国家双随机监督抽查工作,共抽检各级各类医疗机构48家(其中传染病18家,放射3家,计划生育11家,医疗机构16家)。开展传染病防治国家随机监督抽查工作,抽查的3家接种单位均有《医疗机构执业许可证》及《预防接种单位资质证书》,从事预防接种的人员持有《预防接种从业人员上岗证书》,接种程序及疫苗运送管理符合要求,抽检的18家医疗机构均建立传染病疫情报告工作制度。开展疫情报告管理自查,传染病报告符合要求。检查中对消毒与灭菌效果进行采样检测,共采样18家计121份,合格121份,合格率100%。医疗废物处置符合要求。两家二级病原微生物实验室工作人员均进行培训、考核,建立有实验档案,实验结束均将菌(毒)种或样本等医疗废物处置规范。开展放射卫生和职业卫生国家随机监督抽查工作,抽检的3家放射诊疗机构均取得放射诊疗许可证,放射工作人员进行个人剂量监测、有健康档案。受检者及其他非放射工作人员配备有防护用品,检查中未发现违法行为。开展母婴保健和计划生育国家随机监督抽查工作,11家从事母婴保健技术服务机构均取得《母婴保健技术服务执业许可证》,50名从事计划生育技术服务人员均持有《母婴保健技术考核合格证》。检查中未发现非法使用超声诊断仪开展"胎儿摄影"活动及代孕违法行为。开展医疗机构和采供血机构国家随机监督抽查工作,抽检的16家医疗机构的资质、人员资格、诊疗活动、卫生技术人员管理、药品和医疗器械管理、医疗技术管理、医疗文书管理均符合要求。检查中未发现违法行为,辖区监管辖区无采供血机构。开展病原微生物实验室生物安全专项检查，辖区有实验室24个（2级实验室9个，一级实验室15个），其中病原微生物实验室两个，开展新型冠状病毒检测的实验室1个。两家病原微生物实验室（原州区疾控中心病原微生物实验室和原州区人民医院病原微生物实验室）均进行实验室生物安全认证，进行备案登记。成立生物安全领导小组，有实验室生物安全管理应急预案、消毒隔离制度、生物安全自查制度、人员培训考核制度，并对工作人员定期培训。定期开展消毒灭菌效果监测，并按要求将使用后的医疗废物用专用包装容器分类收集，所有病原体的培养基、标本和菌种、毒种保存液等在运出实验室前均进行压力蒸汽灭菌和化学消毒处理，所有医疗废物处置符合要求。对未进行备案登记、制度不全、培训演练资料不全的单位下发卫生监督意见书，责令其整改。开展医疗服务价格收费自查自纠监督检查工作，共检查医疗机构15家（公立院1家，民营医院14家）。经自查发现1家公立医院部分护理项目、个别检查检验项目不规范收费28360.5元，1家民营医院因HIS系统维护误记3位患者住院费18元。对存在问题相关医院要求自行整改，并将违规收费及时退还患者及上缴医保部门，卫生监督检查中未再发现违规收费情况。开展卫生健康行业专项整治工作，以开展平安医院创建工作为契机，彻底清查欺骗患者、诱导消费、强制消费、术中加价、欺诈医疗、非法行医、非法采供血、"黑救护车"等现象，依法严厉打击卫生健康行业各类违法行为，有效净化行业环境。在专项整治工作中，对查处的非法行医行为实施卫生行政处罚。开展医师执业证书和医学证明文书专项检查工作，按照《自治区卫健委关于开展医师执业证书和医学证明文书专项检查工作的通知》要求，各医疗卫生机构组织学习相关卫生法律法规知识，对专业技术人员的毕业证书、执业资格证书医师执业证书等进行全面核查，对2017年至今出具的医学证明文书逐件进行复查。各医疗卫生单位对查出的个别医疗文书管理不够规范，资料保存不全问题进行整改。卫生监督部门对各医疗卫生单位开具的医学证明文书及专业技术人员（医师、护士、技师、药师）执业证书进行监督检查。检查中未发现违法违规医学证明文书。开展"合理检查、合理用药、合理治疗"专项整治行动，根据自治区卫健委下发的方案要求，对原州区人民医院、11个乡（镇）卫生院、13个社区卫生服务中心（站）、14家民营医院开具的处方、检查检验单、大型医用设备检查单、检查检验试剂、耗材采购、检查检验收费、检查检验项目、医务人员收入与检查检验收入情况进行监督检查，检查发现个别医疗文书书写不规范。对抗菌药药物、自费药品、辅助用药的临床应用、国家和自治区重点监控目录药品管理、开展临床药学、药师履责、处方开具审核、药品医疗器械采购、不合理用药干预、药品不良反应事件处置、药学人员配备培训方面进行检查，检查中未发现违法行为。同时，核查是否存在术中加价、过度医疗或延误治疗、"小病大治"、诱导治疗情况，并对使用高值耗材、许可医疗技术、处方病历书写、手术记录、知情告知制度落实、住院诊疗服务记费方面进行监督检查。检查未发现违法行为。

【饮用水卫生监督】

原州区现有城市集中式供水单位1个，无城市自建设施水厂。农村饮水工程（共计67个）按水源分为4个千吨以上农村饮水工程（4个片区），即固原东部饮水工程（东部片区）、扬黄十一泵站后饮水工程（扬黄片区）、张易上滩水厂（张易片区）、中河泵站（开城西山清水河片区）。小型集中式供水设施15个（农村百吨水厂10个，其他农村小型集中式供水设施5个）。城市二次供水设施共计56个。开展国家随机监督抽查工作，共抽检供水单位15家。监督检查结果为1家城市集中式供水单位有水源卫生防护，水质消毒符合卫生要求，有供水卫生许可证，供管水人员有健康体检合格证，涉水产品有卫生许可批件齐全，对水质进行自检，出厂水水质色度、浑浊度、臭和味、肉眼可见物、pH和消毒剂余量检测6项指标现场检测均合格。4个千吨以上农村饮水工程（4个片区）水源情况为东部片区水源为贺家湾水库水、扬黄片区水源为扬黄水、张易片区水源为上滩水库水、开城西山清水河片区水源为宁夏六盘山水务有限公司南郊水厂水。其他仍在用的小型集中式供水水源分别为水库水、机井水、沟道水，且水质未净化处理而直供。各农村饮水安全工程水源地基本都有防护地界标志及警示标志，蓄水池设置有防护围墙或围栏。但部分蓄水池口盖破损或未加锁管理、防护围栏破损等。大多数供管水人员有健康体检合格证明。普遍存在涉水产品卫生许可批件资料收集保存不全，贺家湾水厂有常规混凝沉淀过滤处理、次氯酸钠消毒，检查时水厂运行故障待维修，消毒设施也未正常运行。扬黄十一泵站后饮水工程供水工程本身无水质净化消毒设施，其水源水为海兴区市政供水，有集团水处理器（罐体式）和构筑式水厂处理及次氯酸钠消毒。张易上滩水厂有集团水处理器（罐体式）处理、次氯酸钠消毒，检查发现水处理及消毒设施均未正常运行。中河泵站供水工程无水质净化消毒设施，其水源为固原市市政供水，有常规混凝沉淀过滤处理、次氯酸钠消毒。对4个千吨以上、17个农村小型集中式供水工程的出厂水水质色度、浑浊度、臭和味、肉眼可见物、pH和消毒剂余量进行检测，经检测除消毒剂指标因未消毒不合格外，其余5项指标均合格。56个城市二次供水设施中54个持有卫生许可证，两个整改办理中，供管水人员有健康体检合格证。各二次供水设施都有水泵房，大多数水泵房都有卫生防护设施及上锁管理、环境卫生清洁，少部分二次供水设施及储水设备定期清洗消毒次数不符合要求。所有二次供水设施均配有消毒设施，但水质委托检测次数未达到规定要求。二次供水单位均纳入卫生监督协管巡查范围，但检查发现部分协管单位巡查工作落实不到位。现场抽查10个二次供水设施水箱出水水质色度、浑浊度、臭和味、肉眼可见物、pH检测均合格，消毒剂指标（紫外线/臭氧）由于无检测设备未检测。辖区内无涉水产品生产企业，无进口涉水产品在华责任单位。辖区有水质处理器实体经营单位26家，在网络平台从事经销活动的网店两家，主要经营的水质处理器为反渗透净水器25家、臭氧发生器1家。有现制现售饮用水自动售水机经营者9家，已备案管理6家，每个经营者安装的自动售水机数量为1至40多台不等，总数有80多台，分布于60多个居民小区。有管道直饮水小区1个，已备案管理。检查发现涉水产品经营单位存在未建立进货查验制度、未记录进货和销售台账的问题。现制现售自动售水机存在水质检验和相关信息公示不到位、机身外部无标签（铭牌）等问题。对监督检查发现的水质净化处理和消毒、供水设施卫生安全防护、蓄水池及水箱的清洗消毒、水质检验、涉水产品卫生许可批件等方面存在的问题，下达卫生监督意见书，责令相关单位对存在的问题立即或限期整改。

【学校及托幼机构卫生监督】

原州区共有各类中小学校125所，其中中学11所（城区5所、乡镇6所，仅城区1所为完全中学，其余均为初级中学或九年一贯制学校）。小学114所（城区14所，镇区7所，乡村93所），其中，寄宿制学校14所（中学11所，小学3所），幼儿园38所（公立23所，私立15所）。开展日常监督检查工作，共检查中小学校34所，其中中学11所，小学23所。同时会同疾控中心对国家双随抽取的24所学校开展学校卫生监督抽检工作。做好学校卫生重点监督抽检工作，按照"双随机"方案要求，对城区和9个乡镇的24所中小学校的教学环境、传染病防控、饮用水卫生进行监督抽检，并现场对教室课桌椅、黑板、采光、照明进行检测，对学校自建设施集中式供水和二次供水的色度、浑浊度、臭和味、肉眼可见物、pH和消毒剂余量进行检测，对纳入卫生监督协管情况进行检查。开展学校卫生综合监督评价工作，对所抽检的24所中小学校进行量化评分，评价结果为1所城区中小学、1所镇区中小学、22所乡村中小学均为合格学校。针对存在的问题，卫生监督人员当场制作下发卫生监督意见书，提出了整改要求。

【公共场所卫生监督】

辖区共有公共场所771家，其中住宿场所193家、沐浴场所39家、游泳馆两家、美容美发场所523家、文化娱乐场所4家、商场7家、博物馆1家、候车(机)室两家。共有从业人员3343人。住宿场所、沐浴场所、美容美发场所、游泳馆均开展卫生监督量化分级管理工作，并逐一进行量化等级评定。A级20家（住宿场所19家、游泳馆1家）、B级11家（住宿8家、美容美发3家）、C级726家（住宿166家、美容美发520家、沐浴39家、游泳馆1家），不予评级14家。量化率达100%。

【职业卫生监督】

辖区内监管的存在职业危害因素的企业共89家（其中非煤矿山7家、建材19家、化工5家、石油零售32家、汽车维修保养14家、其他12家）。对已纳入尘毒危害专项治理并建立粉尘危害基础数据库的26家企业（非煤矿矿山企业7家、建材企业19家）依法进行卫生监督检查。开展尘肺病攻坚行动专项检查，共检查用人单位19家（非煤矿企业1家、建材企业18家），接害劳动者共398人均在体检周期进行在岗期间职业健康检查，检查率为100%。对用人单位负责人、职业卫生管理人员进行全员培训，培训率100%。对89家职业危害项目全部进行申报，申报率100%。对存在问题的单位当场下达卫生监督意见书，对两家用人单位提出限期整改要求，对10家企业给予卫生行政警告处罚，对1家企业实施5000元的卫生行政处罚。

【卫生监督协管服务】

根据2020年初下达的各项工作任务，对各乡镇卫生院、社区服务中心卫生监督协管工作进行督导考核。根据新冠肺炎疫情防控需要，各卫生院、社区结合各辖区的实际，将协管工作和单位疫情防控工作相结合，重点对人群集中的场所和卫生室开展监测和消毒工作，协助开展新冠肺炎疫情的宣传和防控，有效保障疫情防控工作顺利开展。按照卫生监督协管日常巡查工作要求，11家乡镇卫生院和13家社区卫生服务中心、站均开展非法行医、学校卫生、饮用水卫生、公共场所卫生、医疗机构卫生及食源性疾病的巡查和报告工作，对部分职业卫生场所协助监督所开展巡查工作。对存在的问题及时进行指导，特别是复工、复产、复学期间，对做好企业疫情防控做重点指导和规范，对发现的异常信息上报卫生监督所进行督促整改，并配合开展不良事件的处置和打击非法行医工作。2020年，开展巡查4575次，巡查覆盖率达100%。巡查中共发现各类异常线索5条，报告率为100%。

【行政处罚】

2020年，实施卫生行政处罚24件（简易程序10件、一般程序14件），罚款88500元、没收违法所得2600元、没收药品器械价值1000元，总计涉案金额92100元。其中，医疗机构共实施卫生行政处罚8件（均为一般程序），罚款70000元，没收违法所得2600元，没收药品器械1000元，共计涉案金额73600元。公共场所实施卫生行政处罚2件（均为一般程序），罚款5500元。饮水卫生3件（均为一般程序），罚款8000元。职业卫生11件（简易程序10件，一般程序1件），罚款5000元。2020年，对23家各级各类医疗机构的不良执业行为实施不良行为记分，共计记不良积分35分。

【监督信息报告】

对监督信息报告工作开展情况及时检查通报，杜绝突击填报、迟报现象，及时完成各项监督信息补充登录工作。开展信息报告工作，2020年，举办线上培训班两期，通过率达100%。开展信息报告工作，各专业监督覆盖率总计为99.74%。其中，公共场所卫生为100%、生活饮用水卫生100%，学校卫生为100%、餐饮具集中消毒为100%、传染病防治为98.66%、医疗卫生为100%、计划生育100%、放射诊疗100%、血液安全100%。

【卫生行政许可】

严格执行依法许可程序，依据申请、现场审查、合格准予许可的办理流程发放卫生许可证。对新设置审批的医疗机构进行预防性监督检查。2020年，办理卫生许可证266家，其中公共场所254件（新办证226件，延续28件）、饮用水12件，并对办理的卫生许可证全部在宁夏门户网站进行双公示。

【执法行为规范】

2020年，对14个层级单位开展层级稽查2次、对本单位开展风纪检查12次。稽查案卷16份、许可文书19份，同时对重点工作、突发事件、投诉等专项工作开展稽查活动。受理目前已全部完工。投诉举报，2020年，受理投诉举报29起，均进行调查处理，处理率100%。对行政处罚案件均在"宁夏互联网+监管系统"自治区政府门户网站进行公示。同时，对2020年处罚案卷全部进行评查。行政执法全过程记录制度、重大行政执法决定法制审核制度全面落实。开展卫生计生行政部门及卫生计生监督执法机构行风评议活动，共对100户管理相对人进行调查，经统计群众满意度为98%。

疾病预防控制

【慢性病患者规范管理】

高血压患者应建档24435人，实建档27726人，建档率113.47%，规范管理人数20949人，规范管理率75.56%；血压控制人数26126人，高血压控制率94.23%；糖尿病患者应建档6265人，实建档7034人，建档率112.27%；规范管理人数5410人，规范管理率76.91%；血糖控制人数6431人，控制率91.43%；建立健康档案的65岁以上应建档39276人，实建档38857人，建档率98.93%；为辖区居民应建档人数431133人，实建档415573人，建档率96.39%。按照《原州区严重精神障碍管理治疗项目》《原州区癫痫病防治项目方案》工作要求，累计在管严重精神障碍患者1844例，规范管理1689人，管理率91.59%。共管理癫痫病患者369例，发作有效控制率大于60%。按照2020年死因监测项目工作方案，共报告死亡人数2669例，报告死亡率为619.07/10万，达到600/10万的政府考核指标。做好肿瘤新发死亡病例登记录入审核工作，共登记肿瘤病例1106例，2020年新发病例736例，报告发病率170.71/10万，报告死亡病例517例，报告死亡率119.92/10万，完成随访1350例。开展第五届全国"万步有约"健走激励大赛活动。为全面贯彻落实《"健康中国2030"规划纲要》《国家慢性病综合防控示范区建设管理办法》，根据中国疾病预防控制中心慢病中心、自治区疾控中心《关于举办第五届"万步有约"健走激励大赛的通知》，圆满完成本次活动，全区共有26队526人参加。自治区下达筛查任务800人，完成筛查825人，其中首次筛查781例。2020年度统计应随访筛查53例（工作开展中除1例死亡、1例大病不能筛查随访外），工作实际中应随访51例，实际随访筛查44例，随访率86.25%，完成自治区下达筛查任务的103%。活检389人（其中：胃活检370人、贲门活检7人、贲门与胃活检5人、食管活检5人、食管与胃活检2人），活检率47.15%。高级别上皮内肿瘤18例（随访转归2例）、发现低级别上皮内肿瘤96例（随访病理诊断11例）。活检242人（其中：胃活检229人、贲门活检11人、食管2人），活检率50.42%，发现低级别上皮内肿瘤59例、高级别上皮内肿瘤15例。其中：早期癌变病例21例（高级别上皮内肿瘤18例、黏膜内腺癌1例、食管重度异型增2例）。任务完成率103%（国家≥100%）。早诊率100%（国家≥70%）、治疗率100%（国家≥85%）、随访率86.25%（国家≥70%）。病例检出率为2.55%（宁夏预估≥1.7%）。

【传染病报告管理和监测】

对所有传染病做到"早发现、早诊断、早隔离、早报告"。无甲类传染病报告，共报告乙、丙类传染病19种1478例，其中乙类13种854例、丙类6种624例，报告发病率328.44/10万，与2019年同期

（2067例）相比，报告发病率下降了28.5%，报告发病居前5位的病种依次是腹泻499例、梅毒294例、布病196例、病毒性肝炎174例、结核病115例。开展疫苗针对疾病监测，提高传染病异常信息快速反应能力，监测急性乙肝7例、出疹性疾病5例，手机预警处理126次；手足口病监测报告病例16例，全部进行采样送检。

【中盖结核病项目预防】

按照《结核病防治"三位一体"规范管理年活动实施方案》要求，中心以结核病人的转诊、确诊、治疗、登记、报告管理五项工作为抓手，特别是通过实施"三位一体"结核病防治工作模式和中盖结核病项目以来，结核病防治工作与2019年同期相比，病人的发现率和规范治疗率明显上升。2020年，门诊可疑病人就诊人数850人，痰涂片检查1268人，确诊活动性肺结核病人71例，其中初治涂阳病人33例，仅分子学阳性6例。网络预警结核病43例，包括26例学生，其中涉及原州区辖区学校12例，对患病学生密切接触者368人进行PPD筛查，共筛查强阳性可疑症状者20人，发现1例肺结核患者，对强阳性者均要求进行预防性服药，并每半年进行一次检查。

【艾滋病综合防治】

通过与相关部门沟通，结合工作实际制定《原州区第三轮艾滋病示范区2020年工作计划及经费预算》，并按照计划开展工作；按照要求与劳务中介组织签订进城/外出务工人员综合宣教干预工作协议书，落实社会组织开展预防艾滋病宣教工作；辖区医疗卫生机构共检测各类人群HIV抗体81659人，确认HIV抗体阳性15例。艾滋病综合干预各类高危人群1718人次。免费发放宣传资料2743份、安全套10470只，辖区所有医疗机构临床用血100%来自固原市中心血站。应随访管理感染者和病人111人，实际管理104人（其中：失访4人、查无此人3人），随访管理艾滋病感染者和病人225人次；规范随访管理率93.7%。治疗101人，治疗率91%；为病人和感染者开展CD4检测101人，结核病筛查110人，HIV抗体阳性配偶检测5人；开展病人生化检测及临床检查108人。

【免疫规划】

强化督导检查力度，疾控中心每两月对乡（镇）、村、社区卫生服务中心（站）免疫规划工作进行1次督导检查，对发现问题及时给予纠正，保证免疫规划工作有序运行；注重对预防接种人员疑似预防接种异常反应处置能力的业务培训，提高疑似预防接种异常反应处置能力，共报告疑似预防接种异常反应64例，均为一般反应，已妥善处理；巩固和提高适龄儿童接种率，筑牢预防相关传染疾病免疫屏障。2020年，应接种疫苗146998剂次，实接种146858剂次，接种率为99.9%。

【地方病防治】

根据《2020年原州区人间布鲁氏菌病监测方案》开展监测工作，集中检测布病采样1519人，血样检测1519人份，检测出阳性19例。门诊布病检测849人，阳性557人，确诊病例411人，全部纳入规范治疗。按照《2020年原州区包虫病防治项目管理方案》要求，共计B超筛查10005人初筛阳性4人，阳性率0.04%；采集血样60份，血清阳性4份，血清抗体阳性率6.70%，儿童B超筛查2000人，采集血样20份，血清检测无阳性病例。采集家犬粪600份，粪检阳性1份，阳性率0.17%；无主犬400份，粪检阳性14份，阳性率3.50%。屠宰场检测羊1005只，阳性3只，阳性率0.30%。在张易镇各小学和头营镇头营小学问卷调查300人，知晓率90%。按照《鼠防监测方案》要求，建立健全区、乡、村三级人间鼠防监测网络，鼠防监测打样方106公顷，获鼠33只，黄鼠密度为0.31只/公顷。夜行鼠共调查3600夹次，捕获鼠33只，捕获率0.92%。家屋鼠共调查600夹次，捕获鼠9只，捕获率1.50%。共梳检鼠309只，染蚤鼠173只，获蚤393匹，染蚤率55.99%，蚤指数1.27。共剖检黄鼠309只，检蚤520匹/232组，经细菌培养，结果为阴性。共采集黄鼠血清287份，全部做被动血凝试验，结果均为阴性。碘缺乏病工作按照《原州区地方病防治健康教育技术方案》要求，碘盐随机抽样在5个乡镇开展，地方病科组织4名人员下乡，利用12天时间。采盐300份（儿童200份、孕妇100份）、采尿600份（儿童400份、孕妇200份）完成随机抽样监测。合格碘盐率分别为儿童为90.5%，孕妇91%。按照2020年饮茶型氟中毒监测工作要求，监测5个行政村，共采茶23份，检测8~12岁儿童氟斑牙89人，氟斑牙检出率11.2%。

【公共卫生监测】

按照《宁夏城乡生活饮用水水质卫生监测方案》要求，完成原州区城乡生活饮用水174份样品水质卫生监测采样、送检，并完成网上直报系统录入工作。食源性疾病监测哨点医院共报告食源性疾病242例，完成网上审核。职业病防治工作，完成职业病监测网上农药中毒及有毒有害作业工人健康体检的审核工作。对职业性尘肺病进行回顾性调查，共调查41人，区内23人，区外18人。配合卫生监督所完成医疗机构消毒效果监测采样351份，公共场所卫生监测采样230份。农村学生营养状况评估的监测，完成24所农村中、小学校义务教育学生营养改善计划营养健康状况监测评估，共监测学生数1279人，并对监测数据进行网络直报。按照自治区疾控中心对《病媒生物监测工作方案》的文件要求，根据原州区实际情况，制定病媒生物监测方案，按照监测方案进行监测，并将监测数据每月上报自治区疾控中心。按照创建国家卫生城市标准进行蚊媒应急监测和蚊媒消杀工作。对辖区24所中小学校进行采光照明现场监测。对辖区8所学校和两所幼儿园的部分学生进行近视等常见病和健康影响因素与干预的目标项目监测工作，共监测学生2941名。

【实验室检测】

通过碘盐、尿碘、茶氟各两份的国家盲样考核，完成碘盐和尿碘各300份样品检测，茶氟检测样50份，水氟检测样46份；完成国家布病盲样考核4份，布病检测样1534份；完成医疗机构消毒效果监测、公共场所卫生监测、游泳池水质卫生监测和餐具消毒效果监测共751份样品检测工作；完成国家水砷和水氟盲样考核各两份，自治区水铜盲样考核两份，城乡生活饮用水162份样品的微生物及部分理化指标检测；完成国家血红蛋白盲样考核3份，农村学生营养状况评估的监测采血540人份、现场血红蛋白监测1274人份和1620份血样分离；完成包虫病检测血清分离收样126份，检测犬粪样1890份，检测改水改厕粪大肠菌群和蛲虫致死率样30份；完成鼠疫监测样309份的细菌学培养和287血清抗体水平检测；完成自治区梅毒盲样考核5份和HIV盲样考核4份，艾滋病捎点监测400（丙肝HIV梅毒）人份，HIV抗体筛查500份，艾滋病病人CD4、病毒载体监测血样采集95人份；完成重症精神病人检测血样145份。完成新冠肺炎疫情采送样6022人份。

【健康教育】

开展以《中华人民共和国传染病防治法》和《中华人民共和国职业病防治法》等卫生法律法规和传染病职业病等疾病防治知识为主要内容，结合结核病宣传日、预防接种日、癫痫病宣传日、职业病宣传日、碘缺乏病宣传日、全民营养周、高血压宣传日、糖尿病宣传日、艾滋病宣传日等主题宣传日为重点，开展形式多样的宣传活动。通过举办培训班、健康讲座、知识竞赛等方式，以进企业、进学校、进社区、进农户等形式加大防病知识和健康科普宣传的力度，提高群众健康防病意识。2020年，开展各种宣传活动30余次，举办健康知识讲座和健康知识竞赛10余次，制作固定橱窗18个，各种宣传展板30余块，宣传横幅50余条，发放宣传单10万余份，编发手机短信100万条，利用公众微信号发布宣传健康宣教信息46条，发放毛巾、盆子、笔记本、宣传笔、玻璃杯等各种宣传品6万余份。

【疫情防控】

疾控中心成立新冠肺炎疫情防控领导小组，落实各项防控措施。根据疫情防控需要，继续加强对火车站、隔离宾馆等重点场所的值班及消毒工作，对于来自中、高风险地区的人员进行集中排查，对于异常人员进行集中隔离，并进行流调、采样和送检。规范预检分诊管理，加强发热门诊"前哨"责任。落实传染病早发现、早报告、早隔离、早治疗"四早"措施，加强对无症状感染者、密切接触者实行14天隔离医学观察。自新冠肺炎疫情以来，按照原州区新冠肺炎疫情防控指挥部的安排部署，对集中隔离和密接者协查人员全部进行流调和采样，共累计流调及采送样6022人。为做好信息报告，疾控中心指定专职网络信息报告人员，加强信息收集、监测、核对及上报工作。

【重点工作】

2020年，根据当前疫情防控形势发展趋势变化，突出重点、统筹兼顾、分类指导，坚持依法防控、科学防治，加强重点人群、重点场所管控，抓实抓细各项措施，提高疫情防控的科学性、精准性和针对性。完成黄铎堡鼠防点迁建工作，已投入使用，成功举办2020年度甘宁两省（区）三市五县（区）鼠疫联防小组值班县鼠疫联防工作会。

乡镇 街道概览

头营镇

【疫情防控】

头营镇及时召开疫情防控工作部署会，传达关于新冠肺炎疫情防控工作的相关会议精神，成立了头营镇新冠肺炎疫情防控领导小组，制定印发了《头营镇新型冠状病毒感染的肺炎疫情防控工作实施方案》，各行政村及时召开"三委"班子会议传达学习各级工作会议精神、安排部署疫情防控工作，不断完善包抓责任制度，形成了镇村两级齐抓共管、联防联控的工作格局。全面开展新冠肺炎疫情防控宣传工作，2020年1月24日以来，头营镇共关闭网吧两家、KTV 8家、台球室两个，取消延期婚丧宴会60户991桌，涉及9910人；6个文化大院和24个村级综合文化服务中心取消文化体育活动共计15场次。向各村转发《致全镇人民的一封信》《倡议书》及《宁夏应对新型冠状病毒感染的肺炎疫情工作指挥部公告》，悬挂防控宣传横幅70余条，打印张贴"武汉返乡人员来往提示"75份，发挥村组干部、第一书记和驻村工作队员的宣传作用，进村入户发放宣传彩页5000余份，宣传手册及折页2000余份，张贴宣传海报300张，村级喇叭每天不间断播放疫情防控音频，营造群防群控的宣传氛围。发挥党组织积极作用，在疫情防控点成立临时党支部24个。发动312名党员战斗在防控一线，严格按照原州区委"五个一套"防控点建设安排开展工作。扎实摸排，严格日常监管，抽调镇机关干部51人及全体村组干部在各村扎实摸排外地返乡、来乡人员，实行一天一监管，一天一上报。全镇下载健康码45948个，发放健康通行卡2320张。

【脱贫攻坚】

开展"四查四补"工作，对头营镇24个行政村及常住户共计开展两次摸排工作，及时发现及时整改，累计发现问题225个，2020年已全部完成整改。头营镇确定挂牌督战村3个（大北山村、大疙瘩村、马庄村），在原州区委、区政府安排的县级领导包抓的基础上，由镇党委书记负责总包抓，三个村的包村领导各自包抓所包村具体工作。三个挂牌督战村完成到村项目村组巷道连户路硬化14.5公里；主干巷道实施绿化；对村部基础设施等进行改造升级，同时加大政策帮扶力度，着力改善村基础设施及公共服务能力。对建档立卡动态调整，按照建档立卡户脱贫退出标准（组提名、村评议、乡审核）进行建档立卡户识别退出工作。2020年，脱贫退出135户329人。因新生、婚姻新增建档立卡户人数160人，因死亡、迁出删除建档立卡户人数168人。同时建立健全防止返贫致贫监测预警机制，针对未脱贫户、脱贫不稳定人口、边缘易致贫人口和自发移民持续关注，巩固"两不愁三保障"脱贫成果，做到监测问题全见底、预警风险全清零，动态监测、动态预警、动态帮扶、动态销号，以过硬的质量实现脱贫攻坚圆满收官。核查全镇建档立卡户3289户12430人，基础信息是否属实，确保国办系统数据与农户一致。完善镇级脱贫攻坚项目库建设，补录2014—2017年项目库内容，完善2018—2019年项目库内容。共计录入项目库762个。产业扶贫到户项目。其中建档立卡户实施产业到户项目补栏牛4109头，补栏羊7185只，能繁母猪762头，蛋鸡49473只，肉兔3460只，中华蜂280箱，育肥驴17头，牛羊圈棚68栋，青贮池11座，猪舍8座，马铃薯879.5亩，露地蔬菜1717.8亩，蘑菇菌棒21600支，兑付资金

1680.3695万元；边缘户实施产业到户项目补栏牛246头，补栏羊1054只，能繁母猪202头，蛋鸡4160只，肉兔380只，育肥驴两头，牛羊圈棚31栋，青贮池两座，猪舍1座，马铃薯53亩，露地蔬菜168亩，兑付资金79.26万元。移民后续产业到户项目补栏牛457头，补栏羊864只，能繁母猪58头，蛋鸡3910只，肉兔1200只，中华蜂94箱，牛羊圈棚3栋，猪舍两座，马铃薯838.5亩，露地蔬菜1577.7亩，累计资金269.5万元。2020年完成金融扶贫小额贷款1173户5824万元，户均贷款4.97万元。累计完成贷款贴息627.32万元。累计逾期贷款69户297.86万元，已催收46户187.6万元。2019年建设光伏电站5个，2020年新增6个光伏项目带动村，共确定125个公益性岗位。累计光伏收益资金173.79万元，按照兑付要求，已兑付47.2万元。2020年，全镇确定危房危窑改造项目76户，已全部建成，并完成资金兑付。确定2020年抗震宜居房164户，已完成建设。2020年，完成建档立卡户中高职学生雨露计划资助382人，共计57.3万元。头营村、"福马村"已建成扶贫车间，2020年新增蒋河村扶贫车间。

【宣传工作】

结合新时代农民"讲习所"、新时代文明实践站、"担当新使命、展现新作为"学习实践活动、"主题党日"等学习教育活动，开展以法律、政策、疫情防控、实用技能、民族政策等为主题的宣讲，不断增强党员群众的素质能力，提高党员干部思想政治觉悟。2020年，累计开展讲习160余场次，参加培训的党员和群众达4000余人，参加集中研讨25场次，开展各类实践活动30余次。为做好全镇脱贫攻坚、疫情防控、环境综合整治等重点工作，通过政府微信公众号、悬挂横幅、发放宣传册等形式进行政策宣传，2020年，编发简报58期，"大美头营"公众号推送信息66期121条，发放各类宣传彩页5000余份、悬挂横幅200余条、刷写宣传标语10余条，营造了良好的社会舆论氛围。

【基层组织建设】

开展"担当新使命、展现新作为"实践活动。在巩固"不忘初心、牢记使命"主题教育成果的基础上，认真组织开展"担当新使命、展现新作为"实践活动，通过镇干部理论学习、支部主题党日、新时代农民讲习所等载体，组织党员干部开展集中学习自治区党委十二届八次、九次、十次全会和市委四届五次、六次、七次全会以及区委三届四次、五次全会精神等必学内容100余场次。组织党员干部围绕抓住"三个着力"重点、守好三条生命线等内容开展集中研讨50余场次，讨论发言人数近200人次，提高了村干部的能力素质和依法办事能力。加强对驻村工作队的管理，建立完善驻村第一书记驻村"五档"管理制度，促进作用发挥。加强党员教育管理。认真落实"三会一课"，支部主题党日和专题组织生活会等制度。严格党员教育管理，指导各支部做好发展党员工作，培养入党积极分子67名；发展预备党员30名；转正党员28名。举办党务干部和入党积极分子培训班3期。严格按照党章落实党内生活制度，按期开展"双评双定"活动，把农村党员"评星定格"十项标准和十项否决作为基层党组织评星定级和党员评星定格的总依据，认真推行党员"评星定格"正向激励"奖红星"积分，反向监督"亮黄星"扣分机制。给6个村级党组织亮黄星6颗、为963名党员奖励积分1963分，为106名党员亮黄星45颗，扣分共116分。集中整顿软弱涣散党组织。通过逐一摸底排查，上半年共确定软弱涣散党组织6个，根据确定的软弱涣散党组织整顿对象，按照"一村一策"的要求，准确分析研判、列出问题清单，制定整顿方案，理清整顿思路、完善整顿措施，对症施策整顿，形成2020年头营镇软弱涣散村和薄弱行政村党组织整顿台账，通过镇党委紧盯，严格按照整顿时限，扎实推进整顿工作初步取得成效。在疫情防控工作中切实发挥党建引领作用。通过组织各行政村成立疫情防控临时党支部、设立党员先锋岗、组织党员监测点值班、入户开展政策宣传、自愿捐款支援抗疫一线等方式切实发挥基层党组织战斗堡垒作用和党员先锋模范作用,疫情防控中成立临时党支部24个,设立党员先锋岗30个,组织超过500名党员自愿参与到疫情防控工作中,组织我镇全体党员自愿捐款120709元支援武汉抗疫一线。

【党风廉政建设及纪检监察】

加强领导,全面落实党委主体责任。成立以镇党委书记为组长的党风廉政建设工作领导小组,制定下发《头营镇2020年党风廉政建设和反腐败工作安排》,签订《党风廉政建设工作责任书》,年初头营镇党委组织召开党风廉政建设工作会议,会上党委书记与班子成员签订"一岗双责"承诺书,并与24个行政村及各站所(中心)签订《党风廉政建设工作责任书》,全面落实了党风廉政建设责任制。加强监督,严格落实纪委监督责任。严格执行信访案件和上级转办案件的受理、办理、回复等各个环节的工作要求,做到事实清楚、定性准确、处理意见恰当、程序规范、手续完备。2020年,收到原州区纪委转办、本级受理问题线索27件,予以了结3件,移送区纪委3件,初核了结15件,立案3件,3件正在办理中。同时,针对个别村干部工作作风问题进行通报批评和约谈。以讲政治的高度狠抓疫情防控监督工作,对疫情防控主要环节开展监督检查。重点对疫情防控措施落实、人员在岗在位、各村群众对疫情防控的反映、党员领导干部履职等情况开展督查检查,督促各村党支部抓好疫情防控工作。

【农业综合】

大力发展旱作节水农业,2020年共完成覆膜面积23000亩,主要涉及冯洼、杨河、张崖、坪乐、大北山、大疙瘩、石羊、马庄等八个村。抓好设施农业建设,设施蔬菜种植面积5000余亩,其中日光温室种植面积3000余亩,拱棚蔬菜种植面积2000余亩。日光温室主要分布在圆德、泉港、三和、利民、蒋河和马园村,主要种植茄果类蔬菜,引进种植高档食用菌。小拱棚主要分布在杨郎和蒋河两个村,主要种植优质西甜瓜,搭配种植果菜类蔬菜及叶菜。按照"合作社+企业+农户+基地"的运行模式,巩固提升杨郎万亩点及徐河、头营、农科、马园四个千亩点冷凉蔬菜基地。辐射带动已实施高效节水灌溉工程的马园、徐河、头营、二营、蒋河、杨郎等村种植露地冷凉蔬菜,种植面积2.5万亩,主要作物包括西芹、西兰花、白菜花、甘蓝、娃娃菜、胡萝卜、大白菜、菠菜等。进一步调整产业结构,减少籽粒玉米种植,增加蔬菜种植面积5000亩。加快调整饲草作物及小杂粮种植。重点将银平路沿线的胡大堡、陶庄、南屯、杨庄等村种植的玉米等高秆农作物调整为饲草作物及蔬菜。在东西两山的张崖、杨河、冯洼、坪乐、大北山和大疙瘩等村种植青贮玉米,种植面积达到2.9万亩。在东部山区建立小杂粮、油料无公害化标准种植7826亩,其中张崖规模化标准种植1000余亩。加快农村"厕所革命"工作,在马园、大北山、蒋河和马庄四个村实施农村户用厕所建设项目。全部完成1027座改厕任务。加快推进耕地地力保护工作,2020年耕地地力保护工作共涉及21个村9800余户人,补贴16万亩90余万元。对辖区24个行政村进行摸底审核,已完成上报。

【自然资源】

排查大棚房图斑,在自然资源局及西安大地测绘股份有限公司技术人员配合下,第一次完成举证图斑2600个,第二次完成举证图斑1600个,第三次完成举证图斑424个。退耕补植及绿化,2020年,完成荒山造林退耕补植补造任务6523.54亩;完成中幼林抚育7000亩;在杨河等村完成道路绿化10公里5000棵,涉及320户,经林业局推广中心验收全部为合格;在马园村完成红梅杏修剪等抚育管理200亩。摸排农村乱占耕地,涉及24个村,在原州区自然资源局指导下,头营镇联合宁夏绘宇空间科技有限公司技术人员在各村村干部配合下,按期完成了13027个疑似图斑的摸排工作。

【水利水保】

完成饮水安全自来水入户103户,完成马店村六组人饮工程改造90户，解决了建档立卡贫困人口的饮水安全问题。完成南屯、杨庄、陶庄、蒋河、二营、杨郎、南塬、马店等村水表更换2553块（其中磁卡水表2138块，远传水表415块）。维修抢修水毁工程，保障群众用水，全年完成大小维修抢修48处。

【村集体经济】

采取"村集体+社员"集体统一经营模式、对外投资、依托原州区光伏扶贫项目等发展村集体经济，2020年村集体收入共计263.55万元，其中经营收入108.17万元，租赁及发包方收入5.48万元，光伏发电收益149.9万元。

【人居环境整治】

头营镇成立以镇党委书记为组长的农村人居环境整治工作领导小组，24个行政村党支部书记为第一责任人的分级负责制度。强化宣传，2020年共印发宣传材料15000余份、制作固定宣传标语86条、悬挂宣传横幅140条。强化整治，改善人居环境。全镇清理农村生活垃圾14560余吨，清除农业生产废弃物2901余吨，清理村内沟渠133条，拆除废旧院落976座，清理残垣断壁51.8千米，清理整治乱堆乱放8645吨，庭院绿化栽植树木76723棵，道路沟渠绿化20580棵，出动劳动力40110人次，出动机械车辆1412辆。

【民生服务】

共办理低保3470户7031人，处理审计核查问题户174户260人。新增高龄人员70人，取消58人，现有高龄人员596人；共有孤儿63人、特困供养73人。养老保险待遇资格认证580人，60岁到龄人员养老保险待遇申报280人，丧葬费待遇领取共办理96人，养老保险参保登记150人。城乡医疗保险缴费目标任务数48960人，实际缴费总人数46849人（其中网络缴费人数45296人，零缴费1553人），网络缴费金额8997558.00元，参保率95.69%。2020年，救助困难群众2884人，发放临时补助金3208360元。已为18人办理大病救助。2020年，头营镇采集退役军人和其他优抚对象信息531人，其中：退役士兵440人、军队转业干部1人、复员军人3人、残疾军人5人、烈士遗属2人、现役军人80人；退役军人党员181人，退役军人担任村干部7人。悬挂光荣牌520块，悬挂率为98.6%，采集退役军人优抚对象143人，发放优抚金113646元。惠农资金监管工作，331系统监管平台开展项目备案405条，备案完成率100%，实施项目审核715条，审核完成率80.98%，发布公告773条，客户端安装量为1079次，客户端访问量为2251人次。2020年，有持证残疾人员2585人，领重度残疾人护理补贴1512人，领困难残疾人生活补贴1295人。

【综合治理】

2020年，排查调处各类矛盾纠纷55起，其中邻里纠纷16起，婚姻家庭纠纷12起，土地权属争议纠纷14起、地界道路纠纷8起、劳务合同纠纷两起，债务纠纷3起，调解成功54起，调处率和调处成功率均在98%以上。2020年共衔接刑满释放人员18名，接收矫正对象17名，解除矫正对象26名，最大限度地防止了脱管漏管。开展社会乱象集中整治，落实领导小组责任和单位一把手工作责任，促进社会乱象整治工作，2020年，共接出警1794起，刑事案件23起，破14起；治安案件155起，查处109起，行政拘留44人。加强法制宣传教育工作，利用集市日，进行普法教育宣传两次，受众达500多人次，组织进行普法考试两次，开设法制大讲堂两次，制作法制宣传栏喷绘及普法展板，特别打造杨郎村、泉港村为法治文化村。镇综治办、派出所、各村协调联动，深入摸底排查，互通信息，每月开展走访摸排行动，通过汇总建立线索台账，做好扫黑除恶收官之年各项工作。开展对毒品原植物种植排查工作，经排查，头营镇没有毒品原植物种植情况发生，吸毒人员情况基本稳定，禁毒工作成果得到有效巩固。

【文化建设】

开展秦腔演出36场,话剧演出两场,文艺演出4场,文化大院文艺团队演出48场。创文工作相关资料及硬件设施已完成,文化站电子阅览室配套设备已全面完成,对外开放。

官厅镇

【疫情防控】

按照"防""控""治""保"等要求,官厅镇迅速行动,落实群防群控措施,有序推进疫情防控工作。持续开展摸排工作,成立镇村常态化疫情防控工作专班,督促各村全面摸排省外中高风险地区及境外来官人员,确保摸排不留死角、不漏一人,切实做到"外防输入,内防反弹"。大力加强宣传引导,在镇村干部大会上多次强调常态化疫情防控工作,传达上级会议精神,安排各村利用微信群、电子屏、大喇叭宣传疫情防控知识,继续劝导群众注重个人防疫,降低疫情传播风险。严格规范管控措施,规范人员健康管理措施,严格落实"四早"和"四包一"工作措施,对中高风险地区人员及时联系卫生院开展核酸检测和隔离管控,做到"应检尽检""应隔尽隔",对低风险地区返回人员按照所持健康通行码进行详细身份信息登记,确保人员可控制、可追踪。

【脱贫攻坚】

紧盯"两不愁三保障",开展"四查四补",持续补齐脱贫路上最后一块短板,累计完成1175户4280名建档立卡群众稳定脱贫。2020年,新修村组道路18.5公里;解决抗震易居房22户,补贴资金66万元,实现住房安全有保障;协调工业商务局、教育局,安装卫星锅5台、电视4台,彻底解决因疫辍学问题,实现义务教育有保障;推荐建档立卡户贷款614户3777万元,获贷率95%,贴息95.61万元,切实帮助贫困户解决"缺资金"问题。2020年,向福建劳务输出96人,通过光伏扶贫资金,提供120名公益性岗位,解决贫困群众就业问题,进一步增加贫困群众致富渠道;全镇完成到户项目马铃薯1304亩、露地蔬菜2877亩,完成牛补栏911头,羊补栏1176只,驴23头,猪140头,鸡7077只,肉兔536只,蜜蜂221箱;建设牛羊圈棚11座,青贮池30座,猪舍11座,兑付资金526.5万元。

【党的建设】

组织各党支部充分利用党员大会、主题党日等形式,深入学习习近平新时代中国特色社会主义思想,党委书记带头讲党课两次,坚持按时参加镇机关党支部每月的组织生活,落实双重组织生活等基本制度。认真履行基层党建"第一责任人"职责,在党委会上专题研究部署党建工作20余次,夯实党委书记亲自抓、组织委员专职抓,班子成员协助抓的党建工作责任,落实班子成员包抓党建联系点工作职责。以"一抓两整"示范县乡创建及加强基层党建"六项行动"为契机,持续推进"三大三强"行动和"两个带头人"工程,全面加强基础设施建设,规范化布设两个村党支部,选派村干部参加各级培训17人次,培育致富带头人43名,带动建档立卡贫困群众700余人。充分发挥第一书记"五大员"作用,协调帮扶资金700余万元。严格"双评双定"机制、落实"三强九严"工程、创建"让党中央放心、让人民群众满意"模范机关,创建4星级党支部两个,吸收预备党员15名,转正12名,对43名党员亮黄星,对245名党员奖励红星;认真开展"三会一课""主题党日"等组织生活,通过专题讲座、志愿服务、环境整治等形式多样的活动提升组织活力,凝聚党员力量。坚持执行"不忘初心、牢记使命"主题教育对照党章党规找差距等七项制度,建立健全经常性查找解决各种违背初心使命问题的常态长效机制,跟进督查各支部上年度抓党建述职评议考核中发现问题整改情况。

【党风廉政建设】

压实党委主体责任,与各村各站所签订党风廉政建设责任书26份,制定全面从严治党主体责任、问题、问责"三个清单",认真落实三级包抓、三级同述制度,抓好平时监督工作,对出现的苗头性、倾向性问题及时研究解决。严格落实"三重一大"决策制度和党务公开制度。加强宣传教育,持续深化作风建设。通过刷写标语、悬挂横幅、公众号推送等方式,大力宣传党风廉政建设,组织镇村干部及时学习党风廉政建设相关会议及文件精神,定期观看警示教育片,与党员干部谈心谈话,促使广大党员干部始终绷紧廉政这根弦。严格按照"三转"要求,全力支持和保障纪委执纪办案,定期了解反映党员干部问题线索和案件审查情况,协调解决案件查办中的有关问题。及时向上级党委和纪委请示报告落实党风廉政建设主体责任过程中遇到的新情况新问题。准确把握运用"四种形态"。建立常态化党委谈话工作机制,定期约谈提醒。对工作不作为的两名村干部进行谈话提醒。严肃查处违纪案件。2020年共收到信访举报件4件(上级纪委转办1件,本级纪委受理3件,1件属于重复信访件),经初核了结3件,立案1件,给予党纪处分1人。收到问题线索6件,立案审查6人,给予两人党内警告处分,1人党内严重警告处分,3人正在移送审理阶段。建立"微腐败"案例库,对受到党纪政纪处分、通报批评的干部在镇村干部大会上进行通报,并在各村支部会议进行传达学习,起到惩处一人教育一片的目的。

【产业结构优化】

产业结构优化升级,按照"以草定畜,以畜促草"的发展思路,大力调整产业结构,种植青贮玉米3万亩,苜蓿1.4万亩,禾草0.9万亩,小秋杂粮1.1万亩,马铃薯0.5万亩,露地蔬菜0.43万亩;牛、羊存栏量分别达到7229头和18375只,加强动物产地检疫和疫病监测工作,全年未发生重大动物疫情。完成果树修剪300亩,庭院经济建设共栽植各类果树222.7亩,11600株;"四个一"工程栽植各类果树22000多株;完成道路绿化26公里;栽植河北杨、香花槐等树木12000多株;在官厅、高庄等村完成400毫米降雨量及荒山造林15000亩的整地栽植工作,共栽植各类苗木52万株;自然资源局下发的国土三调各类图斑举证共计10000多个,全部核查结束。全年输出劳动力4451人次,向飞毛腿高级技工学校输送劳动力7人,实现劳务创收9千万元。官厅村、薛庄村扶贫车间带动贫困户就业40余人,有效解决劳动力就业问题。

【生态环境】

结合爱国卫生运动,常态化落实农村人居环境整治工作和爱国卫生日、爱国卫生月活动。强力推进"厕所革命",累计完成农村改厕350户,发放环境整治倡议书及宣传单万余份,悬挂宣传横幅91条,书写固定标语58条,清理生活垃圾6400余吨,建筑垃圾1000余吨,清理农业生产废弃物1250吨,关停不符合产业政策的企业10余家,拆除残垣断壁300处以上,废旧院落340余处;抓好河长制工作,河长巡河制度化常态化。开展"清河行动",清水河出境断面水质为Ⅳ类及以上。坚持"四尘同治",整治"散乱污"企业15家,对畜禽粪污、农业投入品包装物、废旧农膜、秸秆等农业生产垃圾资源化有效利用,对农用残膜进行集中统一回收,回收率达92%以上。严禁焚烧秸秆、粪污、农膜,禁烧率达到100%。推进资源合理化利用,发酵还田等多种模式,减少养殖粪污染村庄环境的不利影响,环保督察反馈问题整治完成年度清零任务。

【民生保障改善】

教育方面:坚持育人为本,不断优化教育结构,致力改善办学条件,着力提升教育质量,官厅镇教育事业得到长足发展。不断健全各阶段家庭经济困难学生资助体系,实现资助无缝隙、全覆盖;携手宁夏燕宝基金会、原州区团委、原州区工会、黄河银行等多家单位,积极组织开展贫困学生助学金申请活动,贫困生上学难的问题得到有效解决。群众文化方面:开展先进典型选树活动,评选出80余名先进个人,利用元旦、春节、三八妇女节、五一劳动节等筹备资金80万元在各村开展广场舞大赛、篮球比赛、秦腔大赛、社会巡演等文体活动,惠及群众1万余人次。城乡医疗方面:参保率达到100%;养老保险参保率达到97%;新增农村低保75户98人,核实清退低保304户415人;新增残疾人护理补贴发放65人,生活补贴发放113人,全年共计发放残疾人补贴108万元;发放临时救助金981户115万元。其他方面:办理妇女小额贴息创业贷款49户520万;积极开展走访慰问退役军人、军属等活动,密切民拥军、军爱民的关系;开展爱国卫生运动,加强疾病预防控制,实施全民控烟行动,实施妇幼健康促进行动,实施老年健康促进行动,提升公共卫生服务。

【社会治理】

推进"134"矛盾纠纷排查化解模式,摸排各类矛盾纠纷280余件,调处率100%,答复"12345"平台反馈问题108件,满意度100%;共接收信访件12件,各类门户网站投诉件12件,已全部答复;铁路护路环境整治工作有序进行,铁整办通报的环境问题全部整治完成;开展禁毒铲毒排查、禁种铲毒踏查活动120余次,开展禁毒主题宣传19次,受众2000余人次,对39名吸毒人员进行"四色网格化"管控,戒断三年未复吸率达到100%。与各村、各企业签订各类安全生产责任书120份;开展2020年官厅镇"安全生产月"和"安全生产万里行"活动,观看纪录片《忠诚》10余次,悬挂横幅13条;全面排查各村住房、排洪渠、滑坡点等安全隐患险点62处,现场整改46处,限期整改16处。无重大安全事故发生,群众安全感满意度有所提升。

开城镇

【疫情防控】

抽调干部成立16个疫情防控摸排工作小组,发动村干部、党员、护林员、公益性岗位保洁员、小组长、群众等共883人加入防控队伍,开展检查点值守、进户摸排、防疫宣传,确保疫情防控工作落实落细。依托村级网格化管理,开展病媒体消杀和爱国卫生运动,共计消杀面积12000平方米。按照"外防输入、内防扩散"要求,加强疫情防控机制建设和日常监测预警,制定常态化疫情防控方案,做到人员、设备、设施、物资、能力"五个到位",保持指挥体系高效运转,确保新冠疫情零感染零传播。

【脱贫攻坚】

紧盯"两不愁三保障",以脱贫攻坚"四查四补"问题排查及整改为抓手,压实镇村干部责任,共计排查出问题251条,完成整改251条。全镇基础母牛补栏2125头、母羊补栏2330只,享受肉牛补贴建档立卡户823户,补贴资金795万余元。发放金融扶贫贷款600户2949万元,金融扶贫贷款贴息1333户296万元。对水、路、房进行查漏补缺补短板。完成危房补面积5户,改造21户,抗震宜居房改造158户,硬化沙化联户巷道20公里。全镇未脱贫建档立卡户87户180人全部脱贫退出,顺利迎接扶贫交叉考核。全面落实"三免一补"政策,义务教育阶段少年儿童全部就读,入学率达到100%。建档立卡贫困户基本医疗参保率达到100%,实现"家庭医生"签约全覆盖,"扶贫保"全覆盖,村级标准化卫生室全覆盖。完成易地搬迁户籍签转工作。因村制宜制定壮大村集体经济发展规划,郭庙、二十里铺等村大力发展光伏发电项目,小马庄、吴庄发展仓储租赁,冯庄村发展"光伏发电+扶贫车间+日光温室",年收入达到26万元,其余各村年收益均达5万元以上,村集体经济收入实现全覆盖。率先在村集体经济开展较好的冯庄、吴庄两个村集体股份合作社进行首次分红,村集体经济发展成果实现村民共享。响应原州区劳动力转移就业政策,引导镇内劳务经济人发挥作用,成立半固定劳务输出组织,带动农村富余劳动力有组织的外出务工,2020年全镇劳动力转移就业7331人,培训提升劳动力150余人。

【宣传工作】

不断深化宣传思想文化在意识形态工作中的引导作用，紧紧围绕习近平总书记来宁视察重要讲话精神、打赢打好疫情防控阻击战、聚焦抓住"三个着力"重点、守好三条生命线、走出一条生态优先绿色发展的高质量发展新路子、构建"五美融合"发展新格局开展主题宣讲，充分发挥"开城简讯"微信公众平台和"原州开城"微博新媒体平台和宣传栏、文化墙、海报等传统宣传阵地，通过小视频、图文、图解、漫画等形式开展宣传活动。同时加强信息撰写，坚持"三级"编审，严格把关，提高各项工作成效的宣传力度。在完善宣传工作制度的基础上，不断梳理和规范各村微信群管理，党员干部个人抖音、快手等账号管理，弘扬主旋律，传播正能量。

【基层党建】

落实"三会一课"制度，开展主题党日活动，开展"双评双定"活动，规范布设村级活动场所5个，培育农村致富带头人108名，选拔村级后备干部48人，发展预备党员23人，转正党员23人。

【党风廉政建设】

累计开展警示教育学习活动37场次，约谈提醒党员干部42人次，全年处置问题线索13件，查处问题3起，通报2人、组织处理1人、给予党纪处分3人。

【产业结构优化】

制定《开城镇农业产业结构优化调整实施方案》，落实农业产业结构优化调整优惠政策，加强对经济效益高的种养殖扶持力度和标准化基地示范建设，新建冯庄村百亩旱作覆膜集雨保墒冷凉蔬菜基地、寇庄村千亩杂粮集中连片示范基地和柯庄村千亩优质牧草集中连片示范基地。加大产业优化调整布局，2020年共推广春秋覆膜36000亩，发放地膜25279卷，马铃薯原种供种90万粒，种植优质小秋杂粮、夏杂粮1000亩，种植青贮玉米1.4万亩。以柯庄整村推进村为重点，打造肉牛养殖示范村，全镇牛存栏10302头，羊存栏1.22万只，猪存栏3898头，家禽存栏10万只，见犊补母3754头，兑付补贴187.7万元。全年种植禾草7423.5亩，多年生牧草700亩。畜禽防疫工作力度不断加大，防疫密度、免疫率、畜禽标识佩戴率均达到100%。

【生态宜居乡村建设】

生态建设方面，完成银平公路道路绿化新造11千米。完成黑刺沟、寇庄农户房前屋后栽种山楂、榛子等经果林260亩，冯庄村、柯庄村集中栽植山楂、榛子、针叶林等，绿化面积达700余亩，村在绿中、路在林中、房在园中、人在景中的格局初步形成。和泉村被评为"国家森林乡村"。环境整治不断深化，落实"农村人居环境整治三年行动"，开展"五清两改一绿化"，强化"四个一"长效机制落实，通过每月三次义务劳动，群众参与环境整治氛围初步形成；通过完善网格化管理长效机制，卫生监督实现常态化；通过对公益性岗位人员定区域、定路段、定任务"三定"措施，保洁工作实现全覆盖，卫生清洁无死角。两次给各村统一配发劳动用具，新增一批公益性岗位人员，统一配发长服套装等劳动用品，保洁能力和水平有新的提升，郭庙村挂牌整治效果明显，群众反响好，全镇环境卫生状况得到明显改观，受到主管部门的高度肯定和赞誉，作为亮点在原州区进行观摩。深入推进农村改厕，完成全年改厕任务925户。完成"十三五"易地扶贫搬迁拆旧复垦386户。河长制成效显著，镇级河长巡河245次，村级河长巡河840次，实现河道无死角全方位巡查监管。对水利部河湖保护中心黄河管理委员会及各级河长办督查反馈的清水河开城段41条"小散乱污"企业及侵占河道行为完成年度清零及任务完成情况"回头看"，特别是依法拆除下青石茹河段拌合站，并进行全面复垦，复垦面积80余亩。违建管控源头遏制，加强日常巡查，规范违建拆除程序，发放违建限期拆除通知单10份，依法统一拆除小马庄秤厂、和泉御泉湾鱼池等大型违章建筑7户9800

余平方米，违建势头得到有效遏制。

【依法治镇】

民主政治建设方面，坚持民主集中制原则，落实"三重一大"事项集体研究制度，重大事项决策、重要干部任免、重要项目安排及1000元以上资金开支全部提交镇党委研究。落实《关于全面推进依法治区的实施意见》，推进法治政府建设，聘请政府法制顾问1人，为政府决策提供法律服务。凡涉农到户资金、低保人员动态管理、公益性岗位人员聘用等事项全部公示公开，接受群众监督。发挥331监管平台和12345热线作用，及时网上公示公开相关信息、回应群众诉求。普法教育方面，推进"七五"普法教育，加强宪法、民法典学习和宣传力度。行政执法建设方面，健全行政执法人员培训机制，对持有行政执法证的行政执法人员进行综合法律常识、专业法律知识培训，新增持证执法人员3名。提升执法人员自觉运用法治思维和法治方式推动发展、化解矛盾、维护稳定的能力，营造办事依法、遇事找法、解决问题用法、化解矛盾靠法的良好法治环境。社会治理方面，坚持和发展新时代"枫桥经验"，完善矛盾纠纷分析排查调处化解机制，建立矛盾纠纷排查调处中心，率先在全区创新推出矛盾纠纷多元化解"515"机制，2020年成功调处化解矛盾纠纷36起，矛盾纠纷数量明显下降，实现了"小事不出村，大事不出镇，矛盾不上交，纠纷早化解"目标。禁毒宣传教育方面，社会矫正监管措施有效落实，17名矫正对象没有重新犯罪。领导接访下访制度严格执行，群众来访来信反映的因拖欠水费等历史遗留原因导致彭庄村停水等问题全部得到答复和成功解决。扫黑除恶专项斗争常态化开展，长效机制建立。国防动员建设方面，完成镇辖区内18岁适龄男青年兵役登记，民兵预备役队伍建设常态化规范化。成功创建全国示范型、自治区标杆型退役军人服务站。支持工会、共青团、妇联依照法律和章程开展工作，完成第七次全国人口普查、残疾人、国土等事业取得新进展。

【民生保障】

精准实施民生保障政策，新增低保119户186人，取消不符合条件374人；高龄新增38人，取消51人；识别事实无人抚养儿童1人；新增特困人员5户。发放残疾人生活补贴575人，护理补贴607人；认定失地农民养老保险417人；发挥临时救助"救急"作用，向1337户群众发放临时救助金1287500元。坚持教育优先的发展战略，加大教育支持力度，抓好控辍保学工作，共劝说10名适龄儿童返回学校，接受义务教育。全面推行素质教育及平安校园创建，开展法律知识进校园，加强普法宣传，为创建文明和谐校园营造良好氛围。推进人人享受基本医疗卫生服务、四免一补等政策，完成各种体检、筛查、预防治疗近两万人（次），完成16个村级标准化卫生室建设。完善文化基础设施建设，开设图书阅览室、教育培训室，展览展示室、多功能活动室等区域，增设图书室24小时无人值守读者自助借阅设备，扎实开展国家公共文化服务体系示范区创建活动，组织开展"戏曲进乡村""送戏下乡"文化惠民演出及群众自发文化演出20场次，参与3000余人次。推进数字电影全民普及，全年共计放映电影180场，组织文化大院、文艺团体近50人参加文化骨干培训，提升文艺工作者业务、技能水平，文化事业发展生机勃勃。

【自身建设】

通过党委中心组、干部理论学习、支部主题党日党课、新时代文明实践宣讲，以党委班子带头学推动干部学，重点对习近平新时代中国特色社会主义思想和视察宁夏重要讲话精神、十九届五中全会精神、《中国共产党宣传工作条例》和各级全会精神进行学习研讨，强化党员干部对习近平总书记关于统筹推进疫情防控和经济社会发展的重要指示精神的认识，推动重点工作落实。加大对干部队伍思想领域中的突出问题和社情民意中倾向性苗头问题进行有针对性的思想引导，筑牢干部群众思想基础。利用"文明上网"活动、上党课、干部学习会等契机，强化对干部职业道德、社会主义核心价值观教育，号召党员干部发挥模范带头作用和思想引领作用。

张易镇

【疫情防控】

抗疫期间，严控人员流动，利用农村大喇叭、宣传车进行宣传，悬挂警示条幅150余条，张贴公告300余份，发放《致全区人民的一封信》15000余份。通过设立固定申报登记室（点）登记、组织人员上门入户登记、电话询问登记、建立微信群申报和监督举报登记等多种方式，对重点地区来返人员，开展地毯式摸排登记，并实施网格化管控，确保不漏一户一宅一人。全镇15个行政村设置防控查验卡点15个，参与人员478人，24小时值守，认真落实车辆消毒、人员测温、信息登记、检查放行、异常人员报告隔离等工作。精准施策，推动企业复工复产。落实惠企减负政策，制定复工复产流程图，压实企业主体责任，实现差异化复工复产。交通物流、教育卫生、农业生产等社会秩序全面恢复。稳定供应链产业链，稳住市场企业，经济运行稳定向好。制定常态化疫情防控方案，完善疫情防控机制，做到人员及时在岗、医疗物资充沛、应急能力过硬，保持疫情防控指挥体系高效运转。坚持"外防输入、内防反弹、人物同防"防控措施，紧盯省外入宁人员、本镇居民在外人员两本台账，严格落实疫情防控各项措施，有力应对疫情反弹地区输入风险。

【脱贫攻坚】

开展五轮系统大排查，全部整改到位。实施到户项目补栏牛673头、羊624只，养殖猪67头，蜜蜂67箱，肉兔200只。发展致富带头人12名，带动农户284户。在黄堡村建设4000亩青贮玉米饲料基地，建设200亩集中连片旱作蔬菜试验示范基地。金融扶贫模式中的"张易模式"作为联合国中国扶贫经典案例在联合国网站展示，并成为联合国对发展中国家扶贫开发的课程。剩余134户378人未脱贫人口已全部脱贫退出，通过国家脱贫攻坚普查。强化移民后续扶持。重点做好移民群众产业、就业、社会融入三件事情，制定"一户一策"。发展后续产业，开展精准培训，开发公益性岗位，强化兜底保障，实现移民零就业家庭动态清零、无劳动力家庭"应保尽保"。全面做好户籍、社保等接转工作。做好稳岗就业工作。组织建档立卡劳动力赴闽务工98人，提供公益性岗位124人，开展实用技能培训10期500人次，农村劳动力转移就业5000人以上。建立防返贫监测帮扶机制。紧盯因病、疫情影响等六类易返贫致贫因素，定期核查、及时发现、及时纳入、及时帮扶引导贫困群众抓好生产。了解外出务工人员的意愿，逐户研判统计，做到应输尽输。对孤寡老人、重度残疾人等贫困家庭应救尽救。严防疫情影响脱贫和产生新的贫困人口。

【宣传工作】

深入学习习近平新时代中国特色社会主义思想特别是习近平总书记视察宁夏重要讲话精神和十九届五中全会精神。2020年，组织干部集体学习60次，理论宣讲4次，中心组学习13次，干部撰写心得体会32篇，班子成员到各支部宣讲马克思主义民族观宗教观、习近平总书记视察宁夏重要讲话精神、十九届五中全会精神45场次。

【基层党建】

张易镇党委先后20次研究部署党建工作，开展专题督查两次，发出通报两期。党委书记带头督查调研党建工作，带头落实双重组织生活制度，坚持"书记抓、抓书记"。明确副书记重点抓党建，并制定班子成员包抓支部党建责任制，建立联系点15个，推动形成"人人肩上有担子、个个出力抓党建"的局面。以服务型党组织创建为目标，创建示范村。在"三大三强"行动方面，落实村级为民服务专项资金92万元、村级办公经费82万元，实现村干部任职补贴与星级评定挂钩，规范布设村级活动场所，新建和扩建党员活动场所各1个。年内累计培训村干部517人次，调整撤换村支部负责人两名，进一步优化村党组织带头人队伍。在实施"两个带头人"工程方面，累计培育致富带头人126名，联系召回乡里精英9名，致富带头人中发展为党员的10名，致富带头人中是村干部或后备干部的38名，带动群众脱贫致富千余人。在"三强九严"方面，结合"担当新使命、展现新作为"学习实践活动，积极创建"让党中央放心 让人民群众满意"模范机关；围绕作风务实清廉抓创建；开展主题党日；围绕文化和谐健康抓创建。在"双评双定"方面，结合实际，在"十项标准"和"十项否决"的基础上，将落实疫情防控重点措施和具体表现情况纳入参考标准，对各支部进行了统一布设。前三个季度，17个支部共给350名党员加了分奖了红星，18名党员被扣分亮了黄星，促进了党员先锋模范作用发挥。在"一抓两整"示范县乡创建行动方面，制定了全镇"六项行动"和"一抓两整"实施方案及任务清单，召开党委会进行研究部署，并组织专题学习，着眼全镇村级党组织实际，突出问题导向，形成一村一清单。

【村"两委"换届和软弱涣散村党组织整顿】

全镇15个村支部完成换届。对年初确定的1个软弱涣散、两个薄弱村党组织，制定整顿方案，按照"四个一"（县级领导包联、镇班子成员包抓、驻村第一书记包驻、1个县级以上机关单位结对）整顿措施，完成整顿。

【产业结构优化】

发展现代特色农业，坚持"强畜稳菜、压粮增草、提升产能"思路，推进农业产业结构优化调整，沿葫芦河和旅游环线建设青贮玉米、马铃薯、红树莓、藜麦、旱作冷凉蔬菜五个农业示范基地，带动全镇种植青贮玉米5万亩，马铃薯4万亩，冷凉蔬菜3000亩。巩固发展黄堡村千头肉牛示范村、新培育闫关村千头肉牛示范村。发展乡村旅游业，依托西海子地域优势和固将路全域旅游沿线，打造宋洼美丽梯田提升工程，被农业农村部评为"2020年中国美丽休闲乡村"。

【生态环境】

加快林业生态建设。严守生态底线，实施庭院经济林工程，规划全镇"四个一"产业，农户房前屋后种植经果树10000棵，田堡村连片种植榛子树350亩，实施村庄道路绿化14公里，退耕还林补植补造1.3万亩。森林草原防火和禁牧封育工作有序开展，2020年未发生森林火灾。打好污染防治攻坚战。建立问题、目标、任务、责任、措施"五张清单"，坚持盯紧问题、系统治理、分工负责、定期解决制度，全面落实"河长制"，镇村两级河长及巡河员累计巡河2510次，更换河长信息公示牌19块。对辖区内5条河流沟道的"四乱"等各类涉水问题开展地毯式排查，逐河建立问题清单，实行台账管理，发现一处、清理一处、销号一处。组织张易镇公益性岗位、护林员开展"百人清河行动"3次，开展河道集中清理整治，出动人次400余次，整治河道26公里，清除垃圾27吨。土壤污染治理不断加强。畜禽养殖粪污综合利用率、粮食作物测土配方施肥技术覆盖率均达90%以上，化肥、农药使用量实现零增长。废旧地膜回收利用率达到85%，农业面源污染得到有效控制。扎实做好秸秆焚烧监管、扬尘综合整治等环保工作。

【乡村振兴】

扎实开展"防疫有我、爱卫同行"人居环境整治百日攻坚三年行动，全镇配备垃圾车52辆，垃圾箱110个，选聘4个保洁公司对镇域主干道进行长期保洁，选聘公益性岗位180名，护林员198名，动员各村群众积极参与，实行网格化管理，每天组织400多人对辖区"两点两线"（两点：张易街道、红庄街道；两线：固将路、隆张路）及村庄环境进行集中整治，群众累计投工投劳8000余人次，动用机械640余台次，两辆垃圾清运车清理农村生活垃圾11000余吨，整治废旧院落260多个。落实村规民约、门前三包、奖励积分制，推行"户分拣、组收集、村运输、镇处理"制度，形成环境整治长效机制。基础设施建设全面完善。完善"四纵六横六连"公路网，全面落实养护责任主体，推行农村公路"路长制"，设立"路长"10名，开展农村公路路域环境专项整治活动，擦亮"四好农村路"品牌。黄堡、毛庄、驼巷、张易、盐泥、贺套、红庄、上马泉新修农村巷道27.6公里，打通群众出行"最后一公里"。

【社会事业】

教育事业稳步推进，建立健全学校疫情防控"两岸八制"防控体系，持续抓好学校疫情防控。组织师生开展"停课不停学、离校不离教"网络视频、"互联网+"、电视电话教育教学活动，促使教育云端资源高效利用，家庭教育更加顺畅。不断健全各阶段家庭经济困难学生资助体系，实现资助无缝隙、全覆盖。携手宁夏燕宝基金会、原州区团委、原州区工会、福建马尾区、黄河银行等多家单位，组织开展一本、二本、三本、高职贫困学生助学金申请活动，贫困生上学难的问题得到有效解决。医疗服务水平全面提升，张易镇卫生院纳入区医院统一管理，构建区域医共体。行政村标准化卫生室实现全覆盖。张易中心卫生院在自评中达到国家基本标准，并在市级评选中达到国家推荐标准。"先诊疗、后付费""先住院、后付费"工作全面落实，优化就医流程。建成远程门诊，区、乡"互联网+医疗健康"远程诊疗体系。文化软实力不断加强，完成国家公共文化服务体系示范区创建，成功举办迎国庆、庆中秋"秦腔"演出16场次、干部诗歌朗诵比赛、民族团结惠民巡演、文化三下乡等系列文艺演出活动。加大鼓励本土文化艺术创作力度，原创小品《大山深处》在自治区小品比赛中获得一致好评。文化硬实力稳步提升，按照自治区扶贫政策和村级基础设施建设实际，建成黄堡、盐泥、毛庄、张易（上滩）村级文化活动室，申报文化大院1家。社会保障工作不断加强，落实国家民政救助政策，对符合条件救助对象及时予以救助，严格管理使用民政资金，开展农村低保专项治理，规范低保动态管理，"两无"人员、无人赡养孤寡老人全部纳入社会保障进行兜底，新增低保325户530人，提档84户183人，新增五保6人，新增高龄62人，新增孤儿8人。张易镇退役军人服务站成功创立为"全国示范性退役军人服务站"，试点建设张易、宋洼两个全国示范性退役军人服务站，核查60岁以上退役军人137人，发放双拥卡384人。对建档立卡贫困户839人进行电焊机、厨师、家政服务、驾驶等技能培训，全部取得培训合格证书。建档立卡贫困人口"两保"参保实现全覆盖。

【社会治理】

持续深化乡村治理、工程建设等13个重点行业领域专项整治，彻底铲除黑恶势力滋生土壤。巩固提升自治区民族团结进步示范乡镇创建成果。以"法律八进"为载体，开展多种形式法治学习宣传活动，群众法律意识增强。继续深化推广"枫桥经验"，完善"访调一体化"机制，受理信访局转办信访件14件，完成13件，待办理1件。12345平台网上投诉243件，均已办结完毕。镇、村两级调委会共排查矛盾纠纷310余次，排查出各类民事纠纷28件，成功调处28件，无因调解不及时发生的民转刑或群体性事件。稳妥化解债务风险，加强政府隐性债务管控研判，确保经济平稳运行。严格落实安全生产责任制，开展安全生产专项整治三年行动，确保安全生产形势稳定有序。健全应急管理机制，提高各类救援队伍战备水平和协调作战能力，扎实做好防灾减灾救灾工作。加强国防动员建设，推进军民融合发展，做好民兵预备役、退役军人事务和双拥工作。强化食品药品监管。第七次全国人口普查依法、按时、保质完成。支持工会、共青团、妇联依照法律章程开展工作，统计、残疾人、防震减灾、食品药品、消防和气象等事业取得新进展。

三营镇

【概 况】

三营镇位于原州区北部40公里处，行政区域面积179平方公里,耕地面积81407亩。辖15个行政村、1个城镇社区,现有户籍居民10155户35100人,常住人口7445户28738人;辖13个农村党支部、1个机关党支部、1个社区党支部和1个离退休党支部,直管党员736人,其中农村党员672名,流动党员27名。支柱产业以种植业、养殖业、商贸物流及劳务输出为主。2020年,实现农民人均可支配收入13712元,较2019年增加1475.4元,同比增长12.1%。

【疫情防控】

三营镇人民政府第一时间组建领导小组和指挥部,根据原州区疫情指挥部工作要求,严格落实疫情防控工作常态化工作机制和重点人员"四包一"网格化管理机制,抽调镇干部成立15个疫情防控摸排工作小组,发动村干部、党员、护林员、公益性岗位保洁员、小组长、群众等432人志愿加入防控队伍,确保检查点值守、进户摸排、防疫宣传等工作落实落细。制定常态化疫情防控方案,完善常态化防控机制,做到人员、设备、设施、物资、能力"五个到位",保持指挥体系高效运转,强化日常监测预警。坚持"人物同防",广泛开展爱国卫生运动,扎实做好"外防输入、内防扩散"各项工作。

【脱贫攻坚】

坚决落实"四个不摘"和"三防"要求,继续保持攻坚态势,高质量打赢脱贫攻坚收官战。紧盯"一收入两不愁三保障",全面开展"四查四补",对三营镇7445户常住人口进行两轮入户大起底大摸排,整改就业、住房等问题564条,消除50户213人边缘易致贫人口、36户173人脱贫不稳定人口致贫返贫的风险。完成危房改造44户,抗震宜居房45户,自来水补入及改造提升56户,落实"雨露计划"补贴资金39.3万元,资助262人,实现困难家庭学生资助全覆盖,建档立卡贫困人口家庭医生签约服务、扶贫保实现应签尽签、应买尽买,"三保障"和安全饮水实现动态清零。2020年,兑付建档立卡户驾驶员技能培训补贴129.6万元受益380人,选聘光伏公益性岗位349人。推荐发放金融扶贫贷款198户979万元,贴付贷款利息355.6万元,帮助群众补栏牛2364头、羊4367只、猪447头、生态鸡1396只、兔子1286只、蜜蜂67箱,建设圈棚40栋、购置铡草机40台。紧盯移民群众产业、就业、社会融入三件大事,制定"一户一策",精准发展后续产业,确保移民可持续稳定发展。剩余88户178人全部脱贫退出,实现脱贫路上不漏一户、不落一人。

【党的建设】

严格履行"第一责任人"职责。2020年,召开党建工作专题会议9次,研究部署"两个重要文件""六项行动"、组织关系排查、软弱涣散党组织整顿、模范机关创建工作等落实。与村党支部书记签订党建责任书13份,与班子成员、支部书记签订党风廉政建设等42份;督促班子成员落实"一岗双责"工作责任,开展调查研究,帮助各村理清工作思路,推动党建工作落实。抓实党员管理,开展组织关系排查工作,严格按照《中国共产党章程》规定处理7名问题党员。严把党员发展关,新吸收入党积极分子18名,纳新党员17名,培养转正13名。实施党员分类管理,为27名流动党员发放流动党员证,督促其到流入地报到,按时参加组织生活;利用学习强国、微信送学等线上方式对外出务工党员进行教育管理;开展为年迈党员送学上门活动,确保党员教育管理全覆盖。巩固开展"不忘初心、牢记使命"主题教育成果,扎实推进"担当新使命、展现新作为"学习实践活动,以落实"三会一课"、主题党日、组织生活会等基本制度为抓手,多形式开展学习实践活动120余场次。常态化推进"双评双定"正向激励反向监督工作,对疫情防控、脱贫攻坚等工作中表现突出的134名党员奖"红星",对因违纪违法、未积极发挥党员作用的8名党员亮"黄星"。培养村级后备力量39人、党组织带头人15名、致富带头人57人示范带动建档立卡贫困户150户,培育固原明龙等专业合作社27家和家庭农场1个,帮扶带动贫困群众1178户4700多人增收致富。从严管理驻村工作队，落实39名驻村干部周座谈、月汇报、季考核工作机制，实行"双签到"考勤管理，确保驻村队伍工作评价有依据、工作有实绩。制定三营镇软弱涣散党组织集中整顿工作方案，因村施策，指导3个软弱涣散党组织针对问题逐个制定整改措施，明确整改任务、责任和时限，累计查找问题17条，制定措施34项，全部整改完成。

【村"两委"换届】

召开会议研究部署村"两委"换届准备工作，对现任77名村"两委"成员进行任职资格联审，组织人员开展调研摸排两次、谈心谈话200余人次，召开专题会议3场，对现任"两委"班子年龄、文化程度进行分析研判，全面准确掌握村"两委"班子履职尽责情况。严格按照"三推两考两定"的选拔方式，从退伍军人、致富带头人、返乡青年中拔村级后备干部39名，并将其安排在村上担任村支书、村主任助理，党小组、村民小组组长等职务，熟悉村级工作、了解村级事务。2020年年底，完成三营镇14个行政村（社区）村"两委"的换届工作，选优配强村"三委"班子109人。实现11个行政村（社区）党支部书记、村委会主任一肩挑，"村两委"负责人平均年龄44岁，高中及以上学历占比71.5%。

【党风廉政建设】

严抓纪律规矩、严纠作风问题、严管干部队伍。严格落实"一岗双责"，2020年初三营镇党委与14个党支部签订《党风廉政建设责任书》，不断督促履职尽责，不断强化责任落实。通过召开民主生活会、组织生活会、述廉述责述法会议，主要领导带头如实报告个人有关事项，自觉接受监督，做到对党忠诚老实，着力健全防腐机制。

【基层治理】

抓基层治理，巩固扩大扫黑除恶专项斗争成果，在各村设立扫黑除恶举报信箱15个，制作并张贴各类宣传横幅、材料130余条，现场召开政策宣讲会议40余场次，加大宣传力度，鼓励广大群众积极踊跃参与村级治理。

【产业发展】

特色农业扩量提效。建设赵寺、孙家河两个千亩冷凉蔬菜种植基地，引进浙江温岭市吉园果蔬合作社在老三营村建成千亩拱棚西瓜基地，种植西瓜1082.4亩，提升设施农业水平。科学指导移民村利用大拱棚、日光温室种植果蔬982栋。发放马铃薯原原种57.52万粒，推广种植马铃薯4000亩；改造提升高效农田3000亩，发放春覆膜10453卷，保墒面积近万亩，确保"一村一年一事"工作高效推进。草畜产业提档升级。以甘沟村村集体经济种植青贮玉米为示范，投放有机肥21000袋，带动周边村推广种植籽粒玉米、青贮玉米27000亩，种植一年禾草3600亩，多年生牧草留床8000亩，培育养殖专业合作社、家庭农场3家，实施"见犊补母"2300头，牛、羊、禽饲养量分别达9967头、24598只、39480羽。"离土"产业增势强劲。开展技能培训8次培训400人，实现劳动力转移8871人次，创收28240.62万元；向福建、浙江等地组织输送劳动力45人次，推荐发放妇女创业贷款43人580万元，征缴"铁杆庄稼保"3584人，为务工人员提供保障。支持本土企业新建宁夏雪豹物流有限公司，新增个体经营户20余户，为2000辆日过境车辆提供维修检测、餐饮住宿等服务，集市商贸和汽车物流产业蓬勃发展。村集体经济长足发展。积极协调资金1183万元帮助13个行政村培育村集体经济产业，新三营、孙家河等4个村采用对外投资方式增加村集体经济收益，安和、团结等5个村发展养殖业，甘沟村、金轮村、赵寺村种植青贮玉米2000余亩，年收入突破15万元，其余各村年收益均突破5万元。

【生态环境】

栽植云杉、垂柳12000株，抚育老三营村道路林木10公里，完成荒山造林16000余亩、退耕还林地补植补造12000余亩。打造甘沟村"四个一"林草产业试验示范基地,种植山楂300亩,建设孙家河村元宝枫种植基地2000余亩,有效绿化人居环境。核查"三调"图斑757个、乱占耕地建房图斑7883个,清查耕地图斑1435个,清查"十三五"移民搬迁拆旧复垦302户,全力守好耕地保护红线。全面开展冬春季护林防火宣传,狠抓禁牧封育,偷牧、溜牧现象得到有效遏制,林业生态建设成果不断巩固。健全镇村两级河长责任体系,常态化开展清河行动和河道专项整治行动,督促两级河长、巡河员38人巡河2000余次,出动各种大中型车175辆台次,人员431人次,清理垃圾点195处、垃圾1470方,销号整改"四乱"现象16处,全力营造"水清、景美"的生态环境。以"五清两改三绿化"为重点,开展"防疫有我 爱卫同行"人居环境整治百日攻坚行动,整改销号固原市联合督查组反馈问题11个,取缔无营业执照商贩8家,清理拆除15处占用人行道违规活动板房、30顶乱搭乱建帐篷、11辆报废占道车辆、广告牌47个、横幅113张,拆除违规搭建临时建筑物23座,责令施工单位限期整改15家、停工6家,签订"门前三包"责任书800余份,全面消除"脏乱差"现象。健全农村环境卫生整治长效机制,推行网格化管理,对村级主干道、农户房前屋后开展环境卫生大整治,落实重点地段划片保洁管理制度,做到垃圾日产日清。累计出动8246人次、机械车辆350余辆,清理河道、沟渠120余条,乱堆乱放垃圾50余吨、乱搭乱建18.95千米,清扫清除积存性杂物、农业生产废弃物300多吨,清理生活垃圾共1800多吨。有序推进农村"厕所革命",建成卫生厕所715座。

【民生事业】

社会保障不断加强。实施社会保障动态管理,新增低保65户148人,提档12户20人,取消160户340人;高龄补贴新增43人、取消62人;新增特困供养人员1人、退出供养3人;新申办残疾证182人,新增生活补贴159人、护理补贴80人,认定失地农民养老保险10人,发放优抚对象补贴99人,采集退役军人信息10人,发放双拥卡162人,发挥临时救助"救急"作用,向674户2617人发放临时救助金86.61万元。持续宣传、引导群众参与"两保",养老、医疗保险参保任务全面完成,新增享受养老待遇94人,办理丧葬费101人。扎实推进人人享受基本医疗卫生服务、四免一补等政策,办理生育服务单407单,完成正常结扎5例,孕检220对,间隔置环13例。完善文化基础设施建设,开设图书阅览室、多功能活动室,增设图书室24小时无人值守读者自助借阅设备,开展国家公共文化服务体系示范区创建活动,开展"送戏下乡"文化惠民演出及群众自发演出10场次,参与5000余人。数字电影全民普及,2020年共计放映电影160场,组织文化大院、文艺团体近50人参加文化骨干培训,提升文艺工作者业务、技能水平,文化事业发展生机勃勃。

【依法治镇】

扫黑除恶专项斗争成果不断巩固。召开政策宣讲会议15场次,鼓励广大群众积极踊跃参与基层治理。加强宣传力度,更新宣传横幅等70余条,鼓励引导群众积极举报涉黑涉恶线索。坚持和发展新时代"枫桥经验",完善矛盾纠纷分析排查调处化解机制,2020年排查化解各类矛盾纠纷21起,处理12345咨询投诉件210起,实现群众安全感和治安满意度双提升。同时大力开展《中华人民共和国宪法》《中华人民共和国土地法》等法律法规宣传25场次,发放宣传资料4000余张,解答群众咨询1200余人次。落实安全生产"一岗双责"制度,与各村、辖区企业签订安全生产协议20余份。联合派出所等驻镇单位开展安全生产风险隐患排查整治专项行动10次,累计检查生产经营单位100余家,整改安全隐患30处。对310名在册管控人员实施三级网格管控机制,随时掌握、全面掌控吸毒人员动态。加强国防动员建设,完成镇辖区内18岁适龄男青年兵役登记287人,为部队输送合格兵员9名,其中大学生7名,民兵预备役队伍建设常态化规范化。

强化食品安全管控,第七次全国人口普查高质量完成。支持工会、共青团、妇联、残联依照法律和章程开展工作。

彭堡镇

【疫情防控】

成立新冠肺炎疫情防控领导小组、疫情防控指挥部,累计发放宣传彩页7900份、宣传手册570份、悬挂横幅89条、张贴宣传海报200余份、发放各类公告1500余份、制作宣传视频1个、设置登记点19个,成立临时党支部18个,共发动党员159名、志愿者270名共同参与疫情防控。规范企业依次分类复工复产,确保经济社会发展平稳运行。完善常态化防控机制,开展爱国卫生运动和农村人居环境整治,落实落细防控措施,守护群众生命健康安全。

【脱贫攻坚】

聚焦"两不愁三保障"目标任务,扎实推进"四查四补",共解决各类问题327个,剩余56户163人未脱贫人口全部脱贫退出。有1311户建档立卡贫困户实施产业到户项目,共计补助资金1028.97万元;完成危房危窑改造20户,改造抗震宜居房69座;建档立卡贫困户贷款余额10959.17万元,户获贷占比99.7%,户均获贷4.89万元;"雨露计划"共资助419人,补助资金62.85万元;新增光伏扶贫、公益岗位63个,扶持培育扶贫车间两家,中央党校精准扶贫科学教研基地在姚磨村挂牌。实施移民点水厕建设项目,为彭堡村移民安置点70户移民户院内新建水厕内给排水系统、室内给水管网及化粪池等。落实闽宁协作,与马尾区亭江镇进行互访。国铁集团帮扶1200万元,建成姚磨一二三产业园净菜分拣车间。打通冷凉蔬菜直销渠道,对接扶贫帮扶单位国铁集团兰州铁路局、自治区司法厅和农行固原分行,落实消费扶贫资金30余万元。对48户238人脱贫不稳定户、75户279人边缘易致贫户进行监测预警。

【党建工作】

2020年,彭堡镇党委深入学习贯彻习近平新时代中国特色社会主义思想和习近平总书记视察宁夏重要讲话精神。制定印发《彭堡镇基层党建工作要点》,2020年吸收预备党员16名。深入开展农村党建"三大三强"行动,积极争取建设项目,改扩建、维修撒门、别庄、闫堡村级活动场所。创建"让党中央放心、让人民群众满意"模范机关,以"六个模范"为目标,以"四个作表率"为抓手,推动机关工作作风转变,真心服务群众,用心服务农村。强化流动党员教育管理,按照"12311"模式,排查流出党员72人,实行跟踪报告制度,每季度上报、更新和维护信息库,利用学习强国、腾讯会议等软件组织流动党员参加线上组织生活。大力整顿软弱涣散党组织,凝心聚力做好村"两委"换届工作。集中对别庄村和撒门村两个软弱涣散党组织进行有针对性的整顿整治,建立整顿台账,排查梳理问题64个,包片领导为包抓责任人,一个一个抓整改,现已全部整改到位;别庄村和撒门村建立群众反映强烈问题的调处清单,协调解决矛盾纠纷8起。完成14个村党支部换届选举,村党支部班子成员平均年龄下降2.21岁,女性占比提升2.8%,具有大专学历以上村党支部书记占比14.3%。鼓励后备干部进入村"两委"班子,42名后备干部中当选为村党组织班子成员的有7名。

【党风廉政建设】

召开纪委工作专题会议,制定《彭堡镇落实党风廉政建设工作责任书》,镇党委与班子成员、各站所(中心)负责人、村党支部书记、主任逐级签订党风廉政建设责任书。制定彭堡镇2020年"全面从严治党责任清单",列出"全面从严治党问题和问责清单",逐项制定整改措施,明确整改责任人和整改时限。对"四查四补"政策落实情况进行督查,对扶贫项目资金公开情况进行督查。镇级分别在"331"监管平台、公示栏等平台公开扶贫项目、资金5批次3项1134.941009万元，村级召开村民代表大会57次，通报扶贫项目资金37批次87项1095.44995万元。开展"抵制腐败 共享和谐"警示教育宣传周活动，向镇村干部发出《敦促党员干部和公职人员主动交代问题争取从宽的通告》，鼓励广大干部、群众积极举报扶贫领域腐败和作风问题线索。2020年，接到上级转交的问题线索13件，已全部办结，给予1人警示谈话、1人诫勉谈话、1人被罢免职务，给予2人党内严重警告、1人党内警告处分。

【特色产业】

围绕打造"西部重要的菜篮子基地"目标，巩固提升姚磨、河东、曹洼3个万亩蔬菜基地；新建姚磨冷凉蔬菜一二三产业融合园净菜分拣车间1座和高标准联栋智能温室1座，净菜分拣车间建设面积1200平方米，购置根茎类鲜切标准生产线1条、叶菜类鲜切智能生产线两条，每天可加工各类蔬菜50余吨，预计实现年利润220万元；建成高标准联栋智能温室5376平方米，年育苗3批次900万株，同时就近安置30余户建档立卡贫困户就业，每年增加务工收入达60万元。2020年，彭堡镇冷凉蔬菜种植达4.8万亩以上，其中设施蔬菜0.15万亩，露地蔬菜4.65万亩，有10个行政村4650户农户参与蔬菜种植，实现年产值1.8亿元以上，户均增收5000元以上，解决农村剩余劳动力5000人，冷凉蔬菜产业收入占农民可支配收入的26%以上。冷凉蔬菜"绿色银行"助农增收案例入选全国"2020民生示范工程"。鸡饲养量达20万只以上。打造蒋口村、申庄村"四个一"基地3000亩；蒋口村枸杞基地1500亩。彭堡村、申庄村、姚磨村、蒋口村和撒门村参与优质张杂谷种植1万亩以上，产值达2000万元，带动当地农民就业2000人次以上，人均增收3000元。建成红梅杏采摘园、豆角采摘园、甜瓜采摘园等10余个。牲畜家禽饲养量分别达牛1.42万头，羊2.83万只，猪1.8万头。复壮更新多年生牧草1800亩、禾草2380亩。完成培训17班次，参与劳动技能培训共900人次。全年组织向福建马尾区相关企业输送转移就业人员17人，浙江闻泰科技输送转移就业人员11人，深圳隆利科技股份有限公司1人。

【生态环境】

完成道路绿化19公里，结合精准扶贫生态补偿脱贫，聘任生态护林员85名，严格培训管理，开展森林草原防火宣传，全面禁止焚烧秸秆、垃圾，防治大气污染；开展封山禁牧巡查，加强退耕还林林地管护；严守"三条红线"，创建网格化监管常态化巡查耕地保护机制，配合完成第三次国土调查。落实河长制，配备镇村两级河长37人、巡河员35人，推行巡河通网格化管理模式全覆盖，加强河道日常保洁巡查，集中整治冬至河、大营河道38公里，清理垃圾15060吨。闫堡、别庄、蒋口、曹洼、硝沟和杨忠堡村农户，发展以种植花椒、桃、梨、山楂、核桃、红梅杏等树种为主的庭院经济林，种植面积达1016.2亩。加大辖区内环境卫生整治力度，共清除生活垃圾17000余吨，"三堆"1600余处。完成农村改厕936户。拆除生态劳务移民旧院落4座，危房、废旧院落、残垣断壁278处。

【民生改善】

社会保障全面落实，社保体系进一步完善，城乡居民医疗、养老保险参保任务全面完成；认定失地农民社会保险39人，认证率达100%；围绕"应保尽保"，享受农村最低生活保障2246户4410人，高龄407人，残疾人1510人，特困供养47人，孤儿27人，退役军人优抚对象113人；累计办理困难群众临时救助2601人，救助金额306.73万元；发放农村妇女创业担保贷款95户1075万元。紧盯建档立卡贫困户、城镇就业困难人员、退役军人等重点群体就业，农村劳动力转移就业7637人，其中新增贫困劳动力转移就业2908人。严格按照普查要求，选调普查指导员20名，普查员109名，全面启动对14个普查区110个普查小区的第七次人口普查工作，完成彭堡镇人口登记。全年共接待群众来访300余次，调解处理信访事项12起、矛盾纠纷50余起，解决各类基层矛盾纠纷，做好维稳工作。

黄铎堡镇

【概　况】

黄铎堡镇2011年8月4日挂牌成立。地处固原市原州区西北部，地势南高北低，西高东低，海拔在1509~2072米，年平均气温6.8℃，无霜期120~140天，镇域面积192.5平方千米，辖15个行政村，总人口9249户33868人，现有党员770名。2020年，预计人均可支配收入为12619元。

【疫情防控工作】

在村部、检测点设立宣传栏，张贴海报500份，制作悬挂横幅116条；利用入户摸排发放致广大群众的一封信、倡议书等宣传材料23000余份；通过微信公众平台"须弥驿站"、政务微博等新媒体推送防控动态共计700条。设立检测点27个，成立临时党支部26个，实行24小时轮班值守，把好防疫关口，辖区内各单位职工食堂严格执行每日三餐后消毒，设立"一米"打饭窗口；开展"地毯式"摸排，以村为单位，逐户进行全面摸底、排查、登记，不漏一户，不漏一人。

【脱贫攻坚】

实施到户项目，验收产业项目育肥、基础母牛补栏4826头，羊补栏2998只、猪546头、鸡3553只、肉兔147只、蜜蜂63箱，青贮池3栋，兑付产业到户项目补贴资金1547.13万元。对住房出现裂缝13户进行改造，已全部竣工验收结束。出现住房面积不达标73户，8已加盖彩钢房补足面积，其他户正在建设中。完成抗震房改造73户。完成2646户建档立卡户住房安全核验工作。完成黄铎堡、南城、老庄、曹堡四个非贫困村巷道沙化24.6公里；何家沟、铁沟、白河、穆滩、何沟等村的联户巷道硬化11.3公里；完成西大路至铁沟村沥青道路翻建工程2.7公里；中黑路道路建设工程12公里；老庄桥头至丰泽路口道路翻建工程1公里。符合贷款条件的贫困建档立卡户应贷尽贷，农户申请累计发放金融扶贫贴息贷款2014户，贷款金额9923万，获贷率76%，户均贷款4.93万元。"十二五"劳务移民21户旧院落全部拆除，完成户籍迁转7户，剩余14户组织开展劳务移民土地确权迁转户籍。"十三五"移民共计311户，一院一户已全部拆除154户，拆除率100%，拆除废旧院落及残垣断壁73户。面向自治区内、新疆、内蒙古、甘肃、福建马尾等地组织劳务输出2201人，为建档立卡户创造就业公益性岗位143个，向黄铎堡镇的湖羊养殖场、香洁净洗涤厂、浩森园林绿化有限公司、黑牙豆制厂、三鼎薯业公司、隆鑫薯业等公司及"扶贫车间"输送就近务工人员720人次。对黄铎堡镇常住人口先后进行两轮大入户大起底摸排，逐户走访，逐项核查，共摸排出就业、安全住房、基础设施等方面问题181条，逐项建立台账，制定整改措施，摸排出的问题已解决。建立健全贫困监测预警机制，对边缘户、监测户实行科级领导、帮扶责任人、村干部、农村党员"四包一"帮扶机制；坚持一户一档、精准施策，增加重点人群收入，低保提标26户55人，新增低保110户130人。成立5个组，抽调60名镇村干部对建档立卡户基础信息进行逐户摸排核对，核对出的问题建立台账，安排各村第一书记和村级信息员在扶贫系统中修正，提升基础数据质量。

【宣传工作】

坚持以科学理论武装头脑，开展干部理论学习40次。抓好党委中心组学习，围绕党的十九大、习近平新时代中国特色社会主义思想，每月开展至少1次中心组学习，按时撰写中心组集体学习情况报告；每季度至少开展1次交流发言。

【产业发展】

发放春覆膜涉及24650亩，带动抗旱作物种植，加强设施农业的建设，种植和润、丰泽两个园区

474栋设施日光温室,种植率100%,整改清理空圈空棚75栋,整改率100%。"一村一年一事"工作已全部完成;发放耕地地力补贴4853245.84元,动物防疫免疫牛4.22万头,羊4.97万只,猪1.26万头,禽11.5万羽。"千村万户"项目建设种植红梅杏、苹果、李子等经济树种692亩20760株;流转土地1600亩,建设曹堡村500亩苹果基地示范点;完成老庄村荒山造林4200亩,白河村、曹堡村乡村道路绿化10公里,完成西大路道路绿化15公里。村集体经济投入资金1752万元,通过自主经营、合作经营和入股经营等方式,2020年预计收益235.07万元,15个村2020年预计收益均能达5万元以上。劳务产业方面共转移劳动力7982人,累计实现务工收入6488.73万元。完成劳务系统、劳务一卡通系统外出人员务工信息录入工作;新聘用建档立卡公益性岗位69人;对接人寿保险公司,催收铁杆庄稼保3963人,缴费率达到100%。

【环境整治】

开展清河行动和河道采砂专项整治,共巡查河流、沟道750余次,清理垃圾点50处,出动各种大中型车辆75台次,人员350人次,对辖区20.5公里主要河流、沟道进行了全面清理整治,清理垃圾9000方。组织对村主干道、卫生死角等重点部位垃圾集中清理清运,累计出动机械车辆500余台次,投入人力6100多人次,共清运处理生活垃圾1200吨,共清理村内沟渠310条,处理农业生产废弃物3800吨,清除乱堆乱放杂物5530吨,加强市场管理,与商铺签订责任书363份,落实"门前三包"责任。推进农村"厕所革命",建成卫生厕所655座,完工率100%。

【综合治理】

落实"两排查一分析"工作制度,共调解各类民间矛盾纠纷217件,调解成功216件,调解成功率达99.5%。开展《中华人民共和国宪法》《中华人民共和国土地法》等法律法规宣传20场次,发放宣传资料3000余张,解答群众咨询1000余人次。层层签订安全生产目标责任书,集中开展安全生产大检查11次,重点对企业、学校、个体经营户及其他人员密集场所进行安全检查,发现各类隐患40处,下发整改通知38份,开展"安全生产月""安全咨询日"等活动,发放宣传资料2500份,形成安全生产良好氛围。

【民生保障】

受理各村拟新增低保总计401户634人,纳入新增低保126户198人。依据动态管理办法取消整户享受低保48户64人,户中减人87户95人,低保提标42户87人;受理临时救助申请1677人次,完成系统录入1650人次,向群众发放临时救助资金1112人次1229200元;完成医疗保险收缴27857人,完成缴费目标数90.8%;共受理99件12345咨询投诉件,全部回访处理结束;扎实推动农村妇女小额担保贷款项目。2020年度第一批推荐农村妇女创业担保贷款52人525万元,已发放43户435万元,第二批上报农村妇女创业担保贷款18人225万元;开展退伍军人服务管理,设立退役军人来访接待室,悬挂光荣牌224块。

中河乡

【概　况】

中河乡辖11个行政村58个自然村,辖区面积201.3平方公里,其中耕地面积118200亩,退耕地面积28308.61亩。现有户籍人口7354户27299人。有建档立卡贫困户2837户11559人,目前已全部脱贫,边缘户42户174人,脱贫监测户21户92人,8个贫困村全部脱贫出列,综合贫困发生率0%。全乡主导种植、养殖产业及劳务产业,2020年农民人均可支配收入11453元。

【疫情防控】

在微信公众平台发布《关于积极应对新型冠状

病毒感染的肺炎疫情倡议书》，暂时关闭硝口活畜市场；11个行政村悬挂防控宣传横幅134条，发放倡议书9000余份，村级喇叭每天不间断播放疫情防控音频，营造群防群控的宣传氛围。逐户摸排登记，抽调机关干部34人及全体村干部在各村扎实摸排重点地区返乡、来乡人员，确保不漏一户一宅一人，不留死角盲区，针对摸排出的重点人员明确党委班子、乡干部、村干部、派出所及卫生院包抓责任人进行日常监管，引导返乡群众主动居家隔离，安排卫生院工作人员对重点家庭、村级活动场所进行日常消毒。

【脱贫攻坚】

实施牛补栏3898头、基础母羊补栏10037只、能繁母猪补栏430头、育肥驴补栏7头，补贴生态鸡27436只、蜜蜂891箱、肉兔933只；新建圈棚77栋、青贮池38座、鸡舍1座、猪舍两座；补贴马铃薯1449亩，已兑付资金1578.423万元，兑付饲草料补贴161.406万元，强化产业支撑。落实惠民政策，中河乡义务教育阶段学生无辍学情况；全面推行"先诊疗后付费"模式，建档立卡户医保报销比例合规，大病集中救治、重病兜底、慢性病签约服务实现全覆盖；累计发放扶贫小额信贷10043.32万元，补贴贷款利息262.3121万元，建档立卡户获贷率98.4%；摸排出因新冠肺炎疫情返乡的建档立卡户3601人，全部完成点对点包车转移劳动力和群众自发转移就业3549人；以行政村为单位加快医疗、养老保险缴费进度，建档立卡贫困户和特殊人群基本医疗保险及符合条件的建档立卡贫困人口及特殊人群养老保险缴费比例均达到100%，养老保险拟定任务数10696人，完成12091人，完成率113.04%，174名"边缘户"已全部缴纳医疗保险。提升基础设施。针对硝口村原红沟村韭菜湾群众用水问题，经乡村两级实地调研，并与水务部门对接立项，从硝口村原红沟杨家山水源地至韭菜湾铺设管线5.1公里，项目已完工，取水点距5户建档立卡户约300米，彻底解决群众的用水困难。完成危房改造39户，抗震宜居房改造24户，拆除"十三五"易地扶贫搬迁移民旧院落136户；行政村道路硬化率、生活用电入户率均达到100%。中河、小沟村联营建设人畜分离养殖基地，村集体经济收益分别达10万元以上；丰堡村与宁夏固原绿新润农业科技有限公司联营种植3000亩高品质订单蔬菜，年底收益达到10万元以上；其他8个行政村收益均在5万元以上，同时以丰堡、中河村壮大村集体经济发展思路为示范，梳理村集体经济发展思路，提高村集体经济收入。中河乡共有未脱贫户62户217人，边缘户42户174人，脱贫监测户21户92人，结合群众实际逐户制定"一户一策"；新增低保20户51人，低保户中增人14户20人，低保提档21户54人；10个非公企业为硝口村捐助帮扶资金12万元，提供环境整治三轮电动车12辆、价值5万元，并承诺聚焦教育资助、人居环境改善、产业扶持、就业岗位提供等方面优先给予支持帮助。

【"不忘初心、牢记使命"主题教育】

巩固深化"不忘初心、牢记使命"主题教育成果。组织党员干部深入学习习近平新时代中国特色社会主义思想、习近平总书记视察宁夏重要讲话精神和十九届五中全会精神，2020年开展党委中心组学习12次，机关干部集中学习80余次，开展专题交流研讨40余场次，交流发言240余人次，乡、村干部人均撰写心得体会两篇。邀请县级包乡领导开展十九届五中全会和自治区十二届十二次全会精神专题宣讲1场次、受众90余人，乡党委班子成员到包抓村讲党课22场次。扎实开展"担当新使命、展现新作为"学习实践活动，组织12个党支部结合七一建党节赴六盘山红军长征纪念亭、将台堡、会宁等地开展党性教育8次，乡党委组织开展"迎国庆·忆初心·颂党恩"诗歌朗诵会1次，进一步提高党员干部党性修养。严格落实"不忘初心、牢记使命"主题教育，结合脱贫攻坚"四查四补"、抓乡促村党建攻坚月、原州区委第七巡察组巡察村级党组织等工作要求，深入排查中河乡在基层党建、党风廉政建设、脱贫攻坚、社会治理等方面存在的问题，逐项建立清单紧盯整改，所有问题全部整改结束，并针对部分内容建立长效机制长期坚持。

【基层组织建设】

贯彻落实基层党建工作的重要会议和重要文件精神。2020年，专题研究党建工作共13次，签订党建目标责任书11份，班子成员每人包抓1~2个村，坚持村级所有事项都严格按照"两规范两公开两实行"开展。落实"三会一课"、"主题党日"、组织生活会等基本制度，各党支部开展交流学习、评先选优、典型选树、"双评双定"等形式的主题党日活动144场次。加强党员队伍建设，严格实行公示制和党委预审制，健全党员档案资料，2020年确定入党积极分子23名，新发展预备党员11名，转正党员12名。强化流动党员教育管理，通过走村入户、电话访问等形式，对中河乡11个农村党支部进行"大起底"式摸排，共摸排出流动党员70名，"一人一档"分类建立"四清"档案，每季度更新信息数据，并在建立流动党员微信群进行交流学习基础上，利用腾讯会议定期召开视频会议，实行"面对面"分享学习心得，确保流动党员"流动不流失、离乡不离党"。中河乡11个村党支部成立服务型党小组48个，在村党支部领导下开展党内活动、党员教育管理、联系帮扶群众、推进基层治理等方面均发挥积极作用。深入开展"三大三强"行动，2020年新调整任命黄沟村村党支部书记1名，补选庙湾村、黄沟村村民委员会主任2名，配合上级纪委做好案件办理工作，处理违纪村干部6人。开展村干部"育苗"工程，按照"优化年龄结构、强化整体功能、深化作用发挥"的原则，推选出后备干部初步人选33人，已有8名后备干部被选举为村党支部成员。对驻村工作队进行考核管理，每季度考核履职尽责情况，健全完善"五档管理"制度，确保各第一书记和驻村队员到岗尽责。累计培育致富带头人78名，带动群众2000余人，其中发展为党员的致富带头人共计42名，任村干部或后备干部的致富带头人共计18名。

【软弱涣散村党组织整顿及村"两委"换届选举】

集中整顿软弱涣散村党组织，严格落实"四个一"整顿措施，针对庙湾村、黄沟村、硝口村3个软弱涣散党组织逐个分析并建立整顿台账，细化问题清单，紧盯突出问题，扎实蹲点整顿，3个软弱涣散党组织整顿工作均已完成。严格按照村"两委"换届选举工作要求，制定政策文件、明确工作流程，结合实际成立11个换届选举指导组，全面指导11个村党支部规范化开展换届选举工作。11个村党支部换届选举工作全部完成，村党支部班子成员平均年龄41岁，35岁以下19人、占比34.5%，大专以上学历9人、占比16.4%；支部班子成员中女性14人、占比25.5%，支部书记大专以上学历的2人、占比18.2%。

【产业发展】

巩固提升曹河千头肉牛养殖示范村和中河村益农育肥牛养殖示范基地示范作用，完善肉牛集约化养殖、规模化生产、专业化经营的现代化生产经营模式；10头以上养殖户150余户，50头以上规模养殖大户11户，牛饲养量15800头。旱作节水农业，发放春覆膜20961亩，在丰堡村种植秤秆胡萝卜、龙牙菜等高品蔬菜1300亩，配套2400立方米晾晒池、追肥设备及滴灌、喷灌等地下管网；推广地域优势农作物，发放马铃薯原原种300亩。劳务产业落实促进贫困人口劳动力就业创业政策，2020年累计转移劳动力就业6700人。

【生态环境】

成立由191名公益性岗位组成的环境整治先锋队和由各村低保户、建档立卡户组成的环境整治志愿军，全面开展乡村环境综合整治行动，共清理生产生活垃圾6160吨、建筑垃圾15000吨，清理河道、沟道45.1公里。完善配套设施，设置垃圾箱89个，垃圾箱勾臂车1辆，并在远离群众集中居住地、不影响群众生产生活的曹河村"断头沟"增设垃圾填埋场1处，满足曹河、黄沟、硝口等6个行政村垃圾处理需求。2020年5月中旬至6月底,集中实施固张路、中黑路及G309部分地段人居环境改造提升工程,动用铲车、挖机、翻斗车等机械累计1700小时以上,出动人工2600人次;对11个行政村废旧院落及残垣断壁进行全面拆除清理,清理危房危窑、残垣断壁560户、乱堆乱放乱搭乱建720处;以道路绿化和庭院绿化为重点,引导群众房前屋后栽种红梅杏、大果榛子、山楂等经果苗木47000株,实施道路绿化51公里。

【社会事业】

加大低保审核力度,将不符合低保受助条件的146户225人及时进行清退,新增低保户253户506人;发放低保金、高龄津贴、五保金、孤儿津贴、残疾津贴共计1921万元,发放救助资金434.79万元,兑付退耕还林补助137.14万元,办理失地农民大额养老保险3人;按照创建全国示范型退役军人服务站建设要求,扎实开展中河乡退役军人服务站工作,完成创建任务并通过自治区考核。完善中河村退役军人服务站试点建设,并争创拥军优属示范村。发放卫生计生宣传资料3500余份、宣传物品1700余份,并在村委会及群众居住集中区域悬挂横幅32条、张贴宣传彩页540份;孕前优生健康检查任务248例,完成261例,完成率105.24%;实施农村改厕712座。发展壮大群众文艺队伍,扶持庙湾村梁云文化大院、黄沟村强文礼文化大院建设,乡文化站指导文化大院编排秦腔、眉胡、快板、舞蹈、小品等优秀节目,鼓励自乐班、民间文艺团体经常性开展文艺活动,深入宣传党的路线方针政策以及中央支农护农惠农政策,丰富群众的精神文化生活;中河乡机关率先开办电子阅览室并全天候开放,并在黄沟、高坡、丰堡等村设立电子阅览室,完善公共文化服务体系,满足群众文化需求。

【法治建设】

加强对非法宣教、邪教渗透、吸毒人员、刑释人员、缠访人员及流动人口监管,累计排查土地、婚姻、财产等领域矛盾纠纷437起,并全部调处化解,有力维护全乡社会治安环境。配合政法部门实施"雪亮工程",安装监控摄像头57个,严厉打击各类违法犯罪活动,累计接出警1284次,并对乡域范围内打架斗殴、寻衅滋事、扰乱秩序等线索积极处理,累计受理刑事案件18起、立案12起(6起由刑侦四中队立案),受理治安案件70起,查结51起;行政拘留12人,罚款33人,警告1人。11个行政村每季度至少开展1次法律法规、以案释法和扫黑除恶宣讲活动,邀请法律专家结合村情民意讲解农村适用法律法规和发生在群众身边真实案例22场次,引导群众办事依法、遇事找法、解决问题用法、化解矛盾靠法。持续推进法治建设。

寨科乡

【概　况】

寨科乡位于原州区东部,距离固原市区53公里,区域面积322.8平方公里,平均海拔1800米,年均降雨量350毫米。现有可耕地面积13.5万亩,退耕还林面积5.9万亩,农作物种植面积12.4万亩,主导产业为草畜产业、劳务产业和特色种植。辖10个行政村48个自然村,常住人口1852户6619人。基层党组织11个,党员440名。村小学7所,幼儿园1所。

【疫情防控】

寨科乡党委主持召开疫情防控工作部署会,成立寨科乡应对新冠肺炎疫情防控工作领导小组,推动建立乡领导包村,村主要负责人包组,乡、村干部和驻村工作队包户的三级包抓机制,构筑严防严控、联防联控、群防群控的三级战疫堡垒。成立防控宣讲"小分队"、印发张贴宣传海报、宣讲册,悬挂横幅标语,电子屏播放、"村村响"和宣传车不间断播报,实现疫情防控宣传全覆盖。推动实行"三分一统"大摸排、大起底和"四包一"工作机制,党员干部、群众自发为武汉慈善总会捐款6万余元。累计开展重点人群排查347人，其中来自武汉9人、来自湖北等11个重点疫区48人、来自其他省（区、市）139人，来自宁夏其他县区160人。

【脱贫攻坚】

严格落实"第一书记"工作职责，2020年为帮扶村争取各类帮扶资金累计46.2万元。召开寨科乡疫情防控暨脱贫攻坚"四查四补"工作部署会，对"四查四补"工作进行全面安排部署，启动入户摸排。累计排查出各类问题211个，其中"查损补失"方面30个，"查漏补缺"方面158个，"查短补齐"方面13个，"查弱补强"方面10个，全部整改完成。结合"四查四补"工作，在"四漏"方面建立完善"一户一档""一户一策"，规范扶贫手册信息，提升扶贫数据质量，加强建档立卡信息及时迁转，切实解决漏统、漏项、漏扶、漏管问题。寨科乡常年外出户1753户5848人，现已全部建立"一户一档"；经摸排农户"两不愁三保障"各项指标已达标；边缘户24户92人、脱贫监测户44户155人、未脱贫户45户112人等"三类人员"对标"两不愁三保障"脱贫目标和标准，按照"缺什么补什么"原则，建立完善"一户一策"；移民建档立卡信息需迁转59户227人，已全部梳理汇总上报。扎实开展自治区党委第五巡视组脱贫攻坚专项巡视"回头看"反馈问题整改工作，主动认领共性问题共8类18条，翔实制定《整改工作方案》，除贷款逾期问题外全部整改完成。开展危房改造、道路硬化等基础设施提升工程，2020年实施危房改造43户，已全部完成；安全住房核验应核验1564户，完成率100%；完成道路硬化23公里。

【金融扶贫】

继续推广成为联合国中国扶贫经典案例的"产业引领+能人带动+金融帮扶"的金融扶贫"蔡川模式"，为寨科乡贫困户产业发展提供强有力的资金支撑，破解发展资金瓶颈制约。2020年，寨科乡建档立卡户新增贷款余额568户2840万元，累计实施扶贫贷款贴息165.45万元，建档立卡贫困户贷款累计覆盖率达到85%。

【宣传工作】

寨科乡上下深入学习贯彻习近平新时代中国特色社会主义思想和党的十九大精神，全面落实习近平总书记视察宁夏重要讲话精神，开展党委理论学习中心组学习12次，组织开展专题研讨20余场次，乡机关党员干部撰写学习心得体会120余篇。加强农村党员群众宣传教育工作，利用微信公众号发表学习资料40余篇，阅读量2000余人次；坚持每月开展新时代文明活动，参学群众近7600人次。班子成员、村党支部书记、驻村第一书记开展集中宣讲60场次，参学党员群众累计达3000余人次。

【党的建设】

开展"担当新使命、展现新作为"学习实践活动；创建"让党中央放心　让人民群众满意"模范机关；集中整顿软弱涣散基层党组织；坚持"三会一课"、主题党日等制度；强化党员教育管理；开展"双评双定"活动，2020年党员"亮黄星"17人17颗。

【支柱产业发展】

草畜产业方面持续巩固提升养殖专业村发展，加大规模养殖扶持力度，加快品质改良，推进规模化、标准化养殖，增强畜牧业竞争力，寨科乡牛饲养增量10%以上，羊饲养增量6%以上，多年生牧草留床面积6万亩以上，禾草种植面积3.8万亩以上，为养殖业发展提供稳定的饲草料供应。严格落实动物疫病防控措施，畜禽防疫密度100%。劳务产业方面，输出劳动力3387人次，创劳务收入4337余万元。以扩大庭院经济和小秋杂粮种植面积为特色种植发展方向，以扩大马铃薯、青贮玉米、油料等常规作物种植面积为保障。在农户房前屋后种植红梅杏、花椒树等经果林2万余株；种植青贮玉米2.47万亩，小麦0.5万亩，油料0.82万亩；小秋杂粮种植面积0.9万亩以上。

【生态环境】

开展"厕所革命"工作,寨科乡厕所旱改水应改450座,已全部完成。落实河长治水工作机制,乡村两级河长、巡查员和保洁员开展巡河900余次,修整河道200余米,清除沿河沿岸枯树杂草、死角垃圾7吨,拆除违建塘坝1座。加大环境综合治理力度,加强日常管理和经常性维护,形成环卫保洁长效机制。2020年,集中开展环境整治28次,累计清理各类垃圾350余吨,参与群众近600人次,运输车辆180余车次,乡村面貌明显改善。继续按照"四个一"思路,开展道路宽幅绿化、移民迁出区生态修复、荒山治理、封山禁牧等工作。坚持春季植树造林绿化活动,其中荒山造林3万亩,道路绿化50公里,"十三五"移民搬迁旧院落拆除复垦148户96.35亩。寨科小城镇建设项目有序进行,街道两侧排水系统、街道路面已建设完成。蔡川村美丽村庄建设全面开展,硬化巷道2.4公里,拆除残垣断壁12处1350米,种植乔木灌木近6000棵,修建游园步道200米,人居环境得到改观。

【民生保障】

严格执行农村低保申请、入户调查、民主评议、审核审批程序,强化家庭收入核算,倡导诚信求助,加强动态管理,做到公平施保,应保尽保,应退即退。低保对象1189户2221人,发放低保资金683.2万元;高龄老人146人,发放高龄津贴48.1万元;散居特困供养人员9户,落实特困供养津贴5万元;孤儿13人,发放津贴11.7万元;实施民政救助2111人次,发放民政救助资金173.39万元,其中给予临时救助2077人次166.99万元,大病救助34人次6.4万元,冬春救助155户10.82万元。共有残疾人569人,其中享受生活补贴361人,护理补贴277人。发放妇女创业贷款9户110万元。持续有效推进各类保险收缴工作,收缴医疗保险11228人,完成99%;养老保险收缴5364人,其中政府代缴3486人,个人缴费1878人,完成86%;"铁杆庄稼"保险收缴全部完成。同时农户将"两保""铁杆庄稼"与各种农业畜牧业险种配套购买,持续为农户增收致富保驾护航。寨科乡共采集退役军人和其他优抚对象信息133人,其中退役士兵120人、复员军人3人、残疾军人两人、现役军人家属8人;退役军人党员62人,退役军人担任村干部两人。悬挂光荣牌133块,八一期间,慰问优抚对象20名,发放金额共1万元。疫情防控过程中组织32名退役军人在基层一线开展工作。

【社会治理】

切实推进扫黑除恶专项斗争,紧盯"一年治标、两年治根、三年治本"总体目标。扫黑除恶专项斗争全面开展,挑选精兵强将3人充实综治中心人员组织,运行更加流畅高效,工作职责作用充分发挥,未发现涉黑涉恶问题线索。全面推行"134"矛盾纠纷排查化解机制和"一村一警"网格化管理机制,落实乡级领导信访坐班制度,化解各类矛盾纠纷153起。接上级部门转办信访件7件,已办理办结6件,正在办理1件。突出重点人员管控,逐人建立档案台账,由乡、村两级人民调解委员会负责定期走访,填写档案台账,掌握动态信息。开展刑释解教人员安置帮教、社区矫正、禁种铲毒等工作,治安状况良好。严格落实"党政同责""一岗双责"制度,强化安全监管责任。与各村签订《安全生产责任书》,与农机驾驶员签订《农机安全生产责任书》1000余份,开展各行业领域安全生产拉网式检查15次,发现安全隐患18处,全部整改到位。举办马克思主义民族观宗教观"百场万人"大宣讲活动两次,150余人参学。

炭山乡

【疫情防控】

炭山乡成立7个疫情防控工作组,摸排区内外返乡人员,对重点地区返回人员严格居家隔离14天;在各村重要路段设立7个检查站,对进出村人员严格测温、登记。无确诊病例和疑似病例,疫情防控取得阶段性重要成果。实行差异化复工复产，农业生产、交通物流、教育文化等社会持续全面恢复，经济运行稳定向好。建立常态化疫情防控机制，严格落实健康码注册登记制度，各村及时掌握区内外重点地区返乡人员情况并上报乡疫情防控工作指挥部。

【脱贫攻坚】

预计全年人均可支配收入达到10266元，较上年增长13.2%，增速位居原州区第一。开展脱贫攻坚"四查四补"工作，成立7个摸排工作组，对全乡常住人口逐村逐户进行摸排，特别是对1128户建档立卡户、62户边缘易致贫户、84户脱贫不稳定户重点摸排，对长期外出人口"两不愁三保障"情况进行摸排，建立一户一档，排查出各类问题67个，其中"查损补失"方面13个、"查漏补缺"方面54个，上报区级解决12个，乡村级解决55个。完成脱贫攻坚清查普查。完成7个村1128户建档户入户清查摸底，将清查摸底数据录入小程序，乡级审核通过后上报。顺利通过国家脱贫攻坚普查验收。剩余42户103人建档立卡户未脱贫户顺利通过脱贫退出验收，全部脱贫退出。完成脱贫攻坚各类反馈问题整改。完成2019年脱贫攻坚成效考核和国务院扶贫办调研督导反馈问题整改，2019年脱贫攻坚成效考核反馈5类16项问题和国务院扶贫办调研督导反馈6类6项问题全部整改到位。完成危房危窑改造7栋，房屋质量不达标的农户新建抗震房6栋。安全饮水管道入户、提升改造14户，群众饮水安全得到保障。加快"十二五"移民户籍核转和废旧院落拆除。与"十二五"移民迁入地永宁县望远镇对接，核转"十二五"移民户籍21户，完成"十二五"1138户移民废旧院落拆除任务，全部达到复垦条件。实施产业到户项目。2020年，补栏基础母牛1396头、基础母羊5256只，购买蜜蜂64箱、肉兔310只，新建圈棚7栋、青贮池12池，种植马铃薯3859.4亩，兑付补助资金615.44万元，项目实施、验收及资金兑付全区排名第一。更正完善国网系统贫困户基础信息数据。2020年，国网系统反馈问题255条，完成整改255条，累计完成国网系统贫困户基础信息数据维护和补充完善12万余条。完成受疫情影响的1075名外出务工人员信息采集录入。完成2014年至2020年项目维护及受益户关联工作，录入项目233个。帮扶责任人、建档立卡户和国网信息核实APP注册及使用全区排名靠前。完成项目库建设。完成2014年至2020年项目维护及受益户关联工作，录入项目233个。完成住房安全有保障核验工作。脱贫攻坚住房安全有保障核验1128户，建档立卡户住房有保障核验全区第一个完成。输送外出务工人员，与原州区就业局对接，向福建、浙江输出务工人员17名，区内外累计转移就业人员3178人，累计实现务工收入2129万余元。加强与金融机构协调配合，为652档立卡贫困户发放金融扶贫贷款3260万元。发展村集体经济，争取自治区资金100万元，建成炭山村小杂粮加工和颗粒饲料加工场；南坪村光伏扶贫电站正常运行，成立村级经济合作组织7个，7个村村集体经济正常运转，村集体经济收入稳定达5万元以上。

【宣传工作】

坚持习近平新时代中国特色社会主义思想指导地位，把学习党的十九大、十九届二中、三中、四中、五中全会精神和习近平总书记视察宁夏重要讲话精神作为党委理论学习中心组学习和干部学习重要内容。

【基层组织建设】

以农村服务型党组织建设为统领从严抓好"三会一课"、民主生活会、组织生活会、谈心谈话、民主评议党员等农村党建基础工作，严格落实"双评双定"制度。新建两个村党员活动室、翻新维修5个村党员活动室并进行规范化布设。加大村级后备干部培养，从退转军人、致富带头人、回乡创业青年和毕业大学生中培养村级后备干部21名。持续整顿软弱涣散基层党组织，南坪村党支部2020年评定为2星级党组织，新山村党支部正在进行集中整顿。加强流动党员管理,共摸排出流动党员26名。

【党风廉政建设】

落实党风廉政建设和反腐败斗争党委主体责任和纪委监督责任,制定全面从严治党"两个责任""三个清单"并签字背书,班子成员切实履行"一岗双责",乡党委每半年召开1次专题会议听取班子成员落实情况汇报。乡党委与各村党支部签订责任书,层层压实责任。落实谈心谈话制度,做到防微杜渐。扎实开展扶贫领域腐败和作风问题专项治理,立案两件,给予党内警告处分1人、开除党籍处分1人。严格落实中央八项规定精神,持之以恒反"四风",严格按要求腾退办公用房。紧盯重要节点开展廉政提醒谈话40余次,组织学习扶贫领域典型案例通报26次,开展警示教育6次160人次。严格落实"三重一大"事项集体研究制度,党委会议研究重大工作部署32次、重点工程项目3个,1000元以上资金全部提交党委会研究支付。

【产业结构】

立足炭山乡实际,大力发展草畜和小杂粮、油料等产业。整合利用土地资源,在古湾村建成3000亩青贮玉米种植基地1处,引进区内龙头企业,流转张套村闲置土地7000亩,建成紫花苜蓿种植基地1处。在古湾村建成1000亩油料作物种植基地1处,在南坪、炭山、阳洼等村各建成1000亩小杂粮种植基地1处。

【生态环境】

小城镇建设稳步推进,积极协助施工企业加快工程进度,拆除街道废旧房屋5座,完成炭山村、南坪村街道两侧3公里边沟砌护、污水管网和面砖铺设等工程,改造炭山煤矿路口小型公园1座。新修炭山至南坪村道6.9公里。打响蓝天保卫战,整改落实中央环保督察组"回头看"反馈问题,责令新山村4家石料厂对破坏的山体和林地进行生态修复。聘用152名生态护林员开展自然资源和生态管护工作,绿化道路40公里,种植河北杨、刺槐和云杉27000棵。督促辖区内施工企业落实主体责任,对辖区内施工路段洒水除尘,杜绝扬尘污染。围绕"五清两改一绿化"内容,扎实开展"防疫有我,爱卫同行"农村人居环境整治百日攻坚三年行动,坚持日常清理与集中整治相结合,新聘用43名公益性岗位人员(全乡共93名)、91名保洁员每天对划分片区卫生进行清理清扫。投入资金30万元对辖区内炭山街道、南坪街道、主干道路沿线和各村村部及周边环境进行日常保洁,对农户房前屋后环境卫生进行集中整治。完成农村卫生厕所改造300户。

【社会治理】

制定炭山乡行政执法"三项制度"和问题整改清单。抓实"七五"普法宣传教育工作,组织乡村干部扎实开展法律进校园、进机关等"法律七进"活动,举办法律专题讲座3场,印发宣传资料300余份。加强民族宗教工作,深入开展民族团结创建工作,宣传党的民族政策和宗教政策。加强信访维稳和扫黑除恶工作,积极化解矛盾纠纷,答复群众信访问题6件、"12345"网上反映问题76件,及时答复办理原州区扫黑办转发有关问题线索两件;加强社会乱象治理,多次上报原州区委、区政府协调解决新山村4家石料厂拉运石料破坏村组道路问题;对2020年软弱涣散党组织新山村制定了5条整改措施并制定村级整顿方案,正在整改落实。加强平安建设工作,组织人员对辖区6个非煤矿山开展安全生产大检查13次,提出整改意见73条,下达停产整顿指令通知书3份,关停辖区非法生产石料厂3家,有效防范遏制了重特大安全生产事故发生。多渠道开展禁毒宣传教育工作,无毒家庭、无毒单位、无毒校园创建活动。

【社会事业】

按照"保基本、全覆盖、可持续"的思路,大力推进社会事业发展。医疗保险参保8797人,参保率原州区并列排名第一。民政救助和保障工作规范,对最低生活保障户进行动态调整，新增低保对象74户108人，全乡有低保户900户1615人，高龄89人，孤儿28人，特困供养14人。临时救助712户122万元。开展家庭医生签约服务活动，共签约续约辖区贫困群众1128户4531人，实现建档立卡贫困户全覆盖。开展健康教育七进活动10次，为辖区因病致贫、因病返贫患者发放优惠证174本，发放宣传资料3200余份，发放健康扶贫服务包30个，健康扶贫宣传用品120份。加大控辍保学工作力度，全乡小学入学率达到100%；实施营养改善计划，义务教育阶段农村学生全部受益。雨露计划资助建档立卡贫困学生108名，发放资助资金32.4万元。结合创建国家公共文化服务示范区，对乡文化站、各村文化活动综合服务中心进行规范化建设和布设，整理和完善国家公共文化服务示范区工作档案乡级资料19大项90余小项，全力做好迎接创建国家公共文化服务示范区验收工作。乡文化站、村级文化活动室免费开放时间每周达42小时以上，多渠道丰富群众文化生活。

河川乡

【疫情防控】

成立疫情防控指挥部和工作组，设立10个疫情防控工作站，组织247名党员干部群众和志愿者，全覆盖、地毯式排查。进一步统筹推进疫情防控和经济社会发展，制定常态化疫情防控方案，完善常态化防控机制，做到人员、设备、设施、物资、能力"五个到位"。结合脱贫攻坚"四查四补"，保障全乡复工复产有序进行。加强舆论引导，凝聚抗击疫情正能量。广泛开展爱国卫生运动，扎实做好"外防输入、内防扩散"各项工作。取得了无发生感染病例、无发生村组传染的抗疫成果。

【脱贫攻坚】

坚决落实"四个不摘"和"三防"要求，继续保持攻坚态势，高质量打赢脱贫攻坚收官战，全年农村居民人均可支配收入11216元，同比增长12.9%。把"四查四补"作为巩固脱贫成果、提高摘帽质量总抓手，开展系统大排查，解决各类问题154个，剩余43户123人未脱贫人口全部脱贫退出，高质量通过国家脱贫攻坚普查。实现家庭医生签约、大病集中救治、重病兜底全覆盖，贫困患者住院费用报销比例高于90%。实施妇女贷款23人270万元。为全乡192户建档立卡户发放贷款964.1万元，累计发放贷款2.01亿元。实现全乡安全饮水和动力电全覆盖。自然村道路硬化154公里，沙化52公里，连户巷道22公里。

【宣传工作】

加强理论学习，2020年共组织中心组学习13次，坚持每周干部理论学习不间断，加强党员理论学习，坚持落实"三会一课"制度，通过组织开展主题党日活动、警示教育活动、召开党员大会等形式进行理论学习。以新时代文明实践为载体，通过开展群众喜闻乐见的文体活动、举办通俗易懂的理论讲座，加强对广大群众的教育引领。

【党的建设】

加强党的政治建设。坚持把学习党的政策理论作为提升党员干部综合素质的第一要务，开展干部政治理论学习42次、学习资料53篇幅，开展党委中心组学习12次、学习资料39篇幅、重点发言16人，推进"两学一做"学习教育常态化。加强基层党组织组织力建设，发挥基层党建引领的核心作用，实施"三大三强"党建行动，发挥"两个带头人"在脱贫攻坚中的示范引领作用，落实"三会一课"、民主评议党员等制度。开展"8+N"主题党日活动120场次，讲党课22场次、召开组织生活会22场。推进精神文明建设。弘扬社会主义核心价值观，建立健全村级文化活动中心10座和农家书屋10间，开展群众性文体活动10场460余人次，丰富群众业余文化生活，引导群众树立正确的社会主义荣辱观，培育高尚文明的道德风尚。组织各村群众开展评选先进典型 11 个,加强对典范人物和先进事迹的宣传,开展移风易俗活动,激发群众见贤思齐的热情,凝聚起崇善的正能量。积极营造创建全国文明城市宣传氛围,开展"文明健康、有你有我"系列活动,在集贸市场、交通干道、集居区域招贴宣传海报 1000 余份,通过电子显示屏、横幅、微信、微博等方式动员广大群众积极参与全国文明城市创建。

【党风廉政建设】

全面落实党风廉政建设责任制,切实履行"一岗双责",严格执行中央八项规定,严格控制"三公经费"。从改进工作作风、提高工作效能入手,完善机关考勤值班制度、请销假制度、财经管理等规章制度,坚持执行重点工作调度,有力开展效能督查。深化政务公开,保障人民群众知情权、参与权、表达权、监督权。落实"放管服"各项政策制度,将 41 项政务服务事项归口细化分工,共受理事项 14729 件,政务服务事项办结率达到 100%。坚持把转作风、强素质、优环境作为推进廉政工作关键,打造清正廉洁的政府及村两委班子,不断深化惩防体系建设,强化涉农惠农项目资金"331"监管机制落实,增强反腐倡廉意识。共开展督查 10 次,组织乡村干部廉政教育 4 次、警示教育 4 次。

【产业优化】

发展特色产业,建设上黄村香菇产业示范基地和红梅杏产业基地。培育肉牛养殖示范村两个,建成 200 头规模的肉牛养殖场 1 个,完成"见犊补母" 2000 头,推广全株玉米青贮、黄贮、苜蓿包膜青贮 1 万吨。明川村落地建成"光伏扶贫"项目,实现年光伏发电补贴收入 400 余万元,每年为全乡 10 个村增加村集体经济收入约 100 万元,同时引进药业公司,在光伏项目区种植中药材 160 亩,并与中药材加工企业签订保底收购合同,预计产生经济效益 160 万元,村集体净收益 35 万元。全面建成旅游环线,寨洼村被评为"全国乡村旅游重点村"。

【生态环境】

绿化乡村道路 15 公里,管护森林资源 9 万亩。发展庭院经济,栽植经果苗木 204 亩 12730 株。投入 120 万元资金,配备长期保洁员 64 名,建立各村环境整治长效机制,完成 450 间卫生厕所改造,农村 10.2 公里道路硬化。建成乔家沟水库,全面推进河长制,加强巡查管护力度,全程巡查守护河道,清理垃圾,开展河道清理行动,整治河道环境,保持河道平整洁净。

【社会治理】

持续推进扫黑除恶专项斗争,开展社会乱象整治。贯彻落实中央民族工作会议精神,依法加强宗教事务管理。着力提高化解和处置矛盾纠纷的能力。全面推进民风建设,通过发挥"一约四会"作用,组织各村群众开展先进典型评选,加强对典范人物和先进事迹宣传,开展移风易俗活动。

【社会事业】

统筹各类社会救助资源,实现"应保尽保,应扶尽扶",纳入低保对象 1081 户 1896 人,高龄津贴对象 171 人,优抚津贴对象 37 人,特困供养津贴对象 20 人,残疾 546 人,孤儿救助 10 人。发放社会养老保险金 1865 人 324.4 万元。及时发放救助救灾资金 1057 人 86 万元,节日慰问 70 人 7 万元。发放困难残疾人生活补贴 252 人 30.24 万元,残疾人护理补贴 230 人 22.08 万元。开展群众性文体活动 20 场 764 人次,文化大院节目巡演 13 场次,成功举办六盘山第三届花儿节。加强国防动员建设,做好民兵预备役、退役军人事务和双拥工作。第七次全国人口普查有序推进。支持工会、共青团、妇联、残联依照法律和章程开展工作展。统计、残疾人保障、防震减灾、国土、食品安全等事业取得新进展。深化农村改革,成立土地股份合作社 10 家,股份经济合作社 10 家,阶段性完成农村集体资产权制度改革任务。支持工会、共青团、妇联、残联依照法律和章程开展工作。统计、残疾人保障、防震减灾、国土、食品安全等事业取得新进展。

北塬街道办事处

【疫情防控】

落实原州区委"五个一套"要求,组建39个临时党支部、27个党员先锋岗和10支疫情宣传小分队,开展线下线上双向宣传,督促94个疫情检测点,经过三轮入户走(五)访,形成严防严控、联防联控、群防群治的疫情防控格局。

【脱贫攻坚】

组织街道45名干部职工多次深入黄铎堡镇和润村246户建档立卡户开展结对脱贫和城乡环境卫生大整治;借助新时代文明实践活动,引导辖区12支志愿服务组织3200多名志愿者开展扶弱济困、环境整治和"红色革命教育"活动60余次。

【宣传工作】

依托中心组和干部政治理论学习及"学习强国"教育平台,组织党员干部认真学习党的十九大和十九届四中、五中全会,深刻领悟习近平新时代中国特色社会主义思想和习近平视察宁夏重要讲话精神,贯彻落实自治区党委及固原市委、原州区委全会精神。借助微博、微信等新媒体平台转发、跟评各类疫情防控、政策解读资讯3200多条,制作"文明健康 有你有我"和"创卫""创城"宣传横幅137条、电子屏23条,开展"绿书签""文明健康 有你有我"公益宣传活动35场次。

【基层组织建设】

抓好"三会一课"制度落实,落实机关党建"三强九严"和社区党建"四联四化"机制,围绕党建"8+N"形式,开展"担当新使命,展现新作为""疫情无情,社区有爱""文明健康,有你有我"等主题党日活动120多次,严把党员"入口关",从严筛查、培养入党积极分子27名、发展对象7名、转正9名。抓实党员日常教育管理,对1083名党员进行精准摸排、关系梳理,复联8名党员、暂停党籍38人、自行脱党24人,排查起底了18个支部940名党员信教参教情况,做到100%全覆盖、零差错;对31名党员亮黄星,按时足额收缴党费28114.4元,组织688名党员捐款141607元,慰问困难、离退休党员69名69000元。

【党风廉政建设】

紧抓巡察反馈问题整改,主动聚焦反馈的4个方面17条具体问题,分解细化4个方面36条整改措施,修改完善、严格落实《北塬街道干部管理制度》等30多项管理办法,对3个社区、两个拆迁组、5名当事人给予通报批评,推动巡察整改成果运用。从严落实执纪监督问责,细化从严治党"三个清单",强化"两个责任"落实,推进党风廉政建设主体责任落实、扶贫领域腐败及作风问题专项治理、中央八项规定精神专项治理"回头看"和形式主义、官僚主义集中整治及各级巡视巡察、督查反馈问题整改落实情况,集体约谈两个社区。

【人居环境整治】

开展环境卫生整理,组织700多人次、铲挖运载车辆清理清除230多处背街小巷、死角盲区5600多吨生活、建筑垃圾,悬挂爱国卫生横幅87条,发放健康教育、禁烟禁令等宣传资料10万余份;配合综合执法局对北塬辖区14处13000多平方米房屋、4700多米围墙进行依法拆除。落实巡河APP工作机制,巡河600多次,常态保洁清水河沿岸,清理清运生活、建筑垃圾500多吨,开展"小散乱污"企业日常巡查与整治,关闭4家小散污企业。

【社区服务管理】

摸排研判116个居民小区实际,引入物业服务企业32个、实现自主管理28个、新成立业主委员会14个,协调解决山城文苑、师专巷农行家属楼等居民投诉问题164件,维护小区和谐稳定和居民切身利益。筛查上报改造老旧小区 36 个，配合市城管局将 25 个老旧小区改造，开展第七次全国人口普查。吸纳 50 名专业社工，登记注册备案社会组织 30 个、落实 18 项不合理证明的开具，减轻基层负担。

【社会治理】

成功调处和解决民生热线、来电来访等信访案件 7 件，排查和调解矛盾纠纷 115 起。签订《应急管理目标责任书》130 份，安全检查 27 处，整改安全隐患点 10 余处。

【惠民政策落实】

清理清退不符合低保条件 155 户 245 人，发放临时生活困难救助资金 965 户 3732 人次 620500 元，审核上报公租房租金补贴 92 户（取消不符 22 户）、高龄孤儿津贴 46 人。完成 300 名育婴师、养老服务就业培训，培育创业实体 140 个、创新就业岗位 350 个、带动创业 456 人、完成再就业 510 人，完成新生儿网上缴费 208 人、基本医疗保险缴费 30930 人。保质完成创建国家公共文化服务示范区的各项迎检验收工作，依托什里建华、王永红大院和 20 支文艺队，开展喜闻乐见、寓教于乐各类业余文化宣传活动百场次，缴纳医疗互助金 106 人 6360 元、工会会费 107 人 18632 元。

南关街道办事处

【政治建设】

街道党工委牢牢把握正确政治方向，严守政治纪律和政治规矩，坚决维护党中央权威，在思想上政治上行动上同党中央保持高度一致。深入学习习近平新时代中国特色社会主义思想和习近平总书记视察宁夏重要讲话精神、党的十九大和十九届四中全会及自治区党委、固原市委及原州区委全会精神，促进党员干部的理论素养和工作能力提升。巩固"不忘初心、牢记使命"主题教育成果，各党支部将学习培训与落实"三会一课""支部主题党日"等党内制度有机结合，同时通过微信、党员学习群、"学习强国"等网络平台及时推送学习内容。

【疫情防控】

自开展新冠肺炎疫情防控工作以来，街道党工委高度重视、立足实际，组织动员广大党员干部、志愿者、物业人员开展疫情防控宣传、检查登记、入户排摸、重点人群管控等工作，共印刷疫情防控海报、宣传资料等 5500 余份，悬挂横幅 2460 条；严格落实 24 小时值班检查登记制度，建立"四包一"专班管理 81 个，对居民小区、楼道、路面开展消毒 306.5 万平方米，筹集资金 40 多万元，为"三无"小区安装大门 21 个；实施健康码管理，为打赢疫情防控阻击战做出了应有的贡献。

【城市基层党建】

落实党建主体责任。坚持以上率下，每季度召开专题会议专门解决党建工作中的困难和问题。层层落实党建工作任务。抓班子带队伍，选优配强 3 个社区党支部班子，完成机关党支部和非公企业新玉祥商贸服务有限公司各党支部的换届。成立西湖路社区离退休党支部和宁夏春海物业服务有限公司党支部。对照 2019 年主题教育期间检视的问题、原州区第二巡察组列出的问题和抓基层党建攻坚月活动，共查找问题 18 条，列出清单扎实整改。街道党工委召开"落实区委第二巡察组巡察反馈问题专题民主生活会"，扎实开展批评与自我批评，制定班子整改措施 5 条，个人整改措施 21 条。加强党员管理教育，积极稳妥做好党员规范管理和组织处置，处置不合格党员 13 名。运用"12311"管理模式，扎实开展流动党员教育管理试点工作，对 173 名流动党员，实施"一人一策一档"落地行动。协调解决 6 个社区阵地不足问题。同时，成立临时疫情防控党支部 59 个，开展"担当新使命，展现新作为"——联防联控抗击疫情的党员志愿服务、捐款活动、最美抗疫志愿者表彰等活动 20 多场次，成立社区网格、小区、单元、楼栋党小组 64 个。以创建模范机关为目标，引导党员主动对标新时代使命责任，各党支部通过"五个一"初心体验，对标新时代使命责任，传承红色基因，主动担当奉献。706名党员自愿坚守防控一线，不分昼夜联防联控抗击疫情，筑牢社区疫情防控的第一道防线。799名退休党员、退伍军人和居民党员热心社区事业。674名党员主动向疫情防控捐款94416元，彰显基层党员的政治觉悟、担当精神和奉献意识。街道党工委把干部履职尽责、担当作为纳入干部监督的重要内容，对社区"两委"班子进行综合联审、动态调整。以"双评双定"开展正向激励和反向监督，以亮"星"倒逼党员干部作风转变，先后对973名表现突出的党员奖励红星1164颗，对83名党员亮黄星83颗。整合发挥街道"大工委"和社区"联合党委"作用，召开联席会议30多场次，签订联建承诺书36份，开展联建活动40余场次，共同推动党建引领下的基层社会治理更具活力、更有效力。发挥党建引领基层治理的"引擎"作用，探索形成"一社区一特色"多元联动运行机制，以"党建+志愿服务"，助推社区治理"升温着色"。打造"红色物业"督促行业监管和扶持，提升物业服务规范化和精细化服务；通过"网格化·微自治"，推选一些热心公益、责任心强的居民党员担任楼栋党小组长，参与小区管理，化解矛盾纠纷，弘扬和传承社会主义核心价值观。

【党风廉政建设】

街道党工委2020年初召开专题会议，对党风廉政建设工作进行安排部署，研究制定"三个清单"，列出党工委落实全面从严治党主体责任清单25条，问题清单4条，问责清单5条，并监督党工委照单履行。把对党员干部的思想政治教育和支持纪工委严肃执纪相结合，开展民生领域专项整治，严格落实中央八项规定精神，紧盯"四风"问题新动向，在重要节点开展提醒监督检查，绝不让"四风"现象反弹回潮。共召开警示教育大会两次，组织学习扶贫领域典型案例通报两次，观看警示教育片3次，开展干部集体廉政谈话两场，参加人数150人次，约谈提醒干部10人，完善街道社区干部廉政档案125份。处理违纪违法党员干部13人，党组织批评教育两人，约谈1人，通报批评3人，问责1人，给予留党察看处分1人，开除党籍处分两人，移交区纪委正在审理3人。

【民生保障】

推进社会保障，街道共有低保2281户4573人，高龄82人，孤儿15人。按照应保尽保、动态管理的原则，新增城市低保35户53人；清退不符合最低生活保障户541户895人。高龄老人补贴新增9人，高龄取消14人。现有公租房实物配租4550户，补贴2748户。2020年，新申报公租房补贴115户239人，对不符合公租房条件的及时下发清退通知，追缴暂借公租房两户。同时加大对特困、独居老人、残疾人等重点人群的关注，发放临时生活救助金83.95万元。为办理残疾人生活护理补贴28人，发放残疾人护理补贴2580元，为残疾人发放轮椅等辅助器具10个，办理残疾证申请48人。为2073名符合条件的失地农民及时办理养老保险，组织劳动力职业技能培训300人次，完成创业实体登记213人，创业带动就业613人次，完成城镇失业人员再就业登记611人，零就业家庭登记38户42人。2020年，医保缴费人数34772人，其中零交费1042人次，养老保险缴费人数2359人。加强卫生健康工作，充分利用人口信息平台，综合管理服务对象，开展优生优育服务。办理一孩、二孩生育服务证365本、三孩准生证11人；上报帮扶对象10户16人，奖扶6户8人，办理少生快富（纯女户）两保补贴112户。2020年计划生育协会资助少生快富纯女户大学生3人。办理独生子女证17人，征收社会抚养费1例2000元。

【城乡环境整治】

通过宣传栏、横幅、街道官方微信、微博等各类宣传载体，开展宣传活动。印发宣传资料6000余份，制作横幅260余条、展板100余块，将创建全国文明城市宣传到每一个街口巷道。引导居民群众树立社会主义核心价值观。建立城乡结合部的环境卫生长效管理机制。开展环境卫生集中清理清查活动70多次，清理清运垃圾3860余方。对辖区内违法建设进行拉网式排查和集中拆除清运，共拆除违法建设2000平方米涉及80户。

【社区治理】

全面提升城市社区治理法制化、科学化、精细化水平，加强对物业公司的管理，在无业主委员会和无物业公司的小区，推选成立业主委员会82个，其中正式备案7个，其他的暂代行使业主委员会职责，对无物业管理的小区，由社区进行代管。将社区"两委"成员选入业主委员会，实行交叉任职，建立"红色物业"，选举楼栋长343个，单元长939个。全面推行居民代表会议制度，居民代表、楼栋长、单元长与居民委员会共同协商抓好小区治理工作。组建社区应急救援队伍15支，成立社会组织120个，志愿者服务队伍注册6530人，形成社区、社会组织、社区工作者"三社联动"治理机制。借力2020年的老旧小区改造项目，将辖区25个符合改造条件的老旧小区全部纳入改造范围。

【精神文明建设】

以新时代文明实践所（站）为载体，以争创"六好"街道和"五好"社区为目标，共悬挂宣传横幅40多条，制作宣传展板20幅，举办文化体育活动5场次，发放宣传资料3500多份。以传统节日为抓手，组织策划群众文化活动，先后开展"迎新春、庆元旦"送春联、春节联欢晚会、趣味运动会、全民阅读等活动5场次，与辖区学校、共建单位联合开展未成年人宣讲活动3场次，开展"天涯咫尺哀思无尽，英雄无悔山河无恙""栽花种树 绿化环境 美化社区"主题党日活动、"青春心向党 建功新时代"和"提升青少年防灾减灾救灾能力"主题团日活动、五一劳动节"感恩有你 共抗疫情"志愿者答谢会、"疫情难阻书香 阅读润泽心田"主题党日活动、"5·12防震减灾救灾"应急演练活动等实践活动11场，参与居民群众达1200多人，丰富了社区居民的精神文化生活。

【人口普查】

第七次全国人口普查工作启动以来，共抽调普查指导员53名，普查员183名，为普查工作奠定坚实的基础。在各小区、主要街道制作悬挂宣传横幅170条，张贴人口普查海报500多张，发放《致全区第七次全国人口普查住户的一封信》25000余份；利用社区微信公众平台、微信群及时推送人口普查政策知识及工作动态。多次组织普查实际操作培训，指导"两员"就入户普查的方法和技巧、普查摸底登记流程进行培训。扎实入户，摸底登记。

古雁街道办事处

【疫情防控】

成立新冠肺炎疫情防控领导小组、疫情防控指挥部，把街道辖区划分为4个片区，设立117个检测站点，搭建帐篷53顶，建设固定疫情防控门房5个，发放口罩8000多个，消毒液3000余公斤。疫情防控责任大、任务重，街道迅速成立防控一线临时党支部66个，设立党员先锋岗121个。做好企业复工复产和师生返校复学防疫保障工作，指导帮助居民下载"我的宁夏"APP 22000余人。在疫情得到缓解后，街道持续对外来人员进行摸排登记，常态化管理，对重点疫情地区往返人员进行重点管理，防止疫情反弹。

【脱贫攻坚】

对828户劳务移民进行全面民生保障摸排并建立信息档案。同时，开展脱贫攻坚"四查四补"工作，对街道三个村改居社区进行入户普查和劳动力调查。结合入户排查，先后组织4个社区就国家政策、社区服务项目、联系方式等内容多次开展入户宣传，发放"网格便民服务卡"等宣传资料4000余份,并建立移民联络工作微信群,随时随地为移民群众答疑解惑。针对移民和辖区困难户,街道采取多种方式进行生活保障,为家庭困难户申报办理临时救助201户552人,发放救助金31.42万元;对483户移民户落实民政类500元补贴,救助资金24.15万元;完成移民低保转入工作,接收低保档案113户248人,高龄9人,孤儿3人,并根据移民家庭实际情况,新增办理享受高龄津贴两户两人,低保审核审批1户3人。针对劳务移民和辖区困难群体,按照其就业倾向,街道联系相关单位开展厨师烹饪、挖掘机、家政服务、月嫂、老年照料等方面劳动技能培训,有效解决980人的就业难题。

【宣传工作】

把深入学习宣传贯彻习近平总书记视察宁夏重要讲话精神作为首要政治任务,制定学习计划,印制发放学习资料汇编200余本。多形式开展学习宣传,制作悬挂横幅标语80余条,向"原州发布""原州党建"等主流媒体投稿20余篇,街道微博、微信公众平台推送学习内容20余篇;街道中心组及干部理论学习会议每次至少安排1篇相关学习内容,举办专题学习班1次,邀请固原市委党校讲师开展专题讲座1次。在抗击新冠肺炎疫情中,街道积极宣传,正确引导居民预防肺炎疫情,转发、推送各类新闻200余条,向宁夏日报、固原电视台、原州发布等媒体报送相关信息稿件50余篇。深入推进"担当新使命、展现新作为"学习活动,成立学习活动领导小组,制定活动方案,坚持集中学习与例会学习相结合、书本学习与交流研讨相结合、理论学习与开展"五个一"初心体验活动相结合,真正把每一位党员都带入到活动教育中来。坚持边学边改、边查边改,认真开展问题检视,截至2020年年底,街道及各社区共开展集中学习72场次、专题研讨25场次,街道班子自查问题4条,已整改完成3条,正在整改1条。

【城市基层党建】

落实"三会一课"、支部主题党日、社区"联合党委"、谈心谈话等制度,按照发展党员"十六字"方针纳新党员9名,转正党员7名,确定入党积极分子7名。定期开展"点亮微心愿"志愿服务活动,开设"四点半课堂""爱心书屋"等服务平台,推广"社工+志愿者"联动服务机制,推进"四联四化"机制构建,结合原州区委组织部示范点创建活动,确定小川子、东海园等5个社区为古雁街道党建创建示范点。打造西城路、西塬等社区阵地建设,将石油小区院内170平方米房屋改造用于离退休党员活动用房,不断加强离退休党员的教育管理。开展"双评双定"工作,依据党员在疫情防控工作中的表现,各社区、机关支部对855名党员予以亮红星奖励。针对软弱涣散党组织整顿,街道确定一星级党组织长城社区党支部为整顿对象,在制定整改方案的基础上,建立问题清单、责任清单和整改清单。针对流动党员教育管理工作,街道共摸排出流动党员39名(其中,流出党员37名,流入党员两名),各党支部通过"党员积分教育管理微信群"、"学习强国"APP等及时向流动党员推送学习内容,进行线上辅导。同时,利用腾讯会议定期召开会议,线上提出意见建议和思想交流,增强流动党员的党性意识,促进流动党员发挥积极作用。

【党风廉政建设】

落实每季度一次党风廉政建设工作部署会议和每半年一次党风廉政建设汇报研究会议制度,坚持每季度调阅街道干部学习笔记,按照"三级同述、三级包抓"制度要求,召开2019年度述责述廉报告会。贯彻执行"两个责任"清单制度。对照街道纪工委2020年重点工作任务,印发《古雁街道2020年全面从严治党 党风廉政建设和反腐败工作主要任务分工方案》等文件,督促16个社区制定全面从严治党"三个清单"32份,答复解决12345市民热线300余条,并统一配置信访举报箱16个,确保信访渠道畅通。践行执纪"四种形态"。持续聚焦主责主业,认真办理上级纪委转办和来信,巩固"干部作风转变年"成果,组织街道社区党员观看廉政教育片

《叩问初心》，加强常规督促检查，严肃查处空泛表态、敷衍塞责、出工不出力等问题。截至2020年，对辖区7名违纪党员做出党内处分，3名党员问题线索做出了结处理，对因工作不力等原因22名街道社区工作人员进行约谈提醒。

【惠民政策落实】

2020年，计清理清退违规低保待遇80户201人，审核审批新增低保户59户78人，落实生活救灾、医疗救助、临时救助、冬春救助等各类救助526户2249人，救助资金33.22万元。入户核查申请公租房户115户，其中初步核实符合申报条件的租金补贴74户，完成全年任务的100%，同时清退违规转租转借公租房5户，催缴所欠房租费用7227元。完成培育创业实体140个，完成全年任务的100%；实现全民创业带动就业460人，完成全年任务的101%；创造新岗位350人，完成全年任务的100%；开展挖机操作、家政服务、老年人护理、手工编织等各类职业技能培训300人，完成任务的131%；完成城镇失业人员再就业520人，完成全年任务的101%；办理《就业创业证》630个，审核上报灵活就业人员社会保险补贴349人；协助离退休人员在我的宁夏APP完成领取养老金资格认证452人。自2019年10月至2020年，街道共新生540人，出生率9.74‰，死亡89人，死亡率2.16‰，初婚242例；登记在册流入人口1205人，其中已婚育龄妇女302人，应持证人数71人，持证数70人，持证率98.9%；孕前优生民生保障健康检查192例，办理生育服务单647例，其中一孩244例，二孩375例，三孩28例。小川子社区荣获固原市健康社区称号。

【人口普查】

街道共标绘建筑物6409个，划分普查小区732个，有指导员141名、普查员662名（其中本级抽调、雇佣149人）。截至2020年已上报摸排数据55914户159515人，上报率257.2%。

荣誉

先进人物

【全国脱贫攻坚先进个人袁相鼎】

袁相鼎,1983年5月出生,宁夏隆德县人,中共党员,大学本科学历,金融学专业。2007年6月参加工作,现任固原农村商业银行信贷管理部经理。西海固地区是宁夏脱贫攻坚的主战场,为发挥金融扶贫的撬动作用,他结合农村金融工作实际,创建了"银行+涉农企业+贫困户+订单"的金融扶贫模式,通过银行给企业降低贷款利率,由企业和贫困户签订订单,并以高于市场价格的保护价收购贫困户产品,受益贫困户和企业分别达到1.48万户、74户,促进贫困户增收500万元,企业年净利润收入1000万元,不断带动建档立卡户发展产业脱贫致富。他建立了以村级为单位的农户经济信息档案,对所有行政村农户普惠建档、评级、授信,实行30万元以内免抵押、免担保纯线上信用贷款支农新模式,通过整村授信已完成有效农户信息采集16409户,完成评级15290余户,授信金额7.97亿元,为高质量打赢脱贫攻坚战注入强大动力。2016年被评为宁夏回族自治区优秀共产党员,2017年被评为固原市金融系统青年标兵。2020年10月,被中国共产党中央委员会、中华人民共和国国务院授予全国脱贫攻坚先进个人。

【全国法院先进个人、优秀法官刘志聪】

刘志聪,1975年1月出生,中共党员,大学本科学历,1997年参加工作,固原市原州区人民法院刑事审判庭庭长。近年来,他先后办理了公安部挂牌督办的"12·15"特大电信诈骗案件、马吉恶霸案、"3·17"犯罪集团开设赌场等案件。他以正确的刑事审判理念,担当作为的政治品格,在扫黑除恶中严惩犯罪,宽严有度,弘扬正气。他创设的成年被告人法庭教育,以一名刑事法官的忠诚和责任将法律的力量和温暖带入到案件审理中,惩治、教育、感化、挽救陷入泥潭的罪犯,使受过刑事追究的被告人重新燃起生活的希望。由于工作业绩突出,刘志聪先后被宁夏扶贫开发领导小组评为"驻村帮扶工作先进个人"、被固原市中院授予"个人三等功"和"十佳学习型干部"称号,获得最高人民法院评授的"全国法院刑事审判先进个人""全国法院先进个人"等荣誉。2020年12月,最高人民法院授予全国法院优秀法官。

【全区抗击新冠肺炎疫情先进个人李武】

李武,出生于1979年4月,原州区人民医院呼吸内科副主任,主治医师,中共预备党员。2020年初,新冠肺炎疫情暴发,原州区人民医院作为原州区新冠肺炎定点医院,呼吸内科成为一线重点科室,李武带领科室全体医护人员取消春节假期,积极投身于防控疫情的阻击战中。当武汉需要支援时,他第一时间报名,请求支援。2月19日清晨,瞒着年迈的父母,踏上了驰援武汉的征程。很快,他们医疗队整体接管了武汉市中心医院发热十六区。他主动下病区,在救治过程中,得到了患者的肯定。2020年4月12日,被中国共产党湖北省委员会、湖北省人民政府授予新时代"最美逆行者"荣誉称号。2020年5月,被中共固原市委员会、固原市人民政府授予"固原市先进工作者"荣誉称号。2020年7月15日,被固原市原州区总工会授予"五一劳动特别奖"荣誉称号。2020年9月,被中共宁夏回族自治区委员会、宁夏回族自治区人民政府授予"全区抗击新冠肺炎疫情先进个人"荣誉称号。

【全区抗击新冠肺炎疫情先进个人马爱民】

马爱民，女，出生于1973年12月5日，在原州区人民医院工作。2020年1月下旬，新冠肺炎疫情暴发，原州区人民医院组建第一批援助湖北医疗队。心内科主管护师马爱民主动请缨，坚决要求到湖北武汉抗击疫情一线。2月4日，她临危受命，带领医疗队驰援武汉。同行共5名医疗队员，作为队长的马爱民深知责任重大，不仅要带领队员们圆满完成这次抗击疫情的艰巨任务，还要把队员们安安全全地带回来。在武汉客厅方舱医院，每天穿上厚重的防护服，为198位患者发放中药汤剂包、为64名患者测量生命体征、在电脑上核对入院患者信息……每一项工作都来不得半点马虎，在寒冷的冬天衣服总是被汗水渗透，防护镜压得鼻梁疼痛难忍……直至武汉客厅方舱医院患者清零。马爱民所在的宁夏护理队（方舱）荣获"全国卫生健康系统新冠肺炎疫情防控工作先进集体"称号，马爱民也被武汉东西湖方舱医院评为"先进标兵"。2018年、2019年荣获原州区年度"优秀护士"荣誉称号。2020年9月，被自治区党委、政府授予"全区抗击新冠肺炎疫情先进个人"荣誉称号。

【全区抗击新冠肺炎疫情先进个人李云霞】

李云霞，女，1973年2月出生，现任固原市原州区文化街城市社区卫生服务中心主任。2020年初，面对突如其来的新冠肺炎疫情，她24小时待命坚守岗位，带领单位职工不分昼夜，连续奋战在疫情防控一线。以单位为家，没有陪过家人，没有睡过一个整夜觉，和职工一起并肩作战。深入居民小区全面排查，严格落实各项疫情防控工作，做好了辖区居民健康守门人的角色。在2018年3月，被中共固原市原州区委员会、中共固原市原州区人民政府评为"2017年度卫生和计划生育先进工作者"；2018年7月，获得基层高血压管理"雄鹰计划"骨干培训班优秀奖；2019年1月，被评为"自治区医疗卫生骨干"；2019年3月，被固原市卫生健康委员会评为"2018年度社区卫生优秀管理者"；2020年8月，荣获2020年度原州区第三个"中国医师节"先进个人；2020年9月，获得"全区抗击新冠肺炎疫情先进个人"荣誉称号。

【宁夏青年五四奖章获得者王艳秀】

王艳秀，女，1984年10月生，中共党员，硕士研究生学历，毕业于宁夏大学人文学院，原州区人民法院执行局员额法官。自2009年进入法院以来，她始终怀着对法律的执着信念，自觉把维护人民权益和社会公平正义作为奋斗目标，不忘初心、牢记使命，秉公执法、清正廉洁，以自己的实际行动，在平凡的工作岗位上履行了人民法官的神圣职责，切实捍卫了法律的尊严，有效维护了人民群众的合法权益。连续多年被评为院内"先进个人""优秀党员"和"优秀公务员"。2019年，获得固原市中级人民法院"十佳办案标兵"、自治区高级人民法院"'飓风行动'先进个人"、全国法院"基本解决执行难"工作先进个人、2020年获得第十二届"宁夏青年五四奖章"等殊荣。

【固原市劳动模范陈福国】

陈福国，1968年1月出生，中共党员，1991年参加金融工作，宁夏原州津汇村镇银行党支部书记、行长。29年扎根农村金融工作一线，以高度的责任感和强烈的事业心，深耕农村金融领域、助力脱贫攻坚。先后任职于固原农村商业银行、西吉农村商业银行、宁夏原州津汇村镇银行，任职期间均能带领员工完成经营目标任务，各项工作得到政府部门、人民银行、监管部门及广大客户的高度认可。宁夏原州津汇村镇银行成立以来，先后被授予共青团固原市委员会2016年"情系贫困学子 助力脱贫攻坚"爱心企业，固原市2017"支持地方经济发展二等奖""脱贫攻坚工作先进单位"，原州区"2018年支持地方发展先进单位"，自治区总工会2018年"自治区模范职工小家"、原州区工会"2017

年度十面红旗先进单位",2018年"法治进校园最佳贡献奖",2019年"自治区五一巾帼标兵岗",固原市共青团金融工作委员会"2017—2018年度青年文明号",2020年5月,固原市人民政府授予固原市劳动模范荣誉称号。

表1　2020年度原州区获得市级以上表彰的先进个人

序号	姓名	所在单位	荣誉名称	获奖时间	颁奖机构
1	袁相鼎	固原农村商业银行	全国脱贫攻坚先进个人	2020.10	中国共产党中央委员会、中华人民共和国国务院
2	刘志聪	原州区法院	全国法院先进个人	2020.01	最高人民法院
3			全国法院优秀法官	2020.12	
4	马　战	原州区道路交通事故人民调解委员会调解员	"大排查、早调解、护稳定、迎国庆"专项活动表现突出个人	2020.01	司法部
5	李云霞	文化街社区卫生服务中心	全区抗击新冠肺炎疫情先进个人	2020.09	自治区人民政府
6	张　平	原州区人民医院	全区抗击新冠肺炎疫情先进个人	2020.09	自治区人民政府
7	牛世熊	原州区人民医院	全区抗击新冠肺炎疫情先进个人	2020.09	自治区人民政府
8	李　武	原州区人民医院	全区抗击新冠肺炎疫情先进个人	2020.09	自治区人民政府
9	马爱民	原州区人民医院	全区抗击新冠肺炎疫情先进个人	2020.09	自治区人民政府
10	赵　玲	原州区人民医院	全区抗击新冠肺炎疫情先进个人	2020.09	自治区人民政府
11	刘育松	和平路社区卫生服务中心	全区抗击新冠肺炎疫情先进个人	2020.09	自治区人民政府
12	丁成智	原州区寨科中心卫生院	全区抗击新冠肺炎疫情先进个人	2020.09	自治区人民政府
13	李　伟	原州区古雁街道办事处	自治区级先进个人	2020.03	宁夏回族自治区第四次全国经济普查领导小组
14	王　军	原州区统计局九级职员	自治区级先进个人	2020.03	宁夏回族自治区第四次全国经济普查领导小组
15	王建文	原州区人民武装部	练兵备战先进个人	2020.06	宁夏军区

续表

序号	姓名	所在单位	荣誉名称	获奖时间	颁奖机构
16	杨波	原州区卫健局	甘宁两省(区)三市五县(区)第45届鼠疫联防工作先进工作者	2020.12	甘宁两省(区)三市五县(区)届鼠疫联防领导小组
17	罗永亮	原州区卫健局	甘宁两省(区)三市五县(区)第45届鼠疫联防工作先进工作者	2020.12	甘宁两省(区)三市五县(区)届鼠疫联防领导小组
18	计宗林	原州区疾控中心	甘宁两省(区)三市五县(区)第45届鼠疫联防工作先进工作者	2020.12	甘宁两省(区)三市五县(区)届鼠疫联防领导小组
19	刘志聪	原州区法院	全国法院优秀法官	2020.12	最高人民法院
20	马如林	固原调查队驻村工作队员	调查队系统抗击新冠肺炎疫情及时奖励个人	2020.12	国家统计局
21	梁红茹	原州区民政局	第三批自治区哲学社会科学和文化艺术青年人才工程	2020.01	自治区党委宣传部
22	路克智	原州区审计局	自治区审计厅审计标兵	2020.01	宁夏回族自治区审计厅
23	哈永祥	原州区法院	全区法院先进个人	2020.02	宁夏回族自治区高级人民法院
24	马晓强	原州区法院	全区法院"基本解决执行难"先进个人	2020.02	宁夏回族自治区高级人民法院
25	王永晟	原州区文化馆	水彩画二等奖	2020.03	宁夏回族自治区文化和旅游厅
26	柳应河	原州区统计局二级主任科员	2019年度全区优秀统计分析报告一等奖	2020.04	宁夏回族自治区统计局
27	王军	原州区统计局九级职员	2019年度全区优秀统计分析报告三等奖	2020.04	宁夏回族自治区统计局
28	王艳秀	原州区法院	宁夏青年五四奖章	2020.04	共青团宁夏区委、宁夏青联
29	何晓琴	河川乡	全区退役军人工作先进个人	2020.04	自治区双拥领导小组办公室
30	贺婧	头营镇	全区退役军人工作先进个人	2020.04	自治区双拥领导小组办公室
31	海晓枫	原州区古雁街道办事处	全区优秀共青团员	2020.05	共青团宁夏回族自治区委员会
32	边晓刚	原州区检察院	全区检察机关"法治进校园"活动先进个人	2020.05	自治区人民检察院政治部
33	张震	原州区检察院	全区检察机关案件质量评查人才库成员	2020.05	自治区人民检察院政治部、案件管理办公室

续表

序号	姓名	所在单位	荣誉名称	获奖时间	颁奖机构
34	侯宝华	原州区检察院	全区检察机关战"疫"先进个人	2020.06	宁夏回族自治区人民检察院
35	王小兵	原州区文化馆	《浅忆〈固原民间故事〉的艺术特色和艺术价值》三等奖	2020.09	第二十二届宁夏文化艺术和旅游论文研讨会
36	苏桢	原州区文化馆	浅析"塞上江南"文化与宁夏主干文化的关系三等奖	2020.09	第二十二届宁夏文化艺术和旅游论文研讨会
37	马致远	原州区文化馆	黄河文化与非物质文化遗产入选	2020.09	第二十二届宁夏文化艺术和旅游论文研讨会
38	杨黎明	原州区古雁街道办事处	自治区家庭工作先进个人	2020.09	宁夏回族自治区妇女联合会
39	庞万平	原州区三营中心卫生院	宁夏"人口老龄化国情区情教育"项目优秀个人	2020.12	宁夏"人口老龄化国情区情教育"项目组委会
40	窦帆	原州区古雁街道办事处	2020年全区大中专学生志愿者暑期"返家乡"实践活动优秀个人	2020.12	共青团宁夏回族自治区委员会
41	张四化	中国电信固原分公司	固原市劳动模范	2020.05	固原市人民政府
42	陈福国	原州津汇村镇银行	固原市劳动模范	2020.05	固原市人民政府
43	王伯平	原州区法院	三等功	2020.03	固原市中级人民法院
44	王福海	原州区法院	三等功	2020.03	固原市中级人民法院
45	赵宏峰	原州区法院	2019年度"基本解决执行难"先进个人	2020.03	固原市中级人民法院
46	马富成	原州区法院	2019年度"基本解决执行难"先进个人	2020.03	固原市中级人民法院
47	王建文	原州区人民武装部	人武部建设优秀个人	2020.12	固原军分区
48	马彦平	原州区检察院	荣记三等功	2020.03	固原市人民检察院党组
49	张亮	原州区检察院	被固原市人民检察院院党组记嘉奖	2020.03	固原市人民检察院院党组
50	刘晓娟	原州区检察院	首届固原检察机关案件管理业务能手	2020.03	固原市人民检察院政治部
51	李军	原州区人民武装部	征兵工作先进个人	2020.10	固原市征兵办
52	张雄伟	头营镇武装干事	征兵工作先进个人	2020.10	固原市征兵办

2019年度原州区嘉奖人员名单

(163人)

一、科级干部及一级科员(147人)

董　斌	区纪委副书记、监委副主任
王小军	区纪委常委、监委委员、办公室(宣教政研室)主任
樊亚兵	区纪委监委第二纪检监察室主任
王玮祥	区纪委监委一级科员
顾婧婧	区委办公室四级主任科员
魏　申	区非公经济组织和社会组织工委专职副书记
赵春瑞	区委组织部四级主任科员
朱维平	区党员电化教育中心一级科员
沙德彪	区委统战部副部长、区民族宗教事务局局长(兼)、四级调研员
田小利	区委统战部副部长、三级主任科员
蔡东学	区委政法委副书记、四级调研员
刘会宁	区委宣传部副部长、精神文明办公室主任、一级主任科员
周丽莉	区精神文明建设指导委员会办公室专职副主任
马玉富	区委政策研究室主任
马义峰	区委编办四级主任科员
宋兆瑞	区委巡察办一级科员
邓志海	区总工会党组成员、副主席、二级主任科员
刘　娜	共青团原州区委书记
牛　丽	区妇联四级主任科员
李宏强	区残联四级主任科员
田　华	区工商联党组副书记、副主席、三级主任科员
何晓勇	党史和地方志研究室一级科员
师莉莉	区档案馆四级主任科员
王　钊	区人大机关党组书记、办公室主任、一级主任科员
雷富仓	区人大常委会办公室副主任
张东亮	区政协机关党组书记、办公室主任、四级调研员
海云霞	区政协机关党组成员、提案和委员联络委员会副主任
哈永祥	区人民法院党组成员、民事审判二庭庭长、审判委员会委员
王　宁	区人民法院政治部主任
唐灵霞	区人民法院审判员、二级法官
伏志刚	区人民法院审判员、一级法官
温孝英	区人民法院四级主任科员
张婷婷	区人民法院审判员、四级法官
马行健	区人民法院一级科员
蔡　非	区人民法院审判员、二级法官
王　蕊	区人民法院一级科员
马晓强	区人民法院司法警察
马　倩	区人民法院审判员、三级法官
杨慧斌	区人民法院司法警察大队四级警长
马利克	区人民法院审判员、二级法官
金开慧	区人民检察院第一检察部二级检察官
麻小平	区人民检察院第一检察部二级检察官
边晓刚	区人民检察院第四检察部二级检察官
景　晶	区人民检察院政治部一级科员
伏　娟	区人民检察院第五检察部一级科员
密　兰	区政府办一级科员
杨海峰	区政府办一级科员
何忠孝	区发展和改革局党组成员、副局长
王治录	区发展和改革局四级主任科员
任　芳	区教育体育局一级科员

戴培勋	区科学技术局党组成员、副局长	杨　波	区卫生健康局党委委员、副局长、三级主任科员
姚　垚	区工业信息化和商务局一级科员		
张学琴	区民政局四级主任科员	郭玲霞	区卫生健康局四级主任科员
方淑芸	区司法局河川乡司法所所长	孙　平	区应急管理局副局长、三级主任科员
李　红	区司法局彭堡镇司法所所长	张晓龙	区审计局党组书记、局长、一级主任科员
范少华	区司法局炭山乡司法所所长		
安国花	区司法局四级主任科员	马成武	区审计局党组成员、副局长
马月香	区司法局四级主任科员	路克智	区审计局党组成员、副局长
海　强	区司法局一级科员	柳应河	区统计局党组成员、副局长、三级主任科员
陈亚庆	区司法局一级科员		
张　斌	区司法局一级科员	马红元	区扶贫办党组成员、副主任、二级主任科员
沈　霄	区司法局一级科员		
刘万平	区财政局党组书记、局长、四级调研员	张　璐	区扶贫办四级主任科员
赵　莉	区财政局一级科员	武　岳	区扶贫办一级科员
白雪梅	区人社局党组成员、副局长、三级主任科员	杨淑红	区扶贫办一级科员
		余　颖	区综合执法局一级科员
范忠田	区劳动保障监察执法大队四级主任科员	王　强	区审批服务管理局四级主任科员
		余文强	区政务服务中心四级主任科员
褚万峰	区就业创业和人才服务中心四级主任科员	王月英	区医疗保障局四级主任科员
		尚丽娜	北塬街道党工委委员、统战委员(兼)、办事处副主任
王建斌	区就业创业和人才服务中心四级主任科员		
		罗玉明	南关街道党工委副书记、纪委书记、监察办主任、政法委员(兼)、三级主任科员
陈丽红	区就业创业和人才服务中心四级主任科员		
李永安	区自然资源局党委委员、副局长	郭志贵	古雁街道党工委书记、人大联络办公室主任、一级主任科员
马喜宏	区住房城乡建设和交通局党委委员、副局长		
		张晓娥	古雁街道办一级科员
齐永霞	区住房城乡建设和交通局一级科员	李果仁	官厅镇党委副书记、镇长、一级主任科员
刘静书	区水务局党委委员、副局长		
马志强	区农业农村局党委书记、局长、四级调研员	常胡悦	官厅镇党委委员、组织委员、宣传委员(兼)
李春琴	区农业农村局党委委员、副局长、三级主任科员	施　楠	官厅镇一级科员
		马孝强	官厅镇一级科员
赵克学	区农业农村局四级主任科员	张雅琳	官厅镇一级科员
朱广琴	区文化旅游广电局四级主任科员	买智慧	官厅镇一级科员
王海清	区卫生健康局党委书记、局长、四级调研员	马治强	开城镇党委委员、统战委员(兼)、副镇长

杨　帆	开城镇一级科员	任小蓉	黄铎堡镇党委委员、副镇长
刘春阳	开城镇一级科员	马晓丽	黄铎堡镇一级科员
强贵成	头营镇党委副书记、镇长、一级主任科员	申学庚	中河乡党委副书记、政法委员(兼)、三级主任科员
杜新丽	头营镇党委委员、副镇长	周　兰	原中河乡党委委员、副乡长
杨　丹	头营镇一级科员	鲜少洁	中河乡一级科员
南景耀	头营镇一级科员	马俊仁	河川乡党委委员、副乡长
赵喜生	头营镇一级科员	何　倩	河川乡一级科员
马登斌	三营镇党委副书记、镇长、一级主任科员	王　亮	炭山乡党委副书记、政法委员(兼)
		石新龙	炭山乡一级科员
何秉龙	三营镇党委委员、副镇长、三级主任科员	丁志发	炭山乡一级科员
		王正奇	寨科乡党委书记、四级调研员
刘佳瑞	原三营镇党委委员、组织委员、宣传委员(兼)	洪永明	寨科乡党委副书记、政法委员(兼)、三级主任科员
邓开阳	三营镇一级科员	马存宝	寨科乡党委委员、副乡长
马志花	三营镇一级科员	罗　云	寨科乡一级科员
马　莹	三营镇一级科员	赵红燕	寨科乡一级科员
魏　钊	张易镇党委副书记、镇长、一级主任科员	罗　安	寨科乡一级科员

二、扶贫第一书记及工作队员(16人)

冯大钊	原区委组织部一级科员
苏克仁	张易镇党委委员、人大主席、统战委员(兼)
李虎坪	区委统战部四级主任科员
马彦林	区委统战部四级主任科员
郭雪琴	张易镇党委委员、纪委书记、监察办主任、二级主任科员
李伟伟	区委政研室四级主任科员
安必顶	区委巡察工作领导小组办公室副主任
王志怀	张易镇党委委员、副镇长
徐建荣	区人民法院司法警察大队教导员
柏小燕	张易镇党委委员、组织委员、宣传委员(兼)
张　亮	区人民检察院一级警员
海　平	区文联党组成员、副主席
马　宁	张易镇一级科员
杨丽萍	张易镇一级科员
魏冠东	区工商联四级主任科员
刘静媛	张易镇一级科员
海　萍	区政府办四级主任科员
李成兴	彭堡镇党委委员、人大主席
罗永吉	区发展和改革局四级主任科员
苟秉祥	彭堡镇党委委员、副镇长、三级主任科员
高启荣	区科学技术局四级主任科员
毛登高	区应急管理局四级主任科员
张俊丽	原彭堡镇四级主任科员
王文刚	彭堡镇党委委员、组织委员、宣传委员(兼)
王　博	彭堡镇一级科员
马文军	黄铎堡镇党委书记、四级调研员
李瑞新	开城镇一级科员
吴永强	黄铎堡镇党委委员、纪委书记、监察办主任
刘　虎	头营镇一级科员

2019年度原州区记三等功人员名单

(35人)

张东亮	区政协机关党组书记、办公室主任、四级调研员
王小军	区纪委常委、监委委员、办公室(宣教政研室)主任
樊亚兵	区纪委监委第二纪检监察室主任
周丽莉	区精神文明建设指导委员会办公室专职副主任
冯大钊	原区委组织部一级科员
李伟伟	区委政研室四级主任科员
马义峰	区委编办四级主任科员
邓志海	区总工会党组成员、副主席、二级主任科员
金开慧	区人民检察院第一检察部二级检察官
麻小平	区人民检察院第一检察部二级检察官
边晓刚	区人民检察院第四检察部二级检察官
景晶	区人民检察院政治部一级科员
伏娟	区人民检察院第五检察部一级科员
海萍	区政府办四级主任科员
张学琴	区民政局四级主任科员
安国花	区司法局四级主任科员
王建斌	区就业创业和人才服务中心四级主任科员
陈丽红	区就业创业和人才服务中心四级主任科员
赵克学	区农业农村局四级主任科员
柳应河	区统计局党组成员、副局长、三级主任科员
张璐	区扶贫办四级主任科员
余颖	区综合执法局一级科员
余文强	区政务服务中心四级主任科员
张晓娥	古雁街道办一级科员
杜新丽	头营镇党委委员、副镇长
郭雪琴	张易镇党委委员、纪委书记、监察办主任、二级主任科员
柏小燕	张易镇党委委员、组织委员、宣传委员(兼)
杨丽萍	张易镇一级科员
邓开阳	三营镇一级科员
王文刚	彭堡镇党委委员、组织委员、宣传委员(兼)
张俊丽	原彭堡镇四级主任科员
马晓丽	黄铎堡镇一级科员
申学庚	中河乡党委委员、副书记、政法委员(兼)、三级主任科员
鲜少洁	中河乡一级科员
何倩	河川乡一级科员

2020年度原州区"优秀工会工作者"名单

(共10名)

张明霞	原州区古雁街道办事处工会干事
杨春涛	原州区南关街道办事处工会干事
朱凤荣	原州区官厅镇人民政府工会干事
赵永利	原州区头营镇人民政府工会干事
武香萍	原州区教育体育局工会干事
马燕燕	原州区农业农村局机关工会主席

闫红玉	原州区水务局工会副主席	连廷延	原州区财政局工会干事
汤逸昀	原州区委编办工会干事	马 虎	原州区总工会干事

2017—2019年度原州区"优秀共青团干部"名单

（共15名）

王晟慧	原州区检察院团支部书记	杨黎明	古雁街道办事处海堡社区团支部书记
李雅洁	原州区审计局团支部书记	马德霞	南关街道西湖路社区团支部书记
冯 敏	原州区财政局团支部书记	邱瑞敏	固原六中团委宣传委员
邓 和	张易镇团委副书记	刘明慧	固原市原州区三营中学团委副书记
马玉海	黄铎堡镇团委副书记	蒲怀兴	固原市原州区杨郎中学团委书记
杨 琪	河川乡团委副书记	韩晨阳	固原大城小事团支部书记
罗 云	寨科乡团委副书记	李 婷	固原润农电子商务有限公司团支部书记
谢东瑞	三营镇甘沟村团支部书记		

2017—2019年度原州区"优秀共青团员"名单

（共20名）

李佩贤	原州区委组织部干事	窦 帆	原州区西部计划项目办团支部
蔡 蕊	原州区委宣传部干事	王 蕊	固原市鸿源凯瑞集团有限公司团支部
马晓荣	原州区委统战部干事	任志方	宁夏时迈科技集团有限公司团支部
郑芙蓉	官厅镇办公室秘书	宋卓伦	疫情防控志愿者
丁成龙	炭山乡武装干事	杨旭恩	疫情防控志愿者
马新月	彭堡镇办公室干事	张 伟	疫情防控志愿者
王佳奇	固原市第七中学学生	白司童	疫情防控志愿者
李姝晗	固原市第三中学学生	马 兰	疫情防控志愿者
冯向禹	固原市原州区黄铎堡学校学生	王毅明	疫情防控志愿者
张丽嫱	原州区西部计划项目办团支部	刘 江	疫情防控志愿者

2019—2020年度原州区优秀西部计划志愿者

（共10名）

张雅筱	固原市团委干事	拓卫东	原州区委政法委干事
肖 雪	宁夏师范学院团委干事	何慧娟	原州区文联干事
杨晓梦	原州区团委干事	陈志伟	开城镇人民政府干事

赖春玉	官厅镇人民政府干事	徐婷婷	母家沟村驻村工作队员
燕慧慧	张易镇人民政府干事	苏安妮	福州大学研究生支教团团长

2020年度原州区三八红旗手名单

李咏晖	原州区中河乡党委委员、政府副乡长	于金红	原州区人社局党组成员、副局长
张　静	原州区彭堡镇组织委员	马燕燕	原州区农业农村局机关工会主席、妇委会主任
金登琴	原州区河川乡明川村妇联主席		
赵　荣	原州区黄铎堡镇党政办秘书	马　莉	原州区科技局干部
杨万芸	原州区南关街道办事处妇联专职副主席	徐海玲	原州区工业信息化和商务局副局长
		王　凡	原州区第十一小学少队辅导员
杨　梅	原州区古雁街道小川子社区党支部书记	杜冬玲	原州区文化馆群文副研究馆员
		刘　倩	原州区派胜社区卫生服务站站长
李晓萍	原州区纪委监察委审理室主任	姚慧芸	原州区综合执法局监察大队违建五中队长
施小红	原州区妇联驻红庄村第一书记		
王润纳	原州区政府办秘书	年彩玲	原州区审批服务管理局科员
张玲芳	原州区发改局农村经济办公室主任	魏巧乐	原州区扶贫办干部

2020年度原州区巾帼建功标兵名单

王　宁	原州区法院政治部主任	沈晓迪	原州区张易镇中心卫生院护士长
马晓琴	原州区三营镇安和村党支部副书记	李　芳	原州区北塬派出所三级警长
祝　银	原州区北塬街道和平社区党支部书记	洪　帆	原州区司法局法制办副主任
杨彩霞	原州区林业总场干部	张红霞	宁夏百晟工贸有限公司董事长
王亚静	原州区三营镇中心卫生院副院长	张丽芳	固原市丽园火锅经理

先 进 集 体

2020年度原州区获得市级以上表彰的先进集体

序号	获奖单位	奖项	颁奖单位	获奖时间
1	原州区审计局	获得"全国审计机关优秀审计项目三等奖"	中华人民共和国审计署	2020年6月
2	三营镇孙家河	被评为"全国第六届文明村镇候选名单"	中央文明办	2020年10月
3	原州区总工会	职工书屋被授予2020年全国职工书屋	中华全国总工会	2020年11月
4	张易镇宋洼村	获得"2020年中国美丽休闲乡村"称号	农业农村部办公厅	2020年9月
5	原州区法律援助中心	获得全国法律援助工作先进集体	司法部	2020年1月
6	中国电信固原分公司	被评为"全区脱贫攻坚先进集体"	自治区人民政府	2020年3月
7	中国电信固原分公司	被评为"全区抗击新冠肺炎疫情先进集体"	自治区人民政府	2020年9月
8	古雁街道办事处	被评为"抗击新冠疫情先进基层党组织"	中共宁夏回族自治区委员会	2020年9月
9	固原市蓝天救援队	被评为"全区抗疫先进基层党支部"	中共宁夏回族自治区委员会	2020年9月
10	原州区财政局	授予"自治区爱国拥军模范单位"荣誉称号	自治区党委、人民政府、宁夏军区	2020年12月
28	原州区工业信息化和商务局	被评为"2019年度全区工业稳增长工作先进单位"	宁夏制造强区建设领导小组	2020年1月
29	原州区扶贫办	被评为"2019年度全区扶贫系统先进单位"	自治区扶贫开发办公室	2020年1月
11	河川乡	获得"自治区示范型退役军人服务站"称号	自治区退役军人事务厅	2020年1月
12	原州区人民法院刑事审判庭	获得集体二等功	自治区高级人民法院	2020年2月
13	原州区人民法院立案庭	获得全区法院先进集体	自治区高级人民法院	2020年2月
14	原州区人民检察院第一检察部	被荣记集体二等功	宁夏回族自治区人民检察院	2020年2月
15	原州区人民检察院第三检察部	被评为全区检察机关战"疫"先进集体	宁夏回族自治区人民检察院	2020年6月

续表

序号	获奖单位	奖项	颁奖单位	获奖时间
16	中国电信固原分公司	被评为"自治区文明单位"	自治区精神文明建设指导委员会	2020年4月
17	黄铎堡镇和润村	被评为"2020—2023年度文明村"	自治区精神文明建设指导委员会	2020年4月
18	古雁街道办事处	被评为"全区五四红旗团委(团工委)"	共青团宁夏回族自治区委员会	2020年4月
19	南关街道宋家巷社区	被评为"全区五四红旗团支部(团总支)"	共青团宁夏回族自治区委员会	2020年4月
20	原州区扶贫办	被评为"宁夏青年五四奖章集体"	共青团宁夏回族自治区委员会 宁夏青联	2020年4月
21	原州区人武部党委	被评为"安全管理先进单位"	宁夏军区	2020年7月
22	原州区人武部党委	被评为"先进团级党委"	宁夏军区党委	2020年7月
23	原州区总工会	获得2020年全区经审工作规范化建设考核三等奖	自治区总工会	2020年12月
24	原州区教育体育局	获得"2019年教育工作创新奖"	自治区教育厅、教育督导委员会	2020年
25	中国工商银行	获得"2020年度工银成就集体奖(结算与现金管理业务)"	中国工商银行宁夏分行	2020年1月
26	中国工商银行	获得"2020年度金融扶贫特别贡献奖"	中国工商银行宁夏分行	2020年1月
27	中国工商银行	获得"2020年度支行综合经营绩效考评进步奖"	中国工商银行宁夏分行	2020年1月
30	原州区工业信息化和商务局	获得2019年度全区招商引资工作工作奖励	宁夏回族自治区招商引资项目推进考核办公室	2020年2月
31	三营镇孙家河	被评为"第四次全国经济普查先进集体"	宁夏回族自治区第四次全国经济普查领导小组	2020年3月
32	北塬街道办事处	被评为"第四次全国经济普查先进集体"	宁夏回族自治区第四次全国经济普查领导小组	2020年3月
33	古雁街道办事处	被评为"全国第四次经济普查自治区级先进集体"	宁夏回族自治区第四次全国经济普查领导小组	2020年3月
34	原州区就业创业和人才服务中心转移就业工作	被评为"转移就业示范县"	自治区就业工作领导小组	2020年
35	古雁街道办事处	被评为"全区'扫黄打非'基层示范点"	自治区"扫黄打非"工作领导小组办公室	2020年8月
36	古雁街道办事处	被评为"2019年全市安全生产先进集体"	固原市人民政府	2020年3月
37	固原农村商业银行	被评为"固原市支持地方经济社会发展先进单位"	固原市人民政府	2020年4月

续表

序号	获奖单位	奖项	颁奖单位	获奖时间
38	固原调查队	被授予"2019年度支持地方经济社会发展先进单位"称号	中共固原市委、固原市人民政府	2020年4月
39	原州区审批服务管理局	获得"2020年度审批服务管理工作一等奖"	固原市审批服务管理局	2021年3月
40	古雁街道办事处	被评为"固原市三八红旗集体"	固原市妇女联合会	2020年3月
41	固原农村商业银行	被评为"固原市金融统计工作先进单位"	固原市人民银行	2020年3月
42	原州区工业信息化和商务局	获得优秀组织奖	固原市商务和投资促进局、固原市文化旅游广电局、固原市工商业联合会	2020年10月
43	民盟原州区总支	被评为"先进基层组织"	民盟固原市委会	2020年
44	中国移动固原分公司	获得2020年度固原市网络安全宣传周先进集体	固原市委宣传部、市委网信办	2020年12月
45	原州区教育体育局	被评为"2020年度固原市十佳政务微博"	固原市委宣传部、市委网信办	2020年12月
46	原州区人民检察院	被评为刑事检察工作先进集体	固原市检察院党组	2020年3月
47	原州区人民检察院	被评为民事行政和公益诉讼检察工作先进集体	固原市检察院党组	2020年3月
48	原州区人民检察院	被评为扫黑除恶专项斗争工作先进集体	固原市检察院党组	2020年3月
49	寨科乡蔡川村	被评为"民族团结进步创建示范单位"	固原市民族团结进步创建活动领导小组办公室	2020年5月
50	原州区古雁街道办事处人民武装部	被评为"征兵工作先进单位"	固原市征兵办	2020年10月

2020年度原州区先进基层工会名单

（15个）

固原嘉泰农副产品股份有限公司工会委员会　　原州区返乡创业孵化园联合工会委员会

原州区古雁街道小川子社区工会委员会　　原州区审计局工会委员会

固原新时代购物中心工会委员会　　固原市公安局原州分局工会委员会

原州区农业农村局工会委员会　　质信建筑工程队工会委员会

原州区人民医院工会委员会　　原州区中河乡工会委员会

原州区第三中学工会委员会　　原州区黄铎堡镇工会委员会

原州区北塬街道东关社区工会联合会　　原州区商业总公司工会委员会
固原市鸿翔公路工程有限公司工会委员会

2017—2019年度原州区"五四红旗团委（团工委）"名单

（共6个）

头营镇团委　　　　　　　　　　　　北塬街道办事处团工委
黄铎堡镇团委　　　　　　　　　　　固原市第五中学团委
中河乡团委　　　　　　　　　　　　原州区头营中学团委

2017—2019年度原州区"五四红旗团支部"名单

（共8个）

三营镇老三营村团支部　　　　　　　固原市第六中学2017级13班团支部
开城镇黑刺沟村团支部　　　　　　　固原市第四中学2017级6班团支部
古雁街道办事处小川子社区团支部　　宁夏津汇村镇银行团支部
北塬街道办事处东关北路社区团支部　宁夏时迈科技集团有限公司团支部

原州区三八红旗集体名单

原州区人民医院妇科　　　　　　　　原州区北塬街道北关路社区
原州区张易镇田堡村妇联　　　　　　原州区委机构编制委员会办公室
原州区开城镇人民政府民生服务中心

原州区巾帼建功先进集体名单

头营镇徐河村　　　　　　　　　　　固原市原州区香洁净洗涤服务
寨科乡湾掌村妇联　　　　　　　　　宁夏天楹环保能源有限公司
宁夏碧蜂源产业有限公司

原州区巾帼文明岗名单

原州区古雁街道西城路社区　　　　　固原味园商贸有限公司金城店
原州区总工会女职工委员会　　　　　原州区河长制办公室
原州区人民法院诉调对接中心

重新命名自治区 2020 年到届
文明单位、文明村镇、文明校园、文明家庭

1.文明单位
宁夏公路管理局固原收费站
固原市原州区财政局
固原市原州区人民检察院
固原市原州区第三幼儿园

2.文明村镇
原州区黄铎堡镇丰泽村
原州区张易镇田堡村

3.文明校园
固原市原州区第六小学

新命名第二届自治区文明家庭
刘宝亿家庭　　原州区南关街道中心路社区
马倩家庭　　　原州区北塬街道靖朔门社区

重新命名固原市 2020 年到届
文明单位、文明村镇、文明校园、文明家庭

1.文明单位
原州区人大常委会办公室
原州区委宣传部
原州区委政策研究室
原州区财政局
原州区民政局
原州区人力资源和社会保障局
原州区卫生健康局
原州区妇女联合会
固原市市场监督管理局原州区分局
原州区就业创业和人才服务中心
原州区三营供电公司
原州区师资培训中心
原州区消防救援大队北塬消防救援站
原州区人民医院
固原公路分局青石嘴收费站
宁夏交投高速管理有限公司固原收费站
中国移动通信集团宁夏有限公司原州区分公司

2.文明村镇
原州区头营镇
原州区开城镇和泉村
原州区河川乡寨洼村
原州区三营镇孙家河村
原州区三营镇团结村
原州区张易镇田堡村
原州区河川乡明川村
原州区三营镇新三营村
原州区黄铎堡镇白河村
原州区黄铎堡镇和润村
原州区张易镇驼巷村

3.文明校园
原州区杨郎中学
固原市第三中学
原州区彭堡学校

新命名固原市 2020 年
文明单位、文明村镇、文明校园、文明家庭

1.文明单位
中共固原市原州区委办公室
中共固原市原州区委组织部
原州区教育体育局
共青团固原市原州区委员会

2.文明村镇
原州区官厅镇薛庄村
原州区寨科乡蔡川村
原州区中河乡丰堡村
原州区河川乡骆驼河村

3.文明校园
原州区第十二小学
原州区第十五小学

4.文明家庭
晏翔家庭　　　原州区古雁街道康居社区
庞花莲家庭　　原州区古雁街道明堡路社区
马莹家庭　　　原州区古雁街道西塬社区
张明福家庭　　原州区南关街道中山南街社区

附 录

完善基层治理体系　提高基层治理能力
为建设美丽新宁夏作出新的更大贡献（节选）

——在原州区委三届五次全体会议上的报告

（2020 年 5 月 22 日）

固原市委常委、原州区委书记　杨　文

各位委员、同志们：

这次全委会的主要任务是，以习近平新时代中国特色社会主义思想为指导，深入学习贯彻党的十九届四中全会精神、习近平总书记视察宁夏重要讲话精神，全面贯彻落实自治区党委十二届十次全会和固原市委四届七次全会精神，审议《中共原州区委关于贯彻落实自治区党委〈完善基层治理体系提高基层治理能力的若干意见〉的实施方案》，讨论决战脱贫攻坚决胜全面小康考核办法、推动高质量发展考核办法，进一步动员原州区各级组织和广大党员干部，不忘初心、牢记使命，完善基层治理体系、提高基层治理能力，决战脱贫攻坚、决胜全面小康，为建设经济繁荣民族团结环境优美人民富裕的美丽新宁夏作出新的更大贡献。

下面，我代表原州区委常委会讲三点意见。

一、提高政治站位，坚决把思想和行动统一到党中央和区、市党委的决策部署上来

国家治理体系和治理能力是一个国家制度和制度执行力的集中体现。党的十八届三中全会把完善和发展中国特色社会主义制度、推进国家治理体系和治理能力现代化确定为全面深化改革的总目标，党的十九届四中全会着重就坚持和完善中国特色社会主义制度、推进国家治理体系和治理能力现代化作出决定并进行全面安排部署。

万丈高楼起于平地、九层之台起于累土。基层治理是国家治理的重要基础。2016 年 7 月总书记视察宁夏时明确提出，"要着眼规范和完善基层治理体系、增强基层治理能力，以党的基层组织建设带动其他各类组织配套建设，促进基层治理组织体系更加严密、责任体系更加清晰，服务体系更加高效、保障体系更加有力，全面提高基层政权水平"。

为深入学习贯彻党的十九届四中全会精神和习近平总书记视察宁夏重要讲话精神，5 月 7 日，自治区党委召开十二届十次全会，审议通过了《关于完善基层治理体系提高基层治理能力的若干意见》，《若干意见》主题鲜明、定位精准、统筹兼顾、系统完备，聚焦问题、靶向施策，政治性、指导性、创新性、针对性、操作性都很强。陈润儿书记的讲话，站位高、视野宽、内涵深、落点实，通篇贯穿了习近平新时代中国特色社会主义思想，深刻阐释了完善基层治理体系、提高基层治理能力的重大意义、总体要求、战略重点和重大举措，深刻回答了"为何治、治什么、怎么治、谁来治"的新时代宁夏基层善治之问、善治之策、善治之举,讲清了大势、讲明了方向、讲出了基层心声,充分体现了自治区党委坚定自觉的政治担当、善为善治的政治智慧、实践创新的政治能力,为我们启迪了思想、指明了路径、提供了方法。5月15日,市委召开四届七次全会,审议通过了《中共固原市委员会关于贯彻落实自治区党委〈完善基层治理体系提高基层治理能力的若干意见〉的意见》,讨论了《固原市决战脱贫攻坚决胜全面建成小康社会考核办法》《固原市高质量发展综合绩效考核办法》。张柱书记的讲话,站位高远、重点突出、措施具体、要求严格,以习近平新时代中国特色社会主义思想为指引,深入学习贯彻党的十九届四中全会精神和习近平总书记视察宁夏重要讲话精神,对全面贯彻落实自治区党委十二届十次全会精神进行安排部署,进一步明确了基层治理的目标任务、战略重点和组织保证。自治区党委十二届十次全会和固原市委四届七次全会,为我们完善基层治理体系、提高基层治理能力发出了"动员令"、定制了"任务书"、绘就了"路线图"。全区各级组织和广大党员干部,要切实提高政治站位,增强"四个意识"、坚定"四个自信"、做到"两个维护",把学习宣传贯彻自治区党委十二届十次全会和固原市委四届七次全会精神作为当前和今后一个时期的重要政治任务,学深悟透、抓实落细,确保党中央和区、市党委决策部署在原州落地生根、见底见效。

二、突出重点任务,切实抓好完善基层治理体系、提高基层治理能力的关键环节

基层治理涵盖领域广泛,治理对象多元,牵涉关系复杂。重点抓什么?就是要抓好自治区党委十二届十次全会确定的6个重点领域,这是我们基层治理的"纲",要坚持党的领导、践行为民宗旨、突出依法治理、立足基层基础,注重机制创新,抓住关键环节,在细化实化具体化上下功夫,一体推进,一体落实,着力构建基层治理新格局。

第一,加强乡村治理,夯实乡村全面振兴根基。陈润儿书记在自治区党委十二届十次全会上指出,"当前乡村治理面临着一系列新问题,主要是村级组织涣散、利益主体多元、治理效能落后"。提出要按照"创新乡村治理体系,走乡村善治之路"的要求,大力推进乡村治理能力和治理水平现代化,让农村既充满活力、又和谐有序。落实全会精神,实现上述目标,重点要抓好四个方面:

一是优化乡村治理组织体系。关键是健全以党组织为核心的组织体系。完善组织设置,做到群众在哪里,党的工作就开展到哪里,组织体系就延伸到哪里,探索跨村建立联合党组织、功能性党小组等,把党组织建在产业链上,解决覆盖不够、覆盖不广、覆盖不到的问题。要以提升组织力为重点,以"双评双定"正向激励反向监督机制为抓手,深化农村党建"三大三强"行动和"两个带头人"工程。集中整顿软弱涣散党组织,充分发挥基层党组织领导基层治理的战斗堡垒作用,推进村党组织书记、村主任"一肩挑"和村"两委"班子交叉任职。

二是提升乡村公共服务水平。打造乡镇服务中心,完善村级民事代办制度,逐村建立提升便民中心,着力提升乡村公共服务的普惠性、便利性、可及性。抓好基层整合审批服务执法力量改革,推进乡镇放权赋能,凡是乡镇能承接住的事项应放尽放。推动"163"政务服务模式向基层延伸,推行"村居上报、乡镇吹哨、部门报到"服务响应机制,全面推广"家门口"服务站。常态化推进领导干部联系包抓、服务群众机制,打通服务群众的"最后一公里"。

三是维护农村社会和谐稳定。大力推进法治乡村、平安乡村建设,落实"一村一辅警"警务制度,实施农村"雪亮工程",完善乡村治安防控体系。深入推进扫黑除恶专项斗争,建立防范和整治"村霸"长效机制,依法严厉打击危害农村稳定、破坏农业生产、侵害农民利益的违法犯罪活动,确保乡村安宁、农民安心。坚持和发展"134"矛盾纠纷排查化解原州经验,推行"一站式接收、一揽子调处、全链条解决"矛盾纠纷化解模式,做到小事不出村、大事不出乡、矛盾不上交。持续强化乡村道德建设,总结推广乡村文明积分卡等经验做法,办好新时代文明实践中心(站、所),发挥"一约四会"作用,加大乡村移风易俗,强化道德教化作用,提高乡村德治水平。

第二,加强社区治理,提高社区管理服务能力。习近平总书记指出,"社会治理的重心必须落到社区,社区的管理和服务能力强,社会治理的基础就实了"。这次疫情防控暴露出我区社区治理整体滞后,应急动员能力差,共建共治能力差,权责边界不清,社区行政化倾向严重,网格化管理有名无实。我们要坚持以社区居民呼声为第一信号,以社区居民利益为第一追求,以社区居民满意为第一标准,努力把社区建成和谐有序、绿色文明、创新包容、共建共享的幸福家园。重点做好四个方面:

一是转变社区治理理念。这一点,张柱书记在固原市委四届七次会议上指出是固原的关键性问题,对我区来说也是一样。重点是要破除长期用管理农村理念管理社区的惯性思维,以居民需求为导向,加快把思想观念、工作定位、服务方式由管理转变到治理上来。管理向治理转变,虽然只有一字之差,但主体、方式、目的、过程大不相同,体现的是系统治理、依法治理、源头治理、综合治理,我们要深刻领会实质,准确把握落实。

二是完善社区治理体制。主要是理顺管理体制,科学界定街道和社区的工作职责,厘清社区与街道、社区与社团、社区与物业的权责边界,7月底前全面建立职能部门、街道、社区、物业、社会组织的权责目录清单。社区清单以外的以及职能部门和街道行使的政务服务和管理职能,不得转嫁给社区;社区清单以内的公共服务和管理职能,不能转嫁给其他组织,不得以物业管理代替社区管理。要完善居民自治机制,通过民主协商的方式解决社区公共服务和公益事业方面的问题,居民的事情自己管,大家的事情大家办。要健全党的管理机制,实现社区党组织、网格党支部、楼栋党小组全覆盖,推行机关和企事业单位党组织、在职党员到社区"双报到、双报告"制度,形成纵向到底的社区党组织管理体制。

三是创新社区多元服务。在服务内容上,抓功能完善,实施综合服务提质工程,提升社区医疗服务、托幼养老服务、文化体育服务、公共就业服务、商业便民服务、小区物业服务的水平,加强消防安全、法律援助、调解仲裁等服务,加强网络化智能化建设,让社区居民就近、全面、快捷享受到公共服务。在服务主体上,坚持行政机制、市场机制、志愿机制有效衔接,强化政府购买公共服务,探索社区、社团、社工"三社"联动,走社会事务社区化、社区事务社会化的社区服务新路子。在服务手段上,大力推进政务服务"一网通办",加快建立"全岗通"工作机制,做到一专多能、全岗都通,一人在岗、事项通办。按照市委的安排部署,当前要抓补齐短板,8月底前所有"三无"小区全部配齐物业,所有社区全覆盖配备民警和辅警、专职人民调解员、法律顾问,市区所有单位住户规范地址标识和门牌号。

四是维护社区良好秩序。陈润儿书记强调,社区治理,手段是治,关键在理。要重视社区矛盾纠纷排查化解和群众情绪疏导,帮助解决实际困难,扎实开展社区文化建设,加强特殊人群和流动人口服务管理,更好地关心人、教育人、感化人、帮助人,从源头上减少矛盾、减少发案、减少群体性事件发生。

第三,加强校园治理,牢牢守住教书育人主阵地。学校是培养社会主义建设者和接班人的主阵地,长期以来,各种敌对势力通过颠覆渗透破坏、策划"颜色革命",与我们争夺人心、争夺阵地、争夺青少年,许多宗教渗透问题就发生在学校。我们要以立德树人为根本任务,以教书育人为根本职责,加强校园治理,营造良好的教书育人环境。重点抓好三个方面:

一是夯实铸魂育人思想根基。把思想政治理论课建设摆上重要位置,与专业课同向同行、一体推进,把习近平新时代中国特色社会主义思想纳入教育教学计划,完善党的创新理论进教材、进课堂、进头脑工作体系。将社会主义核心价值观作为教师和学生的行为准则,运用一切场合、一切载体、一切方式做好思想政治工作,强化学生历史观、民族观、国家观、文化观教育,引导学生从小树立"四个自信"、树立共产主义远大理想和中国特色社会主义共同理想,不断增进对党的政治认同、思想认同、理论认同、情感认同。

二是织密防范渗透牢固防线。要建立安全风险预警机制,健全校报校刊、讲座论坛、校园网络、学校社团、校园网站等管理制度,管好课内课外、网上网下,坚决防范和清除各种错误政治思潮、分裂主义对学校的侵蚀,任何组织和个人不得妨碍国家教育制度和教育教学活动。

三是筑牢校园安全铜墙铁壁。落实各级政府部门监管责任,建立学校与公安、卫健、应急等部门高效联运协同机制,发挥群团组织作用,协调推进校园治理。鼓励和支持社区、单位、行业和家庭共同参与校园治理。加大校园周边环境综合整治力度,加强应对公共事件和传染病预防体系建设,强化大防、卫生、食品等安全排查整治,建好配齐警务室、医务室和报警、消防等设施,提高校园安保能力。加强师生安全教育,依法严厉打击网络诈骗、非法传销、"校园贷"等,依法严厉打击围堵冲击校园、殴打侮辱师生、干扰教学秩序行为,确保广大师生不受侵害,坚决守好学校这片净土。

第四,提高企业治理能力,促进管理经营行为规范化。企业是经济实体,既是社会财富的创造者,也是社会治理的参与者。要依法保护企业合法权益,激发企业创造活力,同时要引导企业加强治理,依法履行社会责任。重点抓好四个方面:

一是支持引导企业依法履行责任。重点是要成立保护企业合法权益工作委员会,指导重点企业建立工会等组织,组织开展劳动监察执法,维护企业职工合法权益。开展落实企业主体责任专项整治行动,建立覆盖所有管理和操作岗位的全员安全生产责任制,深入开展企业安全生产达标创建活动,全面提高企业安全风险管控、隐患排查治理、应急防控等能力。坚持"谁污染、谁治理,谁破坏、谁赔偿,谁保护、谁受益",落实企业环境保护责任,完善企业环境保护评价制度,引导企业加强从生产源头、生产过程到产品的全过程环境管理,深入开展"散乱污企业综合整治"行动,今年实现散乱污工业企业阶段性清零。

二是促进企业诚信守法经营。建立健全企业诚信守法经营承诺制度,企业及企业法人信用风险预警防范制度,推进"诚信守法企业"创建及表彰活动,对已授牌但不守信用的企业进行清理整顿,引导企业严格守法经营、公平诚信交易、依法照章纳税。

三是持续优化营商环境。深化"放管服"改革,全面推行"163"政务服务模式,把经济社会管理权放到离企业最近的地方。推进市场化改革,凡是企业能干的就让企业干。落实好领导干部担任重点企业联络员等制度,帮助企业纾困解难,依法保护企业合法权益,形成尊重、爱护和服务企业的良好环境。

第五,加强社团治理,更好发挥社会组织积极作用。社团是社会组织的重要组成部分,是社会治理多元主体之一,必须正确处理"放"和"管"的关系,更好地促进社团健康发展,更好地发挥社团积极作用。重点做好三个方面的工作:

一是注重培育发展。深入实施"五强五促"行动,建强社团党组织,加强对社团组织的政治引领,使社团工作沿着正确的政治方面前进。围绕党委和政府中心工作,培育发展现代产业、科技创新、生态环境、文化旅游等各类社团。加强孵化基地建设,加大财税、金融、人才、社保等政策扶持力度,积极为社团发展创造良好条件。

二是注重依法监管。健全社团登记管理机制,引导社团依法依章开展工作,年内建立起社团正面负面清单,明确社团该干什么、不该干什么,要坚持党和政府的领导,不得游离于政府管理之外,更不能想干什么就干什么。要完善相关部门联合执法、社团组织有序退出等机制,确保有人管也能管好、能进来也能退出。

三是注重发挥作用。鼓励社团发挥自身优势,助力经济发展、参与基层治理、提供公共服务,把服务触角向城乡社区养老托幼、家政保洁、医疗教育、公益慈善、文体娱乐、科技咨询等领域延伸。注重加强社团规范化建设、诚信自律建设,提高自治能力。制定政府购买服务项目目录,加大政府购买服务力度,有序引导社团提供社会服务,鼓励社团建立自主创新平台,推进品牌型社团建设,提升服务能力和水平。

三、加强党的领导，确保完善基层治理体系、提高基层治理能力各项工作落到实处

推进基层治理，坚持党的领导是根本，加强党的建设是关键。原州区各级党组织要自觉肩负起政治责任，加强领导，提高能力，凝聚力量，强化服务，为基层治理提供坚强组织保证。

第一，要切实加强党的建设。坚持把党的建设贯穿始终，把党的领导优势、政治优势、组织优势、制度优势转化为基层治理优势和治理效能。完善健全党组织在基层治理中把方向、作决策、管干部、统资源、强服务的制度，引领基层治理规范高效运行。以"双评双定"正向激励反向监督机制为抓手，深化农村党建"三大三强"、城市党建"四联四化"，持续整治软弱涣散农村基层党组织，持续整治社区、企业、校园、社团等党组织弱化虚化边缘化问题，推动基层党组织全面进步全面过硬。坚持抓党建促发展，解决好基层党建与基层治理"两张皮"的问题，将党组织的政治优势同政府的资源整合优势、企业的市场竞争优势、社会组织的群众动员优势结合起来，不断增强基层治理的整体性、协同性。

第二，要切实提高治理能力。提高治理能力是新时代干部队伍建设的重大任务。要提升政治引领能力。深化"干部素质提升年""农民培训教育年"等，教育干部群众以习近平新时代中国特色社会主义思想武装头脑、指导实践、推动工作，增强"四个意识"、坚定"四个自信"、做到"两个维护"，始终与以习近平同志为核心的党中央保持高度一致，在政治上站得稳、靠得住、过得硬，真正成为群众的主心骨。要提升依法治理能力。将基层治理的各环节纳入法治轨道，用法治思维谋划基层治理工作、破解难题。严格依法办事，提高运用法律手段调整社会关系、规范社会行为的能力。依法行使职权，决不能有权就任性。依法化解矛盾，最大限度地把矛盾化解在基层、消除在萌芽。要提升群众工作能力。要强化群众观念，落实摸清基本底数、掌握基本政策、把握基本规律的"三个基本"方法，放下架子，深入群众，倾听呼声，找准实情，为基层治理奠定良好的群众基础。推行在一线谋划发展、在一线检视问题、在一线推动落实"三个一线"机制，解决好群众的操心事、烦心事、揪心事。

第三，要切实强化队伍建设。按照减上补下、优化结构、统筹调配、加强基层的原则，推动人员下沉，强化基层力量，培养基层治理骨干，补充专业治理人员，建立向所有行政村选派第一书记和驻村工作队的长效机制。按照社区规模配足专职工作者。加强基层教育思政课教师、心理咨询师和校医，配齐专职安保人员。落实好中央和自治区有关政策，通过选拔，让那些政治坚定、表现优异、能力突出、群众认可的村（社区）党组织书记进入乡镇（街道）领导班子。通过考录招聘，让那些优秀基层党组织书记成为乡镇（街道）公务员或事业编制人员，让基层干部更有劲头、更有奔头。实行乡镇干部工资待遇要优厚、选拔使用要优先、生活条件要优待的"三优"，是自治区党委十二届十次全会闪亮一笔，极大地振奋了基层干部信心，我们要不折不扣落到实处。

第四，要切实提升服务水平。治理是手段，服务是核心。要牢牢抓住服务群众这个立足点，强化服务理念，从服务入手抓治理、靠服务优化促治理。要运用现代信息技术手段改进基层服务方式，加快智慧城市、智慧乡村、智慧社区、智慧园区、智慧校园建设。要整合公安、司法、民政、社保、信访、就业等基层资源力量，提升基层综合服务中心效能，为群众提供及时、便捷、高效的服务。

各位委员、同志们，时代的重大举措，需要时代的担当和作为。陈润儿书记从"明确分工、压实责任，统筹推进、形成合力，改进作风、真抓实干，狠抓落实、务求实效"4个方面，对贯彻落实自治区党委十二届十次全会精神提出明确要求。我们要自觉肩负起政治责任，汇聚强大合力，全面推进落实。

一要强化学习、解放思想抓落实。原州区各级组织和党员干部要把学习贯彻党的十九届四中全会精神和习近平总书记视察宁夏重要讲话精神与学习贯彻自治区党委十二届十次全会精神和固原市委四届七次全会精神结合起来，一体学习、整体贯彻、持久用力。要作为"担当新使命、展现新作为"学习实践活动重要内容,迅速开展大学习、大宣传、大治理,在全区掀起学习贯彻新高潮。要坚决破除思维定式、工作惯性和路径依赖,以改革创新精神推进基层治理工作焕发新动能、新气象。

二要专班推进、挂图作战抓落实。这是固原市委的做法,也是固原市委的要求。对确定的基层治理六大领域任务落实,由党委统一领导,每一个领域都要成立一个专班,由党委常委和政府分管领导牵头,主管部门具体负责、相关部门全力配合,专门统筹、专题研究、专项治理,每一项治理任务都要实行挂图作战,明确时间表、路线图、任务书、责任人,清单管理、对账销号,确保各项任务压茬推进、取得实效。参照市上的做法,我区的六大治理分工如下:乡村治理,由米广、李育龙、马英同志负责,区委组织部牵头;社区治理,由李育龙、杨天峰、魏志斌同志负责,区民政局牵头;校园治理,由米广、李育龙、曾新富同志负责,区教育体育局牵头;企业治理,由米广、李育龙、王统一同志负责,区工业信息化和商务局牵头;社团治理,由沈瑞华、李育龙、魏志斌同志负责,区民政局牵头。

三要真抓实干、强化督导抓落实。原州区各级组织和党员干部要认真贯彻落实陈润儿书记"三少三多"(少一些没有意义的会议文件、多一些指导工作的操作办法;少一些走马观花的调查研究、多一些解决问题的实招妙计;少一些浮在面上的空话套话,多一些扑下身子的真抓实干)要求,实字当头,干字为要,一抓到底,力戒形式主义、官僚主义。要进一步落实四套班子沟通协作机制、协同推进机制和市区全力共进机制,坚持在一线谋划发展、一线检视问题、一线推动落实。要把基层治理工作纳入经济社会发展总体规划,列入效能目标管理考核体系,纳入改革任务台账。建立精准督查机制,真督实查,跟踪问效,把全区上下的精力凝聚到抓落实上来,确保各项目标任务落到实处。

各位委员、同志们,完善基层治理体系、提高基层治理能力,任务艰巨,责任重大。我们要以习近平新时代中国特色社会主义思想为指导,坚定信心、锐意进取、攻坚克难,全面贯彻落实好党中央和区、市党委决策部署,不断开创基层治理新局面,为建设经济繁荣民族团结环境优美人民富裕的美丽新宁夏作出新的更大贡献。

牢记殷殷嘱托 激扬奋斗精神
为建设先行区和美丽新宁夏作出新的更大贡献

——在区委三届六次全体会议上的报告
（2020年8月19日）

固原市委常委、原州区委书记 杨 文

各位委员、同志们：

这次全会的主要任务是，以习近平新时代中国特色社会主义思想为指导，深入学习贯彻习近平总书记视察宁夏重要讲话精神，全面贯彻落实自治区党委十二届十一次全会和固原市委四届八次全会精神，讨论审议原州区委《关于深入学习贯彻习近平总书记视察宁夏重要讲话精神的实施意见》《关于推进黄河流域生态保护和高质量发展先行区建设的实施方案》，进一步动员全区各级党组织和广大党员干部牢记嘱托、不辱使命，真抓实干、砥砺奋进，为建设黄河流域生态保护和高质量发展先行区、继续建设经济繁荣民族团结环境优美人民富裕的美丽新宁夏作出新的更大贡献。

下面，我代表原州区委常委会讲4个方面的意见。

一、切实提高政治站位，坚决把思想和行动统一到习近平总书记视察宁夏重要讲话精神上来

6月8日至10日，习近平总书记亲临宁夏视察指导工作，作出重要指示，发表重要讲话。习近平总书记视察宁夏重要讲话高屋建瓴、统揽全局，内涵丰富、思想深邃、语重心长、情真意切，闪耀着马克思主义的真理光芒，饱含着共产党人的深情大爱，充分展示了习近平总书记的领袖风范、思想伟力和人格魅力。习近平总书记的重要讲话，饱含了对宁夏各族人民的亲切关怀，体现了真挚深厚感人心肺的赤子情怀，体现了初心不改人民至上的执政理念，体现了我将无我不负人民的使命担当，体现了对中华民族亲如一家的无疆大爱，为全区广大干部群众带来了无比温暖和巨大鼓舞。习近平总书记的重要讲话，满怀了对宁夏各项事业的殷切期望，切中了宁夏现实问题，指明了宁夏前进方向，赋予了宁夏时代重任，明确了宁夏工作重点，科学阐明了"新时代建设什么样的新宁夏，怎样建设新宁夏"的重大问题，为新时代宁夏发展提供了行动指南和根本遵循。习近平总书记的重要讲话，寄予了对宁夏党员干部的深情嘱托，嘱托党员干部要坚定理想信念、保持清醒头脑，激发奋斗精神、勇于担当作为，全面从严治党、持续正风肃纪，坚持真抓实干、不断造福人民，为全区干部群众增添了必胜信心和强大动力。

为深入贯彻落实习近平总书记视察宁夏重要讲话精神，7月20日至21日，自治区党委召开十二届十一次全会，审议通过了《关于深入学习贯彻习近平总书记视察宁夏重要讲话精神，继续建设经济繁荣民族团结环境优美人民富裕的美丽新宁夏的决定》《关于建设黄河流域生态保护和高质量发展

先行区的实施意见》。陈润儿书记的讲话,是对贯彻落实总书记重要讲话精神的一次全面动员、系统部署,既讲清了是什么、为什么,又指明了干什么、怎么干,具有很强的政治性、思想性、指导性和针对性,为我们更好地创造性贯彻落实,提供了思想方法、实践路径、推动举措。8月11日,市委召开四届八次全会,审议通过了《关于深入学习贯彻习近平总书记视察宁夏重要讲话精神全面落实自治区党委十二届十一次全会〈决定〉的实施意见》《关于建设黄河流域生态保护和高质量发展先行区美丽新固原实施方案》。张柱书记的讲话,站位高远、重点突出、措施具体、要求严格,以习近平新时代中国特色社会主义思想为指导,深入学习贯彻习近平总书记视察宁夏重要讲话精神,对全面贯彻落实自治区党委十二届十一次全会精神进行安排部署,进一步明确了今后一个时期全市工作的战略重点、目标任务和组织保证。

原州区委把学习宣传贯彻习近平总书记重要讲话精神作为首要政治任务,区委常委会(扩大)会议第一时间传达学习、作出安排部署,通过举办中心组学习会、领导干部专题研讨班、分层分级宣传宣讲等多种形式,迅速在全区掀起了学习宣传贯彻热潮,把总书记的亲切关怀、深情期望"传"入了千家万户,"播"进了田间地头。学习宣传贯彻习近平总书记重要讲话精神既是当前的首要政治任务,也是长期重大政治责任,全区上下要继续保持思想不松、标准不降、力度不减,自觉在学懂弄通做实上下功夫,切实把思想统一到总书记重要讲话精神上来,切实把总书记重要讲话精神转化为实实在在的工作成效,切实把增强"四个意识"、坚定"四个自信"、做到"两个维护"落实到具体工作中,坚定不移沿着总书记指引的方向奋力前行。

一要持续深入抓学习。习近平总书记视察宁夏重要讲话思想深邃、内涵丰富、博大精深,只有入脑入心、学深学透,才能真懂真用、落实落好。要领导带头学。党政领导要率先垂范,带头抓好个人自学、专题研讨。各级党组织要持续采取集中研讨、专题辅导、个人自学等方式,安排专门时间,集中精力学、潜心贯注学、逐字逐句学,组织引导广大党员干部自觉学、主动学、跟进学,确保学有所思、学有所悟、学有所得。要全面系统学。习近平总书记两次视察宁夏重要讲话和对宁夏工作的一系列重要指示批示精神,一脉相承、紧密联系、有机统一,共同构成了新时代宁夏发展的行动纲领。要把学习贯彻总书记视察宁夏重要讲话和对宁夏工作的重要指示批示精神,与学习贯彻总书记一系列重要讲话、重要指示精神结合起来,与贯彻落实党中央、国务院各项决策部署结合起来,一体学习领会、一体理解把握、一体宣传贯彻,切实把准脉络、领会实质、掌握要义,更好地运用于指导我们的工作实践。要联系实际学。各级党组织特别是领导干部要坚持学在日常、悟在经常、抓在平常,结合单位职责、行业特点,把自己摆进去、把工作摆进去、把责任摆进去,分专题深入学、分领域细致学、分阶段反复学,系统领会、全面把握,自觉用以武装头脑、指导实践、推动工作。

二要持久广泛抓宣传。习近平总书记重要讲话,是引领新时代全区各项事业发展的强大思想武器。要在持久广泛宣传宣讲、推动落地落实上下功夫,切实将总书记重要讲话精神变成指引党员干部自觉行动的指南。要全方位"宣"。坚持对内对外、采取线上线下,多形式、全方位、广角度深入开展宣传,不断推动总书记重要讲话精神和区、市党委的贯彻要求进企业、进农村、进机关、进校园、进社区、进网络,切实把总书记的亲切关怀、深情厚望宣传到千家万户、田间地头,做到家喻户晓、深入人心。要分层级"讲"。进一步完善宣传方案,创新宣传方式,广泛开展有声势、有深度、有影响的宣讲活动,通过聘请专业人员解读,组织县级领导、部门负责人宣讲,以通俗易懂的方式分层级、分领域、分批次宣传宣讲,确保把总书记视察宁夏重要讲话精神的总体要求、主要任务讲得清清楚楚,搞得明明白白。要勤跟进"督"。把总书记视察宁夏重要讲话纳入干部教育培训的重要内容,把学习宣传贯彻情况纳入干部考核指标，督促各级干部学习宣传贯彻全覆盖。要把学习宣传贯彻总书记重要讲话精神作为政治巡察的重要内容，对各级党组织学习宣传贯彻工作进行督促，确保总书记视察宁夏重要讲话精神落地落实落到位。

三要全面准确抓贯彻。习近平总书记重要讲话，是当前和今后一个时期全区工作的行动指南。我们要按照总书记指明的发展路径、明确的发展重点、部署的发展任务，全面抓好贯彻落实。要把牢方向。总书记为我们擘画的宏伟蓝图、标定的时代方位、指明的前进方向，是我们统一思想、统揽全局、统领发展的根本遵循，要精准对标、时刻对表，确保方向正确、步调一致。要把准思路。总书记的重要讲话指明了"为何发展"的价值取向、"发展什么"的路径选择、"怎么发展"的科学理念，我们要学思践悟、准确把握，及时完善工作思路，细化工作举措，确保各项工作始终沿着正确的轨道前行。要把握重点。总书记重要讲话提出的6个方面的工作任务，是新时代宁夏工作的重中之重。我们要认真研究、细化措施、主动作为，逐项抓好贯彻落实。

二、自觉扛起政治责任，坚决推动习近平总书记视察宁夏重要讲话精神落地见效

习近平总书记视察宁夏重要讲话，提出了当前和今后一个时期宁夏改革发展的总体要求、时代重任和重点任务，是新时代宁夏各项事业发展的行动指南和根本遵循。全区上下要坚定自觉扛起政治责任，不折不扣抓好贯彻落实。

（一）坚决完成脱贫攻坚这个底线任务，为乡村全面振兴奠定坚实基础

习近平总书记强调，"要对标'两不愁三保障'，瞄准突出问题和薄弱环节，一鼓作气、尽锐出战，确保如期实现脱贫目标。"这是对宁夏脱贫攻坚发出的决战令、吹响的集结号。作为习近平总书记长期关心关注的西海固地区，坚决打赢脱贫攻坚战，我们义不容辞、责无旁贷，一定要持续发力防松劲、严把标准防闯关、巩固成果防返贫，坚决打赢脱贫攻坚战。

一要攻坚克难收好官。目前，脱贫攻坚已经到最后关头，我们一定要保持清醒头脑、坚强意志和顽强作风，思想螺丝决不能松、冲刺之力决不能减、攻坚之势决不能降，对标"两不愁三保障"，突出薄弱村、重点户，综合运用产业、就业、兜底等各种手段，一户一策、一人一招，坚决做到脱贫路上一户不落、一人不少。

二要巩固成果防返贫。习近平总书记反复强调，"脱贫摘帽不是终点，而是新生活新奋斗的起点。"要把巩固提升脱贫成果抓得紧而又紧，坚决防止因疫返贫、因病返贫、因灾返贫。要严格落实"四个不摘"要求，保持政策连续不断、扶贫力量不减、帮扶关系不变，对脱贫群众扶上马、送一程；要持续抓好"四查四补"工作，在动态查、深入找、精准补上再下功夫，切实补回损失、补齐短板、补上漏洞、补强弱项；要健全完善监测预警和动态帮扶机制，用好用活区乡两级扶贫热线电话，精准动态监测重点户，切实筑牢返贫风险堤坝。加大"社会保障+产业扶持""双兜底"模式总结推广，全力做好未脱贫户、易返贫户、易致贫户工作，让他们收入稳定高于贫困线。

三要多措并举抓移民。习近平总书记指出，"要完善移民搬迁扶持政策，重点解决产业、就业、社会融入3件事情，确保搬迁群众搬得出、稳得住、能致富。"这是给我们做好移民工作开出的良方。我们要全面梳理问题，进一步开展大排查大起底，查清查准查实移民搬迁存在的各类问题，列出清单、建好台账，找准症结、全面整改。要把产业发展作为根本之策，因地制宜发展产业，完善产业减贫机制，培育发展移民安置区龙头企业、合作社、家庭农场、种养大户，把贫困群众嵌入产业链、利益链，努力实现村村有主导产业、户户有增收项目。要把就业保障作为关键之举，实施职业技能提升行动，精准开展就业服务指导，用好扶贫车间就近就业，开发公益岗位托底就业，组织劳务输出转移就业，鼓励移民创业带动就业，实现零就业移民家庭动态清零。要把社会融入作为稳定之基，健全移民迁出区与安置区

协调联动机制，解决好移民群众户籍、社保、教育、医疗等转接问题，完善移民安置区基础设施配套和公共服务，发挥基层党组织、村民自治组织作用，组织党员干部与移民家庭结对，推动移民群众融入新环境、过上新生活。

四要注重有效促衔接。习近平总书记指出，"要推进全面脱贫同乡村振兴有效衔接，抓好美丽乡村建设，促进农业强、农村美、农民富。"我们要以消除绝对贫困为新起点，围绕"农业强、农村美、农民富"，把全面脱贫与乡村振兴有效衔接起来，形成整体联动效应。产业发展上，坚持长短结合、大小结合、扶引结合，不断做大做强产业，推动扶贫产业向特色产业转变、向优势产业转变、向致富产业转变。城乡建设上，把美丽乡村建设作为乡村振兴的重要抓手，根据不同地域特点，选择基础条件好的行政村，在资金、项目等方面优先支持，打造一批乡村振兴示范村，以点带面推动乡村建设和群众生活持续改善。乡村治理上，坚持自治为基、法治为本、德治为先，持续推动服务重心向乡村转移、服务资源向乡村下沉、服务功能向乡村延伸，注重把脱贫攻坚中形成的治理模式转化为推进乡村振兴的有力抓手，让乡村更加充满活力、更加和谐有序。

（二）坚决落实高质量发展这一战略任务，努力走出一条高质量发展的新路子

习近平总书记指出，"宁夏推动高质量发展还存在一些深层次问题，经济结构矛盾突出，资源环境约束趋紧，增长动力后劲不足，质量效益依然偏低。要加快转变经济发展方式，加快产业转型升级，加快新旧动能转换，推动经济发展实现量的合理增长和质的稳步提升。"总书记指出的问题直击要害、客观精准，提出的方向路径符合实际、务实管用。我们一定要牢固树立新发展理念，在"三个加快"上持续用力，扎实推动高质量发展。

一要做好"六稳""六保"工作，稳住经济发展基本盘。按照总书记的要求和党中央的部署，把"六稳"工作抓得紧而又紧，把"六保"任务落得实而又实，稳住经济发展基本盘。要稳住企业。认真学习贯彻习近平总书记在企业家座谈会上的重要讲话精神，用足用好国家出台的下调增值税税率、小微企业普惠性税收等减税降费优惠政策，兑现好自治区"工业24条""商贸15条""中小微企业发展18条""服务业健康发展16条""应对疫情稳增长21条"和固原市"促进重点服务业发展16条"等政策措施，稳住企业生产经营。严格落实领导干部包抓联系企业等制度，帮助企业纾危解困，提高达产率满产率。要稳住就业。疫情对我区冲击最大的是务工就业。要把保就业作为重中之重来抓，全面落实就业优先政策，盯住下岗失业人员、高校毕业生、"零就业"家庭人员、退役军人等群体就业，综合运用社保降费、稳岗援企、技能培训、"双创"行动等综合性措施，打好就业创业"组合拳"，确保让每一个有劳动能力的人有岗位、不失业，最大限度降低群众务工就业损失。要稳住收入。紧盯"两个收入"不放松，采取针对性措施，千方百计让群众的"钱袋子"鼓起来。要做好农产品信息发布、市场对接、物流保障等工作，引导养殖户及时出栏补栏，引导农村剩余劳动力就近就地务工就业，增加农民经营性收入和工资性收入。要加大居民职业技能培训力度，落实工资增长机制，提高社会养老、临时救助标准，开展"消费促进月"活动，规范引导"地摊经济"，增加城镇居民收入。

二要抓好项目建设，确保经济平稳运行。要坚持把重大项目建设作为推动发展的重要抓手，发挥投资在稳增长中的关键作用，认真盘点年中账、仔细算清全年账，抓住当前项目建设黄金期，加快推进重点项目建设，积极跟进已入库项目落地，确保签约项目早落地、落地项目早建设、建设项目早投产、投产项目早达效，提振民间投资信心，激发民间投资活力，推动经济社会高质量发展。要加快项目建设。加强项目在线监测调度，落实《重点建设项目责任清单》，协调解决项目开（复）工存在的困难和问题，助推重点项目加快建设。要精心谋划项目。坚持中央重点投向与地方短板弱项结合，紧盯产业发展、生态环保、民生改善、基础设施，谋划一批带动

能力强、支撑作用大的好项目、大项目,积极争取进入区、市"十四五"规划大盘子,项目数量和投资额度较"十三五"分别增加一倍。要多方筹措资金。紧盯国家和自治区投资动向,及时跟踪政策动态和投资导向,多方筹措资金,同时创新项目运作方式,通过BOT、PPP等方式撬动社会资本介入,支撑更多项目建设。

三要抓招商引资,增强经济发展活力。做好"筑巢引凤"基础工作,深化"1+4"专项行动,积极谋划招引一批增链、延链、补链、强链的大项目、好项目。要强化以商招商。加强对已引进或对接的融侨、水发、伊利、双文绒业、鄂尔多斯、双汇等企业的跟踪对接,吸引更多企业来原投资置业。要强化以商会招商。加强与浙江、福建、北京、广东、陕西等商会的对接联系,建立完善合作机制,使商会在招商引资中发挥更大作用。要强化以老乡招商。深化"乡里菁英"联系服务活动,引导更多"乡里菁英"回乡创业或者利用自身人脉影响带动外地企业家来原发展。

(三)坚决补齐民生保障和社会治理这一短板弱项,不断提升群众幸福指数

习近平总书记强调,"要坚持以人民为中心的发展思想,切实解决好群众的操心事、烦心事、揪心事。"我们一定要始终坚持人民至上、为民造福,不断提升群众获得感安全感幸福感。

一要用心用情办好民生实事,着力增进民生福祉。认真履行好保基本、保底线、保民生的兜底责任,盯住薄弱环节持续发力,补齐民生领域短板弱项,努力让人民过上更加美好的生活。要着力提升"教育原州"质量。持续开展教师素质、教育质量"双提升"行动,不断提升教育发展质量和水平。新(改扩)建一批城乡中小学、幼儿园,推动学前教育普及普惠、义务教育优质均衡发展。强化固原五中教育教学管理,优化软硬件设施建设,着力打造一流高中。积极争取职业教育中心项目建设,办好飞毛腿高级技工学校,促进职业教育全面发展。不断深化教育管理体制改革,大力推进"互联网+教育"建设,扩大优质教育资源覆盖面。要着力打造"健康原州"品牌。做好原州区人民医院搬迁后续工作,完成中医康复楼及放疗中心建设,做实做优脑卒中中心、心脏介入中心。实施乡镇卫生院提升改造、传染病防控提升等项目。完善常态化疫情防控机制,广泛开展爱国卫生运动。借力外部名院名医开展医师素质、医疗质量"双提升"行动,大力推进"互联网+医疗"建设,力促区医院等级由二甲上升到三乙。要着力织密民生"网底"。积极开展养老服务工作,加快探索以居家养老为基础、社区养老为依托、机构养老为支撑的养老服务体系。加强低保规范化管理,实现"应保尽保""应退尽退"。做好残疾人工作,建设残疾人扶贫创业基地。加大公租房保障力度,健全完善公平公开公正分配制度,切实保障困难群众安居需求。

二要持之以恒促进民族团结,巩固提升创建成果。全面贯彻党的民族政策,坚持中国特色解决民族问题正确道路,像珍惜生命一样珍惜民族团结,像爱护眼睛一样爱护民族团结,坚决守好民族团结生命线。要构建共有精神家园。深化马克思主义民族观宣传、社会主义核心价值观教育,让"两个共同""三个离不开""五个认同"成为各族群众的共同追求。要深化团结进步创建。建立健全各民族交往交流交融的社会机制,持续深入开展以"拥护核心感党恩,同心携手奔小康"为主题的民族团结进步创建活动,再创建命名一批民族团结进步示范单位和先进个人,使创建活动在原州大地"遍地开花",巩固好"全国民族团结进步示范县(区)"创建成果。要依法治理民族事务。依法保障各民族合法权益,坚决反对一切不利于民族团结的言行,依法依规处置涉及民族因素的问题,对挑拨民族关系、破坏民族团结的人和事,坚决依法打击,让民族团结之花常开常盛。

三要尽心尽力抓好社会治理,着力维护社会和谐稳定。着眼维护政治安全的生命线,不断加强和创新社会治理,确保人民安居乐业、社会安定有序。要加强基层社会治理。认真贯彻自治区党委十二届十次全会部署要求,落实落细"1+6"《实施方案》各

项任务,抓紧抓好乡村、社区、校园、企业、社团6项治理工作,不断完善基层治理体系,提高基层治理能力。要深入推进"平安原州"建设。加快依法治区进程,扎实推进民法典学习宣传实施,依法加强矛盾纠纷排查化解,纵深推进扫黑除恶专项斗争,进一步深化重点行业领域突出问题专项整治,严厉打击各类违法犯罪活动。加强安全生产工作,建立健全安全生产风险管控与隐患排查治理双重预防体系,实施提升自然灾害防治能力重点工程,提高应急救援和防灾减灾能力。

(四)坚决用好改革开放这一重要法宝,着力增强发展动力活力

习近平总书记明确要求我们"要推动改革开放取得新突破。"这是着眼国家大局、立足宁夏实际,赋予我们走好高质量发展之路的更高定位、更重任务。我们要牢牢抓住改革开放这个关键一招,坚定改革的定力、增强开放的自信,抢抓历史机遇、破解制约瓶颈、做大发展格局。

一要坚定不移深化改革。坚持问题导向、目标导向、结果导向,把落实党中央要求、满足实践需要、符合群众期盼统一起来,有的放矢推进各项改革。要抓住改革的关键点。突出抓好既定的4大类62项改革任务,确保取得实实在在的效果。特别是要抓好农村集体产权制度改革、农村土地"三权分置"改革、金融服务机制改革、司法制度改革等重点改革任务,力争在全区争创亮点。要突破改革的攻坚点。聚焦企业反映强烈的痛点、难点和堵点,持续深化"放管服"改革,提供就近能办、多点可办、少跑快办、网上速办的"一站式"服务,以一流的营商环境吸引投资、储能蓄势。要防范改革的风险点。强化底线思维,正确处理发展与安全的关系、改革与风险的关系,加快建立完善改革风险研判防范机制,坚决守住不发生系统性风险的底线。

二要务实推动开放合作。习近平总书记指出,"开放不足是制约宁夏发展的突出短板",并就宁夏如何搞好开放指明了方向。我们一定要深刻领会、认真落实。要增强开放意识。充分认识习近平总书记两次视察宁夏提出的"宁夏地处西部内陆,虽然不沿边、不靠海,但照样具备开放的条件"的重要论断,坚决破除开放发展"不失时机、没有优势、难成气候"的错误认识,树立开放思维、敞开开放胸怀、弘扬开放精神,做到不封闭、不僵化、不守旧。要加强区域合作。充分发挥闽宁协作平台作用,坚持"引进来""走出去"相结合,主动对接产业转移,不断拓宽开放空间。要优化开放环境。注重打造"政策洼地""制度高地",形成以制度为保障、以规则为基础的稳定公平透明可预期的制度"软"环境,让各类市场主体放心投资、安心发展。

(五)坚决抓好党的建设这一重要保证,纵深推进全面从严治党

习近平总书记指出,"加强党的建设,是完成经济社会发展任务的重要保证,要求各级党委(党组)要切实担负起全面从严治党的主体责任、突出抓好领导班子和干部队伍建设、持之以恒正风肃纪。"我们要认真贯彻落实新时代党的建设总要求,推动全面从严治党向纵深发展,做到管党有方、治党有力、建党有效。

一要加强政治建设。把政治建设作为党的根本性建设,旗帜鲜明讲政治,增强"四个意识"、坚定"四个自信"、做到"两个维护"。严格遵守政治纪律和政治规矩,严格执行重大事项请示报告制度,认真落实民主集中制,加强和规范党内政治生活,确保令行禁止、政令畅通。

二要传承好红色基因。运用六盘山红军长征纪念馆、将台堡会师纪念园、任山河革命烈士陵园、青石嘴红军长征战斗旧址等红色资源,坚持不懈开展理想信念教育、爱国主义教育、革命传统教育,教育引导广大党员干部铭记革命历史、传承红色基因、讲好红色故事、走好新时代的长征路。

三要加强干部队伍建设。突出抓好领导班子和领导干部队伍建设,实施干部政治能力、专业能力提升"两大工程",全面落实"素质培训、知事识人、选拔任用、从严管理、正向激励""五大体系",建立完善领导班子和领导干部差异化政绩考核办法,加

强干部日常考核和监督管理,大力选拔敢于负责、勇于担当、善于作为、实绩突出的优秀干部。

四要加强基层组织建设。坚决贯彻新时代党的组织路线,建强组织堡垒。坚持以提升组织力为重点,完善深化农村党建"三大三强"行动和"两个带头人"工程,深入推进抓党建促脱贫攻坚、促乡村振兴。以创建"让党中央放心、让人民群众满意"的模范机关为契机,深化机关党建"三强九严"工程,完善街道"大工委"、社区"联合党委"运行机制,深化"双评双定"活动,创新正向激励和反向监督手段,推进评定成果转化。加强企业、学校、社会组织等基层党组织建设,持续整顿软弱涣散基层党组织,推动基层党组织全面进步、全面过硬。

五要加强纪律作风建设。持之以恒正风肃纪,深入贯彻落实中央八项规定及其实施细则精神,持续开展扶贫领域腐败问题和民生领域侵害群众利益问题专项整治,深化"331"监管机制。保持反腐败斗争高压态势,坚决查处政治问题和经济问题交织的腐败案件,坚决整治群众身边的腐败和作风问题,完善警示教育常态化长效化机制,持续开展领导干部廉洁从政警示教育活动,一体推进不敢腐、不能腐、不想腐,营造风清气正的干事创业环境。

六要进一步强化制度保障。完善履行主体责任、第一责任、"一岗双责"体系,细化"统筹抓、抓统筹""书记抓、抓书记""重点抓、抓重点"责任,推动管党治党成为应尽之责、分内之责、刚性之责。认真贯彻执行党组、地方党委、支部工作条例等党内法规,不断提高党的建设制度化、规范化、科学化水平。

三、坚定担当历史使命,努力在建设黄河流域生态保护和高质量发展先行区中展现原州作为

建设黄河流域生态保护和高质量发展先行区,是习近平总书记从全国生态建设大局、黄河流域生态保护和高质量发展全局出发,为宁夏赋予的新使命。原州区是黄河一级支流清水河的发源地,全境处于清水河流域范围,我们要坚定担当时代重任,努力在建设先行区中展现原州作为。

区、市党委把建设先行区作为贯彻"国之大者"的重要实践,举全力推进,分别制定出台《关于建设黄河流域生态保护和高质量发展先行区的实施意见》和《关于建设黄河流域生态保护和高质量发展先行区美丽新固原实施方案》,提出了建设先行区的总体布局、战略定位和重点任务。我们这次全会审议的《关于推进黄河流域生态保护和高质量发展先行区建设的实施方案》,对照区、市党委《实施意见》和《实施方案》,细化了我区贯彻落实措施,明确了建设先行区的发展定位、主要目标、重点任务等,各乡镇(街道)、部门(单位)要对标对表,细化措施,抓好落实,在自治区提出的"五区"建设上力争上游。

一要在建设河段堤防安全标准区上力争上游。着眼减少入黄泥沙,实施清水河综合治理工程,加快形成水清、流畅、岸绿的生态格局。要打造稳固堤防。坚持堤路结合、功能融合,实施清水河原州区段综合治理工程,确保城区段防洪标准达到100年一遇,其他区段防洪标准达到50年一遇。加强河道及岸线管理,综合治理水循环受阻、泥沙淤积等问题。因地就势建设连通道路、巡河道路,实现防洪保障线、抢险交通线、生态景观线有机统一。要加强滩区治理。坚持系统化修复、全域化治理,实施湿地修复和生态治理工程,推动清水河流域生态系统全面建设。实施茹河、马莲川河原州区段综合治理和冬至河湿地生态修复保护工程,保障居民饮用水源安全。有序推进小流域综合治理、水土流失治理、坡耕地治理,改善流域生态系统。加强西海子高山湖泊、沈家河、冬至河、青石峡、海子峡等人工湿地保护修复,开展水体、湿地、河岸等绿化美化,提升湿地蓄水、防洪、排水和平衡水生态功能,到2025年实现全区80%以上的重要湿地得到有效保护。要提升防洪能力。坚持市、区一体推进完善城市防洪工程体系,新建长城梁、古雁岭、东岳山等截洪沟渠,加快构建纵向以中河、大营河、清水河为主,横向以青石峡沟、东峡沟、红崖子沟为主的"三纵七横"排洪体系。实施防涝综合治理工程,对低洼地段涝点进行截流分流改造,降低城区洪涝灾害风险。大力开展小流域综合治理，实施中小河流和病险水库除险加固工程，建立以梯田和淤地坝为主的拦水减泥体系，提升乡村洪涝灾害防御水平。

二要在建设生态保护修复示范区上力争上游。着眼增强六盘山天然水塔、生态绿岛功能，坚持全域化保护、全方位修复、全过程治理，统筹推进生态环境保护、修复和建设，加快形成绿量适宜、布局均衡、网络完备、结构合理、功能完善、稳定高效的整体生态系统。要开展大规模国土绿化行动。突出抓好六盘山重点生态功能区降水量400毫米以上区域造林绿化、三北防护林、绿色廊道建设、乡村绿化提升、"百村万户"绿化美化、退化草原修复等工程，到2025年完成营造林80万亩，全区森林覆盖率和草原综合植被盖度分别达到28.61%、85.4%以上，切实让绿色成为原州区的靓丽底色。要提升生态保护能力水平。持续开展六盘山及外围区域生态保护行动，分区分类开展受损生态系统保护，到2025年完成退化林分改造及未成林地补植补造40万亩。依法加强珍贵稀有动植物资源及其栖息地保护。依法加强草原保护。加快推进防火通道、防火隔离带以及视频监控、红外线监控等资源管理信息化建设，全面建成"天空地"一体化森林资源管护智能预警监测网络系统，建立功能齐备、互通共享、高效便捷、稳定安全的自然资源信息化体系，提高生态管理水平。要打造"两山"理念实践创新基地。坚持把"四个一"林草工程与脱贫攻坚、乡村振兴有效结合起来，充分挖掘绿水青山的生态功能、经济优势、资源潜力和产业价值，实现山绿与民富双赢。要在全面推开上见实效。围绕"上山入户"、多点成势、遍地开花，把试验示范出的主打品种，分类布局到美丽乡村、庭院经济中，与旅游、农业、文化等产业结合，种出产业、种出风景、种出财富，构建绿色经济产业带，打造一批实践创新基地。要在搭建平台上做文章。坚持以市场为导向，加大政策创新，在土地、财政、金融等方面出台扶持措施，引进一批精深加工企业，培育一批新型经营主体和合作组织，走"公司+基地+农户"产业化发展模式。建立全流程跟踪服务工作机制，强化技术指导，加快科技成果转化应用，延伸产业链条，提升附加值。要在完善机制上下功夫。积极探索创新利益联结机制，促进在资金投入、人才科技、市场交易等方面协同共担、利益共享，调动社会各方面参与"四个一"林草产业建设的积极性。加强与科研院所、高等院校合作，构建产学研协同合作机制，建立"四个一"林草产业全产业链大数据平台，为企业和农户提供及时有效的服务。同时，对工作中的好经验好做法认真总结提炼，形成可推广可复制的制度机制，为推动"四个一"林草产业发展，培育增绿又致富的产业提供制度保障。

三要在建设环境污染防治率先区上力争上游。继续打好蓝天、碧水、净土保卫战，坚决抓好中央和区、市环境保护督察及"回头看"反馈意见整改落实，持续改善生态环境。要打好碧水保卫战。持续推进清水河系统治理，加强沈家河水库进出水断面水质监测，确保清水河水质稳定达标。全面落实河长制"五张清单"制度，抓好农村饮用水水源地保护工作。要打好蓝天保卫战。坚决整治"小散乱污"企业，统筹推进"四尘"治理，全面落实施工工地"6个100%"防控要求，严格控制秸秆焚烧和餐饮业油烟排放。大力发展绿色交通体系，淘汰黄标车和老旧车辆。要打好净土保卫战。加大秸秆多元化利用和农用残膜回收加工转化，开展城乡垃圾处理等固体废物污染防治，积极发展循环农业，减少畜禽粪便污染。巩固提升中央生态环保督察及水环境专项督察反馈问题整改成果。要凝聚生态环保工作合力。着力加强对生态环境保护工作的领导，完善生态环境保护工作考核评价和责任追究机制，建立领导干部违法干预生态环境保护行政执法记录制度，支持环境保护监督管理职能部门依法行使职权。

四要在建设经济转型发展创新区上力争上游。坚定不移贯彻新发展理念，以供给侧结构性改革为主线，以改革开放为动力，坚持不懈推动高质量发展。

要着力调整优化经济结构，增强经济发展活力。全面落实"三去一降一补"任务，实施产业结构调整攻坚行动,加快"三大产业"转型升级,走一二三产融合发展的新路子。调优种养业结构。落实农业结构调整计划,加快构建现代农业产业体系、生产体系、经营体系"三大体系"。坚持培育和引进结合,引进一批知名农业龙头企业,培育一批本土优势骨干企业,推动冷凉蔬菜、草畜等特色优势产业布局区域化、经营规模化、生产标准化、发展产业化。加强市场开拓,做强"原洲源味"品牌。调新工业结构。全面落实市场准入负面清单,清理整顿资源消耗大、环境污染重、投入产出低的产业和项目,建立"散乱污"企业整治长效机制,加快淘汰低端落后产能。实施技术改造攻坚行动,全面提升企业整体技术装备水平和生产效益。调强服务业结构。在做规模、提层次、强品质上下功夫,推动商贸流通、住宿餐饮等传统服务业转型升级,不断扩大消费规模,拉动经济增长。积极发展全域旅游,推进旅游与产业、文化、生态、城镇化深度融合。大力发展健康养老、教育培训、文化体育产业等新业态,推动云计算、大数据、物联网、5G 等新一代信息技术同工业、农业、文化旅游、电子商务融合发展,培育新的增长极。

要着力推进水资源节约集约利用,建设全国水资源节约集约利用示范区。西海固地区因水而贫、因水而穷、因水而得"苦瘠甲天下"之名。缺水是区域主要特征,也是制约产业发展的"瓶颈"因素。就我区而言,原州区水资源总量 1.26 亿立方米,人均占有量 282 立方米,是全国人均占有量的 13%。受年降雨量时空分布不均等因素影响,多年平均可利用水资源量仅为 0.93 亿立方米,是典型的水资源缺乏地区。这次习近平总书记视察宁夏重要讲话,明确提出"宁夏干旱少雨、严重缺水,要把水资源作为最大的刚性约束,以水定城、以水定地、以水定人、以水定产,合理规划人口、城市和产业发展,推动水资源节约集约利用。"我们要坚决贯彻落实习近平总书记这一重要指示精神,下定决心、坚定信心,高标准规划、高效率推进,采用最先进的节水技术、运用最智慧的管理手段,在统筹推进水资源节约集约利用上狠下功夫,坚决做到不"污"水、不"费"水、不"玩"水,着力打造"全国水资源节约集约利用示范区"。这方面的工作,我们已经做过多次安排,请相关部门切实抓好推进落实。

要着力做强做大农业特色产业,打造宁夏区域产业发展集群。产业是脱贫致富的基础。总书记对发展产业非常重视,在各省视察必看产业,也带"火"了一大批产业。这次视察宁夏重要讲话,对我们宁夏的枸杞、滩羊、葡萄酒、冷凉蔬菜等给予充分肯定,说宁夏的枸杞、滩羊、葡萄酒、冷凉蔬菜等农产品品质优良,在市场上有很高的声誉。总书记还讲到了宁夏的牛奶等产业,指出宁夏跟其他地方拼高科技是不可能的,但是特色农产品做成全国最好、全世界最好是完全有可能的。总书记的赞誉是对我们的鼓励和鞭策,总书记的要求是我们前进的方向和动力。我们要着力在产业上做文章,努力打造宁夏区域产业发展集群。做强冷凉蔬菜产业。原州区冬无严寒、夏无酷暑,光照充足、污染较少,既有多年种植蔬菜的光荣传统,也有厚积成势的天然条件。2016 年 7 月,习近平总书记亲临我区姚磨冷凉蔬菜基地视察,对我们发展冷凉蔬菜产业给予充分肯定。这次视察宁夏重要讲话,又提到冷凉蔬菜产业。我们要深入贯彻落实习近平总书记指示精神,积极争引项目,加大资金投入,以增加农民收入为核心,以市场需求为导向,以科技创新为支撑,按照调优种植结构、调大经营规模、调强加工能力、调长产业链条,统筹推进布局区域化、生产标准化、经营规模化、发展产业化"四调四化"发展思路和要求,着力加强蔬菜基地基础设施建设,着力打造区域产品品牌,着力拓宽产品销售市场,不断提高蔬菜生产经营专业化、规模化、标准化、集约化和信息化水平,打造宁夏冷凉蔬菜产业集群。到 2025 年全区瓜菜面积达到 30 万亩,总产量达到 110 万吨,综合产值达到 18 亿元。主要瓜菜优良品种覆盖率达100%,绿色高质高效技术推广普及率达 85%以上,商品化处理率达到 30%以上。做大草畜产业。草畜也是我区的传统特色优势产业。近年来,我们按照以牛为主、多畜并举、扩大总量、提升品质的发展思路，着力推动草畜产业扩规模、增效益，逐步形成了家家种草、户户养畜的发展格局。要进一步加大良种繁育、标准化养殖、基础母畜扩群增量和饲草料基地建设力度，建成运营好融侨（丰霖）肉牛生态产业园、绒山羊种羊标准化养殖园、宝发农牧万亩优质高产苜蓿示范基地等项目，力争2025年全区优质牧草种植面积达到82万亩，肉牛饲养量30万头，良种化率90%以上，规模化养殖比重55%以上，肉牛加工转化率50%以上，全产业链实现产值65亿元。羊饲养量达到80万只，规模化养殖比重58%以上，加工转化率70%以上。奶产业是我们的"潜力股"，虽说奶产业目前在我区还不成规模，但我们的气候、土地等资源优势注定其能做大成势。陈润儿书记提出，要把宁夏的奶产业向下延伸发展高品质的奶粉，打造成为一个千亿级产业。这给我们发展奶产业增强了信心，也带来了机遇。我们要加快启动伊利集团万头奶牛养殖园区建设，并以此带动全区奶牛产业加快发展，力争到2025年，在全区发展标准化奶牛养殖园区12个，带动奶牛存栏量达到5万头，引进企业建设乳品加工厂。

五要在建设黄河文化传承彰显区上力争上游。把文化遗产作为重要资源，保护文化遗产，发展文化旅游产业，加强公共文化产品和服务供给，不断满足群众精神文化生活需要。要着力保护文化遗产。加强历史文化遗产保护，大力实施文化遗产保护系统工程，开展文化资源普查，全面摸清文物古迹、非物质文化遗产、灌溉工程遗产、农业文化遗产、古代典籍等重要文化遗产底数，建立文化遗产资源库。做好战国秦长城遗址、安西王府遗址、大营城遗址、黄铎堡古城遗址等历史文化资源的整体性保护和修复，打造旅游+文化、旅游+历史的精品研学游基地。要加快发展文化旅游产业。积极创建国家全域旅游示范区，统筹整合全区旅游资源，做好长城、长征文化旅游产业谋划，打造独具原州特色文化旅游带。推进文旅多元融合发展，树立全景全业全时全民的理念，把文化旅游与生态建设、美丽乡村、特色产业、健康养生等结合起来，综合利用山水林田湖草生态要素，有效衔接红色文化资源，有机融合"四个一"工程、冷凉蔬菜等特色产业，大力推进文化旅游产品创新、业态创新、模式创新，突出生态观光游、红色主题游、休闲健康游，打造长城国家遗址公园、红军长征青石嘴战斗纪念景区、张易毛庄至开城青石15公里红军长征精品线路、杨郎红色旅游小镇等重点景区。坚持把社会效益放在首位，实施文艺、戏曲振兴行动，用足用好国家、自治区关于文化产业发展一系列扶持政策，加大文化产业政策、金融、资金、科技、人才支持力度，大力发展文化市场，做靓做强文化大院品牌，加快建设"书香原州"。

四、激扬奋斗精神，为建设先行区和美丽新宁夏作出新的更大贡献

习近平总书记强调，社会主义是干出来的，幸福是奋斗出来的，嘱托我们要发扬毛主席在《清平乐·六盘山》中所抒发的"不到长城非好汉"的革命精神，勇于担当、主动作为。我们要牢记习近平总书记殷切期望，保持奋斗精神，矢志真抓实干，为建设先行区和美丽新宁夏作出新的更大贡献。

一要解放思想。脑子决定步子，理念决定作为。面对各项工作任务和压力，要求我们必须勇于突破陈规陋习，敢于打破框框条条，改变只防出错、不求出新，只求保险、不担风险的思维定式，把新发展理念贯穿到经济活动全过程、落实到发展实践各领域，正确处理好保护与发展的关系、正确处理好市场与政府的关系、正确处理好进取与稳健的关系，以思想上的"破冰"、理念上的"突围"、本领上的"再造"，实现行动上的跟进、措施上的更新、效果上的更好，努力实现更高质量、更有效率、更加公平、更可持续的发展。

二要振奋精神。精神状态至关重要，"心弱则志衰，志衰则不达"。良好的精神状态，是我们干事创业的"内动力"，是博弈较量的"软实力"。要有百米赛跑的冲刺劲头。今年受新冠疫情和国内外形势的双重影响，我们面临的形势比往年更为严峻，要实现全年经济发展目标,完成区、市党委确定的各项工作任务,更加需要我们大干快上、苦干实干,积小胜为大胜、以决战求决胜,在新常态下争先进位、砥砺前行。要有争创一流的勇气。当前,全自治区你追我赶、竞相发展的势头都很足,舒舒服服的混日子是成就不了事业的,按部就班的干工作是实现不了我们确定的各项目标任务的。全区各级党政组织和党员干部都要会想事、真谋事、干实事、干成事,凡事想在前、谋在前、干在前,领导干部要充分发挥引领、组织、督办、落实的责任,牢牢把握工作的主动权。要有干事创业的激情。激情就是一种积极主动的心态,也是一种勇往直前、攻坚啃硬的拼搏精神。对于党员干部来说,激情就是敢于担当、敢于负责。各级领导干部不仅要自身有激情,还要把激情传递给广大干部群众,说干就干,雷厉风行,只争朝夕,把全部精力用在抓工作上,一个项目一个项目的推进,一个难题一个难题的解决,切实把各项工作抓出成效。

三要把握大势。机遇是不可多得的战略资源。只有顺势而为、乘势而上、借势发力,才能搭上"顺风车"、驶入"快车道"、跑出"加速度"。当前,世界百年未有之大变局蕴含着许多新机遇,疫情催生产业链必将重构,"内循环"模式发展势在必行,国家"一带一路"和新一轮西部大开发战略叠加,让西部地区充满机遇、充满潜力。特别是黄河流域生态保护和高质量发展上升为国家战略,习近平总书记要求宁夏担当新作为、建设先行区,为我们推进结构调整、加快转型发展带来了难得机遇,为我们推进环境污染治理、保护改善生态带来了难得机遇,为我们推进城乡一体发展、提升区域竞争力带来了难得机遇,也为我们推进改革创新实践、扩大对外开放带来了难得机遇,我们要认真梳理其中蕴含的宏观经济走向、产业发展导向、项目资金投向,及时抢、主动抓、奋力争,决不能在麻木的迟疑中错过机遇,决不能在一时的困难中忽视机遇,决不能在无谓的争论中丧失机遇,让"到嘴的鸭子飞走"。

四要真抓实干。说一千道一万,两横一竖是关键,就是"干"。这次全会明确的重点任务,件件都是"关键事"、样样都是"硬骨头",项项都是必须全力以赴抓实抓好的紧迫任务。全区各级党政组织和党员干部要把真抓实干作为使命所在、职责所在、价值所在,带着初心出发、带着使命实干、带着责任前行,以"等不起"的紧迫感、"慢不得"的危机感、"坐不住"的责任感,一天当作两天干、三步并作两步跑,把美好的"设计图"变成"实景图"。

同志们,乘风破浪潮头立,扬帆起航正当时。让我们更加紧密地团结在以习近平同志为核心的党中央周围,深入学习贯彻习近平总书记视察宁夏重要讲话精神,在区、市党委的坚强领导下,牢记殷殷嘱托,激扬奋斗精神,决战脱贫攻坚、决胜全面小康,为建设先行区和美丽新宁夏作出新的更大贡献。

原州区人民政府工作报告

——在原州区第三届人民代表大会第四次会议上的报告
（2020年1月3日）

原州区区长

各位代表：

现在，我代表原州区人民政府，向大会作工作报告，请予审议，并请政协委员和列席同志提出意见。

2019年工作回顾

2019年是新中国成立70周年，也是原州区打赢脱贫攻坚战、如期实现脱贫摘帽、决胜全面建成小康社会的关键之年。面对复杂严峻的经济形势，在自治区、市党委、政府和原州区委的坚强领导下，在原州区人大、政协的监督支持下，原州区人民政府坚持以习近平新时代中国特色社会主义思想为指导，深入学习贯彻党的十九大、十九届二中、三中、四中全会和习近平总书记来宁视察时的重要讲话精神，全面落实自治区第十二次党代会、十二届七次、八次全会，固原市委四届四次、五次全会和原州区委三届三次全会部署要求，坚持以脱贫攻坚为统揽，综合施策，精准发力，攻坚克难，苦干实干，统筹做好稳就业、稳金融、稳投资、稳预期等各项工作，全区经济实现高质量发展。预计全年实现地区生产总值143.45亿元，增长7.3%；地方一般公共财政预算收入1.79亿元，同口径增长8%；城乡居民人均可支配收入分别达到31029元、11040元，增长8.5%和11%。

一年来，主要做了以下工作：

（一）聚焦脱贫摘帽，脱贫攻坚成效显著。紧盯"两不愁三保障"和贫困户、贫困村、贫困县脱贫退出标准，坚持焦点不散、靶心不变、尽锐出战，先后开展"12项清零""4项重点工作"攻坚月及"13项重点工作"百日攻坚等行动，脱贫攻坚取得显著成效。全年减贫4615户13241人，贫困发生率下降至0.68%，高质量通过市级复审、自治区贫困县退出第三方评估检查。致富产业全面壮大。安排1.3亿元，全面实施7类23项产业扶贫到户项目，补栏牛2.1万头、羊3万只、鸡11万只，养殖蜜蜂3570箱，种植玉米16.8万亩、马铃薯1.3万亩。建成产业扶贫示范村11个，发展扶贫龙头企业、合作社26家，建成扶贫车间26个。基础设施全面达标。统筹推进水、路、房等基础设施建设，改造危窑危房4515套、自来水入户6691户，全区农户安全住房、安全饮水全部保障。行政村道路硬化率、生活用电入户率达到100%，通客车、动力电实现行政村全覆盖。惠民政策全面落实。落实落细各项政策，家庭经济困难学生资助实现全覆盖，义务教育阶段无辍学学生。建档立卡贫困户基本医疗参保率达到100%，全面推行"先诊疗、后付费"模式，贫困患者年度内住院医疗合规费用报销比例达到91.6%。完成实用技能培训7416人。开辟金融扶贫原州路径，不断优化"蔡川模式"，新建金融扶贫示范村40个，发放扶贫小额信贷1.3万户6.04亿元，贫困户存量贷款2.1

万户10.56亿元,存量贷款覆盖率达80%,户均获贷5万元。结对帮扶全面深化。落实闽宁协作、中央定点帮扶资金6540万元,支持发展教育、特色产业、劳务协作等项目,建成头营福马移民示范新村。扩大飞毛腿高级技工学校原州分校招生规模,实现贫困群众异地就业增收,飞毛腿高级技工学校原州分校成为全国人社系统就业扶贫典型。消费扶贫全面开花。依托福建"宁夏六盘山特产馆",建成永泰、闽侯等7家分馆。推动特色农产品进站上车,正杞红、瑞春杂粮等11家企业农特产品进入"国家贫困地区特色食品(食材)宁夏特产精品馆"。建成中铁快运商城"扶贫专区"和12306"扶贫商城"电商平台,带动就业2622人次,实现消费收入5000万元。

(二)聚焦转型升级,产业结构更趋优化。坚持走高质量发展路子,大力实施创新驱动战略,深入推进供给侧结构性改革,促进一二三产融合发展。特色产业提质增效。创建自治区级现代农业产业园区,加快推进农业"接二连三",促进冷凉蔬菜、草畜、特色种养、马铃薯四大农业特色优势产业融合发展。冷凉蔬菜产业,以打造"西部重要的菜篮子基地"为目标,巩固提升河东、曹洼、闫堡3个万亩,徐河、头营等12个千亩露地冷凉蔬菜基地和26个设施蔬菜园区,新建杨郎万亩瓜菜、里沟千亩冷凉蔬菜基地和老三营、杨郎千亩拱棚园区,全区种植蔬菜21万亩。建成姚磨冷凉蔬菜一二三产融合发展示范园450亩、分拣包装车间1200平方米、高标准日光温室36栋、姚磨及曹洼蔬菜全程机械化农机农艺移栽示范点2000亩,冷凉蔬菜预冷、分拣、包装及冷链运输等全产业链融合发展运营的模式初步形成。草畜产业,建成头营利民等4个肉牛养殖节本增效示范点、彭堡申庄和宁夏荟峰公司生态移民村饲草配送中心,发展优质牧草基地12个,带动全区种植饲草33万亩。培育彭堡、张易万头肉牛养殖示范乡镇和头营大北山等4个千头肉牛养殖示范村,实施"见犊补母"3.2万头,全年牛、羊、猪、禽饲养量分别达21.8万头、70万只、14.7万头、194万羽,粮食总产量达到20.2万吨,跻身自治区"农业科技示范展示区"行列,蔡川村被评为全国"一村一品"示范村。第八届中国首蓿发展大会在我区成功举办。特色产业,建成三营甘沟、官厅乔洼等千亩中药材基地4个,寨科中川、张易宋洼等千亩小杂粮基地4个,带动全区种植中药材6万亩、小杂粮10万亩。新建张杂谷种植示范基地7000亩。马铃薯产业,建成官厅、中河2个千亩原种基地、中河马铃薯主食化专用品种示范推广基地和张易陈沟马铃薯统防统治及绿色防控示范区。实施"见薯直补"3.9万亩,带动全区马铃薯种植10万亩。工业经济效益提升。认真落实工业发展八条意见,完成企业技术改造3家,落实技改资金245万元。集中整治"散乱污"企业19家,实现"两断三清"目标任务。培育自治区"专精特新"中小企业、示范企业11家。积极推进清理拖欠民营企业中小企业欠款工作,全面完成清欠任务。组织企业参加福州"5·18"海交会和自治区外销窗口固原对接会,碧蜂源、宏晨龙等8家企业12类产品进入全市优质产品名录。深入开展"高质高效招商引资年"活动,签约项目8个,福建融侨(丰霖)肉牛生态产业园、兴百业高品蛋鸡产业园等一批大项目、好项目落地建设。全年招商引资到位资金14.54亿元。第三产业增长提速。实施旅游环线基础设施建设、须弥山石窟文物保护性设施建设等项目,建成S203线固原至张易段、三营至须弥山段等4条旅游环线。配合宁夏东线旅游发展战略部署,建设寨科中川驿站1座。突出"农家乐""农家客栈"等新型旅游业态,发展四星级农家乐5家、三星级农家乐25家。"丝路原州休闲地"旅游品牌影响力不断扩大,旅游经济社会总收入达2.6亿元。实施"消费回流"计划,开展大型促销活动22次,销售收入达1.1亿元。全区电商企业年交易突破2亿元,被评为"全国2019年电子商务进农村综合示范县(区)"。

(三)聚焦协调发展,城乡面貌焕然一新。坚持实施项目带动战略,开工建设重点项目76个,年度总投资26.3亿元,完成投资22.28亿元。城市管理水平不断提升。全面推行"以克论净 深度保洁"模式,建设智慧环卫,推行网格化管理,市区生活垃圾无害化处理率达到98%。深入推进"国家卫生城市"创建工作,集中整治南河滩月牙路市场、政府巷等8个多年的难点盲点,取缔店外经营730余户,清理占道经营商户1366户,促进城市环境卫生和街区秩序责任双落实大提升。启动太阳城小区垃圾分类试点工作。旧城改造中,化解历年遗留问题,动员签订征收协议846户,九龙湖畔家园安置房开工建设。加强违建巡查管控,依法拆除违法建设面积3万余平方米。农村面貌明显改观。以"五清两改三绿化"为重点,集中整治农村人居环境,乡村主干道路环境明显改善。建成河川美丽小城镇,彭堡申庄、开城柯庄等5个美丽村庄,张易陈沟成为美丽村庄建设新样板。实施农村改厕1643座,建成彭堡污水处理站,头营利民等2个污水处理设施,配套垃圾运转车175辆。道路建设成效明显。巩固提升全国"四好农村路"品牌,构建"七纵六横"公路网,统筹抓好建管养运一体化发展,建设农村道路600余公里,群众生产生活更加便利。惠德公路被评为宁夏"最美农村路"。

(四)聚焦绿色发展,生态环境持续好转。深入贯彻落实习近平生态文明思想,全力推进污染治理、环境保护、生态建设工作。生态建设卓有成效。按照"一屏一带一线三区"规划布局,全年完成营造林15万亩,绿化乡村道路250公里,森林覆盖率达到18.2%。建设"互联网+林业"信息平台,安装森林草原防火预警监控系统(天眼),林业管理实现智能化。区林业和草原局荣获"全国生态建设突出贡献先进集体"。"四个一"林草产业持续发力。建成黄铎堡镇矮化密植苹果基地2000亩、苹果苗木繁育基地100亩。实施"百村万户"绿化工程,种植果树1.8万亩50余万株,打造申庄、石羊等"四个一"庭院经济示范村,宜林荒山种植文冠果、杏等经济林2.87万亩,示范效应明显。污染防治取得实效。持续开展散煤专项整治,依法取缔无证散煤销售点16家,市区洁净煤供应实现全覆盖。统筹推进"四尘"治理,推行湿法作业,全面落实施工工地"6个100%"防控要求,城区优良天数达标率92.8%,稳居自治区各市辖区首位。全面落实"河长制",累计巡河2万余次。开展"携手清四乱,保护母亲河"专项行动,整治销号问题115个,得到水利部黄河水利委员会和自治区河长办充分肯定。加强农业面源污染防治,实现化肥、农药使用量零增长,建设化肥减量增效示范基地4.5万亩,推广测土配方施肥84万亩,农业废弃物资源化利用率94.3%。全区畜禽粪污综合利用率达到96%。

(五)聚焦民生福祉,社会事业全面进步。坚持以百姓之心为心,着力解决群众所需所急所盼,全力办好各项民生实事,人民群众的幸福感、获得感全面增强。教育体育事业蓬勃发展。投资1.9亿元,新建校舍5.7万平方米,改造运动场2.4万平方米。落实"三免一补"和营养改善资金6913万元,惠及中小学生6.1万余人。组建十八小等城区教育集团3个、原州五小与三营镇中心小学等城乡办学共同体3所,实施"互联网+教育",推动优质教育资源共享。大力发展全民健身和竞技体育,精心备战自治区第十五届运动会,参赛荣获8金3银2铜的好成绩。医疗服务水平全面提升。改扩建区人民医院,中医康复楼、放疗中心开工建设。全区11个乡镇卫生院、3家社区服务中心纳入区医院统一管理,医联体覆盖率达到100%。"健康原州"深入推进,全面落实"先诊疗、后付费"模式,受益患者2.5万余人次,免收住院押金1.5亿元,基层诊疗人次占比70%以上,县(区)域内就诊率达到90%以上。构建区、乡远程诊疗体系,福建医科大学附属医院、上海长海医院、北京大兴医院帮扶协作成果丰硕,我区被自治区确定为"互联网+医疗健康"示范县(区)。公共服务体系日益完善。扎实开展国家公共文化服务体系示范区创建活动,举办庆祝新中国成立70周年暨原州区首届民俗游园文化旅游节活动,中央电视台"壮丽70年,乡约固原,走进原州"大型《乡约》节目完成2期录制。组织文化惠民送戏下乡、文化广场演出150场次,群众自发文化演出2000多场次,在全市社火大赛中荣获一等奖。免费开放"三馆一站",接待读者5.7万人次。续建古雁岭、东岳山、青石峡等全民健身场所6处。社会保障工作不断加强。最低生活保障审批权限全部下放乡镇(街道),缩短审核审批时限,提高认定精准度。深入推进农村低保专项治理,新增低保3985户6673人,退出3203户5515人。发放社会救助资金2.67亿元,发放公租房补贴2357户590万元,困难群众基本生活得到保障。积极争创全国"双拥"模范县,完成退役军人、优抚对象信息采集和光荣牌颁发,发放各类优抚资金1392万元。举办就业招聘会13场次,发放创业贷款3875万元,城镇新增就业3760人,创造新岗位1606个,完成农村劳动力转移就业7.65万元,实现工资性收入17.83亿元,城镇登记失业率为3.94%。城乡居民养老、医疗保险参保任务全面完成。区就业创业和人才服务局窗口荣获"全国优质文明窗口"荣誉称号。

(六)聚焦发展环境,重点改革稳步推进。全面完成政府机构改革,理顺部门职责关系,运行更加协调高效。制定"1+9"优化营商环境行动计划,加大金融机构信贷投放,累计减免税费1.24亿元,完成融资1.1亿元。加快构建"不见面、马上办"审批服务模式,完成新一轮"四级四同"政务服务事项承接及流程再造,实现与国家政务服务平台无缝对接。建成标准化村级便民服务站51个,打通便民服务"最后一公里"。深入推进农村集体经营性资产股权化改革,持续开展农村土地承包经营权有偿退出和抵押贷款改革试点。全面完成大堡村、上马泉村等12个村社员身份资格界定试点工作。积极推进医疗体制分级诊疗、现代医院管理等"五项制度"改革,开展医疗集团试点工作。

(七)聚焦和谐稳定,社会治理成绩斐然。深入推进扫黑除恶专项斗争,大力开展金融投资、交通运输等领域社会乱象整治,打掉涉黑涉恶团伙及村霸11个,抓获各类犯罪嫌疑人314人。扎实开展民族团结进步创建活动,打造民族团结进步示范单位10个。巩固提升全国"民族团结进步示范县(区)"创建成果,黄铎堡镇和润村荣获"全国民族团结进步模范集体"。民族团结、宗教和顺的大好局面持续巩固。以"法律八进"为载体,加大"七五"普法力度,全民法律意识进一步增强。大力推广"枫桥经验",不断完善"访调一体化"机制,化解矛盾纠纷4181起,社会大局持续稳定。区法学会荣获"全国法学会系统先进集体"。加强政府隐性债务管控研判,积极防范风险,稳妥化解债务,全区经济平稳运行。严格落实安全生产责任制,事故起数和死亡人数实现"双下降"。完成官厅长城、大堡和开城深沟"村改居"工作,解决城市社区服务场所8个,新建农村社区服务站18个,社区治理能力和服务水平全面提升。

加强国防动员建设,推进军民融合发展。支持工会、共青团、妇联依照法律和章程开展工作,统计、供销、残疾人、防震减灾、消防、气象、食品药品等事业取得新进展。

一年来,区人民政府坚持把政治建设作为政府系统党的建设首要任务,扎实开展"不忘初心、牢记使命"主题教育,不断增强"四个意识"、坚定"四个自信"、做到"两个维护"。旗帜鲜明讲政治。政府党组以上率下,把贯彻落实党的十九大精神、十九届四中全会精神和习近平总书记视察宁夏重要讲话精神作为政治必修课,在学懂弄通做实上下功夫,切实推动政府系统党组织和党员干部提高政治站位和政治自觉,旗帜鲜明维护权威、捍卫核心、对党忠诚,全力推动中央、区市党委、政府和区委的决策部署落地落实,使政府工作始终沿着正确方向前进。履职尽责求实效。始终保持踏石留印、抓铁有痕的精神状态,锲而不舍主动担当、履职尽责,自觉扛起中央巡视组、自治区党委巡视组等反馈问题整改落实的政治责任,从严从实抓好整改。中央扫黑除恶专项斗争第20督导组、自治区党委第五巡视组移交的179件重点信访事项全部办结;中央环保督察组反馈的70个问题全部整改销号。成功接受了国务院大督查、国务院脱贫攻坚成效和东西部扶贫协作考核、国务院扶贫专项督查、国家发改委"十三五"易地搬迁专项监管巡查及各类媒体暗访等,政府的执行力、公信力进一步提升。持之以恒优作风。坚持重大事项向区委请示报告，认真执行人大常委会决定，积极办理人大代表议案建议10件，政协委员提案建议33件。政务公开成为常态。持续加大对脱贫攻坚、污染防治等重大政策和投资项目建设跟踪审计监督力度。认真落实党风廉政建设责任制，充分发挥"331"涉农惠农资金监管平台作用，严惩扶贫领域违法违纪行为。严格落实中央八项规定，驰而不息纠正"四风"问题，厉行节约，"三公"经费实现零增长。

各位代表，过去的一年，面对大事要事难事、督查检查暗访，挑战多多、前所未有，困难重重、超出预期。我们不惧风雨、不畏险阻，迎接了一个又一个挑战、攻克了一道又一道难关。原州区各级干部群众面对脱贫攻坚的历史重任和经济下行压力持续加大的特殊困难，舍小家、顾大家，放弃休息、加班加点、昼夜奋战，好多同志带病坚守、透支健康，有的同志病倒在脱贫工作岗位上，这些一线的事迹，可亲可爱、可歌可泣，大家用汗水浇灌收获，以实干笃定前行，脱贫攻坚取得的成果史无前例，原州区彻底告别了"苦脊甲天下"的历史。回顾一年的工作，我们倍感振奋、倍感欣慰。这些成绩的取得，得益于自治区、市党委、政府和原州区委的正确领导，得益于人大、政协的鼎力支持，得益于全区人民的开拓进取和团结奋斗。在此，我代表原州区人民政府，向各行各业辛勤工作的广大干部群众，向支持原州发展的各位人大代表、政协委员、各民主党派、工商联和各界人士，向驻原各单位、人民解放军、武警官兵和公安干警，以及所有为原州建设与发展做出贡献的同志们、朋友们，表示崇高的敬意和衷心的感谢！

各位代表，在肯定成绩的同时，我们也清醒的看到原州区经济社会发展中还存在不少困难和问题。一是贯彻落实新发展理念还不到位，创新发展能力不够，固定资产投资后劲不足，营商环境还需进一步优化。二是巩固提升脱贫成果任务重，群众自我发展能力还需要进一步提升。实现全面建成小康社会目标还有短板。三是生态环保工作还需持续加强，清水河综合治理任务依旧繁重，农村人居环境整治还需持续发力。四是财政增收日益困难，民生保障、债务化解等刚性支出大幅增加，收支矛盾突出。五是整治形式主义、官僚主义等"四风"问题，为基层减负还需持之以恒，个别干部担当意识、服务创新意识不强，推动发展能力不足。对于这些问题，我们将以更大的决心、更强的力度、更实的举措加以解决。

2020年重点工作任务

2020年是实现第一个百年奋斗目标的关键之年，是全面建成小康社会和"十三五"规划收官之年，做好今年工作尤为重要。我们要时刻牢记习近平总书记来宁视察时的重要嘱托，清醒认识到我区发展正处于滚石上山、爬坡过坎的关键时期，增强"追"的雄心、树立"赶"的壮志、激扬"比"的豪情，把握新要求、担当新使命、展现新作为，进一步解放思想、真抓实干、乘势而上、奋力追赶，团结带领全区人民夺取全面建成小康社会胜利。今年政府工作总体要求是：以习近平新时代中国特色社会主义思想为指导，深入学习贯彻党的十九届四中全会、中央经济工作会议和习近平总书记视察宁夏重要讲话精神，全面落实自治区党委十二届八次、九次全会和固原市委四届五次、六次全会及原州区委三届四次全会决策部署，紧扣脱贫攻坚和全面小康目标任务，坚持稳中求进工作总基调，坚持新发展理念，以供给侧结构性改革为主线，以改革开放为动力，担当新使命，展现新作为，牢牢抓住"三个着力"重点，坚决打赢"三大攻坚战"，持续实施"三大战略"，守好"三条生命线"，走出一条高质量发展的新路子，确保与全国全区同步建成小康社会和"十三五"规划圆满收官，为建设经济繁荣民族团结环境优美人民富裕的美丽新宁夏作出新的更大贡献。

主要预期目标为：地区生产总值增长6.5%，地方一般公共预算收入增长2%，全社会固定资产投资增长5%以上，社会消费品零售总额增长5%，城乡居民人均可支配收入分别增长7.5%、9%，现行标准下农村贫困人口全部脱贫，完成自治区下达的各项约束性指标。

实现上述目标，必须抓好以下几方面工作：

(一)坚持精准方略，持续提升脱贫成果。坚持以人民为中心的发展思想，大力实施脱贫富民战略。坚决攻克贫困堡垒。聚焦深度贫困村、"三类特殊人群"和重点问题，决心不改、力度不减，逐村逐户逐项"回炉"起底，不折不扣对剩余未脱贫的823户2140人综合施策，真正做到"户户清"，确保2020年现行标准下农村人口全部脱贫。排查完善动力电、自来水管道、道路、住房等设施，进一步强化基础保障。巩固提升脱贫成效。紧盯"两不愁三保障"目标，坚决做到"四不摘"，以政策措施的稳定性、连续性，保障脱贫成果的稳定性和可持续性。分类制定产业扶持政策，重点向"边缘户"、未脱贫户倾斜。完成技能培训7100人，提供就业岗位1.5万个，拓展家门口就业空间，提升群众"造血"功能。继续抓好金融扶贫，贫困户贷款覆盖面稳定在70%以上，户均5万元以内，运用各种手段做好贷款清偿工作。继续发展壮大村集体经济，年收入5万元的村达到80%以上。选树脱贫攻坚典型。总结推广"蔡川金融扶贫""155责任包抓"等经验做法，打造彭堡闫堡、姚磨蔬菜种植、黄铎堡黄湾农村人居环境整治等扶贫工作示范点，以点带面，整体推动。坚持精神脱贫与物质脱贫并重，充分发挥"一约四会"和新时代文明实践中心(所、站)作用，深入开展脱贫攻坚政策宣讲、法律法规宣传等活动，选树表彰脱贫先进典型，讲好扶贫故事，对内激发动力，对外接受检阅。补齐全面小康短板。对照全面建成小康社会指标体系，一个一个盯着补，巩固提升已达标的城镇登记失业率、单位GDP能耗等20个指标，全力冲刺常住人口城镇化率、生活垃圾处理指数等基本达标的15个指标，全力补齐居民人均可支配收入、农村卫生厕所普及率等13个尚未达标的指标。提高社会帮扶水平。深化支教、支医和人员培训，不断提高教育卫生管理和业务水平。积极推进消费扶贫，扩大特色农产品东南沿海销售市场，将"六盘山特产馆"分馆拓展至15个。积极开展企业双向交流，带动境内企业扩展思路，做大做强。充分利用铁路帮扶优势，持续扩大特色农产品"进站上车"，办好"扶贫产品销售专柜"和"扶贫产品专区代销点"。

(二)坚持创新驱动，持续走高质量发展之路。大力实施创新驱动战略，以供给侧结构性改革为主线，提升产业链、催生新动能，加快构建创新引领、协同发展的现代产业体系。深化科技创新激活力。坚持多层次、全方位推动创新驱动战略实施，构建创新驱动发展体制机制，营造科技创新、协同创新良好氛围，R&D经费投入强度大幅提高。加强科技创新人才队伍建设，推进一二三产融合创新产业链，促进科技创新与产业发展深度融合。壮大农业产业强实力。走出为种而种、为养而养的粗放发展老路，从市场端、加工端发力，加快构建现代农业产业体系、生产体系和经营体系。持续调优产业结构，大力发展以冷凉蔬菜、草畜、马铃薯、生态鸡及特色种养为主的"4+X"产业，加快产业体系建设。新建千亩拱棚西瓜基地、旱地集雨覆膜保墒冷凉蔬菜示范推广基地，全区蔬菜种植面积稳定在21万亩以上。建设马铃薯原种基地3400亩。以创建国家级现代农业产业园为契机，完成"见犊补母"3.5万头，推广全株玉米青贮等30万吨，改良肉牛3.5万头，全区牛、羊饲养量分别达到25万头、75万只，优质牧草面积稳定在70万亩以上。建成兴百业高品蛋鸡产业园，支持好水川、圣大等做大做强，全区生态鸡饲养量达到120万只，带动家禽饲养量达到250万羽。新建千亩小杂粮示范基地3个，带动全区种植小杂粮(油料)10万亩以上，支持中药材、红树莓及蜜蜂等特色种养业发展。实施水系联通工程，实现清水河流域18座水库联蓄联调联用，构建新型水资源利用体系。实施水利设施配套提升工程，加快黄河水调蓄工程建设，新建及除险加固水库、淤地坝、蓄水池32座。实施基本农田扩面改造工程，新建高效节水灌溉面积2.7万亩，巩固提升"自治区高效节水灌溉示范区"建设水平。打造以有机蔬菜、高端牛肉、生态土鸡、绿色苜蓿为主的"原州"字号区域特色品牌，加快经营体系建设。鼓励支持企业认证(定)国家级品牌、农产品地理标志、有机农产品、绿色食品，参与中国质量奖、中华老字号、驰名商标、知名品牌评选，申报全国名特优新农产品目录和国家级畜禽遗传资源保护名录，新增绿色食品认证、有机食品认证、地理标志登记10个，打造知名农业品牌2个以上。积极开拓福建、铁路专送等区内外市场，扩大产品销售。发展生态友好型工业增动力。坚持生态环保节水优先，加快构建以农产品精深加工、能源新材料产业为主的新型工业体系。完成融侨(丰霖)肉牛产业园屠宰加工、兴百业高品蛋鸡加工项目建设，力争海升集团甜心水果胡萝卜等休闲食品加工项目和福建新同兴纺织企业落地，新建飞毛腿电子组装厂，扩大固原贤明民族服饰有限公司规模。打造"专精特新"中小企业集群，新培育规上企业5家、中小微企业30家。做优做强三产展魅力。实施"消费回流"计划，改善消费环境，围绕"吃住行游购娱"全链条，开拓原州"一日游"等周末经济，打造精品街区和特色夜市，建设博物馆"六盘夜话"休闲一条街。以创建全域旅游示范区为契机，配合做好须弥山旅游开发工作，实施乡村旅游基础设施项目，打造牡丹山庄、宋洼梯田等旅游新景点，建设杨郎乡村旅游示范点，力争启动建设695时光谷文旅休闲综合体项目。大力发展教育培训、家政服务、健康养老等新业态，促进消费升级与产业升级协同共进。实施电子商务进农村综合示范县项目，推动电子商务与三次产业融合发展，扩展产品线上销售通道。力争建设电子商务示范乡镇3个、电子商务示范村30个，新培育电商企业20家以上，全年线上销售额突破3亿元。狠抓项目建设挖潜力。抢抓黄河流域生态保护和高质量发展上升为重大国家战略的历史性机遇，抓紧谋划一批打基础、利长远、惠民生、强产业的大项目、好项目。紧紧围绕脱贫富民等76个重点建设项目，强化领导包抓责任制，全力向上争取项目资金，力促项目早落地、早建设。紧盯招商引资加马力。深化"高质高效招商引资年"活动，围绕"十大产业链"精准谋划项目，进一步落实招商引资责任制，组织开展"优化营商环境"和紧盯目标企业引项目、紧盯签约项目抓落地、紧盯开工项目抓进度和紧盯洽谈项目抓签约"1+4专项行动"，强化主体责任，创新招商方式，落实扶持政策，争取全年招商引资到位资金25亿元。

（三）坚持城乡统筹，持续打造宜居宜业新家园。坚持城乡统筹、产城融合，建设生态城镇，推进乡村振兴，在增强整体性协调性中拓展发展空间。提升城市管理水平。紧扣生态园林和文化旅游城市定位，积极主动配合完成国土空间规划，完善城市功能，加快老旧小区、棚户区改造，提高基础设施、公共服务、宜居环境水平，创建国家卫生城市。配合完成海绵城市试点和古城墙遗址公园、机场路绿化等工程。加强执法队伍建设，积极推进物业管理"标准化"建设，加强公租房动态监管工作，不断提升城市精细化管理水平。提高农村发展质量。按照"产业兴旺、生态宜居、乡风文明、治理有效、生活富裕"总要求，围绕"五个振兴"推进农村持续健康发展，注重保护乡情美景、保持自然形态、保留乡土味道，不贪大求洋、不大拆大建、不大包大揽，让村庄形态与自然环境相得益彰。建设寨科、炭山2个美丽小城镇，张易田堡、彭堡曹洼等8个美丽村庄。新建高标准农田3万亩，实施春秋覆膜面积35万亩。综合治理炭山新山等7条小流域，治理流域面积96.5平方公里。深入推进"百村示范、千村整治"，深化实施农村人居环境整治，修缮垃圾填埋场7个，打造农村垃圾分类示范村5个。完成农村改厕6000座、新建乡镇村公共卫生厕所20座。补齐基础设施短板。修建官厅至固原、G344青石嘴至固原2条二级公路、湾掌至三营等4条三级公路，新修村组道路、连户巷道264.3公里。配合做好宝中铁路扩能改造、银昆高速新建等工程前期相关工作。擦亮"四好农村路"品牌，加快超期服役公路改造，加强农村道路预防性养护，开启建管养运农村公路"原州模式"。

（四）坚持生态立区，持续推进美丽原州建设。牢固树立绿水青山就是金山银山的发展理念，坚决守好改善生态环境的生命线，在厚植生态优势中实现绿色崛起。厚植绿色发展底色。严守生态底线，以六盘山400毫米以上降水线造林绿化为重点，实施何家沟流域生态治理、环固原市区"U"型生态屏障建设等一批生态保护工程。完成造林绿化15.5万亩以上，森林覆盖率达到20.6%以上。不断壮大"四个一"林草产业。做好"生态+""绿色+"文章，充分释放"四个一"示范成果，提升矮砧密植苹果种植水平。发展庭园经济林示范村21个，建成三营甘沟、张易田堡等5个千亩山楂、榛子、核桃、红树莓示范点，带动全区"四个一"种植110万亩以上。全力打好污染防治攻坚战。抓好中央环保督察反馈问题整改落实，对照清单，坚决整改，严格销号，确保如期完成整改任务。打好蓝天保卫战。加强环保执法，坚决整治"小散乱污"企业，统筹推进"四尘"治理，严格落实施工工地"6个100%"防控要求，严管道路扬尘污染，严控秸秆垃圾焚烧和餐饮业油烟排放。打好碧水保卫战。加快推进清水河系统治理工程，实施清水河综合治理二期工程。加大农村水系综合整治，强化沈家河水库进出水断面水质监测，确保清水河水质稳定达标。提升河长制工作水平，实行问题、目标、任务、责任、措施"五张清单"制度，抓好农村饮水水源地保护工作，建设美丽河湖。打好净土保卫战。加大秸秆多元化利用和农用残膜回收加工转化，回收残膜4600吨，加工造粒1150吨。开展城乡垃圾处理等固体废物污染防治，积极发展循环农业，减少畜禽粪便污染。

（五）坚持民生为本，持续增进人民群众福祉。坚持把人民群众对美好生活的向往作为奋斗目标，把人民满意不满意作为检验工作的标准，不断满足人民日益增长的美好生活需要。办好人民满意教育。深入推进"互联网+教育"，建设数据指挥中心，创建原州十八小、固原三中信息化特色学校，推进创客教育普及化发展。推广城区集团化办学和城乡共同体办学模式。新建原州区第十九小等3所小学和原州十幼等3所幼儿园。开展城镇小区幼儿园治理，积极推进建成小区配套幼儿园移交工作，切实解决市区"入园难"问题。着力推进"健康原州"。全面完成区人民医院搬迁和中医康复楼及放疗中心建设，打造心脑血管等特色科室。实施乡镇卫生院提升改造项目，深入推进医师素质、医疗质量"双提升"行动，着力促进优质医疗资源向乡镇卫生院、村（社区）卫生室下沉。持续提升与福建医科大学附属医院、上海长海医院、北京大兴医院的协作水平，强化医联体建设。丰富群众文化生活。积极争取文化馆、图书馆项目开工建设，不断提升基础设施建设标准。精心组织春节、国庆节等节庆文化活动。扎实开展送文化下乡、进社区，戏曲进乡村、进校园等工作。组织节庆广场及清凉夏日广场文化活动40场次以上，组织演出团队、文化大院和自乐班在乡村演出2000场次以上。培训乡村文化骨干400名，扎实做好"三馆一站"免费开放工作。强化社会综合保障。把就业创业作为增加群众收入、壮大区域经济的重要抓手，发放创业担保贷款3000万元，培育创业实体500个，创造新岗位1450个。深化闽宁劳务协作，扶持飞毛腿高级技工学校原州分校，提高培训后就业率。全年完成转移就业7.5万人，实现工资收入16亿元以上。城镇新增就业3500人，城镇登记失业率控制在4.5%以内。按照兜底线、织密网、建机制的要求，狠抓参保扩面，对符合政策的参保人群全部纳入保障范围，实现应保尽保。认真做好社会救助、社会福利等工作，加大农村留守老人、妇女儿童、残疾人关心关爱服务，着力解决好群体生活困难问题，让每个困难群众都能感受到党和政府的温暖。健全养老服务体系。改造提升现有养老机构基础设施，完成老年养护院项目建设。抢抓加大居家和社区养老服务支持力度机遇，完善以居家为基础，社区为依托，机构为支撑，医养相结合的养老服务体系。

（六）坚持改革创新，持续释放经济发展活力。立足我区特色和优势，瞄准市场需求，主动在"一带一路"和宁夏内陆开放型经济试验区建设中谋篇布局,积极参与市场竞争和交流合作。以闽宁协作为契机,扩大与沿海发达地区的交流,在绿色产品供给、文化旅游、经贸合作等方面取得新进展。着力优化营商环境。深入落实"1+9"优化营商环境行动方案,推进"放管服"改革。加快"互联网+政务服务"建设,深入推进"一网、一门、一次""不见面、马上办"改革,切实让企业和群众少跑路、好办事、不添堵。依法保护各类企业和企业家合法权益,加强违法、失信惩戒,打造公平公正的法治环境。深入贯彻落实党中央、国务院关于实施更大规模减税降费的决策部署,多管齐下,力促减税降费取得实效。深化财税、投融资改革,发挥财政资金撬动作用,扶持实体经济发展。深化医药卫生改革。以医疗健康集团建设和家庭医生签约为抓手,进一步完善分级诊疗制度,落实基层首诊、双向转诊、急慢分治、上下联动的分级诊疗模式,形成"小病在乡镇(社区)、大病进医院、康复回乡镇(社区)"的医疗服务新格局,确保县域内就诊率达到90%,基层医疗卫生机构诊疗量占总诊疗量比例提高到65%以上。持续推进农村改革。深入推进"三权分置"改革和"两权"抵押贷款工作,完成农村土地经营权证抵押贷款300万元和61个行政村农村集体经营性资产股权化改革工作。全面完成水流产权确权改革试点。

(七)坚持和谐稳定,持续推进社会治理创新。坚决守好维护政治安全的生命线,纵深推进扫黑除恶专项斗争,提升社会乱象整治工作水平。做好"七五"普法迎检工作,争取"法治融屏"首批项目试点,打造数字化普法工作亮点,提高法治宣传教育知晓率。创新人民调解工作,完善"134"矛盾纠纷排查化解机制,切实解决群众反映强烈的突出问题。加快立体化、信息化治安防控体系建设,进一步提升社会治理能力和水平,切实维护社会大局和谐稳定,创建自治区禁毒示范县(区)。完善各类应急预案和应急救援指挥机制,壮大应急救援队伍,坚决防范各类生产安全事故。规范社会组织管理,建成社会组织孵化基地。全面落实村代会会议议定事项清单,修订完善村规民约和居民公约,提升村(居)自治能力。坚决守好促进民族团结的生命线,抓好中央第八巡视组巡视反馈问题的整改工作,着力巩固整改成果,实现整改"清零"目标。加快推进财政体制机制改革,积极稳妥化解政府债务,严密防控金融风险。

切实加强国防教育,扎实做好民兵预备役和双拥工作。大力支持老龄、残疾人和社会公益事业发展。重视关心下一代工作,积极支持工青妇等群团组织依照法律章程开展工作,发挥审计监督与服务作用,为地方经济健康发展提供保障,继续加强物价、统计等工作。

建设人民满意政府

面对新形势、新任务、新要求,我们深感责任重大,使命光荣,必须牢记党和人民的嘱托,坚定担当新使命,奋力展现新作为,坚持把人民满意作为政府工作的出发点和落脚点,全面加强自身建设,切实转变政府职能,着力提高行政效能,努力打造人民满意的政府。

提高政治站位,切实加强政治建设。高举习近平新时代中国特色社会主义思想伟大旗帜,深入学习贯彻落实党的十九届四中全会和习近平总书记视察宁夏重要讲话精神,不断增强"四个意识"、坚定"四个自信"、做到"两个维护"。始终坚持党的集中统一领导,把政治建设摆在首位,时时向党中央对标对表,凡事都从政治上考量,突出政治性,确保政治上绝对清醒、立场上绝对坚定、态度上绝对坚决,始终做到对党绝对忠诚,表里如一、言行如一,步调一致、不折不扣贯彻执行党中央、国务院和区、市党委、政府和区委各项决策部署,确保政令畅通、令行禁止,切实把思想和行动统一到打赢"三大攻坚战"、补齐全面小康社会短板、促进民生事业改善、推动经济社会高质量发展上来,为与全国全区同步全面建成小康社会提供强大政治保障。

坚持依法行政,切实推进法治建设。加强法治政府建设,自觉运用法治思维和法治方式推动工作,把依法行政贯穿于政府工作的各个层面、各个环节。严格履行重大行政决策法定程序,充分发挥政府法律顾问作用,确保决策科学民主合法。坚持用制度管人管事,提高政府工作规范化水平。加大政务公开力度,完善政府门户网站建设,及时发布政府信息,回应社会关切,大力开展"政府开放日"活动,自觉接受人大法律监督和政协民主监督,主动接受社会和舆论监督,不断提高人大代表建议和政协委员提案办理质量。

全力担当作为,切实提高行政效能。加强学习型政府建设,加快知识更新,优化知识结构,努力克服本领恐慌,不断提高执政能力和水平。勇于直面矛盾,敢于担当负责,妥善处理历史遗留问题和发展过程中产生的新问题,以实实在在的工作成效取信于民。把强谋划、强执行作为政府工作的生命线,加快形成推动高质量发展的指标体系、政策体系、标准体系,优化政府工作考核评价机制,确保各项任务落细落实。坚决治理为官不为、执行不力等问题。健全容错纠错机制,旗帜鲜明地为担当者担当、为干事者撑腰,让恪尽职守、务实担当成为政府工作的主旋律,充分调动广大干部的工作积极性,形成千斤重担大家挑、齐心协力谋发展的强大合力。

强化正风肃纪,切实坚守纪律红线。严明党的政治纪律和政治规矩,始终把纪律和规矩挺在前面,持之以恒落实中央八项规定和实施细则精神,驰而不息纠正"四风"。坚持厉行节约、勤俭办事,强化预算管理,压减"三公"经费等一般性支出,把更多的财力用于改善民生和发展社会事业,从严管好项目审批、从严管好项目程序、从严管好项目资金,尽力而为、量力而行,不拔高标准、不吊高胃口,进一步树立过苦日子的思想,增强过紧日子的意识,以政府的苦日子换来老百姓的好日子。严格落实党风廉政建设责任制和"一岗双责",加强对政府部门的廉政教育、日常管理和监督约束,教育引导公职人员明底线、知敬畏、守规矩。加强对领导干部任期经济责任审计和财政资金审计力度,切实做到干部清正、政府清廉、政治清明。

各位代表,新思想引领新时代,新时代要有新作为。让我们更加紧密团结在以习近平同志为核心的党中央周围,在自治区、固原市党委、政府和原州区委的坚强领导下,坚定信心、增强定力,开拓创新、锐意进取,坚决打赢脱贫攻坚战,确保与全国全区同步全面建成小康社会,为建设经济繁荣民族团结环境优美人民富裕的美丽新宁夏而努力奋斗!

附:有关情况说明

1."专精新特"中小企业:指具有"专业化、精细化、特色化、新颖化"特征的工业中小企业。

2."五清两改三绿化":指清理农村生活垃圾、清理村内沟渠、清理农业生产废弃物、清理危窑危房和残垣断壁、清理乱堆乱放、乱搭乱建;改变不良生活习惯、改变落后的生产方式;房前屋后绿化、道路沟渠绿化、小流域系统绿化。

3."一屏一带一线三区":是固原市"四个一"林草产业总体布局。即六盘山为主体的生态屏障;农田防护林带;旅游环线林草花景观带;林果产业区、花卉苗木产业区、饲草和观赏草产业区。

4."四尘":即扬尘、煤尘、烟尘、车尘。

5."法律八进":即法律进机关、进单位、进学校、进社区、进农村、进宗教场所、进企业、进社会组织。

6."三个着力"重点:2016年7月,习近平总书记在宁夏视察工作结束时的重要讲话中,明确提出了"着力推进经济持续健康发展、着力保持社会和谐稳定、着力巩固和发展党的执政基础"的重点任务。

7."三大战略":即创新驱动战略、脱贫富民战略和生态立区战略。

8."三大攻坚战":指防范化解重大风险攻坚战、精准脱贫攻坚战、污染防治攻坚战。

9."三条生命线":指促进民族团结的生命线、维护政治安全的生命线、改善生态环境的生命线。

10."155责任包抓":指脱贫攻坚三级包抓责任机制,即每个区委常委包抓1个乡镇、每个县级领导包抓5个行政村、每个干部帮扶5户贫困户。

11. R&D：即"research and development"，指研究与开发。

12. "十大产业链"：即草畜产业、马铃薯产业、中药材产业、冷凉蔬菜产业、生态经济产业、现代纺织产业、盐化工循环经济产业、煤电一体化产业、文化旅游产业、现代物流产业"十大产业链"。

13. "五个振兴"：即乡村产业振兴、人才振兴、文化振兴、生态振兴、组织振兴。

14. "一带一路"：是"丝绸之路经济带"和"21世纪海上丝绸之路"的简称。

15. "放管服"：即简政放权、放管结合、优化服务。

16. "134"矛盾纠纷排查化解机制：即成立一套组织机构；完善镇、村、组三级网络；严格落实矛盾纠纷排查化解四项制度（领导开门接访、主动下访制度，"两排查一分析"制度，重要节日和重大节点）。

组织机构及负责人名单

(2020年1月1日至12月31日)

中国共产党固原市原州区第三届委员会

固原市委常委、原州区委书记	杨　文(回族)
原州区委副书记、区长	房正纶
原州区委副书记	米　广
原州区委副书记	沈瑞华(挂职)
原州区委常委、纪委书记、监委主任	
	李春生
原州区委常委、统战部部长	马仲尧(回族)
原州区委常委、组织部部长	李育龙
原州区委常委、副区长	刘世贤
原州区委常委、宣传部部长	武殿盛
原州区委常委、政法委书记	杨天峰
原州区委常委	刘杏萍(女)
原州区委常委、人武部政委	刘文平
原州区委常委、副区长	袁云福(挂职)

固原市原州区第三届人民代表大会常务委员会

原州区人大常委会主任、党组书记	
	郭兆虎
原州区人大常委会副主任、党组副书记	
	马国明(回族)
	张俊孝
	庞英丽(女,回族)
	尹利民

固原市原州区第三届人民政府

原州区区长、党组书记	房正纶
原州区副区长、党组副书记	
	刘世贤
原州区副区长	袁云福(挂职)
	马　英(女,回族)
	拜春晖(回族)
	曾新富
	魏志斌(8月免)
	王统一
	王国军(挂职)
	田玉铭(回族,8月任)
原州区区长助理	宋　阳(挂职)
	陈　翔(挂职)

中国人民政治协商会议固原市原州区第三届委员会

原州区政协主席、党组书记	何　锟(回族)
原州区政协副主席、党组副书记	
	张玉峰
原州区政协党组副书记	
	马仲尧(回族,3月任)
原州区政协副主席	李广平
	李宏霞(女)
	金占海(回族,8月任)

中国共产党固原市原州区第三届纪律检查委员会

书　记	李春生
副书记	王怀凌
	董　斌（满族）
常　委	李春生
	王怀凌
	董　斌（满族）
	杨文霞（女,10月免）
	王小军
	张进茂（10月任）
	戴铭毅

监察委员会

主　任	李春生
副主任	王怀凌
	董　斌（满族）
委　员	王小军
	樊耀军
	戴铭毅

室主任

办公室主任	王小军
党风政风监督室主任	戴铭毅
案件审理室主任	李晓萍（女）
案件监督管理室主任	顾荣伟（5月任）
	张进茂（3月免）
信访室主任	雷　英
第一纪检监察室主任	樊耀军
第二纪检监察室主任	樊亚兵
第三纪检监察室主任	熊银伟

派驻纪检组

派驻第一纪检监察组组长	刘孝斌
派驻第二纪检监察组组长、发展和改革局党组成员	陶玉红（女）
派驻第三纪检监察组组长、教育体育局党组成员	李菊霞（女）
派驻第四纪检监察组组长、自然资源局党委委员	李庆炜
派驻第五纪检监察组组长、综合执法局党委委员	马　斌
派驻第六纪检监察组组长、人社局党组成员	魏　生
派驻第七纪检监察组组长、区人民法院党组成员	别万红（女,3月任）
派驻第八纪检监察组组长、区人民检察院党组成员	杨　鹏（5月任）
派驻第九纪检监察组组长	杜茂林（3月任）

中国人民解放军固原市原州区人民武装部

原州区人武部部长	张全军（1月任）
原州区人武部政委	刘文平

固原市原州区人民法院

党组书记、院长	殷志刚（回族）
党组副书记	张　才
党组成员、副院长	杨春荣（回族）
	胡德炳
	韩鹏飞
党组成员、派驻第七纪检监察组组长	别万红（女,3月任）
党组成员、综合办公室主任	王耀军
党组成员、审判委员会委员、民事审判第二庭庭长	哈永祥（回族）
审判委员会专职委员	吴建新
政治部主任	王　宁（女,回族）
综合办公室副主任	白　岩（10月任）
司法警察大队大队长	年　峰
司法警察大队教导员	徐建荣
司法警察大队副大队长	杨慧斌

司法警察大队副教导员	马晓强(回族,10月任)		张　震
审判委员会委员、立案庭(诉讼服务中心)庭长			王保杰
	贺维功		杨　鹏(5月任)
立案庭(诉讼服务中心)副庭长		检委会专职委员	徐　旭
	李凤琴(女)		刘建荣
审判委员会委员、民事审判第一庭庭长		办公室主任	马夫山(回族)
	马秉柱	第一检察部主任	
民事审判第一庭副庭长	王　艳(女,10月任)	第二检察部主任	崔晓军
民事审判第二庭副庭长	张清伟	第三检察部主任	宗　岩
审判委员会委员、刑事审判庭庭长		第四检察部主任	张淑霞(女,回族)
	刘志聪	第五检察部主任	侯宝华
刑事审判庭副庭长	罗彦惠(回族)	综合业务部主任	李　鹏
审判委员会委员、行政庭庭长	周　勇(回族)	政治部主任	

原州区委工作部门

审判委员会委员、执行局局长	张立强		
执行局副局长	王金龙	**区委办公室**	
执行局执行一庭庭长	王艳秀(女)	主　任	范忠于
执行局执行二庭庭长	毛建军	副主任	武　铎
审判管理办公室(研究室)主任	郑国宁		裴国强(3月免)
审判委员会委员、未成年人案件审判庭庭长			汤永博(10月免)
	王　静(女)		周晓凤(3月任)
未成年人案件审判庭副庭长	任卫敏(女,10月任)		陈建雷(11月任)
城郊法庭庭长	王克权		张立园(5月任)
城郊法庭副庭长	蔡　非(10月任)		
三营法庭庭长	黑学贵(回族)	**督查室**	
三营法庭副庭长	马利克(回族)	主　任	张立园(5月任)
寨科法庭庭长	邵芳萍(女,10月任)		杨　鹏(5月免)
寨科法庭副庭长	伏志刚		
开城法庭庭长	张金凤(女,10月任)	**保密办(保密局)**	
开城法庭副庭长	苟向辉(10月任)	主任(保密局局长)	范忠于

固原市原州区人民检察院

		区委组织部	
党组书记、代理检察长	黄　浩(10月任)	部　长	李育龙
	张建勋(去世)	副部长	连廷仓(10月免)
党组副书记、副检察长	马彦平(回族)		薛国虎
党组成员、副检察长	毛忠林	副部长、老干部局局长、离退休干部党工委书记	
	马福贵(回族)		
党组成员	海　智(回族)		刘喜荣(女,回族)

区直机关工委
书　记　　　　　　　李育龙
常务副书记　　　　　薛国虎(10月任)
　　　　　　　　　　连廷仓(10月免)

非公经济组织和社会组织工委
书　记　　　　　　　薛国虎(10月免)
专职副书记　　　　　魏　申(3月任)

离退休干部党工委
书　记　　　　　　　刘喜荣(女,回族)
专职副书记　　　　　丁成章(回族)

党员电教中心
主　任　　　　　　　毛亚民

区委宣传部
部　长　　　　　　　武殿盛
副部长、精神文明办主任　祁应亨(10月任)
　　　　　　　　　　刘会宁(9月免)
副部长　　　　　　　母广玲(女,回族)
文明办专职副主任　　周丽莉(女,回族,3月任)
　　　　　　　　　　王　瑞(女,3月免)

区委统战部
部　长　　　　　　　马仲尧(回族)
副部长　　　　　　　马彦东(回族,10月任)
　　　　　　　　　　沙德彪(回族,10月免)
　　　　　　　　　　马　俊(回族,10月免)
　　　　　　　　　　王晓杰
　　　　　　　　　　田小利(回族)
　　　　　　　　　　王国军
　　　　　　　　　　李成祺(回族,10月任)

民族宗教事务局
局长(兼)　　　　　　马彦东(回族,10月任)
　　　　　　　　　　沙德彪(回族,10月免)

区委政法委
书　记　　　　　　　杨天峰
副书记　　　　　　　蔡东学
　　　　　　　　　　张万忠(3月免)
　　　　　　　　　　王　禧
　　　　　　　　　　张进茂(3月任,10月免)
　　　　　　　　　　杨文霞(10月任)
副书记(兼)　　　　　马彦东(回族,10月任)

区委政策研究室
主　任　　　　　　　马玉富(回族)
副主任　　　　　　　李翔宇
改革办专职副主任　　杨建军(回族,3月任)

区委网络安全和信息化委员会办公室
主　任　　　　　　　张　福
副主任　　　　　　　张文华(女)

互联网信息中心
主　任　　　　　　　张青晖

区委机构编制委员会办公室
主　任　　　　　　　白　莉(女,回族)
副主任　　　　　　　马林巧(女,回族)

巡察办
主　任　　　　　　　张进茂(10月任)
　　　　　　　　　　杨文霞(女,10月免)
副主任　　　　　　　安必顶
巡察一组副组长　　　王　娟(3月任)
　　　　　　　　　　侯起鹏(3月免)
巡察二组副组长　　　薛晓明

原州区委直属事业单位

档案馆
馆　长　　　　　　　张久园(3月任)
副馆长　　　　　　　孔学伟

	桑瑞云(3月任)	副主任、信访局局长(兼)	马国义(回族)

区委党史和地方志研究室
主　任　　　　刘万恩
副主任　　　　邢学富(回族)
　　　　　　　杜晓晖(女)

融媒体中心
主　任　　　　李雪宁(女)
副主任　　　　惠玉堂
　　　　　　　李　蓉(女)

机关事务服务中心
主　任　　　　杨利军(3月任)

发展和改革局
党组书记、局长　马永春(回族,9月任)
　　　　　　　金占海(回族,9月免)
党组副书记、副局长　张天明
党组成员、副局长　杨风才
　　　　　　　何　伟
　　　　　　　何忠孝

原州区人大常委会工作部门

人大常委会办公室
人大常委会机关党组书记、人大办主任
　　　　　　　王　钊
副主任　　　　雷富仓(回族)

法制工作委员会
主　任　　　　李　润(女,5月任)
副主任　　　　李　润(女,5月免)

财经工作委员会
主　任　　　　胡瑞康

科教文卫工作委员会
主　任　　　　韩　莉(女)

选举工作委员会
主　任　　　　毛俊林(回族)

原州区人民政府工作部门

政府办公室
政府党组成员、办公室主任　祁志雄
副主任　　　　郭伟旺(10月免)
　　　　　　　马成龙(回族)
　　　　　　　赵　帅(挂职)

教育体育局
教育工委书记、教体局党组书记、局长
　　　　　　　别志俊
党组成员、副局长　赵忠全
党组成员、副局长　强贵荣
党组成员、纪委监委派驻第三纪检监察组组长
　　　　　　　李菊霞(女)
党组成员、教育工委专职副书记
　　　　　　　陈　鑫
党组成员、教育督导室主任　姚克林
党组成员、师资教育培训中心主任
　　　　　　　陈建雷(11月免)
固原市第三中学校长　吴正儒
固原市第四中学校长　柴继宽
固原市第五中学校长　夏启明
固原市第六中学校长　邓明星
固原市第七中学校长　吴进军
原州区三营中学校长　马彦刚(回族)
原州区彭堡九年制学校校长　常宗有
原州区头营中学校长　任克选(回族)
原州区张易中学校长　杨秀花(女、回族)
原州区头营镇杨郎中学校长　张旭斌
原州区黄铎堡学校校长　马　幸(回族)
原州区第二小学校长　苏晓勇(回族)
原州区第三小学校长　马国栋(回族)

原州区第四小学校长	韩向宏		马永春(回族,9月免)
原州区第五小学校长	曹钰福	党委委员、副局长	徐海玲(女)
原州区第六小学校长	李晓娟(女)	党委委员、副局长	马 炜(回族)
原州区第七小学校长	高 龙		
原州区第九小学校长	高 龙	**民政局**	
原州区第十小学校长	张 震	党组书记、局长	马静乾(回族)
原州区第十一小学校长	南 燕(女)	党组成员、副局长	周建宇
原州区第十二小学校长	郭 璧		李学玮
原州区第十三小学校长	胡煜帮	**司法局**	
原州区第十四小学校长	赵金虎	党组书记、局长	马 俊(回族,10月任)
原州区第十五小学校长	马 辉(回族)		邓彦斌(10月免)
原州区第十八小学校长	吕耀奎	党组副书记、副局长	刘荣贵(回族)
原州区官厅镇中心小学校长	纳学仁(回族)	副局长	戴玉文
原州区开城镇中心小学校长	李宝成	官厅镇司法所所长	海玉新(回族)
原州区头营镇中心小学校长	栾志平	开城镇司法所所长	张志有
原州区三营镇中心小学校长	何万里(回族)	头营镇司法所所长	王富成
原州区张易镇中心小学校长	黄满平	张易镇司法所所长	沈关怀
原州区彭堡镇中心小学校长	邓树滢	三营镇司法所所长	何尚军
原州区黄铎堡镇中心小学校长	陈汉宏	彭堡镇司法所所长	李 红(女,回族)
原州区中河乡中心小学校长	马文书(回族)	黄铎堡镇司法所所长	海玉鸿
原州区河川乡中心小学校长	曹 鑫	中河乡司法所所长	李玉贵
原州区炭山乡中心小学校长	黄玉耿	寨科乡司法所所长	妥成虎
原州区第一幼儿园园长	郭小改(女)	炭山乡司法所所长	范少华
原州区第二幼儿园园长	方淑红(女)	河川乡司法所所长	方淑芸(女)
原州区第三幼儿园园长	王凤花(女)	北塬街道办事处司法所所长	
原州区第四幼儿园园长	李彩霞(女)		杜学勤
原州区第七幼儿园园长	皮学珍(女)	南关街道办事处司法所所长	
原州区第八幼儿园园长	李义红(女)		张 勇
		古雁街道办事处司法所所长	

科学技术局

党组书记、局长	何生虎(回族)
党组成员、副局长	戴培勋
	魏晓琴(女)

财政局

党组成员	马 莉
	(女,回族,5月任)
党组书记、局长	刘万平
党组成员、副局长	何文章(回族)
	安 云
党组成员	褚桂芳(女,3月任)
会计核算中心主任	罗亚平

工业信息化和商务局

党委书记、局长	邓彦峰(9月任)

人力资源和社会保障局
党组书记、局长	赵向辉
党组成员、副局长	于金红(女,回族,3月免)
	庞　智
	白雪梅(女,回族)

就业创业和人才服务局
局　长	杜鹏飞(1月任)

社会保险事业管理局
局　长	张久园(3月免)
副局长	高　仁(3月免)

劳动保障监察执法大队
大队长	张　银(3月任)

自然资源局
党委书记、局长	罗小宁(10月任)
	金　琳(回族,10月免)
党委书记、副局长	马荣福(回族)
党委委员、副局长	柳志勇
	李永安(10月免)
	崔丁香(女)
党委委员	李庆炜(女)

林业技术推广服务中心
局党委委员、党支部书记、主任	
	赵　骥

林业总场
党总支书记、场长	李　卓

林政执法大队
队　长	穆宏剑

林木检疫站
站　长	李继光

住房城乡建设和交通局
党委书记、局长	王正奇(9月任)
	刘晓军(9月免)
党委委员、副局长	张志升
党委委员、副局长	杨鹏程
	马喜宏
	马志忠

公路段
支部书记	李德鹏
段　长	张少栋

水务局
党委书记、局长	戴培义
党委副书记、副局长	蒋广秀(3月免)
党委委员、副局长	金创明
	刘静书(10月免)
	孙志旺(3月任)
	赵海军(10月任)

水保站
党支部书记	刘　卉(女)
站　长	郭常君(3月任)
	孙志旺(3月免)

扬黄灌溉管理站
党支部书记	唐福荣
站　长	马秉春

农业和农村局
党委书记、局长	马志强(回族)
党委副书记、副局长	陈锡龙
党委委员、副局长	杜茂林(3月免)
	李春琴(女)
	王晓玲(女,3月任)

农业技术推广中心
党委委员、党支部书记	张宏熹(10月任)

	罗军科(10月免)		王海清(9月免)
主　任	张玉龙	党委副书记、副局长	何　刚
		党委委员、副局长	杨　波

农业机械化推广服务中心

主　任　　　任俊林

区人民医院

党支部书记　　　张继国(11月任)

　　　　　　　　黄会堂(11月免)

农业合作经济经营管理站

站　长　　　赵　翔(3月任)　　院　长　　　陈晓琴(女)

　　　　　　王宏斌(3月免)　　副院长　　　柯义满(回族)

　　　　　　　　　　　　　　　　　　　　　高小平

畜牧技术推广服务中心

局党委委员、主任　　邰军荣　　　　　　　　侯晓伟

卫生监督所

党支部书记　　　杨晓勇

农业综合开发服务中心

主　任　　　王晓煜(1月任)　　所　长　　　张廷锐

　　　　　　杨晓珍(1月免)　　副所长　　　张振文

农业综合执法大队

疾控中心

队　长　　　罗军科(10月任)　　党支部书记　　　张继国(11月免)

主　任　　　马　宏(回族)

文化旅游广电局

副主任　　　吕安蓉(女)

党委书记、局长　　马文军(回族,9月任)

　　　　　　　　邓彦峰(9月免)　　**退役军人事务局**

党委委员、副局长　　罗晓娟(女)　　党组书记　　　董　奇(5月任)

　　　　　　　　罗　鑫　　　　　　　　　　　　张启源(5月免)

须弥山文管所

局　长　　　毛巧玲(女)

党支部书记　　　王　玺　　党组成员、副局长　　郝彦晖

党组成员、退役军人服务中心主任

文管所

所　长　　　王金铎　　　　　　　　高　勇(5月任)

文化馆

应急管理局

党支部书记　　　何　蓉(女)　　党组书记、副局长　　皮学智

馆　长　　　殷同东　　党组副书记、局长　　罗永耀

党组成员、副局长　　秦卫国

　　　　　　　　　　　　罗成华(回族)

卫生健康局

　　　　　　　　　　　　孙淑红(女)

党委书记、局长　　黄会堂(11月任)　　副局长　　　孙　平

审计局
党组书记、局长　　　　张晓龙
党组成员、副局长　　　何雅蓉(女,3月免)
　　　　　　　　　　　马成武(回族)
　　　　　　　　　　　路克智(3月任)

统计局
党组书记　　　　　　　张启源(5月任)
　　　　　　　　　　　董　奇(5月免)
局　长　　　　　　　　何秀霞
副局长　　　　　　　　柳应河
党组成员　　　　　　　吴少仙

扶贫办
党组书记、主任　　　　张玉海
党组成员、副主任　　　马红元
　　　　　　　　　　　白卫华(女)
　　　　　　　　　　　陈昌平
党组成员　　　　　　　尚利民
　　　　　　　　　　　冉　琦(挂职,5月任)
　　　　　　　　　　　褚万峰(挂职,5月任)

综合执法局
党委书记、局长　　　　陈学伟
党委副书记、副局长　　马志清(回族)
党委委员、副局长　　　张家传

环境卫生服务中心
主　任　　　　　　　　白万恩
副主任　　　　　　　　张世清
　　　　　　　　　　　海凌云(回族)

执法监察大队
队　长　　　　　　　　马志鸿(回族)

审批服务管理局
党组书记、局长　　　　郭　辉(10月任)
　　　　　　　　　　　罗小宁(10月免)

党组成员、副局长　　　高云天(回族)

政务服务中心
主　任　　　　　　　　王　森

医疗保障局
党组书记、局长　　　　马建国(回族)
副局长　　　　　　　　雪翠红(女)
党组成员　　　　　　　吕爱红(女)
　　　　　　　　　　　高　仁(3月任)

医疗保险服务中心
主　任　　　　　　　　高　仁(3月任)

原州区政府直属事业单位

供销社
主　任　　　　　　　　康　杰
副主任　　　　　　　　郭振国

商业总公司
党支部书记　　　　　　马德林(回族)
党支部副书记、经理　　王国权

原州区政协工作部门

办公室
机关党组书记、主任　　张东亮
政协机关党组成员、副主任　马娅琴(女,回族)

提案和委员联络委员会
政协机关党组成员、副主任　海云霞(女,回族,5月任)

经济委员会
政协机关党组成员、主任　高继军

科教文卫委员会
政协机关党组成员、主任　徐巧荣(女)

社会治理委员会
政协机关党组成员、副主任
　　　　　　　　　　钱勇慧(女,5月任)

原州区民主党派　工商联

民盟原州区总支委员会
主　委　　　　　　郭宝军
副主委　　　　　　王固平

民进原州区支部
主　委　　　　　　苟俊杰
副主委　　　　　　侯秀红(女)

工商联
党组书记、副主席(常务)
　　　　　　　　　　李成祺(回族,10月任)
　　　　　　　　　　马　俊(回族,10月免)
主　席　　　　　　马　强(回族,不驻会)
党组副书记、副主席　田　华(女)
副主席　　　　　　申万林(不驻会)
　　　　　　　　　张志福(不驻会)
　　　　　　　　　张维礼(不驻会)
　　　　　　　　　段军章(不驻会)
　　　　　　　　　李建荣(不驻会)
　　　　　　　　　林振华(不驻会)
　　　　　　　　　席国俊(不驻会)
　　　　　　　　　聂广进(不驻会)
　　　　　　　　　曹佰渊(不驻会)
　　　　　　　　　赵　东(不驻会)
　　　　　　　　　李成云(回族,不驻会)
　　　　　　　　　王建国(不驻会)
　　　　　　　　　唐　怀(不驻会)
秘书长　　　　　　雷丽娟(女)

原州区群众团体

总工会
主　席　　　　　　张俊孝
常务副主席、党组副书记
　　　　　　　　　张宏羽(3月任)
副主席　　　　　　邓志海
兼职副主席　　　　侯洪明浩
挂职副主席　　　　海　勇(回族)
经审委主任　　　　常玉玲(女)

团委
书　记　　　　　　刘　娜(女)
副书记　　　　　　田　雯(女)
挂职副书记　　　　祁　龙

妇联
党组书记、主席　　黄丽萍(女,10月任)
　　　　　　　　　段文君(女,9月免)
党组成员、副主席　张珍珠(女)
党组成员　　　　　牛　丽(女)
副主席　　　　　　尚旭香(女)(兼职)
　　　　　　　　　马娅妮(女,回族)
副主席　　　　　　杨　阳(女,挂职)

科协
党组书记、主席　　于金红(女,回族,3月任)
　　　　　　　　　刘世沛(3月免)
党组成员、副主席　胡晓霞(女)
党组成员　　　　　张　力

文联
党组书记、主席　　马明君(回族)
党组成员、副主席　海　平(回族,3月任)
党组成员　　　　　马明宝(回族)
副主席　　　　　　祁学斌(不驻会)
秘书长　　　　　　殷同东

残联
党组书记、理事长　陈锡仓
党组成员、副理事长　张　信
党组成员　　　　　马　越(回族)

伊 协
党组书记、常务副会长　　王　旭(回族)
会　长　　　　　　　　　周德科(回族)
党组成员、副会长　　　　汤爱国(回族)
党组成员　　　　　　　　张克虎(回族)

固原市直属机构

固原市公安局原州分局
党委书记、局长　　　　曾新富
副书记、政委　　　　　王继祖(7月任)
党委委员、副局长　　　罗永和
党委委员、纪委副书记　张　宁
党委委员、副局长　　　马生权
党委委员、副局长　　　范向文(7月免)
党委委员、副局长　　　魏向东(12月任)
党委委员、副局长　　　黄晓明
党委委员、政工科科长　鲜进平

固原市生态环境局原州分局
局　长　　　　　　　　王　刚
副局长　　　　　　　　张　丽(女,回族)

原州区税务局
党委书记、局长　　　　温　玻
党委委员、副局长　　　苗　泉
党委委员、副局长　　　万红旗
党委委员、纪检组长　　程海东
党委委员、副局长　　　朱明坤

乡镇街道办事处

官厅镇
党委书记　　　　　　　李果仁(回族,9月任)
　　　　　　　　　　　刘杏萍(女,9月免)
党委副书记、镇长　　　段文君(女,9月任)
　　　　　　　　　　　李果仁(回族,9月免)
人大主席　　　　　　　曹广岳

党委副书记、政法委员(兼)
　　　　　　　　　　　姚虎福(回族)
党委委员、纪委书记、监察办主任
　　　　　　　　　　　马志荣(回族)
党委委员、副镇长　　　杨昭娣(女,挂职,回族)
　　　　　　　　　　　王永祥
　　　　　　　　　　　沙金萍(女,回族)
　　　　　　　　　　　李启杰
党委委员、武装部长　　赵　军
党委委员、组织委员　　常胡悦(女)
党委委员　　　　　　　翟恩洲(9月任)

开城镇
党委书记　　　　　　　陈　璋
党委副书记、镇长　　　马光斌(回族)
党委委员、人大主席　　张万忠(3月任)
党委副书记、政法委员(兼)　　何　斌
　　　　　　　　　　　(回族,3月任,9月免)
　　　　　　　　　　　别万红(女,3月免)
党委委员、纪委书记、监察办主任
　　　　　　　　　　　雷福林(回族)
党委委员、副镇长　　　马志鸿
　　　　　　　　　　　何　斌(回族,3月免)
　　　　　　　　　　　马治强(回族)
　　　　　　　　　　　贾小明(3月任)
党委委员、武装部长　　李　林
党委委员、组织委员　　张晨雯(女)
党委委员　　　　　　　虎东辉(9月任)

头营镇
党委书记　　　　　　　张世林
党委副书记、镇长　　　强贵成(回族)
党委委员、人大主席　　郭伟旺(10月任)
　　　　　　　　　　　薛学军(10月免)
党委副书记、政法委员(兼)　张卫强
党委委员、纪委书记、监察办主任
　　　　　　　　　　　潘　海
党委委员、副镇长　　　皮学亮

	杜新丽	党委委员、纪委书记、监察办主任	
	马 翔(回族)		郭雪琴(女)
	王惠惠(女)	党委委员、副镇长	王志怀
党委委员、武装部长	张立园(5月免)		王永名
组织委员、宣传委员(兼)	张 静(女,3月任)		黄金鹏
	周丽莉(女,回族,3月免)	党委委员、武装部长	海 兵(回族,3月任)
党委委员	王成龙(9月任)		王昭伟(3月免)
		党委委员、组织委员	柏小燕(女)
三营镇		党委委员	石来福(9月任)
党委书记	马登斌(回族,10月任)		
	郭 辉(10月免)	**彭堡镇**	
党委副书记、镇长	顾正军(10月任)	党委书记	马少龙(回族)
	马登斌(回族,10月免)	党委副书记、镇长	王 霆
党委委员、人大主席	唐建华(女,4月免)	党委委员、人大主席	吕维兵(10月任)
党委副书记、政法委员(兼)	汤永博(10月任)		李成兴(回族,10月免)
	赵海军(10月免)	党委副书记、政法委员	胡学海(11月兼)
党委委员、纪委书记、监察办主任		党委委员、纪委书记、监察办主任	
	白春龙(回族)		李春燕(女,回族)
党委委员、副镇长、统战委员(兼)		党委委员、副镇长	刘登义
	马清平(回族)		苟秉祥
	马耀珍(回族)		姚 选
	何秉龙(回族)	党委委员、武装部长	马晓虎(回族)
党委委员、武装部长	张鹏君	党委委员、组织委员、宣传委员(兼)	
党委委员、组织委员、宣传委员(兼)			王文刚(3月任)
	马珊珊(女,5月任)		张 静(女,3月免)
	刘佳瑞(女,5月免)	党委委员	李永军(9月任)
党委委员	王振华(9月任)		
		黄铎堡镇	
张易镇		党委书记	刘会宁(9月任)
党委书记	魏 钊(9月任)		马文军(回族,9月免)
	田玉铭(回族,9月免)	党委副书记、镇长	杨志武(回族,9月任)
党委副书记、镇长	何 斌(回族,9月任)		连廷智(9月免)
	魏 钊(9月免)	人大主席、统战委员(兼)	杨志武(回族,9月免)
党委委员、人大主席、统战委员(兼)		党委副书记	马小虎(回族)
	苏克仁(回族)	党委副书记、政法委员(兼)	
党委副书记、政法委员(兼)	武继柏(3月任,10月免)		郭 明
	范亚宁(3月免)	党委委员、纪委书记、监察办主任	
党委副书记	王 瑾(挂职)		吴永强

党委委员、副镇长	张兴龙		徐丽荣(女)
	臧丽娜(女,回族)		马俊仁(3月任,回族)
	任小蓉(女,回族,3月任)	党委委员、武装部长	杨皓东(回族)
党委委员、武装部长	罗军林	党委委员、组织委员、宣传委员(兼)	
党委委员、组织委员	高文静(女,回族)		陈 雯(女)
党委委员	张清泰(9月任)	党委委员	杨晓龙(9月任)

中河乡

党委书记	冯晓明
党委副书记、乡长	金玉河(回族)
党委委员、人大主席、统战委员(兼)	
	柯秀兵(回族)
党委副书记、政法委员(兼)	
	申学庚
党委委员、纪委书记、监察办主任	
	何仁学
党委委员、副乡长	李咏晖(女)
	马 波(回族)
	周 兰(女,3月免)
	冯小云(3月任)
党委委员、武装部长	王昭伟(3月任)
	冯小云(3月免)
党委委员、组织委员	李雁斌
党委委员	韩 亮(9月任)

河川乡

党委书记	连廷仓(10月任)
	马彦东(回族,10月免)
党委副书记、乡长	范亚宁(10月任)
	黄丽萍(女,10月免)
党委委员、人大主席	李永安(10月任)
	吕维兵(10月免)
党委副书记、政法委员(兼)	范亚宁(3月任,10月免)
	武继柏(3月免)
党委委员、纪委书记、监察办主任	
	纳 洁(女,回族)
党委委员、副乡长	王 亮(3月免)
	雍彦平

寨科乡

党委书记	马文东(回族,9月任)
	王正奇(9月免)
党委副书记、乡长	杨兴旺(9月任)
	马文东(回,9月免)
党委委员、人大主席	杨兴旺(9月免)
党委副书记、政法委员	
	洪永明
党委副书记	尹建昌(挂职)
党委委员、纪委书记、监察办主任	
	宁兴成
党委委员、副乡长	马金国(回族)
	周晓凤(女,3月免)
	贾小明(3月免)
	马进虎(回族,3月任)
	马存宝(回族,5月任)
党委委员、武装部长	杨文兵(3月任)
	马进虎(3月免)
党委委员、组织委员	支雁欣(女,维吾尔族)
党委委员	王虎军(9月任)

炭山乡

党委书记	李宗虎(10月任)
	李成祺(回族,10月免)
党委副书记、乡长	穆晓成(回族,10月任)
	李宗虎(10月免)
党委委员、人大主席	穆晓成(回族,3月任,10月免)
	樊振勇(3月免)
党委副书记、政法委员(兼)	
	王 亮(3月任)
	穆晓成(回族,3月免)

党委委员、纪委书记、监察办主任
　　　　　　　　　杨汉林
党委委员、副乡长　邓树聪
　　　　　　　　　何义君(回族)
党委委员、武装部长　柳佳伟(3月任)
　　　　　　　　　马俊仁(3月免)
党委委员、组织委员　杨慧东
党委委员　　　　　田义文(9月任)

北塬街道办事处
党工委书记、人大联络办主任
　　　　　　　　　张旭明
党工委副书记、办事处主任
　　　　　　　　　白卫明(回族)
党工委副书记、纪工委书记、监察办主任、政法委员
　　　　　　　　　夏全军
党工委委员、办事处副主任
　　　　　　　　　尚丽娜(女,回族)
　　　　　　　　　祁永慧(女)
党工委委员、武装部长
　　　　　　　　　丁玉明(回族)
党工委委员、派出所所长
　　　　　　　　　姚万斌(9月任)

古雁街道办事处
党工委书记、人大联络办主任
　　　　　　　　　郭志贵(回族)

党工委副书记、办事处主任　武继柏(10月任)
　　　　　　　　　顾正军(10月免)
党工委副书记、纪工委书记、监察办主任
　　　　　　　　　杨启木(回族)
党工委委员、办事处副主任
　　　　　　　　　王晓玲(女,3月免)
　　　　　　　　　王　立
党工委委员、副主任、宣传委员(兼)
　　　　　　　　　李　鸿(3月任)
党工委委员、武装部长　李　寅(回族,3月任)
　　　　　　　　　李　鸿(3月免)
党工委委员、派出所所长　宁历雄(9月任)

南关街道办
党工委书记、人大联络办公主任
　　　　　　　　　贾旭林
党工委副书记、办事处主任　刘静书(10月任)
　　　　　　　　　祁应亨(10月免)
党工委副书记、纪工委书记、监察办主任、政法委员
　　　　　　　　　罗玉明(女)
党工委委员、办事处副主任　李永忠
　　　　　　　　　鲁双秀(女)
党工委委员、人武部部长　胡　军
党工委委员、派出所所长　陈景东(9月任)

2020年中共原州区委文件选目

文件名称	文件编号	发文日期
中共原州区委2020年工作要点	原党发〔2020〕1号	1月7日
中共固原市原州区委员会关于坚决贯彻落实习近平总书记重要批示精神加强党的领导为打赢疫情防控阻击战提供坚强政治保证的通知	原党发〔2020〕2号	2月1日
关于申请设立原州区评比达标表彰活动项目的请示	原党发〔2020〕3号	2月3日
关于原州区2019年隐性债务监测数据统计的报告	原党发〔2020〕4号	3月4日
关于推荐原州区2020年全国、自治区、固原市劳动模范和先进工作者的报告	原党发〔2020〕5号	3月2日
关于公务员职级晋升考察人选的推荐报告	原党发〔2020〕6号	3月13日
印发《原州区关于打好防范化解重大风险坚攻坚战的实施方案》的通知	原党发〔2020〕7号	4月14日
中共固原市委员会印发《中共固原市原州区委员会关于贯彻落实〈中共宁夏回族自治区委员会关于完善基层治理体系提高基层治理能力的若干意见〉的实施方案》的通知	原党发〔2020〕8号	6月2日
关于印发《全面落实"六保"任务工作方案》的通知	原党发〔2020〕9号	6月24日
关于原州区发展壮大村集体经济工作情况报告	原党发〔2020〕10号	6月30日
中共原州区委区人民政府印发《原州区贯彻落实〈自治区党委人民政府关于建立健全全城乡融合发展体制机制和政策体系的实施意见〉的分工方案》的通知	原党发〔2020〕12号	7月5日
关于国家统计局督查宁夏防范和惩治统计造假弄虚作假情况反馈意见整改情况的报告	原党发〔2020〕13号	7月13日
中共原州区委区人民政府关于申请解决新建原州区第二十三小学建设用地的请示	原党发〔2020〕14号	7月16日
中共原州区委区人民政府关于表彰"原州区冷凉蔬菜十大种植销售能手"的决定	原党发〔2020〕15号	7月20日
中共原州区委区人民政府关于原州区2019年污染防治攻坚战成效自查评估情况的报告	原党发〔2020〕16号	7月22日
关于推荐领导干部考察人选的报告	原党发〔2020〕17号	8月4日
关于给予董斌等163号名同志嘉奖张东亮等35名同志记三等功的决定	原党发〔2020〕18号	8月10日
关于推荐领导干部考察人选的报告	原党发〔2020〕19号	8月18日

文件名称	文件编号	发文日期
中共固原市原州区委员会关于新时代加强和改进人民政协工作的实施意见	原党发〔2020〕20号	8月19日
关于原州区合村并居问题摸排整改情况的报告	原党发〔2020〕21号	8月26日
中共原州区委员会印发《关于探索建立"三不"治理机制切实加强干部监督管理的实施方案》的通知	原党发〔2020〕22号	8月26日
中共固原市原州区委员会关于深入学习贯彻习近平总书记视察宁夏重要讲话精神的实施意见	原党发〔2020〕23号	8月26日
中共固原市原州区委员会关于推进黄河流域生态保护和高质量发展先行区建设的实施方案	原党发〔2020〕24号	8月26日
中共原州区委区人民政府关于表彰全区教育工作先进集体和先进个人的决定	原党发〔2020〕25号	9月7日
中共原州区委员会生态环境保护履职情况报告	原党发〔2020〕26号	9月11日
原州区关于自治区党委第三环境保护督察组第022、028、033号转办单核查处置情况报告	原党发〔2020〕27号	9月13日
原州区关于自治区党委第三环境保护督察组第010号转办单核查处置情况报告	原党发〔2020〕28号	9月13日
原州区关于自治区党委第三环境保护督察组第019号转办单核查处置情况报告	原党发〔2020〕29号	9月14日
原州区关于自治区党委第三环境保护督察组第039号转办单核查处置情况报告	原党发〔2020〕30号	9月14日
原州区关于自治区党委第三环境保护督察组第013号转办单核查处置情况报告	原党发〔2020〕31号	9月14日
原州区关于自治区党委第三环境保护督察组第042、045号转办单核查处置情况报告	原党发〔2020〕32号	9月14日
原州区关于自治区党委第三环境保护督察组第051号转办单核查处置情况报告	原党发〔2020〕33号	9月14日
原州区关于自治区党委第三环境保护督察组第012号转办单核查处置情况报告	原党发〔2020〕34号	9月15日
原州区关于自治区党委第三环境保护督察组第017号转办单核查处置情况报告	原党发〔2020〕35号	9月15日
原州区关于自治区党委第三环境保护督察组第034号转办单核查处置情况报告	原党发〔2020〕36号	9月15日
原州区关于自治区党委第三环境保护督察组第052号转办单核查处置情况报告	原党发〔2020〕37号	9月16日
原州区关于自治区党委第三环境保护督察组第069号转办单核查处置情况报告	原党发〔2020〕38号	9月18日
原州区关于自治区党委第三环境保护督察组第046号转办单核查处置情况报告	原党发〔2020〕39号	9月18日

文件名称	文件编号	发文日期
原州区关于自治区党委第三环境保护督察组第062号转办单核查处置情况报告	原党发〔2020〕40号	9月18日
原州区关于自治区党委第三环境保护督察组第038号转办单核查处置情况报告	原党发〔2020〕41号	9月18日
原州区关于自治区党委第三环境保护督察组第056号转办单核查处置情况报告	原党发〔2020〕42号	9月18日
原州区关于自治区党委第三环境保护督察组第059号转办单核查处置情况报告	原党发〔2020〕43号	9月18日
原州区关于自治区党委第三环境保护督察组第065号转办单核查处置情况报告	原党发〔2020〕44号	9月18日
原州区关于自治区党委第三环境保护督察组第067号转办单核查处置情况报告	原党发〔2020〕45号	9月18日
原州区关于自治区党委第三环境保护督察组第068号转办单核查处置情况报告	原党发〔2020〕46号	9月18日
原州区关于自治区党委第三环境保护督察组第064号转办单核查处置情况报告	原党发〔2020〕47号	9月18日
原州区关于自治区党委第三环境保护督察组第097号转办单核查处置情况报告	原党发〔2020〕48号	9月19日
原州区关于自治区党委第三环境保护督察组第071号转办单核查处置情况报告	原党发〔2020〕49号	9月19日
原州区关于自治区党委第三环境保护督察组第078号转办单核查处置情况报告	原党发〔2020〕50号	9月20日
原州区关于自治区党委第三环境保护督察组第079号转办单核查处置情况报告	原党发〔2020〕51号	9月20日
原州区关于自治区党委第三环境保护督察组第075、084号转办单核查处置情况报告	原党发〔2020〕52号	9月20日
原州区关于自治区党委第三环境保护督察组第076号转办单核查处置情况报告	原党发〔2020〕53号	9月20日
原州区关于自治区党委第三环境保护督察组第082号转办单核查处置情况报告	原党发〔2020〕54号	9月20日
原州区关于自治区党委第三环境保护督察组第087号转办单核查处置情况报告	原党发〔2020〕55号	9月21日
原州区关于自治区党委第三环境保护督察组第086号转办单核查处置情况报告	原党发〔2020〕56号	9月21日
原州区关于自治区党委第三环境保护督察组第088号转办单核查处置情况报告	原党发〔2020〕57号	9月21日

文件名称	文件编号	发文日期
原州区关于自治区党委第三环境保护督察组第089号转办单核查处置情况报告	原党发〔2020〕58号	9月21日
原州区关于自治区党委第三环境保护督察组第090号转办单核查处置情况报告	原党发〔2020〕59号	9月21日
原州区关于自治区党委第三环境保护督察组第007号转办单核查处置情况报告	原党发〔2020〕60号	9月22日
原州区关于自治区党委第三环境保护督察组第063号转办单核查处置情况报告	原党发〔2020〕61号	9月22日
原州区关于自治区党委第三环境保护督察组第035号转办单核查处置情况报告	原党发〔2020〕62号	9月22日
原州区关于自治区党委第三环境保护督察组第003—006号转办单核查处置情况报告	原党发〔2020〕63号	9月22日
原州区关于自治区党委第三环境保护督察组第091号转办单核查处置情况报告	原党发〔2020〕64号	9月24日
关于推荐全区抗击新冠肺炎疫情先进集体、先进个人、先进党组织、优秀共产党员人选的报告	原党发〔2020〕65号	9月24日
原州区关于自治区党委第三环境保护督察组第058号转办单核查处置情况报告	原党发〔2020〕66号	9月24日
原州区关于自治区党委第三环境保护督察组第067号转办单核查处置情况报告	原党发〔2020〕67号	9月24日
原州区关于自治区党委第三环境保护督察组第068号转办单核查处置情况报告	原党发〔2020〕68号	9月24日
原州区关于自治区党委第三环境保护督察组第095号转办单核查处置情况报告	原党发〔2020〕69号	9月24日
原州区关于自治区党委第三环境保护督察组第099号转办单核查处置情况报告	原党发〔2020〕70号	9月24日
原州区关于自治区党委第三环境保护督察组第041号转办单核查处置情况报告	原党发〔2020〕71号	9月25日
原州区关于自治区党委第三环境保护督察组第072号转办单核查处置情况报告	原党发〔2020〕72号	9月25日
原州区关于自治区党委第三环境保护督察组第074号转办单核查处置情况报告	原党发〔2020〕73号	9月25日
原州区关于自治区党委第三环境保护督察组第081号转办单核查处置情况报告	原党发〔2020〕74号	9月25日
原州区关于自治区党委第三环境保护督察组第103号转办单核查处置情况报告	原党发〔2020〕75号	9月25日
原州区关于自治区党委第三环境保护督察组第102号转办单核查处置情况报告	原党发〔2020〕76号	9月25日

文件名称	文件编号	发文日期
原州区关于自治区党委第三环境保护督察组第105号转办单核查处置情况报告	原党发〔2020〕77号	9月25日
原州区关于自治区党委第三环境保护督察组第057号转办单核查处置情况报告	原党发〔2020〕78号	9月26日
原州区关于自治区党委第三环境保护督察组第107号转办单核查处置情况报告	原党发〔2020〕79号	9月26日
原州区关于自治区党委第三环境保护督察组第085号转办单核查处置情况报告	原党发〔2020〕80号	9月27日
原州区关于自治区党委第三环境保护督察组第110号转办单核查处置情况报告	原党发〔2020〕81号	9月27日
原州区关于自治区党委第三环境保护督察组第111号转办单核查处置情况报告	原党发〔2020〕82号	9月27日
原州区关于自治区党委第三环境保护督察组第112号转办单核查处置情况报告	原党发〔2020〕83号	9月27日
原州区关于自治区党委第三环境保护督察组第119号转办单核查处置情况报告	原党发〔2020〕84号	9月28日
原州区关于自治区党委第三环境保护督察组第117号转办单核查处置情况报告	原党发〔2020〕85号	9月29日
原州区关于自治区党委第三环境保护督察组第120号转办单核查处置情况报告	原党发〔2020〕86号	9月29日
原州区关于自治区党委第三环境保护督察组第025号转办单核查处置情况报告	原党发〔2020〕87号	10月9日
原州区委、人民政府、人民武装部关于印发《关于加强新时代退役军人工作的实施方案》的通知	原党发〔2020〕88号	10月12日
原州区关于自治区党委第三环境保护督察组第073号转办单核查处置情况报告	原党发〔2020〕89号	10月15日
原州区关于自治区党委第三环境保护督察组第092号转办单核查处置情况报告	原党发〔2020〕90号	10月15日
原州区关于自治区党委第三环境保护督察组第057号转办单核查处置情况报告	原党发〔2020〕91号	10月29日
关于呈报《自治区党委第一巡视组扶贫领域专项巡视反馈问题整改落实情况自查报告》的通知	原党发〔2020〕92号	11月30日
中共原州区委员会关于自治区党委第五巡视组脱贫对专项巡视"回头看"反馈问题整改落情况的报告	原党发〔2020〕93号	12月2日
中共原州区委员会　区人民政府关于2020年上半年经济形势和下半年经济工作措施的报告	原党发〔2020〕94号	12月8日
中共原州区委员会关于2020年全面从严治党工作情况的报告	原党发〔2020〕95号	12月8日
中共原州区委员会　区人民政府关于2020年安全生产工作情况的报告	原党发〔2020〕96号	12月8日

文件名称	文件编号	发文日期
中共原州区委员会　区人民政府关于2020年脱贫攻坚工作进展情况报告	原党发〔2020〕97号	12月8日
中共原州区委员会　区人民政府关于2020年防范化解重大风险情况报告	原党发〔2020〕98号	12月8日
中共原州区委员会　区人民政府关于2020年上半年防范化解重大风险情况报告	原党发〔2020〕99号	12月8日
中共原州区委员会关于2020年度网络安全工作的报告	原党发〔2020〕101号	12月23日
中共原州区委员会关于2020年网络安全和信息化工作情况的报告	原党发〔2020〕102号	12月15日
关于上报《原州区委领导班子述职述责述廉述法报告》的报告	原党发〔2020〕103号	12月15日
关于上报《原州区委领导干部述职述责述廉述法报告》的报告	原党发〔2020〕104号	12月15日
关于上报《原州区委干部选拔任用工作情况报告》的报告	原党发〔2020〕105号	12月15日
关于上报《原州区委纪委监委述责述廉报告》的报告	原党发〔2020〕106号	12月15日
关于同意增补政协原州区第三届委员会常务委员会委员的批复	原党发〔2020〕107号	12月22日
中共原州区委员会　区人民政府关于2020年招商引资工作情况的报告	原党发〔2020〕109号	12月22日
中共原州区委员会　区人民政府关于2020年计划生育工作情况的报告	原党发〔2020〕110号	12月22日
中共原州区委员会　区人民政府关于2020年生态环境保护工作情况的报告	原党发〔2020〕111号	12月22日
中共原州区委员会关于区委理论学习中心组2020年度学习情况报告	原党发〔2020〕112号	12月21日
中共原州区委员会关于呈报《原州区2020年工作总结及2021年重点工作》的报告	原党发〔2020〕113号	12月22日
关于原州区2020年党风廉政建设主体责任落实情况的报告	原党发〔2020〕115号	12月25日
关于成立固原市原州区第三届人民代表大会第五次会议临时党委、党支部的通知	原党发〔2020〕116号	12月29日
中共原州区委员会印发《贯彻落实〈中国共产党农村工作条例〉和〈中共宁夏回族自治区委员会贯彻落实〈中国共产党农村工作条例〉实施办法〉的实施方案》的通知	原党发〔2020〕117号	12月27日
中共原州区委关于2020年领导干部外出请假报告执行情况报告	原党发〔2020〕118号	12月29日
中共原州区委关于2020年贯彻落实中央八项规定及其实施细则精神和自治区若干规定情况的报告	原党发〔2020〕119号	12月29日

2020年原州区人民政府文件选目

文件名称	文件编号	发文日期
关于下达原州区2020年财政收支预算的通知	原政发1号	1月15日
关于授予福建医科大学附一医院第十一批医疗队"援固先进医疗队"和郑小斌同志"援固医疗队优秀队长"荣誉称号的决定	原政发2号	1月12日
关于认真做好第七次全国人口普查工作的通知	原政发3号	1月16日
固原市原州区人民政府关于调整区长、副区长、区长助理工作分工的通知	原政发4号	1月19日
原州区人民政府关于申请拨付固原融侨(丰霖)肉牛生态产业园项目征地拆迁补偿资金的请示	原政发5号	2月24日
原州区人民政府关于申报2020年原州区美丽村庄建设项目的请示	原政发6号	2月26日
原州区人民政府关于申请划拨原州区文化馆和图书馆建设用地的请示	原政发7号	3月3日
原州区人民政府关于申请国道309庙湾至硝口公路建设项目各种管线缺口资金的请示	原政发8号	2月26日
原州区人民政府关于申请拨付S101线固原机场至上海路绿化亮化项目征地补偿资金的请示	原政发9号	2月26日
关于上报《宁夏固原市原州区国家现代农业产业园创建方案》的报告	原政发10号	3月16日
关于呈报《原州区2019年法治政府建设工作年度报告》的报告	原政发11号	3月18日
原州区人民政府关于申请划拨青石峡旅游区游客服务中心项目建设用地的请示	原政发12号	3月18日
关于报送原州区隐性债务化解方案的报告	原政发13号	
关于2020年新增专项债券需求的报告	原政发14号	3月27日
原州区人民政府关于对开城镇上青石村和张易镇陈沟村地质灾害工程治理的请示	原政发15号	3月24日
原州区人民政府关于申请紧急调度库款的请示	原政发16号	3月30日
关于动支2019年超收收入的请示	原政发17号	4月14日
关于印发《国道344青石嘴至固原段公路项目建设土地房屋征收补偿安置方案》的通知	原政发18号	4月2日
固原市原州区人民政府关于调整有关领导同志工作分工的通知	原政发19号	4月24日
关于抓好2020年原州区民兵调整改革工作的通知	原政发20号	4月2日
原州区人民政府关于上报《固原市市辖区土地利用总体规划》(2016年调整完善版)修改方案的请示	原政发21号	4月28日

文件名称	文件编号	发文日期
关于协调建设原州区部分自然村 4G 网络基础设施的请示	原政发 22 号	5 月 6 日
原州区人民政府关于上报《宁夏固原市原州区自然保护地生态保护红线评估方案》的报告	原政发 23 号	4 月 28 日
关于上报原州区 2019 年度财政总决算草案的报告	原政发 24 号	5 月 18 日
原州区人民政府关于原州区 2020 年农民宅基地建设用地的请示	原政发 25 号	6 月 4 日
原州区人民政府关于申请划拨固原市原州区张易镇污水处理站项目建设用地的请示	原政发 26 号	6 月 5 日
原州区人民政府关于申请划拨固原市原州区彭堡镇污水处理厂项目建设用地的请示	原政发 27 号	6 月 5 日
原州区人民政府关于申请亚行贷款六盘山扶贫项目官厅至原州区公路、固原市湾掌至三营公路资金支持的请示	原政发 28 号	6 月 9 日
原州区人民政府关于申请变更原州区文化馆和图书馆建设用地的请示	原政发 29 号	6 月 10 日
关于撤销《固原市原州区人民政府土地权属争议案件行政决定书》的决定	原政发 30 号	6 月 10 日
关于申请撤并原州区三营镇唐湾、戴堡两个行政村的请示	原政发 31 号	6 月 10 日
原州区人民政府关于撤并原州区中河中学的请示	原政发 32 号	6 月 8 日
关于申请设立固原市原州区第十七小学的请示	原政发 33 号	6 月 5 日
关于申请设立固原市原州区第十九小学的请示	原政发 34 号	6 月 5 日
关于申请设立固原市原州区第二十一小学的请示	原政发 35 号	6 月 5 日
关于申请设立固原市原州区第二十小学的请示	原政发 36 号	6 月 5 日
关于申请设立固原市原州区第二十二小学的请示	原政发 37 号	6 月 5 日
关于申请设立固原市原州区第十幼儿园的请示	原政发 38 号	6 月 5 日
关于申请设立固原市原州区第十二幼儿园的请示	原政发 39 号	6 月 5 日
关于申请设立固原市原州区第十一幼儿园的请示	原政发 40 号	6 月 5 日
原州区人民政府关于原州区人民法院开城人民法庭用地征收为国有建设用地的请示	原政发 41 号	6 月 24 日
原州区人民政府关于申请拨付北环路生态工程用地 2019—2020 年度退耕还林补助资金的请示	原政发 42 号	6 月 21 日
原州区人民政府关于申请拨付长城村剩余土地征收补偿款的请示	原政发 44 号	7 月 3 日
原州区人民政府关于原州区 2020 年第一批农用地转为集体建设用地的请示	原政发 45 号	7 月 15 日
关于印发《原州区优化营商环境 2020 年专项行动计划》的通知	原政发 46 号	7 月 15 日

文件名称	文件编号	发文日期
关于对固原市原州区拟设采矿权进行勘查的请示	原政发47号	7月16日
原州区人民政府关于对原州区征收农用地区片综合地价项目进行市级审查的请示	原政发48号	7月17日
原州区人民政府关于申请拨付固原机场至上海路和东环路南延伸段建设项目征地拆迁缺口资金的请示	原政发49号	7月28日
原州区人民政府关于上报《"十三五"易地扶贫搬迁工作评估核查自评报告》的报告	原政发50号	8月15日
关于审定原州区乡镇"千吨万人级"集中式饮用水水源地张易镇上滩水库保护区划分技术报告的请示	原政发51号	7月29日
原州区人民政府关于划拨南坪水库取水指标的请示	原政发52号	8月10
固原市原州区人民政府关于集体和个人所有的公益林资金兑现存在问题整改情况的报告	原政发53号	8月15日
原州区创建全国计划生育优质服务先进单位申报报告	原政发54号	7月18日
关于上报《原州区政务公开示范创建自评报告》的报告	原政发55号	8月25日
原州区人民政府关于调整《固原市矿产资源总体规划(2016—2020年)》的请示	原政发56号	8月18日
关于申请创建自治区农产品质量安全县的报告	原政发57号	9月10日
原州区人民政府关于原州区人民法院开城人民法庭用地划拨为国有建设用地的请示	原政发58号	9月16日
原州区人民政府关于自治区党委主要领导同志经济责任审计问题整改情况的报告	原政发59号	9月16日
关于报送原州区耕地土壤环境质量类别划分结果的报告	原政发60号	9月23日
原州区人民政府关于申请划拨新建第二十小学、第二十二小学、第二十三小学及第十一幼建设用地的请示	原政发61号	9月27日
原州区人民政府关于申请解决新建原州区第十三幼儿园建设用地的请示	原政发62号	9月27日
原州区人民政府关于聘任第三届政府督学的通知	原政发63号	9月27日
1.原州区人民政府关于补充调整《固原市矿产资源总体规划(2016—2020年)》的请示 2.固原市原州区人民政府关于调整区长、副区长、区长助理工作分工的通知	原政发64号	9月30日 9月28日
原州区人民政府关于原州区"十三五"期间耕地保护目标责任履行情况的报告	原政发65号	10月9日
关于印发《固原市污水处理尾水资源化利用工程建设项目土地征收补偿方案》的通知	原政发66号	10月13日
关于印发《固原市原州区第二十小学国有土地上房屋征收补偿安置方案》的通知	原政发67号	10月13日
原州区人民政府关于申请解决2021年新建第十四幼儿园、第十五幼儿园及第十六幼儿园建设用地的请示	原政发68号	10月20日

文件名称	文件编号	发文日期
关于报送2021年地方政府债务需求的报告	原政发69号	10月23日内部资料
原州区人民政府关于部分国家级公益林地调出调进的请示	原政发70号	10月25日
原州区人民政府关于部分国家级公益林地调出调进的请示	原政发71号	10月20日
原州区人民政府关于印发《原州区行政规范性文件制定和管理办法》的通知	原政发72号	11月2日
原州区人民政府关于移植原州区城区6所新建学校主出入口处树木的请示	原政发73号	11月17日
原州区人民政府关于调整2020年新增一般债券资金(第二批)项目的请示	原政发74号	11月18日
原州区人民政府关于申请对原州区普及高中阶段教育进行验收的请示	原政发75号	11月23日
固原市原州区人民政府关于调整区长、副区长、区长助理工作分工的通知	原政发76号	11月23日
关于上报2020年土地例行督察反馈问题整改落实情况的报告	原政发77号	11月24日
关于原州区冬至河湿地申报为自治区级湿地公园的请示	原政发78号	11月18日
原州区人民政府关于挂牌出让原州区东关街东侧东红村国有建设用地使用权的请示	原政发79号	11月24日
原州区人民政府关于申请拨付原州区主干道绿化及青石峡流域生态环境治理工程建设资金的请示	原政发80号	11月11日
原州区人民政府关于上报《原州区2020年城乡建设用地增减挂钩节余指标夸省域调剂项目拆旧复垦方案》的请示	原政发81号	11月30日
关于银川至昆明公路(G85)宁夏境太阳山开发区至彭阳(宁甘界)段所涉固原蓝鑫节能建材有限责任公司采矿权相关事宜的复函	原政发82号	11月18日
固原市原州区人民政府关于集体和个人所有的公益林资金兑现存在问题整改情况的报告	原政发83号	12月8日
关于上报《2021年固原市原州区清水河流域历史遗留废弃矿山生态修复项目》的报告	原政发84号	12月10日
关于上报《固原市市辖区土地利用总体规划》(2016年调整完善版)2020年第二次规划修改方案的请示	原政发85号	11月16日
关于自治区贯彻落实水环境问题专项督察反馈意见整改措施清单第1项整改任务销号备案的报告	原政发86号	12月20日
关于自治区贯彻落实水环境问题专项督察反馈意见整改措施清单第2项整改任务销号备案的报告	原政发87号	12月20日
关于自治区贯彻落实水环境问题专项督察反馈意见整改措施清单第3项整改任务销号备案的报告	原政发88号	12月20日
关于授予福州市马尾区首批援宁专业技人员工作队"援固先进团体"的荣誉称号的决定	原政发89号	12月29日
关于授予福建医科大学附一医院第十二批医疗队"援固先进医疗队"和方善鸿同志"援固医疗队优秀队长"荣誉称号的决定	原政发90号	12月20日

2020年国民经济和社会发展统计公报

固原市原州区统计局
2021年5月

2020年,面对新冠肺炎疫情带来的严重冲击和复杂多变的国内外环境,全区上下在区委、政府的坚强领导下,坚持以习近平新时代中国特色社会主义思想为指导,全面落实自治区、固原市各项决策部署,扎实做好"六稳"工作,全面落实"六保"任务,统筹疫情防控和经济发展成果,聚焦"止滑促升、决战收官"主题主线,稳住了经济基本盘,主要指标增长好于预期,发展动能不断增强,转型升级加快推进,质量效益明显改善,民生保障更加有力,决胜全面建成小康社会取得决定性成就。

一、综合

初步核算,全年全区实现生产总值146.92亿元,按可比价格计算,同比增长5.3%。其中,第一产业实现增加值21.27亿元,同比增长5.2%；第二产业实现增加值25.26亿元,同比增长14.5%；第三产业实现增加值100.38亿元,同比增长2.9%。经济结构由上年的12.4:16.5:71.1转变为14.5:17.2:68.3,第一产业比重提高2.1个百分点,第二产业比重提高0.7个百分点,第三产业比重下降2.8个百分点。

表1 2020年全区生产总值及增长速度

指　标	绝对值(亿元)	增速(%)
地区生产总值	146.92	5.3
第一产业	21.27	5.2
第二产业	25.26	14.5
第三产业	100.38	2.9

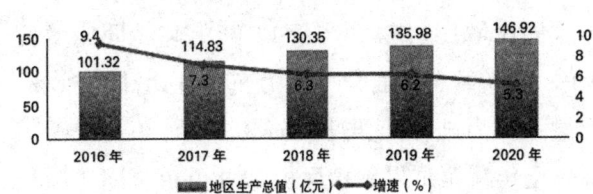

图1 2016—2020年全区生产总值及增长速度

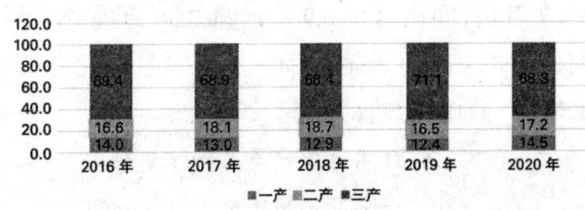

图2 2016—2020年全区三次产业结构(%)

全区居民消费价格总指数(CPI)同比上涨1.8%；商品零售价格指数上涨1.1%；工业品出厂价格指数下降1.5%；原材料购进价格指数下降0.7%。

表2 2020年全区居民消费价格比
上年涨跌幅度(上年=100)

指　标	指　数
居民消费价格总指数	101.8
其中:食品烟酒	106.1
衣着	98.7
居住	100.2
生活用品及维修服务	100.1
交通和通信	96.4
教育文化和娱乐	101.0
医疗保健	102.3
其他用品和服务	103.0

全年城镇新增就业3626人，长期失业人员再就业1710人，城镇困难群体就业445人，年末城镇登记失业率为3.8%。农村劳动力转移就业7.52万人，贫困劳动力转移就业1.08万人。

二、农业

全年粮食种植面积73.1万亩，同比增长4.3%，产量21.07万吨，同比增长4.2%。其中，夏粮种植面积15.8万亩，同比下降8.0%，产量2.75万吨，同比下降9.8%；夏粮中小麦种植面积14.4万亩，同比下降6.4%，产量2.59万吨，同比下降8.7%。秋粮种植面积57.3万亩，同比增长8.3%，产量18.32万吨，同比增长6.7%；秋粮中玉米种植面积40.3万亩，同比增长0.7%，产量14.11万吨，同比增长0.3%。马铃薯种植面积13.5万亩，同比增长35.0%，产量3.78万吨，同比增长36.4%。

全年蔬菜瓜果种植面积21.4万亩，同比增长1.1%，产量88.1万吨，同比增长1.1%；油料种植面积4.7万亩，同比增长0.9%，产量0.56万吨，同比增长3.8%；园林水果种植面积3.6万亩，同比增长13.5%，产量0.4万吨，同比增长4.7%。

表3 2020年主要农产品种植面积产量及增长速度

指标名称	面积（万亩）	同比增减（±%）	产量（万吨）	同比增减（±%）
农作物播种面积	147.0	-1.5	-	-
粮食	73.1	4.3	21.07	4.2
#夏粮	15.8	-8.0	2.75	-9.8
秋粮	57.3	8.3	18.32	6.7
#玉米	40.3	0.7	14.11	0.3
马铃薯	13.5	35.0	3.78	36.4
油料	4.7	0.9	0.56	3.8
蔬菜	20.88	0.8	86.9	1.0
枸杞	1.3	1.2	0.04	-39.5

全年生猪出栏8.72万头，同比增长8.7%，存栏7.92万头，同比增长37.5%；肉牛出栏5.74万头，同比增长3.1%，存栏13.29万头，同比增长24.1%；羊出栏22.14万只，同比增长0.3%，存栏27.38万只，同比增长2.8%；家禽出栏103.18万只，同比增长5.5%，存栏87.24万只，同比增长51.5%。年末禽蛋产量5681吨，同比下降25.2%；实现肉类总产量2.27万吨，同比增长5.7%。

表4 2020年、2019年全区主要畜禽生产情况

	猪（万头）		牛（万头）		羊（万只）		家禽（万只）		肉产量（万吨）	禽蛋产量（万吨）
	出栏	存栏	出栏	存栏	出栏	存栏	出栏	存栏		
2020年	8.72	7.92	5.74	13.29	22.14	27.38	103.18	87.24	2.27	0.57
2019年	8.03	5.76	5.57	10.71	22.07	26.63	97.81	57.59	2.15	0.76
增速（%）	8.7	37.5	3.1	24.1	0.3	2.8	5.5	51.5	5.7	-25.2

全年拥有农业机械总动力36.95万千瓦，同比增长2.9%。其中：柴油发动机动力27.6万千瓦，同比增长4.0%；汽油发动机动力0.38万千瓦，同比持平；电动机动力8.97万千瓦，同比持平。拥有大中小型拖拉机1.47万台，同比增长2.1%；拖拉机配套农具2.91万部，同比增长4.8%。农业机械机耕面积132.16万亩，同比增长4.9%；机播面积106.13万亩，同比下降10.4%；机电灌溉面积23.25万亩，同比增长1.3%；机械植保面积21.9万亩，同比增长2.8%；机械收获面积92.96万亩，同比增长9.8%。

三、工业和建筑业

全区全部工业实现增加值15.41亿元，同比增长10.1%，占地区生产总值的10.5%，拉动GDP增长1.2个百分点，对经济增长的贡献率为22.9%。其中，规模以上工业增加值同比增长10.4%。

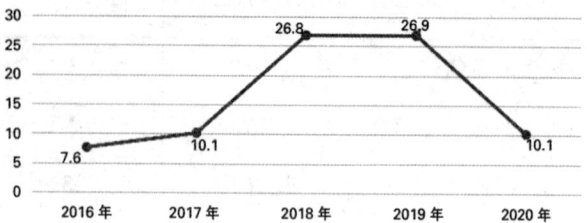

在规模以上工业中，分门类看：采矿业增加值同比下降2.6%，制造业增加值同比增长17.4%，电力、热力、燃气及水生产和供应业增加值同比增长1.4%。分轻重工业看：轻工业增加值同比增长9.1%，重工业增加值同比增长10.6%。

分行业大类看，5增5降。其中，农副食品加工业同比增长73.3%，水的生产和供应业同比增长54.2%，化学原料和化学制品制造业同比增长21.2%，医药制造业同比增长8.1%，纺织业同比增长0.2%；非金属矿物制品业同比下降11.5%，橡胶和塑料制品业同比下降5.9%，电力、热力生产和供应业同比下降3.8%，非金属矿采选业同比下降2.6%，燃气生产和供应业同比下降2.3%。

分产品产量看，10增6降。全区重点监测的16个产品中有10个产品产量保持增长，分别是：硅酸盐水泥熟料增长1010.3%，中空玻璃增长676.3%，钢化玻璃增长95.7%，夹层玻璃增长85.7%，自来水生产量增长39.4%，初级形态塑料增长24.1%，砖增长20.4%，烧碱增长19.5%，碳化钙增长12.1%，水泥增长11.9%；6个产品产量增速下降，分别是：商品混凝土下降32.1%，塑料制品下降28.3%，塑料薄膜下降17.1%，鲜、冷藏肉下降9.9%，纱下降1.8%，原盐下降1.6%。

全年实现建筑业总产值22.01亿元，同比增长23.0%。实现增加值9.85亿元，同比增长23.6%，拉动二产增长7.7个百分点，拉动总体经济增长1.4个百分点。具有资质等级的总承包和专业承包建筑业企业43家，实现利润0.26亿元，同比增长2.4%，全员劳动生产率为34.1万元/人。

四、固定资产投资

全区固定资产投资同比下降15.9%，降幅同比收窄12.6个百分点。其中，项目投资同比下降27.4%，房地产投资同比增长17.6%。

从产业投资看：第一产业投资同比增长197.7%；第二产业投资同比下降40.6%；第三产业投资同比下降31.4%。三次产业投资结构为10.6:17.3:72.1，第三产业依然是投资的主体。

从投资领域看：一是房地产开发投资同比增长17.6%，其中，住宅投资同比增长18.3%，商业营业用房投资同比增长27.1%，其他投资同比增长758.7%；二是民间项目投资同比下降26.5%；三是基础设施投资同比下降62.3%，其中：电力、热力、燃气及水的生产和供应业完成投资同比下降55.4%，交通运输、仓储和邮政业完成投资同比下降63.5%，水利、环境和公共设施管理业完成投资同比下降61.9%。

表5 2020年房地产开发和销售主要指标及其增长速度

产品名称	单位	产量	同比增减（±%）
投资额	万元	—	17.6
#住宅	万元	—	18.3
房屋施工面积	万平方米	223.9	-34.0
#住宅	万平方米	171.2	-16.5
房屋新开工面积	万平方米	34.4	-36.1
#住宅	万平方米	28.6	-32.1
房屋竣工面积	万平方米	25.1	-78.4
#住宅	万平方米	21.6	-66.3
商品房销售面积	万平方米	57.8	22.7
#住宅	万平方米	47.9	24.4
本年到位资金	万元	251145	-3.8
#国内贷款	万元	3585	-4.0
个人按揭贷款	万元	62907	-31.5

五、国内贸易

全年实现社会消费品零售总额68.44亿元，同比下降5.5%。按经营地统计，城镇实现社会消费品零售总额61.88亿元，同比下降5.4%；乡村实现社会消费品零售总额6.56亿元，同比下降5.9%。按行业类型统计，批发业实现社会消费品零售总额6.67亿元，同比下降18.9%；零售业实现社会消费品零售总额55.72亿元,同比下降2.8%;住宿业实现社会消费品零售总额0.7亿元,同比下降22.6%;餐饮业实现社会消费品零售总额5.35亿元,同比下降9.9%。

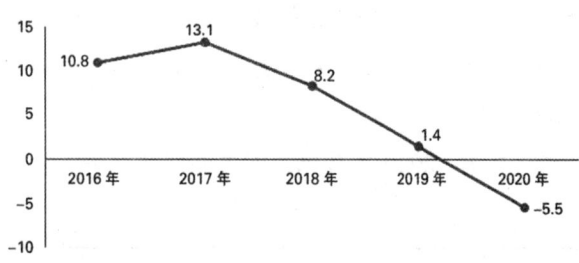

图4　2016—2020年全区社会消费品零售总额增速(%)

六、交通、邮电和旅游

据交通部门统计,年末全区公路通车总里程3105.13公里。其中,国道298.6公里,省道212.1公里,县道12.83公里,乡道337.46公里,村道2216.2公里,专用道路27.94公里。高速公路93.3公里。

全年实现快递业务量179.26万件,同比增长66.5%,实现快递服务收入4136.79万元,同比增长47.5%。年末全区移动电话用户总数54.81万户,固定互联网宽带接入用户15.82万户。

全年共接待旅客146.36万人次,实现旅游收入1603.63万元。

七、财政、金融和保险

全年实现地方财政收入8.01亿元,同比下降0.55%,其中:地方一般公共预算收入1.68亿元,同比下降6.34%。一般公共预算收入中,税收收入1.08亿元,同比下降18.38%。地方财政总支出49.77亿元,同比增长17.95%,一般公共预算支出48.53亿元,同比增长16.65%,其中:教育支出9.58亿元,文化旅游体育与传媒支出0.46亿元,社会保障和就业支出6.80亿元,卫生健康支出3.43亿元,节能环保支出1.11亿元,城乡社区支出2.77亿元,农林水支出18.01亿元,交通运输支出0.48亿元,住房保障支出1.75亿元。

表6　2020年全区地方财政收支情况

指　　标	绝对数(万元)	同比增减(±%)
一般公共预算总收入	80068	-0.55
＃地方一般公共预算收入	16840	-6.34
＃税收收入	10819	-18.38
支出总计	497655	17.95
＃一般公共预算支出合计	485295	16.65

据人民银行统计数据显示,年末全区金融机构人民币各项存款余额240.65亿元,同比增长3.2%,其中:住户存款157.07亿元,同比增长16.4%;非金融企业存款24.86亿元,同比下降26.3%。人民币各项贷款余额252.42亿元,同比增长7.1%,其中:住户贷款118.91亿元,同比增长10.8%;企(事)业单位贷款133.51亿元,同比增长4.0%。

表7　2020年全区金融机构人民币存贷款余额及增速

指　　标	绝对数(亿元)	同比增减(±%)
一、各项存款余额	240.65	3.2
＃住户存款	157.07	16.4
非金融企业存款	24.86	-26.3
机关团体存款	56.7	-9.6
二、各项贷款余额	252.42	7.1
＃住户贷款	118.91	10.8
企(事)业单位贷款	133.51	4.0

据保险行业监管部门统计,全年全区各类保险保费收入7.95亿元,其中:财产险收入3.86亿元,人寿险收入4.09亿元。保险赔付支出3.25亿元,其中:财产险赔付支出1.99亿元,人寿险赔付支出1.25亿元。保险赔付率为40.8%,其中:财产险赔付率51.7%,人寿险赔付率30.6%。

八、人民生活和社会保障

据国家统计局固原调查队数据显示，2020年，全区城镇居民人均可支配收入31972.4元，同比增长4.5%，人均生活消费支出24250.6元，同比增长6.0%；农村居民人均可支配收入12563.3元，同比增长12.5%，人均生活消费支出9658.4元，同比增长3.7%。

表8　2020年全区城乡居民人均可支配收入情况

指标	城镇		农村	
	绝对数（元）	增速（%）	绝对数（元）	增速（%）
居民人均可支配收入	31972.4	4.5	12563.3	12.5
一、工资性收入	26056.6	5.3	5625.7	5.3
二、经营净收入	3160	-3.7	4615.8	26.2
三、财产净收入	1290.7	4.1	5.2	-91.4
四、转移性收入	1465.1	9.6	2316.7	10.2

九、教育、科技和卫生

年末全区共有各级各类学校279所。其中：完全中学3所，高级中学2所，初级中学10所（含民办2所），九年一贯制2所，小学160所，幼儿园100所（含民办57所），特殊教育1所，职业教育1所。另有教学点10个。全区中小学共有教职工5893人，其中专任教师5414人。全区各级各类学校在校学生111021人，其中：幼儿园在园儿童19008人，小学在校学生50047人，初中在校学生24128人，高中在校学生13049人，特殊教育在校学生166人，职业教育在校学生4623人。

全年新增高新技术企业1家，新增自治区科技小巨人企业2家，新增自治区科技型企业12家，新增有研发活动的规上工业1家，新增国家科技型中小企业13家。申报工程技术研究中心2家，申报技术创新中心6家，申报自治区科普基地7家，申报原州区返乡创业孵化园自治区级众创空间1家。

年末全区共有医疗卫生机构298个（含村卫生室），实有床位3305张，卫生技术人员3770人，其中：执业医生1164人，注册护士1825人。新生儿死亡率4.71‰，5岁以下儿童死亡率7.97‰，传染病发病率179.7/10万。

十、能源消耗、环境保护和应急管理

初步核算，全年全区能源消费总量为177.75万吨标准煤，同比增长14.03%；单位GDP能耗为1.3988吨标准煤，同比增长8.33%。其中规模以上工业能耗136.46万吨标准煤，同比增长17.77%，单位工业增加值能耗同比增长6.68%。

截至11月30日，可吸入颗粒物PM10平均浓度52微克/立方米，较上年同期73微克/立方米降低了28.8%；细微颗粒物PM2.5平均浓度24微克/立方米，较上年同期25微克/立方米降低了4.0%；未剔除沙尘暴天气情况下，优良天数323天，较上年同期优良天数增加12天，优良天数达到96.4%。

截至10月23日，全区发生生产安全事故5起，死亡4人，受伤2人。共接到救援电话239起，出动救援车辆754辆（次），出动救援人员3128人（次），成功救出17人。

注：

[1]本公报中数据均为初步统计数。

[2]2020年常住人口数以固原市原州区第七次全国人口普查公报数据为准，本公报中不再单独发布人口相关数据。

[3]地区生产总值、各行业增加值绝对数按现行价格计算，增长速度按不变价格计算。根据第四次全国经济普查结果及有关制度规定，对2000—2018年地区生产总值进行了修订。

[4]自2018年起，不再公布固定资产投资总量。

[5]根据第四次全国经济普查结果及有关制度规定，对1992—2019年社会消费品零售总额数据进行了修订。

资料来源：本公报中就业、养老保险数据来自原州区人社局；医疗保险数据来自原州区医疗保障局；环境数据来自固原市生态环境局原州分局；交